IUT Galerne

les indispensables

22.00

Guide pratique du droit du travail

édition 2015

Ministère du Travail, de l'Emploi, de la Formation professionnelle
et du Dialogue social

ISBN : 978-2-11-009894-8

Proposé par le ministère en charge du Travail, cette 14e édition du *Guide pratique du droit du travail*, à jour des réformes les plus récentes, propose à ses lecteurs l'information la plus complète possible, dans tous les domaines liés au travail et à l'emploi : embauche ; contrat de travail ; durée du travail ; conditions de travail ; salaire ; égalité entre les femmes et les hommes ; congés ; accès à la formation ; droits et obligations des salariés et de l'employeur ; insertion professionnelle ; rupture du contrat ; représentants du personnel ; droits des travailleurs handicapés ; droits et devoirs des demandeurs d'emploi...

Depuis la dernière édition de cet ouvrage, le droit du travail a connu des évolutions importantes, avec, par exemple, la mise en place, à compter du 1er janvier 2015, du « compte personnel de formation » issu de la loi du 5 mars 2014 et du « compte personnel de prévention de la pénibilité » prévu par la loi du 20 janvier 2014 ou encore l'entrée en vigueur, depuis le 1er juillet 2014, de la nouvelle convention d'assurance chômage.

Dans des domaines aussi vastes que ceux du travail, de l'emploi, de l'insertion professionnelle et de la formation professionnelle, qui ont concerné, concernent et concerneront chacun, l'accès à une information claire et accessible apparaît comme une nécessité et un atout.

Adresses de sites Internet, index détaillé, références précises aux textes législatifs et réglementaires complètent ce guide, avec comme unique objectif de faciliter l'accès à une information essentielle à chacun dans sa vie quotidienne.

Sommaire

Chapitre 4 – La rémunération

Chapitre 5 – Santé et conditions de travail

Chapitre 6 – La formation professionnelle

Chapitre 7 – Les congés et les absences du salarié

Chapitre 8 – La rupture du contrat

Chapitre 9 – La prévention et l'accompagnement des licenciements économiques

Chapitre 10 – L'insertion professionnelle des jeunes et des demandeurs d'emploi

Chapitre 11 – L'insertion professionnelle des travailleurs handicapés

Chapitre 12 – Les représentants du personnel

Chapitre 13 – La création d'entreprise

Chapitre 14 – Informations pratiques

Chapitre 1

L'embauche

mots clés

Offre d'emploi ◆ Déclarations obligatoires ◆ « Jobs d'été » ◆ Groupement d'employeurs ◆ Particulier employeur ◆ Cesu et autres dispositifs de simplification administrative

Offre d'emploi et embauche : les droits du candidat

Si le choix d'un futur salarié est laissé à la libre appréciation de l'employeur, celui-ci doit néanmoins respecter certaines règles lors du recrutement – des règles qui prohibent toute forme de discrimination pour promouvoir l'égalité des chances entre les différents candidats à un emploi. Pour l'aider dans ses recrutements, l'employeur peut notamment faire appel aux services de Pôle emploi, dont l'une des missions est de « prospecter le marché du travail [...], procéder à la collecte des offres d'emploi, aider et conseiller les entreprises dans leur recrutement, assurer la mise en relation entre les offres et les demandes d'emploi, etc. ».

Une offre d'emploi peut-elle mentionner l'âge du candidat recherché ?

Les offres d'emploi publiées dans la presse (journal, revue, etc.) ou diffusées par tout autre moyen de communication accessible au public (site Internet, par exemple) ne peuvent mentionner de limite d'âge supérieure ou inférieure, à moins que les textes législatifs ou réglementaires en disposent autrement.

En outre, des différences de traitement fondées sur l'âge ne constituent pas une discrimination lorsqu'elles sont objectivement et raisonnablement justifiées par un but légitime, notamment par le souci de préserver la santé ou la sécurité des travailleurs, de favoriser leur insertion professionnelle, d'assurer leur emploi, reclassement ou indemnisation en cas de perte d'emploi, et lorsque les moyens de réaliser ce but sont nécessaires et appropriés. Ces différences peuvent notamment consister en :

- l'interdiction de l'accès à l'emploi ou la mise en place de conditions de travail spéciales en vue d'assurer la protection des jeunes et des travailleurs âgés ;
- la fixation d'un âge maximal pour le recrutement, fondée sur la formation requise pour le poste concerné ou la nécessité d'une période d'emploi raisonnable avant la retraite.

L'offre d'emploi peut-elle s'adresser à un candidat de sexe, de nationalité, de religion, etc., déterminés ?

D'une façon générale, aucune offre d'emploi ne peut comporter de référence à l'une des caractéristiques mentionnées à l'article L. 1132-1 du Code du travail : origine, sexe, mœurs, orientation ou identité sexuelle, âge, situation de famille ou grossesse, caractéristiques génétiques, appartenance ou non-appartenance, vraie ou supposée, à une ethnie, une nation ou une race, opinions politiques, activités syndicales ou mutualistes, convictions religieuses, apparence physique, nom de famille, lieu de résidence, etc. : ce type de discrimination est puni par la loi.

De plus, l'offre d'emploi ne peut pas mentionner la situation de famille (célibataire, sans enfant, libéré de toute obligation familiale, etc.) de la personne recherchée.

Il en est de même en ce qui concerne le sexe : l'offre doit être rédigée de façon à faire apparaître clairement qu'elle s'adresse indifféremment aux hommes et aux femmes. Ainsi, par exemple « Cadre H/F » ou « Employé(e) ».

Toutefois, lorsque l'appartenance à l'un ou l'autre sexe répond à une exigence professionnelle essentielle et déterminante et pour autant que l'objectif soit légitime et l'exigence proportionnée, l'interdiction visée ci-dessus n'est pas applicable. L'article R. 1142-1 du Code du travail fixe ainsi la liste des emplois et des activités professionnelles pour l'exercice desquels l'appartenance à l'un ou l'autre sexe constitue la condition déterminante ; cette liste, révisée périodiquement, est la suivante :

- artistes appelés à interpréter soit un rôle féminin, soit un rôle masculin ;
- mannequins chargés de présenter des vêtements et accessoires ;
- modèles masculins et féminins.

L'emploi d'une langue ou de termes étrangers est-il possible ?

La langue nationale étant le français, une offre d'emploi ne peut comporter de « texte rédigé en langue étrangère ». Lorsque l'emploi ou le travail offert ne peut être désigné que par un terme étranger sans correspondant en français, le texte français doit en comporter une description suffisamment détaillée pour ne pas induire le candidat en erreur.

Ce principe s'applique pour les emplois et services à exécuter sur le territoire français (quelle que soit la nationalité de l'auteur de l'offre ou de l'employeur) ou hors du territoire français lorsque l'auteur de l'offre ou l'employeur est français, alors même que la parfaite connaissance d'une langue étrangère serait une des conditions requises pour obtenir l'emploi proposé.

Toutefois, les directeurs de publications et les personnes responsables de moyens de communication utilisant, en tout ou partie, une langue étrangère peuvent, en France, recevoir des offres d'emploi rédigées dans cette langue.

Remarque

Pour plus de précisions sur l'emploi de la langue française dans les relations de travail, on pourra utilement se reporter au document mis en ligne sur le site du ministère en charge du Travail (www.travail-emploi.gouv.fr).

Un candidat peut-il avoir connaissance des méthodes de recrutement utilisées ?

Avant toute mise en œuvre de la procédure, le candidat à un emploi doit être clairement informé des méthodes et techniques de recrutement (tests, questionnaire, graphologie, etc.) auxquelles il devra se soumettre. Les résultats obtenus doivent rester confidentiels et être portés à sa connaissance s'il en fait la demande.
Les méthodes et techniques d'aide au recrutement ou d'évaluation des candidats à un emploi doivent être pertinentes au regard de la finalité poursuivie.

Remarque

Le comité d'entreprise est informé, préalablement à leur utilisation, sur les méthodes ou techniques d'aide au recrutement des candidats à un emploi ainsi que sur toute modification de celles-ci.

Lors du recrutement, quelles informations peuvent être demandées au candidat ?

Quelle que soit la forme sous laquelle elles sont demandées (questionnaire, entretien, production de documents, etc.), les informations doivent avoir pour seul but d'apprécier la capacité du candidat à occuper l'emploi ou ses aptitudes professionnelles.
Elles doivent par ailleurs avoir un lien direct et nécessaire avec l'emploi proposé. Aussi, l'employeur ne saurait demander des renseignements portant sur la vie privée ou sur l'appartenance syndicale du candidat. En revanche, par exemple, il peut s'informer de la possession, par l'intéressé, du permis de conduire si l'emploi à pourvoir le nécessite effectivement.
Lorsque la demande d'information est pertinente au regard des caractéristiques de l'emploi proposé, le candidat est tenu d'y répondre de bonne foi, une fausse déclaration pouvant – si elle est à l'origine d'une situation préjudiciable à l'employeur – justifier la rupture ultérieure du contrat de travail.

Si l'information sollicitée est sans lien avec l'emploi, le candidat peut refuser de la fournir, voire même saisir le tribunal, civil ou pénal, selon la nature de l'atteinte qu'il a subie.

Questionnaire d'embauche : existe-t-il une réglementation particulière ?

Les employeurs sont obligés d'informer les candidats sur :

- le caractère obligatoire ou non des réponses ;
- les conséquences d'un défaut de réponse ;
- les personnes ou entreprises destinataires des informations ;
- la possibilité dont dispose le candidat d'accéder aux informations fournies et de les rectifier.

Graphologie et astrologie : le candidat doit-il s'y soumettre ?

Bien que leur validité scientifique fasse largement débat, le recours à ces techniques d'aide au recrutement n'est pas prohibé par la loi ni par les tribunaux, sous réserve du respect des principes posés par le Code du travail et rappelés ci-dessus (information préalable du candidat, confidentialité des résultats, etc.). En cas de litige, il appartiendra au juge d'apprécier la pertinence de la méthode utilisée et les conditions de cette utilisation.

Quels sont les droits du candidat pendant un essai professionnel ?

L'essai professionnel est un test dont l'objectif est de vérifier la qualification et les aptitudes du candidat. Il se différencie de la période d'essai puisqu'il se déroule avant l'embauche et sur une très courte durée. Si le Code du travail ne réglemente pas l'essai professionnel, certaines conventions collectives prévoient des dispositions, notamment en ce qui concerne la rémunération applicable à cette forme de test d'embauche.

Harcèlement sexuel : comment agir ?

Comme les salariés, les candidats à un emploi (ainsi que les candidats à un stage ou à une formation en entreprise) bénéficient d'une protection contre le harcèlement sexuel dont ils peuvent être victimes à l'occasion d'un recrutement.

Dans une telle situation, le/la candidat(e) peut notamment :

- demander conseil à une association dont l'objet est de combattre les discriminations fondées sur le sexe, sur les mœurs ou sur l'orientation ou l'identité sexuelle. Avec l'accord écrit de l'intéressé(e), cette association peut agir devant la juridiction pénale ;
- déposer une plainte auprès du procureur de la République, du commissariat de police, de la gendarmerie ou du doyen des juges d'instruction du tribunal de grande instance (TGI).

Remarques

- L'auteur du harcèlement sexuel est passible de deux ans d'emprisonnement et de 30 000 € d'amende (ces peines sont portées à trois ans d'emprisonnement et 45 000 € d'amende dans certaines circonstances, notamment lorsque les faits sont commis par une personne qui abuse de l'autorité que lui confèrent ses fonctions). Tout salarié ayant procédé à des faits de harcèlement sexuel est, par ailleurs, passible d'une sanction disciplinaire. La victime peut obtenir des dommages-intérêts.
- Dans les lieux de travail ainsi que dans les locaux ou à la porte des locaux où se fait l'embauche, les personnes mentionnées à l'article L. 1153-2 du Code du travail (salarié, candidat à un recrutement, etc.) sont informées par tout moyen du texte de l'article 222-33 (définition et sanctions pénales du harcèlement sexuel) du Code pénal.

Textes de référence

Articles L. 1131-1 à L. 1134-5 (discriminations),
L. 1221-6 (informations demandées, techniques de recrutement),
L. 5331-1 à L. 5334-1 et R. 5332-1 (diffusion et publicité
des offres d'emploi) du Code du travail
Article R. 416 du Code pénal (sanctions)
Loi n° 2014-173 du 21 février 2014 (JO du 22)
Ordonnance n° 2014-699 du 26 juin 2014 (JO du 27)

Lire en complément

• Discriminations et égalité professionnelle
• Le harcèlement sexuel
• L'égalité de rémunération entre les femmes et les hommes

Les obligations de l'employeur lors de l'embauche

Le recrutement d'un salarié entraîne pour l'employeur certaines formalités vis-à-vis de l'Administration, notamment celle relative à la déclaration préalable à l'embauche (DPAE). L'employeur a également des obligations à l'égard du salarié.
Les petites entreprises peuvent avoir recours au titre emploi service entreprise (Tese), destiné à leur faciliter l'accomplissement des obligations sociales liées à l'embauche. Pour leur part, les associations employant au plus neuf salariés équivalents temps plein peuvent avoir recours au chèque emploi associatif (CEA, voir p. 46). Les employeurs qui ont recours au Tese ou au CEA sont réputés satisfaire à l'ensemble des formalités liées à l'embauche et à l'emploi de leurs salariés, notamment la DPAE.
En cas de non-respect des formalités liées à l'embauche d'un salarié, l'employeur encourt des sanctions pénales pour travail illégal.

Qu'est-ce que la déclaration préalable à l'embauche (DPAE) ?

L'embauche d'un salarié ne peut intervenir qu'après déclaration nominative accomplie par l'employeur auprès des organismes de protection sociale désignés à cet effet (Urssaf ou MSA pour les salariés agricoles), et ce, quelles que soient la durée et la nature du contrat de travail envisagé.
À défaut de déclaration, l'employeur encourt diverses sanctions, notamment pénales et administratives pour dissimulation d'emploi salarié.
La déclaration préalable à l'embauche comporte les mentions suivantes (des mentions complémentaires sont prévues pour les salariés agricoles) :

- dénomination sociale ou nom et prénoms de l'employeur, code APE, adresse de l'employeur, numéro du système d'identification du *Répertoire des entreprises* et de leurs établissements ainsi que le service de santé au travail dont l'employeur dépend s'il relève du régime général de sécurité sociale ;
- nom, prénoms, sexe, date et lieu de naissance du salarié ainsi que son numéro national d'identification s'il est déjà immatriculé à la Sécurité sociale ;
- date et heure d'embauche ;
- nature, durée du contrat ainsi que durée de la période d'essai éventuelle pour les CDI et les CDD dont la durée minimale excède six mois.

Au moyen de cette déclaration, l'employeur accomplit les déclarations et demandes suivantes :
- l'immatriculation de l'employeur au régime général de la Sécurité sociale, s'il s'agit d'un salarié non agricole, prévue à l'article R. 243-2 du Code de la sécurité sociale ;
- l'immatriculation du salarié à la CPAM (à la MSA s'il s'agit d'un salarié agricole) ;
- l'affiliation de l'employeur au régime d'assurance chômage ;
- la demande d'adhésion à un service de santé au travail ;
- la demande d'examen médical d'embauche ;
- pour les salariés agricoles, demande d'affiliation des salariés auprès des institutions de retraite complémentaire obligatoire pour les entreprises adhérentes à la Camarca et à Agrica Retraite Agirc (ex-CRCCA).

La DPAE est adressée par l'employeur à l'Urssaf dans le ressort territorial duquel est situé l'établissement devant employer le salarié (à la caisse de MSA du lieu de travail pour les salariés agricoles). Cet organisme communique les renseignements portés sur la DPAE à chaque administration, service, organisme ou institution concerné par l'une ou l'autre des déclarations ou demandes mentionnées ci-dessus, selon leurs compétences respectives.

La DPAE est réalisée avant la mise au travail effective du salarié. Elle est adressée au plus tôt dans les huit jours précédant la date prévisible de l'embauche.

Remarque

La DPAE est, par principe, effectuée par voie électronique (www.net-entreprises.fr). Depuis le 1er octobre 2014, compte tenu des dispositions du décret du 17 juin 2014 (JO du 19 juin), les employeurs dont le personnel relève du régime général de sécurité sociale, autres que les particuliers employant un salarié à leur service, qui ont accompli plus de 50 DPAE au cours de l'année civile précédente ont ainsi l'obligation d'effectuer leur DPAE par voie électronique pour les employeurs dont le personnel relève du régime de protection sociale agricole ; ce seuil est en vigueur depuis le 1er janvier 2015. Le non-respect de cette obligation entraîne l'application d'une pénalité fixée à 0,5 % du plafond mensuel de la Sécurité sociale par salarié, recouvrée et contrôlée selon les règles, garanties et sanctions relatives au recouvrement des cotisations de sécurité sociale. Les pénalités dues au titre d'une année civile sont versées au plus tard à la première date d'exigibilité des cotisations de sécurité sociale de l'année suivante.

Les employeurs qui n'ont pas l'obligation d'effectuer leur DPAE par voie électronique peuvent également utiliser cette possibilité, et bénéficier alors des facilités qu'elle offre : aide en ligne, préremplissage des éléments d'identification, délivrance immédiate de l'accusé de réception, etc. Toutefois, il leur reste possible d'adresser la DPAE par courrier recommandé avec accusé de réception ou par télécopie en retournant le formulaire Cerfa (n° 14738*01) au « Service déclaration d'embauche » de l'Urssaf dont relève son établissement. L'employeur doit alors, notamment en vue d'éventuels contrôles dans le cadre de la lutte contre le travail dissimulé, conserver une copie de la déclaration, l'accusé de réception postal de la lettre envoyée par recommandée ou, s'il a adressé la DPAE par télécopie, l'accusé de réception émis par le télécopieur.

L'employeur peut se procurer le formulaire Cerfa 14738*01 auprès de son Urssaf ou sur le site des Urssaf :
(www.urssaf.fr/images/ref_1740-DPAE_Formulaire.pdf).
Pour plus de précisions sur la DPAE, on peut se reporter aux informations diffusées sur le site des Urssaf :
(www.urssaf.fr/profil/employeurs/activite_generale/_vos_salaries_-_embaucher_vos_salaries/declaration_prealable_a_lembauche_(dpae)_01.html).

Remarque

Un salarié peut demander, par écrit, aux services compétents en matière de travail dissimulé dont la liste figure à l'article L. 8271-7 du Code du travail et notamment à l'Urssaf, si son employeur a accompli la DPAE le concernant. Sur cette question, et sur la procédure à suivre, il convient de se reporter aux informations diffusées sur le site de l'Urssaf (www.urssaf.fr).

Le titre emploi-service entreprise (Tese) : de quoi s'agit-il ?

Le Tese permet aux employeurs de France métropolitaine qui en remplissent les conditions de s'acquitter simplement des principales obligations administratives liées au recrutement et à l'emploi d'un salarié : déclaration unique d'embauche, établissement d'un contrat de travail, déclaration des cotisations sociales, établissement du bulletin de paie, etc.

Remarques

- À côté du Tese classique, ce dispositif se décline en deux offres spécifiques s'adressant à une population cible :
  - le Tese simplifié, pour les employeurs rencontrant des situations de paie très simple (employeurs dont la convention collective nationale ne prévoit pas de cotisation obligatoire de prévoyance, embauchant des salariés non cadres, etc.) ;

- le titre emploi forains (TEF), à l'attention des forains souhaitant employer des salariés occasionnels.

Sur ces dispositifs spécifiques, on peut se reporter aux précisions figurant sur le site dédié à cette mesure : www.letese.urssaf.fr.

▪ Les entreprises sans établissement en France peuvent, pour l'emploi de salarié(s) qui relève(nt) du régime général de la Sécurité sociale, adhérer au dispositif du « Titre firmes étrangères » (TFE) ; tous les renseignements sont disponibles sur le site www.tfe.urssaf.fr.

■ Les employeurs concernés

Le Tese ne peut être utilisé qu'en France métropolitaine et par les entreprises de moins de 250 salariés :

- dont l'effectif n'excède pas neuf salariés, quelle que soit la durée annuelle d'emploi de ces salariés ;
- ou qui, quel que soit leur effectif, emploient des salariés dont l'activité dans la même entreprise n'excède pas la limite de 100 jours, consécutifs ou non, ou de 700 heures de travail par année civile. Lorsque l'effectif de l'entreprise dépasse neuf salariés, le Tese ne peut être utilisé qu'à l'égard de ces seuls salariés.

Remarque

Dans le cadre des dispositions visant à simplifier la vie des entreprises, il est prévu de relever le seuil d'accès au Tese à 20 salariés, au lieu de neuf et d'étendre ce dispositif à l'Outre-mer. Ces mesures de simplification devraient faire l'objet d'une ordonnance dans le courant du 1er semestre 2015 ; toutes les précisions seront disponibles sur le site www.travail-emploi.gouv.fr.

La condition d'effectif s'apprécie au 31 décembre de l'année précédente. Pour les entreprises créées postérieurement à cette date, elle s'apprécie à la date à laquelle l'entreprise demande à bénéficier du Tese.

Par ailleurs, dans les conditions précisées par le décret n° 2011-1220 du 29 septembre 2011 (JO du 1er octobre), l'employeur dont l'entreprise ne comporte pas d'établissement en France peut accéder à un dispositif de titre emploi et bénéficier ainsi du recouvrement, par un interlocuteur unique spécialisé, des cotisations et contributions dues, du calcul des cotisations par un centre national ainsi que de l'établissement par celui-ci des bulletins de paie. Pour plus de précisions sur ce dispositif, on peut se reporter au site de l'Urssaf (www.urssaf.fr).

Remarque

Les organisateurs non professionnels de spectacles vivants et les employeurs dont les salariés relèvent du régime des salariés agricoles ne sont pas autorisés à utiliser le Tese. Ces employeurs ont accès à des dispositifs spécifiques de simplification de leurs formalités administratives : guichet unique pour le spectacle vivant pour les premiers (www.guso.fr) et titre emploi simplifié agricole (Tesa) pour les seconds (www.msa.fr).

■ Les avantages du Tese

Le Tese permet aux employeurs de France métropolitaine (voir toutefois ci-contre) de s'acquitter simplement des principales obligations administratives liées au recrutement et à l'emploi d'un salarié : DPAE, établissement d'un contrat de travail, déclaration des cotisations sociales et production du bulletin de paie, etc.

Ainsi, l'employeur qui utilise le Tese s'acquitte, par la remise au salarié et l'envoi à l'organisme habilité des éléments du titre emploi qui leur sont respectivement destinés, des formalités suivantes :

- les règles d'établissement du contrat de travail qu'il s'agisse d'un CDI, d'un CDD ou d'un contrat à temps partiel ;
- la déclaration préalable à l'embauche (DPAE) ;
- la délivrance d'un certificat de travail.

Le recours au Tese vaut, à l'égard des salariés employés au moyen de ce titre, respect des obligations qui incombent à l'employeur en matière :

- de formalités prévues par les articles D. 4622-1 à D. 4622-4 du Code du travail, relatifs aux services de santé au travail, et R. 4624-10 à R. 4624-14, relatifs à l'examen médical d'embauche (il appartient toutefois à l'employeur de s'assurer que le salarié a bien passé les examens médicaux - notamment l'examen médical d'embauche - dans les conditions fixées par la réglementation) ;
- de déclarations auprès de l'ensemble des administrations ou organismes intéressés au titre des articles R. 5422-5 à R. 5422-8 du Code du travail, relatifs à l'assurance chômage ;
- de déclarations auprès des administrations ou organismes intéressés au titre de l'article L. 3141-30 du Code du travail, relatif aux caisses de congés payés ;
- d'accomplissement, à l'égard des organismes sociaux et administrations concernées, des obligations prévues aux articles suivants du Code du travail : R. 243-10 (régularisation des cotisations de sécurité sociale), R. 243-13 (fourniture d'un bordereau récapitulatif des cotisations), R. 243-14 (déclaration annuelle des salaires), R. 312-4 (immatriculation du salarié au régime général de sécurité sociale) et du livre IX (affiliation et déclaration auprès des organismes de retraite et de prévoyance complémentaires) du Code de la sécurité sociale ;
- de déclaration annuelle des salaires destinée à l'administration fiscale (art. 87 du CGI).

Remarques

▪ Même si l'utilisation conforme du Tese dispense l'employeur de rédiger un contrat de travail, il est toutefois dans l'intérêt de l'employeur et du salarié d'en établir un, notamment pour prévoir d'éventuelles clauses particulières (convention de forfait, primes et indemnités conventionnelles, clause d'exclusivité et de non-concurrence, etc.). De même, si le contrat est conclu pour un temps partiel, il conviendra, au minimum, de prévoir, dans un document signé par les parties, la répartition de la durée du travail entre les jours de la semaine ou les semaines du mois, les horaires de travail et les limites dans lesquelles peuvent être effectuées les heures complémentaires. Enfin, s'il s'agit d'un CDD, les motifs de recours à ce type de contrat doivent être respectés (voir p. 96 et s.).

- Les employeurs qui adhèrent au Tese doivent se rapprocher des organismes sociaux (retraite complémentaire, prévoyance...) afin de remplir un dossier d'affiliation.

■ L'adhésion au Tese

L'employeur qui souhaite adhérer au service Tese doit le faire en se connectant au site Internet dédié à ce dispositif (www.letese.urssaf.fr) sur lequel il trouvera le détail de la marche à suivre.

■ L'utilisation du Tese

Depuis le 1er mai 2014, toutes les démarches relatives au Tese s'effectuent obligatoirement en ligne à partir du site dédié à ce dispositif www.letese.urssaf.fr sur lequel l'employeur dispose d'un espace personnel et sécurisé. À partir de ce site, l'employeur a accès aux rubriques suivantes :

- « Contrats » Cette rubrique correspond au volet « identification du salarié » et précise les éléments figurant à l'article D. 1273-3 du Code du travail, notamment les mentions relatives au salarié (nom, prénom, sexe, date et lieu de naissance, etc.) et celles relatives à l'emploi (nature du contrat de travail, durée du travail, durée de la période d'essai, etc.). La saisie de ces éléments permet de réaliser la DPAE (voir p. 18) et le contrat de travail (un certificat d'enregistrement établi à partir des données saisies doit être imprimé et signé par l'employeur et le salarié qui doivent, chacun, en conserver une copie). Toutefois, dans l'intérêt de l'employeur et du salarié, il est recommandé d'établir un contrat de travail dans lequel pourront, le cas échéant, être prévues des clauses particulières : conventions de forfait, clause de non-concurrence, clause de mobilité, etc. ;

• « Volets sociaux » La saisie des éléments de rémunération permet le calcul des cotisations et l'établissement du bulletin de paie.

Remarques

▪ À partir de leur espace personnel, les employeurs peuvent consulter l'historique de leur dossier pour chaque salarié concerné par le recours au Tese : bulletins de paie, décomptes de cotisations, états récapitulatifs mensuels et annuels, etc.

▪ Un guide pratique est à disposition des employeurs et des salariés sur le site www.letese.urssaf.fr.

▪ Le calcul et le paiement des cotisations

Sur la base des informations communiquées chaque mois par l'employeur (à l'aide du volet social, le Centre national de traitement du Tese calcule les cotisations et contributions sociales obligatoires, d'origine légale ou conventionnelle, dues par cet employeur, puis lui notifie un décompte des sommes à payer, au plus tard le 10ᵉ jour du mois suivant celui de la réception du volet social.

Deux modalités de paiement sont proposées à l'employeur :

• le prélèvement, qui s'effectue sur son compte bancaire à partir du 16 du mois suivant celui au cours duquel les sommes dues lui ont été notifiées dans les conditions mentionnées ci-dessus ;
• le chèque, à envoyer à l'Urssaf dont il relève avant la date limite mentionnée sur la lettre adressée par le Centre national Tese.

Remarque

Certaines contributions ne sont pas collectées dans le cadre du Tese. Sont notamment concernées la prévoyance et la retraite individuelles facultatives, la formation professionnelle continue, la taxe d'apprentissage et, le cas échéant, la participation au Fonds de développement pour l'insertion professionnelle des handicapés. Ces contributions doivent être versées directement, par l'employeur, aux organismes concernés.

L'organisme de recouvrement du régime général de la Sécurité sociale territorialement compétent est habilité à recouvrer et contrôler les cotisations et contributions dues par l'employeur qui recourt au Tese.

■ L'établissement du bulletin de paie

Le bulletin de paie du salarié est établi par le Centre national de traitement du Tese compétent pour le secteur professionnel auquel appartient l'employeur.

Ce bulletin (comportant toutes les mentions prévues à l'article R. 3243-1 du Code du travail) est adressé à l'employeur, en deux exemplaires, dans les trois jours ouvrés qui suivent la réception de sa déclaration mensuelle. L'employeur a la charge de remettre un exemplaire de ce bulletin de paie au salarié concerné.

Par exception, les salariés dont la période d'emploi n'excède pas 31 jours calendaires se voient adresser leur bulletin de salaire directement par le Centre national de traitement du Tese.

Remarque

Sur le site www.letese.urssaf.fr, dans la rubrique « Éditions » de leur espace personnel, les employeurs peuvent disposer des bulletins de paie dès le lendemain de la validation du volet social.

Quelles sont les autres formalités obligatoires ?

- Lorsque le salarié est de nationalité étrangère, vérifier avant l'embauche que l'intéressé possède une autorisation de travail en cours de validité. À signaler toutefois que la situation de l'emploi ou l'absence de recherche préalable de candidats déjà présents sur le marché du travail n'est pas opposable à une demande d'autorisation de travail présentée pour un étranger non ressortissant d'un État membre de l'Union européenne, d'un autre État partie à l'Espace économique européen ou de la Confédération suisse souhaitant

exercer une activité professionnelle dans un métier caractérisé par des difficultés de recrutement et dont la liste figure en annexe de l'arrêté du 18 janvier 2008 (JO du 20 ; pour plus de précisions, on peut se reporter au site dédié à l'immigration professionnelle : www.immigration-professionnelle.gouv.fr).
Les ressortissants de l'Union européenne ou ayant la nationalité d'un des pays de l'Espace économique européen (EEE : Norvège, Liechtenstein et Islande) ainsi que les ressortissants suisses ont le droit de chercher et d'occuper librement un emploi salarié en France, et ce en vertu notamment des dispositions de l'article 48 du traité sur l'Union européenne. Aucune autorisation de travail n'est donc requise de ces ressortissants, sous réserve qu'ils puissent produire un document prouvant leur identité (carte d'identité, passeport).
L'autorisation de travail reste obligatoire pour les ressortissants de la Croatie (nouvel État membre de l'UE depuis le 1er juillet 2013), durant une période transitoire allant de 2 à 7 ans. Toutefois, pour ces ressortissants, la procédure de délivrance des autorisations de travail est simplifiée et accélérée pour l'occupation d'un emploi dans l'un des métiers connaissant des difficultés de recrutement dont la liste figure en annexe de l'arrêté du 18 janvier 2008, modifié en dernier lieu par un arrêté du 12 décembre 2013 : pour l'occupation d'un emploi dans l'un de ces métiers, l'autorisation de travail reste maintenue, mais la situation de l'emploi n'est plus opposable.

- Inscrire les informations concernant le salarié embauché sur le registre unique du personnel.
- Adresser à la Direction de l'animation de la recherche, des études et des statistiques (Dares), dans les huit premiers jours de chaque mois, un relevé mensuel des contrats de travail conclus ou résiliés au cours du mois précédent. Obligatoire uniquement pour les entreprises de 50 salariés et plus, cette formalité ne concerne que les contrats de travail d'une durée supérieure à un mois.

Quels sont les documents à remettre au salarié ?

Lors de l'embauche du salarié, l'employeur lui fournit une copie de la déclaration préalable à l'embauche ou de l'accusé de réception. Cette obligation de remise est considérée comme satisfaite dès lors que le salarié dispose d'un contrat de travail écrit, accompagné de la mention de l'organisme destinataire de la déclaration.

Quelles sont les autres obligations à l'égard du salarié ?

■ **Procéder à la visite médicale d'embauche, avant l'expiration de la période d'essai**

À noter que, si l'intéressé est soumis à une surveillance médicale spéciale (travailleur handicapé, personne affectée à certains travaux, travailleurs âgés de moins de 18 ans, femme enceinte, etc.), la visite médicale doit avoir lieu avant l'embauche.

■ **Organiser l'information et la formation du nouvel embauché à la sécurité**

Il s'agit de l'instruire sur les précautions à prendre afin d'assurer sa propre sécurité et celle des autres. Si le salarié est exposé à des travaux dangereux, sa formation doit être renforcée. L'information doit être donnée d'une manière compréhensible pour chacun.

Remarque

À l'occasion de son embauche, le salarié est informé qu'il bénéficie tous les deux ans d'un entretien professionnel avec son employeur consacré à ses perspectives d'évolution professionnelle, notamment en termes de qualifications et d'emploi. Cette disposition est issue de la loi du 5 mars 2014 (JO du 6 mars 2014), en vigueur depuis le 7 mars 2014.

Enfin, certains affichages destinés à informer les salariés doivent être effectués dans l'établissement.

Ils concernent principalement :

- l'horaire de travail des salariés et la durée des repos. Cet horaire est transmis à l'inspection du travail ;
- l'adresse et le numéro d'appel de l'inspection du travail, du service de santé au travail et des services de secours d'urgence ;
- l'intitulé et les références de la convention collective applicable, ainsi que le lieu où elle peut être consultée dans l'entreprise ;
- le règlement intérieur, les consignes en cas d'incendie et les textes de loi relatifs à l'égalité professionnelle entre les femmes et les hommes ;
- les coordonnées du service d'accueil téléphonique ayant pour objet de recueillir les appels des personnes estimant avoir été victimes de discriminations (08 1000 5000) ; ce service répond aux demandes d'information et de conseil sur les discriminations et sur les conditions de saisine du Défenseur des droits ; le cas échéant, il réoriente les appelants vers les autres organismes ou services compétents.

Remarque

Les personnes mentionnées à l'article L. 1152-2 du Code du travail (salariés, personnes en formation ou en stage) sont informées par tout moyen du texte de l'article 222-33-2 du Code pénal (définition et sanctions pénales du harcèlement moral).

Dans les lieux de travail ainsi que dans les locaux ou à la porte des locaux où se fait l'embauche, les personnes mentionnées à l'article L. 1153-2 du Code du travail (salarié, personne en formation ou en stage, candidat à un recrutement, etc.) sont informées par tout moyen du texte de l'article 222-33 du Code pénal (définition et sanctions pénales du harcèlement sexuel).

Dans les lieux de travail ainsi que dans les locaux ou à la porte des locaux où se fait l'embauche, les personnes mentionnées à l'article L. 1132-1 du Code du travail (salarié, candidat à un stage ou à un recrutement, etc.) sont informées par tout moyen du texte des articles 225-1 à 225-4 du Code pénal (définition et sanctions des discriminations prohibées).

Travail illégal : quelles sanctions ?

Le travail illégal revêt différentes formes, tels :

- le travail dissimulé (absence de déclaration d'embauche, absence de bulletin de paie ou mention partielle des heures de travail, etc.) ;
- l'emploi non déclaré (non-immatriculation de l'employeur à l'Urssaf, auprès du régime d'assurance chômage, absence de mention du salarié dans le registre du personnel, etc.) ;
- le trafic de main-d'œuvre étrangère (emploi d'un étranger sans autorisation de travail, etc.) ;
- le faux travail indépendant (dissimulation de salariés sous l'apparence d'une relation commerciale indépendante), etc.

Est également réputé travail dissimulé par dissimulation d'emploi salarié le fait pour l'employeur de se soustraire intentionnellement aux déclarations relatives aux salaires ou aux cotisations sociales assises sur ceux-ci auprès des organismes de recouvrement des contributions et cotisations sociales ou de l'administration fiscale en vertu des dispositions légales.

Chacune de ces fraudes est pénalement sanctionnée, notamment par des peines d'emprisonnement et des amendes. Selon les cas, elles peuvent également faire l'objet de pénalités financières et/ou administratives : refus ou remboursement d'aides publiques, annulation de mesures d'exonération ou de réduction de cotisations, exclusion de certains contrats administratifs, fermeture, à titre provisoire, de l'établissement ayant servi à commettre l'infraction, etc. Les salariés disposent, quant à eux, de recours en vue d'obtenir des dommages et intérêts et/ou l'application des garanties et droits auxquels le comportement de l'employeur les a soustraits (versement d'un salaire minimum, paiement des heures supplémentaires, droit à une protection sociale, etc.) ; sur toutes ces questions, on peut se reporter aux informations diffusées sur le site www.travail-emploi.gouv.fr.

Textes de référence

Articles L. 1221-10 à L. 1221-12 (déclaration préalable à l'embauche), R. 4624-10 à R. 4624-15 (examen médical d'embauche), L. 4141-2 (formation à la sécurité) et L. 1273-1 à L. 1273-7 (titre emploi-service entreprise) du Code du travail

Lire en complément

- L'embauche par un particulier employeur
- L'embauche par une association : le chèque emploi associatif (CEA)

Les « jobs d'été » : formalités et obligations

Dès lors qu'ils ont plus de 14 ans, les jeunes peuvent être embauchés dans le cadre d'un job d'été, à condition, s'ils ont moins de 16 ans, de disposer d'un nombre minimal de jours de vacances scolaires.
Des règles doivent être respectées : forme du contrat de travail, visite médicale préalable, conditions de travail adaptées, rémunération minimale, indemnité de congés payés en fin de contrat, temps de travail.

Quels jeunes ?

Dès lors qu'ils ont plus de 14 ans, tous les jeunes peuvent être embauchés pour effectuer des travaux légers et adaptés à leur âge, pendant leurs vacances scolaires ou universitaires, dans le cadre d'un job d'été. Toutefois, l'emploi des mineurs de plus de 14 ans et de moins de 16 ans est autorisé uniquement pendant les périodes de vacances scolaires comportant au moins 14 jours ouvrables ou non, sous réserve que les intéressés disposent d'un repos continu d'une durée qui ne peut être inférieure à la moitié de la durée totale desdites vacances. Par exemple, si le jeune dispose de 15 jours de vacances, son contrat ne peut pas dépasser sept jours.
Le jeune mineur non émancipé ne peut conclure un contrat de travail qu'avec l'autorisation de son représentant légal.
Avant d'embaucher un jeune âgé de 14 à 16 ans, l'employeur doit obtenir une autorisation de l'inspecteur du travail.

Quelles formalités ?

■ Une autorisation de l'inspecteur du travail, pour les jeunes de 14 à 16 ans

Quinze jours avant l'embauche, l'employeur doit demander une autorisation de recruter à l'inspecteur du travail. Sa demande indique : la durée du contrat, la nature et les conditions de travail, l'horaire et la rémunération. Elle doit être accompagnée de l'accord écrit du représentant légal du jeune.

Remarque

L'inspecteur du travail dispose de huit jours pour informer l'employeur de son désaccord. En l'absence de réponse au-delà de ce délai, l'autorisation de recruter est réputée acquise.

■ Un CDD

Le contrat conclu avec le jeune est forcément à durée déterminée. Comme pour tout CDD, les éléments suivants y sont précisés :

- le motif de recrutement (ici, le remplacement d'un salarié parti en congé) ;
- la durée du contrat ;
- et, éventuellement, la période d'essai.

■ Une visite médicale avant l'embauche

Avant de conclure son contrat, le jeune passe obligatoirement une visite médicale auprès d'un médecin du travail pour vérifier s'il est apte physiquement à occuper l'emploi proposé.

Quelles conditions de travail ?

■ Des conditions de travail adaptées

Les règles générales du travail s'appliquent aux jeunes recrutés dans le cadre d'un job d'été. Ces derniers sont ainsi soumis aux mêmes obligations que les autres salariés de l'entreprise (respect du règlement intérieur) et ont accès aux mêmes avantages (cantines, pauses, etc.).

Toutefois, les jeunes de moins de 18 ans bénéficient de protections particulières :

- durée maximale de travail (voir p. 200) ;
- interdiction du travail de nuit (voir p. 235) ;

- interdiction ou réglementation de certains travaux (les mineurs de 14 à moins de 16 ans travaillant pendant leurs vacances scolaires ne peuvent être affectés qu'à des travaux légers qui ne sont pas susceptibles de porter préjudice à leur sécurité, à leur santé ou à leur développement).

■ Une rémunération minimale

Les jeunes de moins de 18 ans titulaires d'un contrat de travail sont rémunérés au minimum sur la base du Smic :

- minoré de 20 % avant 17 ans ;
- minoré de 10 % entre 17 et 18 ans.

À noter : pas de minoration de la rémunération si le jeune possède six mois de pratique professionnelle dans la branche.

Remarque

Certains accords et conventions collectives peuvent prévoir des conditions de rémunération plus favorables au jeune.

■ Une indemnité de congés payés à la fin du contrat

Au terme de son contrat, le jeune reçoit une indemnité compensatrice de congés payés égale à 10 % de la totalité des salaires perçus. En revanche, à partir du moment où le contrat a été conclu pour une période comprise dans ses vacances scolaires ou universitaires, il n'a pas droit à l'indemnité de fin de contrat (ou indemnité de précarité).

Textes de référence

Articles L. 1234-8 à L. 1234-10 (indemnité de fin de contrat),
L. 4153-1 à L. 4153-9 et D. 4153-1 à D. 4153-7
(âge et conditions de travail
des moins de 16 ans) du Code du travail

Qui contacter sur ce sujet ?

- Centres d'information et d'orientation : CIO
- Permanences d'accueil d'information et d'orientation : PAIO
www.education.gouv.fr/cid160/les-lieux-d-information-de-l-orientation.html
- Centre d'information et de documentation jeunesse : CIDJ
www.cidj.com
- Office national d'information sur les enseignements et les professions : Onisep
www.onisep.fr
- Inspection du travail : au sein de votre direction régionale des entreprises, de la concurrence, de la consommation, du travail et de l'emploi (Direccte)
http://direccte.gouv.fr/

Lire en complément

- La durée légale du travail
- Le temps de travail des jeunes de moins de 18 ans

L'embauche par un groupement d'employeurs

Le groupement d'employeurs permet aux entreprises de se regrouper pour employer une main-d'œuvre qu'elles n'auraient pas, seules, les moyens de recruter. Il s'agit d'une des formes d'exercice de la pluriactivité : les salariés du groupement d'employeurs effectuent des périodes de travail successives auprès de chacune des entreprises adhérentes au groupement. Dans le but de favoriser le développement de l'emploi sur un territoire, des groupements d'employeurs peuvent également être créés entre des personnes physiques ou morales de droit privé et des collectivités territoriales (communes, départements, etc.).

Remarque

Les groupements d'employeurs peuvent bénéficier du label « groupement d'employeurs pour l'insertion et la qualification » (GEIQ). Celui-ci est délivré, pour une durée d'un an, par l'association Comité national de coordination et d'évaluation des groupements d'employeurs pour l'insertion et la qualification (CNCE-GEIQ ; www.geiq.net) aux groupements d'employeurs qui se conforment aux critères définis par un cahier des charges établi par cette association sur avis conforme du ministre en charge du Travail et de l'Emploi. Ce label peut être renouvelé chaque année au vu d'une évaluation dont les modalités sont définies par ce même cahier des charges.
Le dispositif des emplois d'avenir (voir p. 769) est ouvert aux groupements d'employeurs pour l'insertion et la qualification.

Qu'est-ce qu'un groupement d'employeurs ?

Un groupement d'employeurs est une structure qui réunit plusieurs entreprises. Cette structure peut être constituée sous forme associative (association loi 1901 ou association régie par le Code civil local en Moselle, dans le Bas-Rhin et le Haut-Rhin), ou encore sous forme de société coopérative (coopératives d'artisans, Scop, coopératives en réseaux, etc.). Sauf s'il s'agit de coopératives agricoles, les sociétés coopératives existantes pourront également développer, dans les conditions fixées par le décret n° 2007-1323 du 7 septembre 2007, au bénéfice exclusif de leurs membres, les activités mentionnées ci-dessous.

Le but du groupement d'employeurs est de recruter un ou plusieurs salariés et de le(s) mettre à disposition de ses membres, selon leurs besoins. Il peut également apporter à ses membres son aide ou son conseil en matière d'emploi ou de gestion des ressources humaines.

Le groupement est l'employeur des salariés. Ces derniers sont donc liés au groupement par un contrat de travail. Celui-ci doit être établi par écrit et comporter, notamment : les conditions d'emploi et de rémunération, la qualification professionnelle du salarié, la liste des utilisateurs potentiels, les lieux d'exécution du travail. Le contrat garantit également l'égalité de traitement en matière de rémunération, d'intéressement, de participation et d'épargne salariale entre le salarié du groupement et les salariés des entreprises auprès desquelles il est mis à disposition.

Le groupement d'employeurs ne peut effectuer que des opérations à but non lucratif. Il vise à satisfaire les besoins en main-d'œuvre d'entreprises qui n'auraient pas la possibilité d'employer un salarié à temps plein. Il favorise la stabilité des salariés dans leur emploi en leur offrant de travailler dans plusieurs entreprises regroupées sur un même territoire. Le groupement est ainsi un moyen efficace de fixer une main-d'œuvre dans un bassin d'emploi, notamment en zone rurale.

Remarques

- Un groupement d'employeurs ne peut être confondu avec une entreprise de travail temporaire.
- Dans les conditions spécifiques fixées par les articles L.1253-19 à L.1253-23 du Code du travail, et dans le but de favoriser le développement de l'emploi sur un territoire, des groupements d'employeurs peuvent être créés entre des personnes physiques ou morales de droit privé et des collectivités territoriales (communes, départements, etc.). Sur la détermination de la convention collective applicable aux salariés de ces groupements, voir les précisions ci-dessous.

Ne pouvant effectuer que des opérations à but non lucratif, le groupement n'exerce pas d'activité commerciale, met ses salariés à la disposition de ses seuls adhérents et ne les place en aucun cas auprès d'entreprises extérieures. Par ailleurs, le groupement a vocation à recruter sur des emplois stables (CDI) puisque son objet est d'associer des employeurs qui, pris séparément, ne pourraient pas supporter la charge d'un emploi permanent.

Qui peut adhérer à un groupement d'employeurs ?

Toute personne physique ou morale entrant dans le champ d'application d'une convention collective (en raison des salariés qu'elle emploie déjà, ou qu'elle est susceptible d'employer), quelles que soient son activité (libérale, commerciale, industrielle ou agricole) et sa forme juridique.
Des personnes physiques ou morales n'entrant pas dans le champ d'application de la même convention collective peuvent également constituer un groupement d'employeurs. Elles devront alors choisir ensemble la convention collective commune applicable aux salariés du groupement (voir p. 44). La direction régionale des entreprises, de la concurrence, de la consommation, du travail et de l'emploi (Direccte, voir p. 933) peut apporter une aide si nécessaire.

À quoi sert un groupement d'employeurs ?

Les motifs qui peuvent conduire des petites et moyennes entreprises à se réunir pour créer un groupement d'employeurs sont à la fois divers et multiples.

Par exemple :

- créer un emploi stable susceptible d'intéresser un salarié qualifié dont des chefs d'entreprises souhaitent s'attacher les services ;
- occuper à temps partiel, pour un nombre d'heures correspondant exactement à leurs besoins, un salarié possédant une qualification particulière (technicien qualité, comptable, etc.) ;
- maintenir sur plusieurs entreprises l'emploi d'un salarié que son entreprise d'origine serait, sinon, obligée de licencier ;
- utiliser à tour de rôle au cours de l'année un salarié pour effectuer des travaux saisonniers décalés dans le temps ;
- bénéficier occasionnellement d'un appoint de main-d'œuvre.

Par ailleurs, la mise à disposition de salariés par un groupement d'employeurs entrant dans le champ d'application d'une même convention collective peut avoir pour objet de permettre le remplacement de salariés suivant une action de formation prévue par le Code du travail.

Quels sont les avantages d'un groupement d'employeurs ?

■ Pour les entreprises

- Elles ont recours à une main-d'œuvre qualifiée au moment où elles en ont le plus besoin.
- Elles bénéficient de l'expérience acquise par les salariés dans plusieurs entreprises différentes ou, dans le cas de travaux saisonniers, de la compétence accumulée les années précédentes.
- Elles supportent, chacune d'entre elles, les frais salariaux en proportion de l'utilisation de la main-d'œuvre, avec des frais de gestion réduits au minimum.

- Elles sont déchargées des tâches administratives qu'occasionne normalement l'emploi d'un salarié.
- Elles peuvent bénéficier, de la part du groupement, d'aide ou de conseil en matière d'emploi ou de gestion des ressources humaines.

Remarque

Les groupements d'employeurs qui organisent, dans le cadre du contrat de professionnalisation, des parcours d'insertion et de qualification au profit de jeunes de 16 à 25 ans sortis du système scolaire sans qualification ou rencontrant des difficultés particulières d'accès à l'emploi, ou de demandeurs d'emploi de 45 ans et plus, peuvent bénéficier d'une aide de l'État pour l'accompagnement personnalisé vers l'emploi de ces jeunes et de ces demandeurs d'emploi. Une convention doit être conclue entre le groupement et le représentant de l'État dans le département. Son montant est fixé à 686 € par accompagnement et en année pleine ; l'aide est cumulable avec l'exonération de cotisations patronales de sécurité sociale dont bénéficie le groupement au titre de la conclusion de ces contrats.

■ Pour les salariés du groupement

- Ils relèvent d'un employeur unique (le groupement), ce qui est plus simple en matière de couverture sociale et d'organisation de la relation de travail que la situation du pluriactif dépendant de plusieurs employeurs.
- Ils ont un seul contrat de travail, obligatoirement écrit, qui mentionne la liste des adhérents du groupement, c'est-à-dire des utilisateurs potentiels (pour une exception à cette règle, voir « Remarque » p. 42).
- Ils sont couverts par une convention collective.
- Ils bénéficient d'une plus grande sécurité d'emploi, en raison de la dimension collective du groupement.
- Ils ont l'assurance de percevoir leur salaire même en cas de

défaillance de l'un des membres du groupement, ceux-ci étant solidairement responsables des dettes contractées à l'égard des salariés.

À noter que les statuts des groupements d'employeurs peuvent prévoir, sur la base de critères objectifs, des règles de répartition de ces dettes entre les membres du groupement, opposables aux créanciers ; ils peuvent également prévoir des modalités de responsabilité spécifiques pour les collectivités territoriales membres du groupement.

Remarque

Pendant la durée de la mise à disposition, et dans les conditions mentionnées à l'article L. 1253-12 du Code du travail, l'utilisateur est responsable des conditions d'exécution du travail telles qu'elles sont déterminées par les dispositions légales et conventionnelles applicables au lieu de travail.

Par ailleurs, dans les conditions prévues par le Code du travail, les salariés d'un groupement d'employeurs qui n'a pas mis en place un dispositif d'intéressement peuvent bénéficier du dispositif d'intéressement mis en place dans chacune des entreprises du groupement auprès de laquelle ils sont mis à disposition si l'accord le prévoit. Des dispositions similaires sont prévues au titre de la participation (art. D. 3321-2 et s. du Code du travail) et des plans d'épargne salariale (art. D. 3331-2 et s. du Code du travail).

Remarque

Lorsque le groupement d'employeurs a pour objet principal de mettre des remplaçants à la disposition de chefs d'exploitations ou d'entreprises agricoles, les contrats de travail conclus par ce groupement peuvent ne pas mentionner la liste des utilisateurs potentiels et ne préciser que la zone géographique d'exécution du contrat qui doit prévoir des déplacements limités ; cette dérogation s'applique également aux groupements d'employeurs ayant pour objet principal le remplacement des chefs d'entreprises artisanales, industrielles ou commerciales ou des personnes physiques exerçant une profession libérale. Ces groupements ont pour activité principale le remplacement des personnes mentionnées ci-dessus et de leurs salariés, en cas d'empêchement temporaire résultant de maladie, d'accident, de maternité, de décès ou en cas d'absences temporaires liées aux congés de toute nature, au suivi d'une formation professionnelle ou à l'exercice d'un mandat professionnel, syndical ou électif. Cette activité principale doit représenter au moins 80 % des heures de travail accomplies dans l'année civile par les salariés du groupement.

Quelles sont les formalités à accomplir ?

Pour créer un groupement d'employeurs, il suffit de respecter les formalités suivantes :

- adopter l'une des formes juridiques (notamment association loi 1901) prévues par l'article L. 1253-2 du Code du travail ;
- élaborer les statuts du groupement et dresser la liste des adhérents ;
- lorsque tous les adhérents relèvent de la même convention collective, informer l'inspection du travail de sa constitution ;
- lorsque le groupement est créé par des entreprises ne relevant pas de la même convention collective, le déclarer auprès de l'autorité compétente de l'État : le directeur régional des entreprises, de la concurrence, de la consommation, du travail et de l'emploi du département dans lequel le groupement d'employeurs a son siège social ;
- informer les institutions représentatives du personnel existant dans les entreprises concernées de la constitution et de la nature de la structure mise en place.

Remarque

Les groupements d'employeurs qui ont pour objet principal de mettre des remplaçants à la disposition de chefs d'exploitations ou d'entreprises agricoles, de chefs d'entreprises artisanales, industrielles ou commerciales ou de personnes physiques exerçant une profession libérale doivent faire l'objet d'un agrément par le directeur régional des entreprises, de la concurrence, de la consommation, du travail et de l'emploi (voir p. 933), du département dans lequel le groupement a son siège social. La demande d'agrément, datée et signée par la personne habilitée à cet effet par le groupement, doit être adressée au directeur mentionné ci-dessus dans le mois suivant la constitution du groupement, par lettre recommandée avec demande d'avis de réception.

Comment choisir la convention collective applicable au groupement ?

Lorsque les membres du groupement entrent dans le champ d'application d'une même convention collective, cette convention est obligatoirement celle du groupement.

Dans le cas contraire, le choix de la convention collective applicable est à l'entière appréciation des membres du groupement. La loi fixe des critères qui permettent de faciliter le choix de la convention collective applicable. Celle-ci doit être adaptée aux classifications professionnelles, aux niveaux d'emploi des salariés ou à l'activité des différents membres du groupement.

La convention retenue peut enfin être celle de l'activité qui bénéficie du plus grand volume horaire de mises à disposition.

La convention proposée par le groupement doit être mentionnée dans la déclaration à l'autorité compétente afin que celle-ci puisse se prononcer dans le délai d'un mois. Ce délai permet à l'Administration de s'opposer à l'activité du groupement si la convention collective choisie ne répond pas aux exigences du Code du travail (convention qui ne paraît pas adaptée aux classifications professionnelles ou aux niveaux d'emploi des salariés ou à l'activité des différents membres du groupement).

Remarque

Lorsque des groupements d'employeurs sont créés entre des personnes physiques ou morales de droit privé et des collectivités territoriales (communes, départements, etc.), la convention collective applicable est déterminée selon les règles suivantes : lorsque les adhérents de droit privé du groupement entrent dans le champ de la même convention collective, c'est cette convention qui s'applique ; dans le cas contraire, tous les adhérents choisissent la convention collective qu'ils souhaitent voir appliquée par le groupement, sous réserve des dispositions de l'article D. 1253-9 du Code du travail.

Textes de référence

Articles L. 1253-1 à L. 1253-23, D. 1253-1 à D. 1253-11 et R. 1253-12 à R. 1253-44 du Code du travail
Arrêté du 17 novembre 2006 (JO du 29 novembre) : montant de l'aide à l'accompagnement personnalisé en cas d'embauche en contrat de professionnalisation

Lire en complément

- Le contrat de professionnalisation

L'embauche par une association : le chèque emploi associatif (CEA)

Le chèque emploi associatif (CEA) s'adresse aux associations à but non lucratif employant au maximum neuf salariés équivalents temps plein (sauf exception au profit des associations de financement électoral) ainsi qu'aux fondations dotées de la personnalité morale et employant neuf salariés au plus. Destiné à alléger les obligations déclaratives pesant sur les associations employeurs, il peut également constituer, pour le salarié, un moyen de paiement de son salaire. Les associations et les fondations qui ne peuvent ou ne veulent pas adhérer à ce dispositif sont tenues aux mêmes obligations déclaratives que les autres employeurs.

Remarque

Pour obtenir tous renseignements sur le CEA, il est possible de consulter le site www.cea.urssaf.fr (sur lequel il est également possible d'adhérer et de procéder aux diverses déclarations utiles), ou d'appeler le numéro vert mis en place par le Centre national du CEA : 0800 1901 00.

Quelles sont les associations et les fondations concernées ?

Le CEA est réservé aux associations loi 1901 à but non lucratif employant au maximum neuf salariés équivalents temps plein (pour une exception à cette règle, voir ci-contre). Cette condition d'effectif est remplie lorsque la durée annuelle du travail effectuée par le ou les salariés de l'association ne dépasse pas la durée annuelle du

travail qu'effectueraient neuf salariés à temps plein. Ainsi, si l'association rémunère des salariés au-delà de 14 463 heures (1 607 x 9) dans l'année, elle ne peut pas avoir recours au CEA.
La condition d'effectif s'apprécie chaque année par référence à l'année civile précédente. À défaut de cette référence, une déclaration sur l'honneur suffit, sous réserve de contrôles effectués par l'Urssaf.
Le siège de l'association doit être situé en France Métropolitaine.
Le CEA peut également être utilisé par les fondations dotées de la personnalité morale et employant neuf salariés au plus.

Remarque

Les associations de financement électoral visées à l'article L. 52-5 du Code électoral peuvent utiliser le CEA quel que soit le nombre de leurs salariés.

Quels sont les salariés concernés ?

Tous les salariés de l'association ou de la fondation, à l'exception de ceux relevant du guichet unique du spectacle occasionnel (Guso), peuvent être rémunérés au moyen du CEA, sous réserve de leur accord.
Les salariés rémunérés au moyen d'un CEA sont soumis aux règles de droit commun en matière de congés payés.

Comment fonctionne le CEA ?

Le CEA permet à l'employeur d'alléger toutes les formalités liées à l'embauche et à l'emploi d'un salarié (versement du salaire, paiement des cotisations sociales).
Les associations utilisant le CEA sont réputées satisfaire à l'ensemble des formalités liées à l'embauche et à l'emploi de leurs salariés. Il en va ainsi notamment des formalités suivantes prévues par le Code du travail :

- la déclaration préalable à l'embauche (voir p. 18) ;
- l'inscription sur le registre unique du personnel ;

- l'établissement d'un contrat de travail écrit, l'inscription des mentions obligatoires et la transmission du contrat au salarié, pour les CDD (voir p. 96 et s.) ;
- l'établissement d'un contrat de travail écrit et l'inscription des mentions obligatoires, pour les contrats de travail à temps partiel (voir p. 130) ;
- les déclarations au titre de la médecine du travail et du régime des prestations du revenu de remplacement (voir ci-dessous).

À noter toutefois que, même si l'utilisation conforme du CEA dispense l'employeur de rédiger un contrat de travail, il peut être dans l'intérêt de l'employeur et du salarié d'en établir un, notamment pour prévoir d'éventuelles clauses particulières. De même, si le contrat est conclu pour un temps partiel, il conviendra, au minimum, de prévoir, dans un document signé par les parties, la répartition de la durée du travail entre les jours de la semaine ou les semaines du mois, les horaires de travail, etc. (voir p. 130 et s.). Enfin, s'il s'agit d'un CDD, les motifs de recours à ce type de contrat doivent être réunis (voir p. 96 et s.).

Remarque

Le recours au chèque emploi associatif vaut :

- accomplissement des formalités prévues pour l'application des articles D. 4622-1 à D. 4622-4 du Code du travail, relatifs aux services de santé au travail, et R. 4624-10 à R. 4624-14, relatifs à l'examen médical d'embauche ;
- déclaration auprès de l'ensemble des administrations ou organismes intéressés au titre des articles R. 1234-9 à R. 1234-12 du Code du travail, relatifs à l'attestation d'assurance chômage, et R. 5422-5 à R. 5422-8, relatifs à l'obligation d'assurance contre le risque de privation d'emploi et à l'obligation pour l'employeur d'adresser à l'organisme gestionnaire de l'assurance chômage des déclarations.

■ Versement du salaire

Le dispositif de CEA peut comporter une formule de chèque ; l'employeur rémunère alors le salarié en lui remettant un chèque extrait de son chéquier CEA. Ce chèque s'encaisse comme un chèque bancaire. Le montant porté sur le chèque est le salaire net dû au salarié.

L'établissement d'un bulletin de salaire n'est alors plus nécessaire : dans les cinq jours suivant la réception du volet social envoyé par l'employeur, le Centre national du chèque emploi associatif (CNCEA, géré par l'Urssaf d'Arras) envoie au salarié une attestation d'emploi qui vaut bulletin de salaire.

Remarque

Le CNCEA envoie également au salarié une attestation annuelle récapitulant les salaires déclarés au moyen du CEA afin qu'il puisse procéder à sa déclaration de revenus.

■ Paiement des cotisations sociales

Le chéquier remis à l'employeur comprend également des volets sociaux qui doivent être transmis, au plus tard dans les huit jours ouvrés suivant le paiement du salaire, au CNCEA.

Le volet social comprend les mentions suivantes :

1° Mentions relatives au salarié :

- nom et prénom ;
- numéro d'inscription au répertoire des personnes physiques et date de naissance.

2° Mentions relatives à :

- la rémunération et aux différents éléments qui la constituent ;
- la période d'emploi ;
- l'application, le cas échéant, d'une base forfaitaire pour le calcul des cotisations et contributions sociales.

3° La date de paiement du salaire et la signature de l'employeur.

Remarque

L'établissement et l'envoi des volets sociaux peuvent s'effectuer par voie électronique, via le site Internet : www.cea.urssaf.fr.

À partir des informations figurant dans le volet social, le CNCEA communique à l'organisme de recouvrement dont relève l'employeur, ainsi qu'à ce dernier, le calcul qu'il a effectué des contributions et cotisations dues. Ce décompte doit être adressé à l'employeur dans les conditions suivantes :

- lorsque le volet social a été reçu jusqu'au 15e jour d'un mois, le décompte est adressé le 16e jour de ce mois ;
- lorsque le volet social a été reçu après le 15e jour d'un mois, il est adressé le 16e jour du mois suivant.

L'organisme de recouvrement dont relève l'employeur effectue, sur le compte bancaire ou postal désigné par celle-ci, le prélèvement automatique des contributions et cotisations sociales, ainsi décomptées, le 8e jour du mois civil suivant celui au cours duquel les sommes dues ont été notifiées.

Remarque

L'association peut demander une rectification du calcul des cotisations jusqu'à huit jours avant la date de prélèvement.

■ Embauche

Le CNCEA envoie à toute association ou fondation adhérente des volets d'identification des salariés. Ils doivent être remplis pour chaque salarié et retournés au CNCEA (préalablement à l'embauche et au plus tôt dans les huit jours précédant la date prévisible de l'embauche). L'établissement et l'envoi de ces volets peuvent être effectués par Internet (www.cea.urssaf.fr).

Le volet d'identification du salarié vaut déclaration préalable à l'embauche (DPAE) et contrat de travail. Il comporte les mentions suivantes :

- mentions relatives au salarié : nom, date et lieu de naissance, numéro de sécurité sociale, régime d'affiliation ;
- mentions relatives à l'emploi : date de fin d'emploi s'il s'agit d'un CDD, durée de la période d'essai, salaire prévu à l'embauche, durée du travail, nature et catégorie d'emploi, convention collective applicable, taux de cotisations accidents du travail, et le cas échéant, taux de prévoyance.

Ce document est signé par l'employeur et le salarié.
Une copie du volet d'identification doit être remise au salarié : ce document a valeur de contrat de travail.

Quelles sont les formalités d'adhésion ?

L'employeur qui souhaite adhérer au dispositif du CEA peut le faire directement en ligne sur le site Internet dédié à ce dispositif (www.cea.urssaf.fr). Il est également possible de télécharger directement le formulaire d'adhésion sur ce même site puis le déposer, dûment complété, auprès de l'établissement financier qui tient le compte de l'association et qui le transmettra au CNCEA.

Remarque

L'association ou la fondation qui souhaite adhérer à ce dispositif et qui ne dispose pas d'un numéro Siret peut contacter le service de renseignements téléphoniques du CNCEA afin de connaître la marche à suivre pour obtenir ce numéro (0 800 1901 00 ; gratuit depuis un poste fixe).

Textes de référence

Articles L. 1272-1 à L. 1272-5, R. 1272-4 et D. 1272-1 à D. 1272-10 du Code du travail

L'embauche par un particulier employeur

Toute personne peut recruter un employé de maison chargé d'effectuer, au domicile privé de l'employeur (résidence principale ou secondaire), tout ou partie des tâches à caractère familial ou ménager.
Sont concernées les activités relevant de la convention collective nationale des salariés du particulier employeur du 24 novembre 1999 : travaux domestiques, soutien scolaire, assistance aux malades (sauf s'il s'agit de donner des soins), aux personnes âgées, etc. Les salariés concernés peuvent être embauchés directement par le particulier employeur ou par l'intermédiaire d'organismes agréés.
Lorsqu'il s'agit de faire garder ses enfants, un particulier peut également avoir recours aux services d'un assistant maternel. Contrairement aux employés de maison, l'assistant maternel travaille à son propre domicile. Et avant de le ou la recruter, l'employeur doit s'assurer que l'intéressé est muni de l'agrément du conseil général.

Embauche directe d'un employé de maison : quelles formalités ?

Le particulier employeur doit établir un contrat de travail écrit précisant les conditions d'emploi du salarié. Ce contrat doit être signé soit à l'embauche, soit à la fin de la période d'essai (un mois maximum, renouvelable une fois). Dans ce cas, une lettre d'embauche – qui précise la période d'essai – doit être remise au salarié lors de l'engagement.
Dans les huit jours qui suivent l'embauche, celle-ci doit faire l'objet d'une déclaration à l'Urssaf sur la base d'un imprimé (Cerfa n° 11469*01) disponible auprès de cet organisme.

Remarques

- L'utilisation du chèque emploi-service universel (Cesu, voir p. 63) dispense l'employeur de la déclaration d'embauche.
- Lorsque le salarié est employé pour assurer la garde simultanée d'enfants de deux familles, alternativement au domicile de l'une ou l'autre, chaque famille employeur doit établir un contrat de travail, sauf recours au Cesu.

À noter enfin que si le salarié embauché est de nationalité étrangère, l'employeur doit s'assurer que celui-ci dispose d'une autorisation de travail et d'un titre de séjour réguliers.

Remarque

Les règles relatives à l'emploi, par un particulier, d'un employé de maison sont régies par la convention collective nationale des salariés du particulier employeur du 24 novembre 1999. Il convient donc de s'y reporter pour connaître les droits et obligations en matière de rémunération, congés, rupture du contrat de travail, etc. Cette convention peut être consultée sur le site www.legifrance.gouv.fr.

Embaucher un employé de maison : quels avantages ?

■ Avantage fiscal

Cet avantage fiscal (selon le cas, réduction ou crédit d'impôt, pris en compte dans le cadre du plafonnement global des niches fiscales) concerne les personnes assujetties à l'impôt sur le revenu, domiciliées en France, et qui dans l'année ont supporté des dépenses au titre :

- de l'emploi direct d'un salarié qui rend des services définis aux articles L. 7231-1 et D. 7231-1 du Code du travail : garde des enfants, assistance aux personnes âgées, aux personnes handicapées ou aux autres personnes qui ont besoin d'une aide personnelle à leur domicile ou d'une aide à la mobilité favorisant leur maintien à domicile, tâches ménagères et familiales ;

- du recours à une association, une entreprise ou un organisme déclaré en application de l'article L. 7232-1-1 du Code du travail et qui rend exclusivement des services mentionnés ci-dessus ou qui bénéficie d'une dérogation à la condition d'activité exclusive selon l'article L. 7232-1-2 de ce même code ;
- du recours à un organisme à but non lucratif ayant pour objet l'aide à domicile et habilité au titre de l'aide sociale ou conventionné par un organisme de sécurité sociale.

L'avantage fiscal porte sur :
- les rémunérations déclarées et les cotisations sociales correspondantes ;
- le montant des factures émises par l'association, l'entreprise ou l'organisme mentionnés ci-dessus.

Les aides dont le particulier a éventuellement bénéficié (aide financière du comité d'entreprise ou de l'entreprise) sont exonérées d'impôt sur le revenu, mais doivent être déduites de la base de calcul de l'avantage fiscal.
Toutes les activités de services à la personne, telles que listées par la réglementation, ouvrent droit à cette disposition (voir p. 64).
Toutefois :
- le montant total des prestations de petit bricolage dites « hommes toutes mains » est plafonné à 500 € par an et par foyer fiscal. La durée d'une de ces interventions ne doit pas excéder deux heures ;
- pour les prestations d'assistance informatique et Internet à domicile, le montant ouvrant droit à l'avantage fiscal est plafonné à 3 000 € par an et par foyer fiscal ;
- pour les interventions de petits travaux de jardinage des particuliers, le montant ouvrant droit à l'avantage fiscal est plafonné à 5 000 € par an et par foyer fiscal.

Le montant de l'avantage fiscal est égal à 50 % des sommes effectivement payées, lesquelles sont prises en compte dans la limite de 12 000 € (soit une réduction maximale de 6 000 €) ; ce plafond est porté à 15 000 € (soit un avantage maximal de 7 500 €) pour la première année d'imposition pour laquelle le contribuable bénéficie de cet avantage au titre de l'emploi direct d'un salarié. Ce plafond de 12 000 € ou de 15 000 € est majoré de 1 500 € :

- par enfant à charge (cette somme est divisée par deux en cas d'enfant à charge de l'un et l'autre de ses parents séparés dans le cadre d'une garde alternée) ;
- pour chaque membre du foyer fiscal âgé de 65 ans et plus ;
- lorsque le contribuable rémunère un salarié au domicile d'un ascendant bénéficiaire de l'allocation personnalisée d'autonomie (APA) lorsque ce dernier est âgé de plus de 65 ans.

L'application de ces majorations ne peut toutefois pas porter le plafond des dépenses prises en compte pour le calcul de l'avantage fiscal au-delà de 15 000 € (soit une réduction maximale de 7 500 €) dans le cas général et de 18 000 € (soit une réduction ou un crédit d'impôt maximal de 9 000 €) pour la première année d'imposition pour laquelle le contribuable bénéficie de cet avantage au titre de l'emploi direct d'un salarié (l'avantage fiscal peut, en outre, être limité par l'application de la règle de plafonnement des niches fiscales ; sur ce point, on se reportera au site www.impots.gouv.fr). Pour les personnes invalides obligées de faire appel à l'assistance d'une tierce personne et les contribuables ayant à charge une personne invalide de 3e catégorie ou un enfant donnant droit au complément d'allocation d'éducation de l'enfant handicapé, le plafond des dépenses déductibles est fixé à 20 000 € (soit une réduction d'impôt ou un crédit d'impôt maximal de 10 000 €) (sur l'allocation d'éducation de l'enfant handicapé : voir le site www.caf.fr). Les formalités : il suffit d'inscrire dans la déclaration de revenus les sommes dépensées (salaires + charges et/ou montant facturé par l'organisme agréé) et de joindre l'attestation annuelle transmise par l'Urssaf et/ou la facture de l'organisme agréé.

Remarque

Chaque heure de travail effectuée par les salariés des particuliers employeurs (« employés de maison ») ouvre toutefois droit à une déduction forfaitaire patronale :

- de la cotisation due au titre des assurances maladie, maternité, invalidité et décès, à hauteur de 0,75 € dans les cas autres que ceux mentionnés ci-dessous ;
- des cotisations de sécurité sociale, à hauteur de 1,50 €, pour les salariés à domicile employés pour des activités de garde d'enfants âgés de 6 à moins de 14 ans, dans la limite de 40 heures par mois et sous réserve du respect par l'employeur de certaines modalités déclaratives (toutes les précisions sont disponibles sur le site www.urssaf.fr) ;
- des cotisations et contributions sociales d'origine légale et conventionnelle, à hauteur de 3,70 €, dans les Dom ainsi que dans les collectivités de Saint-Barthélemy, de Saint-Martin et de Saint-Pierre-et-Miquelon.

Ces déductions ne sont cumulables avec aucune exonération de cotisations sociales, ni avec l'application de taux ou d'assiettes spécifiques ou de montants forfaitaires de cotisations.

Embaucher un assistant maternel : quelles formalités ?

L'assistant maternel est la personne qui, moyennant rémunération, accueille habituellement et de façon non permanente des mineurs à son domicile. À ce titre, elle doit obtenir un agrément délivré par le président du conseil général du département où elle réside.

Le statut et les conditions d'emploi des assistants maternels sont fixés par les dispositions :

- de la convention collective nationale des assistants maternels du particulier employeur, du 1er juillet 2004, applicable à tous les

employeurs et à tous les salariés entrant dans son champ d'application, quelle que soit la date de signature du contrat ;
- du Code de l'action sociale et des familles, notamment de son Livre IV.

Le contrat de travail liant l'assistant maternel et son employeur doit obligatoirement être écrit et comporter les mentions prévues par l'article D. 423-5 du Code de l'action sociale et des familles et par l'article 4 de la convention collective nationale précitée. Avant de lui confier son enfant, l'employeur doit s'assurer que l'assistant maternel est titulaire de l'agrément et en possession d'une assurance responsabilité professionnelle et, le cas échéant, d'une assurance automobile. L'assistant maternel devra faire visiter à l'employeur les pièces auxquelles l'enfant aura accès.

Dans les huit jours qui suivent l'embauche, l'employeur doit effectuer une déclaration à l'Urssaf sur la base du formulaire Cerfa n° 60*3889 disponible sur demande auprès de cet organisme.

Par la suite, l'employeur doit :
- remettre à l'assistant maternel, en même temps que la rémunération, un bulletin de paie ;
- remplir et retourner à l'Urssaf, une fois par trimestre, la déclaration nominative trimestrielle (DNT).

Remarques

- Un modèle de bulletin de paie et de DNT sont disponibles auprès de l'Urssaf.
- Le salaire d'un assistant maternel doit être égal, pour chaque heure d'accueil, à au moins 0,281 fois le Smic horaire, soit 2,70 € de salaire horaire. Pour un accueil de neuf heures par jour, la rémunération brute doit donc être de 24,30 € (montants au 1er janvier 2015). Chaque heure d'accueil effectuée à partir de la 46e par semaine donne lieu au paiement d'un salaire majoré. Le montant de la majoration est fixé d'un commun accord par les parties.

▪ La convention collective du 1er juillet 2004 prévoit la mensualisation du salaire (sauf en cas d'accueil occasionnel) afin d'assurer une rémunération régulière à l'assistant maternel tout au long de l'année.

Quels avantages ?

L'emploi d'un assistant maternel agréé ouvre droit à divers avantages :

- un crédit d'impôt égal à 25 % des salaires versés, plafonnés à 2 300 € (soit un crédit d'impôt maximal de 2 300 x 25 % = 575 €). Lorsque le montant de l'avantage fiscal est supérieur à l'impôt dû, les services fiscaux versent la différence à la famille (par chèque ou sous forme de virement). Ce dispositif s'applique au titre des dépenses payées à un assistant maternel agréé pour la garde d'enfants âgés de moins de 6 ans au 1er janvier de l'année d'imposition, à la charge du contribuable ;
- le bénéfice, sous certaines conditions, du complément de libre choix du mode de garde versé dans le cadre de la « prestation d'accueil du jeune enfant » (Paje) et composé de deux éléments : prise en charge totale par la caisse d'allocations familiales (Caf) des cotisations sociales et prise en charge partielle de la rémunération, par le versement aux parents d'une allocation dont le montant varie selon les ressources du foyer et l'âge de l'enfant gardé.

Remarque

Pour plus d'informations sur le complément de libre choix du mode de garde et sur les conditions pour en bénéficier, il convient de s'adresser à la Caf ou de consulter le site www.caf.fr.

Le centre Pajemploi : de quoi s'agit-il ?

Les particuliers qui font appel à un assistant maternel agréé ou à une garde à domicile peuvent bénéficier du « complément de libre choix du mode de garde ». La demande doit être déposée auprès de la Caf. Si les conditions sont remplies, la Caf transmet le dossier au centre Pajemploi spécifiquement créé pour la gestion de cette prestation, qui devient alors l'interlocuteur des parents employeurs et de leur salarié.

À ce titre, le centre Pajemploi (géré par l'Urssaf du Puy-en-Velay) :

- si ce n'est déjà fait, procède à l'immatriculation des parents et leur attribue un numéro d'employeur ;
- leur adresse un carnet Pajemploi composé de volets déclaratifs destinés à déclarer mensuellement la rémunération de leur salarié. À partir des indications portées sur ce volet, le centre assure le calcul et le recouvrement des cotisations sociales.

Il délivre aux parents :

- un récapitulatif mensuel des salaires et cotisations et les informe du montant des cotisations à prélever s'ils emploient une garde à domicile (dans ce cas, en effet, seule une partie des cotisations est prise en charge, alors que pour l'emploi d'un assistant maternel, la prise en charge est totale) ;
- une attestation annuelle fiscale pour justifier de leur droit à réduction d'impôt.

Le centre Pajemploi enverra à la personne employée (assistant maternel ou garde d'enfant à domicile) :

- une attestation d'emploi équivalant à un bulletin de paie (les parents employeurs sont donc dispensés de délivrer ce bulletin à leur salarié) ;
- un récapitulatif annuel de salaire destiné à lui permettre d'établir sa déclaration de revenus.

Remarque

Pour plus d'informations sur le centre Pajemploi, il est possible de consulter le site www.pajemploi.urssaf.fr.

Textes de référence

• Employés de maison

Convention collective nationale des salariés du particulier employeur du 24 novembre 1999

Articles L. 7221-1, L. 7221-2, R. 7221-1 et R. 7221-2 du Code du travail

Articles L. 531-1 à L. 531-10, D. 531-1 à D. 531-26 du Code de la sécurité sociale (complément de libre choix du mode de garde)

• Assistant maternel

Articles L. 423-1 à L. 423-7, L. 423-17 à L. 423-27, R. 421-1 à R. 421-54 et D. 423-14 à D. 423-16 du Code de l'action sociale et des familles

Articles L. 531-1 à L. 531-10, D. 531-1 à D. 531-26 du Code de la sécurité sociale (complément de libre choix du mode de garde)

Convention collective nationale des assistants maternels au service du particulier du 1er juillet 2004, étendue par arrêté du 17 décembre 2004 (JO du 28 décembre)

Lire en complément

• Le chèque emploi-service universel (Cesu)

Le chèque emploi-service universel (Cesu)

Le chèque emploi-service universel (Cesu) est un dispositif permettant à un particulier employeur de déclarer et rémunérer des activités de services à la personne. Ces services sont en principe rendus au domicile du particulier ; il peut également s'agir d'activités exercées hors du domicile dès lors qu'elles s'inscrivent dans le prolongement d'une activité de services à domicile.

L'adhésion au Cesu peut se faire directement en ligne : (www.cesu.urssaf.fr) ou auprès de son établissement bancaire habituel ou encore auprès de l'Urssaf. Quelle que soit la modalité d'adhésion utilisée, l'employeur a toujours la possibilité de procéder aux déclarations relatives à l'emploi du salarié via Internet.

Remarque

Le dispositif Cesu présenté ici est celui relatif au Cesu « déclaratif ». Le Cesu peut également prendre la forme d'un Cesu « préfinancé », parfois appelé « titre Cesu » ; il s'agit alors d'un moyen de paiement permettant de rémunérer des services à la personne, identifié au nom du bénéficiaire et affichant une valeur définie. Ce Cesu est préfinancé, en tout ou partie, par l'employeur, le comité d'entreprise ou un organisme financeur (conseils généraux, caisses de retraite, centres communaux d'action sociale, etc.). Les titres Cesu sont émis par des organismes habilités. Les services qui peuvent être rémunérés au moyen du Cesu préfinancé sont les « services à la personne », tels qu'ils sont définis page 64.

Quels sont les employeurs concernés ?

Le Cesu « déclaratif » peut être utilisé par tout particulier employeur qui souhaite employer une personne qui exerce une des activités entrant dans le champ des « services à la personne », tel que défini ci-dessous. Ces activités doivent être exercées au domicile du particulier employeur ou hors de son domicile dès lors qu'elles s'inscrivent dans le prolongement d'une activité de services à domicile.

Le Cesu ne peut être utilisé qu'avec l'accord du salarié concerné, après que ce dernier a été informé du fonctionnement de ce dispositif.

Quelles sont les activités comprises dans les « services aux personnes » ?

Les activités qui entrent dans le champ des services à la personne sont les suivantes :

- entretien de la maison et travaux ménagers ;
- petits travaux de jardinage, y compris les travaux de débroussaillage ;
- prestations de petit bricolage dites « hommes toutes mains » ;
- garde d'enfant à domicile ;
- soutien scolaire à domicile et cours à domicile ;
- préparation de repas à domicile, y compris le temps passé aux commissions ;
- livraison de repas à domicile, à la condition que cette prestation soit comprise dans une offre de services incluant un ensemble d'activités effectuées à domicile ;
- collecte et livraison à domicile de linge repassé, à la condition que cette prestation soit comprise dans une offre de services incluant un ensemble d'activités effectuées à domicile ;
- assistance aux personnes âgées ou toute personne ayant besoin d'une aide personnelle à domicile, à l'exception d'actes de soins relevant d'actes médicaux ;

Sur la base du volet social qui lui est transmis par l'employeur, par Internet ou par courrier, le CN-Cesu :

- calcule les cotisations salariales et patronales ;
- adresse au particulier employeur un avis de prélèvement détaillé (éléments de rémunération déclarés, cotisations et contributions sociales, date du prélèvement, etc.) et procède au prélèvement des sommes correspondantes sur le compte de l'employeur ;
- transmet au salarié un document valant bulletin de paie, au sens de l'article L. 3243-2 du Code du travail.

Chaque année, le CN-Cesu transmet au particulier employeur ou met à sa disposition sur son espace personnel « Cesu en ligne » une attestation fiscale qui récapitule le montant des salaires versés et déclarés au moyen du Cesu « déclaratif », ainsi que le montant des cotisations sociales prélevées.

Cette attestation sert à compléter la déclaration de revenus et à justifier de la réduction ou du crédit d'impôt sur le revenu au titre des emplois familiaux.

Quels avantages pour le salarié ?

La personne déclarée par le biais du Cesu « déclaratif » bénéficie du statut de salarié :

- les règles prévues par le Code du travail et la convention collective des salariés du particulier employeur lui sont applicables ;
- sa protection sociale (assurance maladie, maternité, chômage, etc.) est garantie ;
- l'accès à la formation professionnelle est organisé ;
- la rémunération qui lui est versée inclut, le cas échéant, une indemnité de congés payés dont le montant est égal à 10 % de la rémunération brute (voir précisions p. 66). Pour l'appréciation des conditions d'ouverture de droits aux prestations sociales, le temps d'emploi effectif indiqué sur la déclaration établie par l'employeur est également majoré de 10 %.

Remarque

Pour l'ouverture des droits aux prestations d'assurances sociales, les salariés rémunérés au moyen de Cesu « déclaratif » bénéficient, s'ils ne remplissent pas les conditions de montant de cotisations ou de durée de travail de droit commun, des dispositions plus favorables prévues par l'article R. 313-7 du Code de la sécurité sociale ; sur ce point, il convient de se renseigner auprès de sa caisse primaire d'assurance maladie ou de consulter le site de l'assurance maladie (www.ameli.fr).

C'est le CN-Cesu qui se charge d'envoyer au salarié un document valant bulletin de paie, au sens de l'article L. 3243-2 du Code du travail. Ce document est à conserver sans limitation de durée. Si le salarié est inscrit sur le site www.cesu.urssaf.fr, ce document sera mis à disposition sur son espace personnel sécurisé.
En se connectant au site Internet
(www.cesu.urssaf.fr/cesweb/loginsala.jsp) le salarié peut éditer ces documents valant bulletin de paie.

Textes de référence

Articles L. 1271-1 à L. 1271-17 et D. 1271-1 à D. 1271-5 du Code du travail
Convention collective nationale des salariés du particulier employeur

Le « contrat de génération »

Le dispositif du contrat de génération, créé par la loi n° 2013-185 du 1er mars 2013 (JO du 3 mars 2013) a pour objectifs :
1° De faciliter l'insertion durable des jeunes dans l'emploi par leur accès à un contrat à durée indéterminée.
2° De favoriser l'embauche et le maintien dans l'emploi des salariés âgés.
3° D'assurer la transmission des savoirs et des compétences.
Le contrat de génération est mis en œuvre selon des modalités qui diffèrent en fonction de la taille de l'entreprise. Les principales dispositions applicables en sont présentées ici ; pour une description détaillée, on se reportera au site Internet dédié à ce dispositif (www.contrat-generation.gouv.fr).

Quel est le champ d'application du dispositif ?

Les dispositions relatives au contrat de génération s'appliquent à toutes les entreprises, mais avec des modalités qui diffèrent selon la taille de l'entreprise.

■ Les entreprises qui peuvent bénéficier de l'aide « contrat de génération »

Sous réserve qu'elles respectent les conditions d'embauche d'un jeune en CDI et de maintien dans l'emploi d'un salarié âgé (voir p. 74), et qu'elles n'appartiennent pas à un groupe d'au moins 300 salariés, peuvent bénéficier de l'aide au titre du contrat de génération, les entreprises de droit privé :

- de moins de 50 salariés, sans condition préalable de négociation, sous réserve qu'elles n'appartiennent pas à un groupe d'au moins 50 salariés ;

- dont l'effectif est compris entre 50 et moins de 300 salariés, ou qui appartiennent à un groupe dont l'effectif est compris entre 50 et moins de 300 salariés.

■ **Les entreprises assujetties à la pénalité**

Sont assujetties à une pénalité au titre du « contrat de génération » :

- les entreprises de droit privé appartenant à un groupe d'au moins 300 salariés non couvertes par un accord collectif ou un plan d'action d'entreprise ni par un accord collectif ou un plan d'action de groupe au 30 septembre 2013 ;
- les entreprises de droit privé d'au moins 300 salariés non couvertes par un accord collectif ou un plan d'action d'entreprise ni par un accord collectif ou un plan d'action de groupe au 30 septembre 2013 ;
- les établissements publics à caractère industriel et commercial (Épic) d'au moins 300 salariés non couverts par un accord collectif ou un plan d'action d'établissement ni par un accord collectif ou un plan d'action de groupe au 30 septembre 2013.

Le régime de cette pénalité est défini, notamment, par les articles R. 5121-33 à R. 5121-38 du Code du travail et fait l'objet d'une présentation détaillée par la circulaire du 15 mai 2013 mentionnée page 80, à laquelle on se reportera.

Remarque

Un groupe est formé par une entreprise dominante, dont le siège social est situé sur le territoire français, et les entreprises qu'elle contrôle dans les conditions définies à l'article L. 233-1, aux I et II de l'article L. 233-3 et à l'article L. 233-16 du Code de commerce (notamment le fait qu'elle possède plus de la moitié du capital de cette entreprise ou de chacune de ces entreprises, ou qu'elle détient, en droit ou en fait, la majorité des droits de vote dans cette entreprise ou chacune de ces entreprise). Est également considérée comme entreprise dominante une entreprise exerçant une influence dominante sur une autre entreprise dont elle détient au moins 10 % du capital, lorsque la permanence et l'importance des relations de ces entreprises établissent l'appartenance de l'une et de l'autre à un même ensemble économique.

Dans des conditions qui seront précisées par décret (à paraître), seront également soumises à pénalité les entreprises dont l'effectif est compris entre 50 et moins de 300 salariés ou qui appartiennent à un groupe dont l'effectif est compris entre 50 et moins de 300 salariés lorsqu'elles ne sont pas couvertes par un accord collectif d'entreprise ou de groupe conclu dans le cadre du dispositif du contrat de génération ou lorsque, à défaut d'accord collectif, attesté par un procès-verbal de désaccord dans les entreprises pourvues de délégués syndicaux, l'employeur n'a pas élaboré un plan d'action « contrat de génération » ou lorsqu'elles ne sont pas couvertes par un accord de branche étendu (toutes les précisions seront disponibles sur le site www.contrat-generation.gouv.fr).

Remarque

Les entreprises de moins de 300 salariés susceptibles de conclure un contrat de génération peuvent bénéficier d'une prestation d'appui conseil « contrat de génération ». Ce dispositif a vocation à permettre à une entreprise (ou un collectif d'entreprises de moins de 300 salariés) de bénéficier d'une aide financière de l'État lui permettant, d'une part, d'identifier par l'intermédiaire d'un diagnostic, les problématiques relatives à leur gestion de l'emploi notamment celles concernant le recrutement des jeunes, le maintien dans l'emploi des seniors et la transmission des compétences stratégiques et d'autre part, de bénéficier d'un accompagnement dans la mise en œuvre des actions répondant aux enjeux poursuivis par le contrat de génération et définies par le plan de préconisations formulé à l'issue du diagnostic. Pour plus de précisions, il convient de se reporter à la circulaire DGEFP/DGT du 15 mai 2013 mentionnée page 80 ; les entreprises intéressées peuvent contacter leur Direccte (coordonnées sur le site www.direccte.gouv.fr).

Quelles sont les conditions pour bénéficier de l'aide ?

L'aide « contrat de génération » a pour objectif de favoriser l'embauche en CDI de jeunes de moins de 26 ans, (moins de 30 ans pour les jeunes reconnus travailleurs handicapés ou lorsqu'il s'agit d'un projet de transmission d'entreprise), et de faciliter le maintien et le recrutement de salariés âgés dans l'entreprise afin de permettre la transmission des savoirs et des compétences.
La gestion opérationnelle de ce dispositif est confiée à Pôle emploi services.

■ Conditions tenant au binôme « jeune/senior »

Pour bénéficier de l'aide, l'embauche d'un jeune doit être associée au maintien dans l'emploi d'un salarié âgé. Il n'y a pas de condition de niveau de qualification du jeune ou du salarié âgé. Il n'est pas nécessaire, non plus, que le jeune et le salarié âgé aient les mêmes fonctions. Ils peuvent également être situés dans des établissements différents (au sein d'une même entreprise). En effet, les deux objectifs du dispositif « contrat de génération », c'est-à-dire l'intégration durable du jeune et transmission des compétences du salarié âgé, peuvent être atteints indépendamment : le tuteur du jeune n'est pas nécessairement le salarié âgé et ce dernier peut transmettre ses compétences à d'autres salariés que le jeune recruté.

Remarque

L'aide associée au contrat de génération peut également être mobilisée pour faciliter la transmission des petites entreprises. Pour les entreprises de moins de 50 salariés, il est ainsi possible de recruter un jeune (l'âge limite est fixé à 30 ans, dans le cadre du contrat de génération, dans la perspective de lui transmettre l'entreprise à terme. Dans ce cas, il n'est pas nécessaire que l'entreprise ait un salarié âgé. Le chef d'entreprise âgé de 57 ans ou plus joue le rôle du binôme.

Comme pour les autres contrats de génération, il est possible que ce recrutement en contrat de génération/transmission fasse suite à un contrat en alternance, notamment d'apprentissage, effectué par le jeune dans la même entreprise.

■ L'embauche d'un jeune en contrat à durée indéterminée (CDI)

Le jeune doit être âgé d'au moins 16 ans et de moins de 26 ans (ou moins de 30 ans dans les deux hypothèses mentionnées ci-contre). L'âge du salarié est apprécié au 1er jour d'exécution du contrat de travail. La date d'anniversaire des 26 ans ou des 30 ans du jeune ne met pas fin à l'aide de trois ans.

Pour pouvoir bénéficier de l'aide, le jeune doit être embauché en CDI, quelle que soit la nature de son contrat précédent (CDD, contrat de professionnalisation...) ou son statut précédent (demandeur d'emploi, étudiant...).

Remarque

Le jeune présent dans l'entreprise qui a conclu avant ses 26 ans (ou avant ses 30 ans pour le jeune reconnu travailleur handicapé) et avant le 1er mars 2013 (date de la promulgation de la loi n° 2013-185 du 1er mars 2013) un CDD, un contrat d'apprentissage ou un contrat de professionnalisation peut être éligible à l'aide si l'entreprise, à l'issue de son contrat, l'embauche en CDI, même s'il a, à la date de cette embauche, atteint ou dépassé l'âge de 26 ans (ou de 30 ans s'il est reconnu travailleur handicapé). Ainsi, par exemple, un jeune embauché en contrat de professionnalisation le 25 février 2013 à l'âge de 25 ans et demi, est embauché en CDI le 1er mars 2015. Cette embauche peut donner lieu au bénéfice de l'aide « contrat de génération ».

En principe, l'embauche doit être réalisée en CDI à temps plein. Toutefois, la conclusion d'un contrat à temps partiel, avec l'accord du jeune, lorsque son parcours ou sa situation le justifie, est

acceptée. La durée hebdomadaire du travail du jeune ne peut alors être inférieure à 80 % de la durée hebdomadaire du travail à temps plein.
Dans ce cas, le montant de l'aide versée au titre de l'embauche du jeune est proratisé en fonction de la durée du travail.

Exemple

Le jeune travaille à 80 % et le salarié âgé à 100 %, l'entreprise perçoit pour le trimestre 80 % de 2 000 euros au titre de l'embauche du jeune et 2 000 euros au titre du maintien dans l'emploi du salarié âgé.

■ Le maintien dans l'emploi ou l'embauche d'un salarié âgé en CDI

Le salarié doit être âgé d'au moins 57 ans (au moins 55 ans s'il est reconnu travailleur handicapé). Il peut s'agir, également, d'un salarié âgé d'au moins 55 ans au moment de son embauche. L'âge du salarié âgé est apprécié au 1er jour d'exécution du contrat de travail du jeune.
Lorsque le salarié est à temps partiel, le montant de l'aide est proratisé en fonction de la durée de travail du salarié âgé.

Exemple

Le jeune travaille à 100 %, et le salarié âgé à 50 %, l'entreprise perçoit pour le trimestre 100 % de 2 000 euros au titre de l'embauche du jeune, et 50 % de 2 000 euros au titre du maintien dans l'emploi du salarié âgé.

■ Autres conditions requises pour bénéficier de l'aide

Pour ouvrir droit à l'aide, les conditions suivantes doivent également être réunies :

- le jeune et le salarié âgé doivent être en poste dans l'entreprise lorsque celle-ci formalise sa demande d'aide auprès de Pôle emploi services ;

- l'employeur ne doit pas avoir procédé dans les six mois qui précèdent l'embauche du jeune à un licenciement pour motif économique sur les postes relevant de la catégorie professionnelle dans laquelle est prévue l'embauche ou à une rupture conventionnelle homologuée ou à un licenciement pour un motif autre que la faute grave ou lourde ou à un licenciement pour inaptitude sur le poste pour lequel est prévue l'embauche ;
- l'employeur doit être à jour de ses obligations déclaratives et de paiement à l'égard des organismes de recouvrement des cotisations et des contributions de sécurité sociale ou d'assurance chômage.

Remarque

L'aide « contrat de génération » ne peut se cumuler avec une autre aide de l'État à l'insertion, à l'accès ou au retour à l'emploi, à l'exception du contrat de professionnalisation.

Quelles sont les caractéristiques de l'aide ?

■ Montant et durée de versement

Principe

L'aide au titre du contrat de génération est de 4 000 € par an, à hauteur de 2 000 € au titre de l'embauche du jeune et de 2 000 € au titre du maintien dans l'emploi du salarié âgé (ou du chef d'entreprise). Le montant de l'aide est porté à 8 000 € par an à hauteur de 4000 € au titre de l'embauche du jeune et de 4000 € au titre de l'embauche du salarié âgé lorsque l'embauche du salarié âgé intervient au plus tôt dans un délai de six mois précédant l'embauche du salarié jeune (1er jour d'exécution du contrat de travail) ; cette disposition résulte du décret n° 2014-1046 du 12 septembre 2014 (JO du 14). L'aide est versée trimestriellement, à l'issue de chaque trimestre civil pendant trois ans maximum.

Remarque

Le montant de l'aide est proratisé en fonction de la durée du temps de travail de chaque salarié du binôme. En cas de modification du temps de travail du jeune ou du salarié âgé en cours de trimestre, le montant de l'aide associé à l'embauche du jeune ou celui associé au titre du maintien dans l'emploi du salarié âgé est proratisé à compter de la date d'effet déclaré.

En cas de suspension des contrats de travail du jeune ou du salarié âgé durant au moins 30 jours consécutifs au cours du trimestre civil sans maintien de la rémunération du salarié, l'aide versée au titre du salarié dont le contrat de travail a été suspendu est interrompue pour le trimestre. L'aide versée au titre de l'autre salarié du binôme est maintenue.

Les cas d'interruption de l'aide

Tous les trimestres, l'employeur justifie auprès de Pôle emploi services que les conditions d'attribution de l'aide sont toujours réunies (voir ci-contre). Selon les cas, l'aide peut être interrompue. Si l'une des conditions n'est plus remplie par l'employeur, Pôle emploi interrompt, pour l'avenir, le versement de l'aide.

Les principes d'interruption de l'aide tiennent compte de deux considérations :

- la volonté ou non de l'employeur de mettre un terme au contrat de travail d'un des salariés du binôme ;
- la durée de « cohabitation » de six mois minimum entre le jeune salarié recruté et le salarié âgé nécessaire pour que la transmission des savoirs et des compétences ait pu être effectuée.

Les dispositions applicables figurent à l'article R. 5121-46 du Code du travail ; elles font l'objet d'une présentation détaillée dans la circulaire DGEFP/DGT du 15 mai 2013 mentionnée page 80.

Quelle est la procédure ?

Pour bénéficier de l'aide au titre du contrat de génération, l'entreprise adresse à Pôle emploi services un formulaire de demande dûment complété et signé dans un délai de trois mois suivant la date d'embauche (1er jour travaillé) du jeune. Au-delà, l'aide ne pourra plus être accordée.

Remarque

Le comité d'entreprise ou, à défaut, les délégués du personnel, lorsqu'ils existent, sont informés des aides attribuées au titre du contrat de génération dans le cadre du rapport annuel sur la situation économique de l'entreprise mentionné à l'article L. 2323-47 du Code du travail.
Les salariés constituant le binôme au titre duquel l'aide est demandée par l'employeur doivent être informés par ce dernier du dépôt de la demande d'aide.

Le formulaire de demande est téléchargeable sur le site : www.contrat-generation.gouv.fr. Depuis le 1er juillet 2013, le formulaire est entièrement dématérialisé (dans la saisie comme dans l'envoi).
Le versement de l'aide est trimestriel. Avant la fin de chaque trimestre civil, Pôle emploi services envoie à l'entreprise un formulaire prérempli (un seul formulaire par entreprise avec les différents binômes en contrat de génération) pour que l'entreprise actualise les données (le formulaire d'actualisation et la notice sont annexés à la présente circulaire). Depuis le 30 septembre 2013, cette actualisation peut être réalisée par l'entreprise de façon dématérialisée, via le site Internet de Pôle emploi.
L'entreprise doit impérativement adresser cette actualisation à Pôle emploi services dans le mois qui suit la fin du trimestre civil pour lequel l'aide est demandée. Au-delà de ce délai d'un mois, l'aide ne peut plus être versée pour le trimestre considéré.

Par cette déclaration, l'entreprise atteste que les contrats de travail des salariés du binôme sont toujours en cours d'exécution, à ladite échéance et déclare les éventuelles modifications qui ont eu lieu s'agissant du départ ou du temps de travail de ces salariés, ou du départ d'autres salariés âgés de l'entreprise.
L'aide n'est due que pour le trimestre au titre duquel le montant calculé est au moins égal à 50 €.
Si l'entreprise n'envoie pas pendant deux trimestres consécutifs son formulaire d'actualisation, l'aide est interrompue de façon définitive.

Remarque

Les salariés constituant le binôme au titre duquel l'aide est demandée par l'employeur doivent être informés par ce dernier du dépôt de la demande d'aide.

Textes de référence

Loi n° 2013-185 du 1er mars 2013 (JO du 3 mars)
Décret n° 2013-222 du 15 mars 2013 (JO du 16 mars)
Articles L. 5121-6 à L. 5121-21 et R. 5121-26 à R. 5121-49 du Code du travail
Loi du 5 mars 2014 (JO du 6)
Décret n° 2014-1046 du 12 septembre 2014 (JO du 14)

Circulaire DGEFP/DGT n° 2013-07 du 15 mai 2013 (disponible sur le site circulaires.legifrance.gouv.fr)

Chapitre 2

Le contrat de travail

Caractéristiques du contrat de travail • CDD •
Travail temporaire • Contrats de travail à temps partiel
et intermittent • Modification du contrat • Discrimination
et égalité professionnelle • Droit disciplinaire •
Convention collective • Litiges

Les principales caractéristiques du contrat de travail

Le contrat de travail existe dès l'instant où une personne (le salarié) s'engage à travailler, moyennant rémunération, pour le compte et sous la direction d'une autre personne (l'employeur). Le plus souvent, le contrat de travail doit être écrit. Son exécution entraîne un certain nombre d'obligations, tant pour le salarié que pour l'employeur. Le contrat de travail peut être suspendu dans certaines circonstances, à la demande du salarié ou pour des raisons indépendantes de sa volonté (voir p. 90). Le contrat de travail à durée indéterminée (CDI) est la forme normale et générale de la relation de travail.

Qui peut conclure un contrat de travail ?

L'employeur peut être une personne physique (entrepreneur individuel, etc.) ou une personne morale (association, SARL, etc.). Dans ce cas, le contrat est conclu par la personne munie du pouvoir d'engager la société : gérant, directeur dont les fonctions comportent le recrutement de salariés, etc. Côté salarié, toute personne peut conclure un contrat de travail, avec, cependant, quelques restrictions concernant le majeur sous tutelle (le contrat doit alors être conclu avec son représentant, le tuteur) et les jeunes de moins de 18 ans. Ceux-ci ne peuvent en effet conclure de contrat de travail sans l'autorisation de leur représentant légal (père, mère, tuteur), sauf s'ils sont émancipés, c'est-à-dire considérés comme majeurs après décision de justice. En outre, selon leur âge, certaines règles doivent être observées :

- il est interdit d'employer des jeunes de moins de 16 ans, sauf cas particuliers :

- pour les activités du spectacle et de mannequins sur autorisation du préfet,
- dans le cadre de l'apprentissage à partir de 15 ans,
- ou pendant une partie des vacances scolaires (voir p. 33) à partir de 14 ans ;

- dans tous les cas, l'employeur est soumis à des contraintes spécifiques, en particulier en matière de sécurité et de durée du travail dès lors que le jeune a moins de 18 ans.

Le contrat doit-il être écrit ?

Seul le CDI à temps complet peut être non écrit. Il est alors qualifié d'oral, de verbal ou de tacite.

Remarque

Certaines conventions collectives rendent obligatoire la rédaction du contrat de travail.

Toutefois, si le contrat reste verbal, l'employeur a l'obligation de remettre au salarié un document écrit reprenant les informations contenues dans la déclaration préalable à l'embauche adressée à l'Urssaf (ou à la mutualité sociale agricole – MSA). Hormis le CDI à temps complet, tous les autres contrats doivent être écrits. Sont concernés :

- le CDI à temps partiel ;
- le contrat à durée déterminée (CDD) ;
- le contrat à temps partiel ;
- le contrat de travail intermittent ;
- le contrat de travail temporaire ;
- le contrat d'apprentissage ;
- les contrats d'insertion en alternance, notamment le contrat de professionnalisation ;
- les contrats spécifiques prévus pour les personnes en difficulté, notamment le contrat unique d'insertion (CUI) ;
- les contrats conclus avec les groupements d'employeurs.

Rédiger le contrat de travail : quelles règles respecter ?

Lorsqu'il est conclu en France, le contrat doit être rédigé en français. Il peut toutefois comporter des termes étrangers, sans correspondance en français, s'ils sont clairement expliqués.

Remarque

Le salarié étranger peut demander la traduction de son contrat dans sa langue d'origine.

L'employeur et le salarié sont libres de négocier le contenu du contrat de travail. Deux règles doivent néanmoins être respectées :

- s'agissant d'un contrat dont la rédaction est imposée (CDD, contrat de formation en alternance, etc. – voir ci-contre), il contient obligatoirement les mentions prévues par le Code du travail ;
- toute autre clause peut être insérée (clause de mobilité, etc.) à condition de ne pas être contraire à l'ordre public. Ainsi, par exemple, les clauses de célibat, les clauses discriminatoires ou celles prévoyant une rémunération inférieure au Smic sont interdites et sans effet.

Le contrat de travail peut-il comporter une période d'essai ?

La période d'essai (à distinguer de l'essai professionnel visé page 15) permet à l'employeur d'évaluer les compétences du salarié dans son travail, notamment au regard de son expérience, et au salarié d'apprécier si les fonctions occupées lui conviennent. Au terme de la période d'essai, s'il en a été prévu une, le salarié est définitivement embauché.

■ L'existence de la période d'essai

La période d'essai et la possibilité de la renouveler ne se présument pas. Pour qu'il y ait une période d'essai, celle-ci doit être expressément stipulée dans la lettre d'engagement ou le contrat de travail. La possibilité de renouveler la période d'essai doit également être stipulée dans l'un ou l'autre de ces documents. Sur les règles applicables aux CDD, voir pages 96 et suivantes.

■ La durée de la période d'essai

Au terme de l'article L. 1221-19 du Code du travail, le CDI peut comporter une période d'essai dont la durée maximale est :

- de deux mois pour les ouvriers et les employés ;
- de trois mois pour les agents de maîtrise et les techniciens ;
- de quatre mois pour les cadres. Si le contrat de travail (ou la lettre d'engagement) prévoit une période d'essai, il doit en préciser la durée en respectant ces limites.

■ Le renouvellement de la période d'essai

La période d'essai peut être renouvelée une fois si un accord de branche étendu le prévoit. Il fixe les conditions et les durées de renouvellement. La possibilité de renouvellement est expressément stipulée dans la lettre d'engagement ou le contrat de travail. La durée de la période d'essai, renouvellement compris, ne peut pas dépasser (art. L. 1221-21 du Code du travail) :

- quatre mois pour les ouvriers et employés ;
- six mois pour les agents de maîtrise et techniciens ;
- huit mois pour les cadres.

Remarque

En cas d'embauche dans l'entreprise dans les trois mois suivant l'issue du stage intégré à un cursus pédagogique réalisé lors de la dernière année d'études, la durée de ce stage est déduite de la période d'essai, sans que cela ait pour effet de réduire cette dernière de plus de la moitié, sauf accord collectif prévoyant des stipulations plus favorables. Lorsque cette embauche est effectuée dans un emploi en correspondance avec les activités qui avaient été confiées au stagiaire, la durée du stage est déduite intégralement de la période d'essai. Si un contrat d'apprentissage est suivi de la signature d'un CDI, d'un CDD ou d'un contrat de travail temporaire dans la même entreprise, aucune période d'essai ne peut être imposée, sauf dispositions conventionnelles contraires.

En tout état de cause, en cas de litige, les juges ont la possibilité d'apprécier si la durée de la période d'essai est, ou non, excessive, compte tenu des fonctions exercées par le salarié. Ainsi, à titre d'illustration (chaque cas étant un cas d'espèce), a été considérée comme déraisonnable, au regard de la finalité de la période d'essai et de l'exclusion des règles du licenciement durant cette période :

- une période d'essai dont la durée, renouvellement inclus, atteint un an (en l'espèce, il s'agissait d'un cadre exerçant les fonctions de directeur de magasin ; arrêt de la Cour de cassation du 11 janvier 2012 disponible sur le site www.legifrance.gouv.fr) ;
- une période d'essai dont la durée est de six mois (en l'espèce, il s'agissait d'un salarié recruté en qualité d'assistant commercial ; arrêt de la Cour de cassation du 10 mai 2012 disponible sur le site www.legifrance.gouv.fr).

■ Règles d'articulation avec les conventions collectives et le contrat de travail

Les durées des périodes d'essai fixées par les articles L. 1221-19 et L. 1221-21 du Code du travail (voir ci-contre) tels qu'ils résultent de la loi du 25 juin 2008 ont un caractère impératif, à l'exception :

- de durées plus longues fixées par les accords de branche conclus avant le 26 juin 2008, date de publication de la loi n° 2008-596 du 25 juin 2008 « portant modernisation du marché du travail » ;
- de durées plus courtes fixées par des accords collectifs conclus après le 26 juin 2008, date de publication de la loi n° 2008-596 du 25 juin 2008 précitée ;
- de durées plus courtes fixées par le contrat de travail ou la lettre d'engagement.

Remarque

La durée de la période d'essai est, pour certaines professions, réglementée par des dispositions particulières : VRP, assistants maternels. Des règles particulières s'appliquent également aux titulaires de certains contrats : CDD, intérim, contrat d'apprentissage, etc.

■ La rupture de la période d'essai

Pendant l'essai, le contrat de travail peut être librement rompu par le salarié ou par l'employeur, sans qu'il soit besoin de motiver cette rupture, et sans indemnité (sauf disposition conventionnelle contraire). Les règles de procédure concernant le licenciement ne s'appliquent pas. L'employeur et, dans certains cas, le salarié doivent toutefois respecter un délai de prévenance.

Ainsi, lorsqu'il est mis fin, par l'employeur, au contrat en cours ou au terme de la période d'essai définie aux articles L. 1221-19 à L. 1221- 24 du Code du travail (voir p. 86), le salarié est prévenu dans un délai qui ne peut être inférieur à :

- 24 heures en deçà de huit jours de présence ;
- 48 heures entre huit jours et un mois de présence ;
- deux semaines après un mois de présence ;
- un mois après trois mois de présence.

La période d'essai, renouvellement inclus, ne peut être prolongée du fait de la durée du délai de prévenance. Lorsque le délai de prévenance n'a pas été respecté, son inexécution ouvre droit pour le salarié, sauf s'il a commis une faute grave, à une indemnité compensatrice. Cette indemnité est égale au montant des salaires et avantages que le salarié aurait perçus s'il avait accompli son travail jusqu'à l'expiration du délai de prévenance, indemnité compensatrice de congés payés comprise. En cas de rupture pendant la période d'essai, le contrat prend fin au terme du délai de prévenance s'il est exécuté et au plus tard à l'expiration de la période d'essai ; la poursuite de la relation de travail au-delà du terme de l'essai donne naissance à un nouveau contrat de travail à durée indéterminée qui ne peut être rompu à l'initiative de l'employeur que par un licenciement (Cass. soc., 5 novembre 2014).

Remarque

Les dispositions ci-dessus relatives au délai de prévenance s'appliquent également à la rupture, pendant la période d'essai, d'un CDD stipulant un essai d'au moins une semaine.

Pour sa part, le salarié qui met fin à la période d'essai respecte un délai de prévenance de 48 heures. Ce délai est ramené à 24 heures si la durée de présence du salarié dans l'entreprise est inférieure à huit jours.

Remarque

Si la liberté de rupture de la période d'essai est la règle, un certain nombre de limites ont été posées à cette liberté, notamment par la Cour de cassation. Ainsi :

- la rupture de la période d'essai ne peut être fondée sur un motif discriminatoire ;
- si cette rupture est fondée sur un motif disciplinaire, l'employeur doit respecter la procédure disciplinaire ;
- l'employeur doit obtenir l'autorisation de l'inspecteur du travail pour rompre la période d'essai d'un salarié protégé.

Par ailleurs, l'employeur ne doit pas faire un usage abusif du droit qui lui est reconnu de rompre la période d'essai ; un employeur a ainsi été condamné à verser des dommages et intérêts au salarié pour avoir mis fin à sa période d'essai une semaine après le début des relations contractuelles, alors même que le salarié, âgé de 45 ans, venait de démissionner de son emploi précédent, qu'il effectuait un stage d'adaptation aux techniques de la société et qu'il n'avait pas encore été mis en mesure d'exercer les fonctions qui lui avaient été attribuées.

Quelles obligations découlent du contrat de travail ?

Employeur et salarié doivent respecter les obligations nées du contrat de travail et exécuter celui-ci de bonne foi :

- l'employeur est notamment tenu de :
  - fournir un travail dans le cadre de l'horaire établi, et dans le respect des règles destinées à protéger la santé et la sécurité des salariés,
  - verser le salaire correspondant au travail effectué,
  - respecter les autres éléments essentiels du contrat (qualification, lieu de travail, quand il est précisé dans le contrat, etc.),
  - faire effectuer le travail dans le respect du Code du travail et de la convention collective applicable à l'entreprise ;
- le salarié doit, quant à lui notamment :
  - observer les horaires de travail,
  - réaliser le travail demandé conformément aux instructions données,
  - respecter les engagements mentionnés dans le contrat de travail et, lorsqu'il en existe un, les clauses du règlement intérieur,
  - ne pas faire de concurrence déloyale à son employeur.

Quelles sont les situations entraînant la suspension du contrat de travail ?

■ Les principaux cas de suspension

Dans un certain nombre de situations prévues par le Code du travail, le contrat de travail est suspendu, ce qui a pour principal effet de dispenser le salarié d'exécuter sa prestation de travail. De son côté, l'employeur est, en principe, dispensé du versement du salaire pour la période correspondant à la suspension du contrat ; il peut toutefois être tenu, selon les motifs de la suspension, au versement d'une indemnité (ex. : indemnité de congés payés) ou d'une allocation (ex. : chômage partiel). Parmi les principaux congés ou absences entraînant la suspension du contrat de travail, on signalera :

- les congés de maternité, de paternité et d'accueil de l'enfant ou d'adoption (voir p. 326 et s. et 530) ;
- le congé de présence parentale (voir p. 527), le congé parental d'éducation (voir p. 534), le congé de soutien familial (voir p. 524), le congé de solidarité familiale (voir p. 521) ;
- le congé sabbatique (voir p. 539) ;
- le congé pour création ou reprise d'entreprise (voir p. 913) ;
- les arrêts de travail pour maladie (professionnelle ou non), accidents du travail ou accidents de trajet ;
- les congés payés (voir p. 503) ;
- l'activité partielle (voir p. 681) ;
- certains congés de formation (congé individuel de formation, congé de bilan de compétences, etc. ; voir p. 457 et s.).

Au terme de la période de suspension, le salarié doit retrouver son emploi ou un emploi similaire assorti d'une rémunération au moins équivalente. Sauf cas particuliers (ex. : congé de maternité, accidents du travail), la suspension de son contrat de travail ne le protège pas contre une éventuelle mesure de licenciement.

Remarque

Le salarié qui reprend son activité à l'issue d'un congé de maternité, d'un congé parental d'éducation ou d'une activité à temps partiel dans ce cadre, d'un congé de soutien familial, d'un congé d'adoption, d'un congé sabbatique, d'une période de mobilité volontaire sécurisée (voir p. 92), d'un arrêt longue maladie prévu à l'article L. 324-1 du Code de la sécurité sociale ou à l'issue d'un mandat syndical, doit se voir proposer par son employeur un entretien professionnel consacré à ses perspectives d'évolution professionnelle, notamment en termes de qualifications et d'emploi. Cet entretien donne lieu à la rédaction d'un document dont une copie est remise au salarié.

■ **Le cas particulier de la « mobilité volontaire sécurisée »**

Dans les conditions fixées par les articles L. 1222-12 à L. 1222-16 du Code du travail, les salariés peuvent désormais bénéficier, avec l'accord de leur employeur, d'une période de « mobilité volontaire sécurisée » pendant laquelle l'exécution de leur contrat de travail est suspendue. Ce nouveau droit reconnu aux salariés doit leur permettre d'enrichir leur parcours professionnel par la découverte d'une autre entreprise, sans qu'ils ne soient tenus de rompre leur contrat de travail.

Remarque

L'employeur communique semestriellement au comité d'entreprise la liste des demandes de période de mobilité volontaire sécurisée avec l'indication de la suite qui leur a été donnée.

Les salariés concernés

La possibilité de bénéficier d'une période de mobilité volontaire sécurisée est ouverte aux salariés qui remplissent les deux conditions suivantes :

- ils font partie d'une entreprise ou d'un groupe d'entreprises d'au moins 300 salariés ;
- ils justifient d'une ancienneté minimale de 24 mois, consécutifs ou non, dans l'entreprise.

Remarque

La période de mobilité volontaire sécurisée ne peut avoir qu'un objet : permettre au salarié d'exercer une activité dans une autre entreprise. Elle ne peut être imposée au salarié.

La procédure

La période de mobilité volontaire sécurisée est mise en œuvre par le salarié, avec l'accord de son employeur. Si ce dernier oppose deux refus successifs à la demande du salarié, l'accès au congé individuel de formation (CIF) est de droit, sans que puissent être opposées au salarié la condition d'ancienneté mentionnée à l'article L. 6322-4 du Code du travail ou les dispositions de l'article L. 6322-7 du même code (dispositions permettant à l'employeur de différer les départs en CIF afin que le pourcentage de salariés simultanément absents au titre de ce congé ne dépasse pas 2 % de l'effectif total de l'établissement) (voir p. 457 et 459).

Remarque

La loi ne fait pas obligation à l'employeur de motiver son refus. Celui-ci ne peut toutefois être fondé sur un motif prohibé, notamment un motif discriminatoire (les opinions politiques, les activités syndicales, les convictions religieuses, etc.). Le cas échéant, ce refus peut être contesté par le salarié devant le conseil de prud'hommes.

La nécessité de conclure un avenant au contrat de travail

Si l'employeur accepte la demande du salarié, un avenant au contrat de travail doit être établi et signé par les deux parties. Cet avenant détermine l'objet, la durée, la date de prise d'effet et le terme de la période de mobilité volontaire sécurisée, ainsi que le délai dans lequel le salarié informe par écrit l'employeur de son choix éventuel de ne pas réintégrer l'entreprise. Cet avenant prévoit également les situations (par exemple, la rupture de la période d'essai dans la nouvelle entreprise) et modalités d'un retour anticipé du salarié, qui intervient dans un délai raisonnable.

Remarque

Un retour anticipé dans l'entreprise d'origine est possible à tout moment, avec l'accord de l'employeur.

La situation du salarié de retour dans son entreprise d'origine

À son retour dans l'entreprise d'origine, au terme prévu par l'avenant ou de manière anticipée, le salarié retrouve de plein droit son précédent emploi ou un emploi similaire, assorti d'une qualification et d'une rémunération au moins équivalentes ainsi que du maintien à titre personnel de sa classification.

La situation du salarié en l'absence de réintégration de son entreprise d'origine
Lorsque le salarié choisit de ne pas réintégrer son entreprise d'origine au cours ou au terme de la période de mobilité, le contrat de travail qui le lie à son employeur est rompu. Cette rupture constitue une démission qui n'est soumise à aucun préavis autre que celui prévu par l'avenant au contrat de travail mentionné page 93.

Remarque

Les salariés bénéficiant d'une période de mobilité volontaire sécurisée peuvent être admis au bénéfice de l'allocation d'assurance chômage en cas de cessation du contrat de travail exercé pendant cette période pour l'une des causes suivantes : licenciement, rupture conventionnelle du CDI, fin de CDD ou de contrat de mission, rupture anticipée d'un CDD ou d'un contrat de mission, à l'initiative de l'employeur, démission considérée comme légitime par le régime d'assurance chômage, rupture de contrat de travail résultant de l'une des causes énoncées à l'article L. 1233-3 du Code du travail (rupture du contrat pour une cause économique). Sur cette question, il convient de se reporter aux informations figurant sur le site de l'Unédic (www.unedic.fr).

Textes de référence

Articles L. 1211-1, L. 1221-1 à L. 1221-5, L. 1221-19 à L. 1221-26 et L. 1222 12 à L. 1222 16 du Code du travail

Lire en complément

- Le contrat à durée déterminée (CDD)
- Le contrat de travail temporaire
- Le contrat de travail à temps partiel
- Le contrat de travail intermittent
- L'embauche par un groupement d'employeurs
- Les obligations de l'employeur lors de l'embauche

Le contrat à durée déterminée (CDD)

La conclusion d'un CDD n'est possible que pour l'exécution d'une tâche précise et temporaire et seulement dans les cas énumérés par la loi. Il doit obligatoirement faire l'objet d'un écrit.
Quel que soit le motif pour lequel il est conclu, un tel contrat ne peut avoir ni pour objet ni pour effet de pourvoir durablement un emploi lié à l'activité normale et permanente de l'entreprise.

Dans quels cas peut-on embaucher sous CDD ?

■ Remplacement d'un salarié absent

Un salarié embauché en CDD peut remplacer tout salarié absent de l'entreprise, quel que soit le motif de l'absence (maladie, congés, etc.), sauf s'il s'agit d'une grève.
Dans ce cas, comme l'a rappelé la Cour de cassation dans un arrêt du 11 juillet 2012 (disponible sur le site www.legifrance.gouv.fr) un contrat à durée déterminée ne peut être conclu pour le remplacement de plusieurs salariés.

Le CDD peut également permettre :

- le remplacement temporaire d'un chef d'exploitation agricole, d'un aide familial, d'un associé d'exploitation ou de leur conjoint dès lors qu'il participe effectivement à l'activité de l'entreprise ou de l'exploitation agricole ;
- le remplacement d'un chef d'entreprise artisanale, industrielle ou commerciale, d'une personne exerçant une profession libérale, de son conjoint participant effectivement à l'activité de l'entreprise à titre professionnel et habituel ou d'un associé non salarié d'une société civile professionnelle, d'une société civile de moyens ou d'une société d'exercice libéral.

Remarque

La loi n° 2013-504 du 14 juin 2013 relative à la sécurisation de l'emploi permet aux conventions d'assurance chômage de prévoir des majorations et minorations de cotisations différenciées en fonction de la nature du contrat de travail, de sa durée, du motif de recours, de l'âge du salarié ou de la taille de l'entreprise. En application de ce principe, une sur-cotisation employeur s'applique au titre des CDD de courte durée, ayant pris effet à compter du 1er juillet 2013 ; cette sur-cotisation, s'ajoutant aux quatre points de cotisation actuels, atteint trois points pour les CDD de moins d'un mois, 1,5 point pour les CDD compris entre un et trois mois et 0,5 point pour les CDD d'usage de moins de trois mois. Ne sont concernés ni les contrats conclus pour l'exécution d'une tâche précise et temporaire dans les cas visés au 1°, 4° et 5° de l'article L. 1242-2 du Code du travail, ni les contrats correspondants aux emplois saisonniers mentionnés au 3° du même article. Cette sur-cotisation ne sera pas applicable en cas d'embauche du salarié en CDI à l'issue de son CDD.

■ Remplacement d'un salarié passé provisoirement à temps partiel (congé parental d'éducation, temps partiel pour création ou reprise d'entreprise, etc.)

Le passage à temps partiel doit avoir fait l'objet d'un avenant au contrat de travail ou d'un échange écrit entre le salarié et l'employeur.

■ Attente de la prise de fonction d'un nouveau salarié

Un salarié sous CDD peut remplacer un salarié ayant définitivement quitté l'entreprise ou ayant été muté définitivement à l'intérieur de celle-ci dans l'attente de l'entrée en fonction de son remplaçant embauché en CDI.

■ Attente de la suppression définitive du poste du salarié ayant quitté définitivement l'entreprise

■ Accroissement temporaire de l'activité de l'entreprise
Toutefois, un CDD ne peut, en principe, être conclu pour ce motif dans un établissement ayant procédé à un licenciement économique pendant un délai de six mois pour les postes concernés par ce licenciement.

■ Travaux saisonniers
Le recours au CDD est possible s'il s'agit de travaux qui sont normalement appelés à se répéter chaque année dans une entreprise à date à peu près fixe, en fonction du rythme des saisons ou des modes de vie collectifs. Sont notamment concernés le secteur agricole, les industries agroalimentaires et le tourisme. Toutefois, le CDI demeure la règle, y compris dans ces secteurs d'activité.
Le contrat peut comporter une clause de reconduction pour la saison suivante.

■ CDD d'« usage »
Pour certains emplois, par nature temporaires, il est d'usage constant de ne pas embaucher sous CDI. Les secteurs d'activité concernés sont définis par décret ou par voie de convention ou d'accord collectif étendu. Ainsi, par exemple, les emplois d'extras dans l'hôtellerie ou la restauration.

■ Contrats « vendanges »
Des CDD d'une durée maximale d'un mois peuvent être conclus pour la réalisation de travaux de vendanges.

■ Recrutement d'ingénieurs et de cadres (CDD à objet défini)
Un contrat de travail à durée déterminée peut être conclu pour le recrutement d'ingénieurs et de cadres, au sens des conventions collectives, en vue de la réalisation d'un objet défini (CDD « à objet

défini ») lorsqu'un accord de branche étendu ou, à défaut, un accord d'entreprise le prévoit. Le CDD à objet défini est conclu pour une durée minimale de 18 mois et maximale de 36 mois. Il ne peut pas être renouvelé ; il prend fin avec la réalisation de l'objet pour lequel il a été conclu, après un délai de prévenance au moins égal à deux mois. Ce dispositif, mis en place à titre expérimental par la loi n° 2008-596 du 25 juin 2008, a été pérennisé par la loi du 20 décembre 2014 citée en référence, en vigueur depuis le 22 décembre 2014. Il fait l'objet d'une présentation détaillée sur le site du ministère du Travail (www.travail-emploi.gouv.fr).

■ Cas particuliers

Enfin, peuvent motiver la conclusion de CDD des travaux urgents dont l'exécution immédiate est nécessaire pour prévenir des accidents imminents, organiser des mesures de sauvetage ou réparer les insuffisances du matériel, des installations ou des bâtiments de l'entreprise présentant un danger pour les personnes. En revanche, il est interdit d'employer un salarié en CDD pour effectuer des travaux dangereux (exposition à certains agents nocifs) dont la liste figure à l'article D. 4154-1 du Code du travail (sauf dérogations).

Remarque

Les embauches effectuées dans le cadre de la politique de l'emploi peuvent également être réalisées à durée déterminée, les contrats répondant alors, sur certains points (possibilité de suspension, renouvellement, rupture anticipée à l'initiative du salarié, etc.), à des règles particulières (sur ce point, voir p. 741 et s.). Il en est de même lorsque l'employeur s'engage, sous certaines conditions, à assurer un complément de formation professionnelle à certains salariés (par exemple, élèves d'établissement d'enseignement effectuant des stages prévus dans un cycle d'études et liés aux études ou à l'obtention d'un diplôme ou d'une spécialisation). Les CDD conclus dans ces cas de figure obéissent, pour une large part, à des règles particulières.

Quelle est la durée du contrat ?

Un CDD est conclu pour une durée limitée et précisée, au départ, dans le contrat. Il prend fin soit à la date fixée, soit – en l'absence de terme précis – lorsque se réalise l'objet pour lequel il a été conclu (retour du salarié remplacé, fin de la saison, etc.).

La durée totale, compte tenu du renouvellement éventuel, ne doit pas dépasser la limite maximale autorisée (sur le CDD à objet défini, voir p. 98).

Remarques

- Le contrat vendanges obéit à un régime particulier. D'une durée maximale d'un mois, il précise la durée pour laquelle il est conclu ; à défaut, il est réputé être établi pour une durée qui court jusqu'à la fin des vendanges. Un salarié peut recourir à plusieurs contrats vendanges successifs, sans que le cumul des contrats excède deux mois sur une période de 12 mois. Aucun délai de carence n'est exigé entre deux contrats de vendanges successifs.
- Par ailleurs, la durée du contrat obéit à des règles particulières de prorogation pour certains salariés exposés dans le cadre de leur travail à des rayonnements ionisants.

Cas de recours	Durée maximale	
	Contrat de date à date*	Contrat sans terme certain*
Remplacement d'un salarié absent ou dont le contrat de travail est suspendu**	18 mois	Fin de l'absence
Remplacement d'une des personnes visées aux 4° et 5° de l'article L. 1242-2 du Code du travail (chef d'entreprise artisanale, industrielle ou commerciale, profession libérale, chef d'exploitation agricole, aide familial, etc.)	18 mois	Fin de l'absence
Attente de l'entrée en service d'un salarié sous CDD**.	9 mois	9 mois
Remplacement d'un salarié dont le départ définitif précède la suppression de son poste	24 mois	Impossible
Accroissement temporaire de l'activité de l'entreprise	18 mois	Impossible
Survenance dans l'entreprise (entrepreneur principal ou sous-traitant) d'une commande exceptionnelle à l'exportation***	24 mois	Impossible

Cas de recours	Durée maximale	
	Contrat de date à date*	Contrat de date à date*
Travaux urgents nécessités par des mesures de sécurité	9 mois	Impossible
Emploi à caractère saisonnier**	–	Fin de la saison
Emploi pour lesquels il n'est pas d'usage de recourir au CDI**	18 mois	Réalisation de l'objet du contrat
Mission effectuée à l'étranger**	24 mois	Réalisation de l'objet du contrat
Contrat en vue de favoriser l'embauche de personnes sans emploi (CUI-CAE, CUI-CIE, etc.)	Durée fixée par la loi ou le règlement pour chaque type de contrat	Impossible
Contrat en vue d'assurer un complément de formation professionnelle (contrat de professionnalisation, etc.)	Durée fixée par la loi ou le règlement pour chaque type de contrat	Impossible

* Le contrat de date à date peut être renouvelé une fois pour une durée qui peut être inférieure, égale ou supérieure à la durée initiale du contrat.

** Le contrat doit comporter une durée minimale s'il est à terme incertain.

*** Le contrat doit être conclu pour une durée qui ne peut être inférieure à six mois.

Remarque

Tout employeur, à l'exception des professions agricoles, peut conclure un CDD avec une personne âgée de plus de 57 ans inscrite depuis plus de trois mois comme demandeur d'emploi ou bénéficiant d'une convention de reclassement personnalisé (dispositif désormais remplacé par le « contrat de sécurisation professionnelle », voir p. 663) afin de faciliter son retour à l'emploi et de lui permettre d'acquérir des droits supplémentaires en vue de la liquidation de sa retraite à taux plein.

Quel délai respecter entre deux CDD ?

Lorsqu'un CDD prend fin, il n'est pas possible d'embaucher, sur le même poste de travail, à nouveau en CDD ou en contrat de travail temporaire, avant l'expiration d'une période égale :

- au tiers de la durée totale du contrat précédent, renouvellement inclus, si ce contrat est d'au moins 14 jours. Ainsi, un poste pourvu par un CDD de trois mois ne peut faire l'objet d'un nouveau CDD avant l'expiration d'un délai de carence d'un mois ;
- à la moitié de la durée totale du contrat précédent, renouvellement inclus, si ce contrat est inférieur à 14 jours. Un poste pourvu en CDD pendant 10 jours ne peut donc faire l'objet d'un nouveau CDD avant l'expiration d'un délai de cinq jours.

Remarques

- Le délai de carence se calcule en jours d'ouverture de l'entreprise. Par exemple, en cas de fermeture les samedis et dimanches, ces deux jours ne sont pas décomptés pour déterminer le délai de carence.
- La règle du délai d'attente entre deux CDD ne s'applique pas dans les cas suivants : nouvelle absence du salarié remplacé, emplois saisonniers, CDD d'usage, CDD conclu pour le remplacement d'une des personnes visées aux 4° et 5° de l'article L. 1242-2 du Code du travail (chef d'entreprise artisanale, industrielle ou commerciale, profession libérale, chef d'exploitation agricole, aide familial, etc.), travaux urgents nécessités par des mesures de sécurité, rupture anticipée du fait du salarié, refus par le salarié du renouvellement de son contrat, contrats conclus au titre des mesures pour l'emploi ou la formation professionnelle (contrat de professionnalisation, etc.).

Quelles mentions doivent figurer sur le contrat ?

Le contrat doit être écrit et comporter la définition précise de son motif.

À défaut, il est réputé conclu pour une durée indéterminée et peut être requalifié en CDI par le conseil de prud'hommes. Il doit indiquer :

- le nom et la qualification du salarié remplacé, s'il s'agit du remplacement d'un salarié ou de la personne remplacée visée aux 4° et 5° de l'article L. 1242-2 du Code du travail (chef d'entreprise artisanale, industrielle ou commerciale, profession libérale, chef d'exploitation agricole, aide familial, etc.) ; en cas de litige sur le motif du recours au CDD, c'est à l'employeur qu'il appartiendra de rapporter la preuve de la réalité du motif avancé (Cass. soc., 15 sept. 2010) ;
- la date de fin du contrat et, le cas échéant, une clause de renouvellement, ou la durée minimale, pour les contrats à terme incertain ;
- le poste de travail occupé par le salarié (et, le cas échéant, la mention que le poste occupé figure sur la liste des postes de travail présentant des risques particuliers pour la santé et la sécurité de cette catégorie de salariés) ;
- l'intitulé de la convention collective applicable ;
- la durée de la période d'essai éventuellement prévue ;
- le montant de la rémunération et de ses différentes composantes (y compris primes et accessoires de salaire) ;
- le nom et l'adresse de la caisse de retraite complémentaire et, le cas échéant, ceux de l'organisme de prévoyance.

Le CDD à objet défini (voir p. 98) comporte également les mentions suivantes :

1° La mention « contrat à durée déterminée à objet défini ».

2° L'intitulé et les références de l'accord collectif qui institue ce contrat.

3° Une clause descriptive du projet et la mention de sa durée prévisible.
4° La définition des tâches pour lesquelles le contrat est conclu.
5° L'événement ou le résultat objectif déterminant la fin de la relation contractuelle.
6° Le délai de prévenance de l'arrivée au terme du contrat et, le cas échéant, de la proposition de poursuite de la relation de travail en contrat à durée indéterminée.
7° Une clause mentionnant la possibilité de rupture à la date anniversaire de la conclusion du contrat par l'une ou l'autre partie pour un motif réel et sérieux et le droit pour le salarié, lorsque cette rupture est à l'initiative de l'employeur, à une indemnité égale à 10 % de la rémunération totale brute du salarié.

Le contrat doit être transmis au salarié au plus tard dans les deux jours ouvrables qui suivent le jour de l'embauche. Il en résulte, selon la Cour de cassation (arrêt du 29 octobre 2008), que l'employeur doit disposer d'un délai de deux jours pleins pour accomplir cette formalité ; le jour de l'embauche ne compte pas dans le délai, non plus que le dimanche qui n'est pas un jour ouvrable.

Quelle est la durée de la période d'essai ?

Le CDD peut comporter une période d'essai. À défaut d'usages ou de dispositions conventionnelles prévoyant des durées moindres, la durée de la période d'essai est limitée à :

- un jour par semaine (sans que la durée puisse dépasser deux semaines) pour les contrats inférieurs ou égaux à six mois ;
- un mois maximum pour les contrats supérieurs à six mois.

En l'absence de terme précis, la période d'essai est calculée de la même façon, par rapport à la durée minimale du contrat.
À noter que selon la Cour de cassation (Cass. soc., 28 avril 2011), « sauf disposition conventionnelle ou contractuelle contraire, toute période d'essai, qu'elle soit exprimée en jours, en semaines ou en mois, se décompte de manière calendaire ».

Pour les CDD stipulant une période d'essai d'au moins une semaine, l'employeur qui met fin au contrat en cours ou au terme de la période d'essai doit prévenir le salarié dans un délai qui ne peut être inférieur à :

- 24 heures, en deçà de huit jours de présence ;
- 48 heures, entre huit jours et un mois de présence ;
- deux semaines, après un mois de présence ;
- un mois, après trois mois de présence.

La période d'essai, renouvellement inclus, ne peut pas être prolongée du fait de la durée de ce délai de prévenance. Lorsque le délai de prévenance n'a pas été respecté, son inexécution ouvre droit pour le salarié, sauf s'il a commis une faute grave, à une indemnité compensatrice. Cette indemnité est égale au montant des salaires et avantages que le salarié aurait perçus s'il avait accompli son travail jusqu'à l'expiration du délai de prévenance, indemnité compensatrice de congés payés comprise (cette disposition, codifiée à l'article L. 1221-25 du Code du travail, est issue de l'ordonnance du 26 juin 2014 publiée au JO du 27 juin, en vigueur depuis le 28 juin 2014).

Quels sont les droits individuels des salariés sous CDD ?

Pendant son travail, le salarié titulaire d'un CDD dispose des mêmes droits que les autres salariés de l'entreprise : il exécute son travail dans des conditions identiques (durée du travail, travail de nuit, repos hebdomadaire, jours fériés, hygiène et sécurité, etc.) et peut accéder aux mêmes équipements collectifs : transports, restauration, tickets restaurant, douches, vestiaires, bibliothèques, salles de repos, crèches, etc.
Sa rémunération doit être au moins égale à celle que percevrait, après période d'essai, un autre salarié de l'entreprise, sous CDI, de qualification équivalente et occupant le même poste de travail.

En cas de maladie ou d'accident, le salarié en CDD peut avoir droit aux indemnités complémentaires prévues par la convention applicable à l'entreprise, s'il remplit les conditions posées par cette convention (par exemple, les conditions d'ancienneté).

Il peut aussi bénéficier d'indemnités et de mesures particulières pour compenser la précarité de son emploi, à savoir :

- dans certains cas, une indemnité de fin de contrat, dont le montant ne peut pas être inférieur à 10 % de la rémunération totale brute perçue durant l'exécution de son contrat. Toutefois, un taux limité à 6 % peut s'appliquer si une convention ou un accord collectif de branche étendu applicable à l'entreprise ou une convention ou un accord d'entreprise ou d'établissement le prévoit, dès lors que des contreparties telles qu'un accès privilégié à la formation professionnelle des salariés en CDD (actions de développement des compétences, bilan de compétences à suivre en dehors du temps de travail, etc.) sont prévues et que le salarié a effectivement reçu une proposition en ce sens. Enfin, un taux plus élevé peut être imposé par la convention ou l'accord collectif applicable à l'entreprise ;
- une indemnité compensatrice de congés payés au titre du travail effectivement accompli durant le contrat, quelle qu'en ait été la durée, si les congés n'ont pas été pris pendant la durée du contrat. Son montant ne peut être inférieur à 10 % de la rémunération totale brute due au salarié (indemnité de précarité comprise) ;
- une formation renforcée à la sécurité, un accueil et une information adaptés lorsque le poste de travail présente des risques particuliers pour la santé et la sécurité. La liste de ces postes est établie par le chef d'entreprise ;
- un accès favorisé au congé individuel de formation (CIF). Toutefois, afin de faciliter l'accès des salariés de moins de 30 ans en CDD au bénéfice d'un CIF, ces deux conditions cumulatives devraient être ramenées pour les intéressés à une seule condition de quatre mois de travail consécutifs ou non en CDD au cours des 28 derniers mois (décret à paraître).

Par ailleurs, l'employeur est tenu d'informer les salariés en CDD des postes en CDI disponibles dans l'entreprise. Toutefois, cette obligation ne s'impose que sous réserve qu'un tel dispositif d'information sur les postes à pourvoir en CDI existe pour les salariés à durée indéterminée.

Remarque

L'indemnité de fin de contrat n'est pas due dans les cas suivants :

- contrats saisonniers, y compris le contrat vendanges ;
- CDD rompu avant son terme par un salarié qui justifie d'une embauche en CDI ;
- CDD conclu avec un jeune pendant ses vacances scolaires ou universitaires (« job d'été » ; sur ce point voir p. 35) ;
- CDD qui se poursuit par un CDI ;
- sauf dispositions conventionnelles plus favorables, contrat conclu au titre des mesures pour l'emploi ou la formation professionnelle (contrat de professionnalisation, CUI, etc.) ;
- salarié en CDD qui refuse un CDI pour occuper le même emploi ou un emploi similaire assorti d'une rémunération au moins équivalente.

Quels sont les droits collectifs des salariés sous CDD ?

Le salarié en CDD dispose des mêmes droits collectifs que les autres salariés de l'entreprise :

- dans les mêmes conditions que les autres salariés, il est électeur et éligible et peut être désigné comme représentant syndical ;
- il dispose des mêmes moyens d'action dans l'exercice de son mandat.

Le salarié est-il pris en compte dans les effectifs de l'entreprise ?

Le salarié embauché par CDD est pris en compte dans le calcul de l'effectif de l'entreprise proportionnellement à son temps de présence dans l'entreprise au cours des 12 mois précédents, sauf lorsqu'il remplace un salarié absent ou dont le contrat de travail est suspendu.

Dans quelles conditions le contrat peut-il être rompu ?

Le CDD peut être rompu avant son échéance uniquement dans les cas suivants (sous réserve des règles particulières éventuellement applicables aux contrats conclus dans le cadre de la politique de l'emploi : CUI-CIE, CUI-CAE, etc.) :

- à l'initiative du salarié qui justifie d'une embauche en CDI. Le salarié doit alors respecter un préavis d'une durée égale à un jour par semaine compte tenu de la durée totale du CDD (renouvellement inclus) ou – s'agissant d'un CDD sans terme précis – de la durée du contrat effectuée. Dans tous les cas, le préavis ne peut excéder deux semaines. Toutefois, avec l'accord de l'employeur, le salarié peut être dispensé de préavis ;
- accord conclu entre l'employeur et le salarié ;
- force majeure, c'est-à-dire un événement exceptionnel, imprévisible et insurmontable qui rend impossible l'exécution du contrat de travail (des difficultés économiques ou la liquidation judiciaire de l'entreprise ne constituent pas, pour l'employeur, des situations de force majeure) ;
- inaptitude constatée par le médecin du travail. Cette rupture ne peut intervenir qu'à l'issue de la procédure prévue par le Code du travail, notamment ses articles L. 1226-10 et L. 1226-11 lorsque l'inaptitude est d'origine professionnelle et L. 1226-4 lorsque l'inaptitude n'est pas d'origine professionnelle (voir p. 351 et s.).

En outre, si le salarié est un salarié protégé, elle ne peut intervenir qu'après autorisation de l'inspecteur du travail ;

- faute grave de l'employeur ou du salarié (s'il s'agit d'une faute grave - ou lourde - du salarié, l'employeur qui souhaite mettre fin par anticipation au CDD doit respecter la procédure disciplinaire).

Remarques

▪ La rupture du CDD prononcée en cas d'inaptitude ouvre droit, pour le salarié, à une indemnité dont le montant ne peut être inférieur à celui de l'indemnité légale de licenciement prévue à l'article L. 1234-9 du Code du travail (voir p. 597). Lorsque l'inaptitude est d'origine professionnelle, la rupture du contrat ouvre droit, pour le salarié, à une indemnité dont le montant ne peut être inférieur au double de ce montant. Cette indemnité de rupture est versée selon les mêmes modalités que l'indemnité de fin de contrat (ou « indemnité de précarité ») mentionnée page 107.

▪ Le CDD à objet défini (voir p. 98) peut, en outre, être rompu par l'employeur ou le salarié, pour un motif réel et sérieux, 18 mois après sa conclusion puis à la date anniversaire de sa conclusion.

Lorsque la rupture du contrat à sa date anniversaire de conclusion est à l'initiative de l'employeur, le salarié a droit à une indemnité égale à 10 % de la rémunération totale brute.

En dehors de ces situations, la rupture prématurée du contrat est sanctionnée, selon qu'elle est le fait de l'employeur ou du salarié :

- l'employeur doit verser au salarié des dommages et intérêts d'un montant au moins égal aux rémunérations que le salarié aurait perçues jusqu'au terme du contrat ;
- le salarié peut être condamné à verser à l'employeur des dommages et intérêts correspondant au préjudice réellement subi par l'entreprise.

Dans quels cas le CDD peut-il être requalifié en CDI ?

Le conseil de prud'hommes est susceptible de requalifier, à la demande du salarié, le CDD en CDI notamment lorsque :

- aucun écrit n'est établi ;
- le contrat ne comporte pas la définition précise de son motif ;
- la relation contractuelle se poursuit après l'échéance du terme.

La réglementation sur les CDD s'applique-t-elle aux contrats conclus avec les jeunes pendant leurs vacances scolaires ou universitaires ?

Oui. Salarié à part entière, le jeune bénéficie des droits et obligations de tout titulaire de CDD (sur cette question, on se reportera aux précisions figurant en p. 33).

Dans quels cas l'employeur encourt-il des sanctions pénales ?

L'employeur risque des sanctions pénales (amendes de 3 750 € et/ou emprisonnement de six mois) dans les cas suivants :

- contrat conclu afin de pourvoir un emploi permanent ;
- défaut de contrat écrit ;
- non-respect du délai de transmission du contrat au salarié (dans les deux jours de l'embauche) ;
- absence de respect des cas de recours et d'interdiction de recours ;
- absence de mention précise de son objet ;
- absence de respect des règles relatives à la durée des contrats ;
- absence de respect du délai de carence entre deux CDD ;
- non-respect du principe d'égalité de rémunération entre salarié en CDD et salarié en CDI ;
- non-respect des dispositions sur l'allongement de la durée du contrat pour certains salariés exposés à des rayonnements ionisants.

Remarque

Lorsqu'il constate un recours abusif aux CDD et aux contrats de travail temporaire ou un accroissement important de salariés titulaires de ces contrats, le comité d'entreprise (CE) peut saisir l'inspecteur du travail. Ce dernier peut demander à l'employeur, en cas de recours abusif à ces contrats, de mettre en œuvre un plan de résorption de la précarité dans son entreprise.

Textes de référence

Articles L. 1221-25, L. 1241-1 à L. 1248-11, L. 4154-1, D. 1242-1 à D. 1243-1, R. 1245-1, D. 1247-1, D. 1247-2, D. 4154-1 à D. 4154-6 du Code du travail

Loi n° 2014-1545 du 20 décembre 2014 (JO du 21

Lire en complément

- La rémunération du salarié en contrat à durée déterminée (CDD)
- Le temps de travail des jeunes de moins de 18 ans
- Les « jobs d'été » : formalités et obligations
- Le congé individuel de formation (CIF)

Le contrat de travail temporaire

La conclusion d'un contrat de travail temporaire n'est possible que pour l'exécution d'une tâche précise et temporaire, dénommée « mission », et seulement dans les cas énumérés par la loi. Quel que soit le motif pour lequel il est conclu, un tel contrat ne peut avoir ni pour objet ni pour effet de pourvoir durablement un emploi lié à l'activité normale et permanente de l'entreprise utilisatrice.

Remarque

Dans les conditions fixées par l'accord du 10 juillet 2013 et l'arrêté d'extension du 22 février 2014 publié au JO du 6 mars 2014, et dans un souci de sécurisation des parcours professionnels des intérimaires, un contrat de travail à durée indéterminée (CDI) peut désormais être conclu entre un salarié temporaire et son employeur, l'entreprise de travail temporaire, pour la réalisation de missions successives. Le CDI ainsi conclu comportera des périodes d'exécution des missions et pourra comporter des périodes sans exécution de missions appelées « périodes d'intermission ». L'accord du 10 juillet précité auquel on se reportera, notamment ses articles 2 à 4, présente le détail des règles applicables à ce « CDI intérimaire » : période d'essai, droit à une garantie minimale mensuelle de rémunération, contenu du contrat, congés payés, rupture, etc.

Qu'est-ce qu'une mission ?

Un salarié sous contrat de travail temporaire (également appelé intérimaire) est un salarié embauché et rémunéré par une entreprise de travail temporaire qui le met à la disposition d'une entreprise utilisatrice pour une durée limitée, dénommée mission.

La mission prend fin à la date fixée ou, en cas de terme imprécis, lorsque se réalise l'objet pour lequel il a été conclu (retour du salarié remplacé, fin de la saison, etc.).

Remarque

Les entreprises de travail temporaire peuvent également exercer l'activité d'entreprise de travail à temps partagé, dans le cadre fixé par les articles L. 1252-1 à L. 1252-13 du Code du travail.

Le terme de la mission peut être aménagé lorsque le contrat de mise à disposition et le contrat de mission le prévoient. Il peut être avancé ou reporté à raison d'un jour pour cinq jours de travail sans pouvoir réduire la durée de la mission de plus de 10 jours ou dépasser la durée maximale autorisée. Pour les missions inférieures à 10 jours de travail, le terme peut être avancé ou reporté de deux jours.

Remarque

Lorsque l'utilisateur continue à faire travailler l'intérimaire après la fin de la mission sans avoir conclu avec lui un contrat de travail ou sans un nouveau contrat de mise à disposition, cet intérimaire est réputé lié à l'utilisateur par un CDI.

Quels sont les cas de recours ?

- Remplacement d'un salarié absent.

Un intérimaire peut remplacer tout salarié absent de l'entreprise utilisatrice quel que soit le motif de l'absence (maladie, congés, etc.), sauf s'il s'agit d'une grève.

- Remplacement d'un chef d'entreprise artisanale, industrielle ou commerciale, d'une personne exerçant une profession libérale, de son conjoint participant effectivement à l'activité de l'entreprise à titre professionnel et habituel ou d'un associé non salarié d'une société civile professionnelle, d'une société civile de moyens ou d'une société d'exercice libéral.

▪ Remplacement temporaire d'un chef d'exploitation agricole, d'un aide familial, d'un associé d'exploitation ou de leur conjoint dès lors qu'il participe effectivement à l'activité de l'entreprise ou de l'exploitation agricole.

▪ Attente de la prise de fonction d'un nouveau salarié.
Un salarié intérimaire peut remplacer un salarié ayant définitivement quitté l'entreprise ou ayant été muté définitivement à l'intérieur de celle-ci dans l'attente de l'entrée en fonction de son remplaçant embauché en CDI.

▪ Attente de la suppression définitive du poste du salarié ayant quitté définitivement l'entreprise.

▪ Remplacement d'un salarié passé provisoirement à temps partiel (congé parental d'éducation, temps partiel pour création ou reprise d'entreprise, etc.).
Le passage à temps partiel doit avoir fait l'objet d'un avenant au contrat de travail ou d'un échange écrit entre le salarié et l'employeur.

▪ Accroissement temporaire de l'activité de l'entreprise.
Toutefois, un contrat de travail temporaire ne peut, en principe, être conclu pour ce motif dans un établissement ayant procédé à un licenciement économique pendant un délai de six mois pour les postes concernés par ce licenciement.

▪ Travaux saisonniers.
Le recours à l'intérim est possible si les travaux sont normalement appelés à se répéter chaque année dans l'entreprise à date à peu près fixe, en fonction du rythme des saisons ou des modes de vie collectifs.

Les branches d'activité ou les travaux qui présentent un caractère saisonnier sont surtout l'agriculture, les industries agroalimentaires et le tourisme. Toutefois, le CDI demeure la règle, y compris dans ces secteurs d'activité.

▪ Emplois d'« usage ».

Pour certains emplois, par nature temporaire, il est d'usage constant de ne pas embaucher sous CDI. Les secteurs d'activité concernés sont définis par décret ou par voie de convention ou d'accord collectif étendu. Il s'agit, par exemple, des emplois d'extras dans l'hôtellerie ou la restauration.

▪ Cas particuliers.

Des travaux urgents dont l'exécution immédiate est nécessaire pour prévenir des accidents imminents, organiser des mesures de sauvetage ou réparer les insuffisances du matériel, des installations ou des bâtiments de l'entreprise présentant un danger pour les personnes, peuvent motiver la conclusion de contrats de travail temporaire.

La mise à disposition d'un salarié d'une entreprise de travail temporaire auprès d'un utilisateur peut également intervenir (art. L. 1251-7 du Code du travail) :

- lorsque la mission de travail temporaire vise, en application de dispositions législatives ou réglementaires, ou d'un accord de branche étendu, à faciliter l'embauche de personnes sans emploi rencontrant des difficultés sociales et professionnelles particulières ;
- lorsque l'entreprise de travail temporaire et l'utilisateur s'engagent, pour une durée et dans des conditions fixées par décret ou par accord de branche étendu, à assurer un complément de formation professionnelle au salarié ;
- lorsque l'entreprise de travail temporaire et l'entreprise utilisatrice s'engagent à assurer une formation professionnelle au salarié par la voie de l'apprentissage, en vue de l'obtention d'une qualification professionnelle sanctionnée par un diplôme ou un titre à finalité

professionnelle enregistré au *Répertoire national des certifications professionnelles* (RNCP). Cette formation est dispensée pour partie dans l'entreprise utilisatrice et pour partie en CFA ou section d'apprentissage.

Remarque

Il est interdit d'employer un salarié temporaire pour effectuer des travaux dangereux dont la liste est donnée par l'article D. 4154-1 du Code du travail (sauf dérogations). Il est également interdit de conclure un contrat de travail temporaire pour remplacer un médecin du travail.

Quelle est la durée du contrat ?

Le contrat peut être renouvelé – une seule fois – s'il précise les conditions de son renouvellement ou s'il fait l'objet d'un avenant soumis au salarié avant le terme initialement prévu. La durée totale du contrat, compte tenu du renouvellement, ne doit pas dépasser la durée maximale autorisée. Lorsque le contrat concerne un apprenti (voir ci-contre), cette durée totale est portée à 36 mois afin d'être égale à celle du cycle de formation effectué en apprentissage conformément à l'article L. 6222-7 du Code du travail.

Remarque

La durée du contrat obéit à des règles particulières de prorogation pour certains salariés exposés dans le cadre de leur travail à des rayonnements ionisants.

Cas de recours	Durée maximale	
	Contrat de date à date	Contrat sans terme précis
Remplacement d'un salarié absent ou dont le contrat de travail est suspendu*	18 mois	Fin de l'absence
Remplacement d'une des personnes visées aux 4° et 5° de l'article L. 1251-6 du Code du travail (chef d'entreprise artisanale, industrielle ou commerciale, profession libérale, chef d'exploitation agricole, aide familial, etc.)**	18 mois	Fin de l'absence
Attente de l'entrée en service d'un salarié sous CDI*	9 mois	9 mois
Remplacement d'un salarié dont le départ définitif précède la suppression de son poste	24 mois	Impossible
Accroissement temporaire de l'activité de l'entreprise	18 mois	Impossible
Survenance dans l'entreprise (entrepreneur principal ou sous-traitant) d'une commande exceptionnelle à l'exportation**	24 mois	Impossible
Tavaux urgents nécessités par des mesures de sécurité	9 mois	Impossible
Emplois à caractère saisonnier*	–	Fin de la saison
Emplois pour lesquels il n'est pas d'usage de recourir au CDI*	–	Réalisation de l'objet du contrat
Mission effectuée à l'étranger	24 mois	–

* Le contrat doit mentionner une durée minimale d'emploi s'il ne précise pas de terme certain.

** Dans ce cas, le contrat doit être conclu pour une durée qui ne peut être inférieure à six mois.

Quel délai entre deux contrats de travail temporaire ?

Lorsqu'une mission prend fin, il n'est pas possible d'embaucher, sur le même poste de travail, à nouveau sous contrat de travail temporaire ou sous CDD, avant l'expiration d'une période égale :

- au tiers de la durée totale du contrat précédent, renouvellement inclus, si ce contrat est d'au moins 14 jours. Ainsi, un poste pourvu par un contrat de travail temporaire de trois mois ne peut faire l'objet d'un nouveau contrat de travail temporaire avant l'expiration d'un délai de carence d'un mois ;
- à la moitié de la durée totale du contrat précédent, renouvellement inclus, si ce contrat est inférieur à 14 jours. Un poste pourvu en contrat de travail temporaire pendant 10 jours ne peut donc faire l'objet d'un nouveau contrat de travail temporaire avant l'expiration d'un délai de cinq jours.

Remarques

- Le délai de carence se calcule en jours d'ouverture de l'entreprise. Par exemple, en cas de fermeture les samedis et dimanches, ces deux jours ne sont pas décomptés pour déterminer le délai de carence.
- La règle du délai d'attente entre deux contrats de travail temporaire ne s'applique pas dans les cas suivants : nouvelle absence du salarié remplacé, contrats de travail temporaire conclus pour le remplacement d'une des personnes visées aux 4° et 5° de l'article L. 1251-6 du Code du travail (chef d'entreprise artisanale, industrielle ou commerciale, profession libérale, chef d'exploitation agricole, aide familial, etc.), travaux urgents nécessités par des mesures de sécurité, rupture anticipée du fait du salarié, refus par le salarié du renouvellement de son contrat, contrats saisonniers ou d'usage.

Quelles sont les mentions qui doivent figurer sur les contrats ?

Le contrat conclu entre l'entreprise de travail temporaire et l'entreprise utilisatrice (dénommé contrat de mise à disposition) doit comporter les mentions suivantes :

- le motif du recours à un salarié temporaire ;
- le terme de la mission (ou sa durée minimale) ;
- les caractéristiques du poste de travail (indication, le cas échéant, que ce poste figure sur la liste des postes à risques) ;
- la qualification professionnelle exigée ;
- le lieu de la mission ;
- l'horaire de travail ;
- la nature des équipements de protection individuelle que l'intérimaire doit utiliser et, le cas échéant, l'indication que ceux-ci sont fournis par l'entreprise de travail temporaire ;
- le montant de la rémunération que percevrait après période d'essai dans l'entreprise utilisatrice un salarié de qualification équivalente occupant le même poste, avec ses différentes composantes, y compris, s'il en existe, les primes et accessoires de salaire ;
- le nom et l'adresse de l'organisme qui a délivré une garantie financière à l'entreprise de travail temporaire.

Le contrat conclu entre l'entreprise de travail temporaire et le salarié intérimaire (dit « contrat de mission ») doit reproduire toutes les mentions précitées, et préciser en outre :

- la qualification professionnelle du salarié intérimaire ;
- les modalités de la rémunération ;
- les modalités de la période d'essai éventuelle ;
- une clause indiquant que le rapatriement est à la charge de l'entreprise de travail temporaire si la mission n'est pas effectuée en métropole ;
- le nom et l'adresse de la caisse complémentaire et de l'organisme de prévoyance dont relève l'entreprise de travail temporaire.

Le contrat doit aussi mentionner que l'embauche du salarié par l'entreprise utilisatrice en fin de mission n'est pas interdite.

Quelle est la durée de la période d'essai ?

Le contrat de travail temporaire peut comporter une période d'essai dont la durée est fixée par convention collective ou accord professionnel de branche étendu, ou par accord d'entreprise ou d'établissement.

À défaut, cette durée est limitée comme suit :

- contrat inférieur ou égal à un mois = deux jours ouvrés ;
- contrat entre un mois et deux mois = trois jours ouvrés ;
- contrat de plus de deux mois = cinq jours ouvrés.

Quels sont les droits individuels du salarié intérimaire ?

Pendant sa mission, le salarié intérimaire :

- dispose des mêmes droits que les salariés de l'entreprise utilisatrice et bénéficie des mêmes équipements collectifs (transports, restauration, tickets restaurant, douches, vestiaires, etc.) ;
- est placé sous l'autorité et le contrôle du chef de l'entreprise utilisatrice.

Les règles en vigueur dans l'entreprise utilisatrice s'appliquent à l'intérimaire en ce qui concerne :

- la durée du travail ;
- le travail de nuit ;
- le repos hebdomadaire et les jours fériés ;
- la sécurité et l'hygiène sur les lieux de travail ;
- les conditions d'emploi des femmes ;
- les conditions d'emploi des jeunes travailleurs.

Enfin, la rémunération de l'intérimaire doit être au moins égale à celle que percevrait, après période d'essai, un salarié de l'entreprise utilisatrice, sous CDI, de qualification équivalente et occupant le même poste de travail.
Par ailleurs, des indemnités et des mesures particulières sont prévues pour compenser la précarité d'emploi :

- au terme de chaque mission, l'intérimaire perçoit une indemnité de fin de mission, dont le montant ne peut pas être inférieur à 10 % de la rémunération totale brute perçue. Un taux d'indemnité plus élevé peut être imposé par la convention ou l'accord collectif applicable à l'entreprise utilisatrice. En revanche, un accord d'entreprise ou d'établissement peut dispenser l'entreprise du versement de l'indemnité de précarité au terme d'un contrat de travail temporaire saisonnier ou d'usage ;
- l'intérimaire a droit à une indemnité compensatrice de congés payés, pour chaque mission, quelle que soit sa durée. Son montant ne peut être inférieur à 10 % de la rémunération totale due au salarié, y compris l'indemnité de fin de mission.

De plus, l'intéressé doit bénéficier d'une formation renforcée à la sécurité ainsi que d'un accueil et d'une information adaptés lorsqu'il occupe un poste de travail présentant des risques particuliers pour la santé et la sécurité. La liste de ces postes est établie par le chef d'entreprise.
En cas d'accident du travail, de maladie (professionnelle ou non) ou de maternité, l'intérimaire peut bénéficier, en application des accords collectifs du 27 mars 1986 et du 24 septembre 1986, d'une indemnisation complémentaire à celle de la Sécurité sociale.
Enfin, l'entreprise utilisatrice est tenue d'informer les intérimaires des postes en CDI disponibles dans l'entreprise. Toutefois, cette obligation ne s'impose que sous réserve qu'un tel dispositif d'information sur les postes à pourvoir en CDI existe pour les salariés à durée indéterminée.

Quels sont les droits collectifs du salarié intérimaire ?

Le salarié intérimaire exerce ses droits collectifs dans l'entreprise de travail temporaire et peut aussi se faire représenter dans l'entreprise utilisatrice. Il est pris en compte dans le calcul de l'effectif de l'entreprise utilisatrice proportionnellement à son temps de présence dans celle-ci au cours des 12 mois précédents, sauf lorsqu'il remplace un salarié absent ou dont le contrat de travail est suspendu.

Pendant la durée de sa mission, l'intérimaire peut faire présenter par les délégués du personnel de l'entreprise utilisatrice ses réclamations concernant sa rémunération, les conditions d'exécution de son travail, les moyens de transport collectifs et le bénéfice des installations collectives.

Le comité d'entreprise de l'entreprise utilisatrice ou, à défaut, les délégués du personnel peuvent prendre connaissance des contrats de mise à disposition passés avec l'entreprise de travail temporaire.

Dans quels cas l'employeur encourt-il des sanctions pénales ?

Des amendes de 3 750 € et une peine d'emprisonnement de six mois sont prévues pour :

- les entrepreneurs de travail temporaire qui :
  - mettent un salarié à la disposition d'un utilisateur sans avoir conclu dans les délais un contrat de mise à disposition,
  - n'adressent pas dans les délais le contrat de travail ou qui concluent un contrat de travail ne comportant pas l'ensemble des mentions obligatoires,
  - concluent un contrat de mission comportant des mentions volontairement inexactes,
  - méconnaissent le principe d'égalité de rémunération entre un salarié temporaire et un salarié sous CDI,
  - méconnaissent le dispositif protecteur des salariés exposés à des rayonnements ionisants,

- exercent leur activité sans avoir fait les déclarations nécessaires à l'autorité administrative,
- exercent leur activité sans avoir obtenu de garantie financière (sur ce point, on rappellera que tout entrepreneur de travail temporaire est tenu, à tout moment, de justifier d'une garantie financière assurant, en cas de défaillance de sa part, le paiement des salaires et accessoires, des indemnités et des cotisations obligatoires ; cette garantie financière est calculée en pourcentage du chiffre d'affaires annuel de l'entreprise concernée, sans pouvoir être inférieure à un minimum fixé, pour 2015, à 120 680 € (décret n° 2014-1716 du 29 décembre 2014, JO du 31 décembre) ;

• les utilisateurs qui :
- n'ont pas conclu de contrat de mise à disposition dans le délai légal,
- ont conclu un contrat de mise à disposition ne comportant pas l'ensemble des éléments de la rémunération du travailleur temporaire,
- ont recruté un intérimaire pour pourvoir un emploi permanent,
- n'ont pas respecté les cas de recours et d'interdiction de recours,
- n'ont pas respecté la durée légale des contrats,
- n'ont pas respecté l'obligation d'un délai de carence entre deux contrats de mission.

Des contraventions de 2e, 3e et 5e classes sont également prévues dans certains cas.

Remarque

Lorsqu'il constate un recours abusif aux CDD et aux contrats de travail temporaire ou un accroissement important de salariés titulaires de ces contrats, le comité d'entreprise peut saisir l'inspecteur du travail. Ce dernier peut demander à l'employeur, en cas de recours abusif à ces contrats, de mettre en œuvre un plan de résorption de la précarité dans son entreprise.

Textes de référence

Articles L. 1251-1 à L. 1251-59, R. 1254-1 à L. 1254-12 et L. 4154-1, D. 1251-1 à D. 1251-3, R. 1251-4 à R. 1251-31 et D. 4154-1 à D. 4154-6 du Code du travail
Accord du 10 juillet 2013 portant sur la sécurisation des parcours professionnels des salariés intérimaires

Lire en complément

- La rémunération de l'intérimaire

Le contrat de travail à temps partiel

Le contrat de travail à temps partiel est conclu avec un salarié dont la durée du travail est inférieure à la durée – légale ou conventionnelle – pratiquée dans l'entreprise. Obligatoirement écrit, ce contrat comporte certaines clauses afin, notamment, de garantir les droits du salarié concerné. Ce dernier est comptabilisé dans l'effectif de l'entreprise selon des règles particulières. Un salarié à temps partiel peut avoir plusieurs employeurs, mais la somme des durées du travail effectuées ne doit pas dépasser les durées maximales légales. Sur le régime du temps partiel (mise en place, aménagement par accord collectif, etc.), on se reportera aux pages 214 et suivantes.

Travail à temps partiel : de quoi s'agit-il ?

Est considéré comme salarié à temps partiel le salarié dont la durée du travail est inférieure :

- à la durée légale du travail (soit 35 heures par semaine) ou, lorsque cette durée est inférieure à la durée légale, à la durée du travail fixée conventionnellement pour la branche ou l'entreprise ou à la durée du travail applicable dans l'établissement ;
- à la durée mensuelle résultant de l'application, sur cette période, de la durée légale du travail ou, si elle est inférieure, de la durée du travail fixée conventionnellement pour la branche ou l'entreprise ou de la durée du travail applicable dans l'établissement ;
- à la durée de travail annuelle résultant de l'application sur cette période de la durée légale du travail, soit 1 607 heures, ou, si elle est inférieure, de la durée du travail fixée conventionnellement pour la branche ou l'entreprise ou de la durée du travail applicable dans l'établissement.

Ainsi, par exemple, dans une entreprise qui applique la durée légale hebdomadaire du travail fixée à 35 heures, seront considérés à temps partiel les salariés dont la durée du travail est inférieure à ce seuil. Le travail à temps partiel peut être organisé sur la semaine, sur le mois ou sur l'année.

La durée de travail des salariés à temps partiel peut être décomptée sur tout ou partie de l'année :

- dans le cadre des dispositions d'un accord collectif conclu sur le fondement de l'article L. 3122-2 du Code du travail (« temps partiel aménagé sur tout ou partie de l'année », voir p. 219), visant à définir les modalités d'aménagement du temps de travail (temps partiel « aménagé ») et à organiser la répartition de la durée du travail sur une période supérieure à la semaine et au plus égale à l'année (les accords collectifs de temps partiel modulé, conclus en application de l'article L. 3123-25 du Code du travail dans sa rédaction antérieure à la publication de la loi du 20 août 2008, restent en vigueur) ;
- à la demande d'un salarié, pour les besoins de sa vie de famille (voir p. 133), après signature d'un avenant à son contrat de travail.

Existe-t-il une durée minimale de travail ?

Dans les conditions qui sont précisées ci-dessous, la loi n° 2013-504 du 14 juin 2013 (JO du 16 juin) complétée par la loi du 5 mars 2014 et l'ordonnance du 29 janvier 2015 mentionnées page 138, a posé le principe d'une durée minimale de travail de 24 heures par semaine (ou, le cas échéant, de l'équivalent mensuel de cette durée ou de l'équivalent calculé sur la période prévue par un accord collectif conclu en application de l'article L. 3122-2 du Code du travail – voir p. 219) pour tous les contrats de travail à temps partiel (sauf exceptions mentionnées page 128), avec la possibilité de fixer une durée de travail inférieure :

- à la demande du salarié soit pour lui permettre de faire face à des contraintes personnelles, soit pour lui permettre de cumuler plusieurs activités afin d'atteindre une durée globale d'activité correspondant à un temps plein ou au moins égale à la durée de 24 h/semaine (ou le temps équivalent), cette demande devant être écrite et motivée (art. L. 3123-14-2) ;

- dans le cadre d'une convention ou d'un accord de branche étendu, comportant obligatoirement des garanties quant à la mise en œuvre d'horaires réguliers ou permettant au salarié de cumuler plusieurs activités afin d'atteindre une durée globale d'activité correspondant à un temps plein ou au moins égale à la durée minimale de 24 h/semaine (art. L. 3123-14-3).

Ces dispositions devaient s'appliquer aux contrats de travail à temps partiel conclus à compter du 1er janvier 2014. Toutefois, afin de laisser aux partenaires sociaux le temps nécessaire pour négocier et, le cas échéant, conclure une convention ou un accord de branche dans le cadre de l'article L. 3123-14-3 précité, la loi n° 2014-288 du 5 mars 2014 citée en référence, a suspendu provisoirement, à compter du 22 janvier 2014 et jusqu'au 30 juin 2014 l'obligation de prévoir une durée minimale de 24h/semaine pour les contrats de travail à temps partiel conclus au cours de cette période.

Les contrats conclus à compter du 1er juillet 2014 sont donc soumis au droit commun et doivent respecter la durée minimale de 24 h/semaine, sauf application d'une durée inférieure dans les situations mentionnées aux articles L. 3123-14-2 (durée inférieure fixée à la demande du salarié) et L. 3123-14-3 (durée inférieure résultant d'une convention ou d'un accord de branche étendu) précités.

Lorsqu'un salarié dont le contrat fixe une durée inférieure à 24 h/semaine ou à la durée définie par accord de branche souhaite voir son temps de travail être porté à cette durée minimale, les dispositions applicables seront celles prévues par l'article L. 3123-8 du Code du travail (voir p. 137) ; cette situation est susceptible de concerner les contrats de travail conclus avant l'entrée en vigueur des dispositions relatives au temps partiel prévues par la loi du 14 juin 2013 précitée, ainsi que les contrats postérieurs lorsque le salarié, qui a demandé initialement à bénéficier d'une durée inférieure au seuil minimal, souhaite voir son temps de travail augmenté à cette hauteur.

En tout état de cause, la durée minimale de travail du salarié à temps partiel de 24 h/semaine ne concerne ni les salariés âgés de moins de 26 ans poursuivant des études, ni les salariés des associations intermédiaires ou des entreprises de travail temporaire d'insertion. En outre, comme le prévoit l'ordonnance du 29 janvier 2015 mentionnée page 138, cette durée minimale ne s'applique également ni aux contrats d'une durée au plus égale à 7 jours, ni aux contrats à durée déterminée conclus au titre du 1° de l'article L. 1242-2 du Code du travail (voir p. 96 à 98) et aux contrats de travail temporaire conclus au titre du 1° de l'article L. 1251-6 du même code (voir p. 114 et 115) pour le remplacement d'un salarié absent.

Remarque

Les dérogations à la durée minimale de travail mentionnées aux articles L. 3123-14-2 (dérogation à la demande du salarié) et L. 3123-14-3 (dérogation résultant d'une convention ou d'un accord de branche étendu) du Code du travail (voir ci-contre) sont subordonnées à la condition de regrouper les horaires de travail du salarié sur des journées ou des demi-journées régulières ou complètes. Un accord de branche étendu ou d'entreprise peut déterminer les modalités selon lesquelles s'opère ce regroupement. Cette disposition n'est pas applicable dans le cadre de la dérogation de droit dont bénéficient les salariés de moins de 26 ans poursuivant des études.

Quelles mentions doivent figurer dans le contrat de travail à temps partiel ?

Le contrat de travail à temps partiel peut être conclu pour une durée indéterminée ou déterminée. Dans tous les cas, il doit être écrit et mentionner :

- la qualification du salarié, les éléments de la rémunération, la durée hebdomadaire ou mensuelle prévue et, sauf pour les salariés des associations et entreprises d'aide à domicile et les salariés relevant d'un accord collectif de travail conclu en application de l'article L. 3122-2 du Code du travail (temps partiel sur tout ou partie de l'année, voir p. 219), la répartition de la durée du travail entre les jours de la semaine ou les semaines du mois ;
- les cas dans lesquels cette répartition peut être modifiée ainsi que la nature des modifications ;
- les modalités de communication des horaires de travail pour chaque journée travaillée. Cette communication doit se faire par écrit (par exemple, remise d'un planning). Dans les associations et entreprises d'aide à domicile, les horaires de travail sont communiqués par écrit chaque mois au salarié ;
- les limites dans lesquelles peuvent être accomplies des heures complémentaires au-delà de la durée de travail fixée par le contrat (sur ce point, voir ci-contre).

Remarques

- En cas de recours au temps partiel pour création ou reprise d'entreprise, un avenant au contrat de travail doit être conclu qui reprend les mentions ci-dessus.
- Dans le cadre d'un avenant au contrat de travail, des compléments d'heures peuvent être accomplis au-delà de la durée fixée par le contrat (voir précisions p. 132).

Est-il possible de faire varier la durée du travail d'un salarié à temps partiel ?

La durée de travail prévue dans le contrat de travail peut varier de plusieurs façons : par l'accomplissement d'heures complémentaires, par la mise en œuvre, sous forme d'avenant au contrat de travail, d'un complément d'heures, par la mise en place d'un dispositif de temps partiel aménagé ou encore à la demande du salarié.

■ Les heures complémentaires

Il s'agit des heures effectuées au-delà de la durée du travail mentionnée dans le contrat de travail. Le recours aux heures complémentaires est strictement encadré :

- les limites dans lesquelles elles peuvent être demandées au salarié doivent être mentionnées dans le contrat ;
- le nombre d'heures complémentaires accomplies par un salarié à temps partiel au cours d'une même semaine ou d'un même mois ou sur la période prévue par un accord collectif conclu sur le fondement de l'article L. 3122-2 du Code du travail (sur ces accords, voir précisions p. 203 et 219) ne peut être supérieur au dixième de la durée hebdomadaire ou mensuelle de travail prévue dans son contrat calculée, le cas échéant, sur la période prévue par l'accord collectif. Ainsi, par exemple, pour une durée de travail hebdomadaire fixée à 30 heures, le salarié ne peut effectuer plus de trois heures complémentaires par semaine. Toutefois, une convention ou un accord de branche étendu ou une convention ou un accord d'entreprise ou d'établissement peut augmenter le nombre d'heures complémentaires (jusqu'à un tiers de la durée prévue au contrat) ; sur la rémunération de ces heures complémentaires, voir précisions page 217 ;
- les heures complémentaires ne peuvent avoir pour effet de porter la durée du travail accomplie par un salarié au niveau de la durée légale du travail ou à la durée fixée conventionnellement ;
- lorsque, pendant une période de 12 semaines consécutives ou pendant 12 semaines au cours d'une période de 15 semaines ou sur la période prévue par un accord collectif conclu sur le fondement de l'article L. 3122-2 du Code du travail si elle est supérieure, l'horaire moyen réellement accompli par un salarié a dépassé de deux heures au moins par semaine, ou de l'équivalent mensuel de cette durée, l'horaire prévu dans son contrat, celui-ci est modifié, sous réserve d'un préavis de sept jours et sauf opposition du salarié intéressé. L'horaire modifié est égal à l'horaire antérieurement fixé auquel est ajoutée la différence entre

cet horaire et l'horaire moyen réellement accompli. Par exemple, un salarié dont le temps partiel est fixé à 28 heures hebdomadaires accomplit, pendant plus de trois mois, 31 heures par semaine. La durée du travail mentionnée dans son contrat de travail devra donc être modifiée, sauf opposition du salarié : de 28 heures, elle passera à 31 heures.

Remarque

Le salarié peut refuser, sans encourir une sanction ou un licenciement, d'effectuer des heures complémentaires au-delà des limites prévues par son contrat de travail.

■ Compléments d'heures par avenant

La loi du 14 juin 2013 mentionnée page 138 permet une augmentation temporaire de la durée du travail des salariés à temps partiel via un avenant au contrat dans le cadre du dispositif du complément d'heures (art. L. 3123-25 du Code du travail). La possibilité de conclure un tel avenant permettant d'augmenter temporairement la durée du travail fixée au contrat doit être prévue par une convention ou un accord collectif de branche étendu.

Cette convention ou cet accord :

- détermine le nombre maximal d'avenants pouvant être conclus, dans la limite de huit par an et par salarié, en dehors des cas de remplacement d'un salarié absent nommément désigné ;
- peut prévoir la majoration salariale des heures effectuées dans le cadre de cet avenant (à défaut de dispositions en ce sens, les heures effectuées dans le cadre de cet avenant ne sont pas majorées) ;
- détermine les modalités selon lesquelles les salariés peuvent bénéficier prioritairement des compléments d'heures. L'avenant au contrat de travail mentionne les modalités selon lesquelles des compléments d'heures peuvent être accomplis au-delà de la durée fixée par le contrat.

Remarques

- S'agissant d'une modification du contrat de travail, ces compléments d'heures ne peuvent être imposés sans l'accord du salarié.
- Les heures complémentaires accomplies au-delà de la durée déterminée par l'avenant donnent lieu à une majoration de salaire qui ne peut être inférieure à 25 %.

■ Le temps partiel aménagé sur tout ou partie de l'année

Un accord collectif d'entreprise ou d'établissement ou, à défaut, une convention ou un accord de branche peut définir les modalités d'aménagement du temps de travail et organiser la répartition de la durée du travail sur une période supérieure à la semaine et au plus égale à l'année (art. L. 3122-2 du Code du travail ; sur les accords de temps partiel aménagé sur tout ou partie de l'année, voir précisions page 219).

■ La demande individuelle du salarié

Temps partiel pour raisons familiales

Afin de concilier vie professionnelle et vie familiale, un salarié peut demander à bénéficier d'une réduction de son temps de travail sous la forme de périodes d'une ou plusieurs semaines non travaillées. Dans ce cas, pendant les périodes travaillées, son horaire de travail équivaut à un temps plein (soit, en cas d'application de la durée légale hebdomadaire : 35 heures), mais sa durée du travail sur l'année doit correspondre à un temps partiel (soit, en cas d'application de la durée légale du travail sur l'année, une durée du travail inférieure à 1 607 heures).

Si l'employeur accepte la demande du salarié, un avenant au contrat de travail doit être signé précisant la ou les périodes non travaillées

Temps partiel choisi

Quel que soit le motif, un salarié peut demander à passer à temps partiel. L'employeur est tenu de lui répondre dans un délai précis (trois mois en l'absence d'accord collectif) et de motiver sa réponse si celle-ci est négative. Le refus n'est possible qu'en cas d'absence d'emploi disponible ou de préjudice à la bonne marche de l'entreprise.

La répartition des horaires peut-elle être modifiée ?

Sauf exceptions (voir p. 130), la répartition de la durée du travail entre les jours de la semaine ou les semaines du mois figure obligatoirement dans le contrat de travail. Doivent également être mentionnés les cas dans lesquels cette répartition peut faire l'objet d'une modification ainsi que la nature de celle-ci. Cette modification ne peut intervenir toutefois qu'après le respect, par l'employeur, d'un préavis de sept jours (délai qui peut être abaissé jusqu'à trois jours ouvrés par convention ou accord de branche étendu ou convention ou accord collectif d'entreprise ou d'établissement). Le point de départ de ce préavis est la notification de la modification envisagée au salarié.

Remarque

Dans les associations et entreprises d'aide à domicile, le délai de prévenance peut être inférieur à trois jours pour les cas d'urgence définis par convention ou accord collectif de branche étendu, ou par convention ou accord d'entreprise ou d'établissement.

Le salarié peut s'opposer à un tel changement, sans encourir ni sanction ni licenciement, lorsque :

- l'employeur lui demande de changer la répartition de sa durée du travail, alors que le contrat de travail n'a pas prévu les cas et la nature de telles modifications ;
- le changement, bien qu'intervenant dans un cas et selon les modalités définis par le contrat, n'est pas compatible avec des obligations familiales impérieuses, le suivi d'un enseignement scolaire ou supérieur, une période d'activité chez un autre employeur ou encore une activité professionnelle non salariée.

Remarque

Si l'horaire de travail quotidien du salarié à temps partiel est fixé par une clause expresse du contrat, sans possibilité de variation, un changement d'horaire n'est possible qu'avec l'accord du salarié. Si le contrat précise les modalités de variation des horaires, le changement d'horaire constitue une modalité d'exercice, par l'employeur, de son pouvoir de direction et le salarié ne peut refuser ce changement sans commettre une faute. Un tel refus ne constitue toutefois ni une faute ni un motif de licenciement dès lors que ce changement des horaires de travail au sein de chaque journée travaillée n'est pas compatible avec des obligations familiales impérieuses, avec le suivi d'un enseignement scolaire ou supérieur, avec une période d'activité fixée chez un autre employeur ou avec une activité professionnelle non salariée.

Des coupures d'activité au cours de la journée de travail : est-ce possible ?

Oui, mais dans les limites suivantes : l'horaire de travail du salarié à temps partiel ne peut comporter, au cours d'une même journée, plus d'une interruption d'activité ou une interruption supérieure à deux heures.

Toutefois, une convention ou un accord collectif de branche étendu ou agréé en application de l'article L. 314-6 du Code de l'action sociale et des familles (conventions ou accords applicables aux salariés des établissements et services sociaux et médico-sociaux à but non lucratif), ou une convention ou un accord d'entreprise ou d'établissement, peut déroger à ces dispositions en définissant les amplitudes horaires pendant lesquelles les salariés doivent exercer leur activité et leur répartition dans la journée de travail, moyennant des contreparties spécifiques et en tenant compte des exigences propres à l'activité exercée.

Exemple

Un salarié à temps partiel peut travailler de 8 heures à 10 heures puis de 11 heures à 15 heures. Une seule coupure, une interruption de moins de deux heures : les exigences de la loi sont respectées.

Quels sont les droits des salariés à temps partiel ?

Le salarié à temps partiel bénéficie des droits reconnus aux salariés à temps complet.

Ainsi, par exemple :

- la durée de la période d'essai ne peut être d'une durée supérieure à celle des salariés à temps plein. Elle est calculée comme pour un salarié à temps complet ;
- sa rémunération est proportionnelle à celle du salarié qui, à qualification égale, occupe à temps complet un emploi équivalent dans l'entreprise ou dans l'établissement ;
- son ancienneté est calculée comme s'il avait été occupé à temps plein ;
- la durée des congés payés est identique à celle dont bénéficient les salariés à temps plein (au moins cinq semaines), etc.

Quelques particularités doivent être soulignées :

- un salarié à temps partiel peut avoir plusieurs employeurs sous réserve que la durée globale journalière et hebdomadaire ne dépasse pas les maxima légaux : respectivement 10 heures par jour et 48 heures par semaine, ou 44 heures sur 12 semaines, 46 heures dans certains secteurs ;
- les salariés à temps partiel qui souhaitent occuper ou reprendre un emploi d'une durée au moins égale à celle mentionnée à l'article L. 3123-14-1 du Code du travail (soit 24 h/semaine, voir p. 127) ou, le cas échéant, à celle fixée par convention ou accord de branche étendu sur le fondement des dispositions de l'article L. 3123-14-3 du même code (voir p. 128), ou un emploi à temps

complet et les salariés à temps complet qui souhaitent occuper ou reprendre un emploi à temps partiel dans le même établissement, ou à défaut, dans la même entreprise ont priorité pour l'attribution d'un emploi ressortissant à leur catégorie professionnelle ou d'un emploi équivalent. L'employeur porte à la connaissance de ces salariés la liste des emplois disponibles correspondants (art. L. 3123-8 du Code du travail) ; le cas échéant, dès l'instant, où le salarié remplit les conditions requises, l'employeur a l'obligation d'accéder à sa demande (à l'inverse, le refus de l'employeur de faire droit à la demande du salarié est légitime en cas d'absence d'emploi disponible) ;

Remarque

Une convention collective ou un accord de branche étendu peuvent prévoir la possibilité pour l'employeur de proposer au salarié à temps partiel un emploi à temps complet ne ressortissant pas à sa catégorie professionnelle ou un emploi à temps complet non équivalent.

- le temps de travail mensuel d'un salarié à temps partiel ne peut être réduit de plus d'un tiers par l'utilisation du crédit d'heures auquel il peut prétendre pour l'exercice de mandats qu'il détient au sein d'une entreprise (sur le crédit d'heures, voir p. 862). Le solde éventuel de ce crédit d'heures payées peut être utilisé en dehors des heures de travail de l'intéressé.

Enfin, s'agissant des droits collectifs :
- les salariés à temps partiel sont électeurs et éligibles comme les salariés à temps complet. Ils sont comptabilisés dans l'effectif au prorata de leur temps de présence ;
- un même salarié ne peut être élu comme représentant du personnel que dans un seul établissement. Il doit donc choisir celui dans lequel il exÉercera son mandat ;

- le temps de travail mensuel d'un salarié à temps partiel ne peut être réduit de plus d'un tiers par l'utilisation du crédit d'heures auquel il peut prétendre pour l'exercice de mandats qu'il détient au sein d'une entreprise (sur le crédit d'heures, voir p. 862 et 869). Le solde éventuel de ce crédit d'heures payées peut être utilisé en dehors des heures de travail de l'intéressé.

Textes de référence

Articles L. 3122-2, L. 3123-1, L. 3123-14 à L. 3123-25 du Code du travail
Loi n° 2013-504 du 14 juin 2013 (JO du 16 juin)
Loi n° 2014-288 du 5 mars 2014 (JO du 6 mars)
Ordonnance n° 2015-82 du 29 janvier 2015 (JO du 30 janvier)

Lire en complément

- Le travail à temps partiel : mise en place
- Le temps partiel pour création ou reprise d'entreprise ou participation à la direction d'une jeune entreprise innovante

Le contrat de travail intermittent

Le contrat de travail intermittent est un CDI qui peut être conclu dans les secteurs connaissant, par nature, des périodes d'inactivité, afin de permettre aux entreprises d'adapter leur activité tout en offrant les garanties nécessaires aux salariés concernés.

Travail intermittent : de quoi s'agit-il ?

Le travail intermittent est l'alternance de périodes travaillées et non travaillées qu'impliquent les fluctuations d'activités.
Il peut être mis en œuvre pour des emplois permanents qui, par nature, comportent une telle alternance (certains emplois de formateurs ou de moniteurs de ski, par exemple).

Quelles sont les conditions préalables à la signature d'un contrat de travail intermittent ?

L'employeur ne peut, de sa seule initiative, proposer un contrat de travail intermittent : une convention ou un accord collectif doit autoriser le recours à un tel contrat (dans les entreprises de moins de 50 salariés appartenant aux secteurs d'activité définis par un arrêté du 19 juin 2013, il a été possible, jusqu'au 31 décembre 2014, de conclure des contrats de travail intermittents en l'absence de convention ou d'accord collectif ; sur ce point, on se reportera aux précisions figurant sur le site www.travail-emploi.gouv.fr).
Ainsi, l'entreprise doit être couverte par un texte conventionnel relatif au travail intermittent qui peut être :

- soit une convention ou un accord collectif étendu ;
- soit une convention ou un accord d'entreprise ou d'établissement.

Les entreprises adaptées (voir p. 810) peuvent toutefois conclure des contrats de travail intermittent même en l'absence de convention ou d'accord collectif le prévoyant, dès lors que ce contrat est conclu avec un travailleur handicapé, bénéficiaire de l'obligation d'emploi (voir p. 789).

Quel est le contenu de la convention ou de l'accord collectif ?

Le texte négocié entre les partenaires sociaux prévoit les conditions générales du recours au contrat de travail intermittent et en particulier la définition des emplois permanents pour lesquels ce type de contrat peut être conclu.

Il peut prévoir les modalités de lissage de rémunération versée aux salariés, lesquels peuvent ainsi percevoir un salaire mensuel d'un montant régulier, indépendant de l'horaire réellement effectué dans le mois.

Quelles sont les caractéristiques du contrat de travail intermittent ?

Il est obligatoirement conclu pour une durée indéterminée. Établi par écrit, il mentionne notamment :

- la qualification du salarié ;
- les éléments de rémunération ;
- la durée annuelle minimale du travail du salarié ;
- les périodes de travail ;
- la répartition des heures de travail à l'intérieur de ces périodes.

Remarque

Dans les secteurs, dont la liste est déterminé par décret (soit, à l'heure actuelle, le secteur du spectacle vivant et enregistré), où la nature de l'activité ne permet pas de fixer avec précision les périodes de travail et la répartition des heures de travail au sein de ces périodes, la convention ou l'accord collectif de travail détermine les adaptations nécessaires et notamment les conditions dans lesquelles le salarié peut refuser les dates et les horaires de travail qui lui sont proposés.

Est-il possible d'augmenter la durée du travail des salariés en contrat de travail intermittent ?

Le contrat de travail intermittent précise obligatoirement la durée annuelle minimale de travail du salarié concerné.

Cette durée peut être dépassée avec une limite : les heures effectuées au-delà ne doivent pas, sauf accord de l'intéressé, excéder le tiers de la durée fixée par le contrat.

Exemple

Le nombre d'heures travaillées au-delà d'une durée minimale fixée à 1 200 heures annuelles par un contrat de travail intermittent ne peut être supérieur à 400 heures (1 200 x 1/3).

Quels sont les droits des salariés en contrat de travail intermittent ?

Les salariés en contrat de travail intermittent bénéficient des mêmes droits que ceux reconnus aux salariés travaillant à un rythme régulier, sous réserve toutefois des dispositions spécifiques contenues dans la convention ou l'accord collectif organisant le recours à ce type de contrat.

À noter également que pour déterminer les droits que le salarié concerné tient de son ancienneté (pour le calcul de certaines primes, par exemple), il convient de prendre en compte la totalité des périodes non travaillées.

Quelles sont les dispositions applicables aux établissements privés d'enseignement supérieur ?

Les établissements privés d'enseignement supérieur dont l'activité principale conduit à la délivrance, au nom de l'État, d'un diplôme sanctionnant cinq années d'études après le bac, peuvent conclure des contrats de travail intermittent pour des missions d'enseignement, de formation et de recherche comportant une alternance de périodes travaillées et non travaillées. Les règles particulières applicables à ce contrat sont fixées à l'article L. 731-18 du Code de l'éducation.

Remarque

Pour la détermination des droits liés à l'ancienneté, les périodes non travaillées sont prises en compte en totalité.

Le contrat de travail est à durée indéterminée. Il doit être écrit et mentionner notamment :

- la qualification du salarié ;
- son objet ;
- les éléments de la rémunération ;
- les périodes à l'intérieur desquelles l'employeur peut faire appel au salarié moyennant un délai de prévenance de sept jours. Le salarié peut refuser les dates et horaires de travail proposés s'ils ne sont pas compatibles avec des obligations familiales impérieuses, avec le suivi d'un enseignement scolaire ou supérieur, avec une période d'activité fixée chez un autre employeur ou une activité professionnelle non salariée. Dans ce cas, le refus du salarié ne constitue pas une faute ou un motif de licenciement ;
- la durée minimale annuelle, semestrielle, trimestrielle ou mensuelle du travail du salarié. Le total des heures dépassant la durée minimale fixée au contrat ne peut excéder le tiers de cette durée, sauf accord du salarié.

Remarque

Le salarié employé en contrat de travail intermittent par un établissement privé d'enseignement supérieur bénéficie des mêmes droits que ceux reconnus aux salariés à temps complet, sous réserve, en ce qui concerne les droits conventionnels, de modalités spécifiques prévues par la convention collective, l'accord d'entreprise ou d'établissement.

Textes de référence

Articles L. 3123-31 à L. 3123-37, R. 3124-5, R. 3124-8 et D. 3123-4 du Code du travail

La modification du contrat de travail

Deux situations doivent être distinguées :

- l'employeur peut souhaiter modifier un ou plusieurs éléments essentiels du contrat de travail : dans ce cas, cette modification, assimilée à une modification du contrat lui-même, nécessite l'accord du salarié concerné ;
- les modifications décidées par l'employeur peuvent ne constituer qu'un changement des conditions de travail du salarié ; dans ce cas, l'employeur peut imposer ces changements au salarié, dans le cadre de son pouvoir de direction.

Remarques

▪ Le refus du salarié d'un simple changement de ses conditions de travail n'entraîne pas, en lui-même, la rupture du contrat de travail. Un tel refus constitue cependant un comportement fautif susceptible de justifier le licenciement du salarié.

▪ Si le salarié concerné est un salarié « protégé » (ex. : délégué du personnel, délégué syndical, etc.), même un simple changement de ses conditions de travail ne peut lui être imposé. Si le salarié refuse ce changement, l'employeur doit poursuivre le contrat de travail aux conditions antérieures ou engager la procédure de licenciement en saisissant l'autorité administrative d'une demande d'autorisation de licenciement.

La mise en œuvre, dans l'entreprise, d'un accord de mobilité interne (loi du 14 juin 2013) peut avoir des conséquences sur les clauses du contrat de travail (voir p. 148 et s.).

Qu'appelle-t-on « élément essentiel » du contrat de travail ?

Les éléments essentiels du contrat de travail ne font pas l'objet d'une définition légale. En font partie la rémunération contractuelle, la qualification et les attributions du salarié, le lieu de travail et la durée du travail. Constitue également un élément essentiel du contrat de travail celui considéré comme tel par le salarié et faisant l'objet d'une clause précise dans le contrat : à titre d'exemple, il pourra s'agir d'une clause stipulant qu'en aucun cas le salarié ne pourra être appelé à travailler le samedi. À l'inverse, le contrat de travail peut comporter une clause (ex. : clause de mobilité) par laquelle le salarié accepte, par avance, la modification d'un élément essentiel de son contrat de travail : il ne pourra alors, sans commettre de faute, s'opposer à la mise en œuvre de cette clause. En cas de différence d'appréciation entre le salarié et l'employeur, c'est au conseil des prud'hommes qu'il appartiendra, en fonction des circonstances de l'espèce et des clauses du contrat, de qualifier la situation et d'apprécier si la modification demandée par l'employeur consiste en un simple changement des conditions de travail ou, au contraire, en une modification d'un élément essentiel du contrat de travail assimilée à une modification du contrat lui-même.

Remarques

- Le changement de lieu de travail constitue une modification du contrat de travail si le nouveau lieu de travail se situe dans un secteur géographique différent. Toutefois, même dans ce cas, il n'y a pas modification du contrat si le salarié est soumis à une clause de mobilité. Le contrat de travail (ou un avenant à ce contrat) peut également prévoir, par une clause claire et précise, que le salarié exécutera son travail exclusivement dans le lieu qu'il mentionne ; dans ce cas, tout changement de lieu de travail, y compris dans le même secteur géographique, constitue une modification d'un élément essentiel du contrat de travail qui ne peut être imposée au salarié (pour le cas particulier de mise en œuvre d'un accord de mobilité interne, voir p. 148 et s.).

- Le passage d'un temps plein à un temps partiel (ou inversement), le passage d'un horaire de jour à un horaire de nuit ou encore le passage d'un horaire fixe à un horaire variable constituent en principe une modification du contrat de travail. En revanche, sauf clause particulière du contrat de travail, un simple aménagement des horaires de travail (par exemple, un changement des horaires de travail dans la journée) constitue un changement des seules conditions de travail que le salarié ne peut en principe refuser. À condition, comme le précise la Cour de cassation (arrêt du 3 novembre 2011) que ce changement ne porte pas une atteinte excessive au droit du salarié au respect de sa vie personnelle et familiale ou à son droit au repos.

Quelle est la procédure à suivre ?

L'employeur qui souhaite modifier un élément essentiel du contrat de travail doit respecter une procédure qui diffère selon que la modification repose, ou non, sur un motif économique. Le salarié dispose, dans tous les cas, d'un délai de réflexion.

■ Si la modification n'a pas une cause économique

La loi ne prévoit pas de procédure particulière. Cependant l'employeur doit informer le salarié de sa proposition de modification et lui laisser un délai suffisant de réponse. L'absence de réponse du salarié au terme de ce délai ne vaut pas acceptation, celle-ci ne pouvant résulter que d'une manifestation claire et non équivoque de sa volonté (il s'agira le plus souvent de la signature d'un avenant au contrat de travail). À défaut d'acceptation expresse, le salarié peut réagir, même longtemps après la mise en œuvre de la modification. La procédure à suivre peut également résulter des dispositions de la convention collective ou d'un accord collectif applicables à l'entreprise, auxquels il conviendra donc, le cas échéant, de se reporter.

■ Si la modification a une cause économique

Dans ce cas, l'employeur est tenu d'informer chaque salarié de sa proposition de modification d'un élément essentiel du contrat de travail, par lettre recommandée avec accusé de réception, en précisant au salarié qu'il dispose d'un délai d'un mois pour répondre et faire connaître, éventuellement, son refus (art. L. 1222-6 du Code du travail). Passé ce délai, le salarié est réputé avoir accepté la modification et ne pourra plus exprimer son refus.

Afin de permettre au salarié de prendre position sur l'offre qui lui est faite, en mesurant les conséquences de son choix, l'employeur doit, dans la lettre qu'il lui adresse, l'informer précisément de ses nouvelles conditions d'emploi comme des éventuelles mesures accompagnant la modification proposée (Cour de cassation, arrêt du 30 janvier 2008). De même, le délai d'un mois mentionné à l'article 1222-6 précité « constitue une période de réflexion destinée à permettre au salarié de prendre parti sur la proposition de modification en mesurant les conséquences de son choix ; [...] l'inobservation de ce délai par l'employeur prive de cause réelle et sérieuse le licenciement fondé sur le refus par un salarié de la modification de son contrat de travail » (Cour de cassation, arrêt du 25 juin 2008).

Quelles sont les conséquences d'un refus du salarié ?

Si le salarié refuse la modification d'un élément essentiel de son contrat de travail proposée par son employeur, il appartient à ce dernier, soit de renoncer à cette proposition, soit de licencier le salarié (le refus du salarié ne peut, en aucun cas, être assimilé à une démission). L'employeur qui engage une procédure de licenciement doit justifier d'une cause réelle et sérieuse (motif personnel au salarié ou motif économique), respecter la procédure prévue en cas de licenciement (selon le cas, pour motif personnel ou pour motif économique, voir p. 561), et verser les indemnités dues en cas de licenciement (le cas échéant, indemnités de licenciement, indemnité compensatrice de congés payés, etc.). Le salarié ne peut être tenu d'effectuer le préavis aux conditions nouvelles fixées par l'employeur : sauf accord de ce dernier pour l'effectuer aux conditions initiales, le salarié peut donc refuser d'exécuter son préavis et demander le versement de l'indemnité compensatrice correspondant.

Remarques

- Le licenciement motivé uniquement par le refus du salarié d'accepter la modification d'un élément essentiel de son contrat de travail ne repose pas sur cause réelle et sérieuse.
- Lorsqu'au moins 10 salariés ont refusé la modification d'un élément essentiel de leur contrat de travail proposée par leur employeur pour un motif économique et que leur licenciement est envisagé, celui-ci est soumis aux dispositions applicables en cas de licenciement collectif pour motif économique (notamment l'obligation pour l'employeur d'élaborer un plan de sauvegarde de l'emploi).
- Lorsqu'un ou plusieurs salariés refusent une modification de leur contrat de travail résultant de l'application d'un accord de réduction de la durée du travail, leur licenciement est un licenciement qui ne repose pas sur un motif économique. Il est soumis aux dispositions relatives à la rupture du contrat de travail pour motif personnel.
- Lorsqu'un ou plusieurs salariés refusent l'application d'un accord de maintien de l'emploi (voir p. 648) à leur contrat de travail, leur licenciement repose sur un motif économique, est prononcé selon les modalités d'un licenciement individuel pour motif économique et ouvre droit aux mesures d'accompagnement que doit prévoir l'accord.

En quoi consistent les accords de mobilité interne ?

Les articles L. 2242-21 à L. 2242-23 du Code du travail (issus de la loi du 14 juin 2013 mentionnée page 152) ont prévu la possibilité, pour l'employeur, d'engager une négociation portant sur les conditions de la mobilité professionnelle ou géographique interne à l'entreprise dans le cadre de mesures collectives d'organisation courantes sans projet de réduction d'effectifs :

- dans les entreprises et les groupes d'entreprises d'au moins 300 salariés, les modalités de cette mobilité interne à l'entreprise s'inscrivent dans le cadre de la négociation triennale sur la gestion prévisionnelle des emplois et des compétences prévue à l'article L. 2242-15 du Code du travail ;
- dans les autres entreprises et groupes d'entreprises, cette négociation, si elle est engagée, portera également sur les évolutions prévisionnelles des emplois et des compétences et sur les mesures susceptibles de les accompagner.

Remarques

- L'accord éventuellement conclu au terme de la négociation est soumis aux règles habituelles de validité des accords collectifs, telles qu'elles sont prévues par l'article L. 2232-12 du Code du travail.
- La mobilité interne se caractérise par un changement de poste et/ou de lieu de travail au sein de la même entreprise. Cette mobilité ne peut intervenir qu'au sein de l'entreprise, et non, le cas échéant, au sein du groupe auquel elle appartient.

■ Le contenu de l'accord

Si une négociation sur la mobilité interne dans l'entreprise est engagée, et si elle aboutit à un accord, celui-ci devra comporter un certain nombre de garanties pour les salariés auxquels il sera susceptible de s'appliquer, et notamment :

- les limites imposées à cette mobilité au-delà de la zone géographique d'emploi du salarié, elle-même précisée par l'accord, dans le respect de la vie personnelle et familiale du salarié ;
- les mesures visant à concilier la vie professionnelle et la vie personnelle et familiale et à prendre en compte les situations liées aux contraintes de handicap et de santé ;

- les mesures d'accompagnement à la mobilité, en particulier les actions de formation ainsi que les aides à la mobilité géographique, qui comprennent notamment la participation de l'employeur à la compensation d'une éventuelle perte de pouvoir d'achat et aux frais de transport.

L'accord doit également prévoir des mesures de reclassement pour les salariés licenciés pour avoir refusé une mobilité interne (voir ci-contre), sur la base de l'obligation de droit commun qui pèse sur l'employeur en matière de reclassement interne des salariés licenciés pour motif économique. Cette obligation est définie aux articles L.1233-4 et L. 1233-4-1 du Code du travail ; son champ et ses modalités de mise en œuvre seront adaptées par l'accord.

Remarque

Les stipulations de l'accord collectif de mobilité interne peuvent avoir des conséquences sur certaines clauses du contrat du salarié (voir ci-contre) ; en revanche, elles ne peuvent avoir pour effet d'entraîner une diminution du niveau de la rémunération ou de la classification personnelle du salarié et doivent garantir le maintien ou l'amélioration de sa qualification professionnelle.

■ L'information des salariés

L'accord collectif de mobilité interne est porté à la connaissance de chacun des salariés concernés. Les modalités de cette information peuvent être fixées par l'accord ou, de manière unilatérale, par l'employeur.

La mise en œuvre de l'accord se déroule en plusieurs étapes :

- préalablement à toute décision, l'employeur doit mettre en place une procédure de concertation lui permettant de prendre en compte les contraintes personnelles et familiales de chacun des salariés potentiellement concernés ;
- une fois cette concertation effectuée, l'employeur qui souhaite mettre en œuvre une mesure individuelle de mobilité interne,

recueille l'accord du salarié selon la procédure prévue en cas de modification d'un contrat de travail pour motif économique (procédure fixée par l'article L. 1222-6 du Code du travail, voir p. 147).

Remarque

Les stipulations de l'accord de mobilité interne sont applicables au contrat de travail. Les clauses du contrat de travail (par exemple, une clause de mobilité ou une clause fixant le lieu de travail du salarié) contraires à l'accord sont suspendues.

■ La situation des salariés en cas de refus de la mobilité interne

Le (ou les) salarié qui refuse l'application à son contrat de travail des stipulations de l'accord de mobilité interne peut être licencié. Ce licenciement :

- repose sur un motif économique ;
- est prononcé selon les modalités d'un licenciement individuel pour motif économique (voir p. 567). Ainsi, même si plusieurs salariés sont concernés, l'employeur n'est pas tenu de respecter la procédure particulière en cas de licenciement collectif pour motif économique, ni d'établir un plan de sauvegarde de l'emploi si au moins 10 salariés sont concernés ;
- ouvre droit aux mesures d'accompagnement et de reclassement que doit prévoir l'accord, qui adapte le champ et les modalités de mise en œuvre du reclassement interne prévu par les articles L. 1233-4 et L. 1233-4-1 du Code du travail en cas de licenciement économique.

Ce licenciement peut être contesté par le salarié devant le conseil des prud'hommes, par exemple s'il estime que la procédure de licenciement n'a pas été correctement appliquée.

Textes de référence

Articles L. 1222-6 à L. 1222-8, L. 1233-3 et L. 1233-25, L. 2242-21 à L. 2242-23 du Code du travail

Loi n° 2013--504 du 14 juin 2013 « relative à la sécurisation de l'emploi » (JO du 16 juin)

Lire en complément

- La procédure de licenciement individuel
- La procédure de licenciement pour motif économique
- Les indemnités dues au salarié

Le changement dans la situation juridique de l'employeur

Le changement de la situation juridique de l'employeur avec lequel le contrat de travail a été signé peut résulter du décès de celui-ci, d'une vente, d'une transformation d'un fonds, d'une fusion d'entreprises, d'une mise en location-gérance ou d'une reprise par le propriétaire, etc. En principe, les contrats de travail sont maintenus.

Le maintien des contrats de travail : à quelles conditions ?

Si, malgré le changement survenu, l'entité économique concernée conserve son identité, l'activité poursuivie ou reprise, les contrats de travail en cours sont maintenus.

L'application de ce principe implique que l'entreprise continue à fonctionner dans les conditions d'exploitation analogues aux précédentes (similitude des procédés techniques et du matériel utilisé, mêmes types de postes de travail, etc.).

Ainsi, par exemple, il y a maintien des contrats de travail dès lors que l'activité hôtelière d'une société, mise en redressement judiciaire et poursuivie par une autre, conserve ses caractéristiques.

Cas particuliers

Les articles L. 1224-3 et L. 1224-3-1 du Code du travail, auxquels on se reportera, fixent respectivement :

- la situation des salariés de droit privé lorsque l'activité de l'entité économique qui les emploie est, par transfert de cette entité, reprise par une personne publique dans le cadre d'un service public administratif ;

- la situation des agents non titulaires de droit public lorsque l'activité de la personne morale de droit public qui les emploie est reprise par une personne morale de droit privé ou par un organisme de droit public gérant un service public industriel et commercial.

Quels sont les salariés concernés ?

Le maintien des contrats s'opère automatiquement pour tous les contrats de travail en cours au moment du changement dans la situation juridique de l'employeur. Aucune notification au salarié n'est nécessaire.
Sont donc concernés les salariés titulaires de :

- CDI ou CDD, à temps plein ou partiel ;
- contrat d'apprentissage, d'insertion en alternance ou de tout autre contrat de travail de type particulier.

Peu importe que le salarié soit en période d'essai ou de préavis. De même, la suspension du contrat de travail au moment où survient le changement n'empêche pas l'application du principe. Ainsi, un salarié en congé parental d'éducation, en congé maternité ou paternité, en congé maladie ou en formation bénéficie du maintien de son contrat de travail.
Seuls les salariés dont le contrat a été rompu (licenciement, démission, etc.) avant que survienne la modification dans la situation de l'entreprise ne peuvent prétendre au transfert du contrat de travail au nouvel employeur.

Quels sont les effets du maintien du contrat de travail ?

Le contrat de travail continue de s'exécuter dans les mêmes conditions et selon les mêmes modalités.
Le salarié conserve donc son ancienneté, sa qualification, sa rémunération et les avantages qu'il a acquis.

Remarques

- Si des salaires, primes, dommages et intérêts demeurent impayés au moment du transfert, c'est au nouvel employeur qu'il incombe de les régler. Il en est de même pour les sommes acquises au service de l'ancien employeur mais payables après que le changement est intervenu (indemnités de congés payés, primes de fin d'année).
- Toutefois, ces règles ne s'appliquent pas lorsque le changement résulte d'une procédure de redressement ou de liquidation judiciaires ou qu'il y a substitution d'employeur, sans convention entre eux.

Le contrat de travail étant maintenu dans tous ses éléments essentiels, le salarié qui refuse de travailler avec le nouvel employeur ne peut que démissionner. Toutefois, la démission ne se présumant pas, si le salarié ne se rend pas chez le nouvel employeur, son comportement pourra être considéré comme un abandon de poste qui pourra être sanctionné par le nouvel employeur par un licenciement pour faute grave.

Par ailleurs, les représentants du personnel (comité d'entreprise, délégués du personnel, délégué syndical ou représentant syndical au comité d'entreprise) conservent leur mandat.

Un licenciement est-il possible ?

Un licenciement peut intervenir :

- indépendamment de tout changement dans la situation juridique de l'employeur, pour motif personnel, par exemple pour faute du salarié ;
- pour motif économique, s'il y a réorganisation de l'activité nécessitant des suppressions de postes et si l'objet n'est pas de faire échec à l'application des articles L. 1224-1 et L. 1224-2 du Code du travail. Le licenciement prononcé par l'ancien employeur, avant le transfert, lorsque le nouvel exploitant fait de cette réorganisation une condition de reprise de l'activité, est souvent considéré par les juges comme étant une fraude du premier employeur ou une collusion frauduleuse entre les deux employeurs succes-

sifs pour faire échec à ces dispositions. Il peut également survenir après le changement, lorsque le nouvel employeur procède lui-même à la réorganisation ou impose des modifications essentielles aux contrats de travail, que les salariés refusent. Les indemnités de licenciement sont alors calculées sur la base de l'intégralité des périodes de travail du salarié, y compris celles passées au service de l'ancien employeur.

Textes de référence

Articles L. 1224-1 à L. 1224-4 du Code du travail

Lire en complément

- La modification du contrat de travail
- La procédure de licenciement individuel
- La procédure de licenciement économique de deux à neuf salariés
- La procédure en cas de licenciement pour motif économique de 10 salariés et plus
- L'indemnité légale de licenciement

Discrimination et égalité professionnelle

Toute décision de l'employeur (embauche, promotion, sanction, mutation, licenciement, formation, etc.) doit être prise en fonction de critères professionnels et non sur des considérations d'ordre personnel, fondées sur des éléments extérieurs au travail (sexe, religion, apparence physique, nationalité, vie privée, etc.). À défaut, des sanctions sont encourues.

Remarque

Dans les lieux de travail ainsi que dans les locaux ou à la porte des locaux où se fait l'embauche, les personnes mentionnées à l'article L. 1132-1 du Code du travail (salariés, candidats à un recrutement ou à un stage, etc.) sont informées par tout moyen du texte des articles 225-1 à 225-4 du Code pénal (définition et sanctions des discriminations prohibées). Des dispositions similaires sont prévues pour les articles 222-33 et 222-33-2 du Code pénal définissant et réprimant le harcèlement sexuel et le harcèlement moral.

Qu'est-ce qu'une discrimination ?

Comme le précise la loi du 27 mai 2008 (JO du 28 mai) :

- constitue une discrimination directe la situation dans laquelle, sur le fondement de son appartenance ou de sa non-appartenance, vraie ou supposée, à une ethnie ou une race, sa religion, ses convictions, son âge, son handicap, son orientation ou identité sexuelle ou son sexe, une personne est traitée de manière moins favorable qu'une autre ne l'est, ne l'a été ou ne l'aura été dans une situation comparable ;

- constitue une discrimination indirecte une disposition, un critère ou une pratique neutre en apparence, mais susceptible d'entraîner, pour l'un des motifs mentionnés page 157, un désavantage particulier pour des personnes par rapport à d'autres personnes, à moins que cette disposition, ce critère ou cette pratique ne soit objectivement justifié par un but légitime et que les moyens pour réaliser ce but ne soient nécessaires et appropriés.

La discrimination inclut :

- tout agissement lié à l'un des motifs mentionnés page 157 et tout agissement à connotation sexuelle, subis par une personne et ayant pour objet ou pour effet de porter atteinte à sa dignité ou de créer un environnement intimidant, hostile, dégradant, humiliant ou offensant ;
- le fait d'enjoindre à quiconque d'adopter un comportement discriminatoire.

Remarque

Pour être étendues, les conventions de branche doivent obligatoirement contenir les clauses mentionnées à l'article L. 2261-22 du Code du travail, dont, notamment, des clauses portant sur l'égalité de traitement entre salariés et la prévention des discriminations.

Quelles sont les personnes protégées ?

Tout salarié, tout candidat à un emploi, à un stage ou à une période de formation en entreprise est protégé contre les discriminations au travail.

Les salariés témoins ou ayant relaté des agissements discriminatoires ne peuvent pas non plus être sanctionnés, licenciés ou faire l'objet d'une mesure discriminatoire.

En outre, aucune décision défavorable à une personne ne peut être fondée sur sa soumission ou son refus de se soumettre à une discrimination prohibée.

L'interdiction des discriminations est un outil en faveur de l'égalité entre les salariés. Une attention particulière est portée sur l'égalité professionnelle entre femmes et hommes.

Remarque

Aucun salarié ne peut être sanctionné, licencié ou faire l'objet d'une mesure discriminatoire mentionnée à l'article L. 1132-1 du Code du travail (voir p. 160) en raison de l'exercice des fonctions de juré.

Les discriminations : de quoi s'agit-il ?

Opérer une distinction entre les salariés sur des motifs autres que les nécessités de l'emploi ou les qualités professionnelles du salarié constitue une discrimination prohibée par la loi.
Sont visées les discriminations fondées sur (art. L. 1132-1) :

- l'origine ;
- le sexe ;
- les mœurs ;
- l'orientation ou l'identité sexuelle ;
- l'âge ;
- la situation de famille ou la grossesse ;
- les caractéristiques génétiques ;
- l'appartenance ou la non-appartenance, vraie ou supposée, à une ethnie, une nation ou une race ;
- les opinions politiques ;
- les activités syndicales ou mutualistes ;
- les convictions religieuses ;
- l'apparence physique ;
- le nom de famille ;
- l'état de santé ou le handicap.
- le lieu de résidence (ce motif a été ajouté à l'article L. 1132-1 du Code du travail par la loi n° 2014-173 du 21 février 2014, en vigueur depuis le 23 février 2014).

Aucun salarié ne peut également être sanctionné, licencié ou faire l'objet d'une mesure discriminatoire mentionnée à l'article L. 1132-1 du Code du travail (voir ci-dessous) pour avoir refusé en raison de son orientation sexuelle une mutation géographique dans un État incriminant l'homosexualité.

Remarque

L'exercice normal du droit de grève ne saurait donner lieu de la part de l'employeur à des sanctions ou à des mesures discriminatoires en matière de rémunérations et d'avantages sociaux.

Aucun de ces motifs ne peut donc être invoqué pour :

- écarter une personne d'une procédure de recrutement ou de l'accès à un stage ou à une période de formation en entreprise ;
- sanctionner, licencier ou décider d'une mesure discriminatoire (directe ou indirecte, au sens défini page 157) contre un salarié, notamment en matière de rémunération, de mesures d'intéressement ou de distribution d'actions, de formation, de reclassement, d'affectation, de qualification, de classification, de promotion professionnelle, de mutation ou de renouvellement de contrat. La rémunération s'entend du salaire ou traitement ordinaire de base ou minimum et de tous les autres avantages et accessoires payés, directement ou indirectement, en espèces ou en nature, par l'employeur au travailleur en raison de l'emploi de ce dernier.

Aucun de ces motifs ne peut non plus être avancé pour empêcher un salarié d'adhérer librement au syndicat professionnel de son choix.

Toute discrimination directe ou indirecte (telle que définie page 157) est également interdite en raison de la maternité, y compris du congé de maternité, ce principe ne faisant toutefois pas obstacle aux mesures prises en faveur des femmes pour ces mêmes motifs.

Les mêmes dispositions protectrices s'appliquent aux personnes qui seraient écartées d'une procédure de recrutement ou de l'accès à un stage ou à une période de formation en entreprise, ou aux salariés qui seraient sanctionnés ou licenciés ou feraient l'objet d'une mesure discriminatoire :

- pour avoir relaté ou témoigné, de bonne foi, soit à leur employeur, soit aux autorités judiciaires ou administratives, de faits de corruption dont ils auraient eu connaissance dans l'exercice de leurs fonctions (voir l'article L. 1161-1 du Code du travail) ;
- pour avoir relaté ou témoigné, de bonne foi, soit à son employeur, soit aux autorités judiciaires ou administratives de faits relatifs à un risque grave pour la santé publique ou l'environnement dont elle aurait eu connaissance dans l'exercice de ses fonctions (voir l'article L. 1351-1 du Code de la santé publique et de l'environnement) ;
- pour avoir relaté ou témoigné, de bonne foi, de faits constitutifs d'un délit ou d'un crime dont il aurait eu connaissance dans l'exercice de ses fonctions (voir l'article L. 1132-3-3 du Code du travail) ;
- pour avoir relaté ou témoigné, de bonne foi, à son employeur, à l'autorité chargée de la déontologie au sein de l'organisme, à une association de lutte contre la corruption agréée ou aux autorités judiciaires ou administratives de faits relatifs à une situation de conflit d'intérêts, telle que définie à l'article 2 de la loi n° 2013-907 du 11 octobre 2013, concernant l'une des personnes mentionnées aux articles 4 et 11 de cette même loi (membres du Gouvernement, représentants français au Parlement européen, membres des cabinets ministériels, collaborateurs du président de la République, du président de l'Assemblée nationale et du président du Sénat, etc.), dont elle aurait eu connaissance dans l'exercice de ses fonctions (voir l'article 25 de la loi n° 2013-907 du 11 octobre 2013).

Exemples

Constituent une discrimination pour les juges :

- le fait de sanctionner plus durement un salarié en raison de ses activités syndicales que les autres salariés, auteurs de la même faute ;
- la consigne donnée par la direction de ne pas proposer de CDI aux enfants du personnel ou aux conjoints de salariés ;
- le licenciement d'un salarié fondé sur son homosexualité, etc.

Par ailleurs, sont également prohibées les discriminations à l'égard des victimes et témoins de harcèlement sexuel ou moral. Ainsi :

- aucun salarié, aucune personne en formation ou en stage, aucun candidat à un recrutement, à un stage ou à une formation en entreprise ne peut être sanctionné, licencié ou faire l'objet d'une mesure discriminatoire, directe ou indirecte, notamment en matière de rémunération, de formation, de reclassement, d'affectation, de qualification, de classification, de promotion professionnelle, de mutation ou de renouvellement de contrat pour avoir subi ou refusé de subir des faits de harcèlement sexuel tels que définis à l'article L. 1153-1 du Code du travail (voir p. 363) y compris, dans le cas mentionné au 1° de ce même article, si les propos ou comportements n'ont pas été répétés ;
- aucun salarié, aucune personne en formation ou en stage ne peut être sanctionné, licencié ou faire l'objet d'une mesure discriminatoire, directe ou indirecte, notamment en matière de rémunération, de formation, de reclassement, d'affectation, de qualification, de classification, de promotion professionnelle, de mutation ou de renouvellement de contrat pour avoir subi ou refusé de subir des agissements répétés de harcèlement moral (voir p. 373) ou pour avoir témoigné de tels agissements ou les avoir relatés.

Quelles sont les différences de traitement admises ?

■ L'âge

Les différences de traitement fondées sur l'âge ne constituent pas une discrimination lorsqu'elles sont objectivement et raisonnablement justifiées par un but légitime, notamment par le souci de préserver la santé ou la sécurité des travailleurs, de favoriser leur insertion professionnelle, d'assurer leur emploi, leur reclassement ou leur indemnisation en cas de perte d'emploi, et lorsque les moyens de réaliser ce but sont nécessaires et appropriés.

Ces différences peuvent notamment consister en :

- l'interdiction de l'accès à l'emploi ou la mise en place de conditions de travail spéciales en vue d'assurer la protection des jeunes et des travailleurs âgés ;
- la fixation d'un âge maximal pour le recrutement dans le cadre de certains contrats de travail réservés aux jeunes.

Remarque

La liste des travaux interdits et réglementés pour les travailleurs de moins de 18 ans est inscrite dans le Code du travail aux articles D. 4153-15 et suivants.

■ L'état de santé ou le handicap

Les différences de traitement fondées sur l'inaptitude constatée par le médecin du travail en raison de l'état de santé ou du handicap du salarié ne constituent pas une discrimination lorsqu'elles sont objectives, nécessaires et appropriées.

Par ailleurs, afin de garantir le respect du principe d'égalité de traitement à l'égard des travailleurs handicapés, les employeurs doivent prendre, en fonction des besoins dans une situation concrète, les « mesures appropriées » pour permettre aux travailleurs handicapés d'accéder à un emploi ou de conserver un emploi correspondant à leur qualification, de l'exercer ou d'y progresser ou pour qu'une formation adaptée à leurs besoins leur soit dispensée, sous réserve que les charges consécutives à la mise en œuvre de ces mesures ne soient pas disproportionnées, compte tenu des aides qui peuvent compenser en tout ou partie les dépenses supportées à ce titre par l'employeur. Ces « mesures appropriées », prises au profit des seules personnes handicapées et visant à favoriser l'égalité de traitement, ne constituent pas une discrimination : c'est au contraire le refus par l'employeur de les prendre qui serait constitutif d'une telle discrimination.

■ Le lieu de résidence

Les mesures prises en faveur des personnes résidant dans certaines zones géographiques et visant à favoriser l'égalité de traitement ne constituent pas une discrimination. Cette disposition figure au nouvel article L. 1133-5 du Code du travail, créé par la loi n° 2014-173 du 21 février 2014, en vigueur depuis le 23 février 2014.

■ Le sexe

En matière d'embauche, lorsque l'appartenance à l'un ou l'autre sexe détermine l'exercice d'un emploi ou d'une activité professionnelle, l'offre peut être expressément réservée à une femme ou à un homme.
Par ailleurs, les mesures temporaires mises en œuvre en faveur des femmes (discriminations positives), afin d'établir une égalité des chances ou pour remédier aux inégalités constatées, ne constituent pas des discriminations interdites par la loi. Ces mesures peuvent être prévues par les conventions et accords collectifs, lesquels, pour être étendus, doivent comporter des clauses relatives à l'égalité professionnelle. Elles peuvent également être négociées avec l'État (contrat pour la mixité des emplois et l'égalité professionnelle entre les femmes et les hommes) et mises en place avec sa participation financière.

Remarques

- Parmi les thèmes de négociation annuelle obligatoire dans les entreprises assujetties (celles comptant au moins 50 salariés où sont désignés un ou plusieurs délégués syndicaux) figurent les objectifs en matière d'égalité professionnelle entre les femmes et les hommes dans l'entreprise et les mesures permettant de les atteindre. En l'absence d'une telle négociation, des sanctions pénales peuvent être encourues. Les négociations sur les salaires effectifs que l'employeur est tenu d'engager chaque année doivent également viser à définir et à programmer les mesures permettant de supprimer les écarts de rémunération entre les femmes et les hommes.
- Les organisations qui sont liées par une convention de branche ou, à défaut, par des accords professionnels se réunissent, au moins une fois par an, pour négocier sur les salaires. Ces négociations prennent en compte l'objectif d'égalité professionnelle entre les femmes et les hommes.
- Dans les conditions précisées, notamment, par les articles R. 2242-2 à R. 2242-8 du Code du travail, les entreprises d'au moins 50 salariés sont soumises à une pénalité à la charge de l'employeur lorsqu'elles ne sont pas couvertes par un accord relatif à l'égalité professionnelle ou, à défaut d'accord, par un plan d'action destiné à assurer l'égalité professionnelle entre les femmes et les hommes. Cette disposition, prévue par la loi n° 2010-1330 du 9 novembre 2010 (JO du 10 novembre), est entrée en vigueur à compter du 1er janvier 2012. Pour les entreprises couvertes par un accord conclu sur le fondement de l'article L. 2242-5 du Code du travail ou, à défaut, par un plan d'action tel que défini à l'article L. 2242-5-1 du Code du travail, à la date du 10 novembre 2010, elle entrera en vigueur à l'échéance de l'accord ou, à défaut d'accord, à l'échéance du plan d'action ; pour plus de précisions, on peut se reporter aux informations diffusées sur le site www.travail-emploi.gouv.fr. ou au site www.ega-pro.fr élaboré par les services de l'État en concertation avec les partenaires sociaux.

La protection contre le licenciement suite à une action en justice

Le licenciement est nul lorsqu'il est décidé par l'employeur en raison d'une action en justice engagée contre lui par le salarié concerné, une organisation ou une association le représentant.
Le salarié bénéficie d'un droit à réintégration et est considéré comme n'ayant jamais cessé d'occuper son emploi.
Le salarié peut refuser de reprendre son emploi : le conseil de prud'hommes lui accorde une indemnité au moins égale aux salaires des six derniers mois, en plus de l'indemnité de licenciement conventionnelle ou légale.

Quels sont les recours des victimes et témoins de discrimination ?

■ Recours pénal

La personne faisant l'objet d'une discrimination peut déposer plainte auprès du procureur de la République, du commissariat de police, de la gendarmerie ou du doyen des juges d'instruction du tribunal de grande instance afin que les agissements dont elle est victime soient pénalement sanctionnés (par le tribunal correctionnel).

■ Recours civil

Les salariés victimes ou témoins de discrimination disposent également d'un recours devant le conseil de prud'hommes.
L'objectif du recours est de faire annuler la mesure ou la décision fondée sur un motif discriminatoire et de demander réparation du préjudice subi.
Il appartient à la personne faisant l'objet d'une discrimination de présenter au juge les éléments de fait laissant supposer l'existence d'une telle discrimination, directe ou indirecte.
Au vu de ces éléments, l'auteur supposé doit prouver au juge que sa décision est justifiée par des éléments objectifs, étrangers à toute discrimination.

Le juge prend une décision après avoir ordonné toutes les mesures d'instruction qu'il estime utiles, en cas de besoin.

Remarque

L'action en réparation du préjudice résultant d'une discrimination se prescrit par cinq ans à compter de la révélation de la discrimination. Ce délai n'est pas susceptible d'aménagement conventionnel. Si la discrimination est reconnue, les dommages et intérêts devront réparer l'entier préjudice résultant de cette discrimination, pendant toute sa durée.

Qui peut intervenir en cas de discrimination ?

■ L'inspecteur du travail

Les inspecteurs du travail peuvent se faire communiquer tout document ou tout élément d'information, quel qu'en soit le support, utile à la constatation de faits susceptibles de permettre d'établir l'existence ou l'absence d'une méconnaissance des articles du Code du travail ou du Code pénal prohibant les discriminations. Ils sont habilités à constater les infractions commises en matière de discrimination prévues à l'article 225-2 (3° et 6°) du Code pénal.

■ Les organisations syndicales

Les organisations syndicales représentatives au plan national ou dans l'entreprise peuvent exercer en justice toute action relative à des agissements discriminatoires, en faveur d'un salarié de l'entreprise ou d'un candidat à un emploi, à un stage ou une période de formation en entreprise.

Le syndicat doit notifier par écrit à l'intéressé son intention d'exercer l'action en justice. Il peut agir sans le mandat de l'intéressé, sous réserve que celui-ci ne s'y oppose pas dans un délai de 15 jours à compter de la date de la notification.

L'intéressé est libre d'intervenir à l'instance engagée par le syndicat.

■ **Les associations de lutte contre les discriminations**

Les associations de lutte contre les discriminations régulièrement constituées depuis au moins cinq ans peuvent exercer en justice toute action relative à des agissements discriminatoires, en faveur d'un salarié de l'entreprise ou d'un candidat à un emploi, à un stage ou une période de formation en entreprise. Dans le cadre de la lutte contre les discriminations liées au handicap, l'action peut également être intentée, sous les mêmes conditions, par les associations œuvrant dans le domaine du handicap.

Remarque

L'association doit pouvoir justifier d'un accord écrit de l'intéressé. Celui-ci est libre d'intervenir à l'instance engagée par l'association et d'y mettre un terme à tout moment.

■ **Les délégués du personnel**

Les délégués du personnel disposent d'un droit d'alerte. En cas d'atteinte aux droits des personnes et aux libertés individuelles résultant de mesures discriminatoires en matière d'embauche, de rémunération, de formation, de reclassement, d'affectation, de classification, de qualification, de promotion professionnelle, de mutation, de renouvellement de contrat, de sanction ou de licenciement, ils peuvent saisir l'employeur qui doit procéder sans délai à une enquête et mettre fin à cette situation.

Remarque

En cas de carence de l'employeur ou de divergence sur la réalité de cette atteinte, et à défaut de solution trouvée avec l'employeur, le salarié, ou le délégué si le salarié intéressé averti par écrit ne s'y oppose pas, saisit le bureau de jugement du conseil de prud'hommes qui statue selon la forme des référés. Le juge peut ordonner toutes mesures propres à faire cesser cette atteinte et assortir sa décision d'une astreinte.

■ **Le Défenseur des droits**

Le Défenseur des droits est une autorité constitutionnelle indépendante chargée, notamment, de lutter contre les discriminations, directes ou indirectes, prohibées par la loi ou par un engagement international régulièrement ratifié ou approuvé par la France ainsi que de promouvoir l'égalité. Il a repris, sur ce point, les missions auparavant dévolues à la Haute autorité de lutte contre les discriminations et pour l'égalité (Halde).

Le Défenseur des droits peut être saisi par toute personne qui s'estime victime d'une discrimination, directe ou indirecte, prohibée par la loi ou par un engagement international régulièrement ratifié ou approuvé par la France, ou par toute association régulièrement déclarée depuis au moins cinq ans à la date des faits se proposant par ses statuts de combattre les discriminations ou d'assister les victimes de discriminations, conjointement avec la personne s'estimant victime de discrimination ou avec son accord. Il peut également se saisir d'office ou être saisi par les ayants droit de la personne dont les droits et libertés sont en cause.

La personne qui saisit le Défenseur des droits indique par écrit, en apportant toutes précisions utiles, les faits qu'elle invoque au soutien de sa réclamation. L'association qui saisit le Défenseur des droits lui adresse une copie de ses statuts.

Une réclamation peut être adressée à un député, à un sénateur ou à un représentant français au Parlement européen, qui la transmet au Défenseur des droits s'il estime qu'elle appelle son intervention.

Remarque

Lorsque le Défenseur des droits n'est pas saisi par la personne dont les droits et libertés sont en cause, ou qu'il se saisit d'office, il informe cette personne ou, le cas échéant, ses ayants droit, par tout moyen. En l'absence d'accord explicite de la personne ainsi informée, le Défenseur des droits ne peut faire usage des moyens d'information ni des pouvoirs dont il dispose avant l'expiration d'un délai de 15 jours à compter de l'information mentionnée ci-dessus.

La personne informée dans les conditions ainsi prévues peut, à tout moment, s'opposer à l'intervention du Défenseur des droits. Celui-ci est alors tenu d'y mettre fin.

La saisine du Défenseur des droits est gratuite. Elle n'interrompt ni ne suspend par elle-même les délais de prescription des actions en matière civile, administrative ou pénale, non plus que ceux relatifs à l'exercice de recours administratifs ou contentieux.
Lorsque le Défenseur des droits estime que la réclamation d'une personne s'estimant victime d'une discrimination appelle une intervention de sa part, il l'assiste dans la constitution de son dossier et l'aide à identifier les procédures adaptées à son cas.

Remarque

Un service d'accueil téléphonique (08 1000 5000) répond aux demandes d'information et de conseil sur les discriminations et sur les conditions de saisine du Défenseur des droits. Le cas échéant, il réoriente les appelants vers les autres organismes ou services compétents.
L'affichage des coordonnées de ce service est obligatoire dans tous les établissements mentionnés à l'article L. 3111-1 du Code du travail ainsi que dans les administrations de l'État, les collectivités territoriales, les établissements publics à caractère administratif, les organismes de sécurité sociale et les autres organismes chargés de la gestion d'un service public administratif.

Pour mener à bien ses missions, le Défenseur des droits dispose d'un pouvoir d'investigation permettant de demander des explications, d'auditionner des personnes, de consulter des documents ou même dans certains cas de procéder à des vérifications sur place. Ces vérifications doivent en principe avoir lieu avec l'accord des personnes intéressées : toutefois, en cas d'opposition du responsable des lieux, le Défenseur des droits peut saisir le juge des référés d'une demande motivée afin qu'il autorise ces vérifications, qui

se déroulent alors sous l'autorité et le contrôle du juge qui les a autorisées. Les dispositions applicables sont précisées par le décret n° 2011-904 du 29 juillet 2011.
Les agents du Défenseur des droits assermentés et spécialement habilités par le procureur de la République peuvent constater par procès-verbal les délits de discrimination, notamment dans le cas où il est fait application des dispositions de l'article 225-3-1 du Code pénal admettant comme mode de preuve de l'existence d'une discrimination la pratique des vérifications à l'improviste (ou « testing »).

Remarque

Le Défenseur des droits peut procéder à la résolution amiable des différends portés à sa connaissance, par voie de médiation.
Lorsqu'il constate des faits constitutifs d'une discrimination sanctionnée par les articles 225-2 et 432-7 du Code pénal et L. 1146-1 et L. 2146-2 du Code du travail, il peut également, dans les conditions fixées par l'article D 1-1 du Code de procédure pénale, si ces faits n'ont pas déjà donné lieu à la mise en mouvement de l'action publique, proposer à l'auteur des faits une transaction consistant dans le versement d'une amende transactionnelle dont le montant ne pourra excéder 3 000 € s'il s'agit d'une personne physique et 15 000 € s'il s'agit d'une personne morale et, s'il y a lieu, dans l'indemnisation de la victime. Cette transaction proposée par le Défenseur des droits et acceptée par l'auteur des faits ainsi que, s'il y a lieu, par la victime devra être homologuée par le procureur de la République. Le Défenseur des droits pourra également proposer que la transaction consiste en l'une des modalités prévues par l'article 28 de la loi n° 2011-333 du 29 mars 2011 : transmission, pour information, d'un communiqué pédagogique au CE ou aux délégués, obligation de publier la décision au sein de l'entreprise, etc.

Le Défenseur des droits ne dispose pas d'un pouvoir de jugement, mais si les faits portés à sa connaissance lui semblent constitutifs d'un crime ou d'un délit, il en informe le procureur de la République. Il peut également être invité, par les juridictions civiles, pénales ou administratives saisies de faits relatifs à des discriminations, à présenter ses observations, d'office ou à la demande des parties, ou demander à être entendu par ces juridictions, cette audition étant alors de droit.

Remarque

Le Défenseur des droits, lorsqu'il a constaté une discrimination directe ou indirecte dans l'activité professionnelle d'une personne physique ou morale soumise à agrément ou autorisation par une autorité publique, ou à l'encontre de laquelle une telle autorité dispose du pouvoir de prendre des mesures conservatoires ou des sanctions pour non-respect de la législation relative aux discriminations ou au titre de l'ordre et des libertés publics peut recommander à cette autorité publique de faire usage des pouvoirs de suspension ou de sanction dont elle dispose. Dans le domaine de l'emploi, cette disposition serait, par exemple, susceptible de s'appliquer aux opérateurs privés offrant des services de placement sur le marché de travail qui n'auraient pas respecté la législation relative à la lutte contre les discriminations.

Quelles sont les sanctions prévues pour l'auteur de la discrimination ?

La personne reconnue coupable de discrimination encourt :

- une sanction disciplinaire, s'il s'agit d'un salarié de l'entreprise ;
- des sanctions pénales (trois ans d'emprisonnement et 45 000 € d'amende).

Les personnes morales peuvent aussi être déclarées responsables pénalement d'actes de discrimination. Les peines encourues sont celles prévues par l'article 225-4 du Code pénal.

Remarque

Sont punis d'un an d'emprisonnement et d'une amende de 3 750 € les faits de discrimination commis à la suite d'un harcèlement moral ou sexuel (des peines complémentaires – ex. : affichage du jugement – peuvent également être ordonnées par la juridiction). Toutefois, lorsque la discrimination commise à l'égard des victimes ou témoins de faits de harcèlement sexuel est couverte à la fois par le Code du travail et par les dispositions du Code pénal, ce sont les sanctions, plus élevées (soit trois ans d'emprisonnement et 45 000 € d'amende), prévues par ce code qui sont applicables ; sur ce point, on peut se reporter aux précisions figurant dans la circulaire DGT n° 2012-14 du 12 novembre 2012 (circulaires.legifrance.gouv.fr).

Textes de référence

Articles L. 1131-1 à L. 1134-5, L.1155-2, L. 2313-2 et L. 8113-5 du Code du travail
Articles 225-1 à 225-4 du Code pénal
Article D. 1-1 du Code de procédure pénale
Loi organique n° 2011-333 du 29 mars 2011 relative au Défenseur des droits
Loi n° 2011-334 du 29 mars 2011 relative au Défenseur des droits
Décret n° 2011-904 du 29 juillet 2011 (procédure devant le Défenseur des droits (JO du 30 juillet)
Décret n° 2011-1830 du 6 décembre 2011 (JO du 8 décembre ; contrat pour la mixité des emplois et l'égalité professionnelle entre les femmes et les hommes)
Loi n° 2013-404 du 17 mai 2013 (JO du 18)
Loi n° 2013-1117 du 6 décembre 2013 (JO du 7)

Lire en complément

- Offre d'emploi et embauche : les droits du candidat
- L'égalité de rémunération entre les femmes et les hommes
- La sanction disciplinaire

La sanction disciplinaire

Une sanction disciplinaire est une mesure prise par l'employeur à la suite d'agissements du salarié qu'il considère comme fautifs. Avant d'appliquer la sanction, l'employeur est tenu de respecter une procédure destinée à informer le salarié concerné et à lui permettre d'assurer sa défense.

Agissements fautifs du salarié : de quoi s'agit-il ?

L'employeur peut juger que le comportement du salarié ne correspond pas à l'exécution normale du contrat et constitue une faute.

Peuvent notamment être considérés comme fautifs :

- le non-respect des règles de discipline fixées par le règlement intérieur ou par note de service ;
- le refus de se conformer à un ordre de l'employeur ;
- le non-respect de l'obligation de discrétion et de loyauté ;
- les critiques, les injures, les menaces, les violences ;
- les erreurs ou les négligences commises dans le travail.

Remarque

Dans les entreprises d'au moins 20 salariés, le règlement intérieur est obligatoire. Il fixe les règles générales et permanentes relatives à la discipline et notamment la nature et l'échelle des sanctions ; une sanction ne peut alors être prononcée à l'encontre d'un salarié que si elle est prévue par le règlement intérieur. En outre, s'il s'agit d'une mise à pied disciplinaire, celle-ci ne sera licite que si le règlement fixe sa durée maximale (Cass. soc., 26 oct. 2010). Il énonce également les dispositions relatives aux droits de la défense des salariés et rappelle les dispositions protectrices en faveur des victimes et des témoins de harcèlement sexuel ou moral.

La faute peut être légère, sérieuse, grave (si elle cause des troubles sérieux et rend impossible le maintien du salarié dans l'entreprise) ou lourde (si, par son comportement, le salarié a eu l'intention de nuire à l'employeur ou à l'entreprise).

Quelles sont les caractéristiques de la sanction disciplinaire ?

La sanction disciplinaire doit être proportionnée à la faute commise. À l'exception de l'avertissement, elle est de nature à affecter – immédiatement ou non – la présence du salarié dans l'entreprise, sa fonction, sa carrière ou sa rémunération.

Remarque

L'employeur ne peut sanctionner deux fois la même faute.

La sanction disciplinaire peut être :
- un blâme ;
- une mise à pied disciplinaire (sans salaire) ;
- une rétrogradation ;
- une mutation ;
- un licenciement pour faute réelle et sérieuse ;
- un licenciement pour faute grave (sans préavis ni indemnité) ou lourde (ni préavis, ni indemnité, ni congés payés).

Les simples observations verbales ne sont pas considérées comme sanction disciplinaire.

Remarque

La procédure disciplinaire doit également être mise en œuvre par l'employeur qui souhaite mettre fin, par anticipation, au CDD du salarié en raison d'une faute grave (ou d'une faute lourde) de ce dernier.

Quelles sont les sanctions interdites ?

Sont interdites :

- les amendes et autres sanctions pécuniaires ;
- les sanctions prises en considération de l'origine, du sexe, des mœurs, de l'orientation ou de l'identité sexuelle, de l'âge, de la situation de famille ou de la grossesse, des caractéristiques génétiques, de l'appartenance ou de la non-appartenance, vraie ou supposée, à une ethnie, une nation ou une race, des opinions politiques, des activités syndicales ou mutualistes, des convictions religieuses, de l'apparence physique, du nom de famille, du lieu de résidence ou en raison de l'état de santé ou du handicap du salarié ;
- les sanctions prises à l'encontre d'un salarié pour avoir témoigné de pratiques discriminatoires prohibées, ou les avoir relatées ;
- les sanctions prises à l'encontre d'un salarié victime ou témoin de harcèlement sexuel ou moral ;
- les sanctions qui font suite à l'exercice par le salarié de son droit de retrait pour danger grave et imminent ;
- les sanctions prises à l'encontre d'un salarié pour avoir relaté ou témoigné, de bonne foi, soit à son employeur, soit aux autorités judiciaires ou administratives, de faits de corruption dont il aurait eu connaissance dans l'exercice de ses fonctions (voir aussi p. 161) ;
- les sanctions prises à l'encontre d'un(e) salarié(e) pour avoir relaté ou témoigné, de bonne foi, soit à son employeur, soit aux autorités judiciaires ou administratives de faits relatifs à la sécurité sanitaire des produits mentionnés à l'article L. 5311-1 du Code de la santé publique dont elle aurait eu connaissance dans l'exercice de ses fonctions (article L. 5312-4-2 du Code de la santé publique) ;
- les sanctions prises à l'encontre d'un(e) salarié(e) pour avoir relaté ou témoigné, de bonne foi, soit à son employeur, soit aux autorités judiciaires ou administratives de faits relatifs à un risque grave pour la santé publique ou l'environnement dont elle aurait eu connaissance dans l'exercice de ses fonctions (article L. 1351-1 du Code de la santé publique) ;

- les sanctions prises à l'encontre d'un(e) salarié(e) pour avoir relaté ou témoigné, de bonne foi, à son employeur, à l'autorité chargée de la déontologie au sein de l'organisme, à une association de lutte contre la corruption agréée ou aux autorités judiciaires ou administratives de faits relatifs à une situation de conflit d'intérêts, telle que définie à l'article 2 de la loi n° 2013-907 du 11 octobre 2013, concernant l'une des personnes mentionnées aux articles 4 et 11 de cette même loi (membres du Gouvernement, repré-sentants français au Parlement européen, membres des cabinets ministériels, collaborateurs du président de la République, du président de l'Assemblée nationale et du président du Sénat, etc.), dont elle aurait eu connaissance dans l'exercice de ses fonctions (article 25 de la loi n° 2013-907 du 11 octobre 2013, JO du 12 octobre 2013).

Comment une sanction doit-elle être notifiée ?

Avant de prendre une sanction, autre qu'un avertissement, l'employeur doit convoquer le salarié à un entretien préalable en précisant l'objet, la date, l'heure et le lieu de l'entretien. La convocation rappelle au salarié qu'il peut se faire assister par une personne de son choix appartenant au personnel de l'entreprise. Lors de l'entretien, l'employeur indique les motifs de la sanction envisagée et recueille les explications du salarié. La convocation à l'entretien et la notification de la sanction doivent être faites par lettre recommandée ou remise en main propre contre décharge. La sanction ne peut intervenir moins d'un jour franc ni plus d'un mois après le jour fixé pour l'entretien. Le salarié est informé par écrit de la nature et des motifs de la sanction prononcée à son égard.

Lorsque les faits reprochés au salarié sont d'une particulière gravité et rendent impossible son maintien dans l'entreprise, l'employeur peut prendre à son encontre une mesure conservatoire de mise à pied à effet immédiat (« mise à pied conservatoire »). Dans ce cas, le salarié est dispensé d'exécuter son travail et l'employeur doit engager la procédure disciplinaire précisée ci-dessus, aucune sanction définitive relative à ces faits ne pouvant être prise sans que cette procédure ait été respectée. Si la mise à pied conservatoire est suivie d'un licenciement pour faute grave ou lourde, le salarié ne sera pas rémunéré pour la durée correspondant à cette mise à pied conservatoire.

Remarque

Si la sanction encourue est le licenciement, c'est la procédure propre au licenciement pour motif personnel qui doit être respectée.

Comment contester une sanction ?

Dans tous les cas (même à la suite d'un avertissement), le salarié a tout intérêt à présenter ses explications à l'employeur, par écrit ou par l'intermédiaire des représentants du personnel.
S'il s'estime injustement ou trop lourdement sanctionné, il peut saisir le conseil de prud'hommes.
Celui-ci est, en effet, seul compétent pour apprécier la régularité de la procédure disciplinaire et pour décider si les faits reprochés au salarié justifient la sanction infligée.
Il peut annuler la sanction, sauf s'il s'agit d'un licenciement pour lequel d'autres règles sont applicables. Si un doute subsiste, il profite au salarié.

Existe-t-il un délai de prescription ?

Aucun fait fautif ne peut à lui seul donner lieu à sanction, passé un délai de deux mois à compter du jour où l'employeur en a eu connaissance (sauf en cas de poursuites pénales).
De même, aucune sanction datant de plus de trois ans ne peut être invoquée à l'appui d'une nouvelle sanction.

Textes de référence

Articles L. 1331-1 à L. 1334-1 et R. 1332-1 à R. 1332-4 du Code du travail

Lire en complément

- Le harcèlement sexuel
- Le harcèlement moral
- Discrimination et égalité professionnelle

La convention collective

Une convention collective est un accord écrit qui résulte de la négociation entre syndicats d'employeurs et de salariés. Elle peut être conclue au niveau d'une profession (convention collective de branche), d'une région ou d'un département, ou d'une entreprise. Son objet ? Les conditions d'emploi et de travail.
La convention collective comprend généralement un texte de base et des avenants, accords ou annexes, issus de négociations ultérieures sur des points particuliers (exemple : avenants sur les salaires).

À quoi sert une convention collective ?

Une convention collective complète les dispositions du Code du travail :

- elle institue souvent des dispositions que le Code du travail ne prévoit pas telles que des salaires minimaux, un régime de prévoyance, des primes, des congés, etc., ou améliore celles qu'il prévoit ;
- elle adapte des dispositions générales du Code du travail aux situations particulières d'un secteur d'activité ou d'une entreprise (exemple : aménagement du temps de travail).

Remarque

L'accord collectif de travail se distingue de la convention collective du seul fait qu'il ne traite que d'une partie des matières que la convention a vocation à régir. Il existe ainsi des accords portant uniquement sur les salaires, sur la formation professionnelle ou sur l'aménagement du temps de travail.

Avec qui une convention collective est-elle négociée ?

Une convention ou un accord collectif doit être négocié entre une organisation professionnelle (fédération, union, syndicat patronal) et des organisations syndicales représentatives de la collectivité des salariés.

Dans l'entreprise, la négociation est menée entre l'employeur et les délégués syndicaux.

La validité d'un accord d'entreprise ou d'établissement sera subordonnée à sa signature par une ou plusieurs organisations syndicales de salariés représentatives ayant recueilli au moins 30 % des suffrages exprimés au 1er tour des dernières élections des titulaires au comité d'entreprise ou de la délégation unique du personnel ou, à défaut, des délégués du personnel, quel que soit le nombre de votants, et à l'absence d'opposition d'une ou de plusieurs organisations syndicales de salariés représentatives ayant recueilli la majorité des suffrages exprimés à ces mêmes élections, quel que soit le nombre de votants. L'opposition devra être exprimée dans un délai de huit jours à compter de la date de notification de cet accord, dans les conditions prévues à l'article L. 2231-8 du Code du travail.

Par ailleurs :

- une négociation est possible avec des membres du comité d'entreprise ou, à défaut, des délégués du personnel en l'absence de délégué syndical, dans les entreprises de moins de 200 salariés qui ne sont pas couvertes par un accord de branche étendu prévoyant des règles spécifiques de négociation en l'absence de délégué syndical ;
- une négociation avec des salariés mandatés par une ou des organisations syndicales représentatives dans la branche peut se dérouler dans les entreprises comptant au moins 11 salariés, qui n'ont ni délégué syndical ni élu du personnel (un procès verbal de carence aux élections professionnelles doit être rédigé) et qui ne sont pas couvertes par un accord de branche étendu prévoyant

des règles spécifiques de négociation en l'absence de délégué syndical.

Remarque

Sur les conditions de recours à ces différentes possibilités de négociation, sur les conditions de validité des accords ainsi conclus, de même que sur les possibilités de négocier avec un représentant de la section syndicale, il convient de se reporter aux précisions données sur le site www.travail-emploi.gouv.fr ou de consulter la circulaire DGT n° 20 du 13 novembre 2008 (notamment sa fiche n° 5), disponible sur ce même site.

À qui s'applique la convention collective ?

Chaque convention collective définit son champ géographique et professionnel.

L'application d'une convention de branche obéit à des règles particulières. Après son dépôt auprès des services centraux du ministre chargé du Travail, elle s'applique :

- aux entreprises, quels que soient leurs effectifs, entrant dans la zone définie par le texte et adhérentes à l'organisation patronale signataire ;
- aux entreprises décidant volontairement de l'appliquer ;
- à toutes les entreprises de la branche et du secteur géographique dès qu'elle a été « étendue » par arrêté publié au Bulletin officiel du ministère chargé du Travail.

Comment déterminer si une convention collective de branche est applicable dans l'entreprise ?

Les champs d'application professionnels des conventions collectives sont définis en termes d'activités économiques. Ils font donc souvent référence à la nomenclature d'activités définie par l'Insee (code APE), afin de préciser les activités concernées. Le code APE de l'entreprise, tel qu'il figure sur les bulletins de salaire, est donc un

indice qui permet de repérer la convention collective applicable. Il n'a toutefois aucune force juridique. Seule l'activité économique effective et principale exercée par l'entreprise permet de déterminer la convention collective applicable.
Aussi, quand l'activité principale d'une entreprise évolue dans le temps, il appartient à l'employeur de signaler ces changements à l'Insee.

Remarque

L'intitulé de la convention collective doit apparaître sur le bulletin de paie et sur les affichages obligatoires dans l'entreprise.

Comment vérifier que l'entreprise applique la bonne convention collective de branche ?

La lecture de l'article « champ d'application » (généralement l'article I) de la convention collective doit éclairer sur le type d'entreprises visées : la zone géographique y est décrite avec les activités concernées, suivies le plus souvent des codes APE correspondants. En cas de difficultés, les employeurs peuvent contacter leur organisation patronale sur toute question intéressant le champ d'application des conventions collectives. Les salariés peuvent s'adresser aux représentants du personnel (comité d'entreprise, délégués du personnel, délégués syndicaux) ou aux syndicats. Il est également possible de consulter le service de renseignements de la direction régionale des entreprises, de la concurrence, de la consommation, du travail et de l'emploi (Direccte, voir p. 933).

Où consulter la convention collective ?

Les conditions d'information des salariés et des représentants du personnel sur le droit conventionnel applicable dans leur entreprise et leur établissement doivent être définies par une convention de branche ou un accord professionnel. En l'absence de convention ou d'accord, les modalités suivantes s'appliquent :

- au moment de l'embauche, le salarié doit recevoir de son employeur une notice d'information relative aux textes conventionnels applicables dans l'entreprise ou l'établissement ;
- l'employeur lié par une convention ou un accord collectif de travail doit fournir un exemplaire de ce texte au comité d'entreprise et, le cas échéant, aux comités d'établissement ainsi qu'aux délégués du personnel et aux délégués syndicaux ou aux salariés mandatés pour négocier en l'absence de délégués syndicaux et de représentants élus du personnel ;
- l'employeur doit tenir un exemplaire à jour de cette convention ou accord collectif à la disposition du personnel sur le lieu de travail. Un avis est affiché à ce sujet.

Remarque

Dans les entreprises dotées d'un intranet, l'employeur doit mettre sur celui-ci, à disposition des salariés, un exemplaire à jour de la convention ou de l'accord collectif de travail par lequel il est lié.

Où se procurer la convention collective ?

Si elle est publiée en brochure :

- par correspondance à la Dila, administration des ventes, 23 rue d'Estrées, CS10733, 75345 Paris Cedex 07, en précisant la référence de la brochure ;
- sur Internet :
  - www.journal-officiel.gouv.fr (rubrique « Catalogue »),
  - www.ladocumentationfrancaise.fr (rubrique « Acheter en ligne »),
  - www.legifrance.gouv.fr (pour les conventions collectives nationales étendues) ;
- sur place :
  - à la librairie de la Documentation française et des Journaux officiels, 29-31 quai Voltaire, 75007 Paris,
  - dans les libraires générales et universitaires.

Pour tout renseignement complémentaire, téléphoner au : 01 40 58 79 79.

Si elle n'est pas publiée en brochure :

- à la Direccte (voir p. 933), service des conventions collectives ;
- au greffe du conseil de prud'hommes du lieu de conclusion du texte ;
- auprès des représentants du personnel.

Textes de référence

Articles L. 2211-1 à L. 2232-35, L. 2241-1 à L. 2243-2, D. 2231-2 à D. 2231-8, R. 2231-9, D. 2232-2 à D. 2232-9 et D. 2241-1 à D. 2241-8 du Code du travail

Lire en complément

- Les délégués syndicaux
- Le bulletin de paie

Le conseil de prud'hommes

Le conseil de prud'hommes est une juridiction paritaire composée d'un nombre égal de conseillers salariés et employeurs élus. Il est compétent pour régler tous les litiges individuels relatifs au contrat de travail : conclusion, exécution, rupture, y compris pour motif économique.

Sur ce point on signalera que, selon la Cour de cassation, le juge prud'homal est également compétent pour connaître d'une demande de dommages et intérêts fondée sur une discrimination raciale dans une procédure de recrutement, alors même que le contrat de travail n'avait pas été conclu (Cass. soc., 20 décembre 2006).

Il est compétent pour connaître les litiges individuels nés à l'occasion d'un contrat de travail de droit privé.

Remarque

Le projet de loi « pour la croissance et l'activité » (dit « projet de loi Macron »), en cours de discussion devant le Parlement à l'heure où nous éditons ce guide, prévoit une réforme en profondeur de la justice prudhommale en vue de raccourcir les délais et d'obtenir un rapprochement facilité des points de vue des parties avant le recours à une autre phase que celle de la conciliation. Pour toutes précisions sur cette réforme, qui pourrait être mise en œuvre dans le courant du second semestre 2015, on peut se reporter au site du ministère du Travail : www.travail-emploi.gouv.fr.

À quel conseil de prud'hommes s'adresser ?

Le conseil compétent est celui dans le ressort duquel se trouve l'établissement où est effectué le travail. Si le travail est réalisé en dehors de tout établissement (VRP, travailleurs à domicile, etc.), la demande est portée devant le conseil de prud'hommes du domicile du salarié.

Mais quel que soit le lieu de travail, le salarié peut toujours saisir le conseil de prud'hommes du lieu d'embauche ou celui du siège social de l'entreprise qui l'emploie. Dans un contrat de travail, les clauses prévoyant la compétence d'un autre conseil sont nulles de plein droit.

Comment se déroule une procédure ?

■ La saisine du conseil (dépôt de la demande)

La demande doit être formulée par lettre recommandée ou déposée au secrétariat-greffe du conseil dans les délais ouverts pour les recours, par exemple trois ans pour les salaires (voir p. 281) et, sauf cas particuliers, deux ans pour les actions relatives à l'exécution ou la rupture du contrat de travail (ce délai court à compter du jour où celui qui l'exerce a connu ou aurait dû connaître les faits lui permettant d'exercer son droit). Le dépôt de la demande interrompt ces délais.

■ La conciliation

En règle générale, la tentative de conciliation est obligatoire et les parties (l'employeur et le salarié) doivent comparaître (se présenter) personnellement ou être représentées par un mandataire muni d'un écrit.

Il existe toutefois un certain nombre de litiges dont la loi permet qu'ils soient directement portés devant le bureau de jugement, sans passer par la phase de conciliation. Ainsi, par exemple :

- lorsque le conseil de prud'hommes est saisi d'une demande de requalification d'un contrat de travail à durée déterminée en contrat à durée indéterminée, l'affaire est directement portée devant le bureau de jugement qui statue au fond dans un délai d'un mois suivant sa saisine (art. L.1245-2 du Code du travail) ;
- lorsque le conseil de prud'hommes est saisi d'une demande de qualification de la rupture du contrat de travail à l'initiative du

salarié en raison de faits que celui-ci reproche à son employeur (cette situation est couramment qualifiée de « prise d'acte de la rupture du contrat de travail »), l'affaire est directement portée devant le bureau de jugement, qui statue au fond dans un délai d'un mois suivant sa saisine (article L. 1451-1 du Code du travail, créé par la loi n° 2014-743 du 1er juillet 2014, en vigueur à compter du 3 juillet 2014) ;

- lorsque le conseil de prud'hommes est saisi d'une demande de requalification en contrat de travail d'une convention de stage mentionnée à l'article L. 124-1 du Code de l'éducation, l'affaire est directement portée devant le bureau de jugement, qui statue au fond dans un délai d'un mois suivant sa saisine. Cette disposition, codifiée à l'article L. 1454-5 du Code du travail, est issue de la loi n° 2014-788 du 10 juillet 2014, en vigueur depuis le 12 juillet 2014.

Remarque

En cas de litige portant sur la régularité du licenciement (procédure, caractère réel et sérieux des motifs invoqués par l'employeur), lors de la conciliation, l'employeur et le salarié peuvent convenir ou le bureau de conciliation proposer d'y mettre un terme par accord. Cet accord prévoit le versement par l'employeur au salarié d'une indemnité forfaitaire dont le montant est déterminé en référence à un barème fixé à l'article D. 1235-21 du Code du travail en fonction de l'ancienneté du salarié. Ce barème est déterminé comme suit : deux mois de salaire si le salarié justifie chez l'employeur d'une ancienneté inférieure à deux ans, quatre mois de salaire si le salarié justifie chez l'employeur d'une ancienneté comprise entre deux ans et moins de huit ans, huit mois de salaire si le salarié justifie chez l'employeur d'une ancienneté comprise entre huit ans et moins de 15 ans, 10 mois de salaire si le salarié justifie chez l'employeur d'une ancienneté comprise entre 15 ans et 25 ans, 14 mois de salaire si le salarié justifie chez l'employeur d'une ancienneté supérieure à 25 ans. Cette indemnité forfaitaire est, dans la limite de ce barême, exonérée d'impôt sur le revenu.

Elle ne se substitue pas aux indemnités légales, conventionnelles ou contractuelles auxquelles le salarié peut, le cas échéant, prétendre : indemnité de licenciement, indemnité compensatrice de préavis, indemnité compensatrice de congés payés, contrepartie financière d'une clause de non-concurrence, etc. Sous cette réserve, le procès-verbal constatant l'accord vaut renonciation des parties à toutes réclamations et indemnités relatives à la rupture du contrat de travail prévues par les articles L. 1235-1 à L. 1235-17 du Code du travail ; sont notamment visées, les indemnités pour licenciement irrégulier (irrégularité de la procédure) ou abusif (absence de cause réelle et sérieuse).

Absence de comparution du demandeur

Lorsqu'au jour fixé pour la tentative de conciliation, le demandeur ne comparaît pas sans avoir justifié en temps utile d'un motif légitime, le bureau de conciliation déclare la demande et la citation caduques.

Toutefois, la demande et la citation ne sont pas déclarées caduques si le demandeur, absent pour un motif légitime, est représenté par un mandataire muni d'un écrit l'autorisant à concilier en son nom et pour son compte. Le mandat précise alors qu'en cas d'absence du mandataire le bureau de conciliation pourra déclarer sa demande caduque.

La demande ne peut être réitérée qu'une seule fois, à moins que le bureau de conciliation, saisi sans forme, constate que le demandeur n'a pu comparaître ou être représenté sur sa deuxième demande par suite d'un cas fortuit.

Absence de comparution du défendeur

Lorsqu'au jour fixé pour la tentative de conciliation, le défendeur ne comparaît pas, le bureau de conciliation renvoie l'affaire au bureau de jugement, après avoir, s'il y a lieu, usé des pouvoirs spécifiques que lui reconnaît l'article R. 1454-14 du Code du travail (par exemple, ordonner la délivrance, le cas échéant, sous peine d'astreinte, de certificats de travail, de bulletins de paie et de toute pièce que l'employeur est tenu légalement de délivrer). Toutefois, si le défendeur a justifié en temps utile d'un motif légitime d'absence, il peut être représenté par un mandataire muni d'un écrit l'autorisant à concilier en son nom et pour son compte. À défaut, il est convoqué à une prochaine séance du bureau de conciliation par lettre simple.

Lorsqu'il apparaît que le défendeur n'a pas reçu, sans faute de sa part, la première convocation, le bureau de conciliation décide qu'il sera à nouveau convoqué à une prochaine séance. Cette nouvelle convocation est faite soit par lettre recommandée avec avis de réception du greffe, soit par acte d'huissier de justice à la diligence du demandeur.

Cet acte intervient, à peine de caducité de la demande constatée par le bureau de conciliation, dans les six mois de la décision de ce bureau.

Remarque

Le bureau de conciliation peut notamment ordonner de remettre tout document que l'employeur est légalement tenu de délivrer (certificat de travail, bulletin de paie, attestation destinée à Pôle emploi – anciennement « attestation Assedic » – ,etc.) ou, si l'existence de l'obligation n'est pas sérieusement contestable, de verser des provisions sur salaires et accessoires de salaires, même en l'absence du défendeur (personne contre qui la demande est faite).

Absence de conciliation

En l'absence de conciliation ou en cas de conciliation partielle, le bureau de conciliation renvoie l'affaire au bureau de jugement lorsque le demandeur et le défendeur sont présents ou représentés et que l'affaire est en état d'être jugée sans que la désignation d'un ou deux conseillers rapporteurs ou le recours à une mesure d'instruction soient nécessaires.

■ Le jugement

Les parties sont convoquées à l'audience de jugement par lettre, ou verbalement avec émargement (signature) au dossier lors de l'audience de conciliation. Elles doivent comparaître en personne, mais peuvent se faire représenter en cas de motif légitime.

Le jugement est pris à la majorité absolue des conseillers prud'hommes. En cas de partage des voix, l'affaire est renvoyée devant le même bureau présidé par un juge du tribunal d'instance (juge départiteur).

Les jugements sont exécutoires lorsqu'ils sont devenus définitifs, c'est-à-dire après expiration des délais de recours. Certains jugements sont exécutoires de plein droit (dès leur prononcé) à titre provisoire (dans la limite d'un montant égal à neuf mois de salaire).

■ Voies de recours

Jusqu'à un certain montant de la demande, le conseil de prud'hommes statue en dernier ressort. Au-delà de ce montant, le jugement est susceptible d'appel : la cour d'appel peut être saisie et revoir la décision rendue par le conseil de prud'hommes.

Remarque

> Le taux de compétence en dernier ressort des conseils de prud'hommes est fixé à 4 000 €.

Pour vérifier si ce montant est atteint lorsque la saisine du conseil est motivée par plusieurs demandes, il convient de prendre en compte isolément :

- les demandes de nature salariale (salaires, primes, heures supplémentaires, indemnités de congés payés) ;
- les demandes de nature indemnitaire (indemnités de licenciement, de préavis, indemnité compensatrice de congés payés, dommages et intérêts pour un licenciement sans cause réelle et sérieuse).

Si l'ensemble des demandes de même nature excède le taux de compétence en dernier ressort, il est possible de faire appel de la décision.
Dans le cas contraire, le seul recours possible est un pourvoi en cassation devant la Cour de cassation, pour motif de non-conformité aux règles de droit.

Existe-t-il une procédure d'urgence ?

Oui, il s'agit du référé prud'homal qui permet d'obtenir une décision d'urgence lorsque les circonstances l'exigent (réintégration d'un salarié, versement de salaires, remise de documents, etc.). Le conseil de prud'hommes, dans sa formation de référé, peut :

- ordonner toutes les mesures qui ne se heurtent à aucune contestation sérieuse ou que justifie l'existence d'un différend ;
- prescrire les mesures conservatoires ou de remise en état qui s'imposent pour prévenir un dommage ou faire cesser un trouble manifestement illicite, même en cas de contestation sérieuse.

Peut-on se faire représenter ou assister à l'audience ?

Les parties sont tenues de comparaître en personne. Elles peuvent toutefois en cas de motif légitime se faire représenter par :

- un salarié et un employeur appartenant à la même branche d'activité ;
- un délégué permanent ou non permanent des organisations syndicales ou patronales ;
- leur conjoint ;
- un avocat (le système de l'aide juridictionnelle s'applique en matière prud'homale, si les ressources de l'intéressé ne dépassent pas un certain montant).

Remarque

Dans tous les cas autres que le recours à l'avocat, la personne qui représente l'une des parties doit avoir reçu un pouvoir (mandat).

Les parties peuvent dans tous les cas être assistées par les personnes mentionnées ci-contre. Un employeur peut également se faire représenter ou assister par l'un de ses salariés.

Textes de référence

Articles L. 1235-1, L. 1411-1 à L. 1426-1, L. 1451-1, L. 1454-5 et R. 1412-1 à R. 1463-1 du Code du travail
Loi n° 2014-743 du 1er juillet 2014 (JO du 2)
Loi n° 2014-788 du 10 juillet 2014 (JO du 11)

Chapitre 3

La durée du travail

Durée légale du travail • Heures supplémentaires • Temps partiel • Travail du dimanche • Travail de nuit • Travail des jeunes • Conventions de forfait • Journée de solidarité

La durée légale du travail

Fixée à 35 heures hebdomadaires pour toutes les entreprises quel que soit leur effectif, la durée légale du travail effectif est une durée de référence, un seuil à partir duquel sont calculées les heures supplémentaires. Il ne s'agit ni d'une durée minimale (les salariés peuvent être employés à temps partiel) ni d'un maximum : des heures supplémentaires peuvent être accomplies dans le respect des durées maximales au-delà desquelles aucun travail ne peut être demandé.
Les dispositions du Code du travail relatives à la durée du travail, aux repos et aux congés sont applicables aux employeurs de droit privé ainsi qu'à leurs salariés. Toutefois, les cadres dirigeants ne sont pas soumis à certaines de ces dispositions, notamment celles relatives à la durée légale, aux heures supplémentaires, aux jours fériés, au repos quotidien et au repos hebdomadaire. Ils bénéficient, en revanche, des congés payés, des autres congés rémunérés et non rémunérés (congés pour événements familiaux, congé de solidarité familiale, etc.) et du dispositif du compte épargne-temps (CET). Sont considérés comme ayant la qualité de cadre dirigeant les cadres auxquels sont confiées des responsabilités dont l'importance implique une grande indépendance dans l'organisation de leur emploi du temps, qui sont habilités à prendre des décisions de façon largement autonome et qui perçoivent une rémunération se situant dans les niveaux les plus élevés des systèmes de rémunération pratiqués dans leur entreprise ou établissement. Le cadre en question doit participer à la direction de l'entreprise (Cass. soc., 31 janvier 2012). En cas de litige sur la qualité ou non de « cadre dirigeant », il appartiendra au juge d'examiner si les critères cumulatifs mentionnés ci-dessus sont réunis.

Quels sont les temps de travail comptabilisés dans la durée légale ?

■ Le temps de travail effectif

Entre dans le calcul de la durée légale du travail, le temps de travail effectif, c'est-à-dire toute période pendant laquelle le salarié est à la disposition de l'employeur, dans l'obligation de se conformer à ses directives sans pouvoir se consacrer librement à des occupations personnelles. S'ils répondent à ces critères, les temps de restauration et de pause sont considérés comme temps de travail effectif.

Sauf disposition contraire d'une convention ou d'un accord applicable à l'entreprise, ne constitue pas un temps de travail effectif celui consacré à l'habillage et au déshabillage. Toutefois, lorsque le port d'une tenue de travail est imposé par la réglementation, le règlement intérieur de l'entreprise, une convention, un accord collectif ou le contrat de travail du salarié, le temps qui y est consacré – s'il se déroule dans l'entreprise ou sur le lieu de travail – doit faire l'objet de contreparties au bénéfice des salariés : repos, primes, etc.

Remarque

Le temps de déplacement professionnel pour se rendre sur le lieu d'exécution du contrat de travail n'est pas un temps de travail effectif. Toutefois, s'il dépasse le temps normal de trajet entre le domicile et le lieu habituel de travail, il doit faire l'objet d'une contrepartie soit sous forme de repos, soit financière, déterminée par convention ou accord collectif ou, à défaut, par décision unilatérale de l'employeur prise après consultation du comité d'entreprise ou des délégués du personnel, s'ils existent. La part de ce temps de déplacement professionnel coïncidant avec l'horaire de travail ne doit pas entraîner de perte de salaire.

■ Les heures d'équivalence

Dans certaines professions (santé, médico-social, etc.), des salariés peuvent être soumis à un temps de travail – comportant des temps

d'inaction – dépassant la durée légale du travail, mais assimilé à celle-ci. Ainsi, par exemple, la durée hebdomadaire du travail peut être fixée, compte tenu du régime d'équivalence, à 38 heures qui seront décomptées comme 35 heures.
Ces heures sont rémunérées conformément aux usages ou aux accords étendus applicables à l'entreprise. La durée équivalente (par exemple, 38 heures) est le seuil de déclenchement des heures supplémentaires.

Remarque

Le régime d'équivalence pour une profession ne peut être mis en place que par décret en Conseil d'État ou par décret simple après conclusion d'une convention ou d'un accord de branche.

■ Les astreintes

Ce sont les périodes pendant lesquelles le salarié, sans être à la disposition permanente et immédiate de l'employeur, a l'obligation de demeurer à son domicile ou à proximité afin d'être en mesure d'intervenir pour accomplir un travail au service de l'entreprise.
Les astreintes sont mises en place par convention ou accord collectif de travail étendu ou par accord d'entreprise ou d'établissement, qui en fixe le mode d'organisation ainsi que la compensation financière ou la période de repos à laquelle elles donnent lieu. À défaut de conclusion d'une convention ou d'un accord, les conditions dans lesquelles les astreintes sont organisées et les compensations financières ou en repos auxquelles elles donnent lieu sont fixées par l'employeur après information et consultation du comité d'entreprise ou, en l'absence de comité d'entreprise, des délégués du personnel s'il en existe, et après information de l'inspecteur du travail.
L'astreinte sans intervention est décomptée dans les durées minimales de repos quotidien et hebdomadaire. En revanche, les périodes d'intervention constituent un temps de travail effectif comptabilisé à ce titre dans la durée du travail.

Remarque

La programmation individuelle des périodes d'astreinte est portée à la connaissance de chaque salarié concerné 15 jours à l'avance, sauf circonstances exceptionnelles et sous réserve que le salarié en soit averti au moins un jour franc à l'avance (cette dernière disposition pourrait être modifiée dans le courant du 1er semestre 2015 dans le cadre d'une réforme visant à harmoniser les notions de « jour » - ouvré, ouvrable, franc ou calendaire - dans le Code du travail ; toutes les précisions seront disponibles sur le site www.travail-emploi.gouv.fr).

Quelles sont les durées maximales de travail ?

La durée légale du travail peut être dépassée dans le cadre de la réglementation sur les heures supplémentaires.

Remarque

Sauf autorisation de l'inspecteur du travail, la durée du travail des travailleurs âgés de moins de 18 ans ne peut dépasser la durée légale du travail.

Toutefois, il existe des durées maximales au-delà desquelles aucun travail effectif ne peut être demandé. Ces durées maximales de travail s'imposent également au salarié qui cumule plusieurs emplois (sur ce point, voir aussi ci-contre).
Sauf dérogation, les durées maximales sont fixées à :

- 10 heures par jour ;
- 48 heures par semaine ;
- 44 heures en moyenne sur une période de 12 semaines consécutives.

Remarque

Les dérogations à la durée du travail sont accordées :

- par l'inspecteur du travail pour les demandes de dérogation relatives à la durée maximale journalière ;

- par le directeur régional des entreprises, de la concurrence, de la consommation, du travail et de l'emploi (voir p. 932) ou, par délégation, le responsable de l'unité territoriale, ou par subdélégation, l'inspecteur du travail, pour les demandes de dérogation relatives à la durée maximale hebdomadaire.

L'autorité administrative compétente est celle dont relève l'établissement qui emploie les salariés concernés par la dérogation.

En outre, les salariés doivent bénéficier d'un repos quotidien de 11 heures au minimum et d'un repos hebdomadaire de 24 heures auquel s'ajoutent les heures de repos quotidien.

Remarque

L'employeur est tenu d'accorder au moins 20 minutes de pause lorsque le temps de travail quotidien atteint six heures.

Quelles sont les règles applicables en cas de cumul d'emplois ?

Aucune disposition du Code du travail n'interdit à un salarié de cumuler deux ou plusieurs emplois salariés, dans le cadre de contrats de travail différents.

Un tel cumul doit toutefois rester compatible avec les règles d'ordre public relatives à la durée maximale du travail (voir ci-contre). Il doit également rester compatible avec les dispositions particulières qui peuvent être prévues par le contrat de travail ou la convention collective ; il pourra s'agir, par exemple, d'une clause d'exclusivité par laquelle un salarié s'engage à consacrer l'exclusivité de son activité à un employeur ou d'une clause obligeant le salarié à informer son employeur en cas de prise d'un autre emploi (cette clause peut notamment permettre à l'employeur de s'assurer que la durée maximale du travail est effectivement respectée puisque, à défaut, des sanctions pénales sont applicables). Enfin, même en l'absence de dispositions contractuelles ou conventionnelles expresses, le salarié est tenu à l'égard de son employeur à une obligation de loyauté qui lui interdit d'exercer, pour son compte ou pour le compte d'une autre entreprise, une activité susceptible de concurrencer celle de son employeur. La violation de cette obligation de loyauté peut constituer une cause réelle et sérieuse de licenciement.

Remarques

- Pour être valable, la clause d'exclusivité doit être indispensable à la protection des intérêts légitimes de l'entreprise, justifiée par la nature de la tâche à accomplir et proportionnée au but recherché. En cas de litige, ce sont les tribunaux qui apprécient si ces conditions sont réunies.
- Les agents publics relèvent de règles spécifiques. Une circulaire du ministre du Budget, des Comptes publics et de la Fonction publique (Circ. n° 2157 du 11 mars 2008) fait le point sur les conditions dans lesquelles les agents publics peuvent exercer des activités accessoires en plus de leur activité principale. Cette circulaire est disponible sur le site ww.fonction-publique.gouv.fr.

Textes de référence

Articles L. 3111-1 à L. 3121-10, R. 3121-1 et R. 3121-2 du Code du travail

Lire en complément

• Les heures supplémentaires : définition et limites
• Les heures supplémentaires : contreparties
• Le temps de travail des jeunes de moins de 18 ans
• Les conventions de forfait

Les heures supplémentaires : définition et limites

À la demande de l'employeur, le salarié peut travailler au-delà de la durée légale. Les heures supplémentaires ainsi effectuées ouvrent droit à une majoration de salaire ou, sous certaines conditions, à un repos compensateur de remplacement. Les heures supplémentaires effectuées au-delà du contingent annuel (ou dans la limite de ce contingent si un accord collectif le prévoit) ouvrent également droit à une contrepartie obligatoire en repos : sur ces contreparties, on se reportera aux précisions figurant page 209.

Qu'est-ce qu'une heure supplémentaire ?

■ Cas général

La ou les heures supplémentaires sont les heures de travail effectuées au-delà de la durée légale du travail fixée à 35 heures hebdomadaires (ou de la durée considérée comme équivalente dans certaines professions), à la demande de l'employeur ou avec son accord, même implicite.

Les heures supplémentaires se décomptent par semaine civile. Sauf stipulations contraires d'un accord d'entreprise ou d'établissement, la semaine civile débute le lundi à 0 heure et se termine le dimanche à 24 heures.

■ Aménagement du temps de travail dans le cadre prévu par la loi du 20 août 2008 (art. L. 3122-2)

Un accord collectif d'entreprise ou d'établissement ou, à défaut, une convention ou un accord de branche peut définir les modalités d'aménagement du temps de travail et organiser la répartition de la durée du travail sur une période supérieure à la semaine et au plus

égale à l'année. Cet accord doit alors notamment prévoir les limites pour le décompte des heures supplémentaires. En l'absence d'accord collectif, la durée du travail de l'entreprise ou de l'établissement peut être organisée sous forme de périodes de travail, chacune d'une durée de quatre semaines au plus, dans les conditions fixées par les articles D. 3122-7-1 à D. 3122-7-3 du Code du travail.
Ainsi, lorsqu'un accord collectif organise une variation de la durée de travail hebdomadaire sur tout ou partie de l'année ou lorsqu'il est fait application de la possibilité de calculer la durée du travail sur une période de quatre semaines prévue par l'article D. 3122-7-1 du Code du travail, constituent des heures supplémentaires, selon le cadre retenu par l'accord ou le décret pour leur décompte :

- les heures effectuées au-delà de 1 607 heures annuelles ou de la limite annuelle inférieure fixée par l'accord, déduction faite, le cas échéant, des heures supplémentaires effectuées au-delà de la limite haute hebdomadaire éventuellement fixée par l'accord et déjà comptabilisées ;
- les heures effectuées au-delà de la moyenne de 35 heures calculée sur la période de référence fixée par l'accord, déduction faite, le cas échéant, des heures supplémentaires effectuées au-delà de la limite haute hebdomadaire éventuellement fixée par l'accord et déjà comptabilisées ;
- les heures effectuées au-delà de la moyenne de 35 heures calculée sur la période de référence de quatre semaines au plus, fixée par l'article D. 3122-7-1 du Code du travail intervenant en l'absence d'accord, déduction faite le cas échéant des heures supplémentaires effectuées au-delà de la limite haute hebdomadaire de 39 heures déjà comptabilisées (entreprise aménageant le temps de travail sans accord collectif).

En outre, si la répartition de l'horaire s'effectue sur une période de quatre semaines au plus :

- en cas d'arrivée ou de départ en cours de période de quatre semaines au plus, les heures accomplies au-delà de 35 heures

hebdomadaires sont des heures supplémentaires. Les semaines où la durée de travail est inférieure à 35 heures, le salaire est maintenu sur la base de 35 heures hebdomadaires ;
- en cas d'absence rémunérée, le temps non travaillé n'est pas récupérable ; il est valorisé sur la base du temps qui aurait été travaillé si le salarié avait été présent, heures supplémentaires comprises.

Sur les règles de décompte des heures supplémentaires applicables dans le cadre des dispositifs d'aménagement du temps de travail en vigueur avant la loi du 20 août 2008 (modulation du temps de travail, réduction du temps de travail par l'attribution de journées ou de demi-journées de repos), on se reportera aux précisions figurant sur le site www.travail-emploi.gouv.fr.

Quelles sont les règles applicables au contingent d'heures supplémentaires ?

Un certain nombre d'heures supplémentaires (le contingent annuel) peuvent être effectuées après une simple information du comité d'entreprise ou, à défaut, des délégués du personnel, s'il en existe.
Au-delà du contingent annuel applicable dans l'entreprise, les heures supplémentaires sont accomplies après avis du comité d'entreprise ou, à défaut, des délégués du personnel, s'il en existe (l'autorisation de l'inspecteur du travail n'est plus requise, comme cela était le cas avant la loi du 20 août 2008, en vigueur depuis le 22 août 2008). Ne sont toutefois concernés par le contingent d'heures supplémentaires, ni les salariés ayant conclu une convention de forfait en heures sur l'année (voir p. 243), ni ceux ayant conclu une convention de forfait annuel en jours (voir p. 244), ni les cadres dirigeants visés à l'article L. 3111-2 du Code du travail.

Remarque

À défaut de détermination du contingent annuel d'heures supplémentaires par voie conventionnelle (voir p.206), les modalités de son utilisation et de son éventuel dépassement donnent lieu au moins une fois par an à une consultation du comité d'entreprise ou des délégués du personnel, s'il en existe.

Les heures prises en compte pour le calcul du contingent annuel d'heures supplémentaires sont celles accomplies au-delà de la durée légale.

Remarque

Les heures supplémentaires effectuées afin de faire face aux travaux urgents énumérés à l'article L. 3132-4 du Code du travail (par exemple, ceux dont l'exécution immédiate est nécessaire pour organiser des mesures de sauvetage ou pour prévenir des accidents imminents) et celles donnant lieu à un repos compensateur équivalent ne s'imputent pas sur le contingent annuel d'heures supplémentaires. Il en est de même, dans la limite de sept heures, des heures effectuées au titre de la « journée de solidarité ». Toutefois, lorsqu'un salarié a déjà accompli, au titre de l'année en cours, une journée de solidarité, s'il s'acquitte d'une nouvelle journée de solidarité en raison d'un changement d'employeur, les heures travaillées ce jour donnent lieu à rémunération supplémentaire et s'imputent sur le contingent annuel d'heures supplémentaires.

Le contingent annuel d'heures supplémentaires est défini par une convention ou un accord collectif d'entreprise ou d'établissement ou, à défaut, par une convention ou un accord de branche. En l'absence d'accord collectif, le contingent annuel d'heures supplémentaires est fixé à 220 heures par salarié.
Les conditions d'accomplissement des heures supplémentaires au-delà du contingent annuel sont définies par une convention ou un accord collectif d'entreprise ou d'établissement ou, à défaut, une convention ou un accord de branche (sur les contreparties applicables, voir p. 209 et s.).

Remarque

Les contingents conventionnels fixés par des conventions ou accords conclus avant l'intervention de la loi du 20 août 2008 restent applicables. Ils peuvent toutefois être modifiés par un nouvel accord collectif conclu au niveau de l'entreprise ou de l'établissement ou, à défaut, au niveau de la branche.

Quelles sont les limites à l'accomplissement d'heures supplémentaires ?

L'accomplissement d'heures supplémentaires ne peut avoir pour effet de porter la durée du travail au-delà des limites fixées par la loi, à savoir :

- 10 heures par jour (dérogation conventionnelle possible, dans la limite de 12 heures) ;
- huit heures par jour pour les travailleurs de nuit (dérogation conventionnelle possible, dans la limite de 12 heures) ;
- 44 heures hebdomadaires calculées sur une période quelconque de 12 semaines (ou 46 heures hebdomadaires sur une période de 12 semaines consécutives dans le cadre d'un décret pris après conclusion d'un accord de branche) ;
- 48 heures au cours d'une même semaine.

Remarque

Des durées maximales spécifiques sont fixées pour les jeunes salariés âgés de moins de 18 ans (voir p. 251).

Textes de référence

Articles L. 3121-11 à L. 3121-25, D. 3121-7 à D. 3121-14-1 et D. 3122-7-3 du Code du travail

Lire en complément

• Le bulletin de paie
• Le travail à temps partiel
• Les heures supplémentaires : contreparties
• Les conventions de forfait

Les heures supplémentaires : contreparties

En contrepartie des heures supplémentaires effectuées par les salariés, l'entreprise est tenue de leur accorder une majoration de salaire (éventuellement remplacée par un « repos compensateur de remplacement »). Les heures supplémentaires accomplies au-delà du contingent (et celles accomplies dans la limite du contingent si un accord collectif le prévoit) ouvrent également droit à une contrepartie obligatoire en repos.

Quelles sont les majorations de salaire applicables ?

La majoration de salaire au titre des heures supplémentaires est fixée :

- par voie de convention ou d'accord de branche étendu ou par convention ou accord d'entreprise ou d'établissement, à un taux qui ne peut être inférieur à 10 % ;
- en l'absence d'accord tel que visé ci-dessus, à un taux de 25 % pour les huit premières heures supplémentaires et 50 % au-delà.

Remarque

La loi autorise la mensualisation des heures supplémentaires dans les entreprises dont la durée collective hebdomadaire de travail est supérieure à la durée légale (soit 35 heures). Dans ces entreprises, la rémunération mensuelle due au salarié peut être calculée en multipliant la rémunération horaire par les 52/12 de la durée hebdomadaire de travail réalisée, sans préjudice des majorations de salaire dues au titre des heures supplémentaires effectuées.

Qu'appelle-t-on « repos compensateur de remplacement » ?

Une convention ou un accord collectif d'entreprise, d'établissement ou, à défaut, de branche peut prévoir de remplacer le paiement des heures supplémentaires par l'attribution d'un repos compensateur équivalent (couramment qualifié de « repos compensateur de remplacement », RCR). Ainsi, par exemple, le paiement d'une heure supplémentaire rémunérée à 150 % peut être remplacé par un repos d'une durée d'une heure et 30 minutes. Les heures supplémentaires donnant lieu à un repos compensateur équivalent ne s'imputent pas sur le contingent annuel d'heures supplémentaires.
Dans les entreprises dépourvues de délégué syndical et non assujetties à l'obligation annuelle de négocier prévue à l'article L. 2242-1 du Code du travail, ce remplacement peut être mis en place par l'employeur à condition que le comité d'entreprise ou les délégués du personnel, s'ils existent, ne s'y opposent pas.

La contrepartie obligatoire en repos : dans quels cas et pour quelle durée ?

En plus des majorations prévues en contrepartie des heures supplémentaires, les salariés ont droit à une contrepartie obligatoire en repos (COR) pour toute heure supplémentaire accomplie au-delà du contingent annuel.
La contrepartie obligatoire en repos due pour toute heure supplémentaire accomplie au-delà du contingent est fixée, par la loi, à 50 % pour les entreprises de 20 salariés au plus et à 100 % pour les entreprises de plus de 20 salariés. Un accord collectif ne peut prévoir de durée inférieure.

■ En présence d'un accord collectif

Les caractéristiques et les conditions de prise de la COR pour toute heure supplémentaire accomplie au-delà du contingent sont celles inscrites dans l'accord collectif. Par exemple, la COR pourrait devoir être prise en dehors d'une période définie par accord. En cas de demandes multiples de prise de repos, l'accord pourrait fixer la règle de prise en compte de ces demandes et le délai maximum pendant lequel l'employeur peut demander le report de prise de repos.

Remarque

L'accord collectif mentionné ci-dessus peut également prévoir qu'une COR soit accordée au titre des heures supplémentaires (ou, le cas échéant, de certaines de ces heures supplémentaires) accomplies dans la limite du contingent.

■ À défaut d'accord collectif

En l'absence d'accord collectif applicable à l'entreprise, les conditions de mise en œuvre de la COR sont fixées, notamment, par les articles D. 3121-7 à D. 3121-14 du Code du travail.

Remarque

La COR est assimilée à une période de travail effectif pour le calcul des droits du salarié. Elle donne lieu à une indemnisation qui n'entraîne aucune diminution de rémunération par rapport à celle que le salarié aurait perçue s'il avait accompli son travail.

Ouverture des droits

Le droit à COR est réputé ouvert dès que la durée de ce repos, calculée selon les modalités prévues par la loi (voir ci-contre), atteint sept heures. La journée ou demi-journée au cours de laquelle le repos est pris est déduite du droit à repos à raison du nombre d'heures de travail que le salarié aurait accompli pendant cette journée ou cette demi-journée.

Mise en œuvre de la COR

La COR est prise dans un délai maximum de deux mois suivant l'ouverture du droit, sous réserve des dispositions permettant à l'employeur de différer la prise de la COR (voir p. 212).

La COR peut être prise par journée entière ou par demi-journée à la convenance du salarié.

Demande du salarié et réponse de l'employeur

Le salarié adresse sa demande de COR à l'employeur au moins une semaine à l'avance. La demande précise la date et la durée du repos. Dans les sept jours suivant la réception de la demande, l'employeur informe l'intéressé soit de son accord, soit, après consultation des délégués du personnel, des raisons, relevant d'impératifs liés au fonctionnement de l'entreprise, qui motivent le report de la demande. En cas de report, l'employeur propose au salarié une autre date, sans pouvoir toutefois différer la date du congé de plus de deux mois.

Remarque

L'absence de demande de prise de la COR par le salarié ne peut entraîner la perte de son droit au repos. Dans ce cas, l'employeur lui demande de prendre effectivement ses repos dans un délai maximum d'un an.

Possibilité de report par l'employeur

Lorsque des impératifs liés au fonctionnement de l'entreprise font obstacle à ce que plusieurs demandes de COR soient simultanément satisfaites, les demandeurs sont départagés selon l'ordre de priorité suivant :

1. Les demandes déjà différées.
2. La situation de famille.
3. L'ancienneté dans l'entreprise.

Remarque

La durée pendant laquelle la contrepartie obligatoire en repos peut être différée par l'employeur ne peut excéder deux mois.

Situation en cas de rupture du contrat de travail ou de décès du salarié
Le salarié dont le contrat de travail prend fin avant qu'il ait pu bénéficier de la COR à laquelle il a droit ou avant qu'il ait acquis des droits suffisants pour pouvoir prendre ce repos reçoit une indemnité en espèces dont le montant correspond à ses droits acquis.
Cette indemnité est également due aux ayants droit du salarié dont le décès survient avant qu'il ait pu bénéficier de la COR à laquelle il avait droit ou avant qu'il ait acquis des droits suffisants pour pouvoir prendre ce repos. Elle est alors versée à ceux des ayants droit qui auraient qualité pour obtenir le paiement des salaires arriérés. Cette indemnité a le caractère de salaire.

Textes de référence

Articles L. 3121-11 à L. 3121-25, D. 3121-7 à D. 3121-14-1 et D. 3122-7-3 du Code du travail

Lire en complément

- Les heures supplémentaires : définition et limites
- Le bulletin de paie

Le travail à temps partiel : mise en place

Le salarié à temps partiel est celui dont la durée du travail, obligatoirement mentionnée dans son contrat de travail, est inférieure à la durée légale du travail (35 heures par semaine) ou si elle est inférieure à la durée du travail fixée conventionnellement pour la branche ou l'entreprise ou à la durée du travail applicable dans l'établissement.

Le temps partiel peut être mis en place :

- en application d'un accord collectif ;
- sur décision de l'employeur après information de l'inspecteur du travail ;
- à la demande du salarié, par exemple lorsqu'il souhaite créer ou reprendre une entreprise ou exercer des responsabilités au sein d'une « jeune entreprise innovante ».

En principe organisé dans le cadre de la semaine ou du mois, le temps partiel peut également l'être sur l'année dans le cadre du temps partiel lié à la vie familiale ou d'un accord d'aménagement du temps de travail (sur le contrat de travail à temps partiel, voir p. 126 et s.).

Remarque

Les organisations liées par une convention de branche ou, à défaut, par des accords professionnels ouvrent une négociation sur les modalités d'organisation du temps partiel dès lors qu'au moins un tiers de l'effectif de la branche professionnelle occupe un emploi à temps partiel. Cette négociation porte notamment sur la durée minimale d'activité hebdomadaire ou mensuelle, le nombre et la durée des périodes d'interruption d'activité, le délai de prévenance préalable à la modification des horaires et la rémunération des heures complémentaires. Ces dispositions sont issues de la loi n° 2013-504 du 14 juin 2013

« relative à la sécurisation de l'emploi » (JO du 16 juin 2013). Pour les branches remplissant la condition d'effectif de temps partiel le 14 juin 2013 (date de promulgation de la loi), la négociation ainsi prévue devait être ouverte dans les trois mois suivant la promulgation de cette loi, soit, au plus tard, le 14 septembre 2013. Dans les autres branches, la négociation est ouverte, le cas échéant, dans les trois mois à compter de la date à partir de laquelle au moins un tiers de l'effectif de la branche professionnelle occupe un emploi à temps partiel.

Semaine, mois, année : dans quel cadre le temps partiel est-il organisé ?

La durée du travail à temps partiel s'apprécie dans le cadre de la semaine ou du mois (par exemple, un contrat de travail peut prévoir un horaire de 30 heures par semaine ou 130 heures par mois). Elle peut également s'apprécier sur l'année, dans le cadre d'un temps partiel aménagé sur tout ou partie de l'année mis en place dans le cadre fixé par la loi du 20 août 2008 (voir p. 219), d'une réduction du temps de travail pour raisons familiales (voir p. 133) ou du temps partiel modulé (dispositif prévu par l'article L. 3123-25 du Code du travail, abrogé par la loi du 20 août 2008 précitée ; les accords conclus en application de cet article, dans sa rédaction antérieure à la publication de ladite loi, restent toutefois en vigueur).
Le contrat, qui est obligatoirement écrit, doit inclure un certain nombre de mentions : qualification et rémunération du salarié, durée du travail, répartition de cette durée sur la semaine ou le mois, etc. (voir p. 130).

Que sont les heures complémentaires ?

■ Définition et volume

Les heures complémentaires sont les heures effectuées au-delà de la durée du travail, hebdomadaire ou mensuelle, mentionnée dans le contrat de travail à temps partiel.

Le recours à ces heures est strictement encadré par le Code du travail :

- les limites dans lesquelles des heures complémentaires peuvent être demandées au salarié doivent être mentionnées dans le contrat (voir p. 130) ; le refus d'accomplir les heures complémentaires proposées par l'employeur au-delà de ces limites ne constitue pas une faute ou un motif de licenciement ;
- le nombre d'heures complémentaires accomplies par un salarié à temps partiel au cours d'une même semaine ou d'un même mois ou sur la période prévue par un accord collectif conclu sur le fondement de l'article L. 3122-2 du Code du travail (sur ces accords, voir précisions page 219) ne peut être supérieur au 1/10 de la durée hebdomadaire ou mensuelle de travail prévue dans son contrat calculée, le cas échéant, sur la période prévue par un accord collectif conclu sur le fondement de l'article L. 3122-2 précité. Ainsi, par exemple, pour une durée de travail hebdomadaire fixée à 30 heures, le salarié ne peut effectuer plus de trois heures complémentaires par semaine. Toutefois, s'agissant du volume d'heures complémentaires susceptible d'être effectué par un salarié à temps partiel, il est prévu qu'une convention ou un accord de branche étendu ou une convention ou un accord d'entreprise ou d'établissement peut augmenter le nombre d'heures complémentaires jusqu'à 1/3 de la durée prévue au contrat ;
- le salarié doit être informé au moins trois jours à l'avance des heures complémentaires qu'il devra effectuer ; à défaut, le refus d'accomplir les heures complémentaires qui lui sont proposées par l'employeur ne constitue ni une faute, ni un motif de licenciement ;
- les heures complémentaires ne peuvent avoir pour effet de porter la durée du travail accomplie par un salarié au niveau de la durée légale du travail ou à la durée fixée conventionnellement.

Remarque

Les heures effectuées dans le cadre du dispositif du complément d'heures par avenant ne sont pas considérées comme des heures complémentaires (sur le régime de ces compléments d'heures, voir précisions page 132).

■ Majoration de salaire

Sauf dispositions conventionnelles ou contractuelles plus favorables, les heures complémentaires effectuées, jusqu'au 31 décembre 2013, dans la limite de 1/10 de la durée de travail prévue au contrat, étaient rémunérées au taux normal, sans majoration.

Depuis le 1er janvier 2014, chacune de ces heures complémentaires donne lieu à une majoration de salaire de 10 % ; cette disposition issue de la loi n° 2013-504 du 14 juin 2013, s'applique à défaut de taux supérieur prévu par le contrat de travail ou un accord collectif. Par ailleurs, lorsque la limite dans laquelle peuvent être accomplies des heures complémentaires est portée au-delà du 1/10 de la durée hebdomadaire ou mensuelle fixée au contrat de travail calculée, le cas échéant, sur la période prévue par un accord collectif conclu sur le fondement de l'article L. 3122-2 du Code du travail, chacune des heures complémentaires accomplies au-delà du 1/10 de cette durée donne lieu à une majoration de salaire de 25 %. Ainsi, par exemple, pour un contrat de travail à temps partiel de 20 heures par semaine, les heures complémentaires effectuées au-delà de la 22e heure ouvrent droit à une majoration de 25 %. Une convention ou un accord de branche étendu peut toutefois prévoir un taux de majoration différent qui ne peut être inférieur à 10 %.

Sur quelle base le temps partiel est-il organisé ?

C'est une convention ou un accord collectif de branche étendu ou un accord d'entreprise ou d'établissement qui pose les conditions d'organisation du temps partiel dans l'entreprise. En l'absence d'accord, l'employeur peut décider de mettre en place des horaires à temps partiel après avoir recueilli l'avis du comité d'entreprise ou des délégués du personnel, s'ils existent.

Remarque

L'avis des représentants du personnel est transmis, dans les 15 jours, à l'inspection du travail. Si l'entreprise est dépourvue de représentants du personnel, le temps partiel peut être pratiqué à l'initiative de l'employeur ou à la demande des salariés après information de l'inspecteur du travail.

Qui décide du passage à temps partiel ?

L'employeur est libre de mettre en place des horaires à temps partiel dans les conditions précitées. Il peut également transformer un poste à temps complet en temps partiel, sous réserve d'obtenir l'accord écrit du salarié. Des salariés à temps complet peuvent demander à passer à temps partiel. La réponse de l'employeur varie selon le motif invoqué par le salarié :

- il est tenu d'accepter si le passage à temps partiel est un droit pour le salarié (travail à temps partiel pour élever un enfant dans le cadre du congé parental ou en cas de maladie, accident ou handicap grave, ou encore dans le cadre d'un congé de solidarité familiale) ;
- dans les autres cas, l'employeur peut refuser la mise en place d'un horaire à temps partiel à condition de motiver sa réponse en invoquant des raisons objectives (incompatibilité avec les rythmes de production, absence d'emploi disponible, etc.).

Remarques

- Les conditions de mise en place du temps partiel à la demande du salarié sont fixées par convention collective de branche ou accord collectif étendu ou par convention ou accord d'entreprise ou d'établissement (procédure à suivre, délai à respecter, etc.). À défaut de texte conventionnel, le salarié doit adresser sa demande par lettre recommandée avec accusé de réception six mois au moins avant la date envisagée pour l'application des nouveaux horaires. L'employeur doit répondre, sous les mêmes formes, dans les trois mois qui suivent la réception de la demande.

- Par exception, la mise en place du temps partiel pour raison familiale (voir p. 133) ou pour création d'entreprise (voir p. 917) n'est pas subordonnée à un accord collectif : un avenant au contrat de travail suffit.

En quoi consiste le temps partiel aménagé sur tout ou partie de l'année ?

Le temps partiel aménagé sur tout ou partie de l'année a pour objet de permettre, dans certaines limites, de faire varier la durée du travail hebdomadaire ou mensuelle fixée dans le contrat de travail sur une période supérieure à la semaine et au plus égale à l'année. Il ne peut être instauré que par une convention ou un accord collectif d'entreprise ou d'établissement ou, à défaut, une convention ou un accord de branche (art. L. 3122-2 du Code du travail).

Cet accord comporte les clauses obligatoires mentionnées par l'article L. 3122-2 (conditions et délais de prévenance des changements de durée ou d'horaire de travail, conditions de prise en compte, pour la rémunération des salariés, des absences ainsi que des arrivées et départs en cours de période, etc.), et, lorsqu'il s'applique à des salariés à temps partiel, les modalités de communication et de modification de la répartition de la durée et des horaires de travail.

Il pourra s'agir, notamment, de prévoir la répartition de la durée du travail entre les jours de la semaine ou les semaines du mois, les cas dans lesquels une modification éventuelle de cette répartition peut intervenir ainsi que la nature de cette modification et les modalités selon lesquelles les horaires de travail pour chaque journée travaillée sont communiquées par écrit au salarié. Sauf stipulations contraires d'un accord d'entreprise ou d'établissement ou, à défaut, d'une convention ou d'un accord de branche, le délai de prévenance en cas de changement de durée ou d'horaires est fixé à sept jours.

Remarque

L'accord collectif peut prévoir que la rémunération mensuelle des salariés des entreprises organisant la variation de la durée de travail hebdomadaire sur tout ou partie de l'année est indépendante de l'horaire réel et est calculée dans les conditions prévues par l'accord. Un lissage de la rémunération sur l'année est ainsi possible si l'accord le prévoit.

Textes de référence

Articles L. 3122-2, L. 3122-5, L. 3123-1 à L. 3123-25, D. 3123-1, R. 3123-2, D. 3123-3 et R. 3123-4 à R. 3124-16 du Code du travail

Lire en complément

- Le contrat de travail à temps partiel
- Le temps partiel pour création ou reprise d'entreprise ou participation à la direction d'une jeune entreprise innovante

Le travail du dimanche

Un salarié ne peut travailler plus de six jours par semaine : au moins un jour de repos (24 heures auxquelles s'ajoute un repos quotidien minimum de 11 heures) doit lui être accordé chaque semaine et, en principe, le dimanche (repos dominical). Toutefois, le principe du repos dominical connaît plusieurs types de dérogations qui peuvent, selon le cas, être permanentes ou temporaires, soumises ou non à autorisation, applicables à l'ensemble du territoire ou à certaines zones précisément délimitées, etc.

Le Code du travail prévoit, dans certaines situations, des compensations obligatoires pour les salariés appelés à travailler le dimanche ; de telles compensations peuvent également résulter des conventions ou accords collectifs applicables dans l'entreprise, auxquelles il conviendra donc de se reporter, ou être prévues par le contrat de travail.

Remarque

Le projet de loi « pour la croissance et l'activité », débattu devant le Parlement au cours du 1er semestre 2015, prévoit de faciliter le recours au travail du dimanche et d'améliorer la situation des salariés concernés. S'il restera l'exception, le travail du dimanche sera facilité, notamment en permettant aux maires d'autoriser les commerces de leurs communes à ouvrir jusqu'à 12 dimanches par an, au lieu de 5 actuellement et en créant, là où cela sera justifié par des critères précis, des « zones touristiques internationales » dans lesquelles le travail le dimanche et en soirée sera possible toute l'année. Le projet de loi prévoit également de rendre le travail du dimanche plus juste : tout travail le dimanche devra donner lieu à une compensation salariale, quelle que soit la taille de l'entreprise, le volontariat sera la condition absolue de l'ouverture du commerce puisque, en l'absence d'accords (de branche, de territoire ou d'entreprise) sur le volontariat ou sur le niveau de la compensation salariale, le magasin restera fermé. En outre, tous les commerces déjà ouverts sous le régime actuel auront trois ans, à compter de l'entrée en vigueur de la loi, pour conclure des accords avec leurs salariés lorsqu'ils n'en ont pas déjà.

Pour plus de précisions sur les dispositions de ce projet de loi, susceptibles d'être modifiées à l'occasion des débats devant le Parlement, on peut se reporter au site du ministère de l'Économie : (www.economie.gouv.fr/). Une fois définitivement adoptée, la nouvelle législation sera présentée en détail dans les fiches pratiques en ligne sur le site www.travail-emploi.gouv.fr.

Le repos dominical est-il obligatoire ?

Un employeur ne peut occuper un salarié plus de six jours par semaine. Un repos hebdomadaire d'une durée minimale de 24 heures consécutives (plus 11 heures de repos quotidien) doit donc être respecté. Et, comme le précise l'article L. 3132-3 du Code du travail : « Dans l'intérêt des salariés, le repos hebdomadaire est donné le dimanche. »

Il existe cependant plusieurs dérogations permettant d'organiser le travail ce jour-là.

Remarques

- Certaines dispositions particulières s'appliquent aux départements de la Moselle, du Bas-Rhin et du Haut-Rhin ; elles figurent aux articles L. 3134-1 à L. 3134-15 du Code du travail auxquels on se reportera (tous les articles du Code du travail peuvent être consultés librement sur le site : www.legifrance.gouv.fr).
- Le fait de méconnaître les dispositions du Code du travail relatives au repos hebdomadaire et au repos dominical est puni de l'amende prévue pour les contraventions de la 5e classe. Les contraventions donnent lieu à autant d'amendes qu'il y a de salariés illégalement employés. Les peines sont aggravées en cas de récidive dans le délai d'un an.

Quelles sont les dérogations permanentes de droit au repos dominical ?

■ Dérogations liées aux contraintes de production ou aux besoins du public

Dans les établissements dont le fonctionnement ou l'ouverture est rendu nécessaire par les contraintes de la production, de l'activité ou les besoins du public, il peut être dérogé, de droit (sans qu'il soit besoin d'une autorisation administrative), à la règle du repos dominical ; le repos hebdomadaire est alors attribué par roulement (certains salariés seront donc amenés à travailler le dimanche).

Sont, par exemple, concernés les établissements appartenant aux catégories suivantes : fabrication de produits alimentaires destinés à la consommation immédiate ; hôtels, restaurants et débits de boissons ; débits de tabac ; entreprises de spectacles, etc. La liste complète des activités concernées figure à l'article R. 3132-5 du Code du travail. Cet article a été modifié, en dernier lieu, par le décret n° 2014-302 du 7 mars 2014 (JO du 8 mars 2014 ; en vigueur depuis le 9 mars 2014) qui a ajouté les commerces de détail du bricolage à la liste des catégories d'établissements bénéficiant d'une dérogation de droit en matière de repos dominical.

Dans ces établissements, lorsque sont exercées en même temps d'autres industries ou activités, la faculté de donner le repos hebdomadaire par roulement s'applique exclusivement aux fabrications, travaux et activités déterminés dans le tableau figurant à l'article R. 3132-5 précité.

■ Dérogations dans les commerces de détail alimentaire

Dans les établissements dont l'activité exclusive ou principale est la vente de denrées alimentaires au détail, le repos hebdomadaire peut être donné le dimanche à partir de 13 heures.

Les articles L. 3132-25 (dérogations de droit dans les communes d'intérêt touristique ou thermales ou dans les zones touristiques ; voir p. 231) et L. 3132-25-1 du Code du travail (dérogation dans les zones dites « Puce » ; voir p. 229) ne sont pas applicables aux commerces de détail alimentaire qui bénéficient des dérogations leur permettant d'ouvrir le dimanche jusqu'à 13 heures.

Quelles sont les dérogations conventionnelles au repos dominical ?

■ Travail en continu

Dans les industries ou les entreprises industrielles, une convention ou un accord collectif étendu ou une convention ou un accord d'entreprise ou d'établissement peut prévoir la possibilité d'organiser le travail de façon continue pour des raisons économiques et d'attribuer le repos hebdomadaire par roulement. Certains salariés seront donc amenés à travailler le dimanche.

À défaut de convention ou d'accord collectif de travail étendu ou de convention ou d'accord d'entreprise, une dérogation au repos dominical peut être accordée par l'inspecteur du travail après consultation des délégués syndicaux et avis du comité d'entreprise ou des délégués du personnel, s'ils existent. La demande tendant à obtenir cette dérogation est adressée par l'employeur à l'inspecteur du travail ; elle est accompagnée des justifications nécessaires et de l'avis des délégués syndicaux et du comité d'entreprise, ou des délégués du personnel, s'il en existe. L'inspecteur du travail fait connaître sa décision à l'employeur ainsi qu'aux représentants du personnel dans le délai de 30 jours à compter de la date de la réception de la demande.

Dans le cas mentionné ci-dessus, l'organisation du travail de façon continue pour raisons économiques peut être autorisée par l'inspecteur du travail si elle tend à une meilleure utilisation des équipements de production et au maintien ou à l'accroissement du nombre des emplois existants.

■ **Équipes de suppléance**

Dans les industries ou les entreprises industrielles, une convention ou un accord collectif de travail étendu ou une convention ou un accord d'entreprise ou d'établissement peut prévoir que le personnel d'exécution fonctionne en deux groupes dont l'un, dénommé « équipe de suppléance », a pour seule fonction de remplacer l'autre pendant le ou les jours de repos accordés au premier groupe.

Le repos hebdomadaire des salariés de l'équipe de suppléance est attribué un autre jour que le dimanche.

Cette dérogation s'applique également au personnel nécessaire à l'encadrement de cette équipe.

À défaut de convention ou d'accord, le recours aux équipes de suppléance est subordonné à l'autorisation de l'inspecteur du travail donnée après consultation des délégués syndicaux et avis du comité d'entreprise ou des délégués du personnel, s'ils existent. La demande est adressée par l'employeur à l'inspecteur du travail, accompagnée des justifications nécessaires et de l'avis des délégués syndicaux et du comité d'entreprise, ou des délégués du personnel, s'il en existe. L'inspecteur du travail fait connaître sa décision à l'employeur ainsi qu'aux représentants du personnel dans le délai de 30 jours à compter de la date de réception de la demande.

Remarque

La rémunération des salariés de l'équipe de suppléance est majorée d'au moins 50 % par rapport à celle qui serait due pour une durée équivalente effectuée suivant l'horaire normal de l'entreprise. Cette majoration ne s'applique pas lorsque les salariés de l'équipe de suppléance sont amenés à remplacer durant la semaine les salariés partis en congé.

Quelles sont les dérogations obligatoirement soumises à intervention administrative ?

Un certain nombre de dérogations au principe du repos dominical peuvent être accordées par le préfet ou par le maire, ou s'appliquer à certaines zones du territoire délimitées par le préfet. Selon le cas, ces dérogations peuvent être temporaires ou permanentes, s'appliquer toute l'année ou à certaines périodes seulement.

■ Dérogations préfectorales afin d'éviter un préjudice au public ou au fonctionnement normal de l'établissement

Situations visées

Comme le prévoit l'article L. 3132-20 du Code du travail, lorsqu'il est établi que le repos simultané, le dimanche, de tous les salariés d'un établissement serait préjudiciable au public ou compromettrait le fonctionnement normal de cet établissement, le repos peut être autorisé par le préfet, soit toute l'année, soit à certaines époques de l'année seulement, suivant l'une des modalités suivantes :

- un autre jour que le dimanche à tous les salariés de l'établissement ;
- du dimanche midi au lundi midi ;
- le dimanche après-midi avec un repos compensateur d'une journée par roulement et par quinzaine ;
- par roulement à tout ou partie des salariés.

L'établissement demandeur de la dérogation doit fournir, à l'appui de sa requête, des éléments démontrant qu'il se trouve dans l'une des situations permettant une telle dérogation. L'autorisation est accordée pour une durée limitée, après avis du conseil municipal, de la chambre de commerce et d'industrie, de la chambre des métiers et des syndicats d'employeurs et de salariés intéressés de la commune. Ces avis sont donnés dans le délai d'un mois. Le préfet statue ensuite dans un délai de huit jours par un arrêté motivé qu'il notifie immédiatement aux demandeurs.

Remarque

L'autorisation accordée à un établissement par le préfet peut être étendue à plusieurs ou à la totalité des établissements de la même localité exerçant la même activité, s'adressant à la même clientèle, une fraction d'établissement ne pouvant, en aucun cas, être assimilée à un établissement.

Ces autorisations d'extension sont accordées au vu d'un accord collectif applicable à l'établissement concerné par l'extension ou, à défaut, d'une décision unilatérale de l'employeur approuvée par référendum. Elles sont prises selon les modalités prévues à l'article L. 3132-25-4 (alinéa 1er) du Code du travail et à l'article R. 3132-16 du même code. Elles sont toutes retirées lorsque, dans la localité, la majorité des établissements intéressés le demande.

Salariés concernés

Seuls les salariés volontaires ayant donné leur accord par écrit à leur employeur peuvent travailler le dimanche sur le fondement d'une autorisation donnée en application de l'article L. 3132-20 du Code du travail mentionné ci-contre. Cet accord doit faire l'objet d'un écrit explicite.

De ce principe de volontariat découlent les conséquences suivantes :

- une entreprise bénéficiaire d'une autorisation de déroger au repos dominical donnée sur le fondement de l'article L. 3132-20 du Code du travail ne peut prendre en considération le refus d'une personne de travailler le dimanche pour refuser de l'embaucher ;
- le salarié d'une entreprise bénéficiaire d'une telle autorisation qui refuse de travailler le dimanche ne peut faire l'objet d'une mesure discriminatoire dans le cadre de l'exécution de son contrat de travail ;
- le refus de travailler le dimanche pour un salarié d'une entreprise bénéficiaire d'une telle autorisation ne constitue pas une faute ou un motif de licenciement.

Procédure et contreparties accordées aux salariés

L'autorisation donnée en application de l'article L. 3132-20 du Code du travail est accordée par le préfet :

- au vu d'un accord collectif, qui fixe les contreparties (repos compensateur, majoration de salaire, etc.) accordées aux salariés privés du repos dominical, ainsi que les engagements pris en termes d'emploi ou en faveur de certains publics en difficulté ou de personnes handicapées ;
- ou, à défaut, au vu d'une décision unilatérale de l'employeur prise après avis du comité d'entreprise ou des délégués du personnel, lorsqu'ils existent, approuvée par référendum organisé auprès des personnels concernés par cette dérogation au repos dominical. La décision de l'employeur approuvée par référendum fixe les contreparties accordées aux salariés privés du repos dominical ainsi que les engagements pris au sujet de l'emploi ou en faveur de certains publics en difficulté ou de personnes handicapées. Dans ce cas, chaque salarié privé du repos dominical bénéficie d'un repos compensateur et perçoit pour ce jour de travail une rémunération au moins égale au double de la rémunération normalement due pour une durée équivalente.

Remarque

Lorsqu'un accord collectif est négocié selon les règles locales, postérieurement à la décision unilatérale de l'employeur, cet accord s'applique dès sa signature et remplace les contreparties prévues par cette décision.

Garanties offertes aux salariés acceptant de travailler le dimanche

Les salariés qui acceptent de travailler le dimanche dans le cadre fixé par l'article L. 3132-20 du Code du travail bénéficient, outre les contreparties mentionnées précédemment, d'un certain nombre de garanties :

- si l'autorisation préfectorale a été donnée au vu d'un accord collectif, celui-ci fixe les conditions dans lesquelles l'employeur prend en compte l'évolution de la situation personnelle des salariés concernés ;
- à défaut d'accord collectif applicable, l'employeur demande chaque année à tout salarié qui travaille le dimanche s'il souhaite bénéficier d'une priorité pour occuper ou reprendre un emploi de sa catégorie professionnelle ou un emploi équivalent ne comportant pas de travail le dimanche dans le même établissement ou, à défaut, dans la même entreprise. L'employeur l'informe également, à cette occasion, de sa faculté de ne plus travailler le dimanche s'il ne le souhaite plus. En pareil cas, le refus du salarié prend effet trois mois après sa notification écrite à l'employeur. En outre, le salarié qui travaille le dimanche peut à tout moment demander à bénéficier de la priorité mentionnée ci-dessus.

En l'absence d'accord collectif, le salarié privé de repos dominical conserve la faculté de refuser de travailler trois dimanches de son choix par année civile. Il doit en informer préalablement son employeur en respectant un délai d'un mois.

■ Dérogations dans les zones dites « périmètre d'usage de consommation exceptionnel » (Puce)

Situations visées

Dans les unités urbaines de plus d'un million d'habitants (c'est-à-dire dans ce cas dans les régions parisienne, marseillaise et lilloise), sans préjudice des dispositions de l'article L. 3132-20 du Code du travail (voir p. 226), le repos hebdomadaire peut être donné, après autorisation administrative, par roulement pour tout ou partie du personnel, dans les établissements de vente au détail qui mettent à disposition des biens et des services dans un périmètre d'usage de consommation exceptionnel (Puce) caractérisé par :

- des habitudes de consommation dominicale ;
- l'importance de la clientèle concernée ;
- et l'éloignement de celle-ci de ce périmètre.

Remarque

La liste et le périmètre des unités urbaines sont établis par le préfet de région sur la base des résultats du recensement de la population.
Au sein des unités urbaines, sur demande du conseil municipal auquel appartient seul cette initiative, les Puce sont ensuite délimités par le préfet, après consultation de l'organe délibérant de la communauté de communes, de la communauté d'agglomération ou de la communauté urbaine, lorsqu'elles existent, sur le territoire desquelles est situé ce Puce.
Sur les différentes étapes de cette procédure, on peut se reporter aux précisions figurant dans la circulaire du 31 août 2009, citée page 234.

Salariés concernés, garanties et contreparties

Dans les Puce, l'autorisation donnée aux établissements de vente au détail mentionnés page 229 de déroger au repos dominical est accordée au vu d'un accord collectif ou, à défaut, d'une décision unilatérale de l'employeur prise après référendum. Les règles applicables (principe du volontariat, absence de discrimination, garanties et contreparties accordées aux salariés acceptant de travailler le dimanche, etc.) sont les mêmes que celles prévues en cas de dérogations destinées à éviter un préjudice au public ou au fonctionnement normal de l'établissement (voir p. 226).

Remarques

- Dans les Puce, les dérogations au repos dominical sont accordées par le préfet du département, pour cinq ans, après avis du conseil municipal, de la chambre de commerce et d'industrie, de la chambre des métiers et des syndicats d'employeurs et de salariés intéressés de la commune. Ces avis sont donnés dans le délai d'un mois ; le préfet statue ensuite dans un délai de huit jours par un arrêté motivé qu'il notifie immédiatement aux demandeurs. Il peut s'agir de dérogations individuelles ou collectives ; ces dernières sont applicables aux établissements situés dans le même Puce, exerçant la même activité et s'adressant à la même clientèle. Lorsque l'accord collectif mentionné ci-contre, au vu duquel est accordée la dérogation au repos dominical, est applicable à plusieurs établissements exerçant la même activité et s'adressant à la même clientèle, le préfet peut, par une décision collective, autoriser ces établissements relevant du champ d'application de cet accord et situés dans le même « Puce » à donner le repos hebdomadaire par roulement pour tout ou partie du personnel.

- Les accords collectifs conclus antérieurement au 10 août 2009 peuvent être pris en compte par le préfet s'ils respectent les conditions posées par la loi du 10 août 2009, notamment en ce qui concerne la fixation de contreparties pour les salariés travaillant le dimanche.

■ Dérogations de droit dans les communes d'intérêt touristique ou thermales et dans certaines zones touristiques du territoire

Sans préjudice des dispositions de l'article L. 3132-20 du Code du travail (voir p. 226), les établissements de vente au détail situés dans les communes d'intérêt touristique ou thermales et dans les zones touristiques d'affluence exceptionnelle ou d'animation culturelle permanente peuvent donner le repos hebdomadaire par roulement pour tout ou partie du personnel. Ces dérogations, de droit, au repos dominical sont accordées à titre permanent et non pour une durée limitée ; elles ne nécessitent pas, pour l'établissement concerné, l'obtention préalable d'une autorisation préfectorale.

Remarque

Les commerces de détail alimentaire restent régis par les dispositions particulières permettant l'emploi des salariés le dimanche jusqu'à 13 heures (voir p. 223).

L'initiative de demander l'inscription de la commune sur la liste départementale des communes « d'intérêt touristique ou thermales » ou la reconnaissance de l'existence d'une « zone touristique d'affluence exceptionnelle ou d'animation culturelle permanente » appartient au maire et à lui seul. Le préfet se prononce sur cette demande par un arrêté motivé après avis du comité départemental du tourisme, des syndicats d'employeurs et de salariés intéressés, ainsi que des communautés de communes, des communautés d'agglomération et des communautés urbaines, lorsqu'elles existent. Sur la procédure à suivre, on peut se reporter aux précisions figurant dans la circulaire du 31 août 2009, citée page 234.

Remarque

Les critères permettant de figurer sur la liste des communes d'intérêt touristique ou thermales et des zones touristiques d'affluence exceptionnelle ou d'animation culturelle permanente sont donnés par l'article R. 3132-20 du Code du travail.

Pour les salariés appelés à travailler le dimanche dans ces communes ou ces zones, la loi ne fixe pas de contreparties obligatoires ; ces contreparties peuvent être prévues par les conventions ou accords collectifs applicables dans l'entreprise ou l'établissement, ou par le contrat de travail. Les partenaires sociaux sont cependant invités à engager des négociations sur ces contreparties, comme le prévoit l'article 2 (IV) de la loi du 10 août 2009 mentionnée en page 234.

Remarque

Les communes touristiques et thermales et les zones touristiques d'affluence exceptionnelle ou d'animation culturelle permanente déjà reconnues avant l'entrée en vigueur de la loi du 10 août 2009, citée en référence, le restent, sans formalité nouvelle. Dans ces communes et ces zones touristiques :

- tous les établissements de vente au détail peuvent désormais ouvrir le dimanche, sans nécessité d'une autorisation préfectorale, et ce depuis le 12 août 2009 (date d'entrée en vigueur de la loi du

10 août 2009). Les employeurs devront veiller, le cas échéant, à respecter les règles de modification du contrat de travail (par exemple, si le contrat du salarié appelé à travailler le dimanche mentionne qu'il travaille du lundi au vendredi) et celles relatives à la consultation du comité d'entreprise et des délégués du personnel s'ils existent ;
- les accords ou usages déjà existants, qui prévoient des contreparties pour les salariés travaillant le dimanche, ne sont pas remis en cause par la loi du 10 août 2009. Dans l'hypothèse où les établissements concernés souhaitent modifier ces accords ou usages, les règles habituelles de dénonciation d'un accord ou d'un usage devront être respectées.

■ Dérogations accordées par le maire dans les commerces de détail (règle des « cinq dimanches par an »)

Dans les commerces de détail non alimentaires, où le repos hebdomadaire a lieu normalement le dimanche, ce repos peut être supprimé les dimanches désignés, pour chaque commerce de détail, par décision du maire. Le nombre de ces dimanches ne peut excéder cinq par an (voir toutefois p. 231). À Paris, la décision est prise par le préfet de Paris.

Chaque salarié ainsi privé de repos dominical perçoit une rémunération au moins égale au double de la rémunération normalement due pour une durée équivalente et bénéficie d'un repos compensateur équivalent en temps.

L'arrêté municipal (ou préfectoral pour Paris) :
- est pris après avis des organisations d'employeurs et de salariés intéressés ;
- détermine les conditions dans lesquelles ce repos est accordé, soit collectivement, soit par roulement dans la quinzaine qui précède ou suit la suppression du repos.

Si le repos dominical est supprimé un dimanche précédant une fête légale, le repos compensateur est donné le jour de cette fête.

Remarque

L'existence ou non d'une majoration de salaire pour le travail dominical ne fait pas obstacle au paiement d'heures supplémentaires s'il y a lieu. Cette règle est d'application générale, sous réserve des stipulations conventionnelles.

Que se passe-t-il en cas d'infraction ?

L'inspecteur du travail peut saisir en référé le juge judiciaire pour voir ordonner toutes mesures propres à faire cesser, dans les établissements de vente au détail et de prestations de services au consommateur, l'emploi illicite de salariés en infraction aux dispositions visées ci-dessus. Le juge judiciaire peut notamment ordonner la fermeture le dimanche du ou des établissements concernés. Il peut assortir sa décision d'une astreinte liquidée au profit du Trésor.

Textes de référence

Articles L. 3132-1 à L. 3132-31, L. 3134-1 à L. 3134-12, L. 3134-15, R. 3132-1 à R. 3132-23 et D. 3132-24 du Code du travail
Loi n° 2009-974 du 10 août 2009 (JO du 11 août)
Circulaire DGT n° 20 du 31 août 2009 portant application de la loi n° 2009-974 du 10 août 2009 (disponible sur le site www.circulaires.gouv.fr)
Décret n° 2009-1134 du 21 septembre 2009 (JO du 22 septembre)

Lire en complément

- La durée légale du travail
- Le travail de nuit
- Le temps de travail des jeunes de moins de 18 ans
- La modification du contrat de travail

Le travail de nuit

Le recours au travail de nuit est en principe exceptionnel. Il doit prendre en compte les impératifs de protection de la sécurité et de la santé des travailleurs et doit être justifié par la nécessité d'assurer la continuité de l'activité économique ou des services d'utilité sociale. C'est pourquoi il doit être mis en place sous certaines conditions. Le travail de nuit se situe entre 21 heures et 6 heures (ou dans la tranche horaire définie par un accord collectif applicable à l'entreprise). Pour être considéré comme travailleur de nuit, le salarié doit travailler avec une certaine régularité pendant ces périodes. Il bénéficie alors de différents droits et garanties : limitation de la durée du travail, repos obligatoire, compensations, accès prioritaire au travail de jour, surveillance médicale particulière, prise en compte des obligations familiales.

Le travailleur de nuit : quelle définition ?

Est considéré comme travailleur de nuit tout salarié – homme ou femme – qui accomplit, pendant la période de nuit (21 heures-6 heures ou période fixée par accord) :

- soit, selon son horaire de travail habituel, au minimum trois heures dans la période de nuit, à raison de deux fois par semaine au moins ;
- soit un nombre minimal d'heures de travail pendant une « période de référence ». Ce nombre minimal d'heures de travail de nuit et la période de référence sont fixés par convention ou accord collectif de travail étendu. À défaut d'accord, le nombre minimal est de 270 heures accomplies pendant une période de 12 mois consécutifs.

Une autre période de neuf heures consécutives, comprise entre 21 heures et 7 heures mais comprenant, en tout état de cause, l'intervalle compris entre 24 heures et 5 heures, peut être substituée à la période 21 heures-6 heures, par une convention ou un accord

collectif étendu ou un accord d'entreprise ou d'établissement. À défaut d'accord et lorsque les caractéristiques particulières de l'activité de l'entreprise le justifient, cette substitution peut être autorisée par l'inspecteur du travail après consultation des délégués syndicaux et avis du comité d'entreprise ou des délégués du personnel, s'ils existent.
Le travail de nuit présente un certain nombre de spécificités, notamment en ce qui concerne les conditions d'organisation et les garanties pour le travailleur de nuit.

Remarques

- Dans certains secteurs d'activité (production presse, radio, télévision, production et exploitation cinématographique, spectacle vivant, discothèque), la période de travail de nuit est fixée entre 24 heures et 7 heures. Une autre période de travail de nuit peut être fixée par une convention ou un accord collectif de branche étendu, un accord d'entreprise ou d'établissement, à condition de comprendre l'intervalle 24 heures-5 heures.
- La législation sur le travail de nuit pourrait faire l'objet de quelques aménagements dans le cadre du projet de loi « pour la croissance et l'activité » (dit « projet de loi Macron ») mentionné page 221.

Quelles sont les durées maximales du travail de nuit ?

La durée quotidienne du travail d'un travailleur de nuit ne peut excéder huit heures consécutives.
Néanmoins, il peut être dérogé à cette durée maximale, dans la limite de 12 heures :

- par une convention ou un accord collectif de branche étendu ou par une convention ou un accord d'entreprise ou d'établissement qui peut prévoir une dérogation à la durée maximale de huit heures pour les activités énumérées à l'article R. 3122-9 du Code du travail ;

- lorsqu'il est fait application des dispositions des articles L. 3132-16 et suivants du Code du travail relatifs aux équipes de suppléance ;
- en cas de circonstances exceptionnelles, sous réserve d'une autorisation de l'inspecteur du travail, donnée après consultation des représentants du personnel. Les salariés doivent bénéficier, dans les plus brefs délais, d'un repos d'une durée au moins équivalente au nombre d'heures effectuées en application de la dérogation.

Les circonstances visées sont définies comme étant étrangères à l'employeur, anormales ou imprévisibles, ou encore dues à des événements exceptionnels dont les conséquences ne pouvaient être évitées (intempéries, etc.).
La durée hebdomadaire de travail des travailleurs de nuit, calculée sur une période de 12 semaines consécutives, ne peut dépasser 40 heures.
Une convention ou un accord de branche étendu ou une convention ou un accord d'entreprise ou d'établissement peut porter cette limite à 44 heures, lorsque les caractéristiques propres à l'activité du secteur le justifient.
À défaut de convention ou d'accord de branche étendu, un décret peut fixer la liste des secteurs pour lesquels cette durée est fixée entre 40 et 44 heures.

Remarque

Tout travail entre 20 heures et 6 heures est interdit pour les enfants et les adolescents de moins de 16 ans et entre 22 heures et 6 heures pour les jeunes de moins de 18 ans, qu'ils soient salariés ou stagiaires. À titre exceptionnel, des dérogations peuvent néanmoins être accordées pour certains secteurs définis (voir p. 254).

Le travail de nuit : dans quelles conditions ?

Le recours au travail de nuit doit :

- être exceptionnel ;
- prendre en compte les impératifs de protection de la sécurité et de la santé des travailleurs ;
- être justifié par la nécessité d'assurer la continuité de l'activité économique ou des services d'utilité sociale.

Remarque

Les éléments mentionnés ci-dessus ont été rappelés à plusieurs reprises par la Cour de cassation, en dernier lieu dans un arrêt du 24 septembre 2014 (disponible sur le site www.legifrance.gouv.fr). Comme le précise la Cour dans cet arrêt « [...] selon l'article L. 3122-32 du Code du travail interprété à la lumière de la directive 93/104 du 23 novembre 1993 concernant certains aspects de l'aménagement du temps de travail, le recours au travail de nuit est exceptionnel. Il prend en compte les impératifs de protection de la santé et de la sécurité des travailleurs et est justifié par la nécessité d'assurer la continuité de l'activité économique ou des services d'utilité sociale ; qu'il en résulte que le travail de nuit ne peut pas être le mode d'organisation normal du travail au sein d'une entreprise et ne doit être mis en œuvre que lorsqu'il est indispensable à son fonctionnement ».

La mise en place du travail de nuit ou son extension à de nouvelles catégories de salariés doit être prévue par convention ou accord collectif de branche étendu ou par accord d'entreprise ou d'établissement. Cet accord doit contenir :

- les justifications du recours au travail de nuit ;
- les contreparties sous forme de repos compensateur et, le cas échéant, de compensation salariale ;
- des mesures destinées à améliorer les conditions de travail des salariés et à favoriser l'articulation entre l'activité nocturne et l'exercice de responsabilités familiales et sociales (moyens de transport, etc.) ;

- des dispositions propres à assurer l'égalité professionnelle entre les femmes et les hommes, notamment par l'accès à la formation ;
- l'organisation des temps de pause.

Remarque

À défaut d'accord, l'entreprise peut demander l'autorisation à l'inspecteur du travail, à titre dérogatoire et sous certaines conditions, d'affecter des salariés sur des postes de nuit.

Quelles sont les contreparties et les garanties accordées aux travailleurs de nuit ?

Les contreparties doivent être données sous forme de repos compensateur et, le cas échéant, de compensation salariale.

C'est la convention ou l'accord collectif applicable à l'entreprise où le travail de nuit est organisé qui prévoit les mesures, notamment financières, destinées à compenser les contraintes du travail de nuit.

Par ailleurs, les travailleurs de nuit bénéficient de certaines garanties :

- protection médicale particulière sous forme d'un examen par le médecin du travail préalable à l'affectation à un poste de nuit et à intervalles réguliers d'une durée ne pouvant dépasser six mois ;
- possibilité d'être affecté temporairement ou définitivement sur un poste de jour si l'état de santé du travailleur de nuit, constaté par le médecin du travail, l'exige. Ce nouveau poste doit correspondre à sa qualification et être aussi comparable que possible à l'emploi précédemment occupé ;
- protection contre le licenciement. L'employeur ne peut en effet prononcer la rupture du contrat de travail du travailleur de nuit du fait de son inaptitude, sauf s'il justifie par écrit :
  - soit de l'impossibilité de proposer un poste de reclassement,
  - soit du refus du salarié d'accepter ce changement de poste ;

- information, particulièrement des femmes enceintes et des travailleurs vieillissant, des incidences potentielles du travail de nuit sur la santé.

Remarque

La salariée en état de grossesse médicalement constaté ou ayant accouché, qui travaille de nuit, est affectée sur sa demande à un poste de jour pendant la durée de sa grossesse et pendant la période du congé postnatal. Elle est également affectée à un poste de jour pendant la durée de sa grossesse lorsque le médecin du travail constate par écrit que le poste de nuit est incompatible avec son état. Cette période peut être prolongée pendant le congé postnatal et après son retour de ce congé pour une durée n'excédant pas un mois lorsque le médecin du travail constate par écrit que le poste de nuit est incompatible avec son état. L'affectation dans un autre établissement est subordonnée à l'accord de la salariée.
Le changement d'affectation n'entraîne aucune diminution de la rémunération. Si l'employeur est dans l'impossibilité de proposer un autre emploi, le contrat de travail est alors suspendu jusqu'à la date du début du congé légal de maternité et éventuellement durant la période complémentaire qui suit la fin de ce congé en application de l'article L. 1225-9 du Code du travail (c'est-à-dire pendant une durée maximale d'un mois suivant le retour du congé postnatal). La salariée bénéficie alors, pendant la suspension de son contrat de travail, d'une garantie de rémunération composée de l'allocation journalière de maternité, prévue à l'article L. 333-1 du Code de la sécurité sociale et versée par sa caisse primaire d'assurance maladie, et d'une indemnité complémentaire à la charge de l'employeur, calculée selon les mêmes modalités que celles prévues à l'article L. 1226-1 (voir p. 349), à l'exception des dispositions relatives à l'ancienneté.

Quels sont les moyens d'action du médecin du travail ?

S'agissant du travail de nuit et dans le cadre de sa mission de surveillance médicale des salariés, le médecin du travail dispose de moyens particuliers :

- information de toute absence pour cause de maladie des travailleurs de nuit ;
- analyse des éventuelles répercussions sur la santé des conditions du travail nocturne et rédaction d'un rapport annuel d'activité traitant du travail de nuit ;
- consultation avant toute décision importante relative à la mise en place ou à la modification de l'organisation du travail de nuit.

Textes de référence

Articles L. 3122-29 à L. 3122-47 et R. 3122-8 à R. 3122-22 du Code du travail

Lire en complément

- La durée légale du travail
- Le temps de travail des jeunes de moins de 18 ans
- Grossesse, maternité et adoption
- L'indemnisation légale des absences pour maladie ou accident

Les conventions de forfait

Trois types de conventions de forfait sont prévus par la législation :
- la convention de forfait en heures sur la semaine ou sur le mois ;
- la convention de forfait annuel en heures ;
- et la convention de forfait annuel en jours.

La loi du 20 août 2008 qui a réformé en dernier lieu le régime des conventions de forfait, ne remet pas en cause les accords conclus sur la base de la législation précédemment en vigueur et désormais abrogée : ces accords peuvent cependant être « renégociés », sachant que toute modification des clauses individuelles de forfait des salariés concernés devra alors faire l'objet d'un avenant au contrat de travail, signé par le salarié.

Remarques

- La conclusion d'une convention individuelle de forfait requiert l'accord du salarié, et ce, quel que soit le type de forfait retenu (en heures ou en jours). La convention doit être établie par écrit.
- Le bulletin de paie doit mentionner la nature et le volume du forfait auquel se rapporte le salaire des salariés dont la rémunération est déterminée sur la base d'un forfait hebdomadaire ou mensuel en heures, d'un forfait annuel en heures ou en jours.
- Le comité d'entreprise est consulté chaque année sur le recours aux conventions de forfait (quel qu'en soit le type), ainsi que sur les modalités de suivi de la charge de travail des salariés concernés.

Forfait en heures : pour qui et à quelles conditions ?

■ Le forfait en heures sur une base hebdomadaire ou mensuelle

De telles conventions de forfait, organisant le temps de travail en heures sur la semaine ou sur le mois, peuvent être conclues avec tous les salariés, cadres ou non, même en l'absence d'accord collectif. Elles prévoient de rémunérer systématiquement un nombre d'heures supplémentaires (avec les majorations) accomplies de façon régulière par le salarié. Toutefois, si le salarié effectue des heures au-delà du forfait, elles doivent être décomptées et payées au taux majoré.

■ Le forfait annuel en heures

Les conventions individuelles de forfait en heures sur l'année peuvent être conclues par :

- les cadres dont la nature des fonctions ne les conduit pas à suivre l'horaire collectif applicable au sein de l'atelier, du service ou de l'équipe auquel ils sont intégrés ;
- les salariés qui disposent d'une réelle autonomie dans l'organisation de leur emploi du temps.

Un accord collectif d'entreprise ou d'établissement ou, à défaut, une convention ou un accord de branche doit prévoir leur conclusion. Cet accord collectif préalable détermine :

- les catégories de salariés susceptibles de conclure une convention individuelle de forfait, dans le respect des règles visées ci-dessus ;
- la durée annuelle du travail à partir de laquelle le forfait est établi ;
- les caractéristiques principales de ces conventions.

Une convention individuelle de forfait doit ensuite être conclue, par écrit, avec chaque salarié concerné. Cette convention est établie dans la limite de la durée annuelle de travail fixée par l'accord collectif mentionné ci-dessus, sachant que, en tout état de cause, doivent être respectées les règles relatives aux durées maximales quotidiennes et hebdomadaires, ainsi que les repos hebdomadaire et quotidien (voir p. 200).

Remarque

La rémunération du salarié ayant conclu une convention de forfait en heures est au moins égale à la rémunération minimale applicable dans l'entreprise pour le nombre d'heures correspondant à son forfait, augmentée des majorations pour heures supplémentaires (sur ces majorations, voir p. 209).

Forfait annuel en jours : pour qui et à quelles conditions ?

■ Les salariés concernés : cadres et « salariés autonomes »

Les conventions de forfait en jours sur l'année peuvent être conclues par :

- les cadres qui disposent d'une autonomie dans l'organisation de leur emploi du temps et dont la nature des fonctions ne les conduit pas à suivre l'horaire collectif applicable au sein de l'atelier, du service ou de l'équipe auquel ils sont intégrés ;
- les salariés dont la durée du temps de travail ne peut être prédéterminée et qui disposent d'une réelle autonomie dans l'organisation de leur emploi du temps pour exercer les responsabilités qui leur sont confiées.

■ Nécessité d'un accord collectif

Un accord collectif d'entreprise ou d'établissement ou, à défaut, une convention ou un accord de branche demeure nécessaire pour pouvoir conclure des conventions de forfait en jours sur l'année. Cet accord collectif préalable détermine :

- les catégories de salariés susceptibles de conclure une convention individuelle de forfait ;
- la durée annuelle du travail à partir de laquelle le forfait est établi ;
- les caractéristiques principales de ces conventions.

■ Nombre de jours de travail sur l'année

L'accord collectif fixe la durée annuelle de travail à partir de laquelle le forfait est établi, et ce, dans la limite de 218 jours. Ce nombre peut être dépassé dans de nouvelles conditions et avec de nouvelles contreparties prévues par la loi du 20 août 2008 : si le salarié décide de renoncer à une partie de ses jours de repos, en accord avec son employeur, il peut travailler au-delà de 218 jours, dans la limite d'un nombre de jours maximal fixé par l'accord collectif ou, à défaut de fixation conventionnelle, dans la limite du plafond légal de 235 jours. L'accord entre le salarié et l'employeur doit être établi par écrit, sous forme d'un avenant à la convention de forfait. Cet avenant détermine le taux de la majoration applicable à la rémunération de ce temps de travail supplémentaire, sans qu'il puisse être inférieur à 10 %.

Remarques

- Comme le prévoit l'article L. 3121-46 du Code du travail, un entretien annuel individuel doit être organisé, par l'employeur, avec chaque salarié ayant conclu une convention de forfait en jours sur l'année. Cet entretien porte sur la charge de travail du salarié, l'organisation du travail dans l'entreprise, l'articulation entre l'activité professionnelle et la vie personnelle et familiale, ainsi que sur la rémunération du salarié.
- Lorsqu'un salarié ayant conclu une convention de forfait en jours perçoit une rémunération manifestement sans rapport avec les sujétions qui lui sont imposées, il peut saisir le juge judiciaire afin que lui soit allouée une indemnité calculée en fonction du préjudice subi, eu égard notamment au niveau du salaire pratiqué dans l'entreprise et à sa qualification. Aucune clause, qui figurerait par exemple dans l'accord collectif, dans la convention individuelle de forfait ou dans le contrat de travail, ne peut empêcher le salarié d'engager une telle démarche.

■ Exclusion de certaines dispositions relatives à la durée du travail

Les salariés ayant conclu une convention de forfait en jours sur l'année ne sont pas soumis aux dispositions des articles suivants du Code du travail :

- L. 3121-10, qui fixe la durée légale hebdomadaire du travail à 35 heures ;
- L. 3121-34, qui prévoit que la durée quotidienne de travail effectif d'un salarié ne peut excéder 10 heures, sauf dérogations ;
- le premier alinéa de l'article L. 3121-35, qui prévoit que la durée du travail ne peut dépasser 48 heures au cours d'une même semaine, et les deux premiers alinéas de l'article L. 3121-36, qui prévoient que la durée hebdomadaire du travail ne peut dépasser 44 heures sur une période quelconque de 12 semaines ou 46 heures si un décret pris après la conclusion d'un accord de branche le prévoit.

Les salariés en forfait jours sur l'année ne relèvent également pas des dispositions relatives aux heures supplémentaires (contingent d'heures supplémentaires, contrepartie obligatoire en repos, majorations). Ils bénéficient par contre des dispositions du Code du travail relatives au repos quotidien et hebdomadaire (voir p. 200), aux jours fériés chômés dans l'entreprise (voir p. 514) et aux congés payés.

Remarque

La durée du travail des salariés ayant conclu une convention de forfait en jours sur l'année est décomptée chaque année par récapitulation du nombre de journées ou de demi-journées travaillées par chaque salarié. L'employeur tient à la disposition de l'inspection du travail, pendant une durée de trois ans, les documents existant dans l'entreprise ou l'établissement permettant de comptabiliser le nombre de jours de travail accomplis.

■ Appréciation de la Cour de cassation

Dans un arrêt rendu le 29 juin 2011 (disponible sur le site www.legifrance.gouv.fr), la chambre sociale de la Cour de cassation a statué sur les conditions de validité du forfait jours. Dans cette affaire, l'accord de branche organisant le recours au forfait jours (accord de la métallurgie du 28 juillet 1998 modifié par avenants des

29 janvier 2000 et 14 avril 2003) fixait à 217 le nombre de jours travaillés dans l'année, et imposait à l'employeur d'établir un document de contrôle des journées et demi-journées de travail, des temps de repos et congés et les modalités d'un suivi régulier de l'organisation et de la charge de travail.
Tout en reconnaissant la licéité du forfait jours, tant au regard du droit national que du droit européen, la Cour de cassation entoure le recours à ce dispositif d'un certain nombre de garanties destinées à préserver le droit des salariés à la santé et au repos qui, selon la Cour, « est au nombre des exigences constitutionnelles ».
Elle livre, dans cette décision, une sorte de mode d'emploi des forfaits jours à l'année, qui peut être résumé dans les deux propositions suivantes :

- l'accord collectif qui fixe le cadre des conventions de forfait en jours sur l'année (voir p. 244) doit préserver le droit des salariés à la santé et au repos. Pour cela, il doit comporter des mesures concrètes de nature à assurer le respect du décompte effectif des jours et demi-journées travaillés ainsi que des repos, journaliers (11 heures) et hebdomadaires (24 heures, auxquels s'ajoute le repos quotidien, soit 35 heures au total). Sur ce point, on signalera que l'accord de la métallurgie précité a été considéré par les juges comme remplissant ces conditions : contrôle du nombre de jours travaillés, afin de décompter le nombre de journées ou de demi-journées travaillées, ainsi que celui des journées ou demi-journées de repos prises ; obligation, pour l'employeur, d'établir un document de contrôle faisant apparaître le nombre et la date des journées ou demi-journées travaillées, ainsi que le positionnement et la qualification des jours de repos en repos hebdomadaires, congés payés, congés conventionnels ou jours de repos au titre de la réduction du temps de travail ; entretien annuel du salarié avec son supérieur hiérarchique au cours duquel sont évoquées l'organisation et la charge de travail de l'intéressé et l'amplitude de ses journées d'activité, etc. Cet accord, dont les dispositions principales sont reprises dans l'arrêt de la Cour de

cassation constitue ainsi un élément dont peuvent s'inspirer les parties à la négociation de l'accord collectif relatif aux forfaits jours. La convention individuelle (voir p. 242) doit, bien évidemment, se conformer aux prescriptions de l'accord collectif qui la rend possible ;
- l'employeur doit s'assurer du respect des stipulations de l'accord collectif et des garanties prévues par la loi. Le repos quotidien et hebdomadaire doit être effectif ; l'entretien annuel mentionné page 245 doit effectivement avoir lieu, porter sur des points précis (exemple : organisation, charge de travail et amplitude des journées d'activité) et, si nécessaire, donner lieu à des décisions si un dysfonctionnement est constaté ; un décompte précis des journées ou demi-journées travaillées ainsi que des jours de repos (congés payés, congés conventionnels, etc.) doit être établi par l'employeur, de même qu'un contrôle effectif de la charge de travail du salarié, etc.

Si ces principes ne sont pas respectés, la convention de forfait en jours sera, selon la Cour de cassation, privée d'effet : le salarié sera alors en droit de prétendre au paiement d'heures supplémentaires dont les juges devront vérifier l'existence et le nombre.

Dépassement du forfait annuel en jours : à quelles conditions et avec quelles contreparties ?

■ Le choix du salarié de renoncer à des jours de repos

Le salarié qui a conclu une convention de forfait en jours sur l'année peut, s'il le souhaite, et en accord avec son employeur, renoncer à une partie de ses jours de repos en contrepartie d'une majoration de son salaire. L'accord entre le salarié et l'employeur doit être établi par écrit, sous forme d'un avenant à la convention de forfait conclu pour l'année de dépassement ; cet avenant peut être renouvelé chaque année.
Aucune sanction ne peut être prise à l'encontre d'un salarié qui refuserait de travailler au-delà du nombre de jours prévus dans sa convention de forfait.

■ **Le nombre maximal de jours travaillés dans l'année**

Ce nombre maximal est fixé conventionnellement, par accord collectif d'entreprise ou d'établissement ou, à défaut, par accord de branche. Faute d'accord, ce nombre maximal est de 235 jours.

Exemple

Si l'accord collectif ne fixe pas de nombre annuel maximum de jours travaillés, le salarié dont le forfait prévoit une durée annuelle de 218 jours pourra renoncer au maximum à 17 jours de repos. Dans ce cas, en effet, c'est le plafond fixé par la loi (soit 235 jours) qui s'appliquera à défaut de plafond conventionnel.

En tout état de cause, le nombre maximal annuel de jours travaillés fixé conventionnellement doit être compatible avec les dispositions du Code du travail relatives au repos quotidien et au repos hebdomadaire (voir p. 200), aux jours fériés chômés dans l'entreprise (voir p. 514) et aux congés payés (voir aussi p. 245).

■ **La rémunération afférente au dépassement**

Lorsque le salarié renonce à une partie de ses jours de repos en contrepartie d'une rémunération supplémentaire, un avenant à la convention de forfait est conclu avec l'employeur. Cet avenant détermine le taux de la majoration applicable à la rémunération de ce temps de travail supplémentaire, sans qu'il puisse être inférieur à 10 %.

Textes de référence

Articles L. 2323-29 et L. 3121-38 à L. 3121-48 du Code du travail
Loi n° 2008-789 du 20 août 2008 « portant rénovation de la démocratie sociale et réforme du temps de travail » (JO du 21 août)
Circulaire DGT n°20 du 13 novembre 2008
(disponible sur le site www.travail-emploi.gouv.fr)

Lire en complément

• Les heures supplémentaires : définition et limites
• Les heures supplémentaires : contreparties
• Le bulletin de paie

Le temps de travail des jeunes de moins de 18 ans

Le travail est autorisé à partir de 16 ans, parfois même à compter de 14 ans, lorsque le jeune effectue des travaux légers, notamment pendant les vacances scolaires.
Cependant, jusqu'à l'âge de 18 ans, le jeune bénéficie de règles protectrices spécifiques, qu'il soit salarié ou en stage d'initiation ou d'application en milieu professionnel effectué dans le cadre d'un enseignement alterné ou d'un cursus scolaire.

Quelle est la durée du travail applicable aux jeunes de moins de 18 ans ?

La durée du travail des jeunes de moins de 18 ans est soumise aux limites suivantes :

- la durée journalière du travail effectif ne peut excéder huit heures ;
- aucune période de travail effectif ininterrompu ne peut dépasser 4 h 30. Au-delà, un temps de pause de 30 minutes consécutives est obligatoirement aménagé ;
- le repos quotidien est de 12 heures consécutives. Néanmoins, il est porté à 14 heures pour les moins de 16 ans ;
- la durée hebdomadaire du travail effectif ne peut dépasser la durée légale du travail, soit 35 heures. Toutefois, à titre exceptionnel et sur autorisation de l'inspecteur du travail (après avis conforme du médecin du travail de l'établissement), cinq heures de plus au maximum peuvent être autorisées à titre dérogatoire ;
- le repos hebdomadaire est fixé à deux jours consécutifs. Une dérogation est possible sous certaines conditions lorsque les caractéristiques particulières de l'activité le justifient et pour les jeunes libérés de l'obligation scolaire.

Une convention ou un accord collectif étendu ou une convention ou un accord d'entreprise ou d'établissement peut déroger à cette obligation pour les jeunes de plus de 16 ans. Toutefois, ceux-ci doivent bénéficier de 36 heures consécutives de repos.
En aucun cas, la durée du travail de ces jeunes ne peut être supérieure à la durée quotidienne ou hebdomadaire normale du travail des adultes employés dans l'établissement.

Remarque

Sous réserve d'une autorisation individuelle préalable et du respect d'une procédure stricte (définie notamment aux articles L. 7124-1 à L. 7124-21 et R. 7124-1 à R. 7124-38 du Code du travail), des enfants peuvent être engagés dans des entreprises de spectacle, de cinéma, de radiophonie, de télévision ou d'enregistrement sonore, ou par des agences de mannequins.

Emploi des jeunes de 14 à 16 ans : des conditions spécifiques ?

La réglementation du travail prévoit qu'aucun jeune ne peut travailler avant d'être libéré de l'obligation scolaire, c'est-à-dire 16 ans.
Toutefois, sur autorisation de l'inspecteur du travail, le travail des jeunes de 14 à 16 ans pendant les vacances scolaires est possible :
- pour des travaux légers qui ne sont pas susceptibles de porter préjudice à sa sécurité, à sa santé ou à son développement ;
- pendant les périodes de vacances scolaires comportant au moins 14 jours ouvrables ou non et à la condition que les intéressés disposent d'un repos continu d'une durée qui ne peut être inférieure à la moitié de la durée totale desdites vacances.

Quinze jours avant l'embauche, l'employeur doit demander l'autorisation à l'inspecteur du travail, qui dispose de huit jours pour notifier son désaccord. Passé ce délai, l'autorisation est réputée acquise. La demande indique :

- la durée du contrat ;
- la nature et les conditions de travail ;
- l'horaire et la rémunération.

Elle est accompagnée de l'accord écrit du représentant légal du jeune. L'autorisation peut être retirée à tout moment s'il est constaté que le jeune est occupé dans des conditions non conformes à celles prises en compte dans la demande, et plus généralement lorsqu'il s'agit de conditions contraires à la réglementation du travail.

Remarque

La durée du travail du mineur de 14 à moins de 16 ans travaillant pendant ses vacances scolaires ne peut excéder 35 heures par semaine ni sept heures par jour.

Quelles sont les règles particulières au travail de nuit des jeunes ?

■ Principe

Est totalement interdit le travail de nuit des jeunes travailleurs (y compris les apprentis) de moins de 18 ans :

- entre 20 heures et 6 heures pour les jeunes de moins de 16 ans ;
- entre 22 heures et 6 heures pour les adolescents de 16 à 18 ans.

Remarque

Pour les jeunes de 16 à 18 ans (garçons ou filles), il peut être dérogé aux interdictions précédentes, lorsqu'il s'agit de prévenir en cas d'extrême urgence des accidents ou d'en réparer les conséquences. Une telle dérogation s'applique en situation de travaux passagers et d'indisponibilité de travailleurs adultes. Une période équivalente de repos compensateur est accordée aux jeunes concernés, dans un délai de trois semaines.

■ Dérogations

À titre exceptionnel, des dérogations au principe d'interdiction de travail de nuit des mineurs peuvent être accordées par l'inspecteur du travail pour les établissements commerciaux et ceux du spectacle. Une dérogation peut également être accordée dans les secteurs pour lesquels les caractéristiques particulières de l'activité le justifient. Ces secteurs sont les suivants :

- la boulangerie. Dans ce secteur (et dans celui de la pâtisserie, visé ci-dessous), le travail de nuit peut être autorisé avant 6 heures, et au plus tôt à partir de 4 heures, pour permettre aux jeunes travailleurs et aux apprentis de moins de 18 ans de participer à un cycle complet de fabrication du pain (ou de la pâtisserie). Seuls les établissements où toutes les phases de la fabrication du pain (ou de la pâtisserie) ne sont pas assurées entre 6 heures et 22 heures peuvent bénéficier de cette dérogation ;
- la pâtisserie ;
- la restauration. Dans ce secteur (et dans celui de l'hôtellerie, visé ci-dessous), le travail de nuit ne peut être autorisé que de 22 heures à 23 h 30 ;
- l'hôtellerie ;
- les spectacles ;
- les courses hippiques, pour l'ensemble des activités liées à la monte et à la mène en course. Dans ce secteur (comme dans celui du spectacle, visé ci-dessus), le travail de nuit ne peut être autorisé que jusqu'à 24 heures. En outre, dans le secteur des courses hippiques, la dérogation ne peut être utilisée que deux fois par semaine et 30 nuits par an au maximum.

Dans les secteurs dont la liste est donnée ci-dessus, la dérogation est accordée par l'inspecteur du travail pour une durée maximale d'une année, renouvelable. Celui-ci apprécie si le travail de nuit de ces jeunes travailleurs ou apprentis tient compte des caractéristiques particulières de l'activité. À défaut de réponse dans le délai d'un mois suivant le dépôt de la demande, l'autorisation est réputée accordée. En outre, une convention ou un accord collectif étendu ou une convention ou un accord d'entreprise ou d'établissement peut définir les conditions dans lesquelles cette dérogation peut être accordée.

Remarques

- Le travail de nuit des apprentis de moins de 18 ans ne peut être effectué que sous la responsabilité effective du maître d'apprentissage.
- Sous réserve des situations d'urgence visées ci-dessus pour les jeunes de 16 à 18 ans, aucune dérogation ne peut être accordée entre minuit et 4 heures.

Textes de référence

Articles L. 3161-1 à L. 3164-8, L. 4153-1 à L. 5153-9 et R. 3163-1 à R. 3165-7 du Code du travail

Lire en complément

- La durée légale du travail

La journée de solidarité

La journée de solidarité, qui consiste en une journée de travail supplémentaire (qui peut éventuellement être fractionnée en heures), est destinée au financement d'actions en faveur de l'autonomie des personnes âgées ou handicapées. Cette journée ne donne en principe pas lieu à rémunération supplémentaire, des dispositions étant toutefois prévues pour que les salariés changeant d'employeur en cours d'année n'aient pas à effectuer plusieurs journées de solidarité dans l'année.

Qu'est-ce que la « journée de solidarité » ?

La journée de solidarité consiste, pour les salariés, en une journée de travail supplémentaire, en principe non rémunérée. Pour les employeurs, elle se traduit par une contribution nouvelle mise à leur charge, le tout étant destiné à financer des actions en faveur de l'autonomie des personnes âgées ou handicapées.

Remarque

La journée de solidarité concerne tous les salariés relevant du Code du travail (et ceux relevant du Code rural et de la pêche maritime). Toutefois, s'agissant des salariés de moins de 18 ans, il convient de tenir compte des dispositions particulières régissant le travail des mineurs. Ainsi, si la journée de solidarité est fixée un jour férié, elle ne concernera pas les jeunes travailleurs, puisque, sauf rares exceptions, le travail des salariés de moins de 18 ans est interdit pendant les jours fériés.

Si un accord collectif fixe un jour non férié comme journée de solidarité, il appartient aux partenaires sociaux de se prononcer sur les conditions dans lesquelles ces jeunes salariés effectueront cette journée.

Comment ses modalités d'accomplissement sont-elles fixées ?

■ Des modalités fixées par accord collectif

Les modalités d'accomplissement de la journée de solidarité sont fixées par accord d'entreprise ou d'établissement ou, à défaut, par accord de branche.

Cet accord peut prévoir :

- soit le travail d'un jour férié précédemment chômé autre que le 1er mai ;
- soit le travail d'un jour de repos accordé au titre de l'accord collectif conclu en application de l'article L. 3122-2 du Code du travail (accord visant à définir les modalités d'aménagement du temps de travail et à organiser la répartition de la durée du travail sur une période supérieure à la semaine et au plus égale à l'année) ;
- soit toute autre modalité permettant le travail de sept heures précédemment non travaillées en application de dispositions conventionnelles ou des modalités d'organisation des entreprises.

Remarque

La date de la journée de solidarité, qu'elle résulte d'un accord collectif ou d'une décision de l'employeur (voir ci-dessous), peut être différente pour chaque salarié de l'entreprise, lorsque cette dernière est ouverte tous les jours de l'année ou travaille en continu.

■ Ou par décision de l'employeur

En l'absence d'accord collectif, les modalités d'accomplissement de la journée de solidarité sont définies par l'employeur, après consultation du comité d'entreprise ou, à défaut, des délégués du personnel s'ils existent. Toutefois, dans les départements de la Moselle, du Haut-Rhin et du Bas-Rhin, l'accord ou, à défaut, la décision de l'employeur ne peut déterminer ni le premier et le second jour de Noël ni, indépendamment de la présence d'un temple protestant ou d'une église mixte dans les communes, le Vendredi saint comme la date de la journée de solidarité.

La journée de solidarité peut-elle être fractionnée ?

Que sa date soit fixée par accord collectif ou, à défaut, par décision de l'employeur, la journée de solidarité peut être fractionnée en heures, sous réserve que soient remplies les conditions suivantes :

- le fractionnement doit être effectif et correspondre à un travail supplémentaire de sept heures par an ;
- des modalités spécifiques doivent être prévues pour les salariés placés dans une situation particulière en raison, par exemple, de la convention annuelle de forfait jours ou heures qui leur est applicable ou de la circonstance qu'ils travaillent à temps partiel.

Remarque

Lorsque le choix de la journée de solidarité est décidé par accord collectif, le fractionnement en heures relève de la responsabilité des partenaires sociaux, qui peuvent, s'ils l'estiment utile, l'inscrire dans l'accord. Lorsque la détermination de la journée de solidarité relève de la décision de l'employeur, c'est à ce dernier qu'il incombe de retenir cette modalité si elle lui apparaît appropriée.

Quelles en sont les conséquences en matière de rémunération ?

Le travail accompli durant la journée de solidarité (qu'elle soit effectuée en une seule fois ou fractionnée en heures) ne donne pas lieu à rémunération supplémentaire :

- dans la limite de sept heures, lorsque le salarié est mensualisé, ce qui est le cas de la plupart des salariés (exception faite des travailleurs à domicile, temporaires, saisonniers ou intermittents). Pour les salariés à temps partiel, cette limite de sept heures est réduite proportionnellement à la durée de travail prévue par leur contrat de travail : ainsi, par exemple, pour un salarié à mi-temps, la limite sera fixée à 3,5 heures (7/2). Les heures effectuées au-delà de cette limite de sept heures (ou de la limite proratisée pour les

salariés à temps partiel) seront, en revanche, normalement rémunérées ;
- et dans la limite d'une journée de travail pour les salariés dont la rémunération est calculée par référence à un nombre annuel de jours de travail (conventions de forfait).

Pour les salariés qui ne sont pas mensualisés (travailleurs à domicile, travailleurs temporaires, saisonniers ou intermittents), la situation est la suivante : comme les autres salariés, ils devront effectuer une journée supplémentaire de travail, mais ils seront rémunérés normalement pour le travail accompli durant cette journée de solidarité. Toutefois, si la date de la journée de solidarité correspond à un jour férié précédemment chômé, toute éventuelle majoration de salaire (ou repos compensateur) prévue par convention ou accord collectif pour le travail des jours fériés n'aura pas lieu de s'appliquer.

Remarque

Les heures correspondant à la journée de solidarité, dans la limite de sept heures ou de la durée proportionnelle à la durée contractuelle pour les salariés à temps partiel, ne s'imputent ni sur le contingent annuel d'heures supplémentaires ni sur le nombre d'heures complémentaires. Elles ne donnent, en outre, pas lieu à contrepartie obligatoire en repos.

Quelle est la situation en cas de changement d'employeur ?

Des dispositions spécifiques sont prévues par la loi afin d'éviter qu'un salarié ait à effectuer plusieurs journées de solidarité au cours d'une même année, ou tout au moins plusieurs journées non rémunérées. Ainsi, lorsqu'un salarié a déjà accompli, au titre de l'année en cours, une journée de solidarité, s'il doit s'acquitter d'une nouvelle journée de solidarité en raison d'un changement d'employeur, les heures travaillées ce jour donneront lieu à rémunération supplémentaire, s'imputeront sur le contingent annuel d'heures supplémentaires (ou sur le nombre d'heures complémentaires) et donneront lieu à contrepartie obligatoire en repos.

Remarque

Dans la situation visée ci-dessus, le salarié peut aussi refuser d'exécuter cette journée supplémentaire de travail sans que ce refus constitue une faute ou un motif de licenciement.

Textes de référence

Articles L. 3133-7 à L. 3133-12 du Code du travail
Loi n° 2008-789 du 20 août 2008 « portant rénovation de la démocratie sociale et réforme du temps de travail » (JO du 21 août)

Lire en complément

- La mensualisation

Chapitre 4

La rémunération

Fixation et paiement du salaire • Mensualisation • Smic • Bulletin de paie • Allègement et exonération de cotisations • Rémunération du salarié en CDD et de l'intérimaire • Égalité de rémunération entre les femmes et les hommes • Garanties du salaire • Épargne salariale

Le salaire : fixation et paiement

Le salaire est la contrepartie du travail fourni.
Le salaire brut comprend l'ensemble des sommes convenues et des avantages accordés par l'employeur : salaire de base, avantages en nature, primes, gratifications, pourboires, ainsi que des majorations prévues par la loi ou les accords collectifs (majoration pour heures supplémentaires, travail de nuit, du dimanche, travail salissant ou pénible, etc.). Il ne comprend pas les remboursements de frais professionnels, les indemnités présentant le caractère de dommages et intérêts (telle l'indemnité de licenciement), ni les sommes versées au titre de l'intéressement ou de la participation.

Comment est fixé le salaire de base ?

Le salaire de base est fixé librement entre l'employeur et le salarié, soit par le contrat de travail, soit par décision de l'employeur (usages, directives, barème d'entreprise, notes d'information, etc.), sous réserve du respect de certaines règles légales et conventionnelles.
Plusieurs modes de fixation sont possibles :

- au temps, en fonction de la durée de travail effectif (c'est le mode le plus courant) ;
- au rendement, en fonction de normes connues et définies préalablement (guelte, travail aux pièces, prime, etc.) ;
- au forfait. Une convention de forfait entre le salarié et l'employeur est alors obligatoirement conclue par écrit. Elle doit par ailleurs être précise et quantifiée (voir p. 242 et s.).

Remarque

Les procédures d'enchères électroniques inversées sont interdites en matière de fixation du salaire. Tout contrat de travail stipulant un salaire fixé à l'issue d'une telle procédure serait nul de plein droit.

Dans tous les cas, doivent être respectés :
- les règles relatives au Smic ;
- les salaires minimaux et les éléments de rémunération prévus par les conventions ou accords collectifs applicables, ou l'usage éventuellement en vigueur dans l'entreprise ;
- le principe d'égalité de rémunération entre femmes et hommes ;
- la non-discrimination (notamment syndicale).

Remarque

Le salaire net s'obtient en déduisant du salaire brut les cotisations salariales (cotisations de sécurité sociale, assurance chômage, cotisations de retraite complémentaire, cotisations prévoyance, CSG, CRDS) et la valeur des avantages en nature éventuels.
Salaire net et salaire brut figurent sur le bulletin de paie.

Le salaire de base peut-il être modifié ?

Le mode de rémunération et le montant du salaire peuvent être modifiés par accord entre l'employeur et le salarié.
Toute modification unilatérale du salaire par l'employeur constitue une modification du contrat de travail.
Le salarié peut la refuser : un tel refus ne constitue pas une faute, mais peut motiver un licenciement si l'employeur maintient cette modification contre l'avis du salarié.
Lorsque l'employeur envisage de diminuer les salaires à la suite, notamment, de difficultés économiques, il doit en informer chaque salarié concerné, par lettre recommandée avec avis de réception.
Selon la Cour de cassation (arrêt du 25 juin 2008), ce délai d'un mois « constitue une période de réflexion destinée à permettre au salarié de prendre parti sur la proposition de modification en mesurant les conséquences de son choix ; [...] l'inobservation de ce délai par l'employeur prive de cause réelle et sérieuse le licenciement fondé sur le refus par un salarié de la modification de son contrat de travail ».

Le salarié dispose d'un délai d'un mois pour faire connaître son refus. À défaut de réponse dans ce délai, le salarié est réputé avoir accepté la modification proposée.

Remarque

La réduction négociée du temps de travail associée à une modification du salaire constitue une modification du contrat de travail. Le refus d'une telle modification peut motiver un licenciement pour motif non économique soumis à la procédure de licenciement individuel.

Sur la situation en cas d'application dans l'entreprise d'un « accord de maintien de l'emploi », voir page 648 et suivantes.

Quelles retenues sont possibles ?

Le salaire mensuel de base est diminué proportionnellement au travail non accompli en cas de suspension du contrat de travail (maladie, grève, absences diverses, etc.), sauf convention ou accord collectif plus favorable.

Des règles particulières s'appliquent à certaines retenues opérées sur le salaire net (avances, fournitures diverses, trop perçu, saisies, cessions). Les sanctions pécuniaires sont interdites.

Quelles sont les modalités de paiement ?

■ Le destinataire du salaire

- Le salarié, majeur ou mineur émancipé.
- Le salarié mineur non émancipé si le représentant légal ne s'y est pas opposé.
- Un tiers autorisé par le salarié, c'est-à-dire muni d'une procuration, datée et signée du salarié, l'autorisant à percevoir le salaire en son nom.

■ Le moment du paiement

Une fois par mois à date fixe avec possibilité d'un acompte à quinzaine. Les VRP doivent percevoir leurs commissions au moins tous les trois mois.

■ Le lieu du paiement

Aucune règle n'impose le paiement du salaire en un lieu déterminé. Toutefois, il est d'usage que la paie, lorsque le salaire est payé par chèque ou qu'il peut être payé en espèces, s'effectue sur les lieux de travail.

■ Le mode de paiement du salaire

Le salaire doit obligatoirement être payé par chèque ou virement bancaire ou postal lorsque son montant excède 1 500 € net par mois. Si la somme due est inférieure ou égale à ce montant, le salarié peut demander à être payé en espèces.
Le salaire peut également être payé au moyen de dispositifs particuliers : chèque emploi-service universel, chèque emploi-associatif.

Comment vérifier les sommes versées ?

Avec le salaire, l'employeur doit remettre un bulletin de paie pour permettre au salarié de vérifier l'exactitude des sommes versées.
En cas de non-paiement de tout ou partie du salaire, le salarié dispose d'un recours devant le conseil de prud'hommes. L'action en paiement du salaire se prescrit par trois ans à compter du jour où le salarié a connu ou aurait dû connaître les faits lui permettant de l'exercer ; c'est dans ce même délai que se prescrit la demande de remboursement d'un salaire versé, par erreur, au salarié par son employeur (action en « répétition » des salaires). La demande peut porter sur les sommes dues au titre des trois dernières années à compter de ce jour ou, lorsque le contrat de travail est rompu, sur les sommes dues au titre des trois années précédant la rupture du contrat.

La loi n° 2013-504 du 14 juin 2013, en vigueur à compter du 17 juin 2013, a ramené de cinq ans à trois ans le délai de prescription applicable à l'action en paiement ou en répétition du salaire. Toutefois, lorsqu'une instance a été introduite avant la date de promulgation de cette loi (soit le 14 juin 2013), l'action est poursuivie et jugée conformément à la loi ancienne. Cette loi s'applique également en appel et en cassation.

Remarque

Les dispositions de l'article 2254 du Code civil permettant, par accord entre les parties, d'abréger ou d'allonger la durée de la prescription, ne sont pas applicables aux actions en paiement ou en répétition des salaires.

Textes de référence

Article L. 1221-4, L. 3241-1, L. 3245-1 et R. 3241-1 du Code du travail

Lire en complément

- Le Smic
- Le bulletin de paie
- La procédure de licenciement individuel

La mensualisation

La loi du 19 janvier 1978, dont les dispositions ont été reprises dans le Code du travail (articles L. 3242-1 et suivants), a prévu le paiement chaque mois d'une rémunération déterminée indépendamment du nombre de jours que comporte le mois, et ce afin de neutraliser les conséquences de la répartition inégale des jours entre les 12 mois de l'année. La plupart des salariés bénéficient du paiement mensuel du salaire et des avantages qui y sont liés. L'ensemble de ces droits constitue un minimum légal. De nombreuses conventions collectives accordent des avantages plus importants.

Comment le salaire mensuel se calcule-t-il ?

La rémunération mensuelle est une moyenne calculée sur la base de l'horaire hebdomadaire légal ou contractuel de travail. Elle ne dépend pas du nombre de jours travaillés dans le mois.

Pour un salarié à plein temps dans une entreprise qui applique la durée légale hebdomadaire du travail, soit 35 heures, elle est de :

$$\frac{35 \text{ heures x } 52 \text{ semaines}}{12 \text{ mois}} = 151{,}666 \text{ heures x taux horaire}$$

Ainsi, la durée du travail de 35 heures par semaine correspond à une durée mensuelle forfaitaire de 151,666 heures.

Pour un salarié à temps partiel travaillant 30 heures par semaine, elle est de :

$$\frac{30 \text{ heures x } 52 \text{ semaines}}{12 \text{ mois}} = 130 \text{ heures x taux horaire}$$

Cette méthode de calcul aboutit à une régulation de la rémunération sur l'année qui neutralise les conséquences de la répartition inégale des jours entre les 12 mois de l'année civile.

Le montant du salaire peut-il varier ?

Oui, en fonction de l'horaire réel dans le mois considéré.
Les heures supplémentaires sont payées en plus avec les majorations correspondantes.
Les heures non travaillées peuvent donner lieu à une réduction de salaire proportionnelle.

Quels sont les autres effets de la mensualisation ?

Les autres effets de la mensualisation sont :
- le paiement des jours fériés chômés ;
- un droit au maintien du salaire en cas de maladie ou d'accident du travail.

Qui est mensualisé ?

Tous les salariés des activités industrielles, agricoles, commerciales, libérales, etc., y compris :
- les employés de maison ;
- les concierges d'immeuble à usage ou non d'habitation ;
- les salariés à temps partiel ;
- les salariés sous CDD.

Sont exclus du bénéfice de la mensualisation :
- les salariés travaillant à domicile ;
- les salariés saisonniers ;
- les salariés intermittents ;
- les salariés temporaires.

Textes de référence

Articles L. 3211-1 et L. 3242-1 à L. 3242-4 du Code du travail

Lire en complément

- Le bulletin de salaire
- Le Smic
- L'égalité de rémunération entre les femmes et les hommes
- La modification du contrat de travail
- Le temps de travail des cadres

Le Smic

Le salaire minimum de croissance (Smic) est le salaire horaire en dessous duquel il est interdit de rémunérer un salarié et ce, quelle que soit la forme de sa rémunération (au temps, au rendement, à la tâche, à la pièce, à la commission ou au pourboire). Le Smic assure aux salariés dont les salaires sont les plus faibles la garantie de leur pouvoir d'achat et une participation au développement économique de la nation.
Le montant du Smic horaire brut est fixé, depuis le 1er janvier 2015, à 9,61 €, soit 1 457,52 € mensuels sur la base de la durée légale de 35 heures hebdomadaires.

À qui s'applique le Smic ?

Doit percevoir un salaire au moins égal au Smic tout salarié du secteur privé, âgé d'au moins 18 ans. Bénéficient également de ce minimum les salariés du secteur public employés dans des conditions de droit privé.

Remarque

Le Smic s'applique sur l'ensemble du territoire métropolitain, dans les Dom, à Saint-Barthélemy, à Saint-Martin et à Saint-Pierre-et-Miquelon.

Un taux réduit du Smic peut être pratiqué pour :

- les apprentis et les jeunes salariés en contrat de professionnalisation, en fonction de leur âge et de la durée du contrat ;
- les jeunes salariés âgés de moins de 18 ans qui ont moins de six mois de pratique professionnelle dans la branche d'activité. Un abattement de 10 % peut ainsi être pratiqué lorsque le jeune salarié est âgé de 17 à 18 ans et de 20 % lorsque le jeune salarié est âgé de moins de 17 ans (ces abattements ne sont toutefois pas

applicables aux jeunes de moins de 18 ans embauchés dans le cadre des emplois d'avenir ; voir p. 769).

Sont exclus du bénéfice du Smic les salariés dont l'horaire de travail n'est pas contrôlable (certains VRP).

Comment vérifier que le Smic est atteint ?

Pour apprécier si le salarié perçoit ou non le salaire horaire minimum qui correspond à une heure de travail effectif, il convient de retenir et d'exclure certains éléments.

■ Assiette de vérification du Smic

Éléments inclus	Éléments exclus
• Salaire de base • Avantages en nature • Compensation pour réduction d'horaire • Majorations diverses ayant le caractère de fait d'un complément de salaire (primes, indemnités, remboursements de frais ne correspondant pas à une dépense effective, etc.) • Pourboires, gueltes, etc. • Primes de rendement individuelles ou collectives (rendement global d'une équipe), primes de production ou de productivité constituant un élément prévisible de rémunération • Primes de fin d'année pour le mois où elles sont versées • Primes de vacances pour le mois où elles sont versées • Primes de polyvalence	• Remboursements de frais effectivement supportés par le salarié • Primes forfaitaires destinées à compenser les frais exposés par les salariés du fait de leur prestation de travail (primes de panier, d'outillage, de salissure, indemnités de petit ou grand déplacement, etc.) • Majorations pour heures supplémentaires • Majorations pour travail du dimanche, des jours fériés et de nuit • Primes d'ancienneté • Primes d'assiduité • Primes liées à la situation géographique (insularité, barrages, chantiers) • Primes liées à des conditions particulières de travail (danger, froid, insalubrité, etc.) • Primes collectives liées à la production globale de l'entreprise, sa productivité ou ses résultats • Primes de transport • Participation, intéressement

Smic et minimum garanti : ne pas confondre

Le minimum garanti n'est pas un salaire de référence mais un élément servant à l'évaluation des avantages en nature dans certains cas, des frais professionnels, d'allocations d'aide sociale, etc. Son montant, inférieur à celui du Smic, est revalorisé annuellement en fonction de l'évolution des prix. Il est fixé à 3,52 € depuis le 1er janvier 2015.

Quelles sanctions sont applicables si le Smic n'est pas atteint ?

L'employeur qui verse des salaires inférieurs au Smic est passible de l'amende prévue pour les contraventions de 5e classe, soit une amende de 1 500 € pour chaque salarié rémunéré dans les conditions illégales.

La récidive dans le délai d'un an est également pénalisée.

Comment le Smic est-il revalorisé ?

Conformément aux principes fixés par le Code du travail, le Smic est revalorisé :

- chaque 1er janvier, en tenant compte de l'évolution de l'indice mensuel des prix à la consommation hors tabac des ménages du premier quintile de la distribution des niveaux de vie (voir précisions ci-dessous), augmentée de la moitié du gain de pouvoir d'achat du salaire horaire moyen des ouvriers et des employés (avec possibilité, pour les pouvoirs publics, de décider d'une revalorisation supplémentaire) ;
- et lorsque cet indice des prix à la consommation atteint un niveau correspondant à une hausse d'au moins 2 % par rapport à l'indice constaté lors de l'établissement du Smic immédiatement antérieur.

Remarque

Les modalités de revalorisation du Smic ont été modifiées par le décret n° 2013-123 du 7 février 2013. L'objectif de ce texte est de moderniser les règles de revalorisation du Smic dans le respect de son ambition originelle : garantir le pouvoir d'achat des salariés dont les rémunérations sont les plus faibles et assurer leur participation au développement économique de la Nation. À cette fin, la garantie de pouvoir d'achat sera désormais assurée par l'indexation du Smic sur l'inflation mesurée pour les ménages du premier quintile de la distribution des niveaux de vie, c'est-à-dire des 20 % des ménages ayant les revenus les plus faibles (au lieu de l'indice des prix à la consommation des ménages urbains dont le chef est ouvrier ou employé, hors tabac) (modification de l'article R. 3231-2 du Code du travail). Cet indice permet de mieux prendre en compte les dépenses de consommation réelles des salariés à faible revenu, notamment les dépenses contraintes telles que le loyer. Par ailleurs, au titre de la participation au développement économique de la Nation, le Smic sera revalorisé sur la base de la moitié du gain de pouvoir d'achat du salaire horaire moyen des ouvriers et des employés, et non plus des seuls ouvriers (nouvel article R. 3231-2-1 du Code du travail) ; cette évolution permet de tenir compte de la part plus importante que représente aujourd'hui, plus de 40 ans après la création du Smic, la catégorie professionnelle des employés parmi les salariés rémunérés au voisinage du Smic.

En application de la loi n° 2008-1258 du 3 décembre 2008, un groupe d'experts (dont la composition et les modalités de fonctionnement ont été précisées par le décret du 19 mai 2009 modifié par le décret du 7 février 2013 mentionné p. 273) se prononce, chaque année, sur l'évolution du Smic au 1er janvier ; le rapport qu'il établit à cette occasion est adressé à la Commission nationale de la négociation collective (CNNC) et au Gouvernement et rendu public ; le groupe d'experts entend les représentants désignés par les organisations membres de la CNNC et annexe leurs avis à son rapport. C'est après avoir pris connaissance de ce rapport que la CNNC donne un avis motivé au ministre chargé du Travail sur la fixation du Smic.

Textes de référence

Articles L. 3231-1 à L. 3231-11, L. 3231-12, R. 3231-1
et D. 3231-3 à D. 3231-16 du Code du travail
Loi n° 2008-1258 du 3 décembre 2008

Lire en complément

- Le bulletin de paie

Le bulletin de paie

Au moment du versement de son salaire, un bulletin de paie doit être remis à chaque salarié. Certaines mentions figurent obligatoirement dans ce document. D'autres sont interdites.
Enfin, l'employeur peut choisir de simplifier le bulletin de paie.
L'absence de remise de bulletin de paie est sanctionnée.

Remarques

- L'employeur peut, avec l'accord du salarié concerné, remettre le bulletin de paie sous forme électronique, dans des conditions de nature à garantir l'intégrité des données. Comme les bulletins « papier », les bulletins sous forme électronique doivent être conservés pendant cinq ans par l'employeur.
- Une expérimentation débutera dans le courant du 1er trimestre 2015 visant à simplifier le bulletin de paie, avant une généralisation éventuelle en 2016 ; toutes les précisions sont disponibles sur le site http://simplification.modernisation.gouv.fr/mesure/simplifier-la-fiche-de-paie/.

Quelles sont les mentions obligatoires ?

Apparaissent obligatoirement sur le bulletin de paie les informations concernant :

- l'employeur (nom, adresse, numéro d'immatriculation, code APE, numéro Siret, etc.) ;
- le salarié (nom, emploi occupé, position dans la classification de la convention collective) ;
- l'Urssaf ou la Mutualité sociale agricole auprès de laquelle les cotisations sont versées ;
- la convention collective applicable.

Figurent également :

- les éléments composant la rémunération brute, à savoir le nombre d'heures de travail, le nombre d'heures payées au taux normal et celles majorées (pour heures supplémentaires ou travail de nuit, par exemple) en mentionnant le ou les taux appliqués, les accessoires du salaire soumis à cotisations (prime d'ancienneté, de bilan, pourboires, indemnité de précarité, etc.) ;
- la nature et le volume du forfait pour les salariés dont la rémunération est déterminée sur la base d'un forfait hebdomadaire ou mensuel en heures, d'un forfait annuel en heures ou en jours ;
- les prélèvements sociaux et fiscaux : CRDS, CSG, cotisations salariales ;
- les sommes non soumises à cotisations (remboursement de frais professionnels) ;
- le montant de la somme effectivement versée au salarié (le « net à payer ») ;
- la date du paiement du net à payer ;
- éventuellement, les dates de congés payés compris dans la période de paie et le montant de l'indemnité correspondante ;
- le montant de la prise en charge des frais de transport public ou des frais de transport personnel (sur les conditions de cette prise en charge, on peut se reporter aux informations figurant sur le site www.travail-emploi.gouv.fr).

Autre mention obligatoire : celle relative à la conservation, par le salarié, du bulletin de paie et ce, sans limitation de durée. Cette formulation peut être libellée comme suit : « Pour vous aider à faire valoir vos droits, conservez ce bulletin de paie sans limitation de durée. » L'employeur doit, quant à lui, conserver les bulletins pendant un délai de cinq ans à compter de leur émission.

Remarques

- À défaut de précision conventionnelle contraire, les salariés sont informés du nombre d'heures de repos compensateur de remplacement et de contrepartie obligatoire en repos (voir p. 210) portés à leur crédit par un document annexé au bulletin de paie. Dès que ce nombre atteint sept heures, ce document comporte une mention notifiant l'ouverture du droit à repos et l'obligation de le prendre dans un délai maximal de deux mois après son ouverture.

▪ Lorsque des salariés d'un atelier, d'un service ou d'une équipe ne travaillent pas selon le même horaire collectif de travail affiché, un document mensuel, dont le double est annexé au bulletin de paie, est établi pour chaque salarié. Ce document comporte les mentions citées page 276 ainsi que celles prévues par l'article D. 3171-12 du Code du travail.

▪ Dans les entreprises et établissements qui appliquent un dispositif d'aménagement du temps de travail en application des dispositions de l'article L. 3122-2 du Code du travail (voir p. 203 et s.), le total des heures de travail accomplies depuis le début de la période de référence est mentionné à la fin de celle-ci ou lors du départ du salarié si celui-ci a lieu en cours de période, sur un document annexé au dernier bulletin de paie de cette période.

Et les mentions interdites ?

Aucune mention relative à l'exercice du droit de grève et à l'activité de représentation des salariés ne doit figurer sur le bulletin de paie :

- le non-paiement des heures de grève est traduit par l'intitulé « absence non rémunérée » ;
- les heures de délégation sont incluses dans le temps de travail normal.

Comment simplifier le bulletin de paie ?

Il est possible de regrouper les informations relatives aux prélèvements sociaux et fiscaux en six grandes catégories :

- sécurité sociale et Caisse nationale de solidarité pour l'autonomie ;
- assurance chômage (dont l'Association pour la gestion du régime d'assurance des créances des salariés – AGS) ;

- retraite complémentaire obligatoire ;
- prévoyance ;
- CSG et CRDS ;
- autres charges patronales.

L'employeur peut également supprimer les lignes relatives aux cotisations patronales de sécurité sociale. Une condition demeure cependant : remettre tous les ans aux salariés (ou lors du départ du salarié concerné) un document distinct qui les récapitule.

Exemple de bulletin de paie simplifié

Remarques

- Aucun texte ne fixe une forme obligatoire de bulletin de paie.
- Ce bulletin simplifié (voir page suivante), donné à titre d'illustration, ne mentionne pas les cotisations patronales.

BULLETIN DE PAIE *

Période du au

Entreprise	Salarié
Nom....................................	Nom............... Prénom...............
Adresse	Adresse ....
N° Siret	N° Sécurité sociale ....
Code APE	Emploi.............. Classification.........
URSSAF de.............. N°............	Convention collective : ....

SALAIRE BRUT

Salaire (base 151 h 67)	.... h à .... €	...........€
Heures supplémentaires à 10 %	.... h à .... €	...........€
Heures supplémentaires à 25 %	.... h à .... €	...........€
Heures supplémentaires à 50 %	.... h à .... €	...........€
Primes		...........€
Avantages en nature		...........€
	Total brut	...........€

COTISATIONS SOCIALES

	Base	Taux (%)	Montant
• Sécurité sociale			
• Assurance chômage			
• Retraite complémentaire ARRCO			
• Prévoyance			
• CSG non-déductible/ CRDS			
• CSG déductible			

TOTAL COTISATIONS : ....€

SALAIRE NET À PAYER	Payé le......	.........€
NET IMPOSABLE		.........€

* Ce bulletin est à conserver sans limitation de durée.

Contester le bulletin de paie : est-ce possible ?

L'acceptation du bulletin de paie n'empêche pas le salarié de contester la réalité du paiement de la somme indiquée ou son exactitude. L'action en paiement ou en « répétition » (demande de remboursement d'un salaire versé, par erreur, au salarié par son employeur) du salaire se prescrit par trois ans à compter du jour où celui qui l'exerce a connu ou aurait dû connaître les faits lui permettant de l'exercer. La demande peut porter sur les sommes dues au titre des trois dernières années à compter de ce jour ou, lorsque le contrat de travail est rompu, sur les sommes dues au titre des trois années précédant la rupture du contrat. La loi n° 2013-504 du 14 juin 2013 mentionnée ci-dessous a ramené de cinq ans à trois ans le délai de prescription des salaires. Les dispositions de cette loi s'appliquent aux prescriptions en cours à compter de la date de sa promulgation (soit le 14 juin 2013), sans que la durée totale de la prescription puisse excéder la durée prévue par la loi antérieure. Lorsqu'une instance a été introduite avant le 14 juin 2013, l'action est poursuivie et jugée conformément à la loi ancienne. Cette loi s'applique également en appel en Cassation.

Remarque

Le salarié doit conserver ses bulletins de paie sans limitation de durée : cette précision doit apparaître clairement sur ce document. L'employeur doit conserver les bulletins de paie pendant cinq ans, éventuellement sur support informatique, s'il offre des garanties de contrôle équivalentes au support papier.

Textes de référence

Articles L. 3243-1 à L. 3243-5, R. 3243-1 à R. 3243-6
et D. 3171-11 à D. 3171-13 du Code du travail
Loi n° 2013-504 du 14 juin 2013 (JO du 16)

Lire en complément

- Le salaire : fixation et paiement
- La mensualisation
- Le Smic

La rémunération du salarié en CDD

En matière de rémunération, les salariés embauchés en CDD, hors contrat de type particulier, tel que, par exemple, le contrat d'apprentissage, ont les mêmes droits que les salariés sous CDI. Le non-respect du principe d'égalité de rémunération entre salariés en CDD et salariés en CDI est sanctionné pénalement.

Qu'entend-on par « rémunération » ?

La rémunération comprend le salaire, ou traitement de base, et tous les autres avantages et accessoires payés directement ou indirectement en espèces ou en nature.

La définition vaut pour le salaire de base et pour les majorations, primes et indemnités de toute nature dues aux salariés permanents, au titre de la convention collective ou des usages en vigueur.

Le montant de la rémunération ainsi que les primes et accessoires du salaire doivent être précisés dans le contrat de travail.

Elle doit être au moins égale à ce que percevrait un salarié permanent, embauché sur le même poste, après période d'essai, y compris pour les contrats de remplacement.

Qu'est-ce que l'indemnité compensatrice de congés payés ?

Elle est due quelle que soit la durée du contrat, dès lors que les congés n'ont pu être pris avant la fin du contrat.

Versée au terme du contrat, l'indemnité compensatrice est au moins égale à 10 % de la rémunération brute perçue pendant toute la durée du contrat, y compris l'indemnité de fin de contrat.

Le salarié a-t-il droit à une indemnité de fin de contrat ?

Oui, dans certains cas. Cette indemnité, destinée à compenser la précarité de l'emploi, est au moins égale à 10 % de la rémunération totale brute perçue pendant le contrat. Toutefois, un taux limité à 6 % peut s'appliquer si une convention ou un accord collectif de branche étendu applicable à l'entreprise, ou un accord d'entreprise ou d'établissement, le prévoit tout en organisant un accès privilégié à la formation professionnelle des salariés en CDD (actions de développement des compétences, bilan de compétences à suivre en dehors du temps de travail, etc.) ; une proposition en ce sens doit avoir effectivement été faite au salarié concerné.

Imposable et soumise aux charges sociales, l'indemnité est versée avec la dernière paie et mentionnée sur le bulletin de paie.

Une convention ou un accord collectif de travail peut déterminer un taux plus élevé.

Elle est due dans tous les cas, sauf :

- travaux saisonniers, y compris le contrat « vendanges » ;
- dans certains secteurs d'activité pour lesquels, pour certains emplois, il est d'usage constant de n'embaucher que sous CDD ;
- contrats conclus avec des jeunes ou des étudiants pendant les vacances scolaires ;
- contrats conclus dans le cadre des mesures pour l'emploi (contrat de professionnalisation conclu pour une durée déterminée, contrat unique d'insertion, etc.) ou, sous certaines conditions, pour permettre à leurs titulaires de bénéficier d'un complément de formation professionnelle ; des dispositions conventionnelles peuvent toutefois prévoir le versement de l'indemnité de fin de contrat au profit des titulaires de ce type de contrats ;
- conclusion d'un CDI à l'issue du CDD ou refus, par le salarié, du CDI proposé par l'employeur, pour occuper le même emploi ou un emploi similaire, assorti d'une rémunération équivalente ;
- rupture anticipée du contrat due à une faute grave du salarié ou à un cas de force majeure ;

- rupture anticipée du contrat due à l'initiative du salarié qui justifie d'une embauche en CDI.

Quelle est l'indemnisation des jours fériés et des ponts ?

Le salarié sous CDD doit bénéficier du paiement des jours fériés chômés dès lors que les autres salariés de l'entreprise en bénéficient, sauf si le paiement de cet avantage est subordonné à des conditions d'ancienneté qu'il ne remplit pas.

Le salarié peut-il bénéficier d'autres avantages ?

À conditions identiques, les salariés sous CDD bénéficient des mêmes avantages que les salariés permanents : titres restaurant, congés supplémentaires, indemnisation en cas de maladie ou de chômage-intempéries, prestations offertes par le comité d'entreprise, etc.

Textes de référence

Articles L. 1242-15, L. 1242-16, L. 1243-8 à L. 1243-10 du Code du travail

Lire en complément

- Le Smic
- Le contrat à durée déterminée (CDD)
- Les congés payés
- Les jours fériés et les ponts
- Discrimination et égalité professionnelle

La rémunération de l'intérimaire

Par application du principe « à travail égal, salaire égal », la rémunération du travailleur temporaire ne peut être inférieure à celle que perçoit chez l'utilisateur, après période d'essai, un salarié de même qualification occupant le même poste de travail.

Qu'entend-on par « rémunération » ?

La rémunération comprend le salaire, ou traitement de base, et tous les autres avantages et accessoires payés directement ou indirectement, en espèces ou en nature.

Cette définition vaut pour le salaire de base et pour les majorations, primes et indemnités de toutes natures dues aux salariés permanents, au titre de la convention collective ou des usages en vigueur dans l'entreprise.

Le montant de la rémunération ainsi que les primes et accessoires de salaire doivent être précisés sur le contrat de mission.

Quelle est l'indemnité de congés payés ?

Elle est due quelle que soit la durée de la mission. Au moins égale à 10 % de la rémunération brute totale perçue pendant la mission, y compris l'indemnité de fin de contrat, l'indemnité est versée à l'issue de la mission.

Les périodes de suspension du contrat de travail pour maternité ou adoption, pour cause d'accident du travail ou de maladie professionnelle (dans la limite d'un an) ou du fait d'un rappel sous les drapeaux à un titre quelconque (à condition que le point de départ de cette période se situe au cours d'une mission) sont assimilées à une mission pour l'appréciation du droit à congés payés.

Le salarié a-t-il droit à une indemnité de fin de mission ?

Oui, cette indemnité destinée à compenser la précarité de l'emploi est au moins égale à 10 % de la rémunération totale brute perçue pendant le contrat. Elle doit être versée à l'issue de chaque mission et doit figurer sur le bulletin de salaire correspondant.

Elle est imposable et soumise aux charges sociales.

L'indemnité est due dans tous les cas, sauf :

- conclusion immédiate avec l'utilisateur d'un CDI ;
- rupture du contrat de mission à l'initiative du travailleur temporaire qui justifie d'une embauche en CDI ;
- rupture du contrat pour faute grave de l'intérimaire ou force majeure ;
- contrat de mission-formation ;
- contrat saisonnier ou d'usage.

Les jours non travaillés sont-ils indemnisés ?

Dans les mêmes conditions que les salariés de l'entreprise utilisatrice, le travailleur intérimaire a droit :

- au paiement des jours fériés compris dans une mission, et indépendamment de son ancienneté ;
- à des ponts rémunérés s'ils sont non récupérables, à moins que la récupération soit possible pendant le contrat de mission ;
- à l'indemnisation du chômage-intempéries dans le secteur du bâtiment et des travaux publics.

Le salarié peut-il bénéficier d'autres avantages ?

Les salariés sous contrat de travail temporaire ont accès, dans l'entreprise utilisatrice, aux moyens de transports collectifs et aux installations collectives, notamment en matière de restauration, dans les mêmes conditions que les salariés de l'entreprise utilisatrice.

Textes de référence

Articles L. 1251-18 à L. 1251-20 du Code du travail

Lire en complément

- Le Smic
- Le contrat de travail temporaire
- Les congés payés
- Les jours fériés et les ponts

L'égalité de rémunération entre les femmes et les hommes

Tout employeur est tenu d'assurer, pour un même travail ou un travail de valeur égale, l'égalité de rémunération entre les femmes et les hommes.

Remarque

L'employeur engage chaque année une négociation sur les objectifs d'égalité professionnelle et salariale entre les femmes et les hommes dans l'entreprise, ainsi que sur les mesures permettant de les atteindre. Cette négociation porte notamment sur la définition et la programmation de mesures permettant de supprimer les écarts de rémunération entre les femmes et les hommes. En l'absence d'accord, la négociation annuelle obligatoire sur les salaires effectifs (voir p. 888) porte également sur la définition et la programmation de mesures permettant de supprimer les écarts de rémunération et les différences de déroulement de carrière entre les femmes et les hommes.

Qui est concerné ?

Tous les employeurs et tous les salariés sont concernés, qu'ils relèvent ou non du Code du travail. Les salariés du secteur public sont donc également visés.

Qu'entend-on par « rémunération » ?

Il s'agit de toutes les sommes payées directement ou indirectement en espèces ou en nature au salarié en raison de son emploi.

La notion de rémunération englobe ainsi le salaire de base et tous les autres avantages et accessoires (primes, bonus, gratifications, avantages en nature, etc.), quelle qu'en soit l'origine : accord collectif (convention collective, accord d'entreprise), usage de l'entreprise, décision de l'employeur.

Les différents éléments composant la rémunération doivent être établis selon des normes identiques pour les femmes et les hommes : les catégories et les critères de classification et de promotion professionnelles ainsi que toutes les autres bases de calcul de la rémunération, notamment les modes d'évaluation des emplois, doivent être communs aux salariés des deux sexes. L'inspecteur du travail peut exiger communication des différents éléments qui concourent à la détermination des rémunérations dans l'entreprise, notamment de ces normes, catégories, critères et bases de calcul.

Qu'est-ce qu'un travail de valeur égale ?

C'est un travail qui exige des salariés un ensemble comparable de connaissances professionnelles ou de capacités.

Les connaissances peuvent être validées par un titre, un diplôme ou une pratique professionnelle.

Les capacités peuvent découler de l'expérience acquise, des responsabilités ou de la charge physique ou nerveuse liées au poste de travail.

L'ensemble des critères doit être pris en compte et non un seul élément.

Comment contrôler l'égalité de rémunération ?

Les inspecteurs du travail ou, le cas échéant, les autres fonctionnaires de contrôle assimilés sont chargés, dans le domaine de leurs compétences respectives, concurremment avec les officiers et agents de police judiciaire, de constater les infractions aux dispositions relatives à l'égalité de rémunération entre les femmes et les hommes.

En cas de litige devant le conseil de prud'hommes concernant une inégalité de salaire entre femme et homme, le (ou la) salarié(e) présente les éléments de fait laissant supposer l'existence d'une discrimination puis, au vu de ces éléments, l'employeur doit prouver que sa décision est justifiée par des éléments objectifs étrangers à toute discrimination.

Si l'inégalité de traitement est établie, deux types de sanctions sont prévus (voir aussi p. 172):

- des sanctions civiles: toute disposition figurant dans un contrat de travail, une convention collective, un accord d'entreprise ou une décision de l'employeur et qui ne respecte pas le principe d'égalité de rémunération pour un même travail ou un travail de valeur égale est nulle de plein droit. La rémunération la plus élevée remplace automatiquement celle qui est annulée. Le conseil de prud'hommes est compétent pour examiner la demande du salarié;
- des sanctions pénales, selon l'infraction commise:
  - peine d'emprisonnement d'un an et amende de 3 750 €,
  - amende de 1 500 € (3 000 € en cas de récidive), appliquée autant de fois qu'il y a de travailleurs rémunérés dans des conditions illégales.

Toutefois, le tribunal peut ajourner le prononcé de la peine si l'employeur définit, après avis des représentants du personnel, les mesures propres à rétablir l'égalité professionnelle.

Quelles sont les sources d'information sur les salaires des femmes et des hommes dans l'entreprise ?

Il existe plusieurs sources d'information :

- les informations remises aux organisations syndicales, pour la négociation annuelle sur les salaires et sur les questions relatives à l'égalité professionnelle entre les femmes et les hommes ;

- les informations adressées au comité d'entreprise dans le cadre des rapports annuels sur l'activité de l'entreprise et sur l'emploi ;
- le rapport annuel de situation comparée entre les femmes et les hommes affiché dans l'entreprise et mis à disposition de tout salarié qui le demande ;
- le bilan social.

Remarque

Dans les établissements où travaillent des femmes, le texte des articles du Code du travail relatifs à l'égalité de rémunération entre les femmes et les hommes (notamment le texte des articles L. 3221-1 à L. 3221-7) est affiché à une place convenable aisément accessible dans les lieux de travail ainsi que dans les locaux ou à la porte des locaux où se fait l'embauche. Par ailleurs, dans les lieux de travail ainsi que dans les locaux ou à la porte des locaux où se fait l'embauche, les personnes mentionnées à l'article L. 1132-1 du Code du travail (salarié, candidat à un recrutement, à un stage, etc.) sont informées par tout moyen du texte des articles 225-1 à 225-4 du Code pénal relatifs aux discriminations prohibées (sur les discriminations, voir p. 157).

Textes de référence

Articles L. 1141-1 à L. 1146-3, L. 2241-3, L. 2242-5 à L. 2242-7, L. 3221-2 à L. 3222-2, R. 1142-1 et suivants et R. 3221-1 à R. 3222-3 du Code du travail
Loi n° 2014-873 du 4 août 2014 « pour l'égalité réelle entre les femmes et les hommes » (JO du 5 août)

Lire en complément

- Discrimination et égalité professionnelle

La garantie en cas de sauvegarde, de redressement ou de liquidation judiciaires

En cas de redressement ou de liquidation judiciaires de son entreprise (après décision des tribunaux, consécutive à un dépôt de bilan), le salarié est assuré contre le risque de non-paiement des salaires dus. Des dispositions protectrices sont également prévues en cas d'ouverture d'une procédure de sauvegarde. Cette assurance est l'AGS (Association pour la gestion du régime d'assurance des créances des salariés). Elle est financée par une cotisation patronale obligatoire. C'est le représentant des créanciers, nommé par le juge, qui met en œuvre l'AGS.

Qui sont les employeurs assujettis ?

Tout commerçant, toute personne inscrite au *Répertoire des métiers*, tout agriculteur, toute autre personne physique exerçant une activité professionnelle indépendante et toute personne morale de droit privé, employant un ou plusieurs salariés, doit assurer ses salariés, y compris les travailleurs salariés détachés à l'étranger ainsi que les travailleurs salariés expatriés, contre le risque de non-paiement des sommes qui leur sont dues en exécution du contrat de travail, en cas de procédure de sauvegarde, de redressement ou de liquidation judiciaires.

Remarque

Les salariés intérimaires victimes d'une défaillance de leur entreprise de travail temporaire sont pris en charge par la garantie financière de l'entreprise de travail temporaire ou, à défaut, par l'entreprise dans laquelle ils étaient en mission ; le défaut de paiement par celle-ci entraîne la mise en œuvre du mécanisme de garantie des salaires.

Quelles sont les sommes garanties ?

En cas de redressement ou de liquidation judiciaires, l'assurance couvre :

1° les sommes dues au salarié à la date du jugement d'ouverture de la procédure de redressement ou de liquidation judiciaires (ainsi que les contributions dues par l'employeur dans le cadre d'un contrat de sécurisation professionnelle – CSP) :
- en exécution du contrat de travail,
- au titre de l'intéressement, de la participation des salariés ou en application d'un accord créant un fonds salarial, dès lors que les sommes dues sont exigibles,
- au titre d'arrérages de préretraite, échus ou à échoir, et dus à un salarié ou à un ancien salarié à la suite d'un accord d'entreprise, d'une convention collective ou d'un accord professionnel ou interprofessionnel ;

2° les créances résultant de la rupture des contrats de travail intervenant :
- pendant la période d'observation,
- dans le mois suivant le jugement qui arrête le plan de sauvegarde, de redressement ou de cession,
- dans les 15 jours, ou 21 jours lorsqu'un plan de sauvegarde de l'emploi est élaboré, suivant le jugement de liquidation,
- pendant le maintien provisoire de l'activité autorisé par le jugement de liquidation judiciaire et dans les 15 jours, ou 21 jours lorsqu'un plan de sauvegarde de l'emploi est élaboré, suivant la fin de ce maintien de l'activité ;

3° les créances résultant de la rupture du contrat de travail des salariés auxquels a été proposée le contrat de sécurisation professionnelle (CSP), sous réserve que l'administrateur, l'employeur ou le liquidateur, selon le cas, ait proposé ce contrat aux intéressés au cours de l'une des périodes indiquées au 2° ci-dessus, y compris les contributions dues par l'employeur dans le cadre de ce contrat et les salaires dus pendant le délai de réponse du salarié (sur ce délai, voir p. 666) ;

4° les mesures d'accompagnement résultant d'un plan de sauvegarde de l'emploi déterminé par un accord collectif majoritaire ou par un document élaboré par l'employeur, conformément aux articles L. 1233-24-1 à L. 1233-24-4 du Code du travail, dès lors qu'il a été validé ou homologué dans les conditions prévues à l'article L. 1233-58 du Code du travail avant ou après l'ouverture de la procédure de redressement ou de liquidation judiciaire ;

5° les sommes dues, lorsque le tribunal prononce la liquidation judiciaire :

- au cours de la période d'observation,
- au cours des 15 jours, ou 21 jours lorsqu'un plan de sauvegarde de l'emploi est élaboré, suivant le jugement de liquidation,
- au cours du mois suivant le jugement de liquidation pour les représentants des salariés prévus par les articles L. 621-4 et L. 631-9 du Code de commerce,
- pendant le maintien provisoire de l'activité autorisé par le jugement de liquidation et au cours des 15 jours, ou 21 jours lorsqu'un plan de sauvegarde de l'emploi est élaboré, suivant la fin de ce maintien de l'activité.

Remarque

L'assurance garantie des salaires ne couvre pas les sommes qui concourent à l'indemnisation du préjudice causé par la rupture du contrat de travail dans le cadre d'un licenciement pour motif économique, en application d'un accord d'entreprise ou d'établissement ou de groupe, d'un accord collectif validé ou d'une décision unilatérale de l'employeur homologuée conformément à l'article L. 1233-57-3 du Code du travail, lorsque l'accord a été conclu et déposé ou la décision notifiée moins de 18 mois avant la date du jugement d'ouverture de la procédure de sauvegarde, de redressement ou de liquidation judiciaire, ou l'accord conclu ou la décision notifiée postérieurement à l'ouverture de la procédure de sauvegarde, de redressement ou de liquidation judiciaire. L'objectif est d'éviter que l'AGS n'ait à supporter la charge financière d'indemnités, dont le versement, non prévu par la loi ou la convention collective, aurait été décidé par l'employeur ou négocié alors que les difficultés de l'entreprise étaient déjà connues.

En cas d'ouverture d'une procédure de sauvegarde de l'entreprise, l'intervention de l'AGS est limitée aux seules créances résultant des licenciements pour motif économique prononcés pendant la période d'observation (six mois, renouvelable une fois) ou pendant le mois suivant l'arrêté du plan de sauvegarde.

Remarque

La procédure de sauvegarde des entreprises intervient alors que l'entreprise n'est pas encore en état de cessation des paiements, mais doit faire face à des difficultés qui, à défaut de mesures appropriées, pourraient conduire à cet état. Cela explique notamment que, dans le cas d'une procédure de sauvegarde, le mandataire judiciaire devra justifier auprès de l'AGS, lors de sa demande, que l'insuffisance des fonds disponibles est caractérisée. L'AGS peut alors contester la réalité de cette insuffisance, sachant que, dans le cas d'une telle contestation, il appartiendra au juge-commissaire d'autoriser l'avance des fonds.

Le montant des sommes garanties est-il limité ?

Oui, variable en fonction de l'ancienneté du contrat du salarié, il est fixé à :

- quatre fois le plafond mensuel retenu pour le calcul des cotisations d'assurance chômage, lorsque le contrat de travail dont résulte la créance a été conclu moins de six mois avant la date du jugement d'ouverture de la procédure collective ;
- cinq fois ce plafond lorsque le contrat de travail dont résulte la créance a été conclu moins de deux ans et six mois au moins avant la date du jugement d'ouverture ;
- six fois ce plafond dans les autres cas.

Quels sont les délais de paiement ?

Les créances salariales nées avant le jugement de redressement judiciaire doivent être communiquées au représentant des créanciers, qui doit, dans un délai de 10 jours suivant le jugement du tribunal, établir et envoyer à l'institution de garantie les relevés des salaires.

Les salaires doivent alors être réglés au représentant des salariés dans les cinq jours qui suivent la transmission du relevé, par le représentant des créanciers, à l'institution de garantie des salaires.

Le salarié reçoit le versement des autres créances salariales dans des délais qui varient en fonction de la nature de la créance. Le délai maximal de versement pour les créances est de l'ordre de trois mois. Dès réception des sommes reçues du fonds de garantie, le représentant des créanciers les reverse immédiatement aux salariés concernés.

Quel est le rôle du représentant des salariés ?

Désigné par les salariés, il contrôle le montant des sommes dues et versées aux salariés et sert d'intermédiaire entre les salariés et l'administrateur ou le tribunal.

En cas de contestation relative aux sommes versées par l'AGS, les salariés peuvent saisir le conseil de prud'hommes.

Textes de référence

Articles L. 3253-1 à L. 3253-18, D. 3253-1 à D. 3253-5 et R. 3253-6 du Code du travail

L'épargne salariale

L'épargne salariale est un ensemble de dispositifs dont l'objectif est d'associer les salariés aux résultats de leur entreprise et de favoriser l'épargne collective et le développement des investissements des entreprises.
Distincte du salaire, modalité de reconnaissance du travail fourni et élément de motivation, l'épargne salariale fait le plus souvent partie de la politique de rémunération globale de l'entreprise. Les sommes qui en sont issues n'ont toutefois pas le caractère de rémunération au sens du Code de la sécurité sociale. Les dispositifs d'actionnariat salarié sont parties intégrantes de l'épargne salariale et de la participation.
Le projet de loi « pour la croissance et l'activité » (dit « projet de loi Macron », voir p. 221) comporte plusieurs mesures de simplification et d'harmonisation des dispositifs d'épargne salariale qui, sans remettre en cause leurs spécificités, doivent accroître leur lisibilité. Pour toutes précisions, on peut se reporter au site du ministère du Travail : www.travail-emploi.gouv.fr.

Quelles sont ses caractéristiques ?

L'épargne salariale comprend un certain nombre de dispositifs, dont les caractéristiques principales sont présentées ici. Pour plus de précisions, on peut se reporter aux informations diffusées sur le site du ministère en charge du Travail (www.travail-emploi.gouv.fr).

■ L'intéressement

Dispositif facultatif, l'intéressement permet aux salariés de bénéficier financièrement des résultats ou des performances de leur entreprise. Disponibles immédiatement (sans délai de blocage), les sommes issues de l'intéressement sont calculées selon une formule définie par l'accord qui met en place le dispositif. En aucun cas, les primes correspondantes ne peuvent se substituer à un élément de salaire.

Remarque

Certaines entreprises peuvent bénéficier d'un crédit d'impôt calculé au titre des primes d'intéressement dues en application d'un accord d'intéressement ou d'un avenant à un accord d'intéressement. Pour plus de précisions sur ce dispositif, on peut se reporter au *Guide de l'épargne salariale* disponible sur le site du ministère du Travail (www.travail-emploi.gouv.fr).

Un régime d'intéressement peut être établi au niveau de la branche. Les entreprises de la branche qui le souhaiteront bénéficieront de ce régime, à charge pour elles de conclure un accord d'intéressement dans les conditions de droit commun. Il s'agit d'encourager la négociation, au niveau de la branche, d'accords types auxquels les entreprises, notamment les plus petites, pourront se référer.

Remarque

Dans les entreprises ou les groupes disposant d'un accord d'intéressement et concourant avec d'autres entreprises à une activité caractérisée et coordonnée, un accord peut être conclu pour prévoir que tout ou partie des salariés bénéficie d'un intéressement « de projet ». Cette possibilité a pour objet d'associer collectivement tout ou partie des salariés à la réalisation d'une « activité caractérisée » menée, de manière coordonnée, par plusieurs entreprises ; cette activité pourra consister, par exemple, en la conduite d'un projet commun à plusieurs filiales d'un groupe ou en la réalisation d'un chantier par un donneur d'ordres et ses sous-traitants. Les conditions de négociation de cet accord d'intéressement « de projet » sont fixées à l'article L. 3312-6 du Code du travail.

■ **La participation**

Obligatoire dans les entreprises d'au moins 50 salariés (à défaut, un régime dit « d'autorité » est imposé), facultative dans les autres, la participation consiste à attribuer aux salariés, selon des règles précises, une fraction du bénéfice réalisé par l'entreprise. Jusqu'à l'intervention de la loi du 3 décembre 2008 (JO du 4 décembre), les sommes correspondant à la participation étaient bloquées pendant cinq ans (huit ans dans le cadre du régime d'autorité), exception faite des possibilités de déblocage anticipé (voir p. 312), non modifiées par la loi. Pour les sommes attribuées au titre des exercices clos depuis le 4 décembre 2008, le bénéficiaire peut, à l'occasion de chaque versement effectué au titre de la RSP (y compris dans le cadre du régime d'autorité), demander le versement immédiat de tout ou partie des sommes qui lui sont attribuées.

Pour cela, les bénéficiaires sont informés, selon les modalités fixées par l'accord de participation, des sommes qui leur sont attribuées au titre de la participation, du montant dont ils peuvent demander, en tout ou partie, le versement et du délai dans lequel ils peuvent formuler cette demande.

Concrètement :

- la demande du bénéficiaire est formulée dans un délai de 15 jours à compter de la date à laquelle il a été informé du montant qui lui est attribué ; l'accord précise la date à laquelle le bénéficiaire est présumé avoir été informé ;
- en l'absence de précisions dans l'accord, le bénéficiaire formule sa demande dans un délai de 15 jours à compter de la réception de la lettre recommandée avec avis de réception ou remise contre récépissé l'informant du montant qui lui est attribué et du montant dont il peut demander en tout ou partie le versement ;
- si le bénéficiaire ne demande pas le versement de ces sommes dans le délai de 15 jours mentionné ci-dessus, elles ne sont négociables ou exigibles qu'à l'expiration d'un délai de cinq ans (huit ans dans le cadre du régime d'autorité) à compter du premier

jour du cinquième mois suivant l'exercice au titre duquel les droits sont nés ; c'est le délai d'indisponibilité.

Lorsqu'un bénéficiaire demande le versement de la participation conformément aux dispositions ci-contre, les entreprises effectuent ce versement avant le premier jour du cinquième mois suivant la clôture de l'exercice au titre duquel la participation est attribuée. Passé ce délai, elles complètent le versement par un intérêt de retard égal à 1,33 fois le taux moyen de rendement des obligations des sociétés privées publié par le ministre chargé de l'Économie ; ces intérêts sont versés en même temps que le principal.
Les sommes dont le bénéficiaire demande le versement immédiat sont soumises au même régime social que celles correspondant aux droits indisponibles (exonération de cotisations de sécurité sociale ; assujettissement à la CSG et à la CRDS). En revanche, leur régime fiscal est moins favorable puisqu'elles sont assujetties à l'impôt sur le revenu dans la catégorie des traitements et salaires au titre de l'année de leur versement. S'il n'a pas réellement besoin de ces sommes, le salarié n'a donc pas intérêt, sur le plan fiscal, à en demander le versement immédiat.

Remarque

Les entreprises qui ont conclu un accord d'intéressement et qui viennent à dépasser le seuil de 50 salariés ne sont soumises à l'obligation de participation qu'à l'expiration de cet accord.

Calculée d'après le bénéfice fiscal, la réserve spéciale de participation (RSP) à distribuer aux salariés est le résultat d'une formule fixée par la loi :

$$1/2\ (B - 5\ \%\ C) \times (S/VA)$$

B = bénéfice net fiscal	S = salaires de l'entreprise
C = capitaux propres	VA = valeur ajoutée de l'entreprise

L'accord de participation fixe l'affectation des sommes constituant la RSP selon les modalités prévues par l'article L. 3332-2 du Code du travail.

Remarque

Sous réserve d'être au moins aussi favorable, une autre formule de calcul peut être définie par l'accord de participation. Dans ce cas, et par dérogation à la règle visée ci-dessus, l'accord peut prévoir que tout ou partie de la part des sommes versées aux salariés au titre de la participation aux résultats de l'entreprise supérieure à la répartition d'une RSP calculée selon les modalités de droit commun n'est négociable ou exigible qu'à l'expiration d'un délai de cinq ans à compter de l'ouverture de ces droits. Pour la partie de ces droits, les salariés ne pourront donc pas demander le versement immédiat des sommes concernées (sauf application des cas de déblocage anticipé visés page 312).

Lorsque le salarié ne demande pas le versement immédiat en tout ou partie des sommes qui lui sont attribuées au titre de la participation ou qu'il ne décide pas de les affecter dans un PEE ou un PEI, sa quote-part de RSP, dans la limite de celle calculée selon la formule légale, sera affectée, pour moitié, dans un Perco s'il en existe un dans l'entreprise et, pour moitié, dans les conditions prévues par l'accord de participation et précisées par les articles R. 3334-1-1 et D. 3323-16 du Code du travail.

Remarque

La totalité des heures chômées au titre de l'activité partielle est prise en compte pour la répartition de la participation et de l'intéressement lorsque cette répartition est proportionnelle à la durée de présence du salarié. Lorsque cette répartition est proportionnelle au salaire, les salaires à prendre en compte sont ceux qu'aurait perçus le salarié s'il n'avait pas été placé en activité partielle (art. R. 5122-11 du Code du travail).

■ Le plan d'épargne d'entreprise (PEE)

Le PEE permet aux salariés de se constituer, avec l'aide de leur entreprise, un portefeuille de valeurs mobilières. Bloquées pendant cinq ans au minimum, les sommes détenues dans le cadre du PEE proviennent de l'intéressement, de la participation aux résultats de l'entreprise et des versements volontaires des bénéficiaires, complétés, le cas échéant, par des versements (abondements) de l'entreprise.

Remarque

Le règlement du PEE prévoit qu'une partie des sommes recueillies peut être affectée à l'acquisition de parts de fonds investis, dans les limites prévues à l'article L. 214-164 du Code monétaire et financier, dans les entreprises solidaires au sens de l'article L. 3332-17-1 du Code du travail. S'agissant des entreprises solidaires, on signalera que la loi du 31 juillet 2014 (JO du 1er août) a procédé à une réécriture de l'article L. 3332-17-1 du Code du travail afin de définir l'agrément « entreprise solidaire d'utilité sociale » en remplacement de l'agrément « entreprise solidaire ». Les entreprises qui bénéficiaient, le 2 août 2014 (date d'entrée en vigueur de la loi du 31 juillet 2014), de l'agrément prévu à l'article L. 3332-17-1 du Code du travail, dans sa rédaction antérieure à la loi précitée, sont réputées bénéficier de l'agrément « entreprise solidaire d'utilité sociale » prévu à ce même article, dans sa rédaction nouvelle, pour la durée restante de validité de l'agrément lorsque celle-ci dépasse deux ans et pour une durée de deux ans dans le cas contraire.

■ Le plan d'épargne interentreprises (PEI)

Destiné à favoriser le développement de l'épargne salariale dans les petites et moyennes entreprises, proche du PEE avec lequel il partage nombre de règles de fonctionnement (notamment la durée de blocage des sommes : cinq ans au minimum), le PEI est mis en place par une branche professionnelle ou entre plusieurs entreprises.

■ **Le plan d'épargne pour la retraite collectif (Perco)**

Ce plan permet aux participants de se constituer une épargne pour la retraite.

Soumis aux mêmes règles que le PEE, le Perco se distingue cependant sur les points suivants :

- les fonds sont bloqués jusqu'au départ à la retraite (sauf exceptions prévues par décret) ;
- la sortie du plan s'effectue en rente viagère ou, si l'accord instituant le Perco le prévoit, en rente ou en capital au choix du salarié ;
- les sommes versées ne peuvent être investies dans des placements réservés à l'actionnariat salarié (titres de l'entreprise ou d'une société du même groupe, etc.).

Remarques

▪ Si le règlement du Perco le prévoit, les entreprises peuvent effectuer un versement initial dans ce plan, dans la limite d'un montant égal à 1 % du plafond annuel de la Sécurité sociale, même en l'absence de contribution du salarié.

▪ Les entreprises qui ont mis en place un plan d'épargne d'entreprise (PEE) depuis plus de trois ans sont tenues d'ouvrir une négociation en vue de la mise en place d'un Perco ou d'un plan d'épargne retraite d'entreprise (Pere) ou d'un régime de retraite supplémentaire à affiliation obligatoire pour les salariés.

▪ Un Perco peut prévoir l'adhésion par défaut des salariés de l'entreprise. Lorsque le règlement du Perco prévoit une telle disposition, l'entreprise en informe chaque salarié suivant les modalités prévues par ce même règlement. Le salarié dispose alors d'un délai de 15 jours à compter de cette communication pour renoncer de manière expresse à cette adhésion. Cette information du salarié peut se faire par voie électronique, dans des conditions de nature à garantir l'intégrité des données.

Le Perco peut recevoir, à l'initiative des participants, les versements des sommes issues de l'intéressement, de la participation ainsi que d'autres versements volontaires et des contributions des entreprises (abondement).

Les droits inscrits au CET (voir p. 544) peuvent également être versés sur le Perco. En l'absence de CET dans l'entreprise, le salarié peut, dans la limite de cinq jours par an, verser les sommes correspondant à des jours de repos non pris sur le Perco (ou faire contribuer ces sommes au financement de prestations de retraite collectif et obligatoire de l'article L. 911-1 du Code de la sécurité sociale). Le congé annuel ne peut être affecté à l'un de ces dispositifs que pour sa durée excédant 24 jours ouvrables. Les sommes ainsi épargnées bénéficient du régime social et fiscal favorable prévu à l'article L. 3334-8 du Code du travail.

Remarque

Les participants au Perco bénéficient d'un choix entre au moins trois organismes de placement collectif en valeurs mobilières présentant différents profils d'investissement. Le règlement du Perco doit également définir les conditions dans lesquelles est proposée à chaque participant, à compter de son 45e anniversaire, une option d'allocation de l'épargne ayant pour objectif de réduire progressivement les risques financiers pesant sur la valeur des actifs détenus dans les organismes de placement collectif en valeurs mobilières du plan. Lorsque le participant a choisi cette option, celle-ci est organisée selon les modalités fixées par l'article R. 3334-1-2 du Code du travail.

Comment mettre en place un dispositif d'épargne salariale ?

Les dispositifs d'épargne salariale sont mis en place par voie d'accord conclu entre le chef d'entreprise et le personnel ; dans certains cas, leur mise en place peut résulter d'une décision unilatérale du chef d'entreprise.

■ Négociation de branche

Un régime de participation devait être négocié par branche au plus tard le 31 décembre 2009.

Ce régime de participation peut soit retenir la formule légale de participation visée à l'article L. 3324-1 du Code du travail, soit une formule différente, conformément aux dispositions de l'article L. 3324-2 du même code ; dans ce cas, la formule de calcul devra comporter des avantages pour les salariés, au moins équivalents à ceux résultant de l'application de la formule légale.

Les entreprises peuvent alors, si elles le souhaitent, adhérer dans les conditions de droit commun visées ci-dessous à l'accord de branche.

Si l'accord de branche prévoit la mise en place d'un plan d'épargne interentreprises (PEI), les entreprises peuvent également choisir d'y adhérer, en respectant les conditions prévues pour les PEI (voir p. 307).

Remarque

La mise en place d'un dispositif d'épargne salariale est également possible au niveau d'un groupe d'entreprises, d'une unité économique et sociale (UES) ou d'une branche professionnelle.

■ L'accord d'intéressement, de participation ou relatif au PEE

L'accord doit être établi selon l'une des procédures suivantes :

- dans le cadre d'une convention ou d'un accord collectif conclu selon les règles de la négociation collective ;
- entre le chef d'entreprise et les représentants d'organisations syndicales représentatives ;
- au sein du comité d'entreprise, l'accord étant alors conclu entre l'employeur et la majorité de la délégation du personnel ;
- par ratification du texte à la majorité des deux tiers du personnel.

Remarque

Le PEE peut être établi à l'initiative de l'entreprise, par une décision unilatérale. Toutefois, lorsque l'entreprise compte au moins un délégué syndical ou est dotée d'un comité d'entreprise, le PEE est négocié dans les conditions mentionnées ci-contre. Si, au terme de la négociation, aucun accord n'a été conclu, un procès-verbal de désaccord est établi dans lequel sont consignées en leur dernier état les propositions respectives des parties et les mesures que l'employeur entend appliquer unilatéralement.

L'accord d'intéressement est conclu pour une durée de trois ans. Il peut être tacitement reconduit dès lors qu'aucune des parties habilitées à négocier ou à ratifier l'accord n'a demandé la renégociation dans les trois mois précédant la date d'échéance de l'accord. Pour qu'elle soit possible, cette reconduction tacite doit toutefois être prévue par l'accord d'origine.
Dans une telle situation (absence de demande de renégociation), le renouvellement de l'accord est notifié par la partie la plus diligente au directeur régional des entreprises, de la concurrence, de la consommation, du travail et de l'emploi (voir p. 933) ; cette notification respecte les mêmes conditions de délais et de dépôt que l'accord. Pour plus de précisions sur cette question, on peut se reporter au *Guide de l'épargne salariale* mentionnée page 299.

■ L'accord relatif au PEI

Le PEI ne peut être mis en place que par accord conclu entre organisation(s) syndicale(s) et organisation(s) d'employeurs, à un niveau territorial (bassin d'emploi, département, etc.) ou professionnel. Toutefois, s'il concerne plusieurs entreprises nommément désignées, le PEI peut être institué :

- soit dans le cadre d'un accord conclu selon les règles de la négociation collective ;
- soit par accord au sein du comité d'entreprise ;

- soit après ratification du projet d'accord à la majorité des deux tiers du personnel.

Remarque

L'accord doit être approuvé dans les mêmes termes au sein de chacune des entreprises. En revanche, les modes de ratification peuvent être différents d'une entreprise à l'autre (par accord au sein du comité d'entreprise pour l'une, par accord collectif conclu avec le délégué syndical pour l'autre, etc.), comme pour les accords de groupe.

■ L'accord relatif au Perco

Un Perco peut être mis en place à l'initiative de l'entreprise ou par accord collectif de travail conclu selon les règles de la négociation collective.

Lorsque l'entreprise compte au moins un délégué syndical ou est dotée d'un comité d'entreprise, le Perco est négocié dans les conditions prévues pour les accords de participation (voir p. 306), à l'exception de la ratification des deux tiers des salariés. Si, au terme de la négociation, aucun accord n'a été conclu, un procès-verbal de désaccord est établi dans lequel sont consignées en leur dernier état les propositions respectives des parties et les mesures que l'employeur entend appliquer unilatéralement.

Une entreprise n'ayant ni délégué syndical ni comité d'entreprise peut mettre en place un Perco par décision unilatérale.

Remarques

- La mise en place d'un Perco n'est possible que si les salariés peuvent choisir un plan d'une durée plus courte. Un PEE ou un PEI doivent donc également être institués dans l'entreprise.
- Le Perco peut également être créé en tant que PEI dans les conditions prévues pour ces plans.

Quels sont les bénéficiaires de l'épargne salariale ?

Tous les salariés ont vocation à bénéficier du ou des dispositifs d'épargne salariale mis en place dans leur entreprise.

Seule restriction possible : l'accord d'intéressement, de participation ou relatif au plan d'épargne peut prévoir une condition d'ancienneté. Celle-ci ne peut être supérieure à trois mois.

Aucune autre condition ne peut restreindre l'accès au(x) dispositif(s).

En outre :

- bien qu'il ne s'agisse pas de salariés, la loi autorise les agents commerciaux, visés à l'article L. 134-1 du Code du commerce, et les agents généraux d'assurance, visés au Titre IV du Livre V du Code des assurances, ayant un contrat individuel avec une entreprise dont ils commercialisent des produits à bénéficier du plan d'épargne salariale (PEE, PEI et Perco) mis en place dans l'entreprise, si le règlement du plan le prévoit ;
- le salarié d'un groupement d'employeurs peut bénéficier du dispositif d'intéressement mis en place dans chacune des entreprises adhérentes du groupement auprès de laquelle il est mis à disposition, dans les conditions fixées par le Code du travail. La même disposition s'applique au titre de la participation et des plans d'épargne salariale ;
- le règlement du Perco peut prévoir l'adhésion par défaut des salariés de l'entreprise, sauf avis contraire de leur part. Les salariés sont informés de cette clause dans les conditions fixées par l'article D. 3334-3-1 du Code du travail ;
- dans les entreprises appliquant volontairement la participation, les chefs de ces entreprises ou, s'il s'agit de personnes morales, leurs présidents, directeurs généraux, gérants ou membres du directoire, ainsi que le conjoint du chef d'entreprise s'il bénéficie du statut de conjoint collaborateur ou de conjoint associé, pourront bénéficier de la participation dans les conditions fixées par les articles L. 3323-6 et L. 3324-5 du Code du travail. De même,

dans les entreprises dont l'effectif habituel est compris entre un et 250 salariés, la part de la RSP excédant le montant qui découlerait d'un calcul selon les modalités de droit commun peut être répartie entre les salariés et les personnes non salariées mentionnées précédemment ;

- un ancien salarié d'une entreprise peut continuer à effectuer des versements sur le Perco. Ces versements ne bénéficient cependant pas de l'abondement de la part de l'entreprise et les frais afférents à leur gestion sont à la charge exclusive de l'ancien salarié qui effectue ces versements. Cette possibilité n'est toutefois pas ouverte au salarié qui a accès à un Perco dans la nouvelle entreprise où il est employé.

Remarque

Les plans d'épargne (PEE, PEI) sont également ouverts aux :

- anciens salariés ayant quitté l'entreprise à la suite d'un départ à la retraite ou d'une préretraite ;
- chefs d'entreprise, présidents, directeurs généraux, membres du directoire, gérants, conjoint du chef d'entreprise s'il a le statut de conjoint collaborateur ou de conjoint associé dès lors que leur activité est exercée dans une entreprise dont l'effectif est compris entre un et 250 salariés. Ceux-ci ont également accès au Perco.

Des dispositions similaires sont prévues, en matière d'intéressement, dans les entreprises dont l'effectif habituel est compris entre un et 250 salariés.

Qu'est-ce que le livret d'épargne salariale ?

Tout salarié recruté par une entreprise disposant d'un accord de participation, d'un accord d'intéressement, d'un PEE, d'un PEI ou d'un Perco se voit remettre, au moment de la conclusion de son contrat de travail, un livret d'épargne salariale.

Ce livret peut être établi sur tout support durable. Il comporte un rappel des dispositifs prévus par le Code du travail (intéressement, participation, PEE, PEI, Perco).

Il est complété par, le cas échéant, une attestation indiquant la nature et le montant des droits liés à la réserve spéciale de participation (RSP), ainsi que la date à laquelle seront répartis les éventuels droits à intéressement et à participation du salarié au titre de l'exercice en cours, et, lorsque le salarié quitte l'entreprise, par l'état récapitulatif de l'ensemble des sommes et valeurs mobilières épargnées ou transférées au sein de l'entreprise dans le cadre des dispositifs d'épargne salariale.

Remarque

L'information individuelle des salariés doit également être organisée :

- en matière de participation et d'intéressement, l'employeur remet à chaque salarié une fiche (distincte du bulletin de paie) précisant notamment le montant des droits qui lui sont attribués ; avec l'accord du salarié concerné, la remise de cette fiche distincte peut être effectuée par voie électronique, dans des conditions de nature à garantir l'intégrité des données ;
- s'agissant des plans d'épargne, un relevé des actions ou parts détenues par le salarié dans le cadre du plan doit lui être adressé au moins une fois par an.

Quelle est la situation en cas de départ de l'entreprise ?

Lors de son départ de l'entreprise (démission, licenciement, fin de CDD, etc.), le salarié peut, s'agissant de la participation ou d'un plan d'épargne (hors Perco) :

- demander le déblocage anticipé de ses droits (voir p. 312) ;
- transférer ses droits chez un nouvel employeur ;

- laisser les sommes dans l'entreprise qu'il quitte. Elles lui seront envoyées par l'employeur à l'issue de la période de blocage.

Les sommes issues de l'intéressement doivent, quant à elles, être versées au salarié au moment de leur calcul. Si le calcul et la répartition ont lieu après la cessation du contrat de travail, les sommes lui sont remises ultérieurement.

Remarque

Tout bénéficiaire quittant l'entreprise reçoit un état récapitulatif de l'ensemble des sommes et valeurs mobilières épargnées ou transférées au sein de l'entreprise dans le cadre des dispositifs d'épargne salariale. Cet état distingue les actifs disponibles, en mentionnant tout élément utile au salarié pour en obtenir la liquidation ou le transfert, et ceux qui sont affectés au Perco, en précisant les échéances auxquelles ces actifs seront disponibles ainsi que tout élément utile au transfert éventuel vers un autre plan.

Quelles sont les possibilités de déblocage anticipé ?

Les sommes issues de la participation (sauf versement immédiat mentionné page 300), d'un PEE ou d'un PEI sont obligatoirement bloquées pendant cinq ans. Dans le cadre d'un Perco, elles sont bloquées jusqu'au départ à la retraite. Toutefois, dans les cas précisés par le Code du travail, le salarié a la possibilité de demander le déblocage anticipé des sommes sans perdre les avantages fiscaux et sociaux attachés au dispositif.

■ Déblocage anticipé dans le cadre de la participation, du PEE et du PEI

Les cas de déblocage anticipé sont les suivants :

- le mariage ou la conclusion d'un pacte civil de solidarité (Pacs) par l'intéressé ;

- la naissance ou l'arrivée au foyer d'un enfant en vue de son adoption, dès lors que le foyer compte déjà au moins deux enfants à sa charge ;
- le divorce, la séparation ou la dissolution d'un Pacs, lorsqu'ils sont assortis d'un jugement prévoyant la résidence habituelle unique ou partagée d'au moins un enfant au domicile de l'intéressé ;
- l'invalidité de l'intéressé, de ses enfants, de son conjoint ou de son partenaire lié par un Pacs. Cette invalidité s'apprécie au sens des 2° et 3° de l'article L. 341-4 du Code de la sécurité sociale ou est reconnue par décision de la Commission des droits et de l'autonomie des personnes handicapées (CDAPH), à condition que le taux d'incapacité atteigne au moins 80 % et que l'intéressé n'exerce aucune activité professionnelle ;
- le décès de l'intéressé, de son conjoint ou de son partenaire lié par un Pacs ;
- la rupture du contrat de travail ;
- l'affectation des sommes épargnées à la création ou reprise, par l'intéressé, ses enfants, son conjoint ou son partenaire lié par un Pacs, d'une entreprise industrielle, commerciale, artisanale ou agricole, soit à titre individuel, soit sous la forme d'une société, à condition d'en exercer effectivement le contrôle au sens de l'article R. 5141-2 du Code du travail, à l'installation en vue de l'exercice d'une autre profession non salariée ou à l'acquisition de parts sociales d'une société coopérative de production ;
- l'affectation des sommes épargnées à l'acquisition ou agrandissement de la résidence principale emportant création de surface habitable nouvelle telle que définie à l'article R. 111-2 du Code de la construction et de l'habitation, sous réserve de l'existence d'un permis de construire ou d'une déclaration préalable de travaux, ou à la remise en état de la résidence principale endommagée à la suite d'une catastrophe naturelle reconnue par arrêté ministériel ;

- la situation de surendettement de l'intéressé définie à l'article L. 331-2 du Code de la consommation, sur demande adressée à l'organisme gestionnaire des fonds ou à l'employeur, soit par le président de la commission de surendettement des particuliers, soit par le juge lorsque le déblocage des droits paraît nécessaire à l'apurement du passif de l'intéressé.

■ Déblocage anticipé dans le cadre du Perco

Les situations visées sont les suivantes :

- l'invalidité de l'intéressé, de ses enfants, de son conjoint ou de son partenaire lié par un Pacs. Cette invalidité s'apprécie comme indiqué ci-dessus. Le déblocage pour chacun de ces motifs ne peut intervenir qu'une seule fois ;
- le décès de l'intéressé, de son conjoint ou de son partenaire lié par un Pacs. En cas de décès de l'intéressé, il appartient à ses ayants droit de demander la liquidation de ses droits ;
- l'affectation des sommes épargnées à l'acquisition de la résidence principale ou à la remise en état de la résidence principale endommagée à la suite d'une catastrophe naturelle reconnue par arrêté interministériel ;
- la situation de surendettement du participant définie à l'article L. 331-2 du Code de la consommation, sur demande adressée à l'organisme gestionnaire des fonds ou à l'employeur, soit par le président de la commission de surendettement des particuliers, soit par le juge lorsque le déblocage des droits paraît nécessaire à l'apurement du passif de l'intéressé ;
- l'expiration des droits à l'assurance chômage de l'intéressé.

Quels avantages sociaux et fiscaux ?

Les dispositifs d'épargne salariale offrent des avantages sociaux et fiscaux à l'entreprise comme aux salariés.

■ L'entreprise

	Régime social	Régime fiscal
Participation	• Exonération des cotisations sociales • Forfait social (sommes versées à compter du 1er janvier 2009)	• Déduction du bénéfice imposable • Exonération de taxes (salaires, apprentissage) et participations (formation continue, construction) • Constitution d'une PPI* de 25 ou 50 %, selon les cas
Intéressement	• Exonération des cotisations sociales • Forfait social (sommes versées à compter du 1er janvier 2009)	• Déduction du bénéfice imposable • Exonération de taxes (salaires, apprentissage) et participations (formation continue, construction) • Sous certaines conditions et si versement dans le cadre d'un plan d'épargne : constitution d'une PPI* égale à 50 % de l'abondement complétant l'intéressement
Abondement versé par l'entreprise dans le cadre d'un PEE, PEI	• Exonération des cotisations sociales • Forfait social (sommes versées à compter du 1er janvier 2009)	• Déduction du bénéfice imposable • Exonération de taxes (salaires, apprentissage) et participations (formation continue, construction) • Sous certaines conditions et si versement dans le cadre d'un plan d'épargne : constitution d'une PPI* égale à 50 % de l'abondement complétant l'intéressement
Abondement versé par l'entreprise dans le cadre d'un Perco	• Exonération des cotisations sociales • Assujettissement à la contribution spécifique de 8,2 % pour la fraction excédant 2300 € • Forfait social (sommes versées à compter du 1er janvier 2009)	• Déduction du bénéfice imposable • Exonération de taxes (salaires, apprentissage) et participations (formation continue, construction) • Sous certaines conditions et si versement dans le cadre d'un plan d'épargne : constitution d'une PPI* égale à 50 % de l'abondement complétant l'intéressement • Déduction du bénéfice imposable • Exonération de taxes (salaires, apprentissage) et participations (formation continue, construction) • Constitution d'une PPI* égale à 25 % ou 35 % de l'abondement, selon les cas

* PPI : provision pour investissement, dans les conditions et limites fixées par l'article 237 Bis A du Code général des impôts.

■ Salariés

	Régime social	Régime fiscal
Participation	• Exonération des cotisations sociales • Assujettissement à la CSG et à la CRDS (sans abattement) • Assujettissement des produits générés par la participation à la CSG et à la CRDS (sans abattement), au prélèvement social de 4,5 %, à la taxe additionnelle de solidarité-autonomie de 0,3 % au prélèvement social de solidarité (2 %)	• Non imposable (sauf intérêts des comptes courants bloqués perçus annuellement et non réinvestis)
Intéressement	• Exonération des cotisations sociales • Assujettissement à la CSG et à la CRDS (sans abattement)	• Non imposable si versement dans un plan d'épargne
PEE, PEI	• Abondement de l'entreprise exonéré des cotisations sociales dans la limite de 300 % des versements du salarié et de 3043,20 € (5477,76 € en cas de majoration) • Assujettissement de l'abondement à la CSG et à la CRDS (sans abattement) • Assujettissement des revenus et plus-values produits par l'ensemble des avoirs détenus dans le plan à la CSG et à la CRDS (sans abattement), au prélèvement social au prélèvement social de 4,5 %, à la taxe additionnelle de solidarité-autonomie de 0,3 %au prélèvement social de solidarité (2 %)	• Abondement non imposable dans la limite de 300 % des versements du salarié et de 3043,20 € (5477,76 € en cas d'abondement majoré)

	Régime social	Régime fiscal
Perco	•Abondement de l'entreprise exonéré des cotisations sociales dans la limite de 300 % des versements du salarié et de 6086,40 € • Assujettissement de l'abondement à la CSG et à la CRDS (sans abattement) • Assujettissement des revenus et plus-values produits par l'ensemble des avoirs détenus dans le plan à la CSG et à la CRDS (sans abattement), au prélèvement social au prélèvement social de 4,5 %, à la taxe additionnelle de solidarité-autonomie de 0,3 % au prélèvement social de solidarité (2 %)	• Abondement non imposable dans la limite de 300 % des versements du salarié et de 6086,40 € • À la sortie : non imposable dans le cas d'une sortie en capital

Textes de référence

Articles L. 3311-1 à L. 3315-5, R. 3311-1 à R. 3312-2, D. 3313-1 à D. 3314-2, R. 3314-3 et R. 3314-4 (intéressement), L. 3321-1 à L. 3326-2 et R. 3322-1 et suivants (participation) et L. 3331-1 à L. 3335-1 et R. 3332-1 et suivants (plans d'épargne salariale) du Code du travail

Guide juridique de l'épargne salariale (disponible à l'adresse suivante : http://travail-emploi.gouv.fr/IMG/pdf/Guide_ES-juin2014_MAJ-10-JUILLET2014.pdf)

Chapitre 5

Santé et conditions de travail

Maternité et adoption • Arrêt de travail pour maladie ou accident, professionnel ou non • Indemnisation de la maladie et de l'accident • Compte personnel de prévention de la pénibilité • Amélioration des conditions de travail • CHSCT • Services de santé au travail

Grossesse, maternité et adoption

La salariée enceinte bénéficie de toute une série de garanties au moment de l'embauche comme pendant l'exécution de son contrat de travail, dès lors que l'employeur est informé de son état : autorisations d'absence pour examens médicaux, conditions de travail aménagées, possibilité d'être affectée temporairement à un autre emploi en cas de risques particuliers ou de travail de nuit, protection contre le licenciement, etc. Des dispositions protectrices s'appliquent également pendant le congé de maternité et pendant le congé d'adoption.

Quelles sont les garanties dont bénéficie la salariée ?

■ L'interdiction de prise en compte de l'état de grossesse

Il est interdit à l'employeur de rechercher des informations sur l'éventuel état de grossesse d'une salariée. De même, il ne peut prendre en considération cet état pour prononcer une mesure à l'encontre de l'intéressée (mutation – hors des cas autorisés –, licenciement, sanction, etc.) : en cas de litige, il appartient à la salariée qui s'estime victime d'une discrimination de soumettre au juge les éléments de fait laissant supposer l'existence de cette discrimination ; il incombe alors à l'employeur de prouver que sa décision est justifiée par des éléments objectifs étrangers à toute discrimination, le juge pouvant, si nécessaire, ordonner toute mesure d'instruction qu'il estime utile. Le fait de refuser d'embaucher, de licencier ou de sanctionner une femme en état de grossesse est passible de sanctions pénales (au maximum trois ans d'emprisonnement et 45 000 € d'amende).

De son côté, la salariée n'est pas tenue de révéler son état, sauf si elle demande le bénéfice des dispositions concernant la protection de la femme enceinte.

■ La protection en matière de licenciement

Pendant la grossesse, le congé de maternité et les quatre semaines qui suivent, la salariée ne peut pas être licenciée sauf si :

- elle commet une faute grave non liée à son état de grossesse ;
- l'employeur est dans l'impossibilité de maintenir le contrat de travail pour un motif étranger à la grossesse (par exemple si le poste de la salariée est supprimé pour un motif économique).

Remarques

▪ Lorsque la salariée prend des congés payés à la suite de son congé maternité, la période de protection de quatre semaines (voir ci-dessus) suivant le congé de maternité est suspendue par la prise de ces congés payés ; le point de départ de cette période de protection est alors reporté à la date de la reprise du travail par la salariée (arrêt de la Cour de cassation du 30 avril 2014).

▪ Désormais, en application de l'article L. 1225-4-1 du Code du travail, créé par la loi du 4 août 2014 mentionnée page 331, en vigueur depuis le 6 août 2014, aucun employeur ne peut rompre le contrat de travail d'un salarié (le père salarié) pendant les quatre semaines suivant la naissance de son enfant. Cette disposition ne fait toutefois pas obstacle à une rupture du contrat de travail par l'employeur si celui-ci peut justifier d'une faute grave de l'intéressé ou de son impossibilité de maintenir ce contrat pour un motif étranger à l'arrivée de l'enfant.

Si le licenciement est prononcé pour un autre motif, la salariée enceinte peut en obtenir l'annulation. Il lui suffit, dans les 15 jours qui suivent la notification du licenciement (donc à compter de la première présentation de la lettre de licenciement), d'adresser à l'employeur, par lettre recommandée avec accusé de réception, un certificat médical attestant de son état de grossesse.

Pendant la durée du congé de maternité, le licenciement ne peut en aucun cas prendre effet ou être signifié à la salariée, même si l'employeur peut invoquer une faute grave ou l'impossibilité de maintenir le contrat de travail.

Remarques

- La grossesse et/ou le congé de maternité n'ont aucun effet sur la date d'échéance d'un CDD. Ce dernier prend fin à la date initialement prévue.
- Une salariée en état de grossesse médicalement constaté peut démissionner sans préavis et sans avoir à payer d'indemnités de rupture.

■ Les conditions de travail

La salariée enceinte peut demander un changement provisoire d'emploi. Cette mutation peut aussi être demandée par l'employeur, après avis du médecin du travail. Le changement temporaire d'affectation ne doit pas entraîner une diminution de la rémunération. L'affectation prend fin dès que l'état de santé de la salariée lui permet de retrouver son emploi initial.

Remarques

- La salariée travaillant de nuit, enceinte ou venant d'accoucher, peut demander à être affectée à un poste de jour. Cette affectation peut aussi être demandée par le médecin du travail et prolongée, à sa demande, pour une durée maximale d'un mois. Ce changement d'affectation, éventuellement dans un autre établissement si la salariée donne son accord, ne doit pas entraîner une diminution de la rémunération. En cas d'impossibilité de reclassement sur un poste de jour, la salariée bénéficie d'une suspension de son contrat de travail en dehors de la période de congé de maternité, avec une garantie de rémunération (allocation journalière spécifique de la Sécurité sociale, complétée par l'employeur).

- Il est interdit d'exposer les femmes enceintes ou allaitantes à certains risques, notamment aux risques toxiques pour la reproduction.

■ Le droit à des autorisations d'absence

La salariée bénéficie d'autorisation d'absence pour se rendre aux examens médicaux obligatoires de surveillance médicale de la grossesse et des suites de l'accouchement. Depuis le 6 août 2014 (date d'entrée en vigueur de la loi du 4 août 2014 mentionnée page 331), le conjoint salarié de la femme enceinte ou la personne salariée liée à elle par un Pacs ou vivant maritalement avec elle bénéficie également d'une autorisation d'absence pour se rendre à trois de ces examens médicaux obligatoires au maximum.
Ces absences n'entraînent aucune diminution de la rémunération et sont assimilées à une période de travail effectif pour la détermination de la durée des congés payés ainsi que pour les droits légaux ou conventionnels acquis par la salariée au titre de son ancienneté dans l'entreprise.
Par ailleurs, de nombreuses conventions collectives prévoient des aménagements d'horaires et/ou des pauses : il convient donc de consulter la convention collective applicable à l'entreprise.

■ La garantie d'une évolution salariale

Le congé de maternité (ou le congé d'adoption) se traduit souvent par un point de rupture dans le déroulement de la carrière des femmes en ce qui concerne l'évolution professionnelle, notamment pour ce qui est des augmentations salariales. Afin de remédier à cette situation, l'article L. 1225-26 du Code du travail met en place une garantie de « rattrapage salarial » au profit des salarié(e)s en congé de maternité (ou d'adoption), selon des règles différentes selon qu'il existe ou non un accord collectif prévoyant de telles garanties. Ainsi :

- si l'entreprise est couverte par un accord collectif de branche ou d'entreprise déterminant des garanties d'évolution de la rémunération des salarié(e)s pendant leur congé de maternité (ou d'adoption) et à la suite de ce congé, ce sont les dispositions de cet accord qui doivent s'appliquer, sachant que, si l'accord a été conclu depuis le 25 avril 2006, elles doivent être aussi favorables que celles prévues par la loi (voir ci-dessous) ;

- si l'entreprise n'est pas couverte par un tel accord, la rémunération de la salariée (ou du salarié si c'est lui qui bénéficie du congé) est majorée, à la suite du congé de maternité (ou du congé d'adoption), des augmentations générales appliquées dans l'entreprise ainsi que de la moyenne des augmentations individuelles perçues pendant la durée de ce congé par les salariés relevant de la même catégorie professionnelle ou, à défaut, de la moyenne des augmentations individuelles dans l'entreprise.

Remarques

- La rémunération à prendre en compte pour la mise en œuvre de la règle visée ci-dessus est le salaire ou traitement de base ou minimum et tous les autres avantages et accessoires payés directement ou indirectement, en espèces ou en nature, au salarié en raison de son emploi.
- La salariée qui reprend son activité à l'issue d'un congé de maternité (ou d'adoption) a droit à un entretien professionnel avec son employeur consacré à ses perspectives d'évolution professionnelle, notamment en termes de qualifications et d'emploi. Cet entretien professionnel donne lieu à la rédaction d'un document dont une copie est remise au salarié.

■ Le droit aux congés payés

À leur retour de leur congé de maternité, les salariées ont droit à leurs congés payés annuels, quelle que soit la période de congé payé retenue, par accord collectif ou par l'employeur, pour le personnel de l'entreprise. Ainsi, les salarié(e)s dont le congé de maternité aura coïncidé avec la période de prise des congés payés applicable dans l'entreprise pourront tout de même prendre leurs congés payés à leur retour dans l'entreprise, même si ladite période a expiré. Une disposition identique est prévue au profit des salarié(e)s de retour d'un congé d'adoption (voir p.329).

Quelle est la durée du congé de maternité ?

La salariée peut suspendre son contrat de travail pendant une durée fixée comme suit :

	Avant l'accouchement (congé prénatal)	Après l'accouchement (congé postnatal)	Total
Cas général 1re ou 2e naissance 3e naissance	6 semaines 8 semaines	10 semaines 18 semaines	16 semaines 26 semaines
Naissance de jumeaux 1re et 2e naissances 2e et 3e naissances 3e et 4e naissances	12 semaines	22 semaines	34 semaines
Naissance simultanée de plus de 2 enfants	24 semaines	22 semaines	46 semaines

Remarques

- En aucun cas, une femme ne peut être employée pendant une période totale de huit semaines : deux semaines avant l'accouchement et six semaines après.
- En cas d'état pathologique attesté par un certificat médical, le congé de maternité peut être prolongé de deux semaines avant la date prévue de l'accouchement et de quatre semaines après celui-ci.

Si l'accouchement a lieu avant la date présumée, la durée totale du congé de maternité n'est pas réduite : dans ce cas, la durée du congé prénatal qui n'a pas été prise est reportée à l'expiration du congé postnatal. En outre :

- en cas d'hospitalisation de l'enfant d'une durée supérieure à six semaines après sa naissance, la mère salariée peut reprendre son travail et reporter à la fin de l'hospitalisation de son enfant tout ou partie du congé postnatal auquel elle peut encore prétendre ;
- lorsque l'accouchement intervient plus de six semaines avant la date prévue et exige l'hospitalisation de l'enfant après sa naissance, la période de suspension du contrat de travail telle qu'elle résulte des dispositions légales exposées ci-dessus est prolongée du nombre de jours courant de la date effective de l'accouchement au début de la période de congé prénatal. Ainsi, par exemple, une assurée sociale dont l'accouchement a lieu le 12 juillet 2015 alors que la date prévue de début de son congé maternité était fixée au 22 juillet 2015 bénéficiera d'une période supplémentaire indemnisée égale à 10 jours ;
- à sa demande et sous réserve d'un avis favorable du professionnel de santé qui suit sa grossesse, la salariée peut réduire la période de suspension du contrat de travail qui commence avant la date présumée de l'accouchement (le congé prénatal) d'une durée maximale de trois semaines ; dans ce cas, la période postérieure à la date présumée de l'accouchement (le congé postnatal) est alors augmentée d'autant ;
- en cas de décès de la mère au cours de la période d'indemnisation de la cessation d'activité comprise entre la naissance de l'enfant et la fin de l'indemnisation au titre de l'assurance maternité, le père peut suspendre son contrat de travail pendant une période au plus égale à la durée d'indemnisation restant à courir, le cas échéant reportée lorsque l'enfant est resté hospitalisé jusqu'à l'expiration de la 6e semaine suivant

l'accouchement. Il doit avertir son employeur du motif de son absence et de la date à laquelle il entend mettre fin à la suspension de son contrat de travail. Le père bénéficie alors de la protection contre le licenciement prévue aux articles L. 1225-4 et L. 1225-5 du Code du travail. Lorsque le père de l'enfant n'exerce pas son droit, le bénéfice de celui-ci est accordé au conjoint salarié de la mère ou à la personne liée à elle par un Pacs ou vivant maritalement avec elle. Dans des conditions qui seront précisées par décret, le père bénéficiera alors d'un droit à indemnisation pour la durée restant à courir entre la date du décès et la fin de la période d'indemnisation dont aurait bénéficié la mère ; si le père de l'enfant ne demande pas à bénéficier de l'indemnité, le droit à indemnisation sera accordé au conjoint de la mère ou à la personne liée à elle par un Pacs ou vivant maritalement avec elle.

Les dispositions mentionnées ci-dessus, modifiées par la loi n° 2014-1554 du 22 décembre 2014, sont applicables aux périodes de congés ou de cessation d'activité en cours au 1er janvier 2015.

Remarque

La salariée doit avertir l'employeur, sans délai particulier, de la date de son départ en congé de maternité et de la date à laquelle elle reprendra son travail. À l'issue de son congé de maternité, la salariée retrouve son précédent emploi ou un emploi similaire assorti d'une rémunération au moins équivalente. Elle a également droit, lors de sa reprise d'activité, à l'entretien professionnel mentionné au I de l'article L. 6315-1 du Code du travail (voir p. 499). Cet entretien est consacré à ses perspectives d'évolution professionnelle, notamment en termes de qualifications et d'emploi ; il ne porte pas sur l'évaluation du travail de la salariée. Il donne lieu à la rédaction d'un document dont une copie est remise à la salariée.

Pendant leur congé de maternité, les femmes salariées (ou le père salarié dans le cas mentionné ci-contre), peuvent bénéficier, dans les conditions fixées par le Code de la sécurité sociale, d'indemnités journalières versées par la Sécurité sociale (renseignements sur le site www.ameli.fr).

Remarque

Les femmes dont il est reconnu que la grossesse pathologique est liée à l'exposition *in utero* au diéthylstilbestrol (DES) (distilbène) pendant la période s'étendant de 1948 à 1981 bénéficient d'un congé de maternité à compter du premier jour de leur arrêt de travail. Pour plus de précisions sur cette question, il convient de se renseigner auprès de sa caisse primaire d'assurance maladie ou de consulter le site de l'assurance maladie (www.ameli.fr).

L'adoption d'un enfant ouvre-t-elle droit à des congés ?

Lorsque, en vue de son adoption, un salarié accueille un enfant par l'intermédiaire d'un service départemental d'aide sociale à l'enfance ou d'un organisme autorisé pour l'adoption, il a droit de suspendre son contrat de travail.

La durée du congé est fixée comme suit :

- 10 semaines ;
- 18 semaines si l'adoption a pour effet de porter à trois ou plus le nombre d'enfants au foyer ;
- 22 semaines en cas d'adoptions multiples.

Le congé d'adoption peut prendre effet sept jours (y compris les dimanches et jours fériés) avant l'arrivée de l'enfant au foyer.

Remarques

- Si les deux conjoints travaillent, le droit au congé pour adoption est ouvert indifféremment à l'un ou l'autre.
- L'adoption d'un enfant par un couple de parents salariés ouvre droit à 11 jours supplémentaires ou, en cas d'adoptions multiples, à 18 jours supplémentaires de congé d'adoption à la condition que la durée de celui-ci soit répartie entre les deux parents. En ce cas, la durée du congé ne peut être fractionnée en plus de deux périodes, dont la plus courte ne peut être inférieure à 11 jours. Ces deux périodes peuvent être simultanées.
- Le congé d'adoption peut également être pris simultanément par les deux parents.

De quelles garanties bénéficie le parent adoptif ?

Le salarié qui exerce son droit au congé d'adoption bénéficie d'une protection contre le licenciement. Il ne peut donc être licencié pour un motif lié à l'adoption.

Si une telle décision est prononcée en l'absence de faute grave ou de motif économique, l'intéressé peut obtenir son annulation. Pour ce faire, il doit produire, dans les 15 jours qui suivent la notification du licenciement, une attestation justifiant de l'arrivée d'un enfant dans son foyer.

Cette attestation est délivrée par le service départemental d'aide sociale à l'enfance ou l'organisme autorisé pour l'adoption qui a procédé au placement de l'enfant.

Remarque

À leur retour de leur congé d'adoption, les salariés ont droit à leurs congés payés annuels, quelle que soit la période de congé payé retenue, par accord collectif ou par l'employeur, pour le personnel de l'entreprise. Ainsi, les salariés dont le congé d'adoption aura coïncidé avec la période de prise des congés payés applicable dans l'entreprise, pourront tout de même prendre leurs congés payés à leur retour dans l'entreprise, même si ladite période a expiré.

À l'issue de son congé d'adoption, le salarié retrouve son précédent emploi ou un emploi similaire assorti d'une rémunération au moins équivalente (sur la garantie de « rattrapage salarial » au retour d'un congé d'adoption, voir p. 324).

Remarque

Le salarié qui reprend son activité initiale à l'issue d'un congé d'adoption (y compris d'un congé d'adoption internationale et extra-métropolitaine), a droit à l'entretien professionnel mentionné au I de l'article L. 6315-1 du Code du travail (voir p. 499). Cet entretien est consacré aux perspectives d'évolution professionnelle du salarié, notamment en termes de qualifications et d'emploi ; il ne porte pas sur l'évaluation du travail du salarié. Il donne lieu à la rédaction d'un document dont une copie est remise au salarié.

Textes de référence

Articles L. 1225-1 à L. 1225-34 (protection de la grossesse et de la maternité), L. 1225-35 et L. 1225-36 (congé de paternité), L. 1225-37 à L. 1225-46 (congé d'adoption) du Code du travail

Articles L. 331-3 et suivants, R. 313-3, R. 313-4, R. 331-6 et R. 331-7 (indemnités journalières) du Code de la sécurité sociale

Article L. 2122-1 (examens médicaux obligatoires) du Code de la santé publique

Loi n° 2014-873 du 4 août 2014 « pour l'égalité réelle entre les femmes et les hommes » (JO du 5 août)

Lire en complément

- Le congé parental d'éducation
- Le congé de paternité et d'accueil de l'enfant
- Les congés pour événements familiaux
- Les congés pour enfant malade
- Les congés payés

L'accident du travail, l'accident de trajet et la maladie professionnelle

Accident du travail ou de trajet, maladie professionnelle : la santé du salarié peut, du fait ou à l'occasion de son travail, se trouver altérée. Différentes conséquences en découlent.

Qu'est-ce qu'un accident du travail ?

Il s'agit d'un accident survenu, par le fait ou à l'occasion du travail, à un salarié ou à une personne travaillant, à quelque titre ou en quelque lieu que ce soit, pour un ou plusieurs employeurs.

Remarque

La législation relative aux accidents du travail est étendue à certains bénéficiaires, tels les élèves des établissements techniques, les demandeurs d'emploi participant à des actions de formation, d'aide à la recherche d'emploi, les personnes en stage de formation professionnelle continue, etc.

Plusieurs critères doivent être réunis pour autoriser la qualification d'accident du travail :

- le caractère soudain de l'événement (éblouissement, coupure, chute, etc.) ou l'apparition soudaine d'une lésion (douleur lombaire à l'occasion d'une manutention), critères qui distinguent l'accident de la maladie, laquelle apparaît de façon lente et progressive ;
- l'existence d'une lésion corporelle, quelle que soit son importance. Ce critère est apprécié largement ; a même été retenue l'apparition de troubles psychiques à la suite d'un entretien d'évaluation ;

- le caractère professionnel, c'est-à-dire la survenance de l'accident par le fait ou à l'occasion du travail. La victime doit être placée sous la subordination juridique d'un employeur (critère qui exclut par exemple le candidat à une offre d'emploi) et l'accident survient soit au cours de la réalisation de son travail soit à l'occasion de celui-ci (accident lors d'un déplacement ou d'une mission effectuée pour le compte de l'employeur, blessure à la suite d'une rixe survenue en dehors du temps et du lieu de travail mais pour des motifs liés à l'activité professionnelle).

Remarque

L'accident d'un représentant du personnel dans l'exercice de son mandat constitue un accident du travail. En revanche, ne sont pas considérés comme tels les accidents qui se produisent pendant la suspension du contrat de travail (grève, congé, mise à pied) ou lorsque le salarié s'est soustrait à l'autorité de l'employeur (pour accomplir un travail personnel, par exemple).

Qu'est-ce qu'un accident de trajet ?

Considéré comme accident du travail, l'accident de trajet est celui qui survient lors du parcours normal aller et retour effectué par le salarié entre :

- le lieu de travail et sa résidence principale – ou sa résidence secondaire si elle présente un caractère de stabilité (maison de week-end par exemple), ou encore un lieu de séjour où l'intéressé se rend de façon habituelle pour des motifs d'ordre familial ;
- le lieu de travail et celui où il prend habituellement ses repas (restaurant, cantine, etc.).

	Accident du travail	Accident du trajet	Maladie professionnelle
Formalités	• Information de l'employeur par la victime dans les 24 heures, sauf impossibilité absolue, force majeure ou motif légitime • Déclaration de l'accident par l'employeur à la CPAM* dans les 48 heures suivant la prise de connaissance de l'accident	• Information de l'employeur par la victime dans les 24 heures, sauf impossibilité absolue, force majeure ou motif légitime • Déclaration de l'accident par l'employeur à la CPAM* dans les 48 heures suivant la prise de connaissance de l'accident	• Déclaration par la victime à la CPAM* dans les 15 jours qui suivent la cessation de travail
Indemnisation	• Indemnités journalières de la Sécurité sociale en cas d'arrêt de travail et complément versé par l'employeur, sans délai de carence (*voir « l'indemnisation légale des absences pour maladie ou accident »*)** • Prise en charge à 100 % des frais médicaux, chirurgicaux, pharmaceutiques, etc.*** • Rente ou indemnité en capital en cas d'incapacité permanente totale ou partielle	• Indemnités journalières de la Sécurité sociale en cas d'arrêt de travail et complément versé par l'employeur, après délai de carence (*voir « l'indemnisation légale des absences pour maladie ou accident »*) • Prise en charge à 100 % des frais médicaux, chirurgicaux, pharmaceutiques, etc. *** • Rente ou indemnité en capital en cas d'incapacité permanente totale ou partielle • Rente aux ayants droit de la victime décédée	• Indemnités journalières de la Sécurité sociale en cas d'arrêt de travail et complément versé par l'employeur, sans délai de carence (*voir « l'indemnisation légale des absences pour maladie ou accident »*) • Rente ou indemnité en capital en cas d'incapacité permanente totale ou partielle • Rente aux ayants droit de la victime décédée

	ACCIDENT DU TRAVAIL	ACCIDENT DU TRAJET	MALADIE PROFESSIONNELLE
PROTECTION DU SALARIÉ	• Licenciement interdit pendant l'arrêt de travail, sauf faute grave ou impossibilité de maintenir le contrat de travail pour un motif non lié à l'accident • En cas d'inaptitude constatée par le médecin du travail à l'issue de l'arrêt de travail, obligation est faite à l'employeur de reclasser l'intéressé. En cas d'impossibilité, versement d'une indemnité de licenciement majorée	• Absence de protection spécifique mais, conformément au droit commun, interdiction de licencier ou de sanctionner l'intéressé pour un motif lié à son état de santé	• Licenciement interdit pendant l'arrêt de travail, sauf faute grave ou impossibilité de maintenir le contrat de travail pour un motif non lié à l'accident • En cas d'inaptitude constatée par le médecin du travail à l'issue de l'arrêt de travail, obligation est faite à l'employeur de reclasser l'intéressé. En cas d'impossibilité, versement d'une indemnité de licenciement majorée

* Caisse primaire d'assurance maladie dont relève la victime.

** Le versement de l'indemnité journalière ne fait pas obstacle à ce que l'assuré demande, avec l'accord du médecin traitant, à accéder aux actions de formation professionnelle continue prévues à l'article L. 6313-1 du Code du travail ou à des actions d'évaluation, d'accompagnement, d'information et de conseil auxquelles la caisse primaire participe, sous réserve qu'après avis du médecin-conseil la durée de ces actions soit compatible avec la durée prévisionnelle de l'arrêt de travail (ces formations sont considérées comme des actions de formation ; elles peuvent faire l'objet, à la demande du salarié, d'une prise en charge, par les organismes collecteurs paritaires agréés, de tout ou partie des coûts pédagogiques ainsi que, le cas échéant, des frais de transport, de garde d'enfant, de repas et d'hébergement nécessités par la formation). La caisse fait part de son accord à l'assuré et, le cas échéant, à l'employeur, ce dernier en informant le médecin du travail. En outre, l'indemnité journalière peut être rétablie pendant le délai d'un mois mentionné page 340, lorsque la victime ne peut percevoir aucune rémunération liée à son activité salariée (renseignements auprès de la CPAM ou sur le site www.ameli.fr).

*** La prise en charge s'effectue dans la limite des tarifs de la Sécurité sociale.

Remarque

La notion de « parcours normal » n'implique pas nécessairement le parcours le plus direct. En revanche, elle exige que le trajet soit effectué pendant le temps normal du parcours, compte tenu des horaires habituels du salarié et des nécessités de l'emploi qu'il occupe. Enfin, les accidents survenus lors d'un détour ou d'une interruption de travail peuvent être qualifiés d'accident de trajet si le détour ou l'interruption est motivée par les nécessités de la vie courante (acheter du pain, effectuer une démarche administrative, accompagner un enfant) ou de l'emploi (chercher un vêtement destiné à une cérémonie professionnelle, déposer un collègue dans le cadre d'un covoiturage régulier pour aller et revenir du lieu de travail).

Et une maladie professionnelle ?

Est présumée d'origine professionnelle toute maladie inscrite dans l'un des tableaux de maladies professionnelles (prévus à l'article R. 461-3 du Code de la sécurité sociale) et contractée dans les conditions mentionnées dans le tableau concerné. Chaque tableau définit les maladies visées ainsi que les principaux travaux susceptibles de provoquer ces maladies et fixe le délai de prise en charge. Par délai de prise en charge, on entend le temps écoulé entre la première constatation de la maladie et le retrait du risque.
Si une ou plusieurs conditions tenant au délai de prise en charge, à la durée d'exposition ou à la liste limitative des travaux ne sont pas remplies, la maladie peut tout de même être reconnue comme professionnelle s'il est établi qu'elle est directement causée par le travail habituel de la victime, après avis motivé d'un comité régional de reconnaissance des maladies professionnelles.
D'autres maladies caractérisées, non désignées dans un tableau de maladies professionnelles, peuvent être reconnues comme telles :

- s'il est établi que la maladie est essentiellement et directement causée par le travail habituel du salarié ;

- et si elle entraîne le décès de la victime ou une incapacité permanente d'un taux au moins égal à 25 % (sur ce point, il convient de se reporter aux précisions figurant dans la circulaire CNAM du 27 janvier 2014 disponible sur le site www.ameli.fr).

Remarque

Il appartient alors à la caisse primaire d'assurance maladie de reconnaître l'origine professionnelle de cette maladie conformément à une liste de maladies professionnelles donnée sous forme de tableaux. Est présumée d'origine professionnelle toute maladie désignée dans ces tableaux dès lors que certaines conditions cumulatives sont remplies. Ce système est assoupli par la procédure de reconnaissance après expertise médicale confiée aux comités régionaux de reconnaissance des maladies professionnelles (CRRMP) :

- pour les maladies visées par les tableaux et pour lesquelles une ou plusieurs conditions tenant au délai de prise en charge, à la durée d'exposition ou à la liste limitative des travaux ne sont pas remplies ;
- pour les affections non inscrites dans un tableau mais qui présentent une gravité certaine ayant entraîné une incapacité permanente d'un taux au moins égal à 25 %, ou le décès de la victime.

Textes de référence

Articles L. 411-1 et suivants (accident du travail, accident de trajet), articles L. 461-1 et suivants et R. 461-1 et suivants (maladies professionnelles) du Code de la sécurité sociale

Lire en complément

- L'arrêt de travail pour accident du travail ou maladie professionnelle
- L'indemnisation légale des absences pour maladie ou accident

L'arrêt de travail pour accident du travail ou maladie professionnelle

Le salarié victime d'un accident du travail (autre qu'un accident de trajet) ou d'une maladie professionnelle bénéficie d'une protection spéciale pendant la période d'arrêt de travail et à l'issue de celui-ci.

Que se passe-t-il pendant l'arrêt de travail ?

Le salarié continue d'acquérir de l'ancienneté mais également des droits aux congés payés, et ce dans la limite d'un an.

L'employeur ne peut pas le licencier sauf en cas de faute grave ou d'impossibilité de le conserver à son service pour un motif sans rapport avec l'accident ou la maladie (motif économique, par exemple, s'il rend le licenciement du salarié inévitable).

En dehors de ces deux cas, le licenciement est nul. Le salarié peut donc saisir le conseil de prud'hommes pour demander sa réintégration ; s'il ne la demande pas, il pourra prétendre aux indemnités dues dans le cas d'un licenciement nul : indemnités de rupture (indemnité légale ou conventionnelle de licenciement et indemnité de préavis), indemnité réparant l'intégralité du préjudice au moins égale à six mois de salaire.

À la fin de l'arrêt de travail, que se passe-t-il si le salarié est déclaré apte ?

Le salarié déclaré apte à reprendre son emploi par le médecin du travail doit retrouver son emploi ou un emploi similaire et une rémunération équivalente.

Si l'employeur refuse de le réemployer, le salarié a la possibilité de saisir le conseil de prud'hommes qui peut prononcer sa réintégration si l'intéressé et l'employeur ne s'y opposent pas. À défaut de réintégration, le salarié a droit à une indemnité d'un montant au moins égal à 12 mois de salaire. Cette indemnité s'ajoute à l'indemnité compensatrice de préavis et à l'indemnité spéciale de licenciement lorsque le salarié remplit les conditions pour les percevoir.

Et si le salarié est déclaré inapte ?

Lorsque le médecin du travail déclare le salarié inapte à reprendre l'emploi qu'il occupait précédemment, son employeur doit lui proposer un autre emploi, approprié à ses capacités et aussi comparable que possible à l'ancien, au besoin par la mise en œuvre de mesures telles que la mutation, la transformation de postes de travail ou l'aménagement du temps de travail.
Cette proposition prend en compte, après avis des délégués du personnel, les conclusions écrites du médecin du travail et les indications qu'il formule sur l'aptitude du salarié à exercer l'une des tâches existant dans l'entreprise. Dans les entreprises d'au moins 50 salariés, le médecin du travail formule également des indications sur l'aptitude du salarié à bénéficier d'une formation destinée à lui proposer un poste adapté (art. L.1226-10).
L'employeur dispose d'un délai d'un mois, à compter de la date de l'examen médical de reprise du travail effectué par le médecin du travail, pour reclasser le salarié.

■ L'employeur propose un emploi que le salarié refuse

Licencier le salarié est possible si aucun autre poste ne peut lui être proposé. L'employeur doit alors :

- si le refus du salarié n'est pas abusif, respecter la procédure de licenciement et verser au salarié une indemnité compensatrice de préavis et une indemnité spéciale de licenciement égale au double de l'indemnité légale de licenciement (si l'indemnité prévue par la convention collective applicable est plus importante, c'est elle qui devra être versée, mais sans être doublée sauf si la convention collective le prévoit expressément) ;

- si le refus est jugé abusif (refus systématique des propositions ou refus d'un poste spécialement aménagé avec maintien de la rémunération par exemple), mettre en œuvre la procédure de licenciement et verser au salarié l'indemnité de licenciement.

■ **L'employeur ne peut pas proposer de nouvel emploi**

Il doit informer le salarié, par écrit, des motifs qui s'opposent à son reclassement. En cas de licenciement, l'employeur est tenu de :

- respecter la procédure de licenciement ;
- verser au salarié une indemnité compensatrice de préavis et une indemnité spéciale de licenciement égale au double de l'indemnité légale de licenciement (sauf si l'indemnité conventionnelle – simple – est plus importante).

Si l'employeur licencie le salarié sans pouvoir démontrer qu'il lui est impossible de proposer un nouvel emploi, et à défaut de réintégration, le salarié bénéficie de l'indemnité compensatrice, de l'indemnité spéciale de licenciement mentionnée ci-dessus et d'une indemnité attribuée sans condition d'ancienneté ni d'effectif de l'entreprise, dont le montant, fixé par le tribunal, ne pourra être inférieur à 12 mois de salaire.

Lorsque, à l'issue du délai d'un mois, le salarié n'est pas reclassé ou s'il n'est pas licencié, l'employeur est tenu de reprendre le versement du salaire correspondant à l'emploi que le salarié occupait avant la suspension de son contrat de travail (art. L. 1226-11 du Code du travail).

Remarque

L'indemnité journalière de sécurité sociale peut être rétablie pendant le délai d'un mois mentionné à l'article L. 1226-11 du Code du travail (voir ci-dessus) lorsque la victime de l'accident du travail ou de la maladie professionnelle ne peut percevoir aucune rémunération liée à son activité salariée. Le versement de l'indemnité cesse dès que l'employeur procède au reclassement dans l'entreprise du salarié inapte ou le licencie. Lorsque le salarié bénéficie d'une rente, celle-ci s'impute sur l'indemnité journalière.

Cette indemnité, dénommée « indemnité temporaire d'inaptitude » (ITI) est versée dans les conditions prévues aux articles D. 433-3 à D. 433-8 du Code de la sécurité sociale ; son montant journalier est égal au montant de l'indemnité journalière versé pendant l'arrêt de travail lié à l'accident du travail ou à la maladie professionnelle précédant l'avis d'inaptitude. Dès lors qu'il aura constaté que l'inaptitude du salarié est susceptible d'être en lien avec un accident ou une maladie d'origine professionnelle, et afin que le salarié soit informé de ses droits, le médecin du travail devra lui remettre le formulaire de demande lui permettant de bénéficier de cette indemnité. Ce modèle, fixé par un arrêté du 25 juin 2010, peut être consulté sur le site www.ameli.fr.

■ **Le salarié est titulaire d'un CDD**

Lorsque le salarié reconnu inapte est titulaire d'un CDD et que l'employeur justifie qu'il se trouve dans l'impossibilité de lui proposer un emploi, dans les conditions prévues ci-dessus, ou si le salarié refuse un emploi offert dans ces conditions, l'employeur est en droit de procéder à la rupture du contrat. La rupture du contrat ouvre droit, pour le salarié, à une indemnité dont le montant ne peut être inférieur au double de celui de l'indemnité prévue à l'article L. 1234-9 du Code du travail (indemnité légale de licenciement, voir p. 597). Cette indemnité de rupture est versée selon les mêmes modalités (versement à l'issue du contrat, avec le dernier salaire) que l'indemnité de précarité due aux salariés en CDD (voir p. 107), à laquelle elle s'ajoute.

Remarque

Les dispositions visées aux articles L. 1226-10 et L. 1226-11 (voir p. 339 et 340) du Code du travail s'appliquent également aux salariés en CDD. Il en résulte notamment que, lorsqu'à l'issue d'un délai d'un mois à compter de la date de l'examen médical de reprise du travail, le salarié déclaré inapte n'est pas reclassé dans l'entreprise ou si son contrat n'est pas rompu, l'employeur lui verse, dès l'expiration de ce délai, le salaire correspondant à l'emploi que celui-ci occupait avant la suspension de son contrat de travail.

Si le CDD fait l'objet d'une rupture injustifiée (pas de tentative de reclassement du salarié inapte), le salarié a droit à une indemnité qui ne peut être inférieure au montant des salaires et avantages qu'il aurait reçus jusqu'au terme de la période en cours de validité de son contrat.

Textes de référence

Articles L. 1226-6 à L. 1226-22 du Code du travail

Lire en complément

- Les absences liées à la maladie ou à l'accident non professionnel

Les absences liées à la maladie ou à l'accident non professionnel

La maladie n'est pas en soi un motif de licenciement : elle suspend simplement l'exécution du contrat. Celui-ci reprend ses effets à la fin de l'arrêt de travail occasionné par la maladie ou l'accident non professionnel.

Quelles sont les obligations du salarié en cas d'absence pour maladie ou accident non professionnel ?

Le salarié doit avertir son employeur de son état et justifier son absence par un certificat médical. Il en est de même en cas de prolongation de cette absence. S'il ne respecte pas ses obligations, le salarié prend le risque d'un licenciement, voire, selon les circonstances, d'un licenciement pour faute grave.

La convention collective ou le règlement intérieur peut fixer les formes ou les délais dans lesquels le salarié doit informer son employeur (il est de toute façon préférable d'adresser le certificat médical à l'employeur en lettre recommandée avec accusé de réception).

Remarques

- Le délai de prévenance de l'entreprise par le salarié, pour bénéficier de l'indemnisation complémentaire prévue à l'article L. 1226-1 du Code du travail (voir p. 347), est de 48 heures. Ce délai est souvent considéré comme un délai d'usage.
- En vue de favoriser le maintien dans l'emploi des salariés en arrêt de travail d'une durée de plus de trois mois, une visite de préreprise est organisée par le médecin du travail à l'initiative du médecin traitant, du médecin-conseil des organismes de sécurité sociale ou du

salarié. Au cours de cet examen de préreprise, le médecin du travail peut recommander des aménagements et adaptations du poste de travail, des préconisations de reclassement, des formations professionnelles à organiser en vue de faciliter le reclassement du salarié ou sa réorientation professionnelle. À cet effet, il s'appuie sur le service social du travail, du service de santé au travail interentreprises ou sur celui de l'entreprise. Sauf opposition du salarié, il informe l'employeur et le médecin-conseil de ces recommandations afin que toutes les mesures soient mises en œuvre en vue de favoriser le maintien dans l'emploi du salarié.

À noter qu'un salarié atteint d'une maladie grave (cancer, sida, etc.) bénéficie de plein droit d'autorisations d'absence pour suivre les traitements médicaux rendus nécessaires par son état de santé.

Peut-il y avoir licenciement pour maladie ?

L'état de santé ne peut pas constituer en soi un motif de sanction ou de licenciement, sauf inaptitude constatée par le médecin du travail et par lui seul.

Cependant, une absence prolongée ou des absences fréquentes et répétées pour maladie peuvent justifier la rupture du contrat de travail quand l'employeur établit que les perturbations qu'elles causent à la bonne marche de l'entreprise rendent nécessaires le remplacement définitif du salarié absent.

Comme le précise la Cour de cassation (arrêt du 18 octobre 2007), si le Code du travail « ne s'oppose pas au licenciement motivé, non pas par l'état de santé du salarié mais par la situation objective de l'entreprise dont le fonctionnement est perturbé par l'absence prolongée ou les absences répétées du salarié, celui-ci ne peut toutefois être licencié que si ces perturbations entraînent la nécessité pour l'employeur de procéder à son remplacement définitif. Seul peut constituer un remplacement définitif, un remplacement entraînant l'embauche d'un autre salarié ». Toujours selon la Cour de cassation, ni le recours à une entreprise prestataire de services ni une embauche en CDD ni le recours à un intérimaire ne peuvent caractériser un tel remplacement.

À noter que de nombreuses conventions collectives fixent un délai de protection plus ou moins long, pendant lequel il est interdit de licencier pour absence prolongée liée à la maladie. L'employeur peut alors faire remplacer provisoirement le salarié absent par un salarié embauché sous CDD ou sous contrat de travail temporaire. Si l'absence se prolonge au-delà du délai de protection fixé par la convention collective, le salarié peut être licencié si l'employeur démontre qu'il est dans l'obligation de le remplacer définitivement.

Remarque

Pendant l'arrêt de travail, l'employeur a toujours la possibilité de licencier pour un motif étranger à la maladie ou à l'accident (suppression d'emploi, faute, etc.).

Que faire en cas de cure thermale ?

Le congé pour cure thermale doit être accordé par l'employeur lorsque le salarié dispose d'un certificat médical fixant impérativement la date de la cure.

Faute de cette prescription ou d'une clause de convention collective plus favorable, le salarié n'a pas le choix de ses dates de cure. De même, sauf si la convention collective le prévoit, le salarié ne perçoit pas d'indemnités complétant les prestations en espèces de la Sécurité sociale.

Aucune disposition législative ou réglementaire n'assimile le congé pour cure thermale au congé maladie.

Textes de référence

Articles L. 1226-2 à L. 1226-5, L. 1132-1, R. 4624-20 et R. 4624-21 du Code du travail

Lire en complément

- L'indemnisation légale des absences pour maladie ou accident
- L'arrêt de travail pour accident du travail ou maladie professionnelle
- Les conséquences de l'inaptitude du salarié

L'indemnisation légale des absences pour maladie ou accident

En cas de maladie ou d'accident, le salarié en arrêt de travail perçoit des indemnités journalières de la Sécurité sociale. À ces indemnités peut s'ajouter un complément de salaire versé par l'employeur.

Quelles maladies, quels accidents ouvrent droit à l'indemnisation complémentaire de l'employeur ?

Toute maladie ou tout accident professionnel ou non, constaté par certificat médical et contre-visite s'il y a lieu, ouvre droit à indemnisation complémentaire dès lors que sont réunies les conditions mentionnées à l'article L. 1226-1 du Code du travail :

- l'incapacité temporaire de travail est constatée ;
- le certificat médical a été transmis dans les 48 heures ;
- l'arrêt est pris en charge par la Sécurité sociale ;
- les soins ont lieu sur le territoire français ou dans l'un des autres États membres de l'Union européenne ou dans l'un des autres États partie à l'accord sur l'espace économique européen.

Remarque

Le contrat de travail d'un salarié atteint d'une maladie ou victime d'un accident non professionnel demeure suspendu pendant les périodes au cours desquelles il suit les actions mentionnées à l'article L. 323-3-1 du Code de la sécurité sociale (actions de formation professionnelle continue, actions d'évaluation, d'accompagnement, etc.) dans les conditions prévues à ce même article.

L'employeur peut faire contrôler le salarié par un médecin qu'il choisit (la *contre-visite*). Si le salarié n'accepte pas ce contrôle, l'employeur peut refuser de continuer à verser les indemnités complémentaires. En outre, lorsqu'un contrôle effectué par un médecin à la demande de l'employeur, en application de l'article L. 1226-1 précité, conclut à l'absence de justification d'un arrêt de travail ou fait état de l'impossibilité de procéder à l'examen de l'assuré, ce médecin transmet son rapport au service du contrôle médical de la CPAM dans un délai maximal de 48 heures. Le rapport précise si le médecin diligenté par l'employeur a ou non procédé à un examen médical de l'assuré concerné. Au vu de ce rapport, ce service :

- soit demande à la caisse de suspendre les indemnités journalières. Dans un délai de 10 jours francs à compter de la notification de la décision de suspension des indemnités journalières, l'assuré peut demander à sa caisse d'assurance maladie de saisir le service du contrôle médical pour examen de sa situation. Ce dernier doit se prononcer dans un délai de quatre jours francs à compter de la saisine du salarié ;
- soit procède à un nouvel examen de la situation de l'assuré. Ce nouvel examen est de droit si le rapport a fait état de l'impossibilité de procéder à l'examen de l'assuré.

Remarque

Les employeurs sont informés de la décision de suspendre le versement des indemnités journalières de la Sécurité sociale prononcée par la CPAM à l'encontre des salariés qui ne respectent pas les obligations mises à leur charge pour les percevoir, notamment celle de se soumettre à tout contrôle organisé par le service du contrôle médical de la CPAM.

Lorsqu'une interruption de travail donnant lieu à un arrêt de travail intervient dans un délai de 10 jours francs à compter d'une décision de suspension des indemnités journalières, le service de ces indemnités est subordonné à un avis du service du contrôle médical de la caisse d'assurance maladie. Ce service rend son avis dans un délai de quatre jours francs à compter de la date de réception de l'avis d'arrêt de travail.

Quels salariés ont droit à cette indemnisation complémentaire ?

Tout salarié qui a un an d'ancienneté dans l'entreprise ou l'établissement, au premier jour de l'absence, à l'exception des salariés travaillant à domicile, des salariés saisonniers, des salariés intermittents et des salariés temporaires.

Quand débute l'indemnisation complémentaire ?

En cas d'accident du travail ou de maladie professionnelle, l'indemnisation complémentaire intervient dès le premier jour d'absence.
En cas de maladie ordinaire, d'accident non professionnel ou d'accident de trajet, elle débute à compter du huitième jour. L'indemnisation par la Sécurité sociale prend effet après un délai de carence de trois jours.

Que perçoit le salarié ?

Le salarié perçoit un pourcentage de la rémunération brute (y compris les indemnités journalières de la Sécurité sociale) qu'il aurait gagnée s'il avait continué à travailler, et ce, dans les conditions suivantes :
- pendant les 30 premiers jours, 90 % de cette rémunération ;
- pendant les 30 jours suivants, deux tiers de cette même rémunération.

Ces durées d'indemnisation sont augmentées de 10 jours par période entière de cinq ans d'ancienneté en plus de la durée d'une année requise pour pouvoir prétendre à cette indemnisation complémentaire, sans que chacune d'elle puisse dépasser 90 jours.

Remarque

- si le salarié a entre un et cinq ans d'ancienneté, il percevra 90 % de sa rémunération brute pendant 30 jours, puis 66 % de cette même rémunération pendant les 30 jours suivants ;
- à partir de six ans d'ancienneté, la durée de ces deux périodes d'indemnisation est portée à :
  - 40 jours si le salarié a au moins six ans d'ancienneté,
  - 50 jours si le salarié a au moins 11 ans d'ancienneté,
  - 60 jours si le salarié a au moins 16 ans d'ancienneté,
  - 70 jours si le salarié a au moins 21 ans d'ancienneté,
  - 80 jours si le salarié a au moins 26 ans d'ancienneté,
  - 90 jours si le salarié a au moins 31 ans d'ancienneté.

En cas d'arrêts successifs, ces durées d'indemnisation s'apprécient sur une période de 12 mois, et ne peuvent donner lieu à une durée totale d'indemnisation supérieure aux durées ci-dessus.

Remarque

Des conventions ou accords collectifs peuvent prévoir une indemnisation plus avantageuse que l'indemnisation légale présentée ici. Il convient donc de consulter la convention ou l'accord applicable à l'entreprise.

Textes de référence

Articles L. 1226-1 et D. 1226-1 à D. 1226-8 du Code du travail
Loi n° 2008-596 du 25 juin 2008 (JO du 26 juin)
Décret n° 2008-716 du 18 juillet 2008 (JO du 19 juin)

Lire en complément

- L'arrêt de travail pour accident du travail ou maladie professionnelle
- Les absences liées à la maladie ou à l'accident non professionnel

Les conséquences de l'inaptitude du salarié

L'état de santé du salarié peut avoir une incidence sur son maintien au poste de travail. Si une inaptitude médicale au travail est constatée par le médecin du travail, des solutions seront recherchées pour concilier santé et emploi.

Comment est constatée l'inaptitude ?

L'aptitude ou l'inaptitude médicale du salarié à l'emploi pour lequel il a été embauché ne peut être appréciée que par le médecin du travail. Celui-ci ne peut constater l'inaptitude du salarié à son poste de travail qu'après une étude de ce poste et des conditions de travail dans l'entreprise, et, sauf exceptions mentionnées ci-dessous, après deux examens médicaux de l'intéressé accompagnés, le cas échéant, d'examens complémentaires et espacés de deux semaines. Le médecin du travail peut, avant d'émettre son avis, consulter le médecin inspecteur du travail.

Cas particulier

Le médecin du travail peut délivrer un avis d'inaptitude en une seule visite lorsqu'il y a eu une visite de préreprise (voir p. 431) dans un délai de 30 jours au plus ou en cas d'urgence lorsque le maintien du salarié à son poste entraîne un danger immédiat pour sa santé ou sa sécurité ou celles des tiers. Dans ces deux hypothèses, le médecin du travail doit réaliser une étude du poste et une étude des conditions de travail dans l'entreprise. En dehors de ces deux hypothèses, la délivrance d'un avis d'inaptitude en une seule visite n'est pas valable et entache d'illégalité la procédure suivie par le médecin du travail.

Quand l'inaptitude peut-elle être constatée?

L'inaptitude du salarié à son poste de travail peut être constatée :

- dans le cadre des examens pratiqués au titre de la surveillance médicale des salariés (voir p. 427) ; y compris lorsque l'examen a lieu à la demande du salarié ;
- dans le cadre des visites de reprise après un arrêt de travail, c'est-à-dire après une absence pour cause de maladie professionnelle, après un congé de maternité, ou après une absence d'au moins 30 jours pour cause d'accident du travail, de maladie ou d'accident non professionnel.

Le médecin du travail peut ainsi constater l'inaptitude après tout examen médical qu'il pratique au cours de l'exécution du contrat de travail, et non pas seulement lors d'un examen médical de reprise consécutif à une suspension du contrat de travail.

Remarque

À l'issue de chacun des examens médicaux (examen d'embauche, examen périodique, etc., à l'exception de la visite de préreprise mentionnée page 431), le médecin du travail établit une fiche médicale d'aptitude en double exemplaire. Il en remet un exemplaire au salarié et transmet l'autre à l'employeur, qui le conserve pour être présenté à tout moment, sur leur demande, à l'inspecteur du travail et au médecin inspecteur du travail. Lorsque le médecin du travail constate que l'inaptitude du salarié est susceptible d'être en lien avec un accident ou une maladie d'origine professionnelle, il remet à ce dernier le formulaire de demande de l'indemnité temporaire d'inaptitude mentionnée page 341. Cette fiche indique la nature de l'examen médical, qui est à l'initiative de cet examen, la date de l'examen, les conclusions sur l'aptitude ou l'inaptitude au poste de travail et les délais et voie de recours en cas de contestation par l'employeur ou le salarié. L'avis médical relatif à l'aptitude peut ainsi être contesté devant l'inspecteur du travail, dans les deux mois après qu'il a été émis. La décision de l'inspecteur du travail peut quant à elle faire l'objet d'un recours hiérarchique auprès du ministre chargé duTravail, dans le délai de deux mois suivant sa notification.

Quelles sont les suites de l'avis d'inaptitude ?

À l'issue des périodes de suspension du contrat de travail consécutives à une maladie ou un accident, si le salarié est déclaré par le médecin du travail inapte à reprendre l'emploi qu'il occupait précédemment, l'employeur est tenu de lui proposer un autre emploi approprié à ses capacités, compte tenu des conclusions écrites du médecin du travail et des indications qu'il formule sur l'aptitude du salarié à exercer l'une des tâches existant dans l'entreprise. L'emploi proposé est aussi comparable que possible à l'emploi précédemment occupé, au besoin par la mise en œuvre de mesures telles que mutations, transformations de postes de travail ou aménagement du temps de travail. Dans les entreprises d'au moins 50 salariés, si l'inaptitude est consécutive à un accident du travail ou à une maladie professionnelle, le médecin du travail formule également des indications sur l'aptitude du salarié à bénéficier d'une formation destinée à lui proposer un poste adapté.

Les possibilités de reclassement doivent être recherchées par l'employeur au sein de l'entreprise et, le cas échéant, au sein du groupe auquel elle appartient. En outre, l'avis du médecin du travail concluant à l'inaptitude du salarié à tout emploi dans l'entreprise ne dispense pas l'employeur de rechercher une possibilité de reclassement au sein de l'entreprise et, le cas échéant, du groupe auquel elle appartient, au besoin par la mise en œuvre des mesures prévues ci-dessus (mutations, transformations de poste, etc.) ; cette recherche doit être effective.

L'empoyeur est tenu de prendre en considération les propositions du médecin du travail et, en cas de refus, de faire connaître les motifs qui s'opposent à ce qu'il y soit donné suite.

Remarque

Le contrat de travail du salarié peut être suspendu pour lui permettre de suivre un stage de reclassement professionnel.

Si le salarié n'est pas reclassé dans l'entreprise à l'issue d'un délai d'un mois à compter de la date de l'examen médical de reprise du travail ou s'il n'est pas licencié, l'employeur est tenu de verser à l'intéressé, dès l'expiration de ce délai, le salaire correspondant à l'emploi que celui-ci occupait avant la suspension de son contrat de travail. L'employeur ne peut substituer à cette obligation le paiement d'une indemnité de congés payés non pris, ni contraindre le salarié à prendre ses congés (Cass. soc., 3 juillet 2013). Ces dispositions s'appliquent également en cas d'inaptitude à tout emploi dans l'entreprise constatée par le médecin du travail. Elles s'appliquent aussi aux salariés en CDD.

Remarque

En cas d'accident du travail ou de maladie professionnelle, pendant le délai d'un mois laissé à l'employeur pour reclasser ou licencier le salarié, ce dernier pourra bénéficier d'une indemnité temporaire d'inaptitude (ITI). Pour plus de précisions, on peut se renseigner auprès de sa CPAM ou sur le site de l'assurance maladie (www.ameli.fr).

L'inaptitude peut-elle justifier un licenciement ?

Aucun salarié ne peut être sanctionné ou licencié en raison de son état de santé ou de son handicap.

Toutefois, le CDI du salarié reconnu inapte peut être rompu par l'employeur lorsque ce dernier peut justifier soit de son impossibilité de proposer un emploi approprié aux capacités du salarié, soit du refus par le salarié de l'emploi proposé dans ces conditions. En cas de litige, c'est à l'employeur d'apporter la preuve que le reclassement du salarié est impossible.

Cette rupture prend la forme d'un licenciement : la procédure de licenciement pour motif personnel doit être appliquée et l'indemnité légale de licenciement (ou l'indemnité conventionnelle si elle est plus favorable, voir précisions ci-dessous) doit être versée.

Remarque

Jusqu'à l'arrêt de la Cour de cassation mentionné ci-dessous, la rupture du contrat de travail d'un salarié pour inaptitude n'ouvrait droit à l'indemnité conventionnelle de licenciement que dans la mesure où les clauses de la convention collective ne l'excluaient pas.
Dans un arrêt rendu le 8 octobre 2014, la Cour de cassation a considéré que, désormais, de telles clauses ne pouvaient plus trouver à s'appliquer en raison de leur caractère discriminatoire. Comme le précise cet arrêt « [...] en l'absence d'élément objectif et pertinent la justifiant, est nulle en raison de son caractère discriminatoire fondé sur l'état de santé du salarié, la disposition d'une convention collective excluant les salariés licenciés pour cause d'inaptitude consécutive à une maladie ou à un accident non professionnel du bénéfice de l'indemnité de licenciement qu'elle institue ; [...] il en résulte que la cour d'appel a exactement décidé que les dispositions illicites [...] de la convention collective [...] devaient être écartées [...] et que la salariée devait percevoir l'indemnité conventionnelle de licenciement ».

En cas de licenciement, suite à une inaptitude d'origine non professionnelle, le préavis n'est pas exécuté et le contrat de travail est rompu à la date de notification du licenciement, sans que le salarié puisse prétendre à une indemnité compensatrice de préavis. Ce dernier est néanmoins pris en compte pour le calcul de l'indemnité de licenciement mentionnée à l'article L. 1234-9 du Code du travail. En revanche, une indemnité compensatrice d'un montant égal à celui de l'indemnité compensatrice de préavis est due si l'inaptitude a été constatée à l'issue d'un arrêt de travail provoqué par un accident de travail ou une maladie professionnelle ou encore, selon les tribunaux, si le licenciement est dépourvu de cause réelle et sérieuse en raison du manquement de l'employeur à son obligation de reclassement consécutive à l'inaptitude.

Remarque

Si le salarié est titulaire d'un CDD, celui-ci peut être rompu avant l'échéance du terme en cas d'inaptitude constatée par le médecin du travail (si l'inaptitude est d'origine professionnelle, voir p. 341). La rupture du CDD prononcée en cas d'inaptitude ouvre droit, pour le salarié, à une indemnité dont le montant ne peut être inférieur à celui de l'indemnité légale de licenciement prévue à l'article L. 1234-9 du Code du travail (indemnité légale de licenciement, voir p. 597). Cette indemnité de rupture est versée selon les mêmes modalités que l'indemnité de précarité prévue à l'article L. 1243-8 du Code du travail (voir p. 107), à laquelle elle s'ajoute.

Textes de référence

Articles L. 1226-2 à L. 1226-4 (inaptitude consécutive à une maladie ou un accident non professionnel), L. 4624-1 (actions du médecin du travail) et R. 4624-10 à R. 4624-32 (examens médicaux) du Code du travail

Lire en complément

- L'arrêt de travail pour accident du travail ou maladie professionnelle
- Les absences liées à la maladie ou à l'accident non professionnel
- L'indemnité légale de licenciement
- La médecine du travail

La cessation anticipée d'activité des victimes de l'amiante

Les personnes exposées au cours de leur vie professionnelle à l'inhalation de poussières d'amiante peuvent, sous certaines conditions, cesser leur activité dès 50 ans. Dans le cadre de ce dispositif spécifique, elles perçoivent une allocation de cessation anticipée d'activité.

Qui peut bénéficier de la préretraite des victimes de l'amiante ?

Tout travailleur exposé ou ayant été exposé à de la poussière d'amiante peut bénéficier du dispositif à condition :

- d'avoir au moins 50 ans ;
- et d'être atteint d'une maladie professionnelle liée à l'amiante, ou d'avoir travaillé sur un site dont la liste est fixée par arrêté.

■ Salarié victime d'une maladie professionnelle provoquée par l'amiante

A droit à la cessation anticipée d'activité, dès l'âge de 50 ans et sans autre condition, le travailleur atteint d'une affection figurant au tableau n° 30 des maladies professionnelles (asbestose, tumeurs pleurales primitives, etc.) ou au tableau n° 30 bis (cancer broncho-pulmonaire primitif), et les salariés agricoles atteints d'une affection figurant aux tableaux 47 et 47 bis des maladies professionnelles du régime agricole (tableaux disponibles sur le site www.inrs.fr).

Ont également droit à cette allocation les salariés atteints d'une maladie qui, bien que non désignée dans l'un des deux tableaux de maladie professionnelle visé ci-dessus, a été reconnue d'origine professionnelle, en application de l'article L. 461-1 (al. 4) du Code de la sécurité sociale et dont l'imputabilité à l'amiante est attestée (arrêté du 3 février 2005, JO du 17 février).

Remarque

Sur la définition et la procédure de reconnaissance des maladies professionnelles, on peut se reporter aux informations figurant sur le site de la Caisse nationale de l'assurance maladie des travailleurs salariés (CNAMTS) : www.ameli.fr.

■ Salarié n'ayant pas contracté de maladie liée à l'amiante

L'âge auquel il peut bénéficier de la préretraite est fixé comme suit : 60 ans moins le tiers de la durée du travail effectué dans l'un des établissements de fabrication de matériaux contenant de l'amiante, sans que cet âge puisse être inférieur à 50 ans.

Remarque

Pour la détermination de l'âge d'accès à l'allocation de cessation anticipée d'activité des travailleurs de l'amiante (ATA), s'ajoute à la durée du travail dans un établissement ou port figurant sur les listes établies par arrêtés interministériels (voir ci-contre) celle effectuée dans les établissements ou les navires ouvrant droit à l'accès aux dispositifs de cessation anticipée d'activité des travailleurs de l'amiante relevant d'un régime spécial mentionné à l'article L. 711-1 du Code de la sécurité sociale, dans les conditions prévues par ces dispositifs. Cette disposition a pour objet de permettre la prise en compte, par le dispositif de l'ATA du régime général, des périodes travaillées dans les établissements ou navires ouvrant droit à l'accès à cette allocation dans les régimes spéciaux des ministères de la Défense et de l'Écologie ainsi que de l'ENIM (Établissement national des invalides de la marine), qui prennent déjà en compte les périodes travaillées dans les établissements ou les ports ouvrant droit à l'accès à l'ATA du régime général. Il s'agit donc d'une mesure de coordination entre les différents dispositifs d'ATA afin que les salariés ayant relevé de plusieurs régimes de sécurité sociale aient les mêmes droits que ceux ayant relevé d'un seul régime.

La personne doit travailler ou avoir travaillé dans un établissement de fabrication de matériaux contenant de l'amiante, de flocage et de calorifugeage à l'amiante, ou, pour certains métiers, dans un établissement de construction et de réparation navales ou dans certains ports et à des périodes précises.
Les métiers, les établissements, les ports et les périodes visés sont répertoriés par l'Administration et figurent sur des arrêtés :

- liste des établissements de fabrication, de flocage et de calorifugeage concernés : arrêté du 3 juillet 2000 modifié ;
- liste des établissements de la construction et de la réparation navale et des métiers concernés : arrêté du 7 juillet 2000 modifié ;
- liste des ports concernés : arrêté du 7 juillet 2000 modifié.

Remarque

Tous les salariés des établissements de fabrication de matériaux contenant de l'amiante, de flocage et de calorifugeage à l'amiante listés peuvent bénéficier du dispositif, qu'ils aient ou non été directement impliqués dans le processus de fabrication de matériaux en amiante. En revanche, pour les établissements de construction et de réparation navales, l'intéressé doit avoir exercé un des métiers listés dans l'arrêté du 7 juillet 2000 modifié.
La liste des établissements et ports concernés peut être consultée sur le site de l'Institut national de recherche et de sécurité (INRS ; www.inrs.fr).
L'inscription des établissements ou des ports sur la liste donnant droit aux salariés à bénéficier de cette cessation anticipée et de l'allocation correspondante (ou la modification d'une telle inscription) ne peut intervenir qu'après information de l'employeur concerné. La décision d'inscription d'un établissement ou de modification devra être notifiée à l'employeur et faire l'objet d'un affichage sur le lieu de travail concerné.

Quelle procédure suivre ?

L'intéressé doit, pour bénéficier de la cessation anticipée d'activité, démissionner de son emploi. Il a droit, dans les conditions habituelles, à un préavis ou à une indemnité compensatrice de préavis si celui-ci n'est pas travaillé. L'employeur doit, en outre, lui verser une indemnité de cessation anticipée d'activité d'un montant égal à celui de l'indemnité de départ à la retraite prévue par le Code du travail ou, si elle est plus favorable, par la convention collective applicable dans l'entreprise.

L'allocation de cessation anticipée d'activité doit être demandée à la caisse d'assurance retraite et de la santé au travail (Carsat ; ex-Cram) du domicile de l'intéressé. La Carsat notifie sa décision au demandeur dans un délai de deux mois. L'absence de réponse dans ce délai équivaut à un refus.

Quel est le montant de l'allocation de cessation anticipée d'activité ?

Le montant de l'allocation est égal à :

- 65 % du salaire de référence pour la partie de la rémunération au plus égale au plafond mensuel de la Sécurité sociale (fixé à 3 170 € pour 2015) ;
- 50 % du salaire de référence pour la fraction comprise entre une et deux fois ce plafond (6 340 € pour 2015).

Le salaire de référence servant de base à la détermination de l'allocation est fixé d'après les rémunérations (actualisées) visées à l'article L. 242-1 du Code de la sécurité sociale perçues par l'intéressé au cours de ses 12 derniers mois d'activité salariée, sous réserve qu'elles présentent un caractère régulier et habituel. Le salaire de référence est égal à la moyenne mensuelle des rémunérations ainsi déterminées.

Le montant minimal de l'allocation est fixé à 1 157,05 € par mois [31,70 € x 1,2 x (365/12)] depuis le 1er avril 2013, dans la limite de 85 % du salaire de référence.

Trois cotisations ou contributions sont prélevées sur le montant de l'allocation : la cotisation maladie (1,7 %), la CSG (6,6 %) et la CRDS (0,5 %).
L'allocation cesse d'être versée lorsque le bénéficiaire remplit les conditions de durée d'assurance requises pour bénéficier d'une pension de vieillesse au taux plein, à condition qu'il soit âgé d'au moins 60 ans. L'allocation est alors remplacée par la ou les pensions de vieillesse auxquelles l'intéressé peut prétendre. L'allocation est remplacée par une pension de retraite au taux plein lorsque l'allocataire atteint l'âge de 65 ans, quelle que soit sa durée d'assurance ; ces dispositions sont également applicables aux bénéficiaires et anciens bénéficiaires d'une allocation ayant un objet analogue à l'allocation de cessation anticipée d'activité des travailleurs de l'amiante et servie à raison de l'exercice d'une activité professionnelle emportant affiliation à un régime spécial mentionné à l'article L. 711-1 du Code de la sécurité sociale (invalides de la marine, SNCF, EDF, etc.), ainsi qu'aux bénéficiaires de pensions de vieillesse servies par l'un de ces régimes. Pour plus de précisions sur les modalités de passage de l'ATA à la retraite, on peut se reporter à la circulaire Cnav n° 2012-68 du 1er octobre 2012 (disponible sur le site www.legislation.cnav.fr).

Remarque

L'allocation de cessation anticipée d'activité n'est pas cumulable avec des allocations de chômage ou de préretraite, ou des avantages de vieillesse. Toutefois, un cumul partiel est possible avec une pension d'invalidité, une pension de réversion ou une pension de retraite d'un régime spécial. Dans ces cas, l'allocation est réduite du montant de l'avantage versé.
L'allocation n'est pas cumulable avec une retraite au taux plein liquidée avant l'âge légal. L'assuré a la possibilité de choisir entre cette allocation et une retraite anticipée, pour carrière longue ou au titre de travailleur handicapé ; s'il demande la liquidation de sa pension, son choix est définitif.

Textes de référence

Article 41 de la loi n° 98-1194 du 23 décembre 1998
(JO du 27 décembre)
Décrets n° 99-247 du 29 mars 1999 modifié en dernier lieu
par le décret n° 2012-1149 du 12 octobre 2012

Qui contacter sur ce sujet ?

Caisse d'assurance retraite et de la santé au travail (Carsat)

Le harcèlement sexuel

Le harcèlement sexuel est un délit pénal, sanctionné d'une peine de deux ans d'emprisonnement et de 30 000 euros d'amende majorée en cas de circonstances aggravantes, par exemple, si les faits sont commis par une personne qui abuse de l'autorité que lui confèrent ses fonctions. S'il est commis par un salarié, celui-ci sera, en outre, passible d'une sanction disciplinaire prise par l'employeur.
Dans le cadre des relations de travail, le harcèlement sexuel peut prendre des formes diverses : chantage à l'embauche ou à la promotion, menaces de représailles en cas de refus de céder à des avances sexuelles, etc. L'auteur du harcèlement peut être l'employeur, mais également un collègue de la victime, un consultant chargé du recrutement, un client de l'entreprise, etc.
Victime ou agresseur, les deux sexes sont concernés.

Remarque

Il appartient à l'employeur de prendre toutes dispositions nécessaires en vue de prévenir les faits de harcèlement sexuel, d'y mettre un terme et de les sanctionner. Dans les lieux de travail ainsi que dans les locaux ou à la porte des locaux où se fait l'embauche, les personnes mentionnées à l'article L. 1153-2 du Code du travail (salarié, personne en formation ou en stage, candidat à un recrutement, à un stage ou à une formation en entreprise) sont informées par tout moyen du texte de l'article 222-33 du Code pénal définissant et sanctionnant le harcèlement sexuel.

Comment est défini le harcèlement sexuel ?

Le harcèlement sexuel est défini par l'article 222-33 du Code pénal :
« I. - Le harcèlement sexuel est le fait d'imposer à une personne, de façon répétée, des propos ou comportements à connotation sexuelle

qui soit portent atteinte à sa dignité en raison de leur caractère dégradant ou humiliant, soit créent à son encontre une situation intimidante, hostile ou offensante.
II. - Est assimilé au harcèlement sexuel le fait, même non répété, d'user de toute forme de pression grave dans le but réel ou apparent d'obtenir un acte de nature sexuelle, que celui-ci soit recherché au profit de l'auteur des faits ou au profit d'un tiers. [...] »
Cette définition est reprise, dans des termes similaires, par l'article L. 1153-1 du Code du travail, aux termes duquel :
« Aucun salarié ne doit subir des faits :
1° Soit de harcèlement sexuel, constitué par des propos ou comportements à connotation sexuelle répétés qui soit portent atteinte à sa dignité en raison de leur caractère dégradant ou humiliant, soit créent à son encontre une situation intimidante, hostile ou offensante.
2° Soit assimilés au harcèlement sexuel, consistant en toute forme de pression grave, même non répétée, exercée dans le but réel ou apparent d'obtenir un acte de nature sexuelle, que celui-ci soit recherché au profit de l'auteur des faits ou au profit d'un tiers. »

On trouvera, dans la circulaire du 7 août 2012 mentionnée page 372, des précisions sur la définition du délit de harcèlement sexuel et des exemples de situations susceptibles de constituer ce délit (ex. : une personne qui impose à plusieurs reprises des propos ou des gestes sexistes, homophobes ou obscènes, une personne qui importune quotidiennement son collègue de travail en lui adressant des messages ou objets à connotation sexuelle malgré sa demande de cesser ou encore, pour illustrer les situations où un acte unique suffit pour caractériser le délit, un employeur qui exige une relation sexuelle en échange d'une embauche).

Remarque

Les dispositions présentées ici sont celles issues de la loi du 6 août 2012 mentionnée page 372, publiée au *Journal officiel* du

7 août 2012 et entrée en vigueur le 8 août 2012. Cette loi a eu pour objectif principal de rétablir dans le Code pénal l'incrimination de harcèlement sexuel prévue par l'article 222-33 de ce code, qui avait été abrogée par le Conseil constitutionnel dans sa décision n° 2012-240 QPC du 4 mai 2012 en raison de l'imprécision de sa rédaction, et de tirer toutes les conséquences législatives de ce rétablissement.

Comme le précise la circulaire du ministère de la Justice précitée, ces dispositions « ne peuvent [...] s'appliquer de façon rétroactive à des faits commis avant l'entrée en vigueur de la nouvelle loi. Elles ne peuvent donc s'appliquer qu'à des faits de harcèlement ou de discrimination faisant suite à des harcèlements commis à compter du 8 août 2012, jour suivant la publication de la loi au *Journal officiel*. Il convient toutefois d'observer que, s'agissant du délit de harcèlement prévu par l'article 222-33 » du Code pénal (voir p. 363) « et qui exige des actes répétés, il suffit, conformément à la jurisprudence traditionnelle relative aux délits d'habitude, qu'un des actes exigés par la loi ait été commis à partir du 8 août pour que l'infraction soit caractérisée. Par ailleurs, s'agissant des délits de discrimination en raison de faits de harcèlement sexuel, l'élément constitutif de l'infraction consiste dans le comportement discriminatoire, tel le refus d'embauche ou le licenciement, et non dans les actes de harcèlement eux-mêmes qui, pour ces délits, s'analysent en des éléments préalables de l'infraction. Les nouvelles dispositions sont ainsi applicables à des discriminations commises à partir du 8 août, même si elles étaient motivées par des harcèlements commis avant cette date. »

La circulaire du 7 août 2012, à laquelle on se reportera, fait également le point sur la situation des personnes victimes de faits commis avant l'entrée en vigueur de la nouvelle loi, notamment sur les dispositions de droit transitoire permettant aux juridictions correctionnelles déjà saisies d'allouer des dommages et intérêts sur le fondement du Code civil.

Quelle est l'étendue de la protection des victimes et des témoins du harcèlement sexuel dans le cadre de la relation de travail ?

Les dispositions du Code du travail organisent la protection des victimes de faits de harcèlement sexuel, des personnes ayant fait l'objet de discriminations à la suite de tels faits, et de celles qui ont témoigné de ces faits ou les ont relatés. Ainsi :

- aucun salarié, aucune personne en formation ou en stage, aucun candidat à un recrutement, à un stage ou à une formation en entreprise ne peut être sanctionné, licencié ou faire l'objet d'une mesure discriminatoire, directe ou indirecte, notamment en matière de rémunération, de formation, de reclassement, d'affectation, de qualification, de classification, de promotion professionnelle, de mutation ou de renouvellement de contrat pour avoir subi ou refusé de subir des faits de harcèlement sexuel tels que définis par le Code du travail (voir p. 363), y compris si les propos ou comportements n'ont pas été répétés ;
- aucun salarié, aucune personne en formation ou en stage ne peut être sanctionné, licencié ou faire l'objet d'une mesure discriminatoire pour avoir témoigné de faits de harcèlement sexuel ou pour les avoir relatés.

Toute disposition ou tout acte contraire à ces principes est nul : ainsi en serait-il, par exemple, du licenciement d'un(e) salarié(e) ayant refusé de subir des faits de harcèlement sexuel, ou de la sanction disciplinaire prise à l'encontre d'un(e) salarié(e) au motif qu'il(elle) aurait témoigné de tels faits.

Remarque

Sur l'étendue de la protection des victimes et témoins de harcèlement sexuel, l'interdiction des discriminations à leur égard et les sanctions applicables, on peut se reporter aux précisions figurant ci-dessous et dans la circulaire DGT n° 2012-14 du 12 novembre 2012 mentionnée page 372.

Quelles sanctions à l'encontre de l'auteur de harcèlement sexuel ?

Toute personne qui commet des faits de harcèlement sexuel tel que défini au I et au II de l'article 222-33 du Code pénal (voir p. 363) encourt les peines prévues par ce même article, soit deux ans d'emprisonnement et 30 000 € d'amende. Ces peines sont portées à trois ans d'emprisonnement et 45 000 € d'amende en présence de circonstances aggravantes, c'est-à-dire lorsque les faits sont commis :

1° Par une personne qui abuse de l'autorité que lui confèrent ses fonctions.

2° Sur un mineur de 15 ans.

3° Sur une personne dont la particulière vulnérabilité, due à son âge, à une maladie, à une infirmité, à une déficience physique ou psychique ou à un état de grossesse, est apparente ou connue de leur auteur.

4° Sur une personne dont la particulière vulnérabilité ou dépendance résultant de la précarité de sa situation économique ou sociale est apparente ou connue de leur auteur.

5° Par plusieurs personnes agissant en qualité d'auteur ou de complice.

La plainte peut être déposée auprès du procureur de la République, du commissariat de police, de la gendarmerie ou du doyen des juges d'instruction du tribunal de grande instance.

Remarque

Les inspecteurs du travail sont, notamment, chargés de veiller à l'application des dispositions du Code du travail et des autres dispositions légales relatives au régime du travail. Ils sont chargés, concurremment avec les officiers et agents de police judiciaire, de constater les infractions à ces dispositions. Les inspecteurs du travail constatent également les infractions visées à l'article L. 8112-2 du Code du travail, dont notamment les délits de harcèlement sexuel ou moral prévus, dans le cadre des relations de travail, par les articles 222-33 et 222-33-2 du Code pénal et les infractions commises en matière de discriminations prévues au 3° et au 6° de l'article 225-2 du même code.

Les personnes physiques reconnues coupables de harcèlement sexuel encourent également les peines complémentaires prévues par l'article 222-44 (interdiction de porter une arme, suspension et annulation du permis de conduire, confiscation du véhicule ou des armes ou d'un animal), l'article 222-45 (interdiction des droits civiques, civils et de famille, interdiction d'exercer une fonction publique ou une activité en lien avec des mineurs, obligation d'accomplir un stage de citoyenneté ou de responsabilité parentale) et l'article 222-50-1 du Code pénal (affichage et diffusion de la décision).

Remarque

Si les faits de harcèlement sexuel ont été commis par un salarié, ce dernier est également passible d'une sanction disciplinaire prononcée par l'employeur. Selon la Cour de cassation (arrêt de la Chambre sociale du 5 mars 2002), les faits de harcèlement sexuel commis par un salarié supérieur hiérarchique de la victime sont nécessairement constitutifs d'une faute grave.

Quelles sanctions en cas de discrimination faisant suite à du harcèlement sexuel ?

Les faits de discrimination commis à la suite d'un harcèlement sexuel (par exemple, la mutation d'un salarié parce qu'il a refusé les avances de son employeur) sont punis par le Code du travail (art. L. 1155-2) d'un an d'emprisonnement et d'une amende de 3 750 € (les peines sont les mêmes en cas de discrimination commise à la suite d'un harcèlement moral). Ces faits de discrimination peuvent concerner à la fois les personnes qui ont été elles-mêmes les victimes de harcèlement sexuel, qu'elles aient subi ou refusé de subir ces faits,

et les personnes qui, sans être les victimes de harcèlement, ont témoigné sur ces faits ou les ont relatés.
Toutefois, lorsque la discrimination liée au harcèlement sexuel est couverte à la fois par le Code du travail et par les dispositions de l'article 225-2 du Code pénal, ce sont les sanctions, plus élevées, prévues par le Code pénal qui seront applicables, soit trois ans d'emprisonnement et 45 000 € d'amende. Tel sera le cas lorsque la discrimination consiste :

- à refuser d'embaucher, à sanctionner ou à licencier une personne ;
- à subordonner une offre d'emploi, une demande de stage ou période de formation en entreprise à une condition fondée sur l'un des éléments visés à l'article 225-1 (discriminations générales) du Code pénal ou prévue à l'article 225-1-1 (discrimination liée au harcèlement sexuel) du même code.

« Dans les autres cas où la discrimination relève des dispositions du seul Code du travail, ce sont les sanctions prévues par ce code qui sont applicables. Il s'agit des discriminations mentionnées à l'article L. 1153-2 du Code du travail et qui ne figurent pas dans la liste mentionnée à l'article 225-2 du Code pénal, soit les mesures discriminatoires, directes ou indirectes, en matière de rémunération, de formation, de reclassement, d'affectation, de qualification, de classification, de promotion professionnelle, de mutation ou de renouvellement de contrat. » (Circ. DGT du 12 novembre 2012 mentionnée page 372).

Remarque

En cas de condamnation pour des faits de harcèlement sexuel ou de discrimination liée au harcèlement sexuel, la juridiction peut également prononcer les peines complémentaires prévues par la législation, comme, par exemple, l'affichage du jugement aux frais de la personne condamnée dans les conditions prévues à l'article 131-35 du Code pénal et son insertion, intégrale ou par extraits, dans les journaux qu'elle désigne.

Qui organise la prévention en matière de harcèlement sexuel ?

L'employeur doit prendre toutes les dispositions nécessaires en vue de prévenir les faits de harcèlement sexuel dans son entreprise, d'y mettre un terme et de les sanctionner. Dans le cadre de sa démarche d'évaluation et de prévention des risques (voir p. 378 et s.), l'employeur peut prendre toutes mesures de diffusion, présentation, sensibilisation visant à l'information effective des travailleurs sur la législation en vigueur en matière de harcèlement. Il peut également mettre en œuvre des actions de formation visant à améliorer la connaissance, la prévention et l'identification des phénomènes de harcèlement.

Remarque

L'employeur peut être saisi de faits de harcèlement sexuel par les délégués du personnel ; il doit alors, sans délai, procéder à une enquête avec le délégué et prendre les dispositions nécessaires pour remédier à cette situation.

Le comité d'hygiène, de sécurité et des conditions de travail peut proposer à l'employeur des actions de prévention du harcèlement sexuel (et du harcèlement moral). Le refus de l'employeur est motivé.

Dans les entreprises et les établissements employant au moins 20 salariés, dans lesquels un règlement intérieur doit être établi, ce dernier doit rappeler les dispositions relatives au harcèlement sexuel (et moral) prévues par le Code du travail.

Remarque

Dans les lieux de travail ainsi que dans les locaux ou à la porte des locaux où se fait l'embauche, les personnes mentionnées à l'article L. 1153-2 du Code du travail (salarié, personne en formation ou en stage, candidat à un recrutement, à un stage ou à une formation en entreprise) sont informées par tout moyen du texte de l'article 222-33 du Code pénal définissant et sanctionnant le harcèlement sexuel.

Victime ou témoin de harcèlement sexuel, quel recours ?

■ La victime

Lorsque survient un litige relatif à l'application des articles L. 1153-1 à L. 1153-4 du Code du travail prohibant et réprimant le harcèlement sexuel et les faits de discrimination commis à la suite d'un tel harcèlement, le candidat à un emploi, à un stage ou à une formation en entreprise ou le salarié établit des faits qui permettent de présumer l'existence d'un harcèlement. Au vu de ces éléments, il incombe à la partie défenderesse de prouver que ces agissements ne sont pas constitutifs d'un tel harcèlement et que sa décision est justifiée par des éléments objectifs étrangers à tout harcèlement.

Le juge forme sa conviction après avoir ordonné, en cas de besoin, toutes les mesures d'instruction qu'il estime utiles (article l. 1154-1 du Code du travail).

■ Les autres acteurs

Les salariés victimes ou témoins de harcèlement sexuel peuvent demander conseil à l'inspection du travail (cette dernière peut également constater le délit de harcèlement sexuel prévu par l'article 222-33 du Code pénal), au médecin du travail, aux représentants du personnel dans l'entreprise, à une organisation syndicale ou à une association dont l'objet est, notamment, de combattre le harcèlement sexuel ou les discriminations fondées sur le sexe, sur les mœurs ou sur l'orientation ou l'identité sexuelle [1].

Une organisation syndicale représentative dans l'entreprise, avec l'accord écrit du salarié, peut engager à sa place une action devant le conseil de prud'hommes et se porter partie civile devant le juge pénal.

1. Les coordonnées de ces associations sont disponibles auprès des déléguées régionales et des chargées de mission départementales aux droits des femmes (http://femmes.gouv.fr).

Remarque

Les associations mentionnées page 371, régulièrement déclarées depuis au moins cinq ans à la date des faits, peuvent également exercer les droits reconnus à la partie civile, dans les conditions et limites fixées par les articles 2-2 et 2-6 du Code de procédure pénale.

Textes de référence

Articles L. 1153-1 à L. 1153-6, L. 1154-1, L. 1154-2, L. 1155-1 à L. 1155-2, L. 2313-2 et L. 8112-2 du Code du travail

Article 222-33 du Code pénal (définition et sanctions pénales)

Articles 2-2 et 2-6 du Code de procédure pénale

Loi n° 2012-954 du 6 août 2012 relative au harcèlement sexuel (JO du 7 août)

Circulaire du ministère de la Justice n° 2012 -15 du 7 août 2012 (www.textes.justice.gouv.fr)

Circulaire DGT n° 2012/14 du 12 novembre 2012 (http://travail-emploi.gouv.fr/publications/picts/bo/30122012/TRE_20120012_0110_0002.pdf)

Loi n° 2014-873 du 4 août 2014 (JO du 5 août)

Lire en complément

- Le comité d'hygiène, de sécurité et des conditions de travail (CHSCT)
- La sanction disciplinaire
- Le conseil de prud'hommes
- Le harcèlement moral
- Discrimination et égalité professionnelle

Le harcèlement moral

Défini par le Code du travail, le harcèlement moral se manifeste par des agissements répétés qui ont pour objet ou pour effet une dégradation des conditions de travail susceptible de porter atteinte aux droits du salarié au travail et à sa dignité, d'altérer sa santé physique ou mentale ou de compromettre son avenir professionnel. Son auteur peut être un employeur, un cadre, un agent de maîtrise, un collègue de la victime (y compris un subordonné ; Cass. crim., 6 déc. 2011), etc.

Quelle est l'étendue de la protection des victimes et des témoins du harcèlement moral ?

Le principe est posé par l'article L. 1152-2 du Code du travail : aucun salarié, aucune personne en formation ou en stage ne peut être sanctionné, licencié ou faire l'objet d'une mesure discriminatoire, directe ou indirecte, notamment en matière de rémunération, de formation, de reclassement, d'affectation, de qualification, de classification, de promotion professionnelle, de mutation ou de renouvellement de contrat pour avoir subi ou refusé de subir des agissements répétés de harcèlement moral ou pour avoir témoigné de tels agissements ou les avoir relatés.
Toute rupture du contrat de travail intervenue en méconnaissance de ces dispositions, toute disposition ou tout acte contraire est nul.

Remarque

Le salarié qui relate des faits de harcèlement moral ne peut être licencié pour ce motif, sauf mauvaise foi. Cette dernière ne peut résulter que de la connaissance par le salarié de la fausseté des faits qu'il dénonce ; elle ne peut, en revanche, résulter de la seule circonstance que les faits dénoncés ne sont pas établis (arrêt de la Cour de cassation du 7 février 2012).

Les faits peuvent être constatés sur procès-verbal par les inspecteurs et contrôleurs du travail et sont passibles des sanctions prévues par le Code pénal.

Quelles sont les sanctions à l'encontre de l'auteur de harcèlement moral ?

Le fait de harceler autrui par des propos ou comportements répétés ayant pour objet ou pour effet une dégradation des conditions de travail susceptible de porter atteinte à ses droits et à sa dignité, d'altérer sa santé physique ou mentale ou de compromettre son avenir professionnel, est puni de deux ans d'emprisonnement et de 30 000 € d'amende (article 222-33-2 du Code pénal).

Si les faits ont été commis par un salarié, celui-ci est, en outre, passible d'une sanction disciplinaire (qui peut aller jusqu'au licenciement pour faute grave).

Les faits de discrimination commis à la suite d'un harcèlement moral sont punis d'un an d'emprisonnement et d'une amende de 3 750 €.

La juridiction peut également ordonner, à titre de peine complémentaire, l'affichage du jugement aux frais de la personne condamnée dans les conditions prévues à l'article 131-35 du Code pénal et son insertion, intégrale ou par extraits, dans les journaux qu'elle désigne. Ces frais ne peuvent excéder le montant maximum de l'amende encourue.

Qui organise la prévention en matière de harcèlement moral ?

L'employeur doit organiser la prévention dans son entreprise. Il a, pour cela, une totale liberté dans le choix des moyens à mettre en œuvre.

Dans les entreprises et les établissements employant habituellement au moins 20 salariés, les dispositions relatives à l'interdiction de toute pratique de harcèlement moral doivent figurer dans le règlement intérieur. Ces dispositions doivent être affichées sur le lieu de travail.

Le comité d'hygiène, de sécurité et des conditions de travail (CHSCT) peut proposer à l'employeur des mesures de prévention.
Les délégués du personnel disposent d'un droit d'alerte en cas d'agissements constitutifs de harcèlement moral. Ils peuvent saisir l'employeur qui doit procéder sans délai à une enquête et mettre fin à cette situation. À défaut, le salarié ou le délégué, avec son accord, peut saisir le référé prud'homal.
Le médecin du travail peut proposer des mesures individuelles (ex. : mutations ou transformations de postes) lorsqu'il constate une altération de l'état de santé physique et/ou mentale du salarié ; l'employeur est tenu de prendre en considération ces propositions et, en cas de refus, de faire connaître les motifs qui s'opposent à ce qu'il y soit donné suite.

Remarque

Les personnes mentionnées à l'article L. 1152-2 du Code du travail (salarié, personne en formation ou en stage) sont informées par tout moyen du texte de l'article 222-33-2 du Code pénal (définition et sanctions du harcèlement moral).

La médiation : dans quelles conditions ?

Avant tout contentieux, la victime de harcèlement moral ou la personne mise en cause peut engager une procédure de médiation. Le médiateur est choisi d'un commun accord entre les parties. Il peut s'agir d'une personne appartenant à l'entreprise. Le médiateur s'informe de l'état des relations entre les parties et tente de les concilier.
Si la conciliation échoue, il les informe des éventuelles sanctions encourues et des garanties procédurales prévues en faveur de la victime.

Quel recours ?

Les salariés victimes de harcèlement moral peuvent intenter une action en justice auprès du conseil de prud'hommes pour faire cesser ces agissements et demander réparation du préjudice subi.

Le salarié doit établir des faits qui permettent de présumer l'existence d'un harcèlement. Au vu de ces éléments, il incombe à la partie défenderesse de prouver que ces agissements ne sont pas constitutifs d'un tel harcèlement et que sa décision est justifiée par des éléments objectifs étrangers à tout harcèlement.

Le juge forme sa conviction après avoir ordonné, en cas de besoin, toutes les mesures d'instruction qu'il estime utiles.

Les mêmes dispositions sont applicables aux candidats à un emploi, à un stage ou à une période de formation en entreprise victimes de harcèlement moral ou ayant fait l'objet d'une mesure discriminatoire pour avoir subi ou refusé de subir des agissements répétés de harcèlement moral ou pour avoir témoigné de tels agissements ou les avoir relatés.

Toute organisation syndicale représentative dans l'entreprise, avec l'accord écrit du salarié, peut engager à sa place une action devant le conseil de prud'hommes et se porter partie civile devant le juge pénal. Le salarié peut toujours intervenir à l'instance ainsi engagée et y mettre fin.

Remarque

Le salarié peut saisir les agents de contrôle de l'inspection du travail des faits de harcèlement dont il estime être victime. Si les faits sont constitués, les agents de contrôle pourront dresser un procès-verbal ; sur ce point, on peut se reporter aux précisions figurant dans la circulaire DGT n° 2012-14 du 12 novembre 2012 (disponible sur le site http://circulaires.legifrance.gouv.fr).

Textes de référence

Articles L. 1151-1, L. 1152-1 à L. 1152-6, L. 1154-1 à L. 1154-2,
L. 1155-1 à L. 1155-2 du Code du travail
Article 222-33-2 du Code pénal (sanctions)
Loi n° 2012-954 du 6 août 2012 (JO du 7 août)
Circulaire DGT n° 2012-14 du 12 novembre 2012

Lire en complément

- Le comité d'hygiène, de sécurité et des conditions de travail (CHSCT)
- La sanction disciplinaire
- Le conseil de prud'hommes
- Le harcèlement sexuel

La prévention des risques professionnels

Liés aux conditions générales de travail, les risques professionnels font peser sur les salariés la menace d'une altération de leur santé qui peut se traduire par une maladie ou un accident. Il appartient à l'employeur de supprimer ou de réduire ces risques afin d'assurer la sécurité des salariés et de protéger leur santé physique et mentale. Pour ce faire, il doit prendre les mesures appropriées et les mettre en œuvre conformément aux principes généraux de prévention énumérés par le Code du travail. Compte tenu de la nature de l'activité exercée, il doit ainsi évaluer les risques professionnels, consigner les résultats dans un document unique et mettre en œuvre des actions de prévention.

Remarque

Des dispositions spécifiques, complétant les mesures générales de prévention à mettre en œuvre pour assurer la sécurité et la protection de la santé des travailleurs, précisent les conditions dans lesquelles doit être assurée la protection des travailleurs exposés, ou susceptibles d'être exposés à certains risques particuliers : risque chimique, risque d'exposition à l'amiante, risque biologique, risques d'exposition aux rayonnements, etc. Sont ainsi prévues des dispositions particulières en matière d'évaluation des risques d'exposition, de contrôle des expositions, de moyens de prévention individuelle et collective à mettre en œuvre, d'information et de formation des travailleurs, mais aussi de suivi médical des travailleurs, de contenu du document unique d'évaluation des risques, de la fiche d'exposition ou du dossier médical établis pour chaque travailleur exposé au risque, d'intervention des représentants du personnel et du médecin du travail, etc. Pour plus de précisions sur ces questions, on peut se reporter au site du ministère en charge du Travail dédié à la santé et à la sécurité au travail (www.travailler-mieux.gouv.fr) et au site de l'Institut national de recherche et de sécurité (INRS) (www.inrs.fr).

Mesures et principes généraux de prévention

Les mesures de prévention

Elles impliquent :

- l'organisation d'actions de prévention des risques professionnels et de la pénibilité au travail, d'information et de formation ;
- la mise en place d'une organisation et de moyens adaptés ;
- la prise en compte des changements susceptibles d'intervenir (nouveaux produits, nouveaux rythmes de travail, etc.) ;
- l'amélioration des situations existantes.

Remarques

- La responsabilité pénale et/ou civile de l'employeur peut être engagée en cas de manquements à ses obligations en matière d'hygiène et de sécurité.
- Dans les entreprises comportant une ou des installations particulières à haut risque industriel – entreprises classées « Seveso seuil haut » et celles de stockage souterrain de gaz naturel, hydrocarbures ou produits chimiques – la prévention des risques liés aux interventions d'entreprises sous-traitantes et les moyens du CHSCT sont renforcés.

Les principes généraux de prévention

Ils consistent à :

- éviter les risques ;
- évaluer les risques qui ne peuvent être évités ;
- combattre les risques à la source ;
- adapter le travail à l'homme (conception des postes de travail, choix des équipements et des méthodes de travail et de production), l'objectif étant notamment de limiter le travail monotone ou cadencé et de réduire les effets de ceux-ci sur la santé ;

- tenir compte de l'état d'évolution de la technique ;
- remplacer ce qui est dangereux par ce qui ne l'est pas ou ce qui l'est moins ;
- planifier la prévention en y intégrant, dans un ensemble cohérent :
  - la technique,
  - l'organisation du travail,
  - les conditions de travail,
  - les relations sociales,
  - l'influence des facteurs ambiants, notamment les risques liés au harcèlement moral et au harcèlement sexuel, tels qu'ils sont définis aux articles L. 1152-1 et L. 1153-1 du Code du travail ;
- prendre des mesures de protection collective et leur donner la priorité sur les mesures de protection individuelle ;
- donner des instructions appropriées aux salariés.

Remarque

L'employeur est tenu de prendre toutes les dispositions nécessaires en vue de prévenir les agissements de harcèlement moral et les faits de harcèlement sexuel (voir p. 363 et 373).

Évaluer les risques : quelles obligations ?

L'évaluation des risques consiste à appréhender les dangers pour la santé et la sécurité des travailleurs dans tous les aspects liés à l'activité de l'entreprise. Il s'agit d'un travail d'analyse des modalités d'exposition des salariés à :

- des dangers (repérage d'un équipement, d'une substance, d'une méthode de travail susceptible de causer un dommage pour la santé, etc.) ;
- des facteurs de risques (conditions de travail, contraintes subies, marges de manœuvre dont disposent les salariés dans l'exercice de leur activité).

L'évaluation doit être opérée pour chaque unité de travail (poste de travail, ensemble de postes aux caractéristiques communes, etc.) :

- régulièrement, au moins une fois par an ;
- lors du choix des procédés de fabrication, des équipements de travail, des substances et préparations chimiques ;
- à l'occasion de l'aménagement des lieux de travail ou des installations et de la définition des postes de travail ;
- lors de toute transformation importante des postes, consécutive à la modification de l'outillage ou de l'organisation du travail, au changement d'équipement, de cadences, de normes de productivité, etc.

Cette évaluation des risques tient compte de l'impact différencié de l'exposition au risque en fonction du sexe.

Ses résultats sont obligatoirement consignés dans un document unique et donnent lieu, si nécessaire, à la mise en œuvre d'actions de prévention.

Remarque

Dans les entreprises comportant une ou des installations particulières à haut risque industriel et en cas de recours à la sous-traitance, le chef d'établissement de l'entreprise utilisatrice et le chef de l'entreprise extérieure définissent conjointement les mesures de prévention telles qu'exposées ci-dessus.

Le document unique : quelles caractéristiques ?

Quels que soient la taille de l'entreprise et son secteur d'activité, l'employeur transcrit dans un document unique les résultats de l'évaluation des risques à laquelle il a procédé dans le cadre de son obligation générale de prévention des risques professionnels.

Le document unique doit comporter un inventaire des risques identifiés dans chaque unité de travail. Pour ce faire, l'employeur peut s'appuyer sur différentes sources d'information disponibles dans l'entreprise : analyse des risques réalisée par le CHSCT, liste des postes de travail à risques particuliers, fiche d'entreprise établie par le médecin du travail, etc. Le document unique doit faire l'objet d'une mise à jour régulière (au moins une fois par an) et lorsqu'une modification survient (transformation de l'outillage, révélation de risques non identifiés jusqu'alors, survenance d'un accident du travail, etc.).

Remarque

Dans les entreprises de moins de 11 salariés, et dans des conditions qui seront fixées par décret après avis des organisations professionnelles concernées, la mise à jour du document unique pourra être moins fréquente, sous réserve que soit garanti un niveau équivalent de protection de la santé et de la sécurité des travailleurs.

En annexe du document unique et depuis le 1er janvier 2015 l'employeur consigne :

- les données collectives utiles à l'évaluation des expositions individuelles aux facteurs de risques mentionnés à l'article L. 4161-1 du Code du travail (voir p. 392 à 396) de nature à faciliter l'établissement des fiches de prévention des expositions mentionnées page 386 notamment à partir de l'identification de situations types d'exposition ;
- la proportion de salariés exposés aux facteurs de risques professionnels mentionnés à l'article L. 4161-1, au-delà des seuils prévus au même article (voir p. 392 à 396). Cette proportion est actualisée en tant que de besoin lors de la mise à jour du document unique.

Le document unique est tenu à la disposition des travailleurs et des autres personnes mentionnées à l'article R. 4121-4 du Code du travail. Un avis indiquant les modalités d'accès des travailleurs à ce document est affiché à une place convenable et aisément accessible dans les lieux de travail. Dans les entreprises ou établissements dotés

d'un règlement intérieur, cet avis est affiché au même emplacement que celui réservé au règlement intérieur.
Aucune forme, rubrique, etc., n'est imposée. Néanmoins, le document unique doit répondre à trois exigences :

- la cohérence, qui doit découler du regroupement, sur un seul support, des données issues de l'analyse des risques professionnels auxquels sont exposés les salariés ;
- la lisibilité. En réunissant les résultats des différentes analyses des risques, le document unique doit faciliter le suivi de la démarche de prévention dans l'entreprise ;
- la traçabilité de l'évaluation des risques, garantie par un report systématique de ses résultats.

Enfin, le support est laissé au libre choix de l'employeur : le document unique peut être écrit ou numérique. Dans tous les cas, il doit être suffisamment transparent et fiable pour traduire l'authenticité de l'évaluation.

Remarque

Le défaut d'élaboration du document unique et l'absence de mise à jour sont pénalement sanctionnés.

Quelles sont les actions de prévention ?

Outre l'obligation de faire respecter les consignes de sécurité, l'employeur doit mettre en œuvre des actions de prévention appropriées, parmi lesquelles figure l'information et la formation à la sécurité, imposée par le Code du travail. L'employeur a également l'obligation de présenter au CHSCT (ou à défaut, aux délégués du personnel), au moins une fois par an, un programme annuel de prévention des risques professionnels et d'amélioration des conditions de travail.

Remarque

Dans le cadre de leurs missions définies à l'article L. 4622-2 du Code du travail, les services de santé au travail (SST) conseillent l'employeur, les travailleurs et leurs représentants sur les dispositions et mesures nécessaires afin d'éviter ou de diminuer les risques professionnels, d'améliorer les conditions de travail, de prévenir la consommation d'alcool et de drogue sur le lieu de travail, de prévenir le harcèlement sexuel ou moral, de prévenir ou de réduire la pénibilité au travail et la désinsertion professionnelle et de contribuer au maintien dans l'emploi des travailleurs. Ces missions sont assurées par l'équipe pluridisciplinaire animée et coordonnée par le médecin du travail, dans les SST interentreprises (art. L. 4622-8), ou par le médecin du travail en coordination avec les autres acteurs de l'entreprise dans les SST autonomes (art. L. 4622-4).

■ Le programme annuel de prévention des risques professionnels

Le document unique doit notamment contribuer à l'élaboration du programme annuel de prévention des risques professionnels et d'amélioration des conditions de travail, lequel fixe la liste détaillée des mesures à prendre au cours de l'année à venir qui comprennent les mesures de prévention en matière de pénibilité, ainsi que, pour chaque mesure, ses conditions d'exécution et l'estimation de son coût. Ce programme est présenté au moins une fois par an au CHSCT (ou aux délégués du personnel, en cas d'absence de CHSCT dans un établissement d'au moins 50 salariés).

Remarque

Au moins une fois par an, l'employeur présente également au CHSCT un rapport annuel écrit faisant le bilan de la situation générale de la santé, de la sécurité et des conditions de travail dans son établissement et des actions menées au cours de l'année écoulée dans les domaines d'intervention du comité. Les questions du travail de nuit et de prévention de la pénibilité sont traitées spécifiquement.

■ L'information des salariés

L'employeur informe les travailleurs sur les risques pour leur santé et leur sécurité d'une manière compréhensible pour chacun. Cette information est dispensée lors de l'embauche et chaque fois que nécessaire. Elle porte sur les thèmes dont la liste est donnée par l'article R. 4141-3-1 du Code du travail (modalités d'accès au document unique, mesures de prévention des risques identifiés dans le document unique, etc.). Le temps consacré à cette information et à la formation visée ci-dessous est considéré comme temps de travail. L'information, comme la formation mentionnée ci-dessous, se déroulent pendant l'horaire normal de travail.

Remarque

Le médecin du travail est associé par l'employeur à la détermination du contenu de cette information et à l'élaboration des actions de formation à la sécurité mentionnée ci-dessous.

■ La formation à la sécurité

Tout salarié doit bénéficier d'une formation pratique et appropriée en matière de sécurité, lors de son embauche et à chaque fois que nécessaire, en cas de changement de poste de travail ou de technique ou encore, à la demande du médecin du travail, après un arrêt de travail d'une durée d'au moins 21 jours.

Remarque

Le financement des actions de formation à la sécurité est à la charge de l'employeur. Il ne peut ni les imputer sur la participation au développement de la formation professionnelle (sauf pour celles de ces actions qui entrent dans le cadre de l'article L. 6313-1 du Code du travail, voir p. 439) ni demander une prise en charge à son organisme paritaire collecteur agréé (OPCA).

L'objet de la formation est d'instruire les salariés des précautions à prendre pour assurer leur propre sécurité et, le cas échéant, celle des autres personnes occupées dans l'établissement. Le contenu de la formation dépend de la taille de l'établissement, de la nature de son activité, du caractère des risques qui y sont constatés et du type d'emplois occupés par les salariés concernés.
En outre, dans les entreprises comportant une ou des installations particulières à haut risque industriel et en cas de recours à la sous-traitance, le chef d'établissement doit mettre en place une formation spécifique au bénéfice des intervenants extérieurs. Cette formation doit présenter des aspects pratiques et appropriés aux risques particuliers de leur intervention.

■ L'établissement d'une fiche de prévention des expositions

Dans un souci de prévention de la pénibilité et de suivi des travailleurs concernés, pour chaque travailleur exposé à un ou plusieurs des facteurs de risques professionnels mentionnés à l'article D. 4161-2 du Code du travail (voir p. 392), au-delà des seuils fixés au même article et après application des mesures de protection collective et individuelle, l'employeur établit une fiche de prévention des expositions dans laquelle il consigne :

- les conditions de pénibilité résultant de ces facteurs auxquelles le travailleur est exposé ; l'exposition de chaque travailleur est évaluée par l'employeur selon les modalités précisées par l'article D. 4161-1 du Code du travail ;
- la période au cours de laquelle cette exposition est survenue ;
- les mesures de prévention mises en œuvre par l'employeur pour faire disparaître ou réduire l'exposition à ces facteurs durant cette période.

L'employeur transmet cette fiche au travailleur au terme de chaque année civile et, au plus tard, le 31 janvier de l'année suivante. Pour les travailleurs dont le contrat s'achève au cours de l'année civile, il l'établit et la transmet au travailleur au plus tard le dernier jour du mois suivant la date de fin de contrat.

Une copie de la fiche est remise au travailleur en cas d'arrêt de travail d'au moins 30 jours consécutif à un accident du travail ou une maladie professionnelle et d'au moins trois mois dans les autres cas. Elle est par ailleurs tenue à tout moment à sa disposition.

Remarque

Les informations contenues dans ce document sont confidentielles et ne peuvent pas être communiquées à un autre employeur auprès duquel le travailleur sollicite un emploi. En cas de décès du travailleur, ses ayants droit peuvent obtenir copie de cette fiche.

Cette fiche individuelle est établie en cohérence avec l'évaluation des risques prévue à l'article L. 4121-3 du Code du travail. Elle est communiquée au service de santé au travail qui la transmet au médecin du travail. Elle complète le dossier médical en santé au travail de chaque travailleur. Elle précise de manière apparente et claire le droit pour tout salarié de demander la rectification des informations contenues dans ce document.

Remarque

Dans les conditions fixées par les articles D. 4163-1 à R. 4163-8 du Code du travail, pour les salariés exposés aux facteurs de risques professionnels mentionnés à l'article L. 4161-1 du Code du travail (voir p. 392) au-delà des seuils d'exposition mentionnés page 394 à 396, les entreprises employant une proportion minimale de 50 % de ces salariés, et dont l'effectif total est d'au moins 50 salariés ou qui appartiennent à un groupe dont l'effectif comprend au moins 50 salariés, sont soumises à une pénalité à la charge de l'employeur lorsqu'elles ne sont pas couvertes par un accord ou, à défaut d'accord attesté par un procès-verbal de désaccord dans les entreprises pourvues de délégués syndicaux (DS) ou dans lesquelles une négociation a été engagée dans les conditions prévues aux articles L. 2232-21 et L. 2232-24 du Code du travail (négociation dans les entreprises dépourvues de DS), par un plan d'action relatif à la prévention de la pénibilité. Le montant de cette pénalité est fixé à 1 % au maximum des rémunérations ou gains versés aux travailleurs salariés ou assimilés concernés au cours des périodes au titre desquelles l'entreprise n'est pas couverte par l'accord ou le plan d'action mentionné ci-dessus. Pour plus de détails sur ces dispositions, on peut se reporter aux précisions disponibles sur le site www.travail-emploi.gouv.fr ou sur le site www.preventionpenibilite.fr.

En quoi consiste l'aide à l'employeur pour la gestion de la santé et de la sécurité au travail ?

Dans les conditions précisées par l'article R. 4644-1 du Code du travail, l'employeur désigne un ou plusieurs salariés compétents pour s'occuper des activités de protection et de prévention des risques professionnels de l'entreprise. Ce ou ces salariés bénéficieront, à leur demande, d'une formation en matière de santé au travail selon les modalités prévues par les articles L. 4614-14 à L. 4614-16 du Code du travail.

À défaut, si les compétences dans l'entreprise ne permettent pas d'organiser ces activités, l'employeur peut faire appel, après avis du CHSCT ou, en son absence, des délégués du personnel, aux intervenants en prévention des risques professionnels (IPRP) appartenant au service de santé au travail interentreprises auquel il adhère ou dûment enregistrés auprès de l'autorité administrative disposant de compétences dans le domaine de la prévention des risques professionnels et de l'amélioration des conditions de travail. L'employeur pourra aussi faire appel aux services de prévention des caisses de sécurité sociale avec l'appui de l'Institut national de recherche et de sécurité (INRS) dans le cadre des programmes de prévention mentionnés à l'article L. 422-5 du Code de la sécurité sociale, à l'Organisme professionnel de prévention du bâtiment et des travaux publics (OPPBTP) et à l'Agence nationale pour l'amélioration des conditions de travail (Anact) et son réseau.

Cet appel aux compétences est réalisé dans des conditions garantissant les règles d'indépendance des professions médicales et l'indépendance des personnes et organismes mentionnés ci-dessus.

Textes de référence

Articles L. 4141-1 à L. 4142-3, L.4161-1 et R. 4141-1 à R. 4143-2
(information et formation des travailleurs), D. 4161-1 à D. 4161-4
(fiche de prévention des expositions), R. 4121-1 à R. 4121-4
(principes généraux de prévention), et R. 4612-3 à R. 4612-6
(entreprises ou établissements à hauts risques industriels)
Loi n° 2014-40 du 20 janvier 2014 (JO du 21 janvier)

Qui contacter sur ce sujet ?

Inspection du travail
Représentants du personnel

Lire en complément

• Le comité d'hygiène, de sécurité et des conditions de travail (CHSCT)
• La médecine du travail
• L'accident de travail, l'accident de trajet et la maladie professionnelle
• Le harcèlement sexuel
• Le harcèlement moral
• La sanction disciplinaire

Le compte personnel de prévention de la pénibilité

La loi n° 2014-40 du 20 janvier 2014 mentionnée page 404 institue à compter du 1er janvier 2015, le « compte personnel de prévention de la pénibilité » dont l'objet est de comptabiliser les périodes d'exposition à un ou plusieurs facteurs de risques professionnels au-delà des seuils fixés par la réglementation, et les droits acquis à ce titre. Ce dispositif a pour ambition d'inciter les entreprises à réduire au maximum l'exposition de leurs salariés à des situations de pénibilité et de permettre aux salariés exposés à des conditions de travail pénibles d'accéder à des postes moins pénibles grâce à la formation, de réduire leur durée de travail ou de financer une majoration de durée d'assurance vieillesse et un départ en retraite avant l'âge légal de départ en retraite de droit commun.
Ce droit nouveau est ouvert à l'ensemble des salariés exposés à un ou plusieurs facteurs de risques professionnels (voir p. 392) ayant un contrat de travail de droit privé, affiliés au régime général ou au régime de la mutualité sociale agricole (MSA). Toutes les formes de contrat de travail, d'une durée minimale d'un mois, sont concernées : CDI, CDD, intérim, emplois saisonniers, temps partiels, contrats aidés, contrat d'apprentissage, etc. Les salariés sous contrats de droit public ou affiliés à des régimes spéciaux (voir le décret n° 2014-1617 du 24 décembre 2014, JO du 27), ainsi que les salariés des particuliers employeurs sont exclus du champ d'application du dispositif.

Remarque

Pour toutes questions relatives au compte personnel de prévention de la pénibilité, les salariés et les employeurs peuvent contacter le 3682 (appel non surtaxé) du lundi au vendredi de 8 h à 17 h ou

consulter le site qui est dédié à ce dispositif : www.preventionpenibilite.fr/.
À partir de 2016, les salariés concernés pourront, depuis un espace personnel sécurisé accessible sur ce site, accéder à un relevé de points leur permettant de connaître le nombre de points disponibles pour les utilisations souhaitées et d'en éditer un justificatif.

Quelles sont les conditions d'ouverture d'un compte personnel de prévention de la pénibilité ?

■ Le principe

Un compte personnel de prévention de la pénibilité (CPPP) est ouvert dès lors qu'un salarié a acquis des droits du fait de son exposition à un ou plusieurs facteurs de risques professionnels au-delà des seuils d'exposition fixés par la réglementation. Ces facteurs de risques sont au nombre de dix, quatre étant pris en compte à compter du 1er janvier 2015, les six autres à compter du 1er janvier 2016 (voir p. 392).
La fiche de prévention des expositions mentionnée page 386, établie par l'employeur, recense les facteurs de risques auxquels le travailleur a été exposé.
Dès lors que les conditions sont réunies, aucune démarche n'est exigée du salarié pour qu'il dispose d'un CPPP ; le dispositif repose sur les déclarations de l'employeur et la gestion du compte est assurée par les caisses mentionnées page 403.

Remarque

Seul le salarié a accès à son CPPP, et les droits associés n'appartiennent qu'à lui. L'employeur n'a pas connaissance du nombre de points figurant sur le compte de ses salariés, même au moment de l'embauche.
Les droits constitués par le salarié sur son CPPP lui restent acquis jusqu'à leur liquidation ou à son admission à la retraite.

■ **Les étapes de mise en place**

Dès 2015, les employeurs ont l'obligation d'évaluer l'exposition éventuelle de leurs salariés aux quatre facteurs de risques en vigueur à compter du 1er janvier 2015 (travail de nuit, en équipes successives alternantes, répétitif ou en milieu hyperbare, voir p. 394 à 396). Les premiers points seront donc inscrits sur le CPPP des salariés concernés à compter de la mi-2016 (voir p. 400) au titre de leur exposition en 2015, et pourront, le cas échéant, être utilisés dans les conditions mentionnées page 398.

À compter de 2016, l'évaluation de l'exposition des salariés se fera pour les dix facteurs de risques concernés.

Quels sont les facteurs de risques professionnels pris en compte ?

Les facteurs de risques professionnels pris en compte dans le cadre du dispositif du CPPP sont des facteurs liés à des contraintes physiques marquées, à un environnement physique agressif ou à certains rythmes de travail susceptibles de laisser des traces durables identifiables et irréversibles sur la santé du travailleur.

Ces facteurs ainsi que les seuils d'exposition sont fixés par l'article D. 4161-2 du Code du travail et sont au nombre de dix. Comme cela est précisé pages 394 à 396, quatre facteurs sont pris en compte à partir du 1er janvier 2015 : le travail de nuit, le travail en équipes successives alternantes, le travail répétitif et les activités exercées en milieu hyperbare. Les six autres facteurs (les manutentions manuelles de charge, les postures pénibles, les vibrations mécaniques, les agents chimiques dangereux, les températures extrêmes et le bruit) seront pris en compte à partir du 1er janvier 2016.

Le CPPP n'est pas rétroactif : seules les périodes d'exposition décomptées à partir du 1er janvier 2015 pour les quatre premiers facteurs et du 1er janvier 2016 pour les six autres permettent d'acquérir des points. Pour les salariés ayant effectué plusieurs contrats de travail pendant l'année (d'une durée d'un mois minimum) portant sur des activités exposées, les différentes périodes d'exposition sont cumulées : chaque trimestre d'exposition permet au salarié d'acquérir des points.

Remarques

- L'appréciation de l'exposition du salarié au regard des seuils mentionnés ci-contre se fait en intégrant les effets des moyens de protection collectifs (isolation sonore, systèmes d'aspiration d'air, engins de levage mécanique…) ou individuels (casques de protection auditive, appareils de protection respiratoire…). L'objectif est ainsi d'inciter à la mise en place de mesures de protection des salariés, en complément des dispositifs existants de prévention des risques professionnels.
- Les facteurs de risques sont définis par une intensité (mesurée en décibels pour le bruit, en kilogrammes pour les manutentions manuelles de charges…) et une temporalité (mesurée par une durée d'exposition en heures ou une fréquence). Des fiches techniques relatives aux dix facteurs de risques progressivement intégrés au dispositif du CPPPTont été élaborées par le ministère en charge du Travail et sont accessibles à l'adresse suivante : www.travailler-mieux.gouv.fr/IMG/pdf/Fiches_reperes_sur_les_facteurs_de_risque.pdf.

1° Les facteurs de risques professionnels au titre des contraintes physiques marquées

FACTEUR DE RISQUES PROFESSIONNELS	SEUIL		
	Action ou situation	Intensité minimale	Durée Minimale[1]
a) Manutentions manuelles de charges définies à l'article R. 4541-2 du Code du travail (pris en compte à compter du 1er janvier 2016) (pris en compte à compter du 1er janvier 2016)	Lever ou porter	Charge unitaire de 15 kg	600 heures par an
	Pousser ou tirer	Charge unitaire de 250 kg	
	Déplacement du travailleur avec la charge ou prise de la charge au sol ou à une hauteur située au-dessus des épaules	Charge unitaire de 10 kg	
	Cumul de manutentions de charges	7,5 tonnes cumulées par jour	120 jours par an
b) Postures pénibles définies comme positions forcées des articulations (pris en compte à compter à du 1er janvier 2016)	Maintien des bras en l'air à une hauteur située au dessus des épaules ou positions accroupies ou à genoux ou positions du torse en torsion à 30 degrés ou positions du torse fléchi à 45 degrés		900 heures par an
c) Vibrations mécaniques mentionnées à l'article R. 4441-1 du Code du travail (pris en compte à compter du 1er janvier 2016)	Vibrations transmises aux mains et aux bras	Valeur d'exposition rapportée à une période de référence de 8 heures de 2,5 m/ s2	450 heures par an
	Vibrations transmises à l'ensemble du corps	Valeur d'exposition rapportée à une période de référence de 8 heures de 0,5 m/ s2	

1. Lorsque la durée minimale d'exposition est décomptée en nombre d'heures par an, le dépassement du seuil est apprécié en cumulant les durées pendant lesquelles se déroulent chacune des actions ou pendant lesquelles chacune des situations sont constatées.

2° Les facteurs de risques professionnels au titre de l'environnement physique agressif

FACTEUR DE RISQUES PROFESSIONNELS	SEUIL		
	Action ou situation	Intensité minimale	Durée minimale[1]
a) Agents chimiques dangereux mentionnés aux articles R. 4412-3 et R. 4412-60 du Code du travail, y compris les poussières et les fumées (pris en compte à compter du 1er janvier 2016)	Exposition à un agent chimique dangereux relevant d'une ou plusieurs classes ou catégories de danger définies à l'annexe I du règlement (CE) n° 1272/2008 et figurant dans un arrêté du ministre chargé du Travail	Le seuil est déterminé, pour chacun des agents chimiques dangereux, par application d'une grille d'évaluation prenant en compte le type de pénétration, la classe d'émission ou de contact de l'agent chimique concerné, le procédé d'utilisation ou de fabrication, les mesures de protection collective ou individuelle mises en œuvre et la durée d'exposition, qui est définie par arrêté du ministre chargé du Travail et du ministre chargé de la Santé	
b) Activités exercées en milieu hyperbare définies à l'article R. 4461-1 du Code du travail (pris en compte à compter du 1er janvier 2015)	Interventions ou travaux	1 200 hectopascals	60 interventions ou travaux par an
c) Températures extrêmes (pris en compte à compter du 1er janvier 2016)	Température inférieure ou égale à 5 degrés Celsius ou au moins égale à 30 degrés Celsius		900 heures par an
d) Bruit mentionné à l'article R. 4431-1 du Code du travail (pris en compte à compter du 1er janvier 2016)	Niveau d'exposition au bruit rapporté à une période de référence de huit heures d'au moins 80 décibels (A)		600 heures par an
	Exposition à un niveau de pression acoustique de crête au moins égal à 135 décibels (C)		120 fois par an

1. Lorsque la durée minimale d'exposition est décomptée en nombre d'heures par an, le dépassement du seuil est apprécié en cumulant les durées pendant lesquelles se déroulent chacune des actions ou pendant lesquelles chacune des situations sont constatées.

3° Les facteurs de risques professionnels au titre de certains rythmes de travail

<table>
<tr><th rowspan="2">FACTEUR DE RISQUES PROFESSIONNELS</th><th colspan="3">SEUIL</th></tr>
<tr><th>Action ou situation</th><th>Intensité minimale</th><th>Durée Minimale[1]</th></tr>
<tr><td>a) Travail de nuit dans les conditions fixées aux articles L. 3122-29 à L. 3122-31 du Code du travail (pris en compte à compter du 1er janvier 2015) Une heure de travail entre 24 heures et 5 heures</td><td colspan="2">120 nuits par an</td><td>120 nuits par an</td></tr>
<tr><td>b) Travail en équipes successives alternantes (pris en compte à compter du 1er janvier 2015)</td><td colspan="2">Travail en équipes successives alternantes impliquant au minimum une heure de travail entre 24 heures et 5 heures</td><td>50 nuits par an</td></tr>
<tr><td rowspan="2">c) Travail répétitif caractérisé par la répétition d'un même geste, à une cadence contrainte, imposée ou non par le déplacement automatique d'une pièce ou par la rémunération à la pièce, avec un temps de cycle défini (pris en compte à compter du 1er janvier 2015)</td><td colspan="2">Temps de cycle inférieur ou égal à 1 minute</td><td rowspan="2">900 heures par an</td></tr>
<tr><td colspan="2">30 actions techniques ou plus par minute avec un temps de cycle supérieur à 1 minute</td></tr>
</table>

1. Lorsque la durée minimale d'exposition est décomptée en nombre d'heures par an, le dépassement du seuil est apprécié en cumulant les durées pendant lesquelles se déroulent chacune des actions ou pendant lesquelles chacune des situations sont constatées.

Remarque

Pour chaque travailleur exposé à un ou plusieurs des facteurs de risques professionnels au-delà des seuils fixés ci-dessus, l'employeur établit une fiche de prévention des expositions et la transmet au travailleur au terme de chaque année civile et, au plus tard, le 31 janvier de l'année suivante. Pour les travailleurs dont le contrat s'achève au cours de l'année civile, il l'établit et la transmet au travailleur au plus tard le dernier jour du mois suivant la date de fin de contrat (toutefois, afin de faciliter l'entrée en vigueur du dispositif, pour les contrats se finissant durant l'année 2015, l'employeur peut établir les fiches d'exposition des salariés concernés jusqu'au début de l'année 2016).

Cette fiche recense les facteurs de risques auxquels le travailleur a été exposé. L'exposition de chaque travailleur est évaluée par l'employeur au regard des conditions habituelles de travail caractérisant le poste occupé, appréciées en moyenne sur l'année, selon les modalités précisées par l'article D. 4161-1 du Code du travail (voir aussi p. 386).

Comment est alimenté le compte ?

En fonction des déclarations effectuées par les employeurs (voir p. 401), le CPPP de chaque salarié concerné est crédité chaque année d'un certain nombre de points, par l'organisme en charge de la gestion de ce dispositif (voir p. 403) ; pour les assurés nés avant le 1er juillet 1956, les points inscrits sont multipliés par deux.

Pour les salariés titulaires d'un contrat de travail dont la durée est supérieure ou égale à l'année civile, cette déclaration donne lieu à l'inscription par la Cnav (organisme en charge de la gestion des CPPP, voir p. 403) sur son CPPP de :

- quatre points lorsqu'il est exposé à un seul facteur de risque professionnel ;
- huit points lorsqu'il est exposé à plusieurs facteurs de risques professionnels.

Pour les salariés titulaires d'un contrat de travail dont la durée, supérieure ou égale à un mois, débute ou s'achève en cours d'année civile, la Cnav agrège l'ensemble des déclarations transmises par le ou les employeurs et établit, pour chaque facteur de risque professionnel déclaré, sa durée totale d'exposition en mois au titre de l'année civile :

- chaque période d'exposition de trois mois à un facteur de risque professionnel donne lieu à l'attribution d'un point ;
- chaque période d'exposition de trois mois à plusieurs facteurs de risques professionnels donne lieu à l'attribution de deux points.

Remarque

Le nombre total de points inscrits sur le compte personnel de prévention de la pénibilité ne peut excéder 100 points au cours de la carrière professionnelle du salarié.

TABLEAU RÉCAPITULATIF (SOURCE : CNAV)

	SALARIÉS NÉS AVANT LE 1ER JUILLET 1956	SALARIÉS NÉS À COMPTER DU 1ER JUILLET 1956
Salarié présent dans l'entreprise toute l'année	Exposition* au-delà du seuil à 1 seul facteur de risques : 8 points	Exposition* au-delà du seuil à 1 seul facteur de risques : 4 points
	Exposition* au-delà du seuil à au moins deux facteurs de risques : 16 points	Exposition* au-delà du seuil à au moins deux facteurs de risques : 8 points
Salarié présent dans l'entreprise pendant une partie de l'année seulement (un mois minimum)**	Exposition* au-delà du seuil à 1 seul facteur de risques : 2 points par période d'exposition de trois mois dans l'année	Exposition* au-delà du seuil à 1 seul facteur de risques : 1 point par période d'exposition de trois mois dans l'année
	Exposition* au-delà du seuil à au moins 2 facteurs de risques : 4 points par période d'exposition de trois mois dans l'année	Exposition* au-delà du seuil à au moins 2 facteurs de risques : 2 points par période d'exposition de trois mois dans l'année

* La durée d'exposition est appréciée dans les conditions habituelles du poste, en moyenne annuelle.
** Salarié dont le contrat de travail a débuté et/ou fini en cours d'année.

Comment peuvent être utilisés les points inscrits sur le CPPP ?

■ Les différentes utilisations possibles

Le titulaire du compte personnel de prévention de la pénibilité peut décider d'affecter en tout ou partie les points inscrits sur son compte à une ou plusieurs des trois utilisations suivantes :

1° La prise en charge de tout ou partie des frais d'une action de formation professionnelle continue en vue d'accéder à un emploi non exposé ou moins exposé à des facteurs de pénibilité ; un point ouvre droit à 25 heures de prise en charge de tout ou partie des frais d'une telle action de formation. Les points sont convertis en heures de formation pour abonder le compte personnel de formation (voir art. R. 4162-11 à R. 4162-17).

2° Le financement du complément de sa rémunération et des cotisations et contributions sociales légales et conventionnelles en cas de réduction de sa durée de travail ; dix points ouvrent droit à un complément de rémunération dont le montant correspond à la compensation pendant trois mois d'une réduction du temps de travail égale à un mi-temps (voir art. D. 4162-18 à D. 4162-22).

3° Le financement d'une majoration de durée d'assurance vieillesse et d'un départ en retraite avant l'âge légal de départ en retraite de droit commun ; dix points ouvrent droit à un trimestre de majoration de durée d'assurance vieillesse. Cette utilisation peut permettre d'anticiper jusqu'à 2 ans l'âge de départ à la retraite par rapport à l'âge légal.

Les droits mentionnés aux 1° et 2° ci-dessus ne pourront être exercés que lorsque le salarié relèvera, à la date de sa demande, des catégories définies au premier alinéa de l'article L. 4162-1 du Code du travail (salarié ayant un contrat de travail de droit privé).

Remarque

Les points sont consommés selon le barème ci-dessus par tranche de 10 points pour les utilisations prévues aux 2° et 3° et point par point pour l'utilisation prévue au 1°.

Les 20 premiers points inscrits sont obligatoirement réservés à l'utilisation prévue au 1° ci-dessus (utilisation pour une action de formation). Toutefois :

- pour les assurés nés avant le 1er janvier 1960, aucun point n'est réservé à cette utilisation ;
- pour les assurés nés entre le 1er janvier 1960 et le 31 décembre 1962 inclus, seuls les 10 premiers points inscrits sont réservés à cette utilisation.

Pour plus de précisions sur les possibilités d'utilisation des droits inscrits sur le CPPP qui, en tout état de cause, ne pourront intervenir avant l'inscription effective des points sur le compte (soit, au plus tôt, en 2016), on peut se reporter aux informations diffusées sur le site www.preventionpenibilite.fr/.

■ La demande

La demande d'utilisation des points ne peut intervenir qu'à compter de l'inscription des points sur le compte personnel de prévention de la pénibilité. Sous cette réserve, elle peut avoir lieu à tout moment de la carrière du titulaire du compte pour l'utilisation « réduction du temps de travail » et, que celui-ci soit salarié ou demandeur d'emploi, pour l'utilisation « formation professionnelle ». Pour les droits « majoration de durée d'assurance », la liquidation des points acquis, sous réserve d'un nombre suffisant, peut intervenir à partir de 55 ans.

Remarque

À compter de la mi-2016, chaque salarié pour lequel, compte tenu des déclarations effectuées par l'employeur, un CPPP aura été créé, pourra accéder en ligne (www.preventionpenibilite.fr/) à un relevé de points lui permettant de connaître le nombre de points disponibles pour les utilisations souhaitées et d'en éditer un justificatif.

La demande d'utilisation des points inscrits sur le compte pourra être effectuée en ligne selon des modalités qui seront précisées par arrêté ministériel (à paraître). Elle pourra également être adressée par le titulaire du compte à la caisse chargée de la liquidation des pensions de retraite de base du régime général dans le ressort de laquelle se trouve sa résidence ou, en cas de résidence à l'étranger, son dernier lieu de travail en France. La demande adressée à une caisse autre que celle de la résidence de l'assuré est transmise à cette dernière.

Pour plus de précisions, on peut se reporter aux informations diffusées sur le site www.preventionpenibilite.fr/.

Quelles sont les obligations des employeurs ?

Dès 2015, les employeurs ont l'obligation d'évaluer l'exposition de leurs salariés aux quatre facteurs de risques retenus à compter du 1er janvier 2015 (travail de nuit, en équipes successives alternantes, répétitif ou en milieu hyperbare, voir p. 392). Cette évaluation s'inscrit dans une démarche globale : le document unique d'évaluation des risques (voir p. 381) sert de repère pour l'appréciation des conditions de travail de chaque salarié ; par ailleurs, l'employeur peut s'appuyer sur les accords collectifs de branche ou les référentiels de branche et se référer aux guides et documents qui seront établis par les institutions et organismes de prévention. À compter de 2016, l'évaluation de l'exposition des salariés se fera pour les dix facteurs de risques concernés.

Au terme de chaque année civile et au plus tard le 31 janvier de l'année suivante (et, pour la première fois, le 31 janvier 2016 au titre de l'année 2015), l'employeur déclare, dans le cadre de la déclaration annuelle des données sociales (DADS, qui sera progressivement remplacée par la déclaration sociale nominative - DSN), pour les travailleurs titulaires d'un contrat de travail dont la durée est supérieure ou égale à l'année civile, le ou les facteurs de risques professionnels auxquels ils ont été exposés au-delà des seuils fixés au cours de l'année civile considérée, conformément aux informations qu'il a consignées dans la fiche de prévention des expositions mentionnée page 386. Pour les employeurs dont les salariés relèvent de la MSA, la déclaration se fait via la déclaration trimestrielle des salaires (DTS) ou via le titre emploi simplifié agricole (TESA) ; ces employeurs peuvent se renseigner auprès de leur caisse de MSA ou consulter le site www.preventionpenibilite.fr/.

Pour les travailleurs titulaires d'un contrat de travail dont la durée, supérieure ou égale à un mois, débute ou s'achève en cours d'année civile, l'employeur déclare dans les mêmes conditions le ou les facteurs de risques professionnels auxquels ils ont été exposés et la durée d'exposition (pour les salariés exposés, dont la durée du contrat de travail est inférieure à un mois, aucune déclaration n'est à effectuer par l'employeur).

Remarque

La création et la gestion du compte ne relèvent pas de la responsabilité des employeurs : le CPPP de chaque salarié sera créé automatiquement à partir de janvier 2016 à la suite des déclarations effectuées par les employeurs, et leurs salariés en seront directement informés. De même, le calcul des points n'est pas à la charge des employeurs : c'est l'organisme gestionnaire du CPPP mentionné ci-contre qui détermine le nombre de points acquis par les salariés au regard des périodes d'exposition que l'employeur aura déclarées, et selon le barème prédéfini mentionné page 397.

Pour le contrôle de l'effectivité ou de l'ampleur de l'exposition aux facteurs de risques professionnels et de l'exhaustivité des données déclarées, les employeurs sont tenus d'adresser ou de présenter aux agents des caisses chargées de la liquidation des pensions de retraite du régime général (Carsat ou Cnav en Île-de-France) ou aux agents des caisses de MSA tout document que ceux-ci leur demandent aux fins de l'exercice de leur mission et de permettre auxdits agents l'accès aux locaux de l'exploitation ou de l'entreprise. Ces agents procèdent, dans le respect des secrets de fabrication et des procédés d'exploitation dont ils pourraient prendre connaissance dans l'exercice de leurs fonctions, à toutes vérifications sur pièces et sur place portant sur l'exactitude des déclarations fournies en vue de déterminer les droits des salariés au titre du compte personnel de prévention de la pénibilité. Ils informent l'employeur et les salariés concernés du résultat de ce contrôle et de ses conséquences éventuelles ; les dispositions applicables figurent à l'article D. 4162- 25 du Code du travail.

Qui assure la gestion du compte ?

La gestion du compte personnel de prévention de la pénibilité est assurée par la Caisse nationale d'assurance vieillesse des travailleurs salariés et le réseau des organismes régionaux chargés du service des prestations d'assurance vieillesse du régime général de sécurité sociale (Carsat ou Cnav en Île-de-France).

Chaque année, la Cnav enregistre sur le CPPP du salarié les points correspondant aux données déclarées par l'employeur au titre de l'année précédente sur la DADS (voir p. 401). La caisse chargée de la liquidation des pensions de retraite du régime général dans la circonscription de laquelle se trouve l'établissement (Carsat ou Cnav en Île-de-France) fait connaître au salarié par voie électronique, au plus tard le 30 juin, que l'information afférente à son compte (notamment le nombre de points acquis) est disponible sur un site dédié (www.preventionpenibilite.fr/). À défaut, elle porte cette information à sa connaissance par lettre simple. Les modalités de contestation sont également communiquées au salarié (ces modalités sont précisées par les articles R. 4162-26 et suivants du Code du travail).

Les organismes gestionnaires seront également chargés du versement des sommes représentatives des points que le travailleur souhaitera affecter aux utilisations possibles du compte (voir p. 398), respectivement, aux financeurs des actions de formation professionnelle suivies, aux employeurs concernés ou au régime de retraite compétent.

Remarque

Un fonds chargé du financement des droits liés au compte personnel de prévention de la pénibilité est créé. Ce fonds est financé par une cotisation à la charge des employeurs, qui se compose :

- d'une cotisation de base, effective seulement à partir de 2017, qui sera due par tous les employeurs (à l'exception des particuliers employeurs) de droit privé ou les employeurs dont les salariés relè-

vent du droit privé, qu'ils relèvent du régime de base ou du régime agricole. Son taux sera fixé à 0,01 % à compter de 2017 ;
- d'une cotisation additionnelle, due par les entreprises employant des salariés exposés à des facteurs de risques au-delà des seuils à partir de l'exercice 2015. Son taux est fixé à 0,1 % pour les années 2015 et 2016 et à 0,2 % à compter de l'année 2017, au titre des salariés ayant été exposés à un seul facteur de pénibilité au-delà des seuils d'exposition et à 0,2 % pour les années 2015 et 2016, puis à 0,4 % à compter de l'année 2017, au titre des salariés ayant été exposés simultanément à plusieurs facteurs de pénibilité au-delà des seuils d'exposition. Cette cotisation pourra être versée jusqu'au 31 janvier 2016 pour les entreprises du régime général et jusqu'au 15 février 2016 pour les entreprises du régime agricole.

Textes de référence

Articles L. 4162-1 à L. 4162-22 et R. 4162-1 à R. 4162-57 du Code du travail
Loi n° 2014-40 du 20 janvier 2014 (JO du 21)
Décrets n° 2014-1156 et n° 2014-1157 du 9 octobre 2014 (JO du 10)
Décret n° 2014-1617 du 24 décembre 2014 (JO du 27)

Les aides à l'amélioration des conditions de travail

Le Fonds pour l'amélioration des conditions de travail : de quoi s'agit-il ?

Le Fonds pour l'amélioration des conditions de travail (Fact) a pour objet d'apporter une aide financière, versée sous forme de subvention, aux entreprises et aux branches professionnelles concevant et mettant en œuvre des mesures d'amélioration des conditions de travail et contribuant à une meilleure prévention des risques professionnels. L'originalité de ce fonds est d'appréhender les projets déposés par les demandeurs dans une approche globale des conditions de travail, prenant à la fois en compte les facteurs techniques, organisationnels et humains des situations de travail. Une attention particulière est également portée à l'association de l'ensemble des personnels et de leurs représentants au montage du projet porté par l'entreprise ou la branche professionnelle.
La gestion du Fact est confiée à l'Agence nationale pour l'amélioration des conditions de travail (Anact), qui intervient dans la limite de l'enveloppe disponible.

■ Les bénéficiaires

Peuvent bénéficier des subventions du Fact :

- les établissements et les entreprises de petite et moyenne taille, c'est-à-dire moins de 250 salariés (toutefois, comme l'indique la circulaire du 19 juin 2008, mentionnée page 408, un « léger dépassement de ce plafond est possible, au cas par cas, en fonction de l'intérêt du projet et en fonction des particularités locales ») ;
- les organisations professionnelles ou interprofessionnelles de branches tant au plan national que local.

■ L'objet de l'aide

Le Fact a pour objet d'inciter et d'aider les entreprises au moyen de subventions, et dans le cadre de démarches participatives, à concevoir et à mettre en œuvre des projets prenant en compte, outre les aspects économiques et techniques, les facteurs organisationnels et humains des situations de travail.

Ces projets doivent avoir pour objectifs notamment :

- d'améliorer la prévention des risques professionnels (troubles musculo-squelettiques – TMS –, stress, etc.) ;
- de prendre en compte, dans l'optique d'une gestion des âges améliorée, la pénibilité des métiers et l'exercice de ces métiers tout au long de la vie, dans le cadre de parcours professionnels adaptés.

La subvention du Fact peut porter, selon la nature du projet, sur les différents volets du projet, notamment la conduite du projet, l'appui méthodologique, les études préalables à une conduite du changement ou à des études techniques en matière d'équipements de travail, le suivi, ainsi que l'élaboration d'outils et de méthodes contribuant à l'amélioration des conditions de travail au sein de l'entreprise ou de la branche professionnelle ou interprofessionnelle concernée.

Remarque

Pour les projets déposés par les organismes professionnels de branches, l'aide financière peut également porter sur les actions liées à la capitalisation et au transfert d'expériences ainsi que sur la diffusion d'outils et de méthodes auprès du secteur d'activité concerné.

■ Le montant de l'aide

Projets conduits par une ou plusieurs entreprises

L'Anact prend en charge une partie des coûts du projet supporté par la ou les entreprises concernées, dans la limite de 1 000 € par journée d'intervention (toutes taxes comprises) et d'un nombre plafonné de jours d'intervention qui est :

- de 15 jours maximum d'intervention pour les projets conduits par une seule entreprise ;
- de 13 jours maximum d'intervention par entreprise signataire plus un forfait de deux jours maximum consacrés à la coordination des projets conduits par plusieurs entreprises.

Projets conduits par un organisme professionnel ou interprofessionnel de branche
L'Anact prend en charge une partie de la dépense du projet subventionnable, dans la limite d'un plafond maximal de 80 % du montant prévisionnel de la dépense subventionnable engagée prévu par le demandeur, toutes aides publiques directes confondues, tel que prévu par la réglementation.
Dans tous les cas, pour la détermination du taux de prise en charge de la dépense subventionnable, l'Anact apprécie l'intérêt du projet au regard, notamment, des caractéristiques du secteur d'activité concerné, de l'importance des effectifs concernés, ainsi que pour les organisations professionnelles ou interprofessionnelles du nombre d'entreprises concernées.

Projets d'études techniques ayant pour objet de conduire à l'introduction de nouveaux équipements de travail
L'assiette prise en compte pour la détermination de la subvention est calculée sur la base du devis estimatif du projet d'étude, déduction faite de la TVA, résultant du projet. Le montant de la subvention est déterminé par l'application d'un pourcentage variable selon l'intérêt du projet dans la limite de 50 % du montant prévisionnel de la dépense subventionnable engagée prévue par le demandeur. Cette subvention est plafonnée à 50 000 € par projet, toutes aides publiques confondues, y compris les aides prévues aux paragraphes ci-dessus.

Quelle est la procédure ?

La décision attributive de subvention prend la forme d'une convention cosignée par les différentes parties prenantes (à titre d'exemple, une convention type est communiquée en annexe à la

circulaire du 19 juin 2008 citée en référence). La gestion du Fact est désormais assurée par l'Anact. Le réseau des Aract et les directions régionales des entreprises, de la concurrence, de la consommation, du travail et de l'emploi – Direccte (voir p. 933) – jouent un rôle essentiel dans l'identification et l'accompagnement des projets d'entreprises, de groupe d'entreprises ou de branches.
Cette convention définit l'objet de l'action subventionnée, la durée prévue de l'action, le montant de la subvention prévue ainsi que les modalités de versement de ladite subvention. Elle comporte également les engagements pris par le ou les porteurs du projet, en contrepartie de l'octroi de la subvention accordée, de permettre, d'une part, la diffusion de l'action menée, dans le respect des règles de confidentialité liées à la concurrence, ainsi que de fournir les informations nécessaires à l'évaluation de l'action menée.

Remarque

Les institutions représentatives du personnel ou, à défaut, les salariés doivent être informés du contenu de la convention conclue entre l'Anact et la ou les entreprises concernées et doivent être associés à la mise en œuvre des actions inscrites dans ladite convention.

Textes de référence

Articles L. 4642-1, R. 4642-1 et suivants (interventions de l'Anact) du Code du travail
Arrêté du 14 avril 2008 fixant les règles d'attribution des subventions du Fonds pour l'amélioration des conditions de travail (Fact) (JO du 26 avril)
Circulaire DGT n° 2008-09 du 19 juin 2008 « fixant les nouvelles modalités d'attribution du Fonds pour l'amélioration des conditions de travail (Fact) » (publiée au BO du ministère du Travail du 30 juillet 2008 ; http://travail-emploi.gouv.fr/publications/picts/bo/30072008/TRE_20080007_0110_0004.pdf)

Qui contacter sur ce sujet ?

Directions régionales des entreprises, de la concurrence, de la consommation, du travail et de l'emploi (Direccte, voir p. 933)

Agence nationale pour l'amélioration des conditions de travail (Anact) ou agences régionales d'amélioration des conditions de travail (Aract) (www.anact.fr)

Le comité d'hygiène, de sécurité et des conditions de travail (CHSCT)

Constitué dans tous les établissements occupant au moins 50 salariés, le CHSCT a pour mission de contribuer à la protection de la santé et de la sécurité des salariés ainsi qu'à l'amélioration des conditions de travail. Composé notamment d'une délégation du personnel, le CHSCT dispose d'un certain nombre de moyens pour mener à bien sa mission (information, recours à un expert, etc.) et les représentants du personnel qui en font partie, d'un crédit d'heures et d'une protection contre le licenciement. Ces moyens sont renforcés dans les entreprises à haut risque industriel.

Quel est le rôle du CHSCT ?

Le comité contribue à la protection de la santé et de la sécurité des travailleurs de l'établissement et de ceux mis à sa disposition par une entreprise extérieure et à l'amélioration de leurs conditions de travail, notamment par :

- l'analyse des conditions de travail et des risques professionnels auxquels ils peuvent être exposés. Il procède également à l'analyse des risques professionnels auxquels peuvent être exposées les femmes enceintes et à l'analyse de l'exposition des salariés à des facteurs de pénibilité ;
- la vérification, par des inspections et des enquêtes, du respect des prescriptions législatives et réglementaires et de la mise en œuvre des mesures de prévention préconisées ;
- le développement de la prévention par des actions de sensibilisation et d'information. Il peut, par exemple, proposer des actions de prévention en matière de harcèlement sexuel ou moral ;

- l'analyse des circonstances et des causes des accidents du travail ou des maladies professionnelles ou à caractère professionnel.

Remarques

- Dans les établissements d'au moins 50 salariés dépourvus de CHSCT, les délégués du personnel assument les missions dévolues au comité.
- Dans les établissements de moins de 50 salariés, l'inspecteur du travail peut imposer la création d'un CHSCT en raison notamment de la nature des travaux, de l'agencement ou de l'équipement des locaux.

Le CHSCT est notamment consulté avant toute décision d'aménagement important modifiant les conditions d'hygiène et de sécurité ou les conditions de travail et, par exemple :

- avant toute transformation importante des postes de travail découlant de la modification de l'outillage, d'un changement de produit ou de l'organisation du travail ;
- avant toute modification des cadences et des normes de productivité liées ou non à la rémunération du travail ;
- sur le plan d'adaptation lors de la mise en œuvre de mutations technologiques importantes et rapides ;
- sur le projet d'introduction et lors de l'introduction de nouvelles technologies sur les conséquences de ce projet ou de cette introduction sur la santé et la sécurité des travailleurs.

Remarque

Lorsque les consultations mentionnées ci-dessus, prévues aux articles L. 4612-8, L. 4612-9, L. 4612-10 et L. 4612-13 du Code du travail, portent sur un projet commun à plusieurs établissements, l'employeur peut mettre en place une instance temporaire de coordination de leurs CHSCT, qui a pour mission d'organiser le recours à une expertise unique par un expert agréé et qui peut rendre un avis au titre des articles L. 4612-8, L. 4612-9, L. 4612-10 et L. 4612-13 précités. Cette instance est mise en place et fonctionne dans les conditions précisées par les articles L. 4616-1 à L. 4616-6 et R. 4616-1 à R. 4616-10 du Code du travail.

Dans les entreprises comportant une ou des installations particulières à haut risque industriel – entreprises classées « Seveso seuil haut » et celles de stockage souterrain de gaz naturel, hydrocarbures ou produits chimiques – le CHSCT est notamment consulté sur :

- la sous-traitance nouvelle d'une activité à une entreprise extérieure appelée à réaliser une intervention pouvant présenter des risques particuliers ;
- la liste établie par l'employeur des postes de travail liés à la sécurité de l'installation.

Remarque

Dans les établissements comportant au moins une installation soumise à autorisation préfectorale, le CHSCT doit, après avoir pris connaissance, le cas échéant, des résultats de l'enquête publique, émettre un avis motivé lors de sa consultation par l'employeur sur le dossier de demande d'autorisation. Cet avis est adressé au préfet par le président du comité dans un délai de 45 jours suivant la clôture du registre de l'enquête publique (pour plus de précisions, voir le site www.travail-emploi.gouv.fr).

Quelle est sa composition ?

Siègent au CHSCT :

- l'employeur ou son représentant assumant la présidence ;
- la délégation du personnel dont les membres – salariés de l'entreprise – sont désignés pour deux ans (mandat renouvelable) par un collège constitué par les membres élus du comité d'entreprise ou d'établissement et les délégués du personnel ;

Remarque

Dans les entreprises comportant une ou des installations particulières à haut risque industriel, la composition peut être élargie à une représentation des chefs d'établissements extérieurs et de leurs salariés.

- à titre consultatif, le médecin du travail, le chef du service de sécurité et des conditions de travail (à défaut, l'agent chargé de la sécurité et des conditions de travail) et, occasionnellement, toute personne qualifiée de l'établissement désignée par le comité.

L'inspecteur du travail et l'agent du service de prévention des organismes de sécurité sociale peuvent assister aux réunions.

Remarque

Le mandat de représentant de personnel au CHSCT peut se cumuler avec celui de membre du comité d'entreprise, de délégué du personnel, de délégué syndical ou de représentant syndical au comité d'entreprise.

Quel est son fonctionnement ?

Le CHSCT est doté de la personnalité morale.

Il se réunit au moins une fois par trimestre, mais aussi à la suite de tout accident ayant entraîné ou ayant pu entraîner des conséquences graves ou à la demande motivée de deux membres du comité.

Remarque

Dans les conditions fixées par les articles R. 4524-1 et suivants du Code du travail, un comité interentreprises de santé et de sécurité au travail (CISST) doit être mis en place par le préfet lorsqu'un plan de prévention des risques technologiques a été prescrit en application de l'article L. 515-15 du Code de l'environnement (pour plus de précisions, voir le site www.travail-emploi.gouv.fr).

Quels sont les moyens dont dispose le CHSCT ?

Le CHSCT reçoit de l'employeur :

- les moyens nécessaires à la préparation et à l'organisation des réunions et aux déplacements imposés par les enquêtes ou les inspections menées par le comité ;
- les informations indispensables à l'exercice de ses missions. À ce titre notamment, l'employeur doit, au moins une fois par an, présenter au CHSCT :

  1° Un rapport annuel écrit faisant le bilan de la situation générale de la santé, de la sécurité et des conditions de travail dans son établissement et des actions menées au cours de l'année écoulée dans les domaines couvrant le champ d'intervention du CHSCT. Les questions du travail de nuit et de prévention de la pénibilité sont traitées spécifiquement.

  2° Un programme annuel de prévention des risques professionnels et d'amélioration des conditions de travail. Ce programme fixe la liste détaillée des mesures devant être prises au cours de l'année à venir qui comprennent les mesures de prévention en matière de pénibilité, ainsi que, pour chaque mesure, ses conditions d'exécution et l'estimation de son coût.

Le document unique sur lequel sont transcrits les résultats de l'évaluation des risques pour la santé et la sécurité des travailleurs, à laquelle doit procéder l'employeur, doit par ailleurs être laissé à la disposition des membres du CHSCT.

L'employeur doit également porter à la connaissance du CHSCT les rapports et les résultats des études du médecin du travail portant sur l'action de ce dernier en milieu de travail, qui lui sont communiqués par le service de santé au travail.

De manière plus générale, les membres du CHSCT peuvent se faire présenter l'ensemble des livres, registres et documents non nominatifs rendus obligatoires par la partie IV du Code, c'est-à-dire la partie de ce code consacrée à la santé et à la sécurité au travail.

Remarque

Les membres du CHSCT ont accès à la base de données économiques et sociales mentionnée page 878.

Le CHSCT peut recourir, aux frais de l'employeur, à un expert agréé :
1° lorsqu'un risque grave, révélé ou non par un accident du travail, une maladie professionnelle ou à caractère professionnel est constaté dans l'établissement ;
2° en cas de projet important modifiant les conditions de santé et de sécurité ou les conditions de travail, prévu à l'article L. 4612-8 du Code du travail, c'est-à-dire, notamment, avant toute transformation importante des postes de travail découlant de la modification de l'outillage, d'un changement de produit ou de l'organisation du travail, avant toute modification des cadences et des normes de productivité liées ou non à la rémunération du travail.

Le CHSCT peut également avoir recours à l'expert intervenant auprès du comité d'entreprise à l'occasion de l'introduction de nouvelles technologies dans l'entreprise ou dans le cadre de sa consultation sur un projet de restructuration et de compression des effectifs.
Les salariés, représentants du personnel au CHSCT, disposent, eux, d'un crédit d'heures pour l'exercice de leurs fonctions, soit au moins :

- deux heures par mois dans les établissements occupant jusqu'à 99 salariés ;
- cinq heures par mois dans les établissements occupant de 100 à 299 salariés ;
- 10 heures par mois dans les établissements occupant de 300 à 499 salariés ;
- 15 heures par mois dans les établissements occupant de 500 à 1 499 salariés ;
- 20 heures par mois dans les établissements occupant au moins 1 500 salariés.

Ce crédit d'heures est considéré comme temps de travail. Il est majoré de 30 % dans les entreprises comportant une ou plusieurs installations à haut risque industriel.

Remarque

N'est pas déduit du crédit d'heures le temps passé :

- aux réunions ;
- aux enquêtes menées après un accident de travail grave ou des incidents répétés ayant révélé un risque grave, une maladie professionnelle ou à caractère professionnel grave ;
- à la recherche de mesures préventives dans toute situation d'urgence et de gravité, notamment lors de la mise en œuvre de son droit d'alerte par un membre du comité.

Enfin, dès leur première désignation, les représentants du personnel au CHSCT bénéficient de la formation nécessaire à l'exercice de leurs missions (entre trois et cinq jours au minimum). Cette formation est renouvelée lorsqu'ils ont exercé leur mandat pendant quatre ans, consécutifs ou non. Dans les établissements où il n'existe pas de CHSCT, et dans lesquels les délégués du personnel sont investis des missions dévolues aux membres de ce comité, les délégués du personnel bénéficient de cette formation.

Quelles sont les garanties pour les salariés membres du CHSCT ?

Ils bénéficient des mêmes protections contre le licenciement que celles assurées aux membres du comité d'entreprise.

Remarque

Les membres du CHSCT sont tenus à une obligation de discrétion à l'égard des informations présentant un caractère confidentiel et données comme telles par le chef d'établissement ou son représentant. Ils sont, en outre, soumis au secret professionnel pour toutes les questions relatives aux procédés de fabrication.

Textes de référence

Articles L. 4523-1 à L. 4523-17, L. 4611-1 à L. 4614-16, R. 4523-1 à R. 4523-17 et R. 4612-1 à R. 4615-21 du Code du travail

Lire en complément

- La prévention des risques professionnels
- Le comité d'entreprise (CE)

La médecine du travail

La médecine du travail est une médecine exclusivement préventive : elle a pour objet d'éviter toute altération de la santé des travailleurs, du fait de leur travail, notamment en surveillant leur état de santé, les conditions d'hygiène du travail et les risques de contagion.
Exercée au sein d'un « service de santé au travail », la médecine du travail est obligatoirement organisée, sur le plan matériel et financier, par les employeurs. Elle est placée sous la surveillance des représentants du personnel et le contrôle des services du ministère chargé du Travail. Sont à la charge de l'employeur toutes les dépenses liées à la médecine du travail et notamment les examens médicaux, les examens complémentaires, le temps et les frais de transport nécessités par ces examens, le temps passé par les médecins du travail à l'étude des postes de travail dans l'entreprise. Les dispositions relatives aux services de santé au travail sont applicables aux employeurs de droit privé et aux travailleurs, c'est-à-dire, outre les salariés, y compris temporaires, les stagiaires, ainsi que toute personne placée à quelque titre que ce soit sous l'autorité de l'employeur. Toutefois, les dispositions spécifiques relatives au suivi individuel de l'état de santé (examens d'embauche, périodiques, etc. ; voir p. 427) ne concernent que les salariés.

Remarque

Sous peine d'amende, l'employeur affiche, dans des locaux normalement accessibles aux travailleurs, l'adresse et le numéro d'appel du médecin du travail ou du service de santé au travail compétent pour l'établissement.

Sont présentées, dans les pages qui suivent, les principales règles applicables à la généralité des travailleurs. Pour plus de précisions, on pourra se reporter à la circulaire DGT du 9 novembre 2012 mentionnée page 420. Par ailleurs, des aménagements de la réglementation sont prévues pour certaines catégories de travailleurs en raison de leur situation particulière (travailleurs temporaires, travailleurs des associations intermédiaires, salariés saisonniers, etc. ; voir les précisions dans la circulaire du 9 novembre 2012 précitée) ainsi que pour les travailleurs exposés, ou susceptibles d'être exposés, à des risques particuliers (agents chimiques dangereux pour la santé, agents chimiques cancérogènes mutagènes ou toxiques pour la reproduction, amiante, certains agents biologiques, rayonnements ionisants, etc.).

Comment sont organisés les services de santé au travail ?

Chaque employeur est tenu d'organiser un service de santé au travail (SST), sous la forme :

1° Soit d'un service autonome, qui peut être un service de groupe au sens de l'article L. 2331-1 du Code du travail, d'entreprise, inter-établissements, d'établissement ou commun aux entreprises constituant une unité économique et sociale (UES).

2° Soit d'un service de santé au travail interentreprises.

La réglementation applicable, notamment l'article D. 4622-5 du Code du travail, fixe un seuil unique pour le choix entre l'adhésion à un SST interentreprises (SSTI) ou la mise en place d'un service autonome de santé au travail :

- lorsque l'effectif de salariés suivis de l'entreprise ou de l'établissement est inférieur à 500 salariés, l'employeur doit adhérer à un SSTI ;
- lorsque cet effectif atteint ou dépasse 500 salariés, l'employeur peut mettre en place un service autonome de santé au travail (si elles ne souhaitent pas mettre en place un tel service, ces entreprises doivent adhérer à un SSTI).

L'effectif de 500 salariés est calculé selon les règles fixées aux articles L. 1111-2 et L. 1111-3 du Code du travail ; il s'agit donc de 500 salariés en équivalent temps plein sachant que le franchissement de ce seuil doit être apprécié sur une certaine durée afin de ne pas soumettre l'organisation du SST à des fluctuations préjudiciables à son fonctionnement.

Remarque

Une entreprise ou un établissement, quel que soit son effectif, peut faire suivre ses salariés par un service autonome d'une autre entreprise dans les deux cas suivants :

- l'entreprise ou l'établissement appartient au même groupe, en l'absence d'un SST de groupe ;
- l'entreprise ou l'établissement intervient régulièrement en tant qu'entreprise extérieure auprès d'une entreprise utilisatrice dans les conditions prévues à l'article R. 4511-1 du Code du travail (champ d'application des dispositions relatives aux travaux réalisés dans un établissement par une entreprise extérieure).

Chaque SST fait l'objet d'un agrément pour une période de cinq ans, par le directeur régional des entreprises, de la concurrence, de la consommation, du travail et de l'emploi, après avis du médecin inspecteur du travail. Dans les conditions précisées notamment par les articles D. 4622-48 à D. 4622-53 du Code du travail, cet agrément fixe l'effectif maximum de salariés suivis par l'équipe pluridisciplinaire mentionnée ci-contre et le nombre de médecins du travail par secteur. Il peut également, sous certaines conditions, prévoir des modulations à la périodicité des examens médicaux.

Remarque

Pour toutes précisions sur les services de santé au travail (choix de la forme du service, agrément, gestion et administration du service, rôle des représentants du personnel, contrôle, mise en place, rôle et composition de la commission médico-technique, etc.), on se reportera à la circulaire DGT n° 13 du 9 novembre 2012 « relative à la mise en œuvre de la réforme de la médecine du travail et des services de santé au travail », disponible sur le site www.circulaires.legifrance.gouv.fr.

Quelles sont les missions des services de santé au travail ?

Les services de santé au travail ont pour mission exclusive d'éviter toute altération de la santé des travailleurs du fait de leur travail. À cette fin, ils :

- conduisent les actions de santé au travail, dans le but de préserver la santé physique et mentale des travailleurs tout au long de leur parcours professionnel ;
- conseillent les employeurs, les travailleurs et leurs représentants sur les dispositions et mesures nécessaires afin d'éviter ou de diminuer les risques professionnels, d'améliorer les conditions de travail, de prévenir la consommation d'alcool et de drogue sur le lieu de travail, de prévenir le harcèlement sexuel ou moral, de prévenir ou de réduire la pénibilité au travail et la désinsertion professionnelle et de contribuer au maintien dans l'emploi des travailleurs ;
- assurent la surveillance de l'état de santé des travailleurs en fonction des risques concernant leur sécurité et leur santé au travail, de la pénibilité au travail et de leur âge ;
- participent au suivi et contribuent à la traçabilité des expositions professionnelles et à la veille sanitaire.

Les missions ainsi définies sont exercées :

- dans les services de santé au travail autres que les services interentreprises (services « autonomes » tels que définis p. 419), par les médecins du travail en toute indépendance. Ces médecins du travail mènent leurs actions en coordination avec les employeurs, les membres du CHSCT ou les délégués du personnel et les personnes ou organismes mentionnés à l'article L. 4644-1 du Code du travail ;
- dans les services de santé au travail interentreprises (SSTI), par une équipe pluridisciplinaire de santé au travail comprenant des médecins du travail, des intervenants en prévention des risques professionnels (IPRP) et des infirmiers. Ces équipes peuvent être complétées par des assistants de services de santé au travail et

des professionnels recrutés après avis des médecins du travail. Les médecins du travail animent et coordonnent l'équipe pluridisciplinaire.

Remarque

La réaffirmation de la pluridisciplinarité est un élément important de la réforme de l'organisation de la médecine du travail issue de la loi du 20 juillet 2011 et des décrets pris pour son application. « La pluridisciplinarité doit être recherchée non seulement dans les SSTI où la constitution d'au moins une équipe pluridisciplinaire est obligatoire, mais aussi dans les entreprises dotées d'un service autonome, l'employeur pouvant notamment faire appel à des IPRP et devant désigner un salarié compétent en santé et sécurité au travail, ou, à défaut, faire appel à des compétences extérieures. Cette obligation vaut pour toutes les entreprises. Elle permet, tout en préservant les compétences exclusives du médecin du travail sur les missions que lui seul peut conduire, de s'appuyer sur des compétences diverses pour accroître collectivement les capacités et l'impact du SSTI, et ainsi améliorer la prévention des risques professionnels. » (Circ. DGT du 9 novembre 2012 mentionnée p. 420).

Quelles sont les missions du médecin du travaill ?

Le rôle du médecin du travail est exclusivement préventif. Il consiste à éviter toute altération de la santé des travailleurs du fait de leur travail, notamment en surveillant leurs conditions d'hygiène au travail, les risques de contagion et leur état de santé. Il ne pratique pas la médecine de clientèle courante.
Le médecin du travail est membre de droit du CHSCT.

Remarque

Lorsque le médecin du travail constate la présence d'un risque pour la santé des travailleurs, il propose par un écrit motivé et circonstancié des mesures visant à la préserver (pour les mesures individuelles, voir p. 425).

L'employeur prend en considération ces propositions et, en cas de refus, fait connaître par écrit les motifs qui s'opposent à ce qu'il y soit donné suite.
De même, lorsqu'il est saisi par un employeur d'une question relevant des missions qui lui sont dévolues en application des dispositions mentionnées ci-contre, il fait connaître ses préconisations par écrit.
Ces propositions et ces préconisations, ainsi que la réponse de l'employeur, sont tenues, à leur demande, à la disposition du CHSCT ou, à défaut, des délégués du personnel, de l'inspecteur ou du contrôleur du travail, du médecin inspecteur du travail ou des agents des services de prévention des organismes de sécurité sociale et des organismes mentionnés à l'article L. 4643-1 du Code du travail.

Le médecin du travail est le conseiller de l'employeur, des travailleurs, des représentants du personnel et des services sociaux. Ses missions sont définies par l'article R. 4623-1 du Code du travail qui liste, de manière non limitative, ses domaines d'intervention :
- amélioration des conditions de vie et de travail dans l'entreprise ;
- adaptation des postes, des techniques et des rythmes de travail à la santé physique et mentale, notamment en vue de préserver le maintien dans l'emploi des salariés ;
- protection des travailleurs contre l'ensemble des nuisances, et notamment contre les risques d'accidents du travail ou d'exposition à des agents chimiques dangereux, etc.

Le médecin du travail est également consulté sur les projets de construction ou d'aménagements nouveaux ou sur les modifications apportées aux équipements.
Ces missions sont assurées à travers des actions sur le milieu de travail et la réalisation d'examens médicaux (voir p. 428). Dans le cadre de ses missions, le médecin du travail a libre accès aux lieux de travail et peut y réaliser des visites soit à son initiative, soit à la demande de l'employeur ou du CHSCT ou, à défaut, des délégués du personnel.

Remarque

L'employeur ou le président du service interentreprises prend toutes mesures pour permettre au médecin du travail de consacrer à ses missions en milieu de travail le tiers de son temps de travail. Ce temps comporte au moins 150 demi-journées de travail effectif chaque année, pour un médecin à plein temps. Pour un médecin à temps partiel, cette obligation est calculée proportionnellement à son temps de travail.

L'action du médecin du travail s'organise ainsi autour de trois types d'activités, correspondant chacune à des temps de travail déterminés :

- le temps consacré à l'action sur le milieu de travail ; dans ce cadre, il mène un certain nombre d'actions dont la liste, non limitative, figure à l'article R. 4624-1 du Code du travail (fiches d'entreprises - voir p. 427, campagnes d'informations, visites des lieux de travail, enquêtes épidémiologiques...), émet des propositions et préconisations transmises à l'employeur dans le cadre de l'article L. 4624-3 I du Code du travail, et répond aux saisines des employeurs formulées dans le cadre de l'article L. 4624-3 II du Code du travail (sur ces propositions et préconisations, voir p. 423) ;
- le temps consacré au suivi individuel de l'état de santé du salarié (voir p. 427 et s.) ;
- le temps consacré aux autres activités telles que la veille sanitaire et la participation aux études, recherches et enquêtes, en particulier à caractère épidémiologique autres que celles menées dans le cadre de son action sur le milieu de travail, la participation aux instances de consultation, l'élaboration du rapport annuel d'activité.

Remarque

Le médecin du travail est consulté avant toute décision importante relative à la mise en place ou à la modification de l'organisation du travail de nuit.

Les actions sur le milieu de travail mentionnées ci-contre sont menées :
1° dans les entreprises disposant d'un service autonome de médecine du travail, par le médecin du travail, en collaboration avec les services chargés des activités de protection des salariés et de prévention des risques professionnels dans l'entreprise ;
2° dans les entreprises adhérant à un SSTI, par l'équipe pluridisciplinaire de santé au travail, sous la conduite du médecin du travail.

Remarque

Le médecin du travail est habilité à proposer des mesures individuelles telles que mutations ou transformations de postes, justifiées par des considérations relatives notamment à l'âge, à la résistance physique ou à l'état de santé physique et mentale des travailleurs. L'employeur est tenu de prendre en considération ces propositions et, en cas de refus, de faire connaître les motifs qui s'opposent à ce qu'il y soit donné suite. En cas de difficulté ou de désaccord, l'employeur ou le salarié peut exercer un recours devant l'inspecteur du travail. Ce dernier prend sa décision après avis du médecin inspecteur du travail (art. L. 4624-1 du Code du travail).

Le médecin du travail assure personnellement l'ensemble de ses fonctions, dans le cadre des missions définies à l'article R. 4623-1 du Code du travail (voir p. 423). Il peut toutefois confier certaines activités, sous sa responsabilité, dans le cadre de protocoles écrits, aux infirmiers, aux assistants de service de santé au travail ou, lorsqu'elle est mise en place, aux membres de l'équipe pluridisciplinaire.

Remarque

Le SST ou l'employeur peut recruter des collaborateurs médecins. Ces médecins s'engagent à suivre une formation en vue de l'obtention de la qualification en médecine du travail auprès de l'ordre des médecins. Ils sont encadrés par un médecin qualifié en médecine du travail qu'ils assistent dans ses missions.

Quels sont les documents médicaux établis par le médecin du travail ?

■ Dossier médical

Au moment de la visite d'embauche, le médecin du travail constitue un dossier médical en santé au travail qui retrace, dans le respect du secret médical, les informations relatives à l'état de santé du travailleur, aux expositions auxquelles il a été soumis ainsi que les avis et propositions du médecin du travail, notamment celles formulées en application de l'article L. 4624-1 du Code du travail (voir p. 425). Chaque examen médical du salarié donne lieu à un compte rendu porté à son dossier médical. La fiche de prévention des expositions complète également le dossier médical de chaque travailleur concerné. Ce dossier ne peut être communiqué qu'au médecin de son choix, à la demande de l'intéressé. En cas de risque pour la santé publique ou à sa demande, le médecin du travail le transmet au médecin inspecteur du travail. Ce dossier peut être communiqué à un autre médecin du travail dans la continuité de la prise en charge, sauf refus du travailleur. Le travailleur, ou en cas de décès de celui-ci, ses ayants droit, peut demander la communication de ce dossier.

■ Fiche médicale d'aptitude

À l'issue de chacun des examens médicaux (à l'exception de l'examen de préreprise mentionné page 431), le médecin du travail établit une fiche médicale d'aptitude en double exemplaire (voir précisions p. 352).

Remarque

Indépendamment des documents médicaux mentionnés ci-dessus, le médecin du travail (ou, dans les SSTI, l'équipe pluridisciplinaire) établit et met à jour une fiche d'entreprise ou d'établissement sur laquelle figurent, notamment, les risques professionnels et les effectifs de salariés qui y sont exposés. Cette fiche est transmise à l'employeur ; elle est présentée au CHSCT ou, à défaut, aux délégués du personnel en même temps que le bilan annuel prévu à l'article L. 4612-16 du Code du travail. Elle est tenue à la disposition du Direccte et du médecin inspecteur du travail. Elle peut être consultée par les agents des services de prévention des organismes de sécurité sociale et par ceux des organismes professionnels de santé, de sécurité et des conditions de travail mentionnés à l'article L. 4643-1 du Code du travail. Elle est obligatoire pour toutes les entreprises, quel que soit leur effectif, et doit être remise aux entreprises ou établissements qui viennent d'adhérer à un SST au plus tard un an après leur adhésion.

Quel suivi médical pour les salariés ?

Le suivi de l'état de santé du salarié se fait à l'occasion de l'examen médical qui, en médecine du travail, se définit comme l'ensemble des moyens mis en œuvre par le médecin du travail, dans le cadre de la visite médicale, afin de recueillir des informations sur la santé du salarié et sur le lien entre sa santé et sa situation de travail.

Le Code du travail prévoit plusieurs types d'examens médicaux :

- l'examen d'embauche ;
- les examens périodiques y compris ceux réalisés dans le cadre de la surveillance médicale renforcée pour les salariés qui en bénéficient (voir p. 428) ;
- les examens à la demande ;

• les examens de préreprise et de reprise du travail dans certaines circonstances ;
• les examens complémentaires.

À l'issue de chacun des examens médicaux, le médecin du travail établit une fiche médicale d'aptitude en double exemplaire (voir précisions p. 352).

Remarque

Certains salariés bénéficient d'une surveillance médicale renforcée : travailleurs âgés de moins de 18 ans, femmes enceintes, travailleurs handicapés, salariés exposés à l'amiante, aux rayonnements ionisants, au plomb dans les conditions prévues à l'article R. 4412-160 du Code du travail, au risque hyperbare, au bruit dans les conditions prévues au 2° de l'article R. 4434-7 du Code du travail, aux vibrations dans les conditions prévues à l'article R. 4443-2 du Code du travail, aux agents biologiques des groupes 3 et 4 et aux agents cancérogènes, mutagènes ou toxiques pour la reproduction de catégories 1 et 2.

■ Examen médical d'embauche

Cet examen a pour finalité :
• de s'assurer que le salarié est médicalement apte au poste de travail auquel l'employeur envisage de l'affecter ;
• de proposer éventuellement les adaptations du poste ou l'affectation à d'autres postes ;
• de rechercher si le salarié n'est pas atteint d'une affection dangereuse pour les autres travailleurs ;
• d'informer le salarié sur les risques des expositions au poste de travail et le suivi médical nécessaire ;
• de sensibiliser le salarié sur les moyens de prévention à mettre en œuvre.

L'examen médical doit avoir lieu avant l'embauche ou au plus tard avant l'expiration de la période d'essai ; toutefois, les salariés soumis à une surveillance médicale renforcée (voir ci-dessus) ainsi que ceux qui exercent l'une des fonctions mentionnées à l'article L. 6511-1 du

Code des transports (commandant, les pilotes, les mécaniciens de l'aviation civile) bénéficient de cet examen avant leur embauche.

Sauf si le médecin du travail l'estime nécessaire ou lorsque le salarié en fait la demande, un nouvel examen médical d'embauche n'est pas obligatoire lorsque les conditions suivantes sont réunies :

- le salarié est appelé à occuper un emploi identique présentant les mêmes risques d'exposition ;
- le médecin du travail intéressé est en possession de la fiche d'aptitude établie en application de l'article R. 4624-47 du Code du travail ;
- aucune inaptitude n'a été reconnue lors du dernier examen médical intervenu au cours :

  - soit des 24 mois précédents lorsque le salarié est à nouveau embauché par le même employeur,
  - soit des 12 derniers mois lorsque le salarié change d'entreprise.

  Cette dispense d'examen médical d'embauche n'est toutefois pas applicable :

  - aux salariés bénéficiant d'une surveillance médicale intéressant certaines professions ou certains modes de travail en application du 3° de l'article L. 4111-6 du Code du travail,
  - aux salariés relevant d'une surveillance médicale renforcée (voir ci-contre).

Remarque

En cas de pluralité d'employeurs, un seul examen médical d'embauche est réalisé sous réserve que les employeurs concernés aient conclu un accord entre eux ou soient couverts par un accord collectif de branche prévoyant notamment les modalités de répartition de la charge financière de la surveillance médicale.

■ Examen médical périodique

Le salarié bénéficie d'examens médicaux périodiques, au moins tous les 24 mois, par le médecin du travail. Ces examens médicaux ont pour finalité de s'assurer du maintien de l'aptitude médicale du

salarié au poste de travail occupé et de l'informer sur les conséquences médicales des expositions au poste de travail et du suivi médical nécessaire.
Sous réserve d'assurer un suivi adéquat de la santé du salarié, l'agrément du SST peut prévoir une périodicité excédant 24 mois lorsque sont mis en place des entretiens infirmiers et des actions pluridisciplinaires annuelles, et, lorsqu'elles existent, en tenant compte des recommandations de bonnes pratiques existantes.
Le salarié relevant d'une surveillance médicale renforcée (voir p. 428) bénéficie, comme tout salarié, d'un examen périodique dans les conditions définies par l'article R. 4624-18 du Code du travail c'est-à-dire un examen périodique tous les 24 mois, sauf modulation accordée par la Direccte dans le cadre de l'agrément du SST, mais aussi d'au moins un examen de nature médicale tous les 24 mois. Par examen de nature médicale, on entend un examen qui donne lieu à une prescription et une interprétation du médecin du travail ou du collaborateur médecin (examens radiologiques, plombémie, etc.).

Remarque

Aux termes de l'article R. 4451-84 du Code du travail, les travailleurs exposés aux rayonnements ionisants, classés en catégorie A bénéficient d'un suivi de leur état de santé au moins une fois par an.

■ Examen à la demande

Le salarié peut bénéficier à tout moment d'un examen médical par le médecin du travail. Cette démarche ne peut donner lieu à une sanction de la part de l'employeur.
L'employeur peut demander un examen médical du salarié par le médecin du travail, afin d'obtenir un avis sur son aptitude au poste ; cette démarche peut se révéler nécessaire, par exemple, après un changement de poste de travail.

■ **Examen de préreprise**

Un examen de préreprise est obligatoirement organisé pour le salarié placé en arrêt de travail d'une durée de plus de trois mois, à l'initiative du médecin traitant, du médecin-conseil des organismes de sécurité sociale ou du salarié.

L'objectif de cet examen est de favoriser le maintien dans l'emploi du salarié et, à ce titre, le médecin du travail peut recommander au cours de l'examen :

- des aménagements et adaptations du poste de travail ;
- des préconisations de reclassement ;
- des formations professionnelles à organiser afin de faciliter le reclassement du salarié ou sa réorientation professionnelle.

Ces recommandations doivent permettre à l'employeur d'anticiper la recherche de reclassement du salarié dont l'état de santé ne lui permettra sans doute plus de reprendre son poste.

Remarque

Aucun avis d'aptitude ou d'inaptitude ne peut être délivré par le médecin du travail à l'issue de cet examen. Il informe seulement l'employeur et le médecin-conseil de ses recommandations afin que toutes les mesures soient mises en œuvre en vue de favoriser le maintien dans l'emploi du salarié. Le salarié peut s'opposer à cette information.

■ **Examen de reprise**

Le salarié bénéficie d'un examen de reprise du travail par le médecin du travail :

- après un congé de maternité ;
- après une absence pour cause de maladie professionnelle ;
- après une absence d'au moins 30 jours pour cause d'accident du travail, de maladie ou d'accident non professionnel.

Cet examen a pour objet :
- de délivrer l'avis d'aptitude médicale du salarié à reprendre son poste ;
- de préconiser l'aménagement, l'adaptation du poste ou le reclassement du salarié ;
- d'examiner les propositions d'aménagement, d'adaptation du poste ou de reclassement faites par l'employeur à la suite des préconisations émises par le médecin du travail lors de la visite de préreprise.

Remarque

Dès que l'employeur a connaissance de la date de la fin de l'arrêt de travail, il saisit le SST qui organise l'examen de reprise dans un délai de huit jours à compter de la reprise du travail par le salarié.

■ Examens complémentaires

Le médecin du travail peut prescrire les examens complémentaires nécessaires :
- à la détermination de l'aptitude médicale du salarié au poste de travail, notamment au dépistage des affections comportant une contre-indication à ce poste de travail ;
- au dépistage d'une maladie professionnelle ou à caractère professionnel susceptible de résulter de l'activité professionnelle du salarié ;
- au dépistage des maladies dangereuses pour l'entourage du salarié. En cas de désaccord entre l'employeur et le médecin du travail sur la nature et la fréquence de ces examens, la décision est prise par le médecin inspecteur du travail.

■ Déroulement des examens médicaux

Les modalités de déroulement des examens médicaux sont précisées par les articles R. 4624-28 à R. 4624-30 du Code du travail. Il est, notamment, précisé que le temps nécessité par ces examens est soit pris sur les heures de travail des salariés sans qu'aucune retenue de salaire puisse être opérée, soit rémunéré comme temps de travail normal lorsque ces examens ne peuvent avoir lieu pendant les heures de travail. Le temps et les frais de transport nécessités par ces examens sont pris en charge par l'employeur.

Quel est le statut du médecin du travail ?

Le médecin du travail est lié par un contrat de travail écrit conclu avec l'employeur ou le président du SSTI. Il ne doit agir, dans le cadre de l'entreprise, que dans l'intérêt exclusif de la santé et de la sécurité des travailleurs dont il assure la surveillance médicale. Dans les conditions d'indépendance professionnelle définies et garanties par la loi, il assure les missions qui lui sont dévolues par le Code du travail.

Remarque

En cas d'absence, le remplacement, par un médecin du travail ou un interne de la spécialité, est de droit pour toute absence d'une durée supérieure à trois mois. Pour les absences inférieures à trois mois, le médecin du travail peut être remplacé par un médecin du travail, un collaborateur médecin (voir p. 425) ou un interne en médecine du travail dans les conditions prévues par l'article R. 4623-28 du Code du travail (un interne en médecine du travail peut aussi être autorisé à exercer la médecine du travail dans l'attente de la prise de fonction d'un médecin du travail). Il est interdit de recourir au travail temporaire pour remplacer un médecin du travail.

Le médecin du travail dispose d'une totale autonomie dans le domaine médical, où il ne doit tolérer aucune intervention de l'employeur. Il est astreint au secret médical et au secret professionnel et s'assure que les documents médicaux sont protégés contre toute indiscrétion (le dossier médical peut toutefois être communiqué au médecin inspecteur du travail). Il lui est interdit de révéler les secrets de fabrication et les procédés d'exploitation dont il pourrait prendre connaissance dans l'exercice de ses fonctions ; dans les SSTI, cette interdiction vaut également pour les autres membres de l'équipe pluridisciplinaire.

Remarque

Un diplôme spécial est obligatoire pour l'exercice des fonctions de médecin du travail. Toutefois, par dérogation, et dans les conditions précisées articles R. 4623-26 à R. 4623-28 du Code du travail, les services de santé au travail peuvent recruter, après délivrance d'une licence de remplacement et autorisation par les conseils départementaux compétents de l'ordre des médecins, à titre temporaire, un interne de la spécialité qui exerce sous l'autorité d'un médecin du travail du service de santé au travail expérimenté.

Enfin, un certain nombre de garanties s'attachent à la nomination, au changement de secteur ou d'affectation et à la rupture du contrat de travail d'un médecin du travail :

- la nomination et l'affectation du médecin du travail ne peuvent intervenir qu'avec l'accord du comité d'entreprise ou, dans les SSTI, avec l'accord du comité interentreprises ou de la commission de contrôle, ainsi que du conseil d'administration. La consultation de ces instances intervient au plus tard avant la fin de la période d'essai. À défaut d'accord, la nomination intervient sur autorisation de l'inspecteur du travail, prise après avis du médecin inspecteur du travail ;
- la même procédure (pour le détail, voir les articles R. 4623-12 et R. 4623-13 du Code du travail) s'applique également :

  1° dans les services autonomes de santé au travail, en cas de changement de secteur ou d'entreprise du groupe suivi par un médecin du travail, lorsque ce changement est contesté par l'intéressé ou par le comité d'entreprise concerné ;

2° dans les SSTI :

- en cas de changement d'affectation d'une entreprise ou d'un établissement à un médecin du travail, lorsque ce changement est contesté par le médecin du travail, par l'employeur ou par le comité d'entreprise concerné,
- en cas de changement de secteur d'un médecin du travail, lorsque ce changement est contesté par le médecin du travail, par le comité interentreprises ou la commission de contrôle du service ou son conseil d'administration.

À défaut d'accord des instances mentionnées ci-contre ou de l'employeur, les changements de secteur et d'affectation du médecin du travail interviennent sur autorisation de l'inspecteur du travail délivrée après avis du médecin inspecteur du travail.

Par ailleurs :

- le licenciement d'un médecin du travail ne peut intervenir qu'après autorisation de l'inspecteur du travail, après avis des instances visées ci-contre (selon le cas : comité d'entreprise, comité interentreprises ou commission de contrôle du service interentreprises, conseil d'administration) ; en cas de faute grave, l'employeur peut prononcer la mise à pied immédiate de l'intéressé en attendant la décision définitive de l'inspecteur du travail ;
- la rupture conventionnelle du CDI d'un médecin du travail est soumise à l'autorisation de l'inspecteur du travail, après avis du médecin inspecteur du travail ;
- la rupture du CDD d'un médecin du travail avant l'échéance du terme en raison d'une faute grave ou de son inaptitude médicale, ou à l'arrivée du terme lorsque l'employeur n'envisage pas de renouveler un contrat comportant une clause de renouvellement, ne peut intervenir qu'après autorisation de l'inspecteur du travail dont dépend le service de santé au travail, après avis du médecin inspecteur du travail, dans les mêmes conditions que pour un licenciement ;

- l'arrivée du terme du CDD n'entraîne sa rupture qu'après constatation par l'inspecteur du travail que celle-ci n'est pas en lien avec l'exercice des missions de médecin du travail et ne constitue pas une mesure discriminatoire ; l'employeur saisit l'inspecteur du travail un mois avant l'arrivée du terme et l'inspecteur du travail statue avant la date du terme du contrat ;
- le transfert d'un médecin du travail compris dans un transfert partiel de service de santé au travail par application de l'article L. 1224-1 du Code du travail ne peut intervenir qu'après autorisation de l'inspecteur du travail dont dépend le service de santé au travail, après avis du médecin inspecteur du travail. L'inspecteur du travail s'assure que le transfert n'est pas en lien avec l'exercice des missions du médecin du travail et ne constitue pas une mesure discriminatoire.

Remarque

Pour le détail des règles applicables à la protection particulière dont bénéficie le médecin du travail en cas de changement d'affectation et de rupture de son contrat de travail, on se reportera à la circulaire DGT du 9 novembre 2012 mentionnée page 420.

Textes de référence

Articles L. 4621-1 à L. 4625-2, D. 4622-1 et suivants du Code du travail

Lire en complément

- Les conséquences de l'inaptitude du salarié
- Le comité d'hygiène, de sécurité et des conditions de travail (CHSCT)
- Grossesse, maternité et adoption
- Le travail du dimanche
- Le travail de nuit

Chapitre 6

La formation professionnelle

Principes généraux • Plan de formation • Congé individuel de formation (CIF) • Compte personnel de formation (CPF) • Bilan de compétences • Validation des acquis de l'expérience (VAE)

La formation des salariés : principes généraux

Quelles que soient la forme et la durée de son contrat de travail, le salarié peut se former en tout ou partie pendant le temps de travail. Le statut du salarié pendant la formation – c'est-à-dire sa rémunération, sa protection sociale, ses obligations à l'égard de l'employeur ou encore le mode de prise en charge des coûts de la formation – dépend du cadre juridique dans lequel il se trouve : plan de formation de l'entreprise, congé individuel de formation (CIF), utilisation du compte personnel de formation, validation des acquis de l'expérience (VAE), etc.

Qu'est-ce qu'une action de formation ?

Les actions de formation ouvertes aux salariés dans le cadre des dispositifs et des financements prévus par le Code du travail sont les suivantes :

- les actions de préformation et de préparation à la vie professionnelle ;
- les actions d'adaptation et de développement des compétences des salariés ;
- les actions de promotion professionnelle ;
- les actions de prévention ;
- les actions de conversion ;
- les actions d'acquisition, d'entretien ou de perfectionnement des connaissances ;
- les actions de formation continue relative à la radioprotection des personnes prévues à l'article L. 1333-11 du Code de la santé publique ;
- les actions de formation relatives à l'économie et à la gestion de l'entreprise ;

- les actions de formation relatives à l'intéressement, à la participation et aux dispositifs d'épargne salariale et d'actionnariat salarié ;
- les actions d'accompagnement, d'information et de conseil dispensées aux créateurs ou repreneurs d'entreprises artisanales, commerciales ou libérales, exerçant ou non une activité ;
- les actions de lutte contre l'illettrisme et d'apprentissage de la langue française ;
- les actions de promotion de la mixité dans les entreprises, de sensibilisation à la lutte contre les stéréotypes sexistes et pour l'égalité professionnelle entre les femmes et les hommes.

Les actions de formation professionnelle doivent se dérouler conformément à un programme établi en fonction d'objectifs préalablement définis. Ce programme doit préciser les moyens pédagogiques et d'encadrement mis en œuvre, ainsi que le dispositif retenu pour suivre son exécution et en apprécier les résultats. À l'issue de la formation, le prestataire délivre au stagiaire une attestation mentionnant les objectifs, la nature et la durée de l'action et les résultats de l'évaluation des acquis de la formation.
Autres types d'actions dont le salarié peut bénéficier :

- le bilan de compétences. Susceptible de précéder une action de formation proprement dite, le bilan de compétences permet au salarié d'analyser ses compétences professionnelles et personnelles, ses aptitudes et motivations en vue de définir un projet professionnel et, le cas échéant, un projet de formation ;
- les actions permettant de faire valider les acquis de l'expérience en vue de l'acquisition d'un diplôme, d'un titre à finalité professionnelle ou d'un certificat de qualification professionnelle figurant sur une liste établie par la commission paritaire d'une branche professionnelle, enregistrés dans le *Répertoire national des certifications professionnelles*.

Remarque

Sont également considérées comme des actions de formation :

- les formations destinées à permettre aux bénévoles du mouvement coopératif, associatif ou mutualiste et aux volontaires en service civique d'acquérir les compétences nécessaires à l'exercice de leurs missions ;
- les formations destinées aux salariés en arrêt de travail et organisées dans le cadre des articles L. 323-3-1 et L. 433-1 du Code de la sécurité sociale. Ces actions peuvent faire l'objet, à la demande du salarié, d'une prise en charge, par les organismes collecteurs paritaires agréés, de tout ou partie des coûts pédagogiques ainsi que, le cas échéant, des frais de transport, de garde d'enfant, de repas et d'hébergement nécessités par la formation.

Qui peut dispenser une action de formation ?

Une entreprise peut organiser elle-même la formation de ses salariés ou faire appel à un prestataire extérieur.

Un salarié en congé de formation choisit librement son organisme de formation.

Un impératif toutefois : une action de formation – autre que celle organisée en interne par l'entreprise pour ses propres salariés – doit être dispensée par un organisme de formation qui a procédé à la déclaration d'activité auprès du préfet de région compétent dans les conditions précisées par les articles R. 6351-1 à R. 6351-7 du Code du travail. Par ailleurs, les OPCA , les organismes paritaires agréés au titre du congé individuel de formation (OPACIF), l'État, les régions, Pôle emploi et l'Agefiph doivent s'assurer, lorsqu'ils financent une action de formation professionnelle continue, de la capacité du prestataire de formation à dispenser une formation de qualité (décret à paraître).

La formation peut être séquentielle. Elle peut s'effectuer en tout ou partie à distance (formations ouvertes ou à distance - FOAD), le cas échéant en dehors de la présence des personnes chargées de l'encadrement ; elle doit alors prendre en compte les dispositions particulières prévues par les articles D. 6353-3 et D. 6353-4 du Code du travail.
À l'issue de la formation, le prestataire délivre au stagiaire une attestation mentionnant les objectifs, la nature et la durée de l'action et les résultats de l'évaluation des acquis de la formation. Si les actions de formation sont organisées par l'entreprise elle-même, l'employeur délivre cette attestation au stagiaire, à l'issue de la formation.

Remarques

- Un bilan de compétences ne peut être organisé que par un prestataire inscrit sur une liste établie par un organisme chargé de la gestion du congé individuel de formation (les Fongecif ou certains OPCA de branche).
- Lorsque la formation a lieu à l'initiative du salarié avec l'accord de son employeur ou lorsqu'elle se déroule en dehors du temps de travail avec l'accord du salarié et que la formation a notamment pour objet l'obtention d'un diplôme, d'un titre à finalité professionnelle, d'un certificat de qualification professionnelle, les éléments suivants font l'objet d'une convention avec la personne qui bénéficie de la formation (c'est-à-dire le salarié) : intitulé, nature, durée, effectifs, modalités du déroulement et sanction de la formation.

Quels sont les différents modes d'accès à la formation du salarié ?

L'accès des salariés à des actions de formation professionnelle continue est assuré :

- à l'initiative de l'employeur, le cas échéant, dans le cadre d'un plan de formation ;

- à l'initiative du salarié notamment par la mobilisation du compte personnel de formation (voir p. 465) et dans le cadre du congé individuel de formation (voir p. 457) ;
- dans le cadre des périodes de professionnalisation (voir p. 479) ;
- dans le cadre des contrats de professionnalisation (voir p. 721).

■ Le plan de formation de l'entreprise

L'employeur peut planifier, après consultation des représentants du personnel, un certain nombre de formations dans l'année ou sur une période plus longue. Dans ce cadre, il est libre de décider :
- d'envoyer ou non un salarié en formation ;
- d'interrompre la formation et de rappeler le salarié à son poste de travail.

Il lui incombe également de financer la formation et de maintenir la rémunération et la protection sociale du salarié en stage.

■ Le congé individuel de formation (CIF)

L'initiative de suivre une formation appartient ici au salarié qui remplit certaines conditions. Il choisit la formation qui lui convient. À son terme, le salarié retrouve son poste de travail ou l'équivalent.

Remarque

Il existe d'autres congés avec des objectifs de formation plus spécifiques tels le congé de formation économique, sociale et syndicale, le congé de formation des membres du comité d'entreprise, le congé de bilan de compétences ou encore le congé pour VAE.

■ Le compte personnel de formation

Depuis le 1er janvier 2015, toute personne âgée d'au moins 16 ans (15 ans pour les jeunes admis dès cet âge à conclure un contrat d'apprentissage) en emploi ou à la recherche d'un emploi ou accompagnée dans un projet d'orientation et d'insertion professionnelles ou accueillie dans un établissement et service d'aide par le travail

(Ésat, voir p. 819) dispose d'un compte personnel de formation (CPF).
Le compte personnel de formation est comptabilisé en heures et mobilisé par son titulaire, afin de suivre, à son initiative, une formation. Le compte ne peut être mobilisé qu'avec l'accord exprès de son titulaire.

Remarque

Le CPF s'est substitué à l'ancien droit individuel à la formation (DIF) ; il est présenté en détail page 465 et suivantes.

■ Les périodes de professionnalisation

Les périodes de professionnalisation ont pour objet de favoriser, par des actions de formation, le maintien dans l'emploi de salariés en contrat à durée indéterminée, de salariés en contrat de travail à durée déterminée, d'insertion conclu avec un employeur relevant de l'insertion par l'activité économique (entreprises d'insertion, ateliers et chantiers d'insertion...) et de salariés bénéficiaires d'un contrat à durée déterminée ou indéterminée conclu dans le cadre du contrat unique d'insertion (CUI).
La période de professionnalisation peut se dérouler pour tout ou partie en dehors du temps de travail.; le dispositif est présenté en détail page 479.

L'employeur est-il obligé de former les salariés ?

L'employeur est dans l'obligation d'organiser la formation de ses salariés dans les cas suivants :

- tout au long de l'exécution des contrats de travail, l'employeur a le devoir d'assurer l'adaptation des salariés à leur poste de travail. Il veille également au maintien de leur capacité à occuper un emploi, au regard notamment de l'évolution des emplois, des technologies et des organisations (article L.6321-1 du Code du travail). En cas de suppression d'emploi, l'obligation de reclassement des salariés concernés s'accompagne de celle visant à assurer leur adaptation au nouvel emploi, notamment par une formation adéquate et suffisante ;

Remarque

Les entreprises peuvent, sous certaines conditions, bénéficier d'une aide à la conception et à l'élaboration d'un plan de gestion prévisionnelle des emplois et des compétences. Dans ce cadre, les coûts des conseils externes supportés par l'entreprise peuvent être pris en charge par l'État.

- à la suite de l'embauche d'un jeune en contrat d'insertion en alternance. L'organisation de la formation s'impose à l'employeur, qui est tenu de laisser le jeune suivre les actions de formation prévues ;
- lorsqu'un accord ou la convention collective applicable à l'entreprise prévoit des périodes de formation obligatoires (après une mutation, un congé de longue durée, etc.) ;
- si le contrat de travail d'un salarié contient l'engagement de l'employeur de le former.

Dans ces hypothèses, l'obligation de l'employeur a pour corollaire le devoir du salarié de suivre la formation.

En quoi consiste le conseil en évolution professionnelle ?

Le conseil en évolution professionnelle (CEP) est une nouvelle offre de service proposée gratuitement, à compter du 1er janvier 2015, à toute personne tout au long de sa vie professionnelle de l'entrée dans la vie active à la retraite, quel que soit son secteur d'activité, son statut (salarié, demandeur d'emploi, etc.) ou sa qualification. L'objectif est d'aider les personnes qui en font la demande à faire le point sur leur situation professionnelle ou à élaborer et formaliser un projet d'évolution professionnelle quelle qu'en soit la nature (insertion professionnelle, mobilité interne ou externe, reconversion, reprise ou création d'activité...). Le conseil en évolution professionnelle (CEP) permet ainsi au bénéficiaire :

- de disposer d'un temps d'écoute et de recul sur son parcours professionnel ainsi que de l'appui et du suivi par un conseiller référent dans ses démarches ;
- d'accéder à une information individualisée ;
- d'élaborer une stratégie d'évolution lui permettant de construire ou de préciser son projet professionnel, d'en vérifier sa faisabilité ;
- de cerner, le cas échéant, les compétences ou les qualifications à faire reconnaître, à acquérir ou à développer ;
- de construire un plan d'actions permettant notamment d'identifier les interlocuteurs, les leviers et les financements disponibles pour mettre en œuvre son projet.

Pour cela, le CEP se compose de trois composantes de service :

- premier niveau : un accueil individualisé ;
- deuxième niveau : un conseil personnalisé ;
- troisième niveau : un accompagnement à la mise en œuvre du projet professionnel.

Un document de synthèse est remis à chaque bénéficiaire d'un CEP, récapitulant, outre les services mobilisés, la description de leur projet d'évolution professionnelle, la ou les stratégies envisagées pour le mettre en œuvre et le plan d'action lié comprenant, le cas échéant, le parcours de formation envisagé et la mobilisation de son compte personnel de formation (CPF, voir p. 465).

Remarque

Le conseil en évolution professionnelle est mis en œuvre par les institutions suivantes : Pôle emploi, les Cap emploi (les Cap emploi sont des organismes qui interviennent au profit des personnes bénéficiant du statut de travailleur handicapé), l'Association pour l'emploi des cadres (Apec), les missions locales (ces organismes interviennent auprès des jeunes de 16 à moins de 26 ans) et les organismes paritaires agréés au titre du congé individuel de formation (Opacif). Au niveau de chaque région, le conseil en évolution professionnelle peut en outre être proposé par des organismes désignés par la région comme opérateurs régionaux du CEP. Les personnes intéressées peuvent donc s'adresser à l'un ou l'autre de ces organismes pour connaître l'offre de services « CEP » à laquelle elles peuvent recourir en région.

À qui la prise en charge financière de la formation revient-elle ?

Le Code du travail impose aux entreprises des contributions financières minimales calculées sur leur masse salariale. Celles-ci sont soit constituées de dépenses de l'entreprise, soit constituées de versements à des organismes spécialisés, créés et gérés par les partenaires sociaux : les organismes paritaires collecteurs agréés (OPCA).

Des dispositions sont prévues pour atténuer l'impact financier du franchissement des différents seuils.

Les dispositions applicables sont présentées en détail dans la notice d'aide à la rédaction de la déclaration relative à la participation des employeurs au développement de la formation professionnelle continue (Cerfa n° 50528), disponible sur le site : www.impots.gouv.fr. Elles font également l'objet d'une présentation détaillée sur le site du ministère en charge du Travail (www.travail-emploi.gouv.fr).

L'ensemble de ces contributions sert au financement des coûts de formation, de rémunération et de transport, hébergement et restauration des salariés en formation.

Textes de référence

Articles L. 6111-1 à L. 6111-7, L. 6311-1 à L. 6324-10 du Code du travail
Loi n° 2014-288 du 5 mars 2014 (JO du 6)
Arrêté du 16 juillet 2014 (JO du 24 ; cahier des charges relatif au conseil en évolution professionnelle)

Lire en complément

- Le plan de formation
- Le congé individuel de formation (CIF)
- Les périodes de professionnalisation
- Le droit individuel à la formation (DIF)
- Le bilan de compétences
- La validation des acquis de l'expérience (VAE)
- Prévention et accompagnement des licenciements économiques

Le plan de formation

Le plan de formation rassemble l'ensemble des actions de formation définies dans le cadre de la politique de gestion du personnel de l'entreprise. Il peut également prévoir des actions de bilans de compétences et de validation des acquis de l'expérience et proposer des formations qui participent à la lutte contre l'illettrisme. L'élaboration du plan de formation est assurée sous la responsabilité pleine et entière de l'employeur, après consultation des représentants du personnel.

Le départ en formation du salarié dans le cadre du plan de formation est assimilé à l'exécution normale du contrat de travail : l'intéressé demeure pendant toute la durée de la formation sous la subordination juridique de l'employeur. De ce principe découlent les droits et devoirs du salarié pendant la formation.

Quel est le rôle des représentants du personnel ?

Chaque année, au cours de deux réunions spécifiques, le comité d'entreprise (ou, à défaut, les délégués du personnel) émet un avis sur l'exécution du plan de formation du personnel de l'entreprise lors de l'année précédente et de l'année en cours et sur le projet de plan ou de mise en œuvre du plan pour l'année à venir.

Remarque

Le plan de formation peut, dès lors qu'un accord d'entreprise le prévoit, avoir une durée de trois ans, sans pour autant que le CE cesse d'être consulté annuellement sur son exécution.

Afin de permettre aux membres du comité d'entreprise (ou à défaut aux délégués du personnel), et, le cas échéant, aux membres de la commission de la formation (cette commission est mise en place dans les entreprises d'au moins 200 salariés) de participer à

l'élaboration du plan de formation et de préparer les délibérations dont il fait l'objet, l'employeur leur communique, trois semaines au moins avant les réunions du comité (sur ces réunions, voir précisions ci-dessous) ou de la commission précités, les documents d'information dont la liste est donnée par l'article D. 2323-5 du Code du travail. Cette liste peut être complétée par un accord d'entreprise. Ces documents sont également communiqués aux délégués syndicaux.
Ils précisent notamment la nature des actions de formation proposées par l'employeur en application de l'article L. 6321-1 du Code du travail (voir p. 444) et distinguent :
1° Les actions d'adaptation du salarié au poste de travail ou liées à l'évolution ou au maintien dans l'emploi dans l'entreprise.
2° Les actions de développement des compétences du salarié.

Remarque

Le projet de plan de formation élaboré annuellement (ou si un accord d'entreprise le prévoit, tous les trois ans), tient compte des orientations de la formation professionnelle dans l'entreprise dont le comité d'entreprise a eu à délibérer, des grandes orientations à trois ans de la formation professionnelle dans l'entreprise et des objectifs du plan de formation arrêtés, le cas échéant, par l'accord issu de la négociation sur la gestion prévisionnelle des emplois et des compétences prévue à l'article L. 2242-15 Code du travail, du résultat des négociations de branche prévues à l'article L. 2241-6 ainsi que, le cas échéant, du plan pour l'égalité professionnelle prévu à l'article L. 1143-1 du Code du travail.

La consultation du comité d'entreprise est réalisée au cours de deux réunions. Sauf si un accord d'entreprise en dispose autrement, ces deux réunions doivent intervenir respectivement avant le 1er octobre et avant le 31 décembre de l'année en cours (dans les branches du transport aérien, les deux dates limites de consultation du comité peuvent être modifiées par un accord de branche étendu ou, à défaut, par un accord d'entreprise) :

- la première réunion porte sur la présentation et la discussion des documents prévus aux 1° à 7° de l'article D. 2323-5 du Code du travail, dont, notamment, le bilan des actions comprises dans le plan de formation de l'entreprise pour l'année antérieure et pour l'année en cours comportant la liste des actions de formation, des bilans de compétences et des validations des acquis de l'expérience réalisés ;
- la seconde réunion est relative au plan de formation, aux conditions de mise en œuvre des périodes et des contrats de professionnalisation et à la mise en œuvre du compte personnel de formation pour l'année à venir.

Remarque

Ces consultations sont impératives : elles entrent dans les prérogatives des comités d'entreprise dont la violation peut entraîner des sanctions pénales à l'encontre de l'employeur, ainsi qu'une majoration de 50 % de la contribution due par l'entreprise au titre de la formation professionnelle.

Quelles sont les actions de formation relevant du plan de formation ?

Le plan de formation peut comporter deux types d'actions :

- actions visant à assurer l'adaptation du salarié au poste de travail ou liées à l'évolution ou au maintien dans l'emploi dans l'entreprise ;
- actions ayant pour objet le développement des compétences des salariés.

Quels sont les droits et les devoirs du salarié pendant la formation ?

Être en formation dans le cadre du plan de formation est assimilé à l'exécution normale du contrat de travail : le salarié doit donc suivre avec assiduité la formation et ne peut s'opposer à la décision éventuelle de l'employeur de le réintégrer à son poste de travail avant la fin de la formation.

Durant cette période, le salarié continue à être rémunéré et conserve sa protection sociale habituelle. Si un accident survient au cours de la formation, il s'agira d'un accident du travail.

Le coût de la formation reste à la charge de l'entreprise. Les frais de restauration et d'hébergement occasionnés par la formation sont remboursés ou pris en charge directement par l'employeur selon les règles habituellement appliquées dans l'entreprise pour les missions professionnelles.

La formation peut-elle se dérouler en dehors du temps de travail ?

La formation mise en œuvre dans le cadre du plan de formation a lieu, en principe, durant le temps de travail. Toutefois, certaines actions de formation peuvent, dans certaines limites, se dérouler hors du temps de travail effectif.

■ Actions d'adaptation ou liées à l'évolution ou au maintien dans l'emploi

Toute action de formation suivie par un salarié pour assurer son adaptation au poste de travail ou liée à l'évolution ou au maintien dans l'emploi dans l'entreprise constitue un temps de travail effectif et donne lieu pendant sa réalisation au maintien par l'entreprise de la rémunération.

■ Actions de développement des compétences

Ces actions peuvent, en application d'un accord écrit entre le salarié et l'employeur, qui peut être dénoncé dans les huit jours de sa conclusion, se dérouler hors du temps de travail effectif dans la limite de 80 heures par an et par salarié ou, pour les salariés dont la durée de travail est fixée par une convention de forfait annuel (en jours ou en heures), dans la limite de 5 % de leur forfait.

Remarque

Le refus du salarié de participer à des actions de formation en dehors du temps de travail ou la dénonciation de son accord dans les huit jours ne constitue ni une faute ni un motif de licenciement.

Lorsqu'elles sont ainsi réalisées en dehors du temps de travail, les heures de formation donnent lieu au versement par l'entreprise d'une allocation de formation d'un montant égal à 50 % de la rémunération nette de référence du salarié concerné (cette allocation est exonérée de cotisations sociales, de CSG et de CRDS). Les modalités de détermination du salaire horaire de référence pour l'allocation de formation sont fixées par l'article D. 6321-6 du Code du travail. Pendant la durée de la formation, le salarié bénéficie de la législation de la Sécurité sociale relative à la protection en matière d'accidents du travail et de maladies professionnelles. En outre, lorsque le salarié suit une action de formation dans le cadre du plan de formation ayant pour objet le développement des compétences, l'entreprise définit avec le salarié, avant son départ en formation, la nature des engagements auxquels elle souscrit dès lors que l'intéressé aura suivi avec assiduité la formation et satisfait aux évaluations prévues. Ces engagements portent :

- sur les conditions dans lesquelles le salarié accède en priorité dans un délai d'un an à l'issue de la formation aux fonctions disponibles correspondant aux connaissances ainsi acquises et sur l'attribution de la classification correspondant à l'emploi occupé ;
- et sur les modalités de prise en compte des efforts accomplis par le salarié.

Remarques

- Lorsqu'un accord de branche le prévoit, une majoration d'au moins 10 % de l'allocation de formation est accordée au salarié qui engage des frais supplémentaires de garde d'enfant afin de suivre une action de formation en dehors de son temps de travail. Comme l'allocation de formation, cette majoration est exonérée de cotisations sociales, de CSG et de CRDS.
- Lorsque la formation a lieu à l'initiative du salarié avec l'accord de son employeur ou lorsqu'elle se déroule en dehors du temps de travail avec l'accord du salarié et que la formation a notamment pour objet l'obtention d'un diplôme, d'un titre à finalité professionnelle, d'un certificat de qualification professionnelle, les éléments suivants font l'objet d'une convention avec la personne qui bénéficie de la formation (c'est-à-dire le salarié) : intitulé, nature, durée, effectifs, modalités du déroulement et sanction de la formation.

Le salarié peut-il demander ou refuser de suivre une formation dans le cadre du plan de formation ?

Le salarié peut demander à suivre une formation prévue dans le plan de formation de l'entreprise. La loi n'impose aucune procédure : la demande et la réponse sont formulées librement, selon les usages ou les dispositions conventionnelles qui peuvent exister dans l'entreprise.

Si l'employeur accepte, le départ en formation du salarié reste assimilé à l'exécution normale du contrat de travail et ne peut être requalifié en CIF.

En revanche, un salarié ne peut refuser de suivre une formation incluse dans le cadre du plan de formation : la demande de l'employeur relève de son pouvoir de direction, ne pas s'y soumettre peut être qualifié de faute professionnelle. Il existe cependant des exceptions :

- le bilan de compétences : l'employeur ne peut contraindre un salarié à suivre un bilan de compétences. Le refus de ce dernier ne peut constituer, selon le Code du travail, « ni une faute ni un motif de licenciement » ;
- des conditions de départ en formation susceptibles d'être assimilées à une modification du contrat de travail (formation particulièrement longue, très éloignée, demande de départ précipité) ou révélatrice d'une volonté manifeste d'entraver l'exécution du mandat d'un représentant du personnel. Par essence litigieuses, les conséquences de refus du salarié seront tranchées au cas par cas, éventuellement, par le conseil de prud'hommes ;
- la formation se déroule en tout ou partie en dehors du temps de travail. Le refus du salarié ne peut être considéré ni comme une faute ni comme un motif de licenciement ;
- la validation des acquis de l'expérience (VAE) devant un jury en vue d'obtenir tout ou partie d'un diplôme ou d'un titre professionnel. L'employeur ne peut imposer une telle validation : elle suppose le consentement du salarié et son refus ne constitue ni une faute ni un motif de licenciement (voir « La validation des acquis de l'expérience (VAE) », p. 490).

Que se passe-t-il à l'issue de la formation ?

Le salarié réintègre son poste de travail, ou un poste équivalent à rémunération et qualification égales.

L'employeur n'a aucune obligation de reconnaître les compétences acquises au cours de la formation (par un changement de qualification, une augmentation de rémunération, etc.), sauf lorsqu'il s'y est engagé, ou bien encore si le contrat de travail ou la convention collective applicable à l'entreprise prévoit cette reconnaissance (sur le cas particulier des actions de formation ayant pour objet le développement des compétences, voir précisions p. 453).

Remarque

Le salarié est libre de démissionner. Cependant, son contrat de travail peut comporter une clause de dédit formation par laquelle il s'engage à rester un certain temps au service de l'entreprise sous peine de rembourser les frais de la formation qu'il a suivie. Ce type de clause est licite à certaines conditions, notamment si l'engagement exigé du salarié n'est pas excessif (durée du service demandée trop longue, sommes à rembourser exorbitantes, etc.) et n'entrave pas sa liberté de démissionner.

Textes de référence

Articles L. 2323-34 à L. 2323-40 et D. 2323-5 à D. 2323-7 (information et consultation du CE), L. 6312-1, L. 6321-1 à L. 6321-16 et D. 6321-1 à D. 6321-10 (plan de formation) du Code du travail
Loi n° 2014-288 du 5 mars 2014 (JO du 6)

Lire en complément

- La formation des salariés : principes généraux
- Le bilan de compétences
- La validation des acquis de l'expérience (VAE)

Le congé individuel de formation (CIF)

Le congé individuel de formation (CIF) est le droit de s'absenter de son poste de travail pour suivre une formation de son choix.
Pour en bénéficier, le salarié doit remplir certaines conditions et présenter sa demande à l'employeur selon une procédure déterminée.

Quels sont les objectifs du CIF ?

Le CIF permet à tout travailleur, au cours de sa vie professionnelle, de suivre à son initiative et à titre individuel des actions de formation, indépendamment de sa participation aux stages compris dans le plan de formation de l'entreprise.
Sauf accord sur une durée plus longue, l'absence ne peut être supérieure à un an pour un stage à temps plein ou à 1 200 heures pour un stage à temps partiel.
Ce congé permet également de préparer et de passer un examen.

Qui peut bénéficier d'un CIF ?

Tout salarié peut accéder à un CIF, quels que soient l'effectif de l'entreprise et la nature de son contrat de travail.
Une condition d'ancienneté est nécessaire : 24 mois consécutifs ou non en tant que salarié dont 12 mois dans l'entreprise (36 mois dans les entreprises artisanales de moins de 10 salariés).
Un délai de franchise entre deux CIF doit être respecté. Sa durée, qui dépend de celle du précédent CIF, ne peut être inférieure à six mois, ni supérieure à six ans.

Remarque

Aucune condition d'ancienneté n'est exigée pour les salariés ayant changé d'emploi à la suite d'un licenciement économique et qui n'ont pas bénéficié d'un stage de formation entre le moment de leur licenciement et celui de leur réemploi. De même, si l'employeur a opposé deux refus successifs à une demande du salarié d'une mobilité volontaire sécurisée (voir p. 92), l'accès au CIF est de droit pour le salarié, sans que puissent lui être opposées une insuffisance d'ancienneté ou un dépassement du seuil d'absences simultanées (voir ci-contre).

Quelles sont les démarches à accomplir auprès de l'employeur ?

Le salarié présente à son employeur dans un délai de 60 jours (ou 120 jours pour des stages d'une durée continue de plus de six mois) une demande écrite d'autorisation d'absence qui indique avec précision l'intitulé, la date d'ouverture, la durée de la formation, ainsi que l'organisme qui la réalise.

L'employeur doit faire connaître sa réponse au salarié dans les 30 jours suivant la réception de sa demande (en l'absence de réponse dans ce délai, la demande est réputée acceptée). Le point de départ de ce délai est la date de la première présentation de la lettre recommandée avec demande d'avis de réception envoyée par le salarié.

Que peut répondre l'employeur ?

Si le salarié remplit les conditions d'ouverture du droit au CIF (ancienneté, délai de franchise) et respecte la procédure de demande d'autorisation d'absence, l'employeur ne peut pas s'opposer au départ en formation du salarié.

Il peut cependant en reporter la date pour l'un des deux motifs suivants.

■ Motif de service

Lorsque l'employeur estime que le départ du salarié en CIF est préjudiciable à la production et à la bonne marche de l'entreprise, il peut reporter la date de départ en CIF qui lui a été présentée. Le motif de report ne peut être invoqué par l'employeur que dans les conditions suivantes :

- il doit être signifié par l'employeur à l'intéressé dans les 30 jours qui suivent la réception de la demande de congé ;
- il ne peut être notifié par l'employeur qu'après consultation du comité d'entreprise ou du comité d'établissement ou, à défaut, des délégués du personnel ;
- en cas de différend entre l'employeur et l'intéressé, l'inspecteur du travail dont relève l'entreprise peut être saisi par l'une des parties et pris pour arbitre ;
- la durée maximale pendant laquelle le congé peut être différé pour ce motif est de neuf mois.

■ Effectifs simultanément absents

Lorsque, dans une entreprise ou un établissement, toutes les demandes de congé ne peuvent être satisfaites simultanément (dans les conditions fixées, en fonction de l'effectif de l'entreprise, par les articles L. 6322-7 à L. 6322-10), ces demandes doivent être accordées en suivant l'ordre de priorité suivant :

1. demandes présentées pour passer un examen ;
2. demandes déjà présentées et qui ont été différées (quel que soit le motif pour lequel la demande a été différée) ;
3. demandes formulées par les travailleurs qui, dans le cadre d'un congé de formation, ont dû interrompre leur stage pour un motif reconnu valable par l'employeur, après avis du comité d'entreprise ou, à défaut, des délégués du personnel ;
4. demandes formulées par les salariés ayant le plus d'ancienneté dans l'entreprise.

Pour qu'une demande déjà reportée soit prise en compte, il est préférable que le salarié reformule sa demande à son employeur.

Qui finance le CIF ?

Le financement du CIF est assuré par des organismes paritaires agréés par l'État. Il s'agit principalement des Fongecif (Fonds de gestion du CIF, présents dans chaque région). Cependant, dans quelques secteurs professionnels (spectacle, agriculture, économie sociale, etc.), ce sont les OPCA (organismes paritaires collecteurs agréés) de branche qui sont chargés du financement du CIF.

Tout salarié qui veut recourir au CIF doit s'adresser, pour bénéficier d'une prise en charge financière, à l'organisme auprès duquel l'entreprise verse sa contribution.

Chaque organisme définit ses propres règles de procédure de demande de financement et de prise en charge du CIF : le salarié a donc intérêt à s'adresser le plus tôt possible au Fongecif ou à l'OPCA pour disposer des renseignements nécessaires à la constitution de son dossier.

Quels frais peuvent être pris en charge ?

Le Fongecif ou l'OPCA sont susceptibles de prendre en charge, dans l'ordre de priorité :

- la rémunération ;
- le coût de la formation ;
- les frais de transport ;
- les frais d'hébergement.

Remarque

Les entreprises n'ont pas d'autres obligations financières, en matière de CIF, que de verser leur contribution annuelle à l'organisme collecteur dont elles relèvent. Cependant, tous les employeurs ont la possibilité de participer directement au financement du congé indépendamment du versement de cette cotisation. Un salarié peut donc s'adresser à son employeur pour obtenir soit un financement complémentaire à la prise en charge décidée par l'organisme financeur, soit le financement total ou partiel d'un CIF ou qui ne pourrait être pris en charge par le Fongecif ou l'OPCA.

Comment est assurée la rémunération durant le CIF ?

L'autorisation d'absence donnée par l'employeur n'entraîne pas automatiquement le maintien de la rémunération, ni la prise en charge des frais afférents à la formation.

Le maintien de la rémunération n'est acquis par le salarié que lorsqu'il a obtenu l'accord de l'organisme paritaire agréé à cette fin. Selon les cas, celui-ci prend en charge 80 % ou 90 % de la rémunération habituelle du salarié, sauf si celle-ci est inférieure à deux fois le Smic. La prise en charge du salaire est alors totale.

Concrètement, c'est l'employeur qui verse la rémunération et se fait rembourser par l'organisme agréé.

Quelles sont les incidences sur le contrat de travail ?

Pendant le congé de formation, le bénéficiaire reste salarié de son entreprise : seuls certains effets liés au contrat de travail sont suspendus (travail effectif, maintien automatique de la rémunération).

Le temps passé en formation est pris en compte pour le calcul des droits aux congés payés. Cette règle est applicable quelle que soit la durée du congé, quel que soit son mode de rémunération, que ce congé soit rémunéré ou non par l'employeur. Il en va de même à l'égard des droits auxquels le salarié peut prétendre du fait de son ancienneté dans l'entreprise : par exemple les primes (13e mois, vacances, bilan ou gratifications) liées à l'ancienneté dans l'emploi.

Le salarié en congé de formation conserve le droit d'exercer des mandats de représentant du personnel ou de délégué syndical. Il reste également électeur et éligible aux élections professionnelles. À son retour, l'employeur doit le réintégrer dans son emploi antérieur mais n'est pas tenu de proposer un autre emploi prenant en compte la qualification acquise pendant la formation.

Remarque

Sous réserve du cas particulier mentionné ci-dessous, les actions de formation du CIF s'accomplissent en tout ou partie pendant le temps de travail.

La formation peut-elle se dérouler en dehors du temps de travail ?

Dès lors que le salarié dispose d'une ancienneté d'un an dans l'entreprise et à sa demande, l'organisme collecteur paritaire agréé au titre du CIF (Opacif) peut assurer la prise en charge de tout ou partie des frais (c'est-à-dire les coûts pédagogiques de la formation) liés à la réalisation d'une formation se déroulant en dehors du temps de travail (donc sans obligation de congé), selon les mêmes modalités que celles prévues dans le cadre du CIF. Pendant la durée de cette formation, le salarié bénéficie de la législation de la Sécurité sociale relative à la protection en matière d'accidents du travail et de maladies professionnelles.

La formation envisagée, pour laquelle le salarié demande le financement des frais pédagogiques, doit représenter un volume de 120 heures minimum.

Remarque

Le salarié n'a aucune demande particulière à effectuer auprès de son employeur, puisque la formation se réalise en dehors du temps de travail. De ce fait, pendant la formation, il n'est ni rémunéré ni indemnisé en allocation de formation.

Les salariés sous CDD peuvent-ils bénéficier du CIF ?

Oui, les conditions d'accès au CIF ont été aménagées pour permettre aux anciens titulaires de CDD de bénéficier du dispositif.

Le salarié sous CDD doit avoir travaillé :
- 24 mois, consécutifs ou non, en qualité de salarié, au cours des cinq dernières années ;
- dont quatre mois, consécutifs ou non, sous CDD, au cours des 12 derniers mois.

Remarque

Afin de faciliter l'accès des salariés de moins de 30 ans en CDD au bénéfice d'un CIF, les deux conditions cumulatives mentionnées ci-dessus devraient être ramenées, pour les intéressés, à une seule condition de quatre mois de travail consécutifs ou non en CDD au cours des 28 derniers mois (décret à paraître).

Le CIF se déroule en dehors de la période d'exécution du CDD. L'action de formation doit débuter au plus tard 12 mois après le terme du contrat. Cependant, à la demande du salarié, la formation peut être suivie, après accord de l'employeur, en tout ou partie, avant le terme du CDD.
Les dépenses liées à la réalisation de cette formation sont prises en charge par l'organisme paritaire agréé au titre du CIF (Fongecif ou OPCA). L'organisme compétent est celui dont relève l'entreprise dans laquelle a été exécuté le CDD. La prise en charge financière accordée porte sur la rémunération et sur tout ou partie des frais de formation.

Textes de référence

Articles L. 6322-1 à L. 6322-36, L. 6322-64, R. 6322-1 à R. 6322-27 et D. 6322-79 du Code du travail

Lire en complément

- La formation des salariés : principes généraux
- Le plan de formation
- Le bilan de compétences
- La validation des acquis de l'expérience (VAE)

Le compte personnel de formation (CPF)

Le compte personnel de formation (CPF) est une nouvelle modalité d'accès à la formation créée par la loi n° 2014-288 du 5 mars 2014 « relative à la formation professionnelle, à l'emploi et à la démocratie sociale », largement inspirée, sur ce point, des principes fixés par les partenaires sociaux dans l'accord national interprofessionnel (ANI) du 14 décembre 2013 « relatif à la formation professionnelle ».
Ce nouveau dispositif a pour ambition d'accroître le niveau de qualification de chacun et d'aider ainsi à l'employabilité des salariés, à la sécurisation des parcours professionnels et à la compétitivité des entreprises. Ouvert dès 16 ans (voire 15 ans pour les jeunes qui concluent un contrat d'apprentissage dès cet âge, voir p. 694), il suit la personne pendant toute sa carrière, même au chômage ou après un changement d'entreprise.

Remarque

Le compte personnel de formation remplace le droit individuel à la formation (DIF) à compter du 1er janvier 2015. Les heures non consommées au titre du DIF au 31 décembre 2014 peuvent être mobilisées jusqu'au 31 décembre 2020, dans les conditions mentionnées page 477.

Qui bénéficie d'un compte personnel de formation ?

Depuis le 1er janvier 2015, toute personne âgée d'au moins 16 ans (15 ans dans le cas mentionné p. 466) en emploi ou à la recherche d'un emploi ou accompagnée dans un projet d'orientation et d'insertion professionnelles ou accueillie dans un établissement et service d'aide par le travail (Ésat, anciennement « centre d'aide par

le travail - CAT) dispose d'un compte personnel de formation. Toutes les personnes engagées dans la vie active, indépendamment du statut, ont donc vocation à être titulaires d'un compte personnel de formation : salariés du privé, personnes sans emploi, jeunes sortis du système scolaire en recherche d'emploi, etc. Toutefois, seules les personnes salariées de droit privé alimentent leur compte personnel de formation.
Ce compte sera fermé lorsque la personne sera admise à faire valoir l'ensemble de ses droits à la retraite.

Remarque

Un compte personnel de formation est ouvert dès l'âge de 15 ans pour le jeune ayant signé un contrat d'apprentissage dès cet âge.

Comment est-il mis en œuvre ?

Le compte personnel de formation est comptabilisé en heures et mobilisé par la personne, qu'elle soit salariée (voir p. 468) ou à la recherche d'un emploi (voir p. 470), afin de suivre, à son initiative, une formation.
Le compte ne peut être mobilisé qu'avec l'accord exprès de son titulaire. Le refus du titulaire du compte de le mobiliser ne constitue pas une faute. Ainsi, par exemple, un salarié ne peut être sanctionné pour avoir refusé d'utiliser les droits inscrits sur son CPF pour suivre une formation. Pour la même raison, un demandeur d'emploi indemnisé ne pourrait se voir priver du bénéfice de ses allocations chômage.

Quelles sont les formations éligibles dans le cadre du CPF ?

Les formations éligibles au CPF sont obligatoirement des formations qualifiantes correspondant aux besoins de l'économie prévisibles à court ou moyen terme. Ces formations doivent ainsi permettre aux personnes d'acquérir des compétences attestées (qualification,

certification, titre, diplôme, habilitation) contribuant à la sécurisation des parcours professionnels des salariés. L'objectif est de faciliter la réalisation d'un projet d'évolution professionnelle, au sein ou en dehors de l'entreprise, ou un projet d'accès ou de retour à l'emploi.
Sont ainsi éligibles au CPF :
1° Les formations permettant d'acquérir le socle de connaissances et de compétences défini par décret (lire, écrire, compter, savoir utiliser les techniques usuelles de l'information et de la communication numérique, etc.) ; le décret définissant ce socle sera publié dans le courant du 1er semestre 2015 (pour toutes précisions, se reporter au site www.moncompteformation.gouv.fr/).
2° L'accompagnement à la validation des acquis de l'expérience (VAE, voir p. 490), dans les conditions définies par le décret n° 2014-1354 du 12 novembre 2014.
3° Sous réserve qu'elles figurent sur la liste des formations éligibles, les autres formations suivantes :
- les formations sanctionnées par une certification enregistrée dans le *Répertoire national des certifications professionnelles* (RNCP) ou permettant d'obtenir une partie identifiée de certification professionnelle, classée au sein du répertoire, visant à l'acquisition d'un bloc de compétences ;
- les formations sanctionnées par un certificat de qualification professionnelle (CQP), y compris les CPQ interbranche (CQPI). Les CQP sont des certifications créées et délivrées par les branches professionnelles ; un CQP est pris en compte par toutes les entreprises qui relèvent de la branche concernée en terme de positionnement de son titulaire dans la grille de classification des emplois ;
- les formations sanctionnées par les certifications inscrites à l'inventaire mentionné au dixième alinéa du II de l'article L. 335-6 du Code de l'éducation. Sont visées les « certifications et habilitations correspondant à des compétences transversales exercées en situation professionnelle » [qui] « peuvent être recensées dans un inventaire spécifique établi par la Commission

nationale de la certification professionnelle » ; cet inventaire est établi selon les modalités définies par un arrêté du 31 décembre 2014 (JO du 10 janvier 2015) ; sur cet inventaire, voir le site www.moncompteformation.gouv.fr ou le site : www.cncp.gouv.fr/inventaire ;

- les formations concourant à l'accès à la qualification des personnes à la recherche d'un emploi et financées par les régions, Pôle emploi et, s'agissant des personnes reconnues handicapées, par l'Agefiph.

Remarque

Sur le site Internet dédié au CPF, un outil permet de rechercher les formations éligibles, en fonction du statut (salarié, demandeur d'emploi) de la personne :
(www.moncompteformation.gouv.fr/recherche_formations_eligibles).

Comment est alimenté le CPF pour les salariés ?

Tous les salariés, quelle que soit la nature de leur contrat de travail (CDI, CDD, contrat d'apprentissage, contrat de professionnalisation, etc.) ou le volume d'activité (temps plein ou temps partiel) ont droit au compte personnel de formation. Celui-ci est alimenté en heures de formation à la fin de chaque année et, le cas échéant, par des abondements supplémentaires. Il peut également s'articuler avec d'autres modes d'accès des salariés à la formation, qu'il s'agisse du plan de formation de l'entreprise, du CIF ou encore des périodes de professionnalisation.

■ Salariés ayant effectué une durée de travail à temps complet sur l'ensemble de l'année

L'alimentation du CPF se fait à hauteur de 24 heures par année de travail à temps complet jusqu'à l'acquisition d'un crédit de 120 heures, puis de 12 heures par année de travail à temps complet, dans la limite d'un plafond total de 150 heures. Ce plafond ne constitue en aucun cas une limite à la durée de la formation qui peut être suivie ; si la formation choisie par le salarié excède cette durée, des financements complémentaires peuvent être mobilisés (voir p. 471).

Remarque

La période d'absence du salarié pour un congé de maternité, de paternité et d'accueil de l'enfant, d'adoption, de présence parentale, de soutien familial ou un congé parental d'éducation ou pour une maladie professionnelle ou un accident du travail est intégralement prise en compte pour le calcul des heures de formation à créditer chaque année sur le CPF, que le salarié soit à temps complet ou non.

■ Salariés n'ayant pas effectué une durée de travail à temps complet sur l'ensemble de l'année

Lorsque le salarié n'a pas effectué une durée de travail à temps complet sur l'ensemble de l'année (salariés à temps partiel ou non présents sur toute l'année), l'alimentation est calculée a due proportion du temps de travail effectué. Ainsi, par exemple, un salarié à mi-temps sur l'année va acquérir 12 heures au titre de son CPF pour l'année.

Des dispositions plus favorables peuvent être prévues par un accord d'entreprise, de groupe ou de branche qui prévoit un financement spécifique à cet effet. En présence d'un tel accord, les dispositions suivantes s'appliquent :

- l'entreprise effectue annuellement, pour chaque salarié concerné, le calcul du nombre d'heures supplémentaires à inscrire au CPF ;
- la somme due par l'entreprise au titre du financement spécifique mentionné ci-dessus correspond au nombre d'heures ainsi calculé, multiplié par un montant forfaitaire déterminé par l'accord collectif, sans que ce montant forfaitaire ne puisse être inférieur à 13 € ;
- en l'absence d'accord d'entreprise conclu sur le fondement de l'article L. 6331-10 du Code du travail (voir p. 470), la somme ainsi calculée est versée par l'employeur à l'OPCA dont il relève et est gérée par cet organisme ; lorsqu'un tel accord a été conclu, cette

somme s'ajoute à celles qui doivent être consacrées par l'employeur au financement du CPF ;

- en vue d'assurer le suivi des CPF par la CDC (voir p. 477), les entreprises adressent avant le 1er mars de chaque année à l'OPCA dont elles relèvent la liste des salariés bénéficiaires des dispositions plus favorables ainsi que le nombre d'heures de formation supplémentaires attribuées.

Remarque

Dans les conditions prévues par l'article L. 6331-10 du Code du travail, et dans les entreprises de 10 salariés et plus, un accord d'entreprise conclu pour une durée de trois ans peut prévoir que l'employeur consacre au moins 0,2 % du montant des rémunérations versées pendant chacune des années couvertes par l'accord au financement du CPF de ses salariés et à son abondement (accord « 0,2 % CPF »).

Quelle est la situation des demandeurs d'emploi ?

Pendant leur période de chômage, les demandeurs d'emploi peuvent mobiliser les droits crédités sur leur CPF, notamment ceux qu'ils ont acquis lorsqu'ils étaient salariés ou ceux issus de leur ancien DIF, et bénéficier d'abondements, par exemple de la part de Pôle emploi.

Contrairement à ce qui est prévu pour les salariés, le CPF d'un demandeur d'emploi n'est pas crédité d'un nombre d'heures chaque année, sauf si l'intéressé exerce une activité réduite (cette activité lui ouvre alors les droits mentionnés page 469).

Remarque

Pour définir un projet professionnel, les demandeurs d'emploi peuvent s'adresser à l'un des organismes dispensant le conseil en évolution professionnelle (CEP, voir p. 445).

Les droits inscrits sur le CPF peuvent-ils être complétés ?

■ **Dispositions générales**

Les heures inscrites sur le compte permettent à son titulaire de financer une formation éligible au compte, telles que définies ci-dessus. Lorsque la durée de cette formation est supérieure au nombre d'heures inscrites sur le compte, ce dernier peut faire l'objet, à la demande de son titulaire, d'abondements complémentaires pour assurer le financement de cette formation. Ces heures complémentaires sont mentionnées dans le dossier de formation au moment de la constitution de celui-ci. Les abondements peuvent être financés par :

- l'employeur, lorsque le titulaire du compte est salarié. L'abondement peut résulter d'une décision unilatérale de l'employeur ou être prévu par un accord collectif ;
- le titulaire du compte ;
- un organisme collecteur paritaire agréé (OPCA) ;
- un organisme paritaire agréé au titre du congé individuel de formation (Opacif) ;
- l'organisme chargé de la gestion du compte personnel de prévention de la pénibilité (la Caisse nationale d'assurance vieillesse), à la demande de la personne ;
- l'État ;
- les régions ;
- Pôle emploi ;
- l'Association pour la gestion du fonds de développement pour l'insertion professionnelle des handicapés (Agefiph).

Ces heures complémentaires ne sont pas prises en compte pour le calcul du plafond de 150 heures mentionné à l'article L. 6323-11 du Code du travail (voir p.468).

Remarques

- Le CPF des travailleurs handicapés accueillis dans un Ésat fait l'objet d'abondements en heures complémentaires dans les conditions spécifiques fixées par décret (à paraître ; toutes les précisions seront disponibles sur le site www.moncompteformation.gouv.fr ou www.travail-emploi.gouv.fr).
- Les points inscrits au compte personnel de prévention de la pénibilité (CPPP ; voir p. 390) mobilisés pour la formation professionnelle sont convertis en heures de formation et constituent un abondement du CPF. Ouvert à compter du 1er janvier 2015, le CPPP pourra être mis en œuvre à compter du début de l'année 2016, une fois crédité de ses premiers points ; toutes les précisions sont disponibles sur le site www.preventionpenibilite.fr.

Dispositions spécifiques pour les salariés

En plus des abondements mentionnés page 471, qui peuvent être sollicités lorsque la durée de la formation visée par le titulaire du compte (qu'il soit salarié ou non) est supérieure au nombre d'heures inscrites sur son CPF, la loi a prévu deux possibilités d'abondement supplémentaires ouvertes aux seuls salariés :

- le CPF peut être abondé en application d'un accord d'entreprise ou de groupe, un accord de branche ou un accord conclu par les organisations syndicales de salariés et d'employeurs signataires de l'accord constitutif d'un organisme collecteur paritaire agréé interprofessionnel, portant notamment sur la définition des formations éligibles et les salariés prioritaires (salariés les moins qualifiés, salariés exposés à des facteurs de risques professionnels, etc. ; voir article L. 6323-14 du Code du travail) ;
- le CPF est abondé en cas de non-respect, par l'employeur, de la réglementation relative à l'entretien professionnel mentionné page 499. Comme cela est précisé page 500, tous les six ans, cet entretien professionnel permet de faire un état des lieux récapitulatif du parcours professionnel du salarié. Ce bilan donne lieu à la rédaction d'un document dont une copie est remise au salarié. Il permet de

noter que le salarié a bénéficié au cours des six dernières années des entretiens professionnels bisannuels et d'apprécier s'il a :

1° Suivi au moins une action de formation.

2° Acquis des éléments de certification par la formation ou par une validation des acquis de son expérience.

3° Bénéficié d'une progression salariale ou professionnelle.

Dans les entreprises d'au moins 50 salariés, lorsque, au cours de ces six années, le salarié n'a pas bénéficié des entretiens prévus et d'au moins deux des trois mesures mentionnées aux 1° à 3° ci-dessus :

- 100 heures de formation supplémentaires sont inscrites au CPF du salarié (130 heures pour un salarié à temps partiel) ;
- et l'entreprise verse à l'OPCA une somme forfaitaire correspondant au nombre d'heures ainsi ajoutées multiplié par un montant forfaitaire de 30 euros (par exemple, pour un salarié à temps partiel, ce versement forfaitaire correspondra à 3 900 euros).

Remarque

Les abondements mentionnés ci-dessus n'entrent pas en compte dans les modes de calcul des heures qui sont créditées sur le compte du salarié chaque année et du plafond total de 150 heures.

Pour les salariés, l'accord de l'employeur est-il requis ?

Deux situations doivent être distinguées sachant que, dans tous les cas, la formation doit être choisie parmi les formations éligibles au CPF (voir p. 466) :

- la formation financée dans le cadre du CPF n'est pas soumise à l'accord de l'employeur lorsqu'elle est suivie, pour sa totalité, en dehors du temps de travail ;
- lorsqu'elle est suivie en tout ou partie, pendant le temps de travail, le salarié doit demander l'accord préalable de l'employeur sur le contenu et le calendrier de la formation.

La demande du salarié doit intervenir au minimum 60 jours avant le début d'une formation d'une durée inférieure à six mois et au minimum 120 jours pour une formation d'une durée de six mois ou plus. À compter de la réception de la demande, l'employeur dispose d'un délai de 30 jours calendaires pour notifier sa réponse au salarié. L'absence de réponse de l'employeur dans ce délai vaut acceptation de la demande.

Remarque

Si le salarié souhaite bénéficier d'une formation suivie en tout ou partie pendant le temps de travail, financée au titre des heures créditées sur le CPF pour non-respect par l'employeur des dispositions relatives à l'entretien professionnel (voir p. 472), d'une formation visant à l'acquisition du socle de connaissances et de compétences (voir p. 467) ou d'un accompagnement à la VAE (voir p. 467), ainsi que dans les cas éventuellement prévus par accord de branche, d'entreprise ou de groupe, la demande d'accord préalable de l'employeur ne porte que sur le calendrier de la formation. Dans ces hypothèses, le salarié est donc libre du choix du contenu de la formation dès lors que celle-ci fait partie des formations éligibles au CPF.

Le salarié est-il rémunéré pendant la formation ?

Lorsqu'elles se déroulent pendant le temps de travail, les heures consacrées à la formation constituent un temps de travail effectif (elles seront donc prises en compte, par exemple, pour la détermination des droits à congés payés) et donnent lieu au maintien par l'employeur de la rémunération du salarié (avec des possibilités de prise en charge de cette rémunération par l'OPCA ; renseignements complémentaires sur le site www.moncompteformation.gouv.fr).
En revanche, il n'y a pas de rémunération spécifique pour le salarié lorsque la formation suivie au titre du CPF est effectuée en dehors du temps de travail.

Comment le CPF est-il mobilisé pour les demandeurs d'emploi ?

Si le demandeur d'emploi bénéficie d'un nombre d'heures inscrites sur son CPF suffisant pour suivre une formation, son projet est réputé validé au titre du projet personnalisé d'accès à l'emploi (PPAE) ; son projet de formation, choisie sur la liste des formations éligibles au CPF, ne doit donc pas faire l'objet d'une validation par Pôle emploi (renseignements complémentaires sur le site : www.moncompteformation.gouv.fr). Dans le cas contraire, Pôle emploi ou l'une des autres institutions chargées du conseil en évolution professionnelle (CEP, voir p. 445) mobilise, après validation du projet de formation, les financements complémentaires disponibles mentionnés page 471 (financements de la Région, de l'État, de l'Agefiph, etc.).

Le CPF peut également être mobilisé par le salarié qui a choisi de bénéficier d'un contrat de sécurisation professionnelle (CSP).

Remarque

Le demandeur d'emploi qui suit une formation dans le cadre de son CPF peut, lorsque les conditions sont réunies, être indemnisé au titre de l'allocation d'aide au retour à l'emploi « formation » (AREF) ou de la Rémunération Formation de Pôle emploi (RFPE). Sur ce point, il convient de se renseigner auprès de son agence Pôle emploi.

Les frais de formation sont-ils pris en charge ?

■ **Pour les salariés**

Selon le nombre d'heures inscrites sur le CPF, la formation (frais pédagogiques et frais annexes) peut être prise en charge en totalité ou en partie par le CPF du salarié. Si elle ne peut pas être totalement prise en charge, les abondements mentionnés page 471 peuvent être sollicités ; pour un accompagnement, le salarié peut se rapprocher d'un conseiller en évolution professionnelle (CEP, voir p. 445).

■ **Pour les demandeurs d'emploi**
Les frais pédagogiques et les frais annexes afférents à la formation du demandeur d'emploi qui mobilise son CPF sont pris en charge par le fonds paritaire de sécurisation des parcours professionnels (FPSPP), dans la limite du nombre d'heures inscrites sur le CPF du demandeur d'emploi. Ces financements prennent en considération les modalités de financement appliquées d'une part par les Opacif, d'autre part par Pôle emploi et les régions. Le niveau de prise en charge peut être plafonné. Si la formation ne peut pas être totalement prise en charge, d'autres financements peuvent être recherchés au travers des abondements mentionnés page 471. Le conseiller en évolution professionnelle (CEP, voir p. 445) peut accompagner les demandeurs d'emploi dans la recherche de ces compléments de financement.

Que se passe-t-il en cas de changement de situation ?

Les heures de formation inscrites sur le compte demeurent intégralement acquises en cas de changement de situation professionnelle ou de perte d'emploi (démission, fin de CDD, rupture conventionnelle, licenciement – y compris pour faute lourde, etc.) de son titulaire. Le CPF est ainsi attaché à la personne et non plus au contrat de travail ou au statut de son titulaire, c'est-à-dire qu'il va suivre l'individu tout au long de sa vie professionnelle jusqu'à sa retraite, en lui permettant d'acquérir des heures de formation financées, sans limite de temps, quels que soient les changements dans sa situation professionnelle.

Comment les titulaires d'un CPF sont-ils informés de leurs droits ?

Chaque titulaire d'un compte a connaissance du nombre d'heures créditées sur ce compte en accédant à un service dématérialisé gratuit, disponible à l'adresse Internet suivante :

www.moncompteformation.gouv.fr, géré par la Caisse des dépôts et consignations.

Chaque personne dispose sur ce site, d'un espace personnel sécurisé lui permettant d'accéder aux informations qui le concernent.

Ce service dématérialisé donne également des informations sur les formations éligibles et sur les abondements complémentaires susceptibles d'être sollicités (sur les abondements, voir p. 471).

En outre, chaque titulaire du CPF disposera à compter de novembre 2015, d'un « passeport d'orientation, de formation et de compétences ». Ce passeport, que seul son titulaire peut consulter et mettre à jour, permet de noter les formations et les qualifications suivies dans le cadre de la formation initiale ou continue, les acquis de l'expérience professionnelle mais également les compétences acquises tout au long de sa carrière.

Remarque

La gestion du CPF a été confiée à la Caisse des dépôts et consignations (CDC). Les employeurs n'ont donc plus à gérer en interne les compteurs du CPF comme ils étaient tenus de le faire pour le DIF, et ne sont plus tenus d'informer, chaque année, les salariés de leurs droits dans ce domaine. C'est à partir des informations mentionnées par les employeurs dans la déclaration annuelle des données sociales (DADS) puis, à terme, dans la déclaration sociale nominative (DSN), que la CDC établira et mettra à jour les droits de chaque titulaire d'un CPF.

Que deviennent les droits acquis au titre du DIF ?

Le CPF a pris la suite du DIF depuis le 1er janvier 2015. Pour autant, les droits acquis, jusqu'au 31 décembre 2014, au titre du DIF, et non utilisés, ne sont pas perdus pour le salarié : celui-ci peut les mobiliser jusqu'au 31 décembre 2020 dans le cadre prévu pour le CPF. Afin de permettre aux salariés de connaître précisément leurs droits en la matière, les employeurs ont dû informer par écrit, avant le 31 janvier 2015, chaque salarié du nombre total d'heures acquises et non utilisées au titre du DIF au 31 décembre 2014. Pour être utilisées, les heures acquises au titre du DIF doivent être inscrites par chaque personne, dans son compte d'heures à partir de son espace personnel sécurisé accessible depuis le site www.moncompteformation.gouv.fr. Le document remis par l'employeur doit être conservé par le salarié qui pourra ainsi, le cas échéant, justifier de ces heures lorsqu'il en demandera l'utilisation dans le cadre prévu pour le CPF.

Lorsqu'une personne bénéficiera d'une formation dans le cadre de son CPF, les heures acquises et non utilisées au titre du DIF seront mobilisées en premier lieu et, le cas échéant, seront complétées par les heures inscrites sur le CPF de l'intéressé dans la limite d'un plafond total de 150 heures. Ces heures de formation seront prises en charge par les financements affectés au CPF.

Remarques

- Les heures « issues » du DIF ne sont prises en compte ni pour le calcul du plafond de 150 heures, ni pour le mode de calcul des heures créditées sur le compte mentionnés à l'article L. 6323-11 du Code du travail (voir page 468). En revanche, le cumul des heures DIF et des heures CPF mobilisées pour une formation ne peut excéder 150 heures.
- Pour les fonctionnaires, le dispositif du DIF est, pour le moment, maintenu en l'état.

Textes de référence

Articles L. 6323-1 à L. 6323-23
et R. 6323-1 à R. 6323-21 du Code du travail

Les périodes de professionnalisation

Les périodes de professionnalisation ont pour objet de favoriser, par des actions de formation alternant enseignements théoriques et pratiques, le maintien dans l'emploi des salariés en CDI , de salariés en contrat de travail à durée déterminée d'insertion (CDDI) conclu avec un employeur relevant de l'insertion par l'activité économique (entreprises d'insertion, ateliers et chantiers d'insertion…) et de salariés bénéficiaires d'un contrat unique d'insertion (CUI, voir p. 741).

Quels sont les salariés concernés ?

Les périodes de professionnalisation sont accessibles :

- aux salariés en contrat à durée indéterminée ;
- aux salariés en contrat de travail à durée déterminée conclu en application de l'article L. 1242-3 du Code du travail (contrat à durée déterminée d'insertion – CDDI – avec un employeur relevant de l'insertion par l'activité économique de l'article L. 5132-4 du Code du travail (entreprises d'insertion, ateliers et chantiers d'insertion, etc.) ;
- aux salariés bénéficiaires d'un contrat à durée déterminée ou indéterminée conclu en application de l'article L. 5134-19-1 du Code du travail (contrat unique d'insertion).

Ces périodes ont pour objet de favoriser, par des actions de formation, le maintien dans l'emploi de ces salariés.

Pour quels types d'actions de formation ?

Les actions de formation qui peuvent être suivies par les bénéficiaires d'une période de professionnalisation sont :

1° des formations qualifiantes mentionnées à l'article L. 6314-1 du Code du travail ;
2° des actions permettant l'accès au socle de connaissances et de compétences défini par décret (à paraître) ;
3° des actions permettant l'accès à une certification inscrite à l'inventaire spécifique établi par la Commission nationale de la certification professionnelle.

Remarque

Les périodes de professionnalisation peuvent abonder le compte personnel de formation (CPF, voir p. 465 et s.) entré en vigueur le 1er janvier 2015.

Les périodes de professionnalisation associent des enseignements généraux, professionnels et technologiques dispensés dans des organismes publics ou privés de formation ou, lorsqu'elle dispose d'un service de formation, par l'entreprise, et l'acquisition d'un savoir-faire par l'exercice en entreprise d'une ou plusieurs activités professionnelles en relation avec les qualifications recherchées.
La durée minimale de la formation reçue dans le cadre de la période de professionnalisation est fixée pour chaque salarié bénéficiaire d'une période de professionnalisation, à 70 heures, réparties sur une période maximale de 12 mois calendaires.
Cette durée minimale ne s'applique pas :
1° Aux actions permettant aux travailleurs de faire valider les acquis de leur expérience.
2° Aux formations financées dans le cadre de l'abondement du compte personnel de formation du salarié (voir ci-dessus).
3° Aux formations sanctionnées par les certifications inscrites à l'inventaire spécifique établi par la Commission nationale de la certification professionnelle.

Comment la période de professionnalisation est-elle mise en œuvre ?

La période de professionnalisation peut être mise en œuvre à l'initiative du salarié ou de l'employeur. Toutefois, le pourcentage de salariés simultanément absents au titre de ces périodes de professionnalisation ne peut, sauf accord du chef d'entreprise ou du responsable de l'établissement, dépasser 2 % du nombre total de salariés de l'entreprise ou de l'établissement. Par ailleurs, dans les entreprises ou établissements de moins de 50 salariés, le bénéfice d'une période de professionnalisation peut être différé lorsqu'il aboutit à l'absence simultanée, au titre de ces périodes, d'au moins deux salariés.

Remarque

Pour chaque salarié en période de professionnalisation, l'employeur peut choisir un tuteur parmi les salariés qualifiés de l'entreprise. Le salarié choisi pour être tuteur doit être volontaire et justifier d'une expérience professionnelle d'au moins deux ans dans une qualification en rapport avec l'objectif de professionnalisation visé. L'employeur peut assurer lui-même le tutorat dès lors qu'il remplit les conditions de qualification et d'expérience.

Ce tutorat est mis en œuvre selon les modalités précisées par les articles D. 6324-2 à D. 6324-6 du Code du travail.

Quelle est la situation du salarié pendant la période de professionnalisation ?

■ Modalités des actions de formation

Les actions de formation effectuées dans le cadre de la période de professionnalisation se déroulent en principe pendant le temps de travail. Elles peuvent toutefois également se dérouler, pour tout ou partie, en dehors du temps de travail, à l'initiative :

- du salarié dans le cadre du du compte personnel de formation (CPF, voir p. 465) ;

- de l'employeur, avec l'accord écrit du salarié, dans la limite de 80 heures par an et par salarié.

Lorsque des actions de formation se déroulent en dehors du temps de travail, l'employeur doit définir avec le salarié, avant son départ en formation, la nature des engagements auxquels l'entreprise souscrit si le salarié suit avec assiduité la formation et satisfait aux évaluations prévues (affectation à un poste de travail plus qualifié, octroi d'une prime, augmentation de salaire, par exemple).
Par ailleurs, par accord écrit entre le salarié et l'employeur, les heures de formation effectuées en dehors du temps de travail dans le cadre de la période de professionnalisation peuvent excéder le montant des droits ouverts par le salarié au titre du compte personnel de formation dans la limite de 80 heures sur une même année civile.
Dans ce cas, les engagements de l'entreprise mentionnés ci-dessus portent sur :

- les conditions dans lesquelles le salarié accède en priorité, dans un délai d'un an à l'issue de la formation aux fonctions disponibles correspondant aux connaissances ainsi acquises et sur l'attribution de la classification correspondant à l'emploi occupé ;
- les modalités de prise en compte des efforts accomplis par le salarié.

■ **Rémunération du salarié**

Les actions de formation mises en œuvre pendant la période de professionnalisation et pendant le temps de travail donnent lieu au maintien par l'employeur de la rémunération du salarié.
Si la formation a lieu en dehors du temps de travail, l'employeur doit verser au salarié une allocation de formation dont le montant est égal à 50 % de la rémunération nette de référence du salarié concerné.
Dans le cas général, le salaire horaire de référence pris en compte pour le calcul de cette allocation est déterminé par le rapport entre le total des rémunérations nettes versées au salarié par son entreprise au cours des 12 derniers mois précédant le début de la formation et

le nombre total d'heures rémunérées au cours de ces mêmes 12 derniers mois. Des règles particulières sont fixées lorsque le salarié ne dispose pas de l'ancienneté suffisante dans l'entreprise pour ce calcul, pour les salariés intérimaires, et pour les salariés dont la durée du travail est fixée par une convention de forfait en jours.

Remarque

Pendant la durée des actions de formation mises en œuvre dans le cadre des périodes de professionnalisation, le salarié continue de bénéficier de la législation sur les accidents du travail et les maladies professionnelles.

Textes de référence

Articles L. 6324-1 à L. 6324-10 , L. 6332-15, L. 6332-16-1
et D. 6324-1 à D. 6324-6 du Code du travail

Le bilan de compétences

Le bilan de compétences permet à un salarié de faire le point sur ses compétences, aptitudes et motivations et de définir un projet professionnel ou de formation. Réalisé par un prestataire extérieur à l'entreprise, selon des étapes bien précises, le bilan de compétences peut être décidé par l'employeur ou mis en œuvre à l'initiative du salarié, dans le cadre d'un congé spécifique.

Quel est l'objectif du bilan de compétences ?

Le bilan de compétences concerne toute personne désireuse :

- d'analyser ses aptitudes, ses compétences personnelles et professionnelles, ses motivations ;
- d'organiser ses priorités professionnelles ;
- d'utiliser ses atouts comme instrument de négociation pour un emploi, une formation ou en termes de choix de carrière.

Pour l'entreprise, c'est aussi l'occasion de :

- mieux organiser la gestion prévisionnelle des emplois et des compétences ;
- favoriser la gestion des carrières et la mobilité professionnelle.

Remarque

Le bilan de compétences donne lieu à la rédaction d'un document de synthèse en vue de définir ou de confirmer un projet professionnel et, le cas échéant, un projet de formation.

Cette prestation peut être suivie à l'initiative de l'entreprise (elle est alors inscrite dans son plan de formation) ou du salarié (dans le cadre du congé de bilan de compétences).

Comment se déroule un bilan de compétences ?

La démarche comprend trois phases sous la conduite du prestataire.

1. **Une phase préliminaire** qui a pour objet de :
- confirmer l'engagement du bénéficiaire dans sa démarche ;
- définir et analyser la nature de ses besoins ;
- l'informer des conditions de déroulement du bilan de compétences, ainsi que des méthodes et techniques mises en œuvre.

2. **Une phase d'investigation** permettant au bénéficiaire :
- d'analyser ses motivations et intérêts professionnels et personnels ;
- d'identifier ses compétences et aptitudes professionnelles et personnelles et, le cas échéant, d'évaluer ses connaissances générales ;
- de déterminer ses possibilités d'évolution professionnelle.

3. **Une phase de conclusion** qui, par la voie d'entretiens personnalisés, permet au bénéficiaire de :
- prendre connaissance des résultats détaillés de la phase d'investigation ;
- recenser les facteurs susceptibles de favoriser ou non la réalisation d'un projet professionnel et, le cas échéant, d'un projet de formation ;
- prévoir les principales étapes de la mise en œuvre de ce projet.

Cette phase de conclusion se termine par la présentation au bénéficiaire du document de synthèse.
La durée du bilan varie. Elle est au maximum de 24 heures lorsque le bilan se déroule dans le cadre du congé de bilan de compétences et se répartit généralement sur plusieurs semaines.
Durant les trois phases du bilan de compétences, les actions doivent être menées de façon individuelle. Toutefois, certaines actions conduites dans la phase d'investigation peuvent l'être de façon collective, à condition qu'il ne soit pas porté atteinte au respect de la vie privée des bénéficiaires.

La personne qui a bénéficié du bilan est seule destinataire des conclusions détaillées du bilan de compétences qui ne peuvent être communiquées à un tiers qu'avec son accord.

Comment bénéficier d'un bilan de compétences ?

Basé sur le volontariat du salarié, le bilan de compétences peut être réalisé dans le cadre d'un congé spécifique ou du plan de formation de l'entreprise.

■ Le congé de bilan de compétences

Le salarié justifiant d'au moins cinq années d'activité salariée dont 12 mois dans l'entreprise, peut demander une autorisation d'absence d'une durée maximale de 24 heures à son employeur pour réaliser un bilan de compétences.

La demande, écrite, doit indiquer les dates et la durée du bilan de compétences, ainsi que la dénomination de l'organisme prestataire. Elle est transmise à l'employeur au plus tard 60 jours avant le début du bilan de compétences.

Dans les 30 jours suivant la réception de la demande, l'employeur doit faire connaître par écrit à l'intéressé son accord, ou les raisons de service motivant le report de l'autorisation d'absence. Ce report ne peut excéder six mois.

Le salarié bénéficiaire d'un congé de bilan de compétences peut présenter une demande de prise en charge des dépenses afférentes à ce congé à l'organisme collecteur (Fongecif, ou dans certains cas OPCA de branche) auquel l'employeur verse la contribution destinée au financement des congés individuels de formation. L'organisme collecteur est susceptible de refuser le financement du congé, notamment lorsque les demandes de prise en charge ne peuvent être toutes simultanément satisfaites, ou lorsque l'organisme chargé de la réalisation de ce bilan de compétences ne figure pas sur la liste arrêtée par l'organisme paritaire.

La rémunération du salarié est égale à celle qu'il aurait perçue s'il était resté à son poste de travail (dans la limite de 24 heures). Elle lui est versée par l'employeur, lequel est remboursé par l'organisme collecteur.

La réalisation du bilan est subordonnée à la signature d'une convention par le salarié, l'organisme prestataire de bilan et l'organisme paritaire agréé au titre du congé individuel de formation (Fongecif, ou dans certains cas, OPCA de branche).

Un travailleur ayant bénéficié d'une autorisation d'absence pour effectuer un bilan de compétences ne peut prétendre dans la même entreprise au bénéfice d'une nouvelle autorisation d'absence dans le même but, avant l'expiration d'un délai de franchise de cinq ans.

Enfin, le congé est assimilé à une période de travail pour la détermination des droits des salariés en matière de congés payés annuels et sa durée est comptabilisée pour le calcul de leur ancienneté.

■ Le bilan de compétences dans le cadre du plan de formation de l'entreprise

Inscrit dans le cadre du plan de formation, le bilan de compétences ne peut toutefois être réalisé qu'avec le consentement du salarié.

La mise en œuvre du bilan fait l'objet d'une convention tripartite signée par l'employeur, le salarié et l'organisme prestataire de bilan.

La convention vise à clarifier les modalités de réalisation du bilan et les objectifs visés.

Le salarié dispose d'un délai de 10 jours pour faire connaître son acceptation. Il restitue alors à l'employeur la convention sur laquelle il aura apposé sa signature précédée de la mention « lu et approuvé ».

Remarque

L'absence de réponse du salarié dans ce délai équivaut à un refus de sa part. Ce refus ne constitue ni une faute ni un motif de licenciement.

Pendant le bilan de compétences, le salarié conserve sa rémunération et sa protection sociale habituelles. Les frais de bilan sont à la charge de l'employeur qui peut les imputer sur son budget « plan de formation ».

Remarque

Qu'il résulte d'une demande de l'employeur ou du salarié, le bilan de compétences réalisé dans le cadre du plan de formation n'a pas d'incidence sur le calcul de la durée de congés payés annuels.

Les résultats du bilan sont la seule propriété du salarié. Ils ne peuvent être communiqués à l'employeur ou à toute autre personne qu'avec son accord.

Les salariés en CDD ont-ils accès au congé de bilan de compétences ?

Le congé de bilan de compétences est ouvert aux salariés qui ont été titulaires de CDD : les conditions d'ancienneté requises et les modalités de rémunération pendant le congé de bilan de compétences ont été spécialement aménagées pour ces salariés.
Ainsi, l'intéressé doit justifier d'une ancienneté de :

- 24 mois consécutifs ou non en qualité de salarié, quelle qu'ait été la nature des contrats successifs au cours des cinq dernières années ;
- dont quatre mois, consécutifs ou non, sous CDD, au cours des 12 derniers mois.

Il peut par ailleurs obtenir de l'organisme collecteur auquel son dernier employeur verse la contribution destinée au financement des congés individuels de formation (le Fongecif, ou dans certaines branches professionnelles, l'OPCA) une rémunération d'un montant égal à un pourcentage du salaire moyen perçu au cours des quatre derniers mois, sous CDD.

Où faire un bilan de compétences ?

Le bilan de compétences doit demeurer une prestation réalisée par des prestataires spécialisés, extérieurs à l'entreprise : celle-ci ne peut les organiser elle-même pour ses salariés. Elle doit recourir, sauf exception, à un organisme inscrit sur une liste établie par un organisme collecteur (Fongecif et OPCA agréés au titre du congé individuel de formation). Il peut s'agir d'organismes privés, de centres interinstitutionnels de bilans de compétences (CIBC) par exemple.

Remarque

La liste des centres interinstitutionnels de bilans de compétences (CIBC) et des organismes agréés au titre du congé individuel de formation (Fongecif, certains OPCA de branche) est disponible à la Direccte (voir p. 933) ou auprès de Pôle emploi (www.pole-emploi.fr).

Les personnes chargées de réaliser les bilans de compétences sont soumises aux dispositions pénales relatives au secret professionnel.

Textes de référence

Articles L. 6313-1 (principe), L. 6313-10, L. 6322-42 à L. 6322-51 et R. 6322-32 à R. 6322-63 (congé de bilan de compétences) du Code du travail

Lire en complément

- La formation des salariés : principes généraux
- Le congé individuel de formation (CIF)

La validation des acquis de l'expérience (VAE)

Reconnue par le Code du travail, la VAE permet de faire reconnaître son expérience, notamment professionnelle ou liée à l'exercice de responsabilités syndicales, afin d'obtenir un diplôme, un titre ou un certificat de qualification professionnelle.
Diplômes, titres et certificats sont ainsi accessibles grâce à l'expérience (et non uniquement par le biais de la formation initiale ou continue), selon d'autres modalités que l'examen.

La VAE : à quelles conditions ?

La VAE est un droit ouvert à tous : salariés (en CDI ou CDD, intérimaires, etc.), non-salariés, demandeurs d'emploi, bénévoles, agents publics, personnes ayant exercé des responsabilités syndicales (par exemple, les délégués syndicaux), etc. Et ce, quels que soient les diplômes précédemment obtenus ou le niveau de qualification.
Une seule condition : justifier d'une expérience professionnelle (salariée ou non, bénévole, etc.) de trois ans en continu ou en discontinu, en rapport avec le contenu de la certification (diplôme, titre, etc.) envisagée.

Exemple

L'épouse collaboratrice d'un artisan, chargée de la comptabilité, de la gestion et de la relation clientèle, peut obtenir – en faisant valoir son expérience dans les conditions prévues pour la VAE – un BTS d'assistante de gestion de PME-PMI.

Pour apprécier la durée de trois ans mentionnée ci-dessus, l'autorité ou l'organisme qui se prononce sur la recevabilité de la demande peut prendre en compte des activités de nature différente (par

exemple, activités salariées et de volontariat), exercées sur une même période.
N'entrent pas en compte dans la durée d'expérience requise les périodes de formation initiale ou continue, les stages et périodes de formation en milieu professionnel accomplis pour l'obtention d'un diplôme ou d'un titre. Toutefois, ces périodes de formation initiale ou continue en milieu professionnel, suivie de façon continue ou non par les personnes n'ayant pas atteint le niveau V de qualification (c'est-à-dire des personnes dont le niveau de formation est inférieur au BEP ou au CAP) pour la préparation d'un diplôme ou d'un titre, sont prises en compte dans le calcul de la durée minimale d'activité requise.

Remarque

Sous certaines conditions, les personnes inscrites sur la liste des demandeurs d'emploi tenue par Pôle emploi peuvent bénéficier d'une aide à la VAE. Toutes les précisions peuvent être obtenues sur le site www.pole-emploi.fr ou auprès de l'unité Pôle emploi dont relève l'intéressé.

Pour quels titres, quels diplômes ?

La VAE s'applique à l'ensemble des diplômes et titres à vocation professionnelle ainsi qu'aux certificats de qualification, sous réserve toutefois de figurer dans le *Répertoire national des certifications professionnelles* (RNCP).

Remarque

Pour des raisons liées à la sécurité, à la défense nationale ou encore à la santé, le règlement d'obtention de certaines certifications peut interdire leur accès par la voie de la VAE : un diplôme de médecine ne peut, par exemple, être obtenu par la VAE.

Le *Répertoire national des certifications professionnelles* : de quoi s'agit-il ?

Le *Répertoire national des certifications professionnelles* a vocation à réunir les différentes formes de certifications :

- diplômes et titres professionnels délivrés au nom de l'État ;
- titres d'organismes de formation ou de chambres consulaires (chambres de commerce et d'industrie, etc.) ;
- certificats créés par les branches professionnelles (certificats de qualification professionnelle – CQP).

En pratique, le RNCP (www.rncp.cncp.gouv.fr) permet ainsi de consulter les descriptifs des certifications : activités visées, secteur d'activité, éléments de compétence acquis, modalités d'accès, niveau, etc.

Les titres et diplômes délivrés par l'État et créés après avis d'instances consultatives sont enregistrés de droit dans le répertoire, sans limitation de durée. S'agissant des certifications privées (titres d'organismes de formation) et des certificats de qualification professionnelle, leur enregistrement est réalisé à la demande des organismes qui les ont créés, après avis de la Commission nationale de la certification professionnelle et sur décision du Premier ministre. L'enregistrement de ces certifications est valable pendant cinq ans.

Remarque

Les travailleurs handicapés accueillis en Ésat ont accès à la VAE, dans les conditions précisées par les articles D. 243-15 à D. 243-31 du Code de l'action sociale et des familles.

La VAE : quelle procédure ?

La VAE se déroule selon le processus suivant :

- renseignements sur la démarche VAE, avec l'aide d'un conseiller VAE du « point relais conseil » (PRC, voir ci-contre) le plus proche du lieu de domicile ;

- retrait du dossier de recevabilité de la demande auprès du ou des organismes certificateurs, constitution et dépôt du dossier complet ;
- décision de l'autorité ou de l'organisme qui délivre la certification professionnelle sur la recevabilité de la demande du candidat à la VAE, au regard des conditions d'éligibilité définies par la loi (inscription de la certification visée au RNCP, durée de l'activité exercée en rapport avec le contenu de la certification).

Remarques

- Avant de débuter une procédure de VAE, il est nécessaire de bien préciser son projet professionnel et de choisir la certification la plus adaptée. Pour ce faire, informations et conseils peuvent être obtenus auprès de points relais conseil de proximité (centres de bilans, centres d'information et d'orientation, agences Pôle emploi, etc., dont la liste est accessible sur le site Internet dédié à la VAE : www.vae.gouv.fr). À ce stade, le conseiller peut proposer au demandeur de faire un bilan de compétences pour l'aider à mieux définir son projet.
- Les informations demandées au bénéficiaire d'une action de VAE doivent avoir un lien direct et nécessaire avec l'objet de la validation. De même, les personnes dépositaires d'informations communiquées par le candidat dans le cadre de sa demande de validation sont tenues au secret professionnel.

Une fois la recevabilité acquise, les étapes conduisant à la VAE sont les suivantes :

- constitution d'un dossier par le candidat qui retrace précisément son expérience ;
- réunion d'un jury, avec entretien éventuellement ;
- et, lorsque cette procédure est prévue par l'autorité qui délivre la certification, mise en situation professionnelle réelle ou reconstituée.

Pour aider les personnes intéressées à construire leur projet, un tableau de bord de la démarche VAE est disponible sur le site www.vae.gouv.fr. Ce tableau constitue une aide à la planification des différentes étapes de la démarche et des principaux moments clés.

Remarques

- Toute personne dont la candidature a été déclarée recevable peut bénéficier d'un accompagnement dans la préparation de son dossier et de son entretien avec le jury en vue de la validation des acquis de son expérience. Cet accompagnement débute dès que le dossier de demande de validation a été déclaré recevable et prend fin, en principe, à la date d'évaluation par le jury. Il comprend un module de base composé d'une aide méthodologique à la description des activités et de l'expérience du candidat correspondant aux exigences du référentiel de la certification visée, à la formalisation de son dossier de validation, à la préparation de l'entretien avec le jury et le cas échéant à la mise en situation professionnelle. La région organise cet accompagnement pour les jeunes et les adultes à la recherche d'un emploi et participe à son financement (pour plus de précisions sur cet accompagnement, on peut se reporter aux informations diffusées sur le site de la VAE www.vae.gouv.fr).
- Lorsqu'une demande de validation des acquis de l'expérience émane d'un membre bénévole d'une association, le conseil d'administration de l'association ou, à défaut, l'assemblée générale peut émettre un avis pour éclairer le jury sur l'engagement du membre bénévole.

Le jury vérifie si le candidat possède les compétences, aptitudes et connaissances exigées pour l'obtention du diplôme, titre ou certificat concerné et prononce :

- la validation totale lorsque toutes les conditions sont réunies. Le jury propose alors l'attribution de la certification ;
- la validation partielle. Le jury précise dans ce cas la nature des connaissances et aptitudes devant faire l'objet d'un contrôle complémentaire ;

- le refus de validation lorsque les acquis du candidat ne correspondent à aucune compétence, aptitude et connaissance exigées pour obtenir la certification visée.

Remarque

Le jury est composé de représentants qualifiés de la profession dont relève la certification visée, avec le souci d'assurer une représentation équilibrée des hommes et des femmes.

La VAE dans l'entreprise : selon quelles modalités ?

La procédure de VAE est ouverte à tous les salariés qui justifient de la durée d'expérience requise.
La VAE peut être organisée dans le cadre du plan de formation de l'entreprise ou d'un congé spécifique : le congé pour VAE.

■ Dans le cadre du plan de formation

L'employeur peut décider d'inscrire des actions de VAE dans le plan de formation de l'entreprise.
Afin de mettre en œuvre de telles actions, une convention doit être conclue entre l'employeur, le salarié bénéficiaire et l'organisme (ou les organismes) qui intervien(nen)t en vue de la validation des acquis du candidat.
Cette convention précise notamment :

- le diplôme, le titre ou le certificat de qualification visé ;
- la période de réalisation ;
- les conditions de prise en charge des frais liés aux actions de VAE, etc.

Le salarié bénéficiaire des actions de VAE conserve son statut (rémunération, protection sociale, etc.) et demeure sous la subordination juridique de l'employeur. Une particularité toutefois : la VAE ne peut être réalisée qu'avec le consentement du salarié. Son refus de procéder à une VAE proposée par l'employeur ne constitue ni une faute ni un motif de licenciement.

Remarque

La signature de la convention, par le salarié, vaut acceptation de la validation de ses acquis.

Le financement des actions de VAE organisées à l'initiative de l'employeur est assuré sur le budget formation correspondant ou par l'OPCA dont l'entreprise relève.
S'imputent sur ce budget :

- les frais relatifs à la validation organisée par l'autorité ou l'organisme habilité à délivrer une certification et à l'accompagnement du candidat dans la préparation de cette validation (ces frais sont ceux indiqués dans les conventions de VAE) ;
- la rémunération des salariés, dans la limite de 24 heures par bénéficiaire d'une action de VAE.

■ **Dans le cadre du congé pour VAE**

D'une durée équivalente à 24 heures de temps de travail (consécutives ou non), le congé de VAE est accordé à la demande du salarié, sur autorisation de l'employeur.
Le salarié peut demander ce congé pour participer aux épreuves de validation et, éventuellement, pour les périodes d'accompagnement à la préparation de cette validation.
Sa demande d'autorisation d'absence, adressée à l'employeur au plus tard 60 jours avant le début des actions de validation, doit préciser :

- le diplôme, le titre ou le certificat de qualification visé ;
- la dénomination de l'autorité ou de l'organisme qui délivre la certification ;
- les dates, la nature et la durée des actions de validation des acquis de son expérience.

L'employeur informe le salarié par écrit de sa décision dans les 30 jours qui suivent la réception de la demande : accord ou report motivé de l'autorisation d'absence.
Le report ne peut excéder six mois à compter de la demande du salarié.

Remarque

Après un congé pour VAE, le salarié ne peut prétendre, dans la même entreprise, au bénéfice d'un nouveau congé VAE avant un an.

Pendant la durée du congé, le contrat de travail est suspendu.
À la demande du salarié, le Fongecif (ou, dans certaines branches professionnelles, l'OPCA agréé au titre du congé individuel de formation) dont l'entreprise relève peut prendre en charge la rémunération et les éventuels frais liés à la VAE.
Dès lors qu'il a obtenu de cet organisme la prise en charge des dépenses liées à son congé, le salarié perçoit une rémunération égale à celle qu'il aurait reçue s'il était resté à son poste de travail. La rémunération est versée par l'employeur, qui est remboursé par l'organisme.
Au terme du congé pour VAE, le bénéficiaire présente à son employeur et, le cas échéant, à l'organisme financeur des frais une attestation de fréquentation effective fournie par l'autorité ou l'organisme qui délivre la certification.

Remarque

Les salariés en CDD peuvent bénéficier d'un congé pour VAE dans des conditions particulières :

- ils doivent justifier d'une ancienneté de 24 mois d'activité salariée ou d'apprentissage, consécutifs ou non, quelle qu'ait été la nature des contrats successifs, au cours des cinq dernières années. Une convention ou un accord collectif étendu peut fixer une durée d'ancienneté inférieure ;

- ils perçoivent une rémunération calculée selon des règles identiques à celles prévues pour le CIF-CDD.

Le congé pour VAE se déroule en dehors de la période d'exécution du contrat de travail à durée déterminée et débute au plus tard 12 mois après le terme du contrat ; il peut toutefois être pris, à la demande du salarié et après accord de l'employeur, en tout ou partie avant le terme du contrat de travail.

Qui contacter sur ce sujet ?

- Tout public : Carif (centre d'animation, de ressources et d'information sur la formation) situé dans chaque région. Site Internet : www.intercarif.org sur lequel sont disponibles notamment, pour chaque région, les adresses des « points relais conseil VAE ».
- Employeur : OPCA de l'entreprise.
- Salarié : Fongecif ou OPCA agréé au titre du CIF dont l'entreprise relève.
- Demandeur d'emploi : Pôle emploi.
- Site Internet : www.vae.gouv.fr.

Textes de référence

Articles Articles L. 6411-1, L. 6412-1 à L. 6412-2, L. 6422-1 à L. 6422-9, R. 6422-1 à R. 6422-13, R. 6423-1 à R. 6423-5 du Code du travail

Articles L. 335-5, L. 335-6, L. 613-3, L. 613-4 et R. 335-5 à R. 335-11 du Code de l'éducation

Lire en complément

- Le bilan de compétences
- Le plan de formation

L'entretien professionnel

Qui est concerné ?

Désormais, en application de la loi du 5 mars 2014 mentionnée page 500, tout salarié bénéficie, tous les deux ans, d'un entretien professionnel avec son employeur. Ce droit est reconnu au salarié quel que soit son âge, son statut, la nature de son contrat de travail (CDI, CDD, contrat de professionnalisation, etc.), l'effectif et le secteur d'activité de son entreprise. Cet entretien s'inscrit dans une démarche de gestion des compétences et doit être centré sur les questions de projet professionnel et de formation.

Le salarié doit être informé de l'existence de cet entretien bisannuel lors de son embauche. C'est à l'employeur d'assurer cette information par le moyen qui lui semble le plus approprié : remise d'un document, mention dans le contrat de travail, affichage, etc.

Remarque

Indépendamment de cette périodicité, l'entretien professionnel est proposé systématiquement au salarié qui reprend son activité à l'issue d'un congé de maternité, d'un congé parental d'éducation ou d'une période d'activité à temps partiel dans le cadre de ce congé, d'un congé de soutien familial, d'un congé d'adoption, d'un congé sabbatique, d'une période de mobilité volontaire sécurisée mentionnée à l'article L. 1222-12 du Code du travail, d'un arrêt longue maladie prévu à l'article L. 324-1 du Code de la sécurité sociale ou à l'issue d'un mandat syndical (délégué syndical, représentant de la section syndicale, etc.).

Quel est son objet ?

L'entretien professionnel bisannuel est mis en œuvre à l'initiative de l'employeur ; il doit être consacré aux perspectives d'évolution professionnelle du salarié, notamment en termes de qualifications et d'emploi. Cet entretien ne porte pas sur l'évaluation du travail du salarié (des entretiens d'évaluation peuvent être prévus, mais doivent être distincts de l'entretien professionnel mentionné ici).

Tous les six ans, cet entretien doit également être l'occasion de faire un état des lieux récapitulatif du parcours professionnel du salarié. Cette durée s'apprécie par référence à l'ancienneté du salarié dans l'entreprise.

Cet état des lieux permet de vérifier que le salarié a bénéficié au cours des six dernières années des entretiens professionnels bisannuels et d'apprécier s'il a :

1° Suivi au moins une action de formation.

2° Acquis des éléments de certification par la formation ou par une validation des acquis de son expérience.

3° Bénéficié d'une progression salariale ou professionnelle.

Un document écrit, dont une copie est remise au salarié, récapitule cet état des lieux.

Remarque

Dans les entreprises d'au moins 50 salariés, lorsque, au cours de ces six années, le salarié n'a pas bénéficié des entretiens bisannuels prévus et d'au moins deux des trois mesures mentionnées ci-dessus, son compte personnel de formation (CPF) fait l'objet d'un abondement spécifique et l'entreprise verse à l'OPCA une somme forfaitaire correspondant à cet abondement (voir p. 473).

Textes de référence

Loi n° 2014-288 du 5 mars 2014 (JO du 6)
Articles L. 6315-1, L. 6323-13 et R. 6323-3 du Code du travail

Chapitre 7

Les congés et les absences du salarié

Congés payés • Jours fériés et ponts • Congés pour événements familiaux • Congé de solidarité familiale • Congé pour enfant malade • Congé de paternité et d'accueil de l'enfant • Congé parental d'éducation • Compte épargne-temps (CET)

Les congés payés

Tout salarié a droit chaque année à un congé payé à la charge de l'employeur. Chaque mois de travail ouvre droit à un congé de deux jours et demi ouvrables. C'est l'employeur qui organise, selon certaines règles, les départs en congés. Pendant cette période, l'employeur ne peut faire travailler le salarié et celui-ci n'a pas le droit de travailler pour un autre employeur.

Qui a droit aux congés payés ?

Tout salarié y a droit, quels que soient son emploi, sa catégorie ou sa qualification, la nature de sa rémunération et son horaire de travail. Le salarié à temps partiel a les mêmes droits que le salarié à temps complet.

Remarques

- Les salariés intérimaires perçoivent une indemnité de congés payés quelle que soit la durée de la période travaillée.
- Les salariés sous CDD perçoivent une indemnité compensatrice de congés payés dès lors que le régime de congés payés applicable dans l'entreprise ne leur permet pas une prise effective de ces congés.

Qu'appelle-t-on « période de référence » ?

Pour le calcul de la durée des congés au titre d'une année donnée, on tient compte du travail effectif totalisé par le salarié, chez le même employeur, au titre de la période (ou année) de référence : celle-ci couvre la période comprise entre le 1er juin de l'année précédente et le 31 mai de l'année en cours.

Exemple

Pour les congés 2015, la période de référence va du 1er juin 2014 au 31 mai 2015.

Pour les salariés embauchés en cours d'année, la période de référence débute à leur date d'embauche dans l'entreprise.

Remarques

- Une convention ou un accord collectif de travail, relatif à l'aménagement du temps de travail, conclu en application de l'article L. 3122-2 du Code du travail peut fixer une autre date pour le début de la période de référence.
- Dans les professions où en application de l'article L. 3141-30 du Code du travail (notamment, BTP et manutention), l'employeur est tenu de s'affilier à une caisse de congé, le point de départ de l'année de référence est fixé au 1er avril.

Comment calculer le nombre de jours de congés ?

Le salarié a droit à un congé de deux jours et demi ouvrables par mois de travail effectif chez le même employeur, c'est-à-dire 30 jours ouvrables de repos (cinq semaines) pour une année complète de travail (du 1er juin au 31 mai).

Certaines périodes d'absence sont considérées comme périodes de travail effectif, notamment :

- les périodes de congés payés ;
- les contreparties obligatoires en repos prévues par l'article L. 3121-11 du Code du travail (voir p. 210) ;
- les périodes de congé de maternité, de paternité et d'accueil de l'enfant et d'adoption ;
- les périodes d'arrêt de travail pour maladie professionnelle ou accident du travail (auquel, sur ce point, est assimilé l'accident de trajet) dans la limite d'une durée ininterrompue d'un an ;

- la journée « défense et citoyenneté » (ex-journée d'appel et de préparation à la défense) ;
- les périodes de congé de formation ;
- les périodes assimilées conventionnellement à ces situations.

Remarque

Les jours de repos accordés au titre de l'accord collectif conclu en application de l'article L. 3122-2 du Code du travail (sur l'objet de ces accords, voir précisions page 203) sont assimilés à du temps de travail effectif pour le calcul des droits aux congés payés.

Pour la détermination de la durée du congé, sont assimilées à un mois de travail effectif les périodes équivalentes à quatre semaines, ou 24 jours de travail si l'horaire de travail est réparti sur six jours de la semaine, 22 jours s'il est réparti sur 5,5 jours de la semaine ou 20 jours s'il est réparti sur cinq jours de la semaine. Il convient de retenir le mode de calcul le plus favorable pour le salarié : ainsi, par exemple, un salarié aura droit à la totalité de ses congés (30 jours ouvrables) s'il totalise 48 semaines de périodes de travail effectif ou assimilé sur la période de référence.

Lorsque le nombre de jours de congés acquis n'est pas entier, la durée du congé est portée au nombre immédiatement supérieur (par exemple, 26,5 jours de congés sont arrondis à 27 jours).

Remarque

La totalité des heures chômées au titre du dispositif d'activité partielle est prise en compte pour le calcul de l'acquisition des droits à congés payés.

« Jour ouvrable » : de quoi s'agit-il ?

Sont considérés comme jours ouvrables tous les jours de la semaine, à l'exception :

- du jour de repos hebdomadaire légal (dimanche, en principe) ;
- des jours reconnus fériés par la loi et habituellement non travaillés dans l'entreprise.

En revanche, le second jour de la semaine non travaillé, du fait de la répartition de l'horaire de travail sur cinq jours, est également un jour ouvrable (voir aussi p. 200).

À quel moment prendre les congés payés ?

En l'absence de dispositions conventionnelles ou d'usage, l'employeur fixe, après consultation des représentants du personnel, la période ordinaire des congés dans l'entreprise.

Cette période, qui inclut celle s'écoulant du 1er mai au 31 octobre, doit être portée à la connaissance du personnel, par voie d'affichage, deux mois au moins avant son ouverture.

Le report de congés d'une année sur l'autre n'est généralement pas admis, sauf cas particuliers :

- la cinquième semaine peut faire l'objet de reports, sur six années au maximum, en vue d'un congé sabbatique ou d'un congé pour la création d'une entreprise ou pour l'exercice de responsabilités de direction au sein d'une entreprise répondant aux critères de jeune entreprise innovante ;
- si, en vertu d'une disposition légale, la durée du travail d'un salarié est décomptée à l'année, une convention ou un accord collectif étendu ou une convention ou un accord collectif d'entreprise ou d'établissement peut prévoir que les congés ouverts au titre de l'année de référence peuvent faire l'objet de reports. Dans ce cas, les reports de congés peuvent être effectués jusqu'au 31 décembre de l'année suivant celle pendant laquelle la période de prise de ces congés a débuté.

Enfin, des aménagements sont possibles, par accord entre le salarié et l'employeur pour les salariés expatriés, les salariés des départements ou des territoires d'outre-mer ou les salariés étrangers qui travaillent en France.

Remarques

- Les salariés peuvent affecter à leur compte épargne-temps (CET, voir p. 444), dans les conditions prévues par l'accord collectif applicable dans leur entreprise, tout ou partie de leur congé annuel excédant 24 jours ouvrables.
- À leur retour de congé de maternité ou d'adoption, les salariés ont droit à leurs congés payés annuels, quelle que soit la période de congé payé retenue, par accord collectif ou par l'employeur, pour le personnel de l'entreprise. Ainsi, les salariés dont le congé de maternité ou d'adoption aura coïncidé avec la période de prise des congés payés applicable dans l'entreprise pourront tout de même prendre leurs congés payés à leur retour dans l'entreprise, même si ladite période a expiré.

À quelle date prendre les congés payés ?

À l'intérieur de la période des congés (voir ci-contre) et à moins que l'ordre des départs ne résulte des stipulations des conventions ou accords collectifs de travail ou des usages, cet ordre est fixé par l'employeur après avis, le cas échéant, des délégués du personnel. Pour fixer l'ordre des départs, l'employeur tient compte :

- de la situation de famille des bénéficiaires, notamment des possibilités de congé, dans le secteur privé ou la fonction publique, du conjoint ou du partenaire lié par un Pacs ;
- de la durée de leurs services chez l'employeur ;
- le cas échéant, de leur activité chez un ou plusieurs autres employeurs.

Cas particuliers

Les conjoints et les personnes liées par un Pacte civil de solidarité qui travaillent dans la même entreprise ont droit à un congé simultané.

L'ordre et la date du départ doivent être communiqués par l'employeur à chaque salarié et affichés au moins un mois à l'avance. Une fois fixée, cette date s'impose. Sauf circonstances exceptionnelles (appréciées, le cas échéant, par les tribunaux), elle ne peut être modifiée ni par l'employeur ni par le salarié dans le mois précédant la date prévue.

Le salarié ne saurait prendre ses congés à une date ou pour une durée fixée unilatéralement par lui et partir sans une autorisation préalable de l'employeur.

La répartition des congés doit respecter les règles suivantes :

- un maximum de 24 jours ouvrables peut être pris d'affilée (sauf dans certaines circonstances, la cinquième semaine doit être donnée à part) ;
- un congé de 12 jours ouvrables au plus doit être pris en continu ;
- un congé de plus de 12 jours ouvrables peut être fractionné par l'employeur avec l'accord du salarié (ou des délégués du personnel, s'il s'agit d'une fermeture de l'entreprise). Dans ce cas, 12 jours de congés doivent être pris en continu entre deux repos hebdomadaires entre le 1er mai et le 31 octobre, sauf accord collectif permettant la prise de tout ou partie de ces 12 jours en dehors de cette période ;
- l'employeur peut imposer le fractionnement de la cinquième semaine, pour permettre une fermeture de l'entreprise.

Dans quels cas le salarié a-t-il droit à des congés supplémentaires ?

■ Fractionnement des congés

Le fractionnement du congé principal de 24 jours ouvre droit à des jours de congés supplémentaires lorsqu'une partie du congé est prise en dehors de la période légale (1er mai-31 octobre) :

- si le salarié prend, en dehors de cette période, entre trois et cinq jours de congés, il lui est dû un jour ouvrable supplémentaire ;
- s'il prend six jours et plus, il lui est dû deux jours ouvrables supplémentaires (art. L. 3141-19).

Employeurs et salariés peuvent toutefois déroger à cette règle soit après accord individuel du salarié, soit par convention ou accord d'entreprise ou d'établissement. L'employeur peut alors autoriser le fractionnement des congés en le subordonnant à une renonciation du congé supplémentaire.
Selon une réponse ministérielle (Joan du 19 octobre 2010), les dispositions relatives aux jours supplémentaires en cas de fractionnement sont susceptibles de s'appliquer aux congés payés reportés du fait de la maladie ou de la maternité. « Ainsi, si les congés payés reportés sont pris durant la période légale, ils ne donneront pas lieu à des jours de congé supplémentaires. En revanche, si le salarié et l'employeur conviennent de fixer la date des jours de congés payés reportés en dehors de la période légale, des jours de congé supplémentaires seront accordés au salarié et calculés selon la méthode prévue à l'article L. 3141-19 du Code du travail. »

Remarque

Il n'y a pas de jour supplémentaire dû pour fractionnement de la cinquième semaine.

■ Jeunes salariés

Quelle que soit leur ancienneté dans l'entreprise, les salariés de moins de 21 ans au 30 avril de l'année précédente ont droit, s'ils le demandent, à un congé de 30 jours ouvrables, même s'ils n'ont pas acquis ses 30 jours au titre de leur travail. Toutefois, ils ne pourront exiger aucune indemnité de congé pour les journées de congés dont ils réclament le bénéfice en plus de celles qu'ils ont acquises à raison du travail accompli au cours de la période de référence.

■ **Mères de famille**

Les femmes salariées de moins de 21 ans au 30 avril de l'année précédente bénéficient de deux jours de congé supplémentaire par enfant vivant au foyer et âgé de moins de 15 ans au 30 avril de l'année en cours. Ce congé est réduit à un jour si le congé légal n'excède pas six jours. Les femmes salariées de plus de 21 ans à la date précitée bénéficient également de deux jours de congé supplémentaire par enfant à charge, sans que le cumul du nombre des jours de congé supplémentaire et de congé annuel ne puisse excéder 30 jours. Ce congé supplémentaire est payé.

■ **Congés conventionnels**

Des conventions collectives prévoient l'attribution de congés supplémentaires liés à l'ancienneté du salarié.

Comment calculer l'indemnité de congés payés ?

Est appelée « indemnité de congés payés » la rémunération à laquelle le salarié a droit pendant son congé annuel.

Deux modes de calcul sont possibles. La solution la plus avantageuse pour le salarié devra être retenue :

- indemnité égale à la rémunération qui aurait été perçue pendant le congé si le salarié avait continué à travailler ;
- indemnité égale au dixième de la rémunération totale brute perçue par le salarié pendant la période de référence (1er juin-31 mai).

La rémunération brute de référence inclut le salaire de base et les accessoires du salaire (prime de production, prime de risque lié à l'emploi, majorations pour heures supplémentaires, avantages en nature, etc.). Cette indemnité est due et versée à la date de paiement habituelle des salaires.

La période de congé annuel doit figurer sur le bulletin de salaire en précisant :

- les dates de congé ;
- le montant de l'indemnité correspondante.

Situations particulières

- En cas de rupture du contrat, les congés sont versés sous forme d'une indemnité compensatrice dont le mode de calcul est précisé ci-contre.
- Les salariés qui relèvent d'une caisse de congés payés sont directement indemnisés par cette caisse (bâtiment et travaux publics, intermittents du spectacle, dockers).

Quelle est l'incidence de l'absence pour maladie sur le droit aux congés payés ?

Les absences pour maladie n'ouvrent pas droit à des congés payés, sauf dispositions conventionnelles contraires.
En revanche, l'employeur ne saurait déduire du congé annuel les jours d'absence pour maladie et les autres absences mentionnées à l'article D. 3141-4 du Code du travail ; en revanche, ces absences peuvent avoir un effet sur la durée du congé (voir p. 504).

Quelles sont les conséquences de la maladie durant les congés payés ?

■ Le salarié tombe malade pendant ses congés

Sauf accord écrit de son employeur lui accordant, par exemple, un congé sans solde, le salarié doit reprendre le travail à la date prévue : il ne peut exiger que son congé soit prolongé de la durée de la maladie ou qu'il soit reporté. Les règles applicables pourraient toutefois évoluer prochainement dans un sens plus favorable au salarié, compte tenu de la position adoptée par la Cour de justice des communautés européennes (CJCE) ; le cas échéant, toutes les précisions seront disponibles sur le site www.travail-emploi.gouv.fr.

Pendant cette période, le salarié cumule son indemnité de congés payés calculée normalement avec les indemnités journalières de maladie versées par la Sécurité sociale. En revanche, il ne perçoit pas le complément de rémunération versé par l'employeur en cas de maladie : le salarié a toutefois droit à cette indemnisation si son arrêt de travail pour maladie se prolonge au-delà de la fin de ses congés payés.

■ Le salarié est absent pour maladie au moment du départ en congés

La situation visée est celle dans laquelle le contrat de travail du salarié est déjà suspendu pour maladie (ou pour accident du travail ou maladie professionnelle) à la date de départ en congé fixée par l'employeur. Les solutions applicables ont été dégagées par la jurisprudence de la Cour de cassation, inspirée, dans une certaine mesure, par la jurisprudence de la Cour de justice de l'Union européenne. Dans les deux situations visées ci-dessous, l'employeur doit verser au salarié une indemnité compensatrice de congés payés si le contrat de travail est rompu avant que le salarié n'ait pu bénéficier du report de ses congés.

Si le travail est repris avant la fin de la période des congés payés

Le salarié dont le contrat de travail est déjà suspendu par un arrêt de travail pour maladie à la date des départs en congé fixée par l'employeur conserve son droit et peut demander à en bénéficier ultérieurement. L'employeur demeure donc tenu de lui permettre d'exercer ce droit pour la part de congé non prise du fait de l'arrêt de travail ; il peut, toutefois, décider des dates du congé reporté.

Si le travail est repris après la fin de la période des congés payés

Jusqu'à une date récente, lorsque l'arrêt maladie prenait fin après la clôture de la période des congés payés fixée dans l'entreprise, le salarié ne pouvait demander aucune indemnisation à son employeur pour les congés perdus, ni exiger le report en dehors de la période des congés dans l'entreprise, sauf si une disposition conventionnelle ou un usage prévoyait une telle possibilité. Désormais, lorsque l'arrêt de travail prend fin après la clôture de la période des congés payés légale ou conventionnelle, le salarié bénéficie d'un droit au report de ses congés payés annuels, lorsqu'il a été empêché de les prendre en raison d'absences liées à une maladie, un accident du travail ou une maladie professionnelle. Comme le précise la Cour de cassation (arrêt du 24 février 2009) : « Eu égard à la finalité qu'assigne aux congés annuels la directive CE 2003-88 du Parlement européen et du Conseil du 4 novembre 2003, concernant certains aspects de l'aménagement du temps de travail, lorsque le salarié s'est trouvé dans l'impossibilité de prendre ses congés payés annuels au cours de l'année prévue par le Code du travail ou une convention collective en raison d'absences liées à une maladie, un accident du travail ou une maladie professionnelle, les congés payés acquis doivent être reportés après la date de reprise du travail. »

Textes de référence

Articles L. 3141-1 à L. 3141-31, D. 3141-1 à D. 3141-37
du Code du travail

Les jours fériés et les ponts

Les jours fériés sont les jours de fêtes légales énumérés par le Code du travail :

- 1er janvier ;
- lundi de Pâques ;
- 1er mai ;
- 8 mai ;
- Ascension ;
- lundi de Pentecôte ;
- 14 juillet ;
- Assomption (15 août) ;
- Toussaint ;
- 11 novembre ;
- 25 décembre.

D'autres jours fériés peuvent exister dans une région, une localité ou dans certains secteurs d'activité. C'est le cas, par exemple, en Alsace (Vendredi saint et 26 décembre) ou dans le secteur de la couture parisienne (25 novembre). Aucune disposition légale ne prévoit le chômage obligatoire des journées de pont. L'employeur peut toutefois accorder un repos d'un ou deux jours entre un jour férié et un jour de repos hebdomadaire ou un jour précédant les congés payés. S'il est octroyé, ce repos doit être payé.

Les jours fériés sont-ils chômés ?

Seul le 1er mai est obligatoirement chômé pour tous les salariés.
Par exception, il est possible de travailler le 1er mai dans les établissements et les services qui ne peuvent interrompre leur activité (transports, usines à feu continu, hôpitaux, etc.).
Les autres jours fériés peuvent être travaillés, sauf dispositions conventionnelles.

Le repos des jours fériés n'est obligatoire que :

- pour les jeunes salariés et apprentis de moins de 18 ans. Toutefois, dans les secteurs pour lesquels les caractéristiques particulières de l'activité le justifient (voir liste ci-dessous), une convention ou un accord collectif étendu, ou une convention ou un accord d'entreprise ou d'établissement, peut définir les conditions dans lesquelles il peut être dérogé à cette interdiction, sous réserve que les jeunes mineurs concernés (apprentis ou non) par ces dérogations bénéficient des dispositions relatives au repos hebdomadaire ;
- si la convention collective applicable à l'établissement prévoit le chômage de tous ou de certains jours fériés.

Remarque

Les secteurs dans lesquels les caractéristiques particulières de l'activité justifient qu'il puisse être dérogé à l'interdiction du travail des jeunes et des apprentis de moins de 18 ans les jours de fête reconnus par la loi, sont les suivants : hôtellerie ; restauration ; traiteurs et organisateurs de réception ; cafés, tabacs et débits de boissons ; boulangerie ; pâtisserie ; boucherie ; charcuterie ; fromagerie-crèmerie ; poissonnerie ; magasins de vente de fleurs naturelles, jardineries et graineteries ; établissements des autres secteurs assurant à titre principal la fabrication de produits alimentaires destinés à la consommation immédiate ou dont l'activité exclusive est la vente de denrées alimentaires au détail ; spectacles.

Les jours fériés sont-ils récupérés ?

La loi interdit la récupération des jours fériés chômés.

Comment les jours fériés sont-ils rémunérés ?

■ Les jours fériés chômés

Si le jour férié chômé tombe un jour de repos habituel dans l'entreprise : il n'a aucune incidence particulière sur le salaire (pas de paiement en supplément) et il n'ouvre pas droit à un repos complémentaire.

Si le jour férié chômé tombe un jour qui aurait dû être travaillé :
- pour le 1er mai, le salaire habituel est maintenu quelle que soit l'ancienneté des salariés ;
- pour les autres jours fériés, le salaire habituel est maintenu lorsque le salarié totalise au moins trois mois d'ancienneté dans l'entreprise ou l'établissement.

Certaines conventions collectives peuvent prévoir des dispositions plus favorables.

Remarque

Les dispositions relatives au maintien du salaire au titre des jours fériés chômés autres que le 1er mai ne s'appliquent pas aux salariés travaillant à domicile, aux salariés saisonniers, aux salariés intermittents. Pour les salariés temporaires, la règle est le paiement des jours fériés indépendamment de leur ancienneté dès lors que les salariés de l'entreprise utilisatrice en bénéficient.

■ Les jours fériés travaillés

Le 1er mai, les heures travaillées sont majorées à 100 %.
Pour les autres jours fériés, la loi ne prévoit aucune majoration de salaire, mais certaines conventions collectives peuvent contenir des dispositions plus favorables.

Que se passe-t-il si un jour férié tombe pendant les congés payés ?

S'il s'agit d'un jour ouvrable et :
- chômé dans l'entreprise : il n'est pas décompté sur les congés payés ;
- travaillé dans l'entreprise : il est décompté au titre des congés payés.

Les ponts : comment sont-ils organisés ?

Une journée de pont précédant ou suivant un jour férié peut être prévue dans l'entreprise. Cette pratique ne fait l'objet d'aucune réglementation. La décision est prise au niveau de chaque entreprise ou établissement par l'employeur et constitue une modification temporaire de l'horaire hebdomadaire. Elle est soumise à consultation du comité d'entreprise ou, à défaut, des délégués du personnel. L'horaire modifié doit être affiché et une copie de cet horaire est transmise à l'inspecteur du travail.

Les heures chômées du fait d'un pont sont-elles récupérables ?

Le Code du travail précise que les heures perdues à l'occasion d'un pont peuvent être récupérées. Cette récupération est décidée par l'employeur et s'impose aux salariés.

Quelles sont les modalités de récupération ?

Les heures perdues ne peuvent être récupérées que dans les 12 mois précédant ou suivant leur perte. Les heures de récupération ne peuvent être réparties uniformément sur toute l'année. Elles ne peuvent augmenter la durée du travail de plus d'une heure par jour ni de plus de huit heures par semaine. Avant la récupération, l'employeur doit informer l'inspecteur du travail des modalités de la récupération.

Remarque

Il peut être dérogé, par convention ou accord collectif étendu, ou accord d'entreprise, aux modalités de récupération des heures de travail perdues.

Comment sont rémunérées les heures de récupération ?

Les heures de récupération d'un pont sont des heures normales de travail dont l'exécution a été différée : elles sont donc payées au tarif normal, sans majoration.

Textes de référence

Articles L. 3133-1 à L. 3134-15, D. 3133-1 et suivants du Code du travail

Articles L. 3122-27 et R. 3122-4 du Code du travail (ponts)

Lire en complément

- La journée de solidarité

Les congés pour événements familiaux

Naissance, mariage, décès, etc. : lorsque ces événements surviennent, le salarié peut s'absenter pendant une durée de un à quatre jours, selon les circonstances. À la demande d'absence adressée à l'employeur, doit être jointe une justification (certificat de naissance, de décès, etc.) de l'événement.
Rémunérées, ces absences sont assimilées à du travail effectif pour le calcul de l'ancienneté du salarié et des congés payés.

Quels congés pour quelle durée ?

Au titre des congés légaux pour événements familiaux, le salarié peut bénéficier de :

- quatre jours pour son mariage (ou, le cas échéant, son remariage) ;
- quatre jours pour la conclusion d'un Pacs ;
- trois jours pour chaque naissance survenue à son foyer ou pour l'arrivée d'un enfant placé en vue de son adoption. Ces jours d'absence ne se cumulent pas avec les congés accordés pour ce même enfant dans le cadre du congé de maternité ; ils peuvent se cumuler avec le congé de paternité et d'accueil de l'enfant, ou le congé d'adoption ;
- deux jours pour le décès d'un enfant ;
- deux jours pour le décès du conjoint ou du partenaire lié par un Pacs ;
- un jour pour le mariage d'un enfant ;
- un jour pour le décès du père, de la mère, du beau-père, de la belle-mère, d'un frère ou d'une sœur.

Remarque

La convention collective applicable à l'entreprise peut prévoir des jours de congés supplémentaires.

Les congés doivent être pris au moment des événements en cause, le jour d'autorisation d'absence ainsi accordé n'ayant pas à être nécessairement pris le jour de l'événement le justifiant, mais dans la période entourant cet événement. Ainsi, par exemple, en cas de mariage d'un enfant, le jour de congé peut être posé pour la date du mariage, mais aussi la veille de cette date ou le lendemain.

Quelle est la procédure ?

Pour bénéficier de l'autorisation d'absence pour un des motifs visés ci-dessus, le salarié doit justifier de la survenance de l'événement (mariage, naissance, etc.) y ouvrant droit. Le Code du travail n'imposant aucun formalisme particulier, le salarié peut donc apporter cette justification par tous moyens. Il doit aussi se reporter à sa convention collective, car certaines peuvent contenir des dispositions particulières sur ce sujet.

Textes de référence

Articles L. 3142-1 et L. 3142-2 du Code du travail

Le congé de solidarité familiale

Le congé de solidarité familiale permet à tout salarié de s'absenter pour assister un proche souffrant d'une pathologie mettant en jeu le pronostic vital.
Ce congé se caractérise par :
- une mise en place rapide ;
- une durée déterminée ;
- l'absence de rémunération pendant la suspension du contrat de travail, sauf dispositions conventionnelles plus favorables.

Remarque

Les bénéficiaires du congé de solidarité familiale et ceux qui l'auront transformé en période d'activité à temps partiel comme prévu aux articles L. 3142-16 à L. 3142-21 du Code du travail peuvent bénéficier de l'allocation journalière d'accompagnement d'une personne en fin de vie. Sur cette question, on peut se reporter aux informations figurant sur le site www.travail-emploi.gouv.fr.

La durée du congé est prise en compte dans la détermination des droits liés à l'ancienneté.

Quelles sont les conditions pour en bénéficier ?

Le salarié peut demander un congé pour assister l'un de ses proches souffrant d'une pathologie mettant en jeu le pronostic vital ou qui se trouve en phase avancée ou terminale d'une affection grave et incurable, quelle qu'en soit la cause. Il peut s'agir :
- d'un ascendant ;
- d'un descendant ;
- d'une personne qui partage son domicile (concubin, époux, etc.) ;
- d'un frère, d'une sœur.

Aucune autre condition n'est requise pour bénéficier de ce congé, sous réserve de fournir le justificatif médical nécessaire et de respecter la procédure prévue.

Remarque

Le droit au congé de solidarité familiale bénéficie, dans les mêmes conditions, aux salariés ayant été désignés comme personne de confiance au sens de l'article L. 1111-6 du Code de la santé publique.

Quelle est la procédure ?

Le salarié adresse à l'employeur, au moins 15 jours avant le début du congé de solidarité familiale, une lettre recommandée avec avis de réception ou remise contre récépissé l'informant de sa volonté de suspendre son contrat de travail à ce titre, de la date de son départ en congé et, le cas échéant, de sa demande de fractionnement ou de transformation en temps partiel de celui-ci.
Il adresse également un certificat médical, établi par le médecin traitant de la personne que le salarié souhaite assister, attestant qu'elle souffre d'une pathologie mettant en jeu le pronostic vital ou est en phase avancée ou terminale d'une affection grave et incurable.
Ce congé est de droit : il ne peut être ni reporté ni refusé.

Remarque

En cas d'urgence absolue constatée par écrit par le médecin qui a établi le certificat médical, le congé peut débuter dès réception (ou remise) de la lettre par l'employeur.

Quelle est la durée du congé ?

Le congé de solidarité familiale est d'une durée maximale de trois mois, renouvelable une fois.

Remarque

Avec l'accord de l'employeur, ce congé peut être transformé en période à temps partiel. En outre, ce congé peut, avec l'accord de l'employeur, être fractionné, sans pouvoir dépasser la durée maximale mentionnée ci-dessus. Dans cette hypothèse, le salarié qui souhaitera bénéficier du congé devra avertir son employeur au moins 48 heures avant la date à laquelle il souhaitera prendre chaque période de congé. En cas de fractionnement du congé, la durée minimale de chaque période de congé est d'une journée.

Lorsque le salarié décide de renouveler son congé (ou son activité à temps partiel), il doit avertir son employeur, par lettre recommandée avec demande d'avis de réception, au moins 15 jours avant le terme initialement prévu. Il prend fin :

- au terme des trois mois ou de son renouvellement ;
- à une date antérieure ;
- dans les trois jours suivant le décès du proche.

En tout état de cause, le salarié doit prévenir l'employeur de la date de son retour au moins trois jours à l'avance.
À l'issue du congé, le salarié retrouve son emploi ou un emploi similaire assorti d'une rémunération au moins équivalente.

Quelle est la protection sociale du bénéficiaire du congé ?

Les personnes bénéficiaires du congé de solidarité familiale conservent leurs droits aux prestations en nature (remboursement des dépenses de santé dans les limites fixées par la réglementation) et en espèces (indemnités journalières) de l'assurance maladie, maternité, invalidité et décès de leur régime d'origine (c'est-à-dire, pour les salariés, le régime général) aussi longtemps qu'elles bénéficient de ce congé.
Les personnes ayant bénéficié de ces dispositions conservent leurs droits aux prestations en nature et en espèces d'assurance maladie,

maternité, invalidité et décès auprès du régime obligatoire dont elles relevaient avant et pendant ce congé, dans les situations suivantes :
- lors de la reprise de leur travail à l'issue du congé ;
- en cas de non-reprise du travail à l'issue du congé, en raison d'une maladie ou d'une maternité ;
- lors de la reprise du travail à l'issue du congé de maladie ou de maternité.

Les périodes mentionnées ci-dessus pendant lesquelles les bénéficiaires du congé de solidarité familiale conservent leurs droits sont fixées comme suit :
- 12 mois à compter de la reprise du travail à l'issue de ce congé ;
- la durée de l'interruption de travail pour cause de maladie ou de maternité en cas de non-reprise du travail à l'issue de ce congé ;
- 12 mois à compter de la reprise du travail à l'issue du congé de maladie ou de maternité susmentionné.

Ces dispositions s'appliquent sans préjudice des dispositions de l'article L. 161-8 du Code de la sécurité sociale, relatives au maintien des droits.

Remarque

Les salariés justifiant d'une ancienneté minimale de deux ans dans l'entreprise peuvent bénéficier d'un « congé de soutien familial » afin de s'occuper d'un de leurs proches présentant un handicap ou une perte d'autonomie d'une particulière gravité. Dès lors que les conditions sont remplies, ce congé, non rémunéré, est de droit pour le salarié qui en fait la demande.

Le proche ouvrant droit à ce congé peut être :
- le conjoint, le concubin ou la personne avec laquelle le salarié a conclu un Pacs ;
- l'ascendant, le descendant, l'enfant dont le salarié assume la charge au sens des prestations familiales ;

- le collatéral jusqu'au 4e degré (frères, sœurs, oncles, tantes, neveux, nièces, grands-oncles et tantes, petits-neveux et nièces, cousins et cousines germaines) ;
- l'ascendant, le descendant ou le collatéral jusqu'au 4e degré du conjoint, du concubin ou de la personne avec laquelle le salarié a conclu un Pacs.

La personne aidée doit résider en France de façon stable et régulière et ne pas faire l'objet d'un placement en établissement ou chez un tiers autre que le salarié.

Le congé de soutien familial est d'une durée de trois mois. Il peut être renouvelé. Il ne peut excéder la durée d'un an pour l'ensemble de la carrière.

À l'issue du congé de soutien familial, le salarié retrouve son emploi ou un emploi similaire assorti d'une rémunération au moins équivalente. Lors de son retour dans l'entreprise, il a droit à un entretien avec son employeur afin de faire le point sur son orientation professionnelle.

Pour plus de précisions sur ce congé, on peut consulter le site www.travail-emploi.gouv.fr.

Textes de référence

Articles L. 3142-16 à L. 3142-21 et D. 3142-6 à D. 3142-8 du Code du travail

Les congés pour enfant malade

Sous certaines conditions, un salarié peut s'absenter pour s'occuper de son enfant malade. Selon la gravité de l'état de santé de l'enfant, le salarié peut bénéficier de trois jours d'absence par an ou d'un congé de présence parentale pendant lequel il peut interrompre son activité. La maladie, l'accident et le handicap graves de l'enfant justifient également la prolongation, au-delà des limites normalement prévues, du congé parental d'éducation (voir p. 535).

Quelles sont les règles applicables aux absences pour enfant malade ?

Le salarié (homme ou femme) qui souhaite s'absenter pour s'occuper d'un enfant malade ou accidenté de moins de 16 ans dont il assume la charge peut bénéficier d'un congé non rémunéré d'une durée de :

- trois jours par an, en général ;
- cinq jours par an, si l'enfant concerné a moins d'un an ou si le salarié assume la charge d'au moins trois enfants de moins de 16 ans.

Remarque

La convention collective applicable à l'entreprise peut prévoir des conditions plus favorables pour le salarié : versement du salaire, jours de congés supplémentaires, etc.

Pour faire la demande d'absence, il suffit d'adresser à l'employeur le certificat médical attestant de l'état de santé de l'enfant.

Quelles sont les règles applicables au congé de présence parentale ?

Ce congé est ouvert à tout salarié, sans condition d'ancienneté, dont l'enfant à charge au sens des prestations familiales (donc, notamment, âgé de moins de 20 ans) est atteint d'une maladie, d'un handicap ou victime d'un accident d'une particulière gravité rendant indispensables une présence soutenue à ses côtés et des soins contraignants.

Remarque

Le congé de présence parentale est également ouvert, dans des conditions particulières, aux demandeurs d'emploi indemnisés (renseignements auprès de Pôle emploi), aux travailleurs non salariés, aux VRP, aux employés de maison et aux agents publics.

Le nombre de jours de congés dont peut bénéficier le salarié au titre du congé de présence parentale est au maximum de 310 jours ouvrés (soit 14 mois) dans une période dont la durée est fixée, pour un même enfant et par maladie, accident ou handicap, à trois ans. Aucun de ces jours ne peut être fractionné. Le congé de présence parentale fonctionne ainsi comme un « compte crédit jours » de 310 jours ouvrés, que le salarié peut utiliser en fonction des besoins de son enfant malade, handicapé ou accidenté. Au-delà de cette période de trois ans, le salarié peut à nouveau bénéficier d'un congé de présence parentale, en cas de rechute ou de récidive de la pathologie de l'enfant au titre de laquelle un premier congé a été accordé.

Le congé de présence parentale répond aux modalités suivantes :

- la durée initiale de la période au cours de laquelle le salarié peut bénéficier du droit à congé est celle définie dans le certificat médical détaillé établi par le médecin qui suit l'enfant malade, handicapé ou accidenté. Le certificat médical doit attester la particulière gravité de la maladie, du handicap ou de l'accident ainsi que le caractère indispensable d'une présence soutenue auprès de l'enfant et de soins contraignants ; il précise la durée prévisible de traitement de l'enfant. Tous les six mois, cette durée initiale fait l'objet d'un nouvel examen qui donne lieu à un certificat médical qui doit être envoyé à l'employeur ;

- le salarié doit envoyer à son employeur, au moins 15 jours avant le début du congé, une lettre recommandée avec demande d'avis de réception (ou lui remettre en main propre une lettre contre décharge) l'informant de sa volonté de bénéficier du congé de présence parentale, ainsi que le certificat médical visé ci-dessus ;
- lorsqu'il souhaite prendre un ou plusieurs jours de congé, le salarié doit en informer au préalable son employeur au moins 48 heures à l'avance.

Remarque

Pendant le congé de présence parentale, le contrat de travail du salarié est suspendu. La durée du congé est prise en compte pour moitié dans la détermination des avantages liés à l'ancienneté. Le salarié conserve, en outre, le bénéfice de tous les avantages qu'il avait acquis avant le début de ce congé.

À l'issue du congé de présence parentale, le salarié retrouve son précédent emploi ou un emploi similaire assorti d'une rémunération au moins équivalente. Toutefois, en cas de décès de l'enfant ou de diminution importante des ressources du ménage, le salarié retrouve également son précédent emploi ou un emploi similaire assorti d'une rémunération au moins équivalente, s'il a accompli les formalités prévues à l'article L. 1225-52 du Code du travail ; il doit donc adresser une demande motivée à son employeur, par lettre recommandée avec demande d'avis de réception, un mois au moins avant la date à laquelle il entend bénéficier de cette possibilité de retour anticipé dans l'entreprise.

Remarque

Sauf convention collective plus favorable, la rémunération n'est pas maintenue pendant le congé. Dans certaines conditions et limites, le salarié peut cependant bénéficier, pour chaque jour de congé pris dans le cadre d'un congé de présence parentale, d'une « allocation journalière de présence parentale » (AJPP) versée par la caisse d'allocations familiales (Caf) ; sur ce point, on peut consulter les informations figurant sur le site www.caf.fr.

Textes de référence

Articles L. 1225-61 (congé pour enfant malade) du Code du travail

Articles L. 1225-62 à L. 1225-65, R. 1225-14, R. 1225-15, D. 1225-16 et D. 1225-17 (congé de présence parentale) du Code du travail

Le congé de paternité et d'accueil de l'enfant

Après la naissance de l'enfant et dans le délai mentionné ci-dessous, le père salarié ainsi que, le cas échéant, le conjoint salarié de la mère ou la personne salariée liée à elle par un Pacs ou vivant maritalement avec elle bénéficient d'un congé de paternité et d'accueil de l'enfant de 11 jours consécutifs ou de 18 jours consécutifs en cas de naissances multiples.
Le congé de paternité et d'accueil de l'enfant entraîne la suspension du contrat de travail.
L'indemnisation prévue est également ouverte aux demandeurs d'emploi ou stagiaires de la formation professionnelle.

Quelle est la durée du congé de paternité et d'accueil de l'enfant ?

Pris après la naissance de l'enfant, ce congé a une durée maximale de 11 jours calendaires (samedis, dimanches et jours fériés compris). Il est au maximum de 18 jours calendaires en cas de naissances multiples.

Remarque

Les jours du congé de paternité et d'accueil de l'enfant se cumulent avec le congé de naissance de trois jours, accordé aux salariés pour la naissance de l'enfant. Le congé de paternité et d'accueil de l'enfant et les trois jours du congé de naissance peuvent se succéder ou être pris séparément, le congé de paternité et d'accueil de l'enfant devant débuter dans les quatre mois qui suivent la naissance de l'enfant.

Quelles sont les formalités ?

Le salarié doit avertir son employeur au moins un mois avant la date à laquelle il souhaite prendre son congé en précisant la date de reprise du travail.

Le congé doit être pris dans un délai de quatre mois suivant la naissance.

Ce délai peut être reporté en cas d'hospitalisation de l'enfant ou de décès de la mère dans les quatre mois qui suivent (pour les situations particulières et le détail de la réglementation applicable, voir le site www.ameli.fr ou se rapprocher de sa CPAM) :

- l'hospitalisation de l'enfant ;
- la fin du congé spécifique de 10 semaines maximum à compter de la naissance, accordé au père en cas de décès de la mère.

Quels effets sur le contrat de travail ?

■ Situation pendant le congé de paternité et d'accueil de l'enfant

Pendant le congé de paternité et d'accueil de l'enfant, le contrat de travail est suspendu. Le salaire n'est pas maintenu ; toutefois, s'il cesse toute activité, le bénéficiaire du congé peut percevoir des indemnités journalières de sécurité sociale attribuées et calculées dans les mêmes conditions que les indemnités journalières de maternité (sur ces conditions, voir le site www.ameli.fr).

Pour bénéficier de ces indemnités, l'assuré doit également :

- adresser à l'organisme de sécurité sociale (en principe la caisse primaire d'assurance maladie) dont il relève la ou les pièces justificatives (copie intégrale de l'acte de naissance de l'enfant, copie de l'acte de reconnaissance de l'enfant par le père, copie du Pacs, etc.) prévues par la réglementation, dont la liste varie selon que l'assuré est le père de l'enfant ou n'est pas le père de l'enfant mais est le conjoint de la mère ou la personne liée à elle par un Pacs ou vivant maritalement avec elle. La liste de ces pièces justificatives est fixée par l'arrêté du 3 mai 2013 (JO du 23) mentionné page 53 ; elle peut être obtenue auprès de la CPAM ou sur le site www.ameli.fr ;

- attester de la cessation de son activité professionnelle pendant la durée du congé. Cette attestation est remise au salarié par l'employeur.

■ Situation à l'issue du congé

À l'issue de son congé, le salarié doit retrouver son précédent emploi ou un emploi similaire assorti d'une rémunération au moins équivalente.

Demandeurs d'emploi, stagiaires de la formation professionnelle, etc., existe-t-il des conditions particulières ?

Les pères et les autres personnes mentionnées page 530, demandeurs d'emploi ou stagiaires de la formation professionnelle peuvent bénéficier, au même titre que les salariés, du congé de paternité et d'accueil de l'enfant.

■ Demandeurs d'emploi

Les personnes bénéficiant d'un congé de paternité et d'accueil de l'enfant au moment de leur inscription en tant que demandeurs d'emploi ou du renouvellement de leur demande d'emploi sont réputées immédiatement disponibles pour occuper un emploi. Elles doivent donc accomplir des actes positifs de recherche d'emploi et renouveler chaque mois leur demande d'emploi.

Les demandeurs d'emploi bénéficiaires du congé de paternité et d'accueil de l'enfant peuvent percevoir les indemnités journalières de paternité versées par la Sécurité sociale lorsqu'ils sont dans l'une des situations suivantes :

- indemnisés au titre du chômage ;
- bénéficiaires au cours des 12 derniers mois d'un revenu de remplacement (allocation d'assurance chômage, allocation de solidarité spécifique, etc.) ;
- en cessation d'activité salariée depuis moins de 12 mois.

■ Stagiaires de la formation professionnelle continue

Les stagiaires de la formation professionnelle continue rémunérés par l'État ou la région et rattachés au régime général d'assurance maladie peuvent prétendre à une indemnité journalière égale à 90 % de leur rémunération journalière de stage versée par l'État ou par la région.

Le bénéfice de l'indemnité journalière est ouvert uniquement si le congé de paternité et d'accueil de l'enfant débute pendant le stage de formation et s'achève avant la fin de celui-ci.

Textes de référence

Articles L. 1225-35, L. 1225-36 et D. 1225-8 du Code du travail
Articles L. 331-8 et D. 331-4 du Code de la sécurité sociale
Arrêté du 3 mai 2013 « fixant la liste des pièces justificatives à fournir pour bénéficier de l'indemnisation du congé de paternité et d'accueil de l'enfant » (JO du 23)

Le congé parental d'éducation

À la suite d'une naissance ou de l'adoption d'un enfant de moins de 16 ans, tout salarié peut bénéficier d'un congé parental d'éducation lui permettant d'interrompre ou de réduire son activité professionnelle pour élever cet enfant. Pour avoir droit à ce congé, l'intéressé doit avoir un an d'ancienneté au minimum dans l'entreprise à la date de la naissance ou de l'arrivée au foyer de l'enfant adopté.

Quels salariés ?

Homme ou femme, tout salarié peut bénéficier d'un congé parental d'éducation s'il justifie d'un an d'ancienneté dans l'entreprise à la date de la naissance de l'enfant ou, en cas d'adoption, de son arrivée au foyer (avant l'âge de 16 ans).

Remarque

Le congé parental d'éducation n'est pas rémunéré, mais le salarié peut utiliser les droits acquis sur son compte épargne-temps (CET) pour le financer (voir p. 544). Le bénéficiaire du congé peut également, s'il en remplit les conditions, bénéficier du complément de libre choix d'activité (CLCA) ou, pour les enfants nés ou adoptés à partir du 1er janvier 2015, de la nouvelle « prestation partagée d'éducation de l'enfant » (« PreParE») qui lui est substituée. Ces prestations sont attribuées par les Caf auprès desquelles il convient de se renseigner (on peut également consulter le site www.caf.fr). Sur cette question, il convient de préciser que le seul bénéfice d'un congé parental n'ouvre pas droit à la PreParE, de la même manière qu'il n'ouvrait pas droit au CLCA.

Comment prendre le congé parental d'éducation ?

Deux modalités de congé parental d'éducation existent :

- le congé total, durant lequel le contrat de travail est suspendu ;
- le travail à temps partiel : la durée doit être d'au moins 16 heures par semaine. Le salarié peut choisir la durée du travail qui lui convient ; en revanche, la répartition des horaires doit être fixée en accord avec l'employeur (à défaut d'accord, cette répartition relève du pouvoir de direction de l'employeur).

Quelle est la durée du congé parental d'éducation ?

Le congé parental d'éducation a une durée initiale d'un an au maximum. Il peut être prolongé deux fois, sans toutefois excéder la date du troisième anniversaire de l'enfant.

Remarque

En cas de naissances multiples, le congé parental d'éducation peut être prolongé jusqu'à l'entrée à l'école maternelle des enfants. Pour les naissances multiples d'au moins trois enfants ou les arrivées simultanées d'au moins trois enfants adoptés ou confiés en vue d'adoption, il peut être prolongé cinq fois pour prendre fin au plus tard au sixième anniversaire des enfants. Cette disposition, issue de la loi n° 2014-873 du 4 août 2014, est applicable aux enfants nés ou adoptés à partir du 1er octobre 2014.

En cas d'adoption, le congé ne peut dépasser :

- une durée de trois ans, si l'enfant était âgé de moins de trois ans à son arrivée au foyer ;
- une durée d'un an, si l'enfant était âgé de plus de trois ans et n'a pas encore atteint l'âge de 16 ans révolus.

En cas de maladie, d'accident ou de handicap graves de l'enfant, la durée du congé parental d'éducation ou de la période d'activité à temps partiel peut être prolongée d'un an.

À chaque renouvellement, le salarié peut transformer son congé parental d'éducation en activité à temps partiel ou, à l'inverse, son activité en temps partiel en congé parental d'éducation.

Le congé parental d'éducation peut-il être refusé ?

Le congé parental d'éducation est de droit, quel que soit l'effectif de l'entreprise. L'employeur ne peut donc pas le refuser.

Peut-on exercer une activité professionnelle ou suivre une formation durant le congé parental d'éducation ?

Au cours du congé, le salarié peut suivre une formation professionnelle. Dans ce cas, il n'est pas rémunéré mais bénéficie d'une protection en matière d'accidents du travail et de maladies professionnelles. Il peut également bénéficier d'un bilan de compétences. Pendant le congé parental total, seule l'activité professionnelle d'assistant maternel est autorisée.

Quelles sont les formalités ?

Le salarié doit simplement informer son employeur par lettre recommandée avec accusé de réception ou par lettre remise en main propre contre décharge précisant le point de départ et la durée du congé choisi.
Cette information doit être faite :
- soit un mois avant la fin du congé de maternité ou d'adoption ;
- soit deux mois avant la prise du congé si celui-ci ne débute pas immédiatement après le congé de maternité ou d'adoption.

Pour chacun des deux renouvellements, le salarié doit avertir l'employeur un mois avant l'expiration du congé en cours, par lettre recommandée avec demande d'avis de réception. Il doit également l'informer de son intention de transformer le congé parental d'éducation en période d'activité à temps partiel ou, à l'inverse, la période d'activité à temps partiel en congé parental d'éducation.

Est-il possible d'interrompre ou de modifier le congé parental d'éducation ?

En cas de décès de l'enfant ou de diminution importante des ressources du ménage, il est possible au salarié :

- s'il bénéficie du congé parental d'éducation, soit de reprendre son activité initiale, soit d'exercer son activité à temps partiel dans la limite de la durée initialement prévue par le contrat de travail ;
- s'il travaille à temps partiel pour élever un enfant, de reprendre son activité initiale et, avec l'accord de l'employeur, d'en modifier la durée.

Une demande motivée doit être adressée à l'employeur par lettre recommandée avec accusé de réception, un mois au moins avant l'interruption ou la modification du congé.
Par ailleurs, le salarié a la possibilité d'écourter son congé parental d'éducation (congé total ou travail à temps partiel) pour bénéficier d'une action de formation professionnelle.

Que se passe-t-il à l'issue du congé parental d'éducation ?

Le salarié doit retrouver son précédent emploi ou un emploi similaire assorti d'une rémunération au moins équivalente.
Le salarié qui reprend son activité initiale à l'issue du congé parental d'éducation ou d'une période d'activité à temps partiel pour élever un enfant a droit à l'entretien professionnel mentionné page 499. Au cours de cet entretien, l'employeur et le salarié organisent le retour à l'emploi du salarié ; ils déterminent les besoins de formation du salarié et examinent les conséquences éventuelles du congé sur sa rémunération et l'évolution de sa carrière.
À la demande du salarié, l'entretien peut avoir lieu avant la fin du congé parental d'éducation.

Pour la détermination des avantages liés à l'ancienneté, le congé parental d'éducation est retenu pour la moitié de sa durée. Des accords de branche peuvent toutefois prévoir les conditions dans lesquelles la période d'absence des salariés dont le contrat de travail est suspendu pendant un congé parental d'éducation à plein temps est intégralement prise en compte.

Textes de référence

Articles L. 1225-47 à L. 1225-60, R. 1225-12 et R. 1225-13 du Code du travail

Lire en complément

- Les congés pour événements familiaux
- Le contrat de travail à temps partiel
- Le compte épargne-temps (CET)

Le congé sabbatique et les autres congés

Le congé sabbatique permet aux salariés remplissant des conditions précises d'ancienneté et d'activité de suspendre leur contrat de travail afin de réaliser un projet personnel. La durée du congé est comprise entre six et 11 mois. Le départ en congé fait l'objet d'une demande du salarié et d'une réponse de l'employeur respectant des contraintes de forme et de délai. L'employeur peut décider de reporter ou refuser le congé dans certaines situations.

Quels salariés y ont droit ?

Peuvent bénéficier d'un congé sabbatique tous les salariés qui, à la date de départ en congé, justifient de 36 mois d'ancienneté dans l'entreprise, consécutifs ou non, et de six années d'activité professionnelle, sans avoir bénéficié, au cours des six années précédentes, dans l'entreprise, d'un congé sabbatique, d'un congé pour création d'entreprise ou d'un congé de formation d'au moins six mois.

Quelle en est la durée ?

Le congé sabbatique est pris pour une durée comprise entre six et 11 mois.

Pendant son congé, le salarié peut travailler dans une autre entreprise ou créer sa propre entreprise, sous réserve de ne pas se livrer à une concurrence déloyale vis-à-vis de son employeur principal.

Remarque

Sauf dispositions conventionnelles plus favorables, la rémunération du salarié n'est pas maintenue pendant un congé sabbatique. Le salarié peut toutefois utiliser les droits acquis sur son compte épargne-temps pour « financer » son congé sabbatique.

Quelles sont les formalités ?

Le salarié doit informer son employeur, par lettre recommandée avec accusé de réception ou par lettre remise en main propre contre décharge, au moins trois mois à l'avance, en indiquant la date de départ et la durée du congé.

Le salarié n'a pas à motiver sa demande.

Quelle peut être la réponse de l'employeur ?

L'employeur informe le salarié, par lettre recommandée avec accusé de réception soit de son accord, soit du report du congé, soit de son refus, qui doit être motivé.

L'accord est réputé acquis à défaut de réponse dans les 30 jours suivant la présentation de la lettre du salarié.

L'employeur peut différer le départ en congé :

- sans justification, dans la limite de six mois à partir de la date de la présentation de la lettre du salarié (ce report peut atteindre neuf mois dans les entreprises de moins de 200 salariés) ;
- dans la limite d'un quota maximal d'absences qui varie selon l'effectif de l'entreprise.

Dans les entreprises de moins de 200 salariés, l'employeur peut refuser le congé s'il estime, après avis du comité d'entreprise ou des délégués du personnel, que le congé aurait des conséquences préjudiciables à la production et à la bonne marche de l'entreprise. Ce refus peut être contesté devant le conseil de prud'hommes dans les 15 jours qui suivent la réception de la lettre de l'employeur.

Remarque

À l'issue du congé sabbatique, le salarié retrouve son précédent emploi ou un emploi similaire assorti d'une rémunération au moins équivalente et bénéficie de l'entretien professionnel mentionné page 499. Il ne peut invoquer aucun droit à être réemployé avant l'expiration du congé.

	Congés	Objet	Conditions à remplir par le salarié	Durée du congé	Maintien du salaire par l'employeur
Formamtion	Congé individuel de formation – CIF (art. L. 6322-1 du Code du travail)	▪ Suivre une formation choisie par le salarié	▪ Ancienneté : 24 mois d'activité salariée (36 mois pour les salariés d'entreprises artisanales de moins de 10 salariés) dont 12 mois dans l'entreprise ▪ Délai de franchise : selon la durée du précédent CIF (minimum 6 mois, maximum 6 ans)	▪ Un an ou 1 200 heures, sauf dispositions conventionnelles prévoyant des durées plus longues	▪ Oui, si un organisme paritaire (Fongecif ou OPCA dans certaines branches) prend en charge le CIF. Dans ce cas, l'employeur est remboursé par l'organisme financeur
	Congé de formation économique, sociale et syndicale (art. L. 3142-7 à L. 3142-15 du Code du travail)	▪ Acquérir des connaissances dans le domaine économique, social et syndical, notamment en vue d'exercer des responsabilités syndicales ou au sein d'organismes à caractère économique et social	▪ Aucune	▪ Une demi-journée au minimum ▪ Plusieurs congés sont possibles dans l'année, dans la limite de 12 ou de 18 jours par an	▪ Dans les entreprises de 10 salariés et plus, l'employeur rémunère ces congés dans la limite de 0,08 ‰ du montant des salaires payés pendant l'année en cours. Cette rémunération est versée à la fin du mois au cours duquel la session de formation a eu lieu

	Congés	Objet	Conditions à remplir par le salarié	Durée du congé	Maintien du salaire par l'employeur
Convenances personnelles	Congé examen (art. L. 6322-3 du Code du travail)	▪ Préparer et passer un examen en vue de l'obtention d'un titre ou d'un diplôme de l'enseignement technologique	▪ Mêmes conditions que pour le CIF ▪ À noter : il n'y a pas de délai de franchise entre un CIF et un congé examen	▪ 24 heures de temps de travail par année civile	▪ Oui, toutefois, un organisme paritaire (Fongecif ou OPCA dans certaines branches) peut rembourser l'employeur
Convenances personnelles	Congé sans solde	▪ Au libre choix du salarié	▪ Aucune condition particulière ▪ Accord entre l'employeur et le salarié	▪ À déterminer avec l'employeur	▪ Non
Convenances personnelles	Congé d'enseignement et de recherche (art. L. 6322-53 du Code du travail)	▪ Dispenser des heures d'enseignement ou mener des recherches	▪ Ancienneté : un an dans l'entreprise ▪ Délai de franchise : 1/12e de la durée du précédent congé de même objet	▪ un an	▪ Non
Exercice d'un mandat	Congé mutualiste (art. L. 3142-47 du Code du travail ; art. L. 114-24 du Code de la mutualité)	▪ Suivre une formation à l'exercice des fonctions d'administrateur de mutuelle	▪ Être administrateur d'une mutuelle régie par le Code de la mutualité	▪ Neuf jours par an	▪ Non
		▪ Participer au conseil d'administration ou aux commissions d'une mutuelle	▪ Être membre d'un conseil d'administration ou d'une commission d'une mutuelle	▪ Temps nécessaire à la participation	▪ Oui

	Congés	Objet	Conditions à remplir par le salarié	Durée du congé	Maintien du salaire par l'employeur
Exercice d'un mandat	Absences du conseiller prud'hommes (art. L. 1442-2, L. 1442-5 et L. 1442-6 du Code du travail)	■ Exercer le mandat de conseiller prud'hommes	■ Être conseiller prud'hommes	■ Temps nécessaire à la réalisation de toutes les missions exigées par le mandat	■ Oui, mais l'employeur est remboursé par l'État
		■ Suivre une formation à l'exercice du mandat de conseiller prud'hommes		■ 36 jours par mandat	■ Oui
Solidarité	Congé pour catastrophe naturelle (art. L. 3142-41 et L. 3142-42 du Code du travail)	■ Participer aux activités d'organismes apportant une aide aux victimes de catastrophes naturelles	■ Travailler ou résider dans une zone touchée par une catastrophe naturelle, reconnue comme telle par arrêté ministériel	■ 20 jours	■ Non, sauf convention collective contraire
	Congé de solidarité internationale (art. L. 3142-32 et s. du Code du travail)	■ Participer à une mission d'entraide à l'étranger pour le compte d'une association humanitaire ou d'une organisation internationale dont la France est membre	■ Ancienneté : 12 mois consécutifs ou non dans l'entreprise	■ Six mois pris en une seule fois ou en plusieurs fois	■ Non, sauf convention collective contraire

Le compte épargne-temps (CET)

Le principe du compte épargne-temps (CET) est de permettre au salarié d'accumuler des droits à congé rémunéré ou de bénéficier d'une rémunération, immédiate ou différée, en contrepartie des périodes de congé ou de repos non prises ou des sommes qu'il y a affectées. Mis en place par convention ou accord collectif, le CET est alimenté par des jours de congés ou des sommes diverses. Le salarié peut l'utiliser soit pour percevoir une rémunération pendant des périodes d'inactivité, soit pour bénéficier d'une rémunération immédiate ou différée. Des dispositions spécifiques sont prévues en cas de rupture du contrat de travail.

Remarque

La loi met en place un dispositif fiscal et social avantageux visant à inciter les salariés à utiliser les droits accumulés sur le CET en vue de la retraite. Sur ce point, on peut se reporter aux précisions figurant sur le site www.travail-emploi.gouv.fr.

De quoi s'agit-il ?

Le CET permet au salarié d'accumuler des droits à congé rémunéré ou de bénéficier d'une rémunération, immédiate ou différée, en contrepartie des périodes de congé ou de repos non prises ou des sommes qu'il y a affectées.

Comment mettre en place le CET ?

Le CET peut être institué par convention ou accord d'entreprise ou d'établissement ou, à défaut, par une convention ou un accord de branche.

Quel est le contenu de l'accord instituant le CET ?

La convention ou l'accord collectif qui institue le CET :

- détermine dans quelles conditions et limites le CET peut être alimenté en temps ou en argent à l'initiative du salarié ou, pour les heures accomplies au-delà de la durée collective, à l'initiative de l'employeur ;
- définit les modalités de gestion du CET ;
- détermine les conditions d'utilisation, de liquidation et de transfert des droits d'un employeur à un autre (sur ce point, voir précisions p. 547).

Remarques

▪ Le congé annuel ne peut être affecté au CET que pour sa durée excédant 24 jours ouvrables.

▪ L'utilisation sous forme de complément de rémunération des droits versés sur le CET au titre du congé annuel n'est autorisée que pour ceux de ces droits correspondant à des jours excédant la durée de 30 jours fixée par l'article L. 3141-3 du Code du travail. Ainsi, seuls peuvent être convertis en argent les jours de congés payés accordés aux salariés, en vertu d'une convention collective plus favorable, au-delà des cinq semaines obligatoires (comme par exemple les jours supplémentaires de congés pour fractionnement).

Dans le respect de l'objet même du CET (permettre au salarié d'accumuler des droits à congé rémunéré ou de bénéficier d'une rémunération, immédiate ou différée, en contrepartie des périodes de congé ou de repos non prises ou des sommes qu'il y a affectées), les partenaires sociaux disposent d'une grande autonomie dans la négociation du CET ; il n'existe pas de liste limitative des éléments pouvant être affectés sur le CET, ni de liste limitative des usages qui peuvent être faits des droits accumulés (sous réserve des règles particulières concernant les congés payés ; voir ci-dessus).

Remarque

Nonobstant les stipulations de la convention ou de l'accord collectif instituant le CET, tout salarié peut, sur sa demande et en accord avec son employeur, utiliser les droits affectés sur le CET pour compléter sa rémunération ou pour cesser, de manière progressive, son activité.

Comment les droits accumulés sur un CET sont-ils garantis ?

Les droits acquis dans le cadre du CET sont garantis par l'Association pour la garantie des salaires (AGS) dans les conditions de l'article L. 3253-8 du Code du travail.
Pour les droits acquis, convertis en unités monétaires, qui excèdent le plus élevé des montants fixés par décret en application de l'article L. 3253-17 du Code du travail, c'est-à-dire le montant maximum garanti par l'AGS (www.ags-garantie-salaires.org), la convention ou l'accord d'entreprise ou d'établissement ou, à défaut, la convention ou l'accord de branche établit un dispositif d'assurance ou de garantie financière couvrant les sommes supplémentaires épargnées. En l'absence d'une telle convention ou d'un tel accord collectif, le dispositif de garantie financière est mis en place par l'employeur.
La garantie financière ne peut résulter que d'un engagement avec :

- une société de caution mutuelle ;
- ou un organisme de garantie collective ;
- ou une compagnie d'assurance ;
- ou une banque ;
- ou un établissement financier habilité à donner caution.

L'engagement de caution fait l'objet d'un contrat écrit précisant les conditions et le montant de la garantie accordée. Ce contrat, tenu à la disposition de l'inspection du travail, stipule la renonciation du garant, en cas de défaillance de l'employeur, au bénéfice de discussion prévu aux articles 2298 à 2301 du Code civil.

Remarque

Dans l'attente de la mise en place d'un dispositif de garantie financière dans les conditions mentionnées ci-contre, lorsque les droits acquis, convertis en unités monétaires, excèdent le plafond précité, une indemnité correspondant à la conversion monétaire de l'ensemble des droits est versée au salarié.

Quelle est la situation en cas de rupture du contrat de travail ?

La convention ou l'accord collectif qui institue le CET détermine les conditions de transfert des droits d'un employeur à un autre.

À défaut de dispositions conventionnelles prévoyant les conditions de ce transfert des droits d'un employeur à un autre, le salarié peut :

- percevoir, en cas de rupture du contrat de travail, une indemnité correspondant à la conversion monétaire de l'ensemble des droits qu'il a acquis ;
- demander, en accord avec l'employeur, la consignation auprès d'un organisme tiers de l'ensemble des droits, convertis en unités monétaires, qu'il a acquis. Le déblocage des droits consignés se fait au profit du salarié bénéficiaire ou de ses ayants droit dans les conditions précisées page 548.

■ Consignation des sommes

Lorsqu'un salarié demande, en accord avec son employeur, la consignation de l'ensemble des droits acquis sur son CET, convertis en unités monétaires, les sommes sont transférées par ce dernier à la Caisse des dépôts et consignations (CDC). Le transfert est accompagné de la demande écrite du salarié et d'une déclaration de consignation renseignée par l'employeur. Le récépissé de la déclaration de consignation, qui fait foi du dépôt des fonds, est remis par la Caisse des dépôts et consignations à l'employeur, qui en informe son salarié.

Les sommes consignées sont rémunérées dans les conditions fixées par l'article L. 518-23 du Code monétaire et financier et soumises à la prescription prévue à l'article L. 518-24 du même code (soit 30 ans).

■ Déblocage des droits consignés

Le déblocage des droits consignés peut intervenir :

- soit à la demande du salarié bénéficiaire, par le transfert de tout ou partie des sommes consignées sur le CET, le plan d'épargne d'entreprise (PEE), le plan d'épargne interentreprises (PEI) ou le plan d'épargne pour la retraite collectif (Perco) mis en place par son nouvel employeur, dans les conditions prévues par l'accord collectif mettant en place le CET ou par les règlements des plans d'épargne salariale ;
- soit à la demande du salarié bénéficiaire ou de ses ayants droit, par le paiement, à tout moment, de tout ou partie des sommes consignées.

Textes de référence

Articles L. 3151-1 à L. 3154-3 et D. 3154-1 à D. 3154-4 du Code du travail

Qui contacter sur ce sujet ?

Représentants du personnel
Inspection du travail

Lire en complément

- L'épargne salariale
- Le temps partiel pour création ou reprise d'entreprise
- Le congé sabbatique

Chapitre 8

Les ruptures du contrat

mots-clés

Démission ◆ Retraite ◆ Licenciement ◆ Rupture conventionnelle du contrat ◆ Indemnités dues au salarié ◆ Documents à remettre au salarié ◆ Chômage

La démission

La démission est une manifestation sérieuse et non équivoque de la volonté du salarié de résilier son contrat de travail. Elle suppose une décision libre et réfléchie.

Comment présenter une démission ?

Le Code du travail ne prévoit aucune forme particulière pour présenter sa démission : elle peut être verbale ou écrite.

Toutefois, pour éviter les contestations sur l'intention même de démissionner ou sur la date de la fin du contrat de travail, le salarié a intérêt à remettre sa démission par écrit (si possible par lettre recommandée avec avis de réception). L'écrit permet également de définir le début du préavis.

Certaines conventions collectives prévoient d'ailleurs que la démission doit être écrite et adressée par lettre recommandée avec avis de réception. La démission ne peut être exigée par avance, par exemple, lors de la signature du contrat de travail ou au cours de son exécution.

L'absence prolongée du salarié est-elle une démission ?

En cas d'absence prolongée de l'entreprise, il n'est pas possible pour l'employeur de considérer le salarié comme démissionnaire. Il convient dans ce cas de demander à l'intéressé les raisons de son absence. S'il ne répond pas dans un délai raisonnable, l'employeur peut engager une procédure de licenciement. Ainsi, une salariée qui, après une observation, avait quitté son travail et n'avait pas réintégré l'entreprise les jours suivants, n'a pas été considérée par la Cour de cassation comme démissionnaire.

Le refus, par le salarié, d'accepter un changement des conditions de travail est-il une démission ?

Le refus du salarié d'accepter un changement des conditions de travail ne constitue pas une démission. Il s'agit d'un manquement aux obligations du contrat que l'employeur peut sanctionner, au besoin, par un licenciement pour faute.

Faut-il respecter un préavis ?

Oui, sauf dans certaines circonstances (par exemple, démission à la suite d'une grossesse, la salariée devant toutefois informer son employeur 15 jours avant la date effective de sa démission), le préavis doit toujours être effectué. Si le salarié ne l'exécute pas, son employeur peut demander le paiement d'une indemnité compensatrice devant le conseil de prud'hommes.

Toutefois, le salarié peut être dispensé de préavis :

- à sa demande et après acceptation de l'employeur (un écrit est conseillé). Dans ce cas, l'indemnité de préavis n'est pas due ;
- à l'initiative de l'employeur. Celui-ci doit néanmoins verser l'indemnité de préavis.

La loi ne fixe pas la durée du préavis et prévoit simplement qu'elle est déterminée par la convention ou l'accord collectif de travail applicable, ou par les usages pratiqués dans la localité ou la profession. Dans la majorité des situations, cette durée est effectivement fixée par les conventions (conventions de branche, d'entreprise, d'établissement), par les usages ou par le contrat de travail.

Remarque

Certaines conventions prévoient que le salarié est libéré de son préavis lorsqu'il a trouvé un autre emploi.

Et les heures pour recherche d'emploi ?

La loi n'en prévoit pas. En revanche, certaines conventions collectives organisent en faveur des salariés licenciés (rarement pour ceux qui donnent leur démission) des temps d'absence – rémunérés ou non – pour rechercher un emploi pendant le préavis.

Quelle est la situation du salarié à la fin du contrat ?

À l'issue du contrat de travail, lorsque le préavis est achevé, le salarié est libre de tout engagement vis-à-vis de son employeur. Toutefois, certaines obligations particulières peuvent encore s'appliquer : tel est le cas lorsque le contrat contient une clause de non-concurrence ou une clause de dédit-formation. Si elles ne sont pas abusives, ces clauses sont applicables.

L'employeur doit remettre au salarié un certificat de travail, une attestation destinée à lui permettre de faire valoir ses droits éventuels aux allocations chômage (ex-attestation Assédic) et un reçu pour solde de tout compte.

Remarque

La démission n'ouvre pas droit à une indemnisation au titre de l'assurance chômage, sauf si elle est considérée comme légitime : démission pour suivre son conjoint qui occupe un nouvel emploi, en cas de non-paiement des salaires, démission pour suivre son enfant handicapé admis dans une structure d'accueil dont l'éloignement entraîne un changement de résidence, etc. Toutefois, en cas de démission pour un motif autre que ceux considérés comme légitimes, il est possible d'obtenir une indemnisation quatre mois après la fin du contrat de travail. Il faut pour cela être en mesure de prouver une recherche active d'emploi pendant ce délai et saisir les services de Pôle emploi. Au vu des efforts fournis pour retrouver un emploi, le régime d'assurance chômage décidera d'attribuer ou non les allocations, toutes les autres conditions étant par ailleurs remplies.

Le salarié peut-il « démissionner » dans le cadre d'un CDD ?

Oui, mais à condition de justifier d'une embauche CDI. Il ne s'agit d'ailleurs pas d'une démission (ce terme étant réservé à la rupture par le salarié de son CDI), mais d'une rupture anticipée autorisée d'un CDD.

En dehors de ce cas, à la demande du salarié, l'employeur peut donner son accord à l'interruption du contrat avant le terme prévu. Les deux parties signent alors une rupture anticipée amiable. Mais si elle résulte d'une faute grave de l'employeur (non-versement des salaires, etc.), la rupture du contrat par le salarié peut être requalifiée par le conseil de prud'hommes en rupture de contrat à la charge de l'employeur.

Remarque

Les titulaires de certains CDD de type particulier ont la faculté de mettre un terme à leur contrat de travail pour occuper un autre emploi, suivre une formation (contrat d'accompagnement dans l'emploi, contrat initiative emploi) ou parce qu'ils ont obtenu le diplôme ou le titre préparé (contrat d'apprentissage, sous réserve d'informer son employeur par écrit au moins deux mois à l'avance).

Textes de référence

Articles L. 1231-1, L. 1237-1 (démission) et L. 1243-1 à L. 1243-3 (rupture anticipée du CDD) du Code du travail

Accord d'application n° 14 du 14 mai 2014 pris pour l'application du règlement général annexé à la convention du 14 mai 2014 relative à l'indemnisation du chômage (cas de démissions considérées comme « légitimes »)

Lire en complément

- La modification du contrat de travail
- Le licenciement : les motifs
- Les documents remis au salarié
- Le contrat à durée déterminée (CDD)

La retraite

Le fait pour tout salarié d'atteindre un certain âge n'entraîne pas la rupture automatique de son contrat de travail. Toute clause contraire est nulle. Cependant, l'employeur ou le salarié peut prendre l'initiative de rompre le contrat : dans le premier cas, il s'agira d'une mise à la retraite, dans le second, d'un départ à la retraite, les conséquences étant différentes, notamment en matière d'indemnisation.

Dans quel cas l'employeur peut-il décider la mise à la retraite d'un salarié ?

■ Avant un certain âge, la mise à la retraite est impossible

Un employeur ne peut pas prononcer la mise à la retraite d'un salarié entre 60 et 65 ans, s'il est né avant le 1er juillet 1951, c'est-à-dire, pour cette génération, entre l'âge légal de la retraite et l'âge à partir duquel on peut prétendre automatiquement à une retraite à taux plein. Si le salarié est né à partir du 1er juillet 1951, ces bornes d'âge de 60 et 65 ans reculent progressivement en fonction de l'année de naissance :

- pour un salarié né au cours du deuxième semestre 1951 : la mise à la retraite n'est pas possible entre 60 ans et 4 mois et 65 ans et 4 mois ;
- pour celui né en 1952 : entre 60 ans et 9 mois et 65 ans et 9 mois ;
- pour celui né en 1953 : entre 61 ans et 2 mois et 66 ans et 2 mois ;
- pour celui né en 1954 : entre 61 ans et 7 mois et 66 ans et 7 mois ;
- pour celui né à partir de 1955 : entre 62 ans et 67 ans.

■ Une mise à la retraite avec l'accord du salarié

La mise à la retraite d'un salarié, né avant le 1er juillet 1951, est possible, avec son accord, entre 65 et 69 ans. Pour les salariés nés à compter du 1er juillet 1951, l'âge à partir duquel l'employeur peut proposer une mise à la retraite est fixé à :

- 65 ans et 4 mois pour un salarié né au cours du second semestre 1951 ;
- 65 ans et 9 mois pour celui né en 1952 ;
- 66 ans et 2 mois pour celui né en 1953 ;
- 66 ans et 7 mois pour celui né en 1954 ;
- 67 ans pour celui né à partir de 1955.

S'il souhaite y recourir, l'employeur doit respecter une procédure précise. Trois mois avant le jour où le salarié remplit la condition d'âge mentionnée ci-dessus, puis chaque année jusqu'aux 69 ans, il doit interroger le salarié, par écrit, sur son éventuelle intention de quitter volontairement l'entreprise pour bénéficier d'une pension de vieillesse. Bien que la loi ne le précise pas, et pour éviter toute difficulté, l'employeur a intérêt à formuler cette demande par lettre recommandée avec avis de réception ou par lettre remise en main propre contre décharge.
Si le salarié répond favorablement, l'employeur pourra engager la procédure de mise à la retraite.
En cas de réponse négative du salarié dans un délai d'un mois à compter de la date à laquelle l'employeur l'a interrogé sur ses intentions, ou à défaut d'avoir respecté les formalités requises, l'employeur ne peut procéder à la mise à la retraite de ce salarié pendant l'année qui suit. S'il le souhaite, il pourra réitérer sa demande l'année suivante, en respectant la même procédure (demande dans le délai de trois mois avant la prochaine date anniversaire du salarié).

Remarques

- Si les conditions de la mise à la retraite ne sont pas réunies, la rupture du contrat constitue un licenciement abusif.
- Un salarié né avant le 1er juillet 1951, liquidant sa pension de retraite après 65 ans, a droit à une retraite à taux plein, c'est-à-dire liquidée à 50 %, quelle que soit la durée de la carrière qu'il a accomplie. S'il est né à partir du 1er juillet 1951, cet âge permettant de bénéficier

du taux plein automatique recule progressivement, pour atteindre 67 ans pour les assurés nés à compter de 1955.

■ À partir de 70 ans

L'employeur peut prendre la décision de mettre d'office un salarié à la retraite dès lors que celui-ci a au moins 70 ans. Le Code du travail n'impose aucune procédure particulière. Si la convention collective applicable dans l'entreprise ne prévoit rien en la matière, l'employeur informe le salarié selon les modalités de son choix.

Quels sont les droits du salarié ?

L'employeur qui met un salarié à la retraite doit :

- accorder le préavis légal auquel il serait tenu en cas de licenciement (ou, s'il est plus favorable, le préavis de mise à la retraite prévu par la convention collective) ;
- verser une indemnité de mise à la retraite dont le montant est au moins égal à celui de l'indemnité légale de licenciement ou de l'indemnité de départ à la retraite prévue par la convention collective ou le contrat de travail si celle-ci est plus importante que l'indemnité légale de licenciement.

Cette indemnité n'est soumise à cotisations sociales et à imposition fiscale que si elle dépasse un certain plafond.

Comment calculer l'indemnité légale de mise à la retraite ?

Il faut, tout d'abord, déterminer le salaire de référence. C'est le calcul le plus favorable au salarié qui doit être retenu, soit un douzième de la rémunération brute (salaire, primes, etc., des 12 derniers mois qui précèdent la notification de la mise à la retraite), soit un tiers des trois derniers mois (les primes de caractère annuel ou exceptionnel, versées durant cette période, ne sont alors prises en compte qu'au prorata de la durée de ladite période).

Exemple

En cas de prime de fin d'année de 1 000 €, la fraction à retenir dans le calcul moyen sera : (1 000 €/12) x 3 = 250 €.

L'indemnité de mise à la retraite est calculée à partir de ce salaire de référence ; elle ne peut être inférieure à un cinquième de mois de salaire par année d'ancienneté, auquel s'ajoutent 2/15 de mois par année au-delà de 10 ans d'ancienneté.

Remarque

Tout employeur de personnel salarié ou assimilé est tenu d'adresser à l'Urssaf dont il relève, au plus tard le 31 janvier de chaque année, une déclaration indiquant le nombre de salariés partis en préretraite ou placés en cessation anticipée d'activité au cours de l'année civile précédente, leur âge et le montant de l'avantage qui leur est alloué. Cette déclaration indique également le nombre de mises à la retraite d'office à l'initiative de l'employeur intervenant dans les conditions des articles L. 1237-5 à L. 1237-10 du Code du travail (voir p. 557) et le nombre de salariés âgés de 55 ans et plus licenciés ou ayant bénéficié de la rupture conventionnelle visée page 546, au cours de l'année civile précédant la déclaration. Le défaut de production, dans les délais prescrits, de cette déclaration entraîne une pénalité, recouvrée par l'Urssaf, d'un montant égal à 600 fois le taux horaire du Smic. Cette déclaration est désormais intégrée dans la DADS (papier ou dématérialisée), de sorte que les entreprises sont considérées comme ayant rempli leur obligation à cet égard lorsque les données portant sur les préretraites, mises à la retraite d'office, licenciements ou ruptures conventionnelles, sont renseignées dans leur DADS.

L'obligation de déclaration mentionnée ci-dessus ne s'applique qu'aux employeurs dont au moins un salarié ou assimilé est parti en préretraite, a été placé en cessation anticipée d'activité ou a été mis en retraite à l'initiative de l'employeur au cours de l'année civile précédente, mais aussi aux employeurs dont au moins un salarié âgé de

55 ans ou plus a été licencié ou a bénéficié de la rupture conventionnelle visée page 600.

Le salarié prend l'initiative du départ à la retraite : quelle procédure doit-il respecter ?

Le salarié peut prendre l'initiative de mettre fin à son contrat de travail pour bénéficier de son droit à pension de vieillesse. Il doit en informer l'employeur et respecter un préavis de :

- un mois pour les salariés possédant une ancienneté d'au moins six mois ;
- deux mois si le salarié a une ancienneté d'au moins deux ans ;
- ou la durée fixée par la convention collective.

Quel est le montant de l'indemnité de départ à la retraite ?

Le salarié a droit à l'indemnité de départ en retraite égale à :

- un demi mois du salaire de référence après 10 ans d'ancienneté ;
- un mois après 15 ans ;
- un mois et demi après 20 ans ;
- deux mois après 30 ans d'ancienneté.

Le salaire de référence est le même que dans le cas d'une mise à la retraite par l'employeur.
Toutefois, si elle est plus favorable que l'indemnité légale, c'est l'indemnité conventionnelle qui doit être versée. Certaines conventions collectives prévoient une indemnité de départ à la retraite identique, qu'il s'agisse d'une mise à la retraite par l'employeur ou d'un départ à la retraite à l'initiative du salarié.
Cette indemnité est assujettie aux cotisations de sécurité sociale et à l'impôt sur le revenu avec une exonéation partielle lorsque le départ volontaire s'inscrit dans le cadre d'un plan de sauvegarde de l'emploi (sur ce point, voir le site www.urssaf.fr).

Selon la Cour de cassation (Cass. soc., 23 septembre 2009) « le droit à une indemnité de départ à la retraite n'est ouvert que si le salarié qui a décidé de quitter l'entreprise en vue de faire liquider ses droits à pension de vieillesse en a effectivement demandé la liquidation ».

Textes de référence

Articles L. 1237-4, L. 1237-5 à L. 1237-10 et R. 1234-2 du Code du travail

Le licenciement : les motifs

Le licenciement est fondé soit sur un motif personnel, soit sur un motif économique. En tout état de cause, le licenciement doit être motivé et justifié par une cause réelle et sérieuse.

Ainsi, quel que soit le motif invoqué, celui-ci doit :

- être réel, c'est-à-dire reposer sur des faits objectifs (et non sur des impressions ou des jugements subjectifs) ;
- présenter un caractère sérieux, rendant la rupture du contrat inévitable.

Licenciement pour motif économique : quelle définition ?

Seul le licenciement pour motif économique répond à une définition légale.

Constitue un licenciement pour motif économique celui qui est fondé sur un ou plusieurs motifs qui ne tiennent pas à la personne du salarié mais résulte d'une suppression ou d'une transformation d'emploi, ou d'une modification, refusée par le salarié, d'un élément essentiel de son contrat de travail. Ces événements peuvent être consécutifs, notamment, à la cessation d'activité de l'entreprise, à des difficultés économiques ou à des mutations technologiques. La loi ne pouvant énumérer de manière exhaustive tous les événements susceptibles de fonder un motif économique de licenciement, la jurisprudence a été conduite à préciser le champ du motif économique en indiquant qu'une réorganisation effectuée pour sauvegarder la compétitivité de l'entreprise ou du secteur d'activité du groupe auquel elle appartient constituait un motif économique de licenciement.

Remarque

Le licenciement pour motif économique ne peut intervenir que lorsque tous les efforts de formation et d'adaptation ont été réalisés et que le reclassement de l'intéressé dans l'entreprise (ou une entreprise du groupe) s'avère impossible.

Licenciement personnel : pour quels motifs ?

Le motif de licenciement retenu à l'encontre du salarié peut être une faute, mais pas nécessairement.

■ Fautes du salarié

Il existe de nombreuses fautes susceptibles de constituer des causes réelles et sérieuses de licenciement : les absences non autorisées, les injures, les violences, les agissements constituant un harcèlement sexuel ou moral, l'indiscipline, l'abandon de poste, la concurrence déloyale, etc.

Reconnues réelles et sérieuses, ces fautes justifient le licenciement du salarié et le privent, lorsqu'elles sont qualifiées de fautes graves ou lourdes, d'indemnités de licenciement, voire de toute indemnité.

La faute grave est celle qui cause des troubles sérieux ou des pertes pour l'entreprise et qui rend impossible le maintien du salarié dans celle-ci. Le préavis, dans ce cas, n'est pas exécuté et aucune indemnité n'est due à ce titre. De même, l'indemnité de licenciement n'est pas versée.

La faute lourde, privative du préavis, d'indemnités de licenciement et de congés payés, exige des faits manifestant une véritable intention de nuire à l'employeur ou à l'entreprise.

■ Autres motifs

Certains événements peuvent entraîner le licenciement sans constituer des fautes. Ainsi, la modification d'un élément essentiel de son contrat de travail refusée par le salarié, l'inaptitude physique constatée par le médecin du travail, l'insuffisance professionnelle (lorsqu'elle repose sur des éléments objectifs, précis et imputables au salarié) etc., peuvent fonder un licenciement.

Remarque

Quel que soit le motif invoqué par l'employeur, tout licenciement peut faire l'objet d'une contestation devant le conseil de prud'hommes.

Existe-t-il des motifs de licenciement interdits ?

Licencier un salarié parce qu'il a exercé, dans des conditions normales, ses droits et ses libertés fondamentales (droit de grève, de vote, exercice d'activité syndicale ou mutualiste, etc.) est interdit. De même, est considéré comme nul un licenciement fondé sur un des éléments suivants :

- le sexe ;
- la situation de famille ou la grossesse ;
- les mœurs ;
- l'orientation ou l'identité sexuelle ;
- l'origine ;
- les convictions religieuses ;
- les caractéristiques génétiques ;
- les opinions politiques ;
- l'appartenance ou la non-appartenance (vraie ou supposée) à une ethnie, une nation ou une race ;
- l'état de santé ou le handicap ;
- les activités syndicales ou mutualistes ;
- l'apparence physique ;
- le nom de famille ;
- l'âge ;
- le lieu de résidence.

Aucun salarié ne peut également être licencié :

- pour avoir subi ou refusé de subir des agissements répétés de harcèlement moral ou pour avoir témoigné de tels agissements ou les avoir relatés ;
- pour avoir subi ou refusé de subir des faits de harcèlement sexuel tels que définis à l'article L. 1153-1 du Code du travail, y compris, dans le cas mentionné au 1° de cet article, si les propos ou comportements n'ont pas été répétés (voir p. 364), pour avoir témoigné de faits de harcèlement sexuel ou pour les avoir relatés.
- pour avoir témoigné des agissements discriminatoires définis aux articles L. 1132-1 et L. 1132-2 du Code du travail (voir p. 160 et 161) ou pour les avoir relatés ;
- en raison de l'exercice des fonctions de juré ;
- pour avoir refusé en raison de son orientation sexuelle une mutation géographique dans un État incriminant l'homosexualité ;
- pour avoir relaté ou témoigné, de bonne foi, soit à son employeur, soit aux autorités judiciaires ou administratives de faits de corruption dont il aurait eu connaissance dans l'exercice de ses fonctions (article L. 1161-1 du Code du travail) ;
- pour avoir relaté ou témoigné, de bonne foi, soit à son employeur, soit aux autorités judiciaires ou administratives de faits relatifs à la sécurité sanitaire des produits mentionnés à l'article L. 5311-1 du Code de la santé publique dont elle aurait eu connaissance dans l'exercice de ses fonctions (article L. 5312-4-2 du Code de la santé publique) ;
- pour avoir relaté ou témoigné, de bonne foi, soit à son employeur, soit aux autorités judiciaires ou administratives de faits relatifs à un risque grave pour la santé publique ou l'environnement dont elle aurait eu connaissance dans l'exercice de ses fonctions (article L. 1351-1 du Code de la santé publique), le travailleur qui lance une alerte en matière de santé publique et d'environnement (art. L. 4133-1 du Code du travail bénéficie également de cette protection ;

- pour avoir relaté ou témoigné, de bonne foi, à son employeur, à l'autorité chargée de la déontologie au sein de l'organisme, à une association de lutte contre la corruption agréée ou aux autorités judiciaires ou administratives de faits relatifs à une situation de conflit d'intérêts, telle que définie à l'article 2 de la loi n° 2013-907 du 11 octobre 2013, concernant l'une des personnes mentionnées aux articles 4 et 11 de cette même loi (membres du Gouvernement, représentants français au Parlement européen, membres des cabinets ministériels, collaborateurs du Président de la République, du Président de l'Assemblée nationale et du Président du Sénat, etc.), dont elle aurait eu connaissance dans l'exercice de ses fonctions (article 25 de la loi n° 2013-907 du 11 octobre 2013, JO du 12 octobre 2013) ;
- pour avoir relaté ou témoigné, de bonne foi, de faits constitutifs d'un délit ou d'un crime dont il aurait eu connaissance dans l'exercice de ses fonctions (article L. 1132-3-3 du Code du travail).

Quelles sont les sanctions en cas de licenciement sans cause réelle et sérieuse ?

Si un licenciement est considéré par le conseil de prud'hommes sans motif réel et sérieux, celui-ci peut, sauf dans certaines circonstances légales, proposer la réintégration du salarié ou condamner l'employeur à payer au salarié une indemnité qui doit être au moins égale à six mois de salaire. Le tribunal peut également ordonner à l'employeur de rembourser, au régime gestionnaire de l'assurance chômage, l'allocation de chômage éventuellement versée au salarié. Toutefois, dans les entreprises de moins de 11 salariés ou si le salarié licencié a moins de deux ans d'ancienneté, la sanction prend la forme d'une indemnité attribuée au salarié, dont le montant est fixé par le conseil de prud'hommes en fonction du préjudice subi. Sur l'indemnisation forfaitaire qui peut être convenue entre les parties lors de la phase de conciliation devant les prud'hommes, on se reportera aux précisions figurant page 188.

Remarque

Les juges apprécient le caractère réel et sérieux du motif invoqué au vu des éléments fournis par les parties et après toutes mesures d'instruction qu'ils estiment utiles. Si un doute subsiste, il profite au salarié.

Textes de référence

Articles L. 1232-1, L. 1233-2, L. 1234-1, L. 1234-5, L. 1235-1 à L. 1235-5, L. 1236-1 à L. 1236-6 et L. 4133-5 du Code du travail

Lire en complément

- La modification du contrat de travail
- La sanction disciplinaire
- Discrimination et égalité professionnelle
- Le harcèlement sexuel
- Le harcèlement moral

La procédure de licenciement individuel

Le licenciement individuel peut reposer soit sur un motif d'ordre économique (mutations technologiques, difficultés économiques ou réorganisation entraînant la suppression ou la transformation d'un emploi), soit sur un motif personnel (faute, inaptitude physique, etc.).
Quelle que soit la nature du motif invoqué, la procédure de licenciement doit obligatoirement respecter les règles relatives à l'entretien préalable, à la notification du licenciement et au préavis. Des règles spécifiques s'appliquent, en outre, à la procédure de licenciement pour motif économique.

Remarques

- Lorsqu'un ou plusieurs salariés refusent la modification de leur contrat de travail consécutive à l'application d'un accord de réduction du temps de travail, l'employeur peut les licencier en respectant pour chacun d'eux la procédure de licenciement individuel pour motif personnel.
- Sur la situation résultant du refus par le salarié de se voir appliquer les dispositions d'un accord de mobilité interne ou d'un accord de maintien de l'emploi, on se reportera respectivement aux pages 151 et 654.

Licenciement économique : quelles particularités ?

■ L'obligation de reclassement préalable

Avant de commencer la procédure de licenciement, l'employeur est tenu de tout mettre en œuvre pour :

- former et adapter le salarié concerné à l'évolution de son emploi ;
- ou le reclasser dans l'entreprise (ou dans le groupe auquel elle appartient) sur un emploi relevant de la même catégorie que celui qu'il occupe ou sur un emploi équivalent assorti d'une rémunération équivalente ou, à défaut, et avec l'accord du salarié, sur un emploi d'une catégorie inférieure.

Les offres de reclassement ainsi proposées doivent être écrites et précises.

Remarques

- Les salariés dont le licenciement pour motif économique est envisagé doivent se voir proposer par leur employeur soit un congé de reclassement, soit un contrat de sécurisation professionnelle (CSP, voir p. 658 et s.).
- Les licenciements économiques qui interviennent dans le cadre d'une procédure de sauvegarde (hors période d'observation), de redressement ou de liquidation judiciaire obéissent à certaines règles particulières précisées, notamment, par les articles L. 1233-58 à L. 1233-60 du Code du travail. Pour une présentation détaillée de ces règles, on se reportera à l'instruction DGEFP/DGT du 19 juillet 2013 mentionnée page 595, notamment à sa fiche n° 4.

Une procédure spécifique s'applique lorsque l'entreprise ou le groupe auquel elle appartient dispose d'implantations hors du territoire national. Cette procédure consiste, pour l'employeur, avant de faire des propositions de reclassement à l'étranger, à s'assurer que le salarié concerné est d'accord pour recevoir de telles propositions et à quelles conditions. Les étapes suivantes sont prévues :

- l'employeur demande au salarié, préalablement au licenciement pour motif économique, s'il accepte de recevoir des offres de reclassement hors du territoire national, dans chacune des implantations en cause, et sous quelles restrictions éventuelles quant aux caractéristiques des emplois offerts, notamment en matière de rémunération et de localisation ;

- le salarié manifeste son accord, assorti le cas échéant des restrictions mentionnées ci-contre (niveau de rémunération, localisation de l'emploi proposé, etc.), pour recevoir de telles offres, dans un délai de six jours ouvrables à compter de la réception de la proposition de l'employeur. Le salarié qui ne répond pas dans ce délai est présumé ne pas vouloir recevoir de propositions de reclassement hors du territoire national ;
- si le salarié a donné son accord pour recevoir des offres de reclassement hors du territoire national, ces offres doivent être écrites et précises et tenir compte des restrictions que le salarié a pu exprimer. Le salarié reste libre de refuser ces offres. Le salarié auquel aucune offre n'est adressée est informé de l'absence d'offres correspondant à celles qu'il a accepté de recevoir.

Remarque

Pour plus de précisions sur les dispositions qui précèdent, on peut se reporter à la circulaire DGT n° 03 du 15 mars 2011 disponible sur le site http://circulaires.legifrance.gouv.fr.

■ L'ordre des licenciements

Étape obligatoire à tout projet de licenciement pour motif économique : déterminer le salarié susceptible d'être licencié. Pour ce faire, l'employeur doit tenir compte des critères prévus par la convention ou l'accord collectif applicable à l'entreprise ou, à défaut, par le Code du travail, lequel retient notamment les éléments suivants :

- les charges de famille (parents isolés, etc.) ;
- l'ancienneté dans l'entreprise ;
- les caractéristiques sociales qui rendent la réinsertion professionnelle difficile (âge, handicap, etc.) ;
- les qualités professionnelles.

L'employeur peut privilégier un de ces critères, à condition de tenir compte de l'ensemble des autres critères. Cette liste n'est pas limitative et l'employeur peut y ajouter d'autres critères. Tous lescritères retenus sont appliqués par catégorie professionnelle. Supprimer un poste n'implique pas nécessairement de licencier son titulaire. Toutefois, appliquer les critères permettant de déterminer le salarié visé par le projet de licenciement est sans objet si :

- l'emploi supprimé est occupé par le seul salarié de l'entreprise ;
- aucun des autres salariés n'occupe le même emploi ou un emploi de même qualification.

Remarques

- Sur demande écrite du salarié, l'employeur indique par écrit les critères retenus pour fixer l'ordre des licenciements ; les délais et formes de cette demande et de cette réponse sont précisés par l'article R. 1233-1 du Code du travail.
- Le projet de loi mentionné page 221 prévoit que, pour les entreprises soumises à l'obligation d'établir un plan de sauvegarde de l'emploi (PSE, voir p. 640), le périmètre d'application des critères d'ordre des licenciements puisse être fixé par l'accord collectif majoritaire ou le document unilatéral mentionnés page 641, à un niveau inférieur à celui de l'entreprise. Toutes les précisions sur les dispositions issues de ce projet de loi seront disponibles sur le site www.travail-emploi.gouv.fr.

■ L'information du directeur régional des entreprises, de la concurrence, de la consommation, du travail et de l'emploi (Direccte)

Dans les huit jours qui suivent la notification du licenciement au salarié, l'employeur est tenu d'informer le Direccte. Cette information prend la forme d'une lettre recommandée avec avis de réception qui précise :

- les nom, adresse, activité et effectif de l'entreprise ;
- les nom, prénom, nationalité, date de naissance, sexe, adresse, emploi et qualification du salarié licencié ;
- la date de notification du licenciement.

Quelles sont les règles applicables à l'entretien préalable ?

Avant toute décision de licenciement individuel pour motif économique ou personnel, l'employeur (ou son représentant) doit convoquer le salarié à un entretien préalable par lettre recommandée avec avis de réception ou remise en main propre contre décharge.

Cette lettre mentionne :

- l'objet de l'entretien (c'est-à-dire le projet de licenciement), qui doit être énoncé clairement et sans équivoque ;
- la date, le lieu et l'heure de l'entretien. La date de l'entretien ne peut être fixée moins de cinq jours ouvrables après la présentation de la lettre recommandée de convocation ou la remise en main propre de la lettre de convocation. En cas de report, à la demande du salarié, de l'entretien préalable au licenciement, ce délai de cinq jours ouvrables court à compter de la présentation de la lettre recommandée ou de la remise en main propre de la lettre initiale de convocation (Cass. soc., 24 novembre 2010) ;
- la possibilité pour le salarié de se faire assister lors de l'entretien par une personne de son choix (voir p. 572).

Remarque

Le défaut d'indication dans la lettre de convocation de la possibilité de se faire assister par un conseiller du salarié est sanctionné par le versement au salarié d'une indemnité au plus égale à un mois de salaire.

Au cours de l'entretien, l'employeur doit :

- indiquer au salarié le ou les motifs de la décision de licenciement envisagée ;
- recueillir les explications de l'intéressé.

Le but de l'entretien est en effet de permettre au salarié d'exposer et de défendre ses arguments. Il doit donc pouvoir s'exprimer librement, sans toutefois abuser (insultes, propos diffamatoires, etc.) de sa liberté de parole. Le salarié peut se faire assister par une personne de son choix appartenant au personnel de l'entreprise (autre salarié ou représentant du personnel). Si l'entreprise est dépourvue d'institutions représentatives du personnel, il peut se faire assister soit par une personne de son choix appartenant au personnel de l'entreprise, soit par un « conseiller du salarié » choisi sur une liste dressée par le préfet ; l'adresse des services administratifs où cette liste peut être consultée par le salarié doit figurer dans la lettre de convocation à l'entretien préalable. C'est au salarié qu'il appartient de prendre contact avec la personne dont il souhaite l'assistance.

Remarque

Lors de cet entretien préalable, et lorsque le licenciement envisagé a un motif économique, l'employeur doit :

- si l'entreprise est soumise à l'obligation de proposer un congé de reclassement, informer le salarié des conditions de mise en œuvre de ce congé de reclassement (voir p. 658) ;
- si l'entreprise est soumise à l'obligation de proposer un contrat de sécurisation professionnelle, remettre au salarié, contre récépissé, le document écrit d'information relatif à ce contrat (voir p. 663).

Comment est notifié le licenciement ?

Après l'entretien et avant d'envoyer la lettre de licenciement, l'employeur doit attendre :

- au moins deux jours ouvrables s'il s'agit d'un licenciement pour motif personnel (par exemple, pour un entretien ayant lieu le mardi, la lettre ne peut être envoyée avant le vendredi suivant) ;
- lorsqu'il s'agit d'un licenciement pour motif économique : au moins sept jours ouvrables si le salarié concerné est non cadre ; au moins 15 jours ouvrables s'il est cadre.

Remarque

Lorsque, à la date prévue pour l'envoi de la lettre de licenciement, le délai de réflexion de 21 jours dont dispose le salarié pour faire connaître sa réponse à la proposition de contrat de sécurisation professionnelle (CSP, voir p. 663) n'est pas expiré, l'employeur doit lui adresser une lettre recommandée avec demande d'avis de réception :

- lui rappelant la date d'expiration du délai de 21 jours précité ;
- lui précisant que, en cas de refus du contrat de sécurisation professionnelle, cette lettre recommandée constituera la notification de son licenciement.

La notification du licenciement est adressée au salarié sous forme de lettre recommandée avec avis de réception. Y figure obligatoirement la cause précise du licenciement. Si le motif n'est pas énoncé ou l'est insuffisamment, le licenciement est considéré comme dénué de cause réelle et sérieuse. Les raisons invoquées lient l'employeur : en cas de litige, et notamment de procédure prud'homale, il ne peut plus avancer d'autres motifs.

Exemples

- Dans le cadre d'un licenciement pour motif économique, faire valoir simplement la fermeture de l'établissement est insuffisant.
- De même, s'agissant d'un licenciement pour motif personnel, la seule référence à la gravité des faits reprochés, à une perte de confiance ou à une insuffisance professionnelle ne constitue pas une raison suffisamment précise.

En outre, et uniquement dans le cas de la notification d'un licenciement pour motif économique, la lettre doit mentionner :

- les motifs économiques ou les changements technologiques à l'origine du licenciement ;

- la priorité de réembauchage durant un délai d'un an dont le salarié peut bénéficier s'il en manifeste le souhait par lettre recommandée avec avis de réception dans un délai de 12 mois après la fin de son préavis ;
- pour les entreprises d'au moins 1000 salariés, la proposition de bénéficier d'un congé de reclassement.

Comment se déroule le préavis ?

Le préavis commence le jour de la première présentation de la lettre de notification, que le salarié en accuse réception ou non. Sa durée est au moins égale à :
- un mois pour une ancienneté comprise entre six mois et deux ans ;
- deux mois pour une ancienneté égale ou supérieure à deux ans.

Remarque

Des dispositions plus favorables peuvent figurer dans le contrat de travail ou dans la convention collective applicable à l'entreprise. En cas de faute grave ou lourde commise par le salarié, aucun préavis n'est dû.

Sauf en cas de congés payés, d'accident du travail en cours de préavis ou de congé de maternité ou d'adoption, l'absence du salarié ne prolonge pas le préavis. Pendant le préavis, le contrat de travail se poursuit normalement. Toutefois, l'employeur peut prendre l'initiative de dispenser le salarié d'effectuer tout ou partie de son préavis. En pratique, il convient de confirmer cette dispense par écrit. L'employeur verse alors au salarié une indemnité compensatrice équivalente au salaire (y compris les augmentations, primes, gratifications, etc.) que le salarié aurait perçu pendant le préavis travaillé.

Textes de référence

Articles L. 1232-2 à L. 1232-14, R. 1232-1 à R. 1232-3 et L. 1235-1 à L. 1235-5 du Code du travail

Lire en complément

- Le licenciement : les motifs
- Prévention et accompagnement des licenciements économiques : les obligations de l'employeur
- Le contrat de sécurisation professionnelle
- Le congé de reclassement
- Le conseiller du salarié
- L'indemnité légale de licenciement

La procédure de licenciement économique de deux à neuf salariés

La procédure de licenciement pour motif économique varie selon le nombre de salariés concernés. Le licenciement de deux à neuf salariés sur une période de 30 jours impose à l'employeur le respect de règles de procédure particulières.

Quel est le rôle des représentants du personnel ?

L'employeur qui envisage de procéder à un licenciement pour motif économique de deux à moins de 10 salariés dans une même période de 30 jours réunit et consulte le comité d'entreprise (CE) dans les entreprises d'au moins 50 salariés, les délégués du personnel (DP) dans les entreprises de moins de 50 salariés, sur le projet de licenciement. Le cas échéant, le CE peut se faire assister d'un expert pour l'étude de ce projet.

Remarque

Dans les entreprises dotées d'un comité central d'entreprise, l'employeur réunit le comité central et le ou les comités d'établissements intéressés dès lors que les mesures envisagées excèdent le pouvoir du ou des chefs d'établissement concernés ou portent sur plusieurs établissements simultanément.

L'employeur adresse aux représentants du personnel, avec la convocation à la réunion mentionnée ci-dessus, tous renseignements utiles sur le projet de licenciement collectif.

Il indique :

- la ou les raisons économiques, financières ou techniques du projet de licenciement ;

- le nombre de licenciements envisagés ;
- les catégories professionnelles concernées et les critères proposés pour l'ordre des licenciements ;
- le nombre de salariés, permanents ou non, employés dans l'établissement ;
- le calendrier prévisionnel des licenciements ;
- les mesures de nature économique envisagées.

Avec ces renseignements est également transmis aux représentants du personnel un document précisant les conditions de mise en œuvre du congé de reclassement (sur les entreprises soumises à l'obligation de proposer un congé de reclassement, voir p. 658).

L'employeur réunit ensuite les représentants du personnel. Ces derniers émettent un avis sur le projet de licenciement collectif et sur les mesures sociales d'accompagnement des licenciements envisagées. Le cas échéant, le procès-verbal de la réunion des délégués du personnel consultés sur ce projet de licenciement collectif pour motif économique est transmis à la Direccte dont relève l'entreprise ou l'établissement concerné.

Remarques

- Si l'entreprise d'au moins 50 salariés est dépourvue de CE, les DP, s'ils existent, doivent être saisis du projet de licenciement économique.
- Le licenciement intervenu dans une entreprise dépourvue de comité d'entreprise ou de délégués du personnel alors qu'aucun procès-verbal de carence n'a été établi est irrégulier. Les salariés peuvent dans ce cas prétendre, en plus des indemnités de licenciement et de préavis, à une indemnité spécifique au moins égale à un mois de salaire.

Quelles sont les étapes de la procédure de licenciement ?

Une décision de licenciement pour motif économique ne peut intervenir que si le reclassement des intéressés en interne, dans l'entreprise ou le groupe, s'avère impossible.

■ La définition de l'ordre des licenciements

Afin de déterminer les salariés susceptibles d'être licenciés, l'employeur doit tenir compte des critères prévus par la convention ou l'accord collectif applicable. En l'absence de convention ou d'accord, il définit les critères retenus pour fixer l'ordre des licenciements, après consultation du comité d'entreprise ou, à défaut, des délégués du personnel, en prenant notamment en compte les critères fixés par le Code du travail (voir précisions p. 569).

■ La convocation à un entretien préalable

Le salarié est convoqué par lettre recommandée avec avis de réception ou par lettre remise en main propre contre décharge. Cette lettre précise l'objet de l'entretien et la possibilité, pour le salarié, d'être assisté par une personne de son choix appartenant à l'entreprise. Si celle-ci est dépourvue de représentants du personnel (délégués du personnel, membres du comité d'entreprise ou d'établissement, délégués syndicaux) le salarié peut choisir d'être assisté par un conseiller extérieur à l'entreprise, dans ce cas, la lettre de convocation à l'entretien préalable précise aussi les adresses des services auprès desquels consulter la liste de ces conseillers.

Remarque

La liste des conseillers du salarié est disponible auprès de la mairie, de la Direccte (voir p. 933) ou de l'inspection du travail.

■ L'entretien

Il ne peut avoir lieu moins de cinq jours ouvrables après la présentation de la lettre recommandée ou la remise en main propre de la lettre de convocation.

Au cours de l'entretien, le salarié peut être assisté par une personne de son choix (voir p.572). L'employeur explique le motif du licenciement et les critères retenus.

Il doit également :

- si l'entreprise est soumise à l'obligation de proposer un congé de reclassement, informer le salarié des conditions de mise en œuvre de ce congé de reclassement ;
- si l'entreprise est soumise à l'obligation de proposer un contrat de sécurisation professionnelle (CSP ; voir p. 663), remettre au salarié, contre récépissé, le document écrit d'information présentant le CSP.

■ La lettre de licenciement

Doivent figurer dans la lettre de licenciement :

- les motifs économiques ou de changements technologiques invoqués à l'appui du licenciement. L'énoncé des motifs doit être précis : la simple référence à la conjoncture économique, à un licenciement collectif pour motif économique, à une suppression de poste ne suffit pas. L'absence d'énonciation du motif économique précis dans la lettre de licenciement équivaut à une absence de motif, donc à un licenciement sans cause réelle et sérieuse ;
- la proposition du congé de reclassement (voir p. 658), si l'entreprise est soumise à l'obligation de proposer un tel congé aux salariés licenciés pour motif économique ;
- l'existence d'une priorité de réembauche d'une durée d'un an à compter de la rupture du contrat si le salarié manifeste son désir d'en user, par écrit, dans un délai d'un an à compter de la rupture du contrat (c'est-à-dire à la fin du préavis).

■ La notification du licenciement et l'information de l'administration

L'employeur envoie la lettre de licenciement en recommandé avec avis de réception. L'envoi ne peut avoir lieu moins de sept jours ouvrables à compter de la date pour laquelle le salarié a été convoqué à un entretien préalable.

La date de la rupture du contrat est celle de la fin du préavis, qu'il soit ou non effectué.

Enfin, l'employeur doit informer par écrit le directeur régional des entreprises, de la concurrence, de la consommation, du travail et de l'emploi des licenciements prononcés, dans les huit jours qui suivent l'envoi des lettres de licenciement aux salariés concernés. Cette information doit comporter les éléments figurant à l'article D. 1233-3 du Code du travail.

Lorsque le licenciement concerne un salarié protégé (délégué du personnel, membre du comité d'entreprise, délégué syndical, etc.), l'employeur doit en outre obtenir une autorisation de l'inspection du travail.

Textes de référence

Articles L. 1233-8 à L. 1233-20 et D. 1233-3 du Code du travail

Lire en complément

- Le licenciement : les motifs
- L'indemnité légale de licenciement
- Le conseiller du salarié
- Prévention et accompagnement des licenciements économiques : les obligations de l'employeur
- Le contrat de sécurisation professionnelle
- Le congé de reclassement

La procédure en cas de licenciement pour motif économique de 10 salariés et plus

Lorsqu'au moins 10 licenciements sont envisagés sur une période de 30 jours, l'employeur doit suivre une procédure impliquant :

- la consultation des représentants du personnel ;
- l'information et la prise en compte de suggestions de l'administration ;
- l'élaboration, dans les entreprises d'au moins 50 salariés, d'un plan de sauvegarde de l'emploi dont le contenu peut être fixé soit par un accord collectif majoritaire soumis à validation du directeur régional des entreprises, de la concurrence, de la consommation, du travail et de l'emploi (Direccte), soit par un document unilatéral de l'employeur soumis à homologation par cette même autorité administrative (voir p. 640 et s.).

Remarque

La loi n° 2013-504 du 14 juin 2013 « relative à la sécurisation de l'emploi » (JO du 16) a profondément modifié les procédures de licenciement collectif pour motif économique, qu'il s'agisse, notamment, des modalités de consultation des représentants du personnel, du rôle de l'administration et du processus d'élaboration du plan de sauvegarde de l'emploi. Quelques évolutions législatives sont prévues par le projet de loi mentionné page 221 ; toutes les précisions seront disponibles sur le site www.travail-emploi.gouv.fr dès l'adoption de cette loi (prévue dans le courant du 1er semestre 2015).

La procédure applicable diffère selon que l'entreprise compte au moins 50 salariés ou moins de 50 salariés.

Quelle est la place laissée à la négociation collective ?

Dans le cadre fixé par la loi du 14 juin 2013 précitée, les partenaires sociaux peuvent définir, pour une large part, le processus de mise en œuvre d'un projet de licenciement collectif pour motif économique et des mesures d'accompagnement qui en résultent.

■ La possibilité de conclure des accords « de méthode »

Avant comme après la loi du 14 juin 2013, un accord d'entreprise, de groupe ou de branche, dit « accord de méthode » peut fixer, par dérogation aux règles de consultation des instances représentatives du personnel prévues par le Code du travail, les modalités d'information et de consultation du comité d'entreprise applicables lorsque l'employeur envisage de prononcer le licenciement économique d'au moins 10 salariés dans une même période de 30 jours. Le périmètre de ces accords a toutefois été redéfini, afin de tenir compte de la possibilité nouvelle, créée par la loi précitée, de définir, par accord majoritaire, le contenu du plan de sauvegarde de l'emploi et certaines modalités du licenciement collectif envisagé (voir ci-contre).

L'accord de méthode est un accord collectif de droit commun, soumis aux règles de validité fixées pour le niveau auquel il est conclu (entreprise, groupe ou branche). Il fixe les conditions dans lesquelles le comité d'entreprise :

- est réuni et informé de la situation économique et financière de l'entreprise ;
- peut formuler des propositions alternatives au projet économique à l'origine d'une restructuration ayant des incidences sur l'emploi et obtenir une réponse motivée de l'employeur à ses propositions.

Un tel accord ne peut déroger aux éléments mentionnés à l'article L. 1233-23 du Code du travail, tels que, par exemple, l'obligation faite à l'employeur de communiquer aux représentants du personnel tous renseignements utiles sur le projet de licenciement collectif (raisons économiques, financières ou techniques du projet de licenciement, nombre de licenciements envisagé, etc.).

Remarque

Toute action en contestation visant tout ou partie d'un accord de méthode doit être formée, à peine d'irrecevabilité, avant l'expiration d'un délai de trois mois à compter de la date du dépôt de l'accord prévu à l'article L. 2231-6 du Code du travail.

■ La possibilité de conclure des accords collectifs majoritaires dans les entreprises d'au moins 50 salariés

Dans le cadre et les conditions fixés par les articles L. 1233-24-1 à L. 1233-24-3 du Code du travail, le contenu du plan de sauvegarde de l'emploi peut être déterminé par un accord collectif majoritaire, soumis à validation du Direccte (voir p. 640).

Cet accord peut également porter sur :

1° Les modalités d'information et de consultation du comité d'entreprise.

2° La pondération et le périmètre d'application des critères d'ordre des licenciements.

3° Le calendrier des licenciements.

4° Le nombre de suppressions d'emploi et les catégories professionnelles concernées.

5° Les modalités de mise en œuvre des mesures de formation, d'adaptation et de reclassement prévues aux articles L. 1233-4 et L. 1233-4-1 du Code du travail (voir p. 635).

Remarque

À défaut d'accord collectif majoritaire, c'est-à-dire lorsque l'entreprise n'a pas souhaité ouvrir des négociations, ou lorsqu'elle a ouvert des négociations mais qu'elles n'ont pas abouti à un accord, un document élaboré par l'employeur après la dernière réunion du comité d'entreprise (voir p. 586) fixe le contenu du plan de sauvegarde de l'emploi et précise les éléments prévus aux 1° à 5° ci-dessus, dans le cadre des dispositions légales et conventionnelles en vigueur. Ce document fait l'objet d'une homologation par le Direccte (voir p. 641). Une combinaison entre les deux procédures est possible : le contenu du PSE peut être fixé par accord collectif majoritaire (c'est le minimum que peut comporter un tel accord), soumis à validation du Direccte et les autres éléments mentionnés page 583 peuvent être fixés par l'employeur dans un document élaboré par lui, soumis à homologation du Direccte.

L'accord collectif majoritaire ne peut déroger :

1° À l'obligation d'effort de formation, d'adaptation et de reclassement incombant à l'employeur (voir p. 635).

2° Aux règles générales d'information et de consultation du comité d'entreprise prévues aux articles L. 2323-2, L. 2323-4 et L. 2323-5 du Code du travail (principe de la consultation préalable à la décision de l'employeur, droit à l'information du CE et à un délai d'examen suffisant, etc.).

3° À l'obligation, pour l'employeur, de proposer aux salariés le contrat de sécurisation professionnelle (voir p. 663) ou le congé de reclassement (voir p. 658).

4° À la communication aux représentants du personnel des renseignements prévus aux articles L. 1233-31 à L. 1233-33 du Code du travail.

5° Aux règles de consultation applicables lors d'un redressement ou d'une liquidation judiciaire, prévues à l'article L. 1233-58 du Code du travail.

Comment les représentants du personnel sont-ils consultés ?

L'employeur qui envisage de procéder à un licenciement collectif pour motif économique d'au moins 10 salariés dans une même période de 30 jours réunit et consulte, selon le cas, le comité d'entreprise (CE) ou les délégués du personnel, dans les conditions mentionnées ci-dessous.
L'autorité administrative est informée de ces consultations.

Remarque

Est irrégulière toute procédure de licenciement pour motif économique dans une entreprise où le comité d'entreprise ou les délégués du personnel n'ont pas été mis en place alors qu'elle est assujettie à cette obligation et qu'aucun procès-verbal de carence n'a été établi.
Le salarié a droit à une indemnité à la charge de l'employeur qui ne peut être inférieure à un mois de salaire brut, sans préjudice des indemnités de licenciement et de préavis.

■ Entreprises ou établissements employant habituellement moins de 50 salariés

Dans ces entreprises ou établissements, l'employeur réunit et consulte les délégués du personnel. Ces derniers tiennent deux réunions, séparées par un délai qui ne peut être supérieur à 14 jours. L'employeur doit leur fournir, avec la convocation à la première réunion, les informations mentionnées page 587.

■ Entreprises ou établissements employant habituellement au moins 50 salariés

Dans ces entreprises ou établissements, l'employeur réunit et consulte le CE sur :
1° L'opération projetée et ses modalités d'application, conformément à l'article L. 2323-15 du Code du travail, c'est-à-dire au titre de la consultation du CE sur tout projet de restructuration et de compression des effectifs.

2° Le projet de licenciement collectif : le nombre de suppressions d'emploi, les catégories professionnelles concernées, les critères d'ordre et le calendrier prévisionnel des licenciements, les mesures sociales d'accompagnement prévues par le plan de sauvegarde de l'emploi.

Remarque

Lorsque le plan de sauvegarde de l'emploi fait l'objet d'un accord majoritaire, la consultation du comité d'entreprise porte d'une part sur l'opération projetée et ses modalités d'application (conformément au 1° ci-dessus) et d'autre part sur le projet d'accord avant qu'il soit signé par les organisations syndicales.

Le comité d'entreprise tient au moins deux réunions espacées d'au moins 15 jours.
Il rend ses deux avis dans un délai qui ne peut être supérieur, à compter de la date de sa première réunion au cours de laquelle il est consulté sur les 1° et 2° ci-dessus, à :
1° Deux mois lorsque le nombre des licenciements est inférieur à 100.
2° Trois mois lorsque le nombre des licenciements est au moins égal à 100 et inférieur à 250.
3° Quatre mois lorsque le nombre des licenciements est au moins égal à 250.
Une convention ou un accord collectif de travail peut prévoir des délais différents.

Remarques

- En l'absence d'avis du comité d'entreprise dans les délais mentionnés ci-dessus, le CE est réputé avoir été consulté, dès lors qu'il a été régulièrement convoqué.
- Lorsqu'il n'existe pas de comité d'entreprise et qu'un procès-verbal de carence a été transmis à l'inspecteur du travail, le projet de licenciement est soumis aux délégués du personnel.

Dans le délai ainsi fixé, l'employeur met à l'étude les suggestions relatives aux mesures sociales envisagées et les propositions alternatives au projet formulées par le comité d'entreprise. Il leur donne une réponse motivée.

Remarque

Le CE peut recourir à l'assistance d'un expert-comptable dans les conditions fixées par les articles L. 1233-34 et L. 1233-35 du Code du travail. Lorsque le comité d'entreprise recourt à l'assistance d'un expert-comptable, l'employeur en informe le Direccte auquel il transmet également le rapport établi par l'expert et les modifications éventuelles du projet de licenciement.

■ Information des représentants du personnel en vue de leur consultation

L'employeur adresse aux représentants du personnel (selon le cas, délégués du personnel ou comité d'entreprise), avec la convocation à la première réunion, tous renseignements utiles sur le projet de licenciement collectif.

Il indique :

1° La ou les raisons économiques, financières ou techniques du projet de licenciement.

2° Le nombre de licenciements envisagés.

3° Les catégories professionnelles concernées et les critères proposés pour l'ordre des licenciements.

4° Le nombre de salariés, permanents ou non, employés dans l'établissement.

5° Le calendrier prévisionnel des licenciements.

6° Les mesures de nature économique envisagées.

En outre :

- dans les entreprises de moins de 50 salariés, l'employeur adresse aux délégués du personnel les mesures qu'il envisage de mettre en œuvre pour éviter les licenciements ou en limiter le nombre et pour

faciliter le reclassement du personnel dont le licenciement ne pourrait être évité ;
- dans les entreprises d'au moins 50 salariés, l'employeur adresse au comité d'entreprise (ou, à défaut, aux délégués du personnel) le plan de sauvegarde de l'emploi (PSE, voir p. 640).

■ Information de l'autorité administrative

Tout projet de licenciement pour motif économique d'au moins 10 salariés dans une même période de 30 jours est notifié par l'employeur au Direccte.

Lorsque l'entreprise est dotée de représentants du personnel, la notification est faite au plus tôt le lendemain de la date prévue pour la première réunion de consultation de ces représentants (voir p. 586). La notification est accompagnée de tout renseignement concernant la convocation, l'ordre du jour et la tenue de cette réunion. Au plus tard à cette date, elle indique, le cas échéant, l'intention de l'employeur d'ouvrir la négociation visant, par un accord collectif majoritaire, à définir le contenu du plan de sauvegarde de l'emploi (PSE, voir p. 640) ; le seul fait d'ouvrir cette négociation avant cette date ne peut constituer une entrave au fonctionnement du comité d'entreprise.

Remarque

L'ensemble des informations communiquées aux représentants du personnel lors de leur convocation aux réunions prévues pour leur consultation sur le projet de licenciement économique est communiqué simultanément au Direccte. L'employeur lui adresse également les procès-verbaux des réunions. Ces procès-verbaux comportent les avis, suggestions et propositions des représentants du personnel.

Lorsque l'entreprise est dépourvue de comité d'entreprise ou de délégués du personnel et compte au moins 50 salariés, le plan de sauvegarde qu'elle est tenue d'établir ainsi que les informations destinées aux représentants du personnel mentionnées à l'article L. 1233-31 du Code du travail (raisons économiques, financières ou techniques du projet de licenciement, nombre de licenciements envisagé, etc.) sont communiqués au Direccte en même temps que la notification du projet de licenciement. Dans cette situation, l'employeur porte ce plan à la connaissance des salariés par tout moyen sur les lieux de travail.

Quelle est la procédure à l'égard des salariés ?

■ Entretien préalable

Lorsque l'employeur procède au licenciement pour motif économique d'au moins 10 salariés dans une même période de 30 jours et qu'il existe un comité d'entreprise ou des délégués du personnel dans l'entreprise, la procédure d'entretien préalable au licenciement ne s'applique pas.

■ Notification du licenciement

Dans les entreprises de moins de 50 salariés, l'employeur notifie au salarié le licenciement pour motif économique par lettre recommandée avec avis de réception (LRAR).

La lettre de notification ne peut être adressée avant l'expiration d'un délai courant à compter de la notification du projet de licenciement à l'autorité administrative. Sous réserve de délais plus favorables aux salariés fixés par accord collectif, ce délai ne peut être inférieur à 30 jours.

Dans les entreprises de 50 salariés ou plus, l'employeur notifie le licenciement par LRAR, après la notification par le Direccte de la décision de validation de l'accord collectif majoritaire fixant *a minima* le contenu du PSE (voir p. 583) et/ou de la décision d'homologation du document unilatéral de l'employeur mentionné page 641, ou à l'expiration du délai au terme duquel, à défaut de réponse du Direccte, la validation et/ou l'homologation est réputée acquise (voir ci-dessous). Il ne peut procéder, à peine de nullité, à la rupture des contrats de travail avant la notification de cette décision d'homologation ou de validation ou l'expiration des délais de validation ou d'homologation tacite.

Remarque

Au terme des articles L. 1233-57-4 et D. 1233-14-1 du Code du travail, le Direccte notifie à l'employeur la décision de validation de l'accord collectif majoritaire dans un délai de 15 jours à compter de la réception du dossier complet de demande de validation et la décision d'homologation du document complet élaboré par l'employeur dans un délai de 21 jours à compter de la réception du dossier complet de demande d'homologation. Ces délais ne s'appliquent pas dans les entreprises en redressement ou liquidation judiciaire ou faisant l'objet d'une procédure de sauvegarde (sauf pendant la période d'observation) ; pour ces entreprises, les délais sont ceux prévus à l'article L. 1233-58 du Code du travail.

La lettre de licenciement comporte l'énoncé des motifs économiques invoqués par l'employeur. Elle mentionne également la priorité de réembauche et ses conditions de mise en œuvre.

Remarque

Sur demande écrite du salarié, l'employeur indique par écrit les critères retenus pour fixer l'ordre des licenciements.

Quel est le rôle de l'administration ?

L'autorité administrative, en la personne le plus souvent du directeur régional des entreprises, de la concurrence, de la consommation, du travail et de l'emploi (le « Direccte »), intervient à tous les stades de la procédure de licenciement collectif pour motif économique. Les modalités de cette intervention diffèrent selon que l'entreprise est tenue, ou non, à l'élaboration et à la mise en œuvre d'un plan de sauvegarde de l'emploi (PSE).

■ Entreprises non soumises à l'obligation d'établir un PSE

Dans les entreprises de moins de 50 salariés qui projettent le licenciement de 10 salariés ou plus dans une même période de 30 jours, le Direccte vérifie, dans le délai de 21 jours à compter de la date de la notification du projet de licenciement, que :

1° Les représentants du personnel ont été informés, réunis et consultés conformément aux dispositions légales et conventionnelles en vigueur.

2° Les obligations relatives à l'élaboration des mesures sociales prévues par l'article L. 1233-32 du Code du travail (mesures envisagées pour éviter les licenciements ou en limiter le nombre et pour faciliter le reclassement du personnel dont le licenciement ne pourrait être évité) ou par des conventions ou accords collectifs de travail ont été respectées.

3° Les mesures prévues à l'article L. 1233-32 précité seront effectivement mises en œuvre.

Remarque

Le Direccte peut formuler des observations sur les mesures sociales mentionnées ci-dessus. L'employeur répond à ces observations et adresse copie de sa réponse aux représentants du personnel. Si cette réponse intervient après le délai d'envoi des lettres de licenciement prévu à l'article L. 1233-39 du Code du travail (voir ci-dessus, p. 589), ce délai est reporté jusqu'à la date d'envoi de la réponse de l'employeur au Direccte et les lettres de licenciement ne peuvent être adressées aux salariés qu'à compter de cette date.

Au cours de ses vérifications, le Direccte peut relever des irrégularités de procédure : dans ce cas, il adresse à l'employeur un avis précisant la nature de l'irrégularité constatée et envoie simultanément copie de ses observations au comité d'entreprise ou, à défaut, aux délégués du personnel.

■ Entreprises soumises à l'obligation d'établir un PSE

Pour ces entreprises, l'intervention de l'autorité administrative est directement liée au processus d'élaboration du PSE tel que fixé par la loi du 14 juin 2013 mentionnée page 595.

Le Direccte qui, pour rappel, sera amené à valider l'accord majoritaire fixant le contenu du PSE et/ou à homologuer le document établi par l'employeur (art. L. 1233-57-2 à L. 1233-57-4, voir p. 583), peut ainsi :

- présenter toute proposition pour compléter ou modifier le PSE en tenant compte de la situation économique de l'entreprise. Ces propositions sont formulées avant la dernière réunion du comité d'entreprise. Elles sont communiquées à l'employeur et au comité d'entreprise ou, à défaut, aux délégués du personnel. L'employeur adresse une réponse motivée au Direccte. En l'absence de représentants du personnel, ces propositions ainsi que la réponse motivée de l'employeur à celles-ci, qu'il adresse au Direccte, sont portées à la connaissance des salariés par voie d'affichage sur les lieux de travail ;
- présenter à l'employeur, à tout moment en cours de procédure, toute observation ou proposition concernant le déroulement de la procédure ou les mesures sociales du PSE. Le Direccte envoie simultanément copie de ses observations au comité d'entreprise ou, à défaut, aux délégués du personnel et, lorsque la négociation de l'accord collectif majoritaire visant à définir le contenu du PSE est engagée, aux organisations syndicales représentatives dans l'entreprise. L'employeur répond à ces observations et adresse copie de sa réponse aux représentants du personnel et, le cas échéant, aux organisations syndicales.

Remarque

Avant que ne lui soit transmis, par l'employeur, la demande de validation de l'accord collectif majoritaire fixant le contenu du PSE ou la demande d'homologation du document unilatéral établi par l'employeur, le Direccte peut être saisi d'une demande tendant à ce qu'il soit enjoint à l'employeur de fournir les éléments d'information relatifs à la procédure en cours ou de se conformer à une règle de procédure prévue par les textes législatifs, les conventions collectives ou un accord collectif. Cette demande peut émaner du CE (ou, à défaut de CE dans une entreprise d'au moins 50 salariés, des DP) ou des délégués syndicaux. Le Direccte doit se prononcer dans un délai de cinq jours.

Quelles sont les voies de recours et les sanctions ?

La loi du 14 juin 2013 mentionnée page 575 aménage les voies de recours applicables en cas de licenciement collectif pour motif économique d'au moins 10 salariés sur une période de 30 jours, afin de tirer les conséquences des pouvoirs nouveaux dévolus à l'administration.

■ Litiges relevant de la compétence du juge administratif

Désormais, ne peuvent faire l'objet d'un litige distinct de celui relatif à la décision de validation de l'accord collectif majoritaire ou d'homologation du document élaboré par l'employeur (voir p. 583) :

- l'accord collectif majoritaire ou le document élaboré par l'employeur ;
- le contenu du PSE ;
- les décisions prises par l'administration au titre de son pouvoir d'injonction (voir ci-contre) ;
- la régularité de la procédure de licenciement collectif.

Ces litiges relèvent de la compétence, en premier ressort, du tribunal administratif, à l'exclusion de tout autre recours.

Le recours est présenté dans un délai de deux mois par l'employeur à compter de la notification de la décision de validation ou d'homologation, et par les organisations syndicales et les salariés à compter de la date à laquelle cette décision a été portée à leur connaissance conformément à l'article L. 1233-57-4 du Code du travail.

Le tribunal administratif statue dans un délai de trois mois. Si, à l'issue de ce délai, il ne s'est pas prononcé ou en cas d'appel, le litige est porté devant la cour administrative d'appel, qui statue dans un délai de trois mois. Si, à l'issue de ce délai, elle ne s'est pas prononcée ou en cas de pourvoi en cassation, le litige est porté devant le Conseil d'État.

■ Compétence du conseil des prud'hommes

Le conseil de prud'hommes reste seul compétent en cas de contestation portant sur le motif économique du licenciement. Il en est de même pour les recours relatifs à l'application individuelle des mesures du plan de sauvegarde de l'emploi, à l'application des critères d'ordre, ou encore à l'indemnisation du salarié licencié alors que le juge administratif a annulé la décision de validation ou d'homologation.

■ Sanctions des irrégularités

Certaines sanctions sont spécifiques aux licenciements d'au moins 10 salariés sur une même période de 30 jours dans les entreprises d'au moins 50 salariés. Ainsi, dans ces entreprises :

- le licenciement intervenu en l'absence de toute décision relative à la validation de l'accord collectif majoritaire fixant le contenu du PSE ou à l'homologation du document élaboré par l'employeur ou alors qu'une décision négative a été rendue est nul ;
- en cas d'annulation d'une décision de validation ou d'homologation en raison d'une absence ou d'une insuffisance de PSE, la procédure de licenciement économique collectif est nulle, ainsi que l'ensemble des licenciements notifiés.

Lorsque le juge constate que le licenciement est intervenu alors que la procédure de licenciement est nulle, conformément aux dispositions mentionnées ci-dessus, il peut ordonner la poursuite du contrat de travail si le salarié le demande et s'il n'était pas encore licencié ou prononcer la nullité du licenciement et ordonner la réintégration du salarié à la demande de ce dernier, sauf si cette réintégration est devenue impossible, notamment du fait de la fermeture de l'établissement ou du site ou de l'absence d'emploi disponible. Lorsque le salarié ne demande pas la poursuite de son contrat de travail ou lorsque la réintégration est impossible, le juge octroie au salarié une indemnité à la charge de l'employeur qui ne peut être inférieure aux salaires des 12 derniers mois. Ces dispositions relatives à la sanction de la nullité du licenciement ne sont pas applicables au licenciement d'un salarié de moins de deux ans d'ancienneté dans l'entreprise ; ces salariés ont droit, en cas de licenciement abusif, à une indemnité correspondant au préjudice subi, dont le montant est fixé par le juge.

Remarque

L'annulation de la décision de validation ou d'homologation pour un motif autre que l'absence ou l'insuffisance de PSE donne lieu, sous réserve de l'accord des parties, à la réintégration du salarié dans l'entreprise, avec maintien de ses avantages acquis. À défaut, le salarié a droit à une indemnité à la charge de l'employeur, qui ne peut être inférieure aux salaires des six derniers mois. Elle est due sans préjudice de l'indemnité de licenciement légale prévue à l'article L. 1234-9 du Code du travail (voir p. 597).

Par ailleurs, quelle que soit le nombre de salariés licenciés pour motif économique, et l'effectif de l'entreprise, ouvrent droit à indemnisation au profit du salarié :

- le non-respect par l'employeur des procédures de consultation des représentants du personnel ou d'information de l'autorité administrative. Le salarié compris dans un licenciement collectif pour motif économique alors qu'un tel manquement a été constaté par le juge a droit à une indemnité à la charge de l'employeur calculée en fonction du préjudice subi ;
- le non-respect par l'employeur de la priorité de réembauche.

Textes de référence

Loi n° 2013-504 du 14 juin 2013 relative à la sécurisation de l'emploi (JO du 16 juin)
Articles L. 1233-21 à L. 1233-57-8 et L. 1235-7 à L. 1235-17
Instruction DGEFP/DGT du 19 juillet 2013

Lire en complément

- Prévention et accompagnement des licenciements économiques : obligations de l'employeur
- Le contrat de sécurisation professionnelle
- Le congé de reclassement
- Le conseiller du salarié
- L'indemnité légale de licenciement

L'indemnité légale de licenciement

L'indemnité légale de licenciement constitue le droit minimal du salarié :

- en CDI et licencié pour un motif autre qu'une faute grave ou lourde ;
- comptant au moins un an d'ancienneté dans l'entreprise à la date de la notification du licenciement.

Versée à la fin du préavis, que ce dernier soit exécuté ou non, l'indemnité légale de licenciement est calculée :

- à partir d'un salaire de référence ;
- en fonction de l'ancienneté du salarié dans l'entreprise, acquise au terme du préavis même si le salarié est dispensé de l'effectuer.

L'indemnité légale ne se cumule pas avec les indemnités de même nature : indemnité de départ ou de mise à la retraite, indemnité conventionnelle de licenciement, etc.

Comment calculer le salaire de référence ?

Le calcul le plus favorable au salarié doit être retenu :

- soit un douzième de la rémunération brute (salaire, primes, etc.) des 12 derniers mois qui précèdent la notification du licenciement ;
- soit un tiers des trois derniers mois. Dans ce cas, toute prime ou gratification de caractère annuel ou exceptionnel, versée au salarié pendant cette période, n'est prise en compte que dans la limite d'un montant calculé à due proportion.

Remarque

Les indemnités qui correspondent à des remboursements de frais engagés (indemnité de déplacement ou de repas, par exemple) ne sont pas prises en compte.

Si le salaire de l'année ou des trois derniers mois est nettement inférieur au salaire habituel, c'est ce dernier qu'il faut retenir (le salaire habituel est celui que le salarié aurait perçu en temps normal, en dehors, par exemple, d'une période de chômage partiel ou d'une absence pour maladie non indemnisée en totalité).

Comment déterminer le montant de l'indemnité ?

L'indemnité de licenciement ne peut être inférieure à un cinquième de mois de salaire par année d'ancienneté, auquel s'ajoutent deux quinzièmes de mois par année au-delà de 10 ans d'ancienneté (art. R. 1234-2 du Code du travail).

Remarque

L'employeur doit verser l'indemnité prévue par la convention collective ou le contrat de travail si elle est plus avantageuse pour le salarié que l'indemnité légale.

Les fractions d'années incomplètes entrent également en ligne de compte.
L'indemnité légale n'est soumise aux cotisations sociales (patronales ou salariales) que dans certaines limites (voir le site www.urssaf.fr).
Elle n'est pas soumise à l'impôt sur le revenu.

Exemple

Pour un salaire de référence de 1 500 € et une ancienneté de 5 ans, l'indemnité due est de 1 500 € :

$$\frac{1\,500\ €}{5} = 300\ € \qquad 300\ € \times 5 \text{ ans} = 1\,500\ €$$

Pour un même salaire de référence et une ancienneté de 12 ans, l'indemnité due est :

$\frac{1\,500\ €}{5} = 300\ €$ $\quad$ 300 € x 12 ans = 3 600 €

$\frac{1\,500\ € \times 2}{15} = 200\ €$ $\quad$ 200 € x 2 ans = 400 €

Soit une indemnité de licenciement d'un montant total de :
3 600 € + 400 € = 4 000 €.

Textes de référence

Articles L. 1223-4, L. 1234-9 à L. 1234-11, R. 1234-1 à R. 1234-5 du Code du travail

Lire en complément

- La retraite
- La rupture conventionnelle du contrat de travail à durée indéterminée

La rupture conventionnelle du contrat de travail à durée indéterminée

Dans les conditions fixées par les articles L. 1237-11 à L. 1237-16 du Code du travail, l'employeur et le salarié peuvent convenir d'un commun accord des conditions de la rupture du CDI qui les lie.

Cette rupture conventionnelle du contrat de travail obéit à une procédure spécifique : entretien(s) entre les deux parties, homologation de la convention, etc. Elle est entourée d'un certain nombre de garanties pour le salarié et lui ouvre droit, dans les conditions de droit commun (activité préalable suffisante, recherche active d'emploi, etc.), au bénéfice de l'allocation d'assurance chômage.

Remarque

Le portail Internet Télé RC (www.telerc.travail.gouv.fr) permet d'effectuer en ligne une demande d'homologation (voir p. 604) de rupture conventionnelle d'un(e) salarié(e).

En quoi consiste la rupture conventionnelle ?

La rupture conventionnelle est une procédure qui permet à l'employeur et au salarié de convenir en commun des conditions de la rupture du contrat de travail qui les lie. Elle n'est possible que pour les contrats de travail à durée indéterminée (CDI).

La rupture conventionnelle est exclusive du licenciement ou de la démission ; elle ne peut être imposée par l'une ou l'autre des parties.

Cette rupture résulte d'une convention signée par les parties au contrat, c'est-à-dire l'employeur et le salarié ; cette convention est soumise aux dispositions impératives fixées par le Code du travail, destinées à garantir la liberté du consentement des parties.

Remarque

Cette liberté de consentement n'est notamment pas garantie si la signature de la rupture intervient dans une situation de harcèlement moral. Dans ce cas, la rupture conventionnelle risque d'être annulée par le juge et de produire les effets d'un licenciement sans cause réelle et sérieuse, conduisant au versement d'indemnités pour le salarié (arrêt de la Cour de cassation du 30 janvier 2013).

La rupture conventionnelle n'est pas applicable aux ruptures de contrats de travail résultant :
- des accords collectifs de gestion prévisionnelle des emplois et des compétences (GPEC) dans les conditions définies par l'article L. 2242-15 du Code du travail ;
- des plans de sauvegarde de l'emploi (PSE) dans les conditions définies par l'article L. 1233-61 du Code du travail.

Remarques

- Dans un arrêt du 30 septembre 2014, la Cour de cassation a donné raison à la cour d'appel pour avoir estimé que, sauf en cas de fraude ou de vice du consentement (qui n'étaient pas invoqués en l'espèce), une rupture conventionnelle pouvait être valablement conclue au cours de la période de suspension du contrat de travail consécutive à un accident du travail ou une maladie professionnelle.
- Dans un arrêt du 15 octobre 2014, la Cour de cassation a considéré que « sauf dispositions légales contraires, la rupture du contrat par accord des parties ne peut intervenir que dans les conditions prévues » par les dispositions qui régissent la rupture conventionnelle. En d'autres termes, sauf dans les cas expressément prévus par le Code du travail (par exemple, un départ négocié dans le cadre d'un plan de sauvegarde de l'emploi), la rupture d'un commun accord du contrat de travail à durée indéterminée ne peut intervenir que dans le cadre de la rupture conventionnelle, avec les garanties qui s'appliquent à ce dispositif.

Quelle est la procédure ?

L'employeur et le salarié conviennent du principe d'une rupture conventionnelle lors d'un ou plusieurs entretiens. Au cours de cet entretien (ou de ces entretiens), le salarié peut se faire assister :

- soit par une personne de son choix appartenant au personnel de l'entreprise, qu'il s'agisse d'un salarié titulaire d'un mandat syndical ou d'un salarié membre d'une institution représentative du personnel (par exemple, un délégué du personnel ou un membre élu du comité d'entreprise) ou tout autre salarié ;
- soit, en l'absence d'institution représentative du personnel dans l'entreprise, par un conseiller du salarié choisi sur une liste dressée par l'autorité administrative. Cette liste est consultable auprès de la direction régionale des entreprises, de la concurrence, de la consommation, du travail et de l'emploi (Direccte, voir p. 933) précisément, dans chaque section d'inspection du travail et dans chaque mairie.

Si le salarié choisit de se faire assister dans les conditions précisées ci-dessus, il doit en informer l'employeur avant la date prévue pour le ou les entretiens. L'employeur peut alors lui-même se faire assister par une personne de son choix appartenant au personnel de l'entreprise ou, dans les entreprises de moins de 50 salariés, par une personne appartenant à son organisation syndicale d'employeurs ou par un autre employeur relevant de la même branche.

Remarque

L'employeur qui souhaite se faire assister doit également en informer le salarié, avant la date fixée pour le ou les entretiens.

La liste des personnes susceptibles d'assister le salarié ou l'employeur est limitative ; aucune autre, par exemple un avocat, ne peut donc assister à ces entretiens.

Quel est le contenu de la convention ?

La convention de rupture élaborée entre l'employeur et le salarié définit les conditions de cette rupture, notamment le montant de « l'indemnité spécifique de rupture conventionnelle » qui sera versée au salarié. Ce montant ne peut pas être inférieur à celui de l'indemnité légale de licenciement prévue à l'article L. 1234-9 du Code du travail (voir précisions ci-après).

Cette convention fixe également la date de rupture du contrat de travail, qui ne peut intervenir avant le lendemain du jour de l'homologation de la convention par l'autorité administrative (pour les salariés protégés, voir p. 606). Sous cette réserve, les parties sont libres de fixer, à leur convenance, la date de la fin du contrat de travail. Sauf accord exprès des parties, le contrat de travail continue de s'exécuter normalement pendant tout le temps que dure la procédure d'élaboration et d'homologation de la convention, et jusqu'à la date fixée pour sa rupture.

Remarque

Un exemplaire de la convention doit être remis à chacune des parties, employeur et salarié, sous peine de nullité de la rupture (arrêt de la Cour de cassation du 6 février 2013).

Peut-on se rétracter ?

Afin d'éviter les décisions trop hâtives, et pour permettre à chaque partie de mesurer la portée de sa décision, la loi :

- impose un délai minimal entre la signature de la convention et sa transmission à l'autorité administrative pour homologation ou pour autorisation (voir ci-dessous) ;
- et permet à chaque partie de revenir sur sa décision durant ce délai (ce que l'on appelle « droit de rétractation »).

Ainsi, à compter de la date de signature de la convention par l'employeur et le salarié, l'un et l'autre disposent d'un délai de 15 jours calendaires (tous les jours de la semaine sont comptabilisés ;

voir remarques ci-dessous) pour exercer ce droit de rétractation. Celui-ci est exercé sous la forme d'une lettre adressée par tout moyen attestant de sa date de réception par l'autre partie. Pour se prémunir de toute difficulté, la partie qui souhaite se rétracter a intérêt de le faire par lettre recommandée avec demande d'avis de réception ou par lettre remise à l'autre partie en main propre contre décharge mentionnant la date de remise.

Remarques

- Le délai de rétractation mentionné ci-dessus démarre au lendemain de la signature de la convention de rupture. Par application de l'article R. 1231-1 du Code du travail, si ce délai expire un samedi, un dimanche ou un jour férié ou chômé, il est prorogé jusqu'au premier jour ouvrable suivant.
- La loi n'impose pas à la partie qui décide de se rétracter de motiver sa décision.

En quoi consiste l'homologation de la convention ?

À l'issue du délai de rétractation mentionné ci-dessus, la partie la plus diligente adresse une demande d'homologation à l'autorité administrative compétente (c'est-à-dire le directeur régional des entreprises, de la concurrence, de la consommation, du travail et de l'emploi), avec un exemplaire de la convention de rupture. Cette demande doit être formulée au moyen du formulaire réglementaire dont le modèle a été fixé par l'arrêté du 8 février 2012 (JO du 17 février) mentionné page 609.

Une aide à la saisie de ce formulaire est proposée par le portail « Télé RC » (www.telerc.travail.gouv.fr) ; à l'issue de la saisie sur ce portail, trois exemplaires du formulaire d'homologation sont imprimés : un pour l'employeur, un pour le salarié, un destiné à l'administration pour homologation (chaque exemplaire devant être signé par l'employeur et le salarié).

L'autorité administrative dispose d'un délai d'instruction de 15 jours ouvrables (dimanches et jours fériés exclus), à compter de la réception de la demande, pour s'assurer du respect de la liberté de consentement des parties et des conditions prévues par le Code du travail : respect des règles relatives à l'assistance des parties, au droit de rétractation, au montant minimal de l'indemnité spécifique de rupture conventionnelle, etc.

Remarque

À défaut de notification dans ce délai, l'homologation est réputée acquise (il s'agira donc d'une homologation « tacite » ou « implicite ») et l'autorité administrative est dessaisie.

Le délai d'instruction de la demande démarre le lendemain de la réception de la demande par le directeur régional des entreprises, de la concurrence, de la consommation, du travail et de l'emploi.
Par application de l'article R. 1231-1 du Code du travail, si ce délai expire un samedi, un dimanche ou un jour férié ou chômé, il est prorogé jusqu'au premier jour ouvrable suivant.
La validité de la convention est subordonnée à son homologation ; en d'autres termes, la convention n'aura aucune validité et ne sera donc d'aucun effet sur le contrat de travail :
- si l'homologation est refusée par l'autorité administrative dans le délai de 15 jours ouvrables mentionné ci-dessus ;
- si l'autorité administrative n'est saisie par aucune des parties de la demande d'homologation de la convention.

Si l'homologation est refusée dans le délai de 15 jours ouvrables mentionné ci-dessus, les parties restent liées par le contrat de travail, qui doit continuer de s'exécuter dans les conditions habituelles. L'une ou l'autre des parties (ou les deux) peut former un recours contre ce refus d'homologation (voir ci-après).

Remarque

S'agissant de la situation juridique du salarié pendant la procédure – c'est-à-dire tant que la date de rupture du contrat de travail n'a pas été atteinte –, les règles afférentes au contrat de travail continuent à s'appliquer (le salarié peut ainsi, par exemple, être en congés payés). La situation du salarié doit correspondre exactement aux modalités habituelles d'exercice du contrat de travail, droits et obligations de chaque partie comprises ; en particulier, le salarié doit être rémunéré normalement pendant cette période.

Les salariés « protégés » sont-ils concernés ?

La rupture conventionnelle peut s'appliquer aux salariés protégés (délégués du personnel, délégués syndicaux, membre élu du comité d'entreprise, etc.) dont la liste est donnée par les articles L. 2411-1 et L. 2411-2 du Code du travail.

Toutefois, dans ce cas, et par dérogation aux dispositions précédemment exposées :

- la rupture conventionnelle est soumise à l'autorisation de l'inspecteur du travail (et non à homologation) dans les conditions de droit commun prévues par le Code du travail pour chacun de ces salariés. La demande d'autorisation, accompagnée d'un exemplaire de la convention, doit être adressée à l'inspecteur du travail au moyen du formulaire réglementaire spécifique aux salariés protégés dont le modèle a été fixé par l'arrêté du 8 février 2012 (JO du 17 février) ; cette demande d'autorisation ne peut être transmise à l'inspecteur du travail qu'à l'issue du délai de 15 jours calendaires prévu pour l'exercice du droit de rétractation (voir p. 604) (pour de plus amples précisions, on peut se reporter à la circulaire DGT n° 2008-11 du 22 juillet 2008 mentionnée en page 609, disponible sur le site www.travail-emploi.gouv.fr) ;
- la rupture du contrat de travail ne peut intervenir que le lendemain du jour de l'autorisation donnée par l'inspecteur du travail.

Remarque

Pour les médecins du travail, la rupture conventionnelle est soumise à l'autorisation de l'inspecteur du travail, après avis du médecin inspecteur du travail. Cette disposition est codifiée à l'article L. 1237-15 du Code du travail. La procédure d'autorisation applicable à cette rupture conventionnelle est celle spécifiquement prévue par les articles R. 4623-18 à R. 4623-24 du Code du travail.

Un recours juridictionnel est-il possible ?

Le conseil de prud'hommes est seul compétent pour connaître des litiges concernant la convention, l'homologation ou le refus d'homologation. Tout autre recours contentieux ou administratif est exclu (sauf pour les salariés protégés dans le cadre de l'autorisation de rupture conventionnelle).

Le recours juridictionnel devant le conseil de prud'hommes doit être formé, à peine d'irrecevabilité, avant l'expiration d'un délai de 12 mois à compter de la date d'homologation de la convention.

Remarque

L'homologation ne peut faire l'objet d'un litige distinct de celui relatif à la convention.

Les avocats salariés titulaires d'un contrat de travail doivent présenter leur demande d'homologation devant le directeur régional des entreprises, de la concurrence, de la consommation, du travail et de l'emploi compétent. Toutefois, en cas de contentieux, c'est devant le bâtonnier que le litige doit être porté.

Quelles sont les indemnités dues au salarié ?

À l'occasion de la rupture conventionnelle de son contrat de travail, le salarié doit percevoir une « indemnité spécifique de rupture conventionnelle » dont le montant, éventuellement négocié avec l'employeur, ne peut être inférieur au montant de l'indemnité légale de licenciement (voir aussi ci-dessous). Le montant de l'indemnité doit figurer en toutes lettres dans la convention conclue avec l'employeur.

Remarque

Aux termes de l'avenant n° 4 du 18 mai 2009 à l'accord national interprofessionnel (ANI) sur la modernisation du marché du travail du 11 janvier 2008, l'indemnité spécifique de rupture à verser au salarié dont le CDI a été rompu dans le cadre d'une rupture conventionnelle de l'article L. 1237-11 du Code du travail, doit être au moins égale à l'indemnité conventionnelle de licenciement, dès lors que cette dernière s'avère plus favorable, pour le salarié, que l'indemnité légale. Cet avenant ne s'est d'abord imposé qu'aux employeurs adhérents du Medef, de la CGPME ou de l'UPA, et ce au titre des conventions de rupture conventionnelle conclues depuis le 18 mai 2009. Son extension par l'arrêté du 26 novembre 2009 (JO du 27 novembre) le rend désormais obligatoire à l'égard de tous les employeurs entrant dans le champ d'application de l'ANI du 11 janvier 2008 (c'est-à-dire les employeurs du secteur privé, exception faite, notamment, des professions libérales, du secteur associatif et des employeurs de salariés agricoles), et ce au titre des conventions de rupture conclues depuis le 28 novembre 2009. Les conventions conclues précédemment ne sont pas remises en cause.

Par ailleurs, s'il quitte l'entreprise avant d'avoir pu prendre la totalité des congés payés qu'il avait acquis, le salarié a droit à une indemnité compensatrice de congés payés, ainsi qu'à l'ensemble des éléments de rémunération dus par l'employeur à la date de la rupture du contrat de travail.

Remarque

Au moment du départ de l'entreprise, l'employeur doit remettre au salarié un certificat de travail et un exemplaire de l'attestation destiné à lui permettre de faire valoir ses droits éventuels à un revenu de remplacement (voir p. 611). Il doit également établir un solde de tout compte dont il demandera au salarié de lui donner reçu.

Textes de référence

Articles L. 1231-1, L. 1233-3, L. 1237-11 à L. 1237-16, L. 5421-1, L. 5422-1, R. 1237-3 et D. 1232-5 du Code du travail
Article 80 duodecies du Code général des impôts
Article L. 242-1 du Code de la sécurité sociale
Arrêté du 8 février 2012 (JO du 17 février)
Circulaire DGT n° 2008-11 du 22 juillet 2008 « relative à l'examen de la demande d'homologation d'une rupture conventionnelle d'un contrat à durée indéterminée »
Instruction DGT n° 2009-25 du 8 décembre 2009 relative au régime indemnitaire de la rupture conventionnelle d'un CDI

Lire en complément

- L'indemnité légale de licenciement
- Les documents remis aux salariés
- Les droits au chômage du salarié privé d'emploi

Les documents remis aux salariés

À la rupture du contrat de travail, quelle qu'en soit l'origine (licenciement, démission, etc.), l'employeur remet obligatoirement au salarié, outre le reçu mentionné ci-dessous :

- un certificat de travail qui atteste, notamment, de l'emploi occupé par le salarié dans l'entreprise ;
- une attestation pour lui permettre de faire valoir ses droits éventuels à l'allocation chômage.

Remarque

L'employeur établit, à l'occasion de la rupture du contrat de travail, un solde de tout compte, duquel le salarié lui donne reçu (d'où l'expression « reçu pour solde de tout compte »). Ce document fait l'inventaire des sommes versées au salarié lors de la rupture du contrat de travail. Le reçu pour solde de tout compte peut être dénoncé dans les six mois qui suivent sa signature, délai au-delà duquel il devient libératoire pour l'employeur pour les sommes qui y sont mentionnées. Ce document doit être établi en double exemplaire, dont un est remis au salarié, et être signé par les deux parties ; si le salarié souhaite le dénoncer, il doit le faire, aux termes de l'article D. 1234-8 du Code du travail, par lettre recommandée.

Quand le certificat de travail doit-il être délivré ?

L'employeur est tenu de délivrer le certificat de travail à l'expiration de tout contrat de travail, à la fin du préavis, qu'il soit exécuté ou non. Il est tenu à la disposition du salarié dans l'entreprise.

Quelles mentions doivent figurer dans le certificat de travail ?

Le certificat de travail mentionne obligatoirement :

- la date d'entrée du salarié dans l'entreprise quels qu'aient pu être les changements d'employeur ou de forme juridique de cette entreprise ;
- la date de sortie (celle de fin du préavis, effectué ou non) ;
- la nature des emplois successivement occupés avec les périodes correspondantes.

Toute autre mention est facultative et nécessite l'accord des deux parties.

Sont interdites les indications susceptibles de porter préjudice au salarié ou d'être simplement tendancieuses.

Et l'attestation pour les droits aux allocations de chômage ?

Lors de la résiliation, de l'expiration ou de la rupture du contrat de travail, l'employeur doit délivrer au salarié l'attestation nécessaire pour faire valoir ses droits au chômage. Ce document (ex-attestation Assédic) est remis en même temps que le certificat de travail et le dernier bulletin de salaire. Et ceci, quelles que soient la nature, la durée, la forme du contrat et les modalités de sa cessation.

Pour satisfaire à cette obligation, les employeurs peuvent se procurer l'imprimé nécessaire et/ou le remplir en ligne sur le site www.pole-emploi.fr.

L'employeur doit également adresser un exemplaire de cette attestation à Pôle emploi, et ce sans délai. Les employeurs de 10 salariés et plus doivent effectuer cette transmission à Pôle emploi par voie électronique (sauf impossibilité pour une cause qui leur sera étrangère), selon les modalités précisées par un arrêté du 14 juin 2011 (JO du 22 juin) ; l'effectif des salariés est celui de l'établissement au 31 décembre de l'année précédant l'expiration ou la rupture du contrat de travail ; pour les établissements créés en cours d'année, l'effectif est apprécié à la date de leur création.

Textes de référence

Articles L. 1234-19 et D. 1234-6 (certificat de travail), L. 1234-20 et D. 1234-7 à D. 1234-8 (reçu pour solde de tout compte), et R. 1234-9 à R. 1234-12 (attestation pour le régime d'assurance chômage) du Code du travail

Le conseiller du salarié

Dans les entreprises dépourvues d'institutions représentatives du personnel (comité d'entreprise, délégués du personnel, délégués syndicaux, etc.), le salarié convoqué à un entretien préalable au licenciement a la faculté de se faire assister, lors de cet entretien, par un conseiller du salarié. Celui-ci exerce sa mission à titre bénévole. Il est soumis au secret professionnel et plus généralement à une obligation de discrétion à l'égard des informations présentant un caractère confidentiel et données comme telles par l'employeur.
En cas de licenciement dans ces entreprises, la lettre de convocation à l'entretien préalable au licenciement (envoyée en recommandé avec avis de réception ou remise en main propre contre récépissé) doit mentionner la faculté pour le salarié de se faire assister par un conseiller du salarié et préciser l'adresse des services ou la liste des conseillers du département disponibles.

Qui peut être conseiller du salarié ?

Toute personne bénéficiant d'une expérience du monde de l'entreprise et des relations entre employeurs et salariés, ainsi que d'une certaine connaissance du droit social, peut devenir conseiller du salarié. En revanche, les conseillers prud'hommes en activité ne peuvent pas exercer les fonctions de conseiller du salarié.

Où trouver un conseiller du salarié ?

Les conseillers du salarié figurent sur des listes préparées dans chaque département par le directeur régional des entreprises, de la concurrence, de la consommation, du travail et de l'emploi (voir p. 933), après consultation des organisations de salariés et d'employeurs les plus représentatives. Elles sont arrêtées par le préfet

du département. Ces listes sont révisées tous les trois ans, mais peuvent être complétées à tout moment. Elles peuvent être consultées :
- dans chaque section d'inspection du travail ;
- dans toutes les mairies.

Quel est le champ d'intervention du conseiller du salarié ?

Les conseillers du salarié exercent leur mission dans :
- le département où est établie la liste à laquelle le conseiller appartient ;
- les entreprises dépourvues d'institutions représentatives du personnel élues ou désignées (la présence d'institutions représentatives du personnel est appréciée au niveau de l'entreprise et non de l'établissement).

Comment se faire assister par un conseiller du salarié ?

Le salarié convoqué à un entretien préalable au licenciement choisit un conseiller sur la liste du département de son établissement. Il lui communique la date, l'heure et le lieu de son entretien. Le salarié dispose d'un délai minimal de cinq jours ouvrables pour trouver un conseiller, l'entretien préalable au licenciement ne pouvant avoir lieu moins de cinq jours ouvrables après la présentation au salarié de la lettre de convocation.
Le conseiller du salarié le prévient de sa participation ou de son impossibilité de se rendre à l'entretien. Dans cette seconde hypothèse, le salarié doit faire appel à un autre conseiller.
Le salarié doit informer son employeur de la présence du conseiller à l'entretien. L'employeur peut demander à celui-ci la justification de sa qualité, mais il ne peut s'opposer ni à son entrée dans l'établissement ni à l'exercice de la mission d'assistance du salarié lors de l'entretien préalable au licenciement.

De quels moyens le conseiller du salarié dispose-t-il ?

Lorsque le conseiller du salarié est lui-même salarié, il dispose :

- d'un crédit d'heures de 15 heures par mois dans les entreprises d'au moins 11 salariés (aucun report d'un mois à l'autre n'est possible).
  Cette autorisation d'absence est strictement limitée au cadre de l'entretien (durée de l'entretien, temps de trajet pour s'y rendre et en revenir). Ces heures d'absence sont considérées et payées comme temps de travail par l'employeur à qui l'État rembourse le montant versé à ce titre.
  Dans les entreprises d'au moins 11 salariés, l'employeur ne peut pas refuser au salarié qui a la qualité de conseiller du salarié le droit de s'absenter de l'entreprise pour exercer sa mission ;
- d'un accès privilégié à la formation dans le cadre d'un congé de formation économique, sociale et syndicale.

En outre, le temps passé par le conseiller du salarié hors de l'entreprise pendant les heures de travail pour l'exercice de sa mission est assimilé à une durée de travail effectif pour la détermination de la durée des congés payés, du droit aux prestations d'assurances sociales et aux prestations familiales, ainsi qu'au regard de tous les droits que le salarié tient du fait de son ancienneté dans l'entreprise.

Remarques

- L'exercice de la mission de conseiller du salarié ne peut être une cause de rupture du contrat de travail.
- Le licenciement du conseiller du salarié ne peut intervenir qu'après autorisation de l'inspecteur du travail. Cette autorisation est également requise en cas de licenciement intervenant dans les 12 mois qui suivent la cessation des fonctions de conseiller du salarié, dès lors que ces fonctions ont été exercées pendant au moins un an (arrêt de la Cour de cassation du 27 janvier 2010).

▪ La protection du conseiller du salarié inscrit sur la liste prévue par l'article L. 1232-7 du Code du travail court à compter du jour où cette liste est arrêtée dans le département par le préfet en application de l'article D. 1232-5 du même code, indépendamment des formalités de publicité prévues par ce dernier texte (Cass. soc., 22 septembre 2010).

Tous les conseillers du salarié ont droit :
- à une attestation individuelle de conseiller du salarié délivrée par la Direccte (voir p. 933) qui leur adresse également copie de l'arrêté préfectoral. Ces documents leur permettent de justifier de leur qualité auprès de l'employeur du salarié assisté ;
- au remboursement de leurs frais de déplacement (et des frais de repas dans certains cas) ;
- à une indemnité forfaitaire annuelle de 40 €, dès lors qu'ils ont effectué au moins quatre interventions au cours de l'année civile ;
- à une protection sociale en cas d'accident de trajet survenu à l'occasion de l'exercice de leur mission.

Textes de référence

Articles L. 1232-4, L. 1232-7 à L. 1232-14, R. 1232-1 et D. 1232-4 à D. 1232-12 du Code du travail

Lire en complément

- La procédure de licenciement individuel
- La procédure de licenciement économique de deux à neuf salariés
- La procédure de licenciement pour motif économique de 10 salariés et plus

Les droits au chômage du salarié privé d'emploi

Les salariés involontairement privés d'emploi peuvent, sous certaines conditions, bénéficier de l'allocation d'aide au retour à l'emploi (ARE). Ce revenu de remplacement est versé pour une durée qui varie selon l'âge de l'intéressé et la durée de son affiliation à l'assurance chômage. Lorsqu'ils ne remplissent pas ou plus les conditions pour bénéficier de l'allocation d'assurance chômage, ils peuvent éventuellement prétendre au bénéfice d'une des autres allocations susceptibles d'être versées aux travailleurs privés d'emploi : allocation de solidarité spécifique (ASS), allocation temporaire d'attente (ATA), allocation transitoire de solidarité (ATS). Sur le régime de ces allocations (conditions, montant, durée de versement, etc.), on peut se reporter aux informations diffusées sur le site du ministère du Travail (www.travail-emploi.gouv.fr).

Remarque

Seules sont présentés ici les principes essentiels résultant de la convention d'assurance chômage du 14 mai 2014 et des textes pris pour son application. Cette convention s'applique aux salariés involontairement privés d'emploi dont la fin de contrat de travail (date de fin du préavis, qu'il soit exécuté ou non) est intervenue à compter du 1er juillet 2014. Le dispositif des « droits rechargeables » ainsi que les règles de cumul des allocations et des rémunérations s'appliquent depuis le 1er octobre 2014 à tous les salariés privés d'emploi qui remplissent les conditions fixées, quelle que soit la date de rupture de leur contrat de travail. Pour une présentation plus complète des règles en vigueur, on se reportera aux informations diffusées sur le site www.travail-emploi.gouv.fr ou sur le site www.unedic.fr.

Le montant de l'ARE est calculé à partir du salaire journalier de référence (SJR) du bénéficiaire, des règles spécifiques s'appliquant à certaines professions. L'allocation peut cesser d'être versée ou être réduite lorsque le demandeur d'emploi ne respecte pas ses obligations, notamment celle de rechercher activement un emploi.

Remarque

Lorsqu'il est admis au bénéfice de l'ARE, le salarié privé d'emploi reçoit une notification qui comporte les éléments relatifs au montant de l'allocation et à la durée de son versement, ainsi que les informations lui permettant de connaître ses droits en cas de reprise d'activité et de perte d'une activité conservée en cours d'indemnisation. L'allocataire doit également être informé, tous les mois, de la durée d'indemnisation qui lui reste.

Quels sont les bénéficiaires ?

L'ARE peut être accordée aux personnes involontairement privées d'emploi qui remplissent les conditions suivantes :

- justifier d'une période d'affiliation de 122 jours (soit l'équivalent de quatre mois) ou 610 heures dans une période de 28 ou 36 mois selon l'âge du demandeur d'emploi (moins de 50 ans, 50 ans et plus) à la fin de son contrat de travail (terme du préavis). En cas de rechargement des droits (« droits rechargeables »), une affiliation minimale de 150 heures est recherchée dans la période de référence de 28 ou 36 mois, antérieure à l'épuisement des droits et postérieure à la fin de contrat de travail prise en considération pour l'ouverture de droits initiale ;
- être inscrits comme demandeur d'emploi ou accomplir une action de formation inscrite dans le projet personnalisé d'accès à l'emploi (PPAE). Ce projet est élaboré conjointement par le demandeur d'emploi et Pôle emploi (ou un des organismes participant au service public de l'emploi), lors de l'inscription sur la liste des

demandeurs d'emploi ou au plus tard dans les 15 jours suivants cette inscription. Il est ensuite actualisé selon la périodicité et les modalités définies avec le demandeur d'emploi.

- être à la recherche d'un emploi de façon effective et permanente (sauf cas de dispense liée à l'âge). Cette condition est satisfaite dès lors que les intéressés accomplissent, à leur initiative ou sur proposition de l'un des organismes appartenant au service public de l'emploi (notamment Pôle emploi), des actes positifs et répétés en vue de retrouver un emploi, de créer ou de reprendre une entreprise ; à défaut, l'allocation peut être réduite, voire supprimée ;
- ne pas avoir atteint l'âge légal de départ à la retraite ou ne pas bénéficier d'une retraite anticipée (par utilisation des droits inscrits sur le compte personnel de prévention de la pénibilité, pour « carrières longues », au bénéfice des assurés handicapés ou des travailleurs victimes de l'amiante). Toutefois, les personnes ayant atteint l'âge légal de départ à la retraite sans pouvoir justifier du nombre de trimestres d'assurance (tous régimes confondus) requis pour percevoir une pension à taux plein, peuvent bénéficier des allocations jusqu'à justification de ce nombre de trimestres et, au plus tard, jusqu'à l'âge permettant d'obtenir une pension au taux plein, quelle que soit la durée d'assurance ;
- être physiquement aptes à l'exercice d'un emploi. Cette condition est présumée satisfaite dès lors qu'une personne est inscrite sur la liste des demandeurs d'emploi ; en cas d'incertitude ou de contestation de la condition d'aptitude, il appartient au préfet du département de statuer sur l'aptitude physique de l'intéressé ;
- résider sur le territoire relevant du champ d'application du régime d'assurance chômage (territoire métropolitain, départements d'outre-mer et collectivités d'outre-mer de Saint-Barthélemy, Saint-Martin et Saint-Pierre-et-Miquelon). Lorsqu'une personne transfère sa résidence hors de ce champ d'application, le versement des allocations doit être interrompu ; il peut toutefois

être maintenu pendant trois mois maximum en cas d'inscription comme demandeur d'emploi dans un pays membre de l'Union européenne ou en Suisse.

Si le demandeur d'emploi suit une formation, il peut continuer à être indemnisé dans les conditions et limites fixées par la réglementation.

Quelles sont les conditions liées à la perte d'emploi ?

Pour ouvrir droit à l'allocation d'assurance chômage, la perte d'emploi doit être involontaire, c'est-à-dire résulter de l'une des causes suivantes :

- licenciement quel qu'en soit le motif ;
- fin de contrat à durée déterminée, dont notamment le contrat à objet défini, ou de contrat de mission ;
- rupture anticipée d'un contrat de travail à durée déterminée, dont notamment le contrat à objet défini, ou d'un contrat de mission, à l'initiative de l'employeur ;
- rupture conventionnelle du contrat de travail à durée indéterminée (voir p. 600) ;
- rupture du contrat de travail pour cause économique prévue par l'article L. 1233-3 du Code du travail (départ négocié par exemple) ;
- démission considérée comme légitime par le régime d'assurance chômage. Toutefois, le départ volontaire, hors démission considérée comme « légitime » par le régime d'assurance chômage (accord d'application n° 14 du 14 mai 2014), ne constitue pas un obstacle définitif à l'indemnisation ; après quatre mois, l'ARE pourra être versée au demandeur d'emploi (sous réserve que toutes les conditions soient réunies) qui a activement recherché un emploi (renseignements auprès de Pôle emploi).

Remarque

Le demandeur d'emploi n'est pas considéré comme étant en situation de chômage involontaire lorsque la fin de contrat de travail intervenue pour une des causes énoncées ci-dessus est précédée d'un départ volontaire, et que, depuis ce départ volontaire, il justifie d'une période d'emploi inférieure à 91 jours ou 455 heures.

Les salariés bénéficiant d'une période de mobilité volontaire sécurisée (voir p. 92) peuvent être admis au bénéfice de l'ARE en cas de cessation du contrat de travail exercé pendant cette période pour l'une des causes énoncées ci-contre. Pour plus de précisions sur cette question, on se reportera à la circulaire Unédic du 30 septembre 2014 mentionnée page 631, notamment sa fiche n° 9.

En quoi consiste le dispositif des « droits rechargeables » ?

Le dispositif des « droits rechargeables » (ou « rechargement des droits ») a été mis en place dans le cadre de la convention d'assurance chômage du 14 mai 2014 afin de mieux prendre en compte la situation des demandeurs d'emploi qui alternent des périodes de chômage et des périodes de travail de courte durée (par exemple en CDD ou en intérim). L'objectif recherché est simple : sécuriser les demandeurs d'emploi et éviter qu'ils renoncent à reprendre un emploi par crainte de perdre leurs allocations chômage. Le dispositif des droits rechargeables est ainsi conçu pour garantir au demandeur d'emploi indemnisé que toute période travaillée avant l'épuisement de ses allocations d'assurance chômage allongera la durée de ses droits, si la perte de cet emploi n'est pas volontaire.

Ce dispositif est entré en vigueur le 1er octobre 2014. Il est susceptible de s'appliquer, depuis cette date, à l'ensemble des salariés involontairement privés d'emploi indemnisés ou susceptibles d'être indemnisés par l'assurance chômage, quelle que soit la convention d'assurance chômage au titre de laquelle les droits ont été ouverts (convention du 14 mai 2014 ou convention antérieure). Pour une présentation détaillée des règles applicables, on se reportera aux précisions figurant sur le site de l'Unédic www.unedic.org/nouvelle-convention/droits-rechargeables ainsi qu'à celles figurant dans la circulaire Unédic du 30 septembre 2014 mentionnée page 631.

Remarque

La réglementation de l'assurance chômage comporte également des dispositions permettant au salarié qui a cessé de bénéficier du service de ses allocations d'assurance chômage alors que la période d'indemnisation précédemment ouverte n'était pas épuisée, de bénéficier d'une reprise du paiement de ses droits, c'est-à-dire du reliquat de cette période d'indemnisation, s'il en remplit les conditions (« reprise du paiement » ou « reprise des droits ») ; sur cette question, il convient également de se reporter au site ou à la circulaire mentionnés page 621.

Quel est le montant de l'ARE ?

Selon le mode de calcul le plus avantageux pour le demandeur d'emploi, le montant brut journalier de l'ARE est égal, dans le cas général :

- à 40,4 % du SJR plus une partie fixe, révisée en principe au 1er juillet de chaque année (11,72 € depuis le 1er juillet 2014) ;
- ou à 57 % du SJR.

Le résultat le plus favorable pour le demandeur d'emploi est retenu, sans que l'allocation ne puisse excéder 75 % du salaire journalier de référence.

De ce résultat est déduite une participation au financement des retraites complémentaires égale à 3 % du salaire journalier de référence. Le montant qui en résulte constitue l'allocation brute, celle-ci ne pouvant être inférieure à 28,58 € depuis le 1er juillet 2014. Le montant minimal de l'allocation est différent en cas d'accomplissement d'une action de formation prévue par le projet personnalisé d'accès à l'emploi (PPAE), ce montant minimal étant alors fixé à 20,48 € (depuis le 1er juillet 2014).

Remarques

▪ L'article 18 du règlement général annexé à la convention du 14 mai 2014 précise :

- le montant de l'allocation d'assurance chômage susceptible d'être servie aux allocataires âgés de 50 ans ou plus pouvant prétendre à un avantage de vieillesse, ou à un autre revenu de remplacement à caractère viager ;
- les conditions du cumul de l'allocation d'assurance chômage avec une pension d'invalidité de 2e ou 3e catégorie (la pension d'invalidité de 1re catégorie est cumulable avec l'allocation d'aide au retour à l'emploi).

Sur cette question, on peut se reporter aux précisions figurant dans la circulaire Unédic du 30 septembre 2014 mentionnée page 631.

▪ Les prestations sont payées mensuellement à terme échu pour tous les jours ouvrables ou non. Ce paiement est fonction des événements déclarés chaque mois par l'allocataire (par exemple, une période d'emploi).

L'article 25 du règlement général annexé à la convention du 14 mai 2014 précise les différentes situations dans lesquelles l'allocation d'aide au retour à l'emploi n'est pas ou plus due, ou cesse d'être versée.

Pour quelle durée est-elle versée ?

▪ Principe

La durée pendant laquelle l'ARE est versée varie selon les critères suivants :

- l'âge de l'intéressé, apprécié à la fin du contrat de travail ;
- la durée de son affiliation à l'assurance chômage.

Remarque

Le bénéficiaire d'un contrat de sécurisation professionnelle (CSP, voir p. 663) qui, au terme de ce contrat, est à la recherche d'un emploi, peut bénéficier de l'allocation d'aide au retour à l'emploi dès son inscription comme demandeur d'emploi, sans différé d'indemnisation, ni délai d'attente. La durée d'indemnisation au titre de cette allocation est, dans ce cas, réduite du nombre de jours indemnisés au titre de l'allocation spécifique de sécurisation professionnelle.

La durée d'indemnisation est égale à la durée d'affiliation prise en compte pour l'ouverture des droits (résumée par la formule : un jour d'affiliation = un jour d'indemnisation) ; ainsi, lors d'une ouverture de droits, la durée d'indemnisation est déterminée en fonction de la durée d'affiliation acquise au cours de la période de référence de 28 ou 36 mois précédant la fin du contrat de travail (la durée d'affiliation doit être d'au moins 122 jours ou 610 heures dans cette période).
La durée d'indemnisation ne peut être inférieure à 122 jours, sauf en cas de rechargement à l'épuisement des droits (« droits rechargeables »), dans le cadre duquel la durée minimale d'indemnisation est de 30 jours. La durée d'indemnisation ne peut excéder 730 jours, cette limite étant toutefois portée à 1 095 jours pour les salariés privés d'emploi âgés de 50 ans et plus.

Remarque

Dans les conditions précisées par le règlement général annexé à la convention du 14 mai 2014, la durée d'indemnisation ainsi définie peut être réduite, le cas échéant, en raison de la limitation du capital des droits à l'allocation à 75 % du salaire de référence, de l'imputation de périodes de formation ou de versement d'aide au reclassement (aide différentielle de reclassement, aide à la reprise ou à la création d'entreprise). Sur cette question, on se reportera aux indications et aux exemples figurant dans la fiche n° 3 de la circulaire Unédic du 30 septembre 2014 mentionnée page 631.

■ Maintien de l'indemnisation jusqu'à l'âge de la retraite

Les allocataires âgés d'au moins 62 ans (cet âge est fixé à 61 ans et 2 mois pour les allocataires nés en 1953 et à 61 ans et 7 mois pour ceux nés en 1954) continuent d'être indemnisés jusqu'à ce qu'ils disposent du nombre de trimestres d'assurance (tous régimes confondus) leur permettant d'obtenir une retraite de la Sécurité sociale à taux plein (et au plus tard jusqu'à l'âge permettant d'obtenir le taux plein quelle que soit la durée d'assurance), s'ils remplissent les conditions ci-après :

- être en cours d'indemnisation depuis un an au moins, soit avoir perçu au moins 365 jours d'indemnisation depuis l'ouverture du droit ; la période d'indemnisation d'un an (365 jours) peut être continue ou discontinue, le service des allocations ayant pu être interrompu postérieurement à l'ouverture de droits et une reprise de droits ayant pu être prononcée ;
- justifier de 12 ans d'affiliation à l'assurance chômage ou de périodes assimilées (telles que définies par l'accord d'application n° 17 du 14 mai 2014 cité p. 631), dont un an continu ou deux ans discontinus dans les cinq années précédant la fin de contrat de travail prise en compte pour l'ouverture de droit ;
- justifier de 100 trimestres validés par l'assurance vieillesse au titre des articles L. 351-1 à L. 351-5 du Code de la sécurité sociale.

Remarque

Toutefois, sont soumis à l'instance paritaire régionale (IPR), qui siège auprès de chaque direction régionale de Pôle emploi, les dossiers des allocataires :

- dont la fin du contrat de travail est intervenue par suite de démission ;
- dont le licenciement est intervenu pendant la durée d'application d'une convention FNE.

À partir de quand l'ARE est-elle versée ?

L'ARE n'est pas versée dès l'inscription auprès de Pôle emploi, compte tenu de l'existence des éventuels différés d'indemnisation mentionnés ci-dessous et d'un délai d'attente de sept jours. Ces différés et ce délai d'attente ne font perdre aucun droit à l'assurance chômage mais ont pour seul effet de repousser le point de départ du paiement de l'allocation. Pour le détail des règles applicables (seuls les principes sont rappelés ci-dessous, on se reportera aux précisions figurant dans la circulaire Unédic du 30 septembre 2014 mentionnée page 631).

■ Le différé « congés payés »

Le différé d'indemnisation « congés payés » correspond au nombre de jours qui résulte de la division, par le salaire journalier de référence (SJR), du montant de l'indemnité compensatrice de congés payés versée par le dernier employeur ; le versement de l'ARE est reporté du nombre de jours ainsi obtenus. Si tout ou partie des indemnités compensatrices de congés payés dues est versé postérieurement à la fin du contrat de travail ayant ouvert des droits, le demandeur d'emploi et l'employeur sont dans l'obligation d'en faire la déclaration et les allocations qui, de ce fait, n'auraient pas dû être perçues par l'intéressé doivent être remboursées.

Remarque

Le différé d'indemnisation « congés payés » et le différé spécifique mentionné ci-dessous courent à compter du lendemain de la fin de contrat de travail. Le différé d'indemnisation congés payés est augmenté, le cas échéant, du différé d'indemnisation spécifique. Ainsi, lorsque les deux différés sont applicables, le différé d'indemnisation congés payés court à compter du lendemain de la fin de contrat de travail et le différé d'indemnisation spécifique vient s'y ajouter.

■ Le différé lié à la perception d'indemnités de rupture « supra légales »

Le différé « congés payés » mentionné ci-dessus est augmenté d'un différé d'indemnisation spécifique lorsque le salarié a perçu, à l'occasion de la rupture de son contrat de travail, des indemnités (ou toute autre somme inhérente à cette rupture) de rupture dont le montant ou les modalités de calcul ne résultent pas directement de l'application d'une disposition législative (ce que l'on appelle couramment « indemnités supra légales »).

Ce différé spécifique correspond à un nombre de jours égal au nombre entier obtenu en divisant le montant total des sommes mentionnées ci-dessus, diminué éventuellement du montant résultant directement de l'application d'une disposition législative, par 90.

Ce différé spécifique est limité à 180 jours. Toutefois, il est limité à 75 jours en cas de rupture de contrat de travail résultant de l'une des causes énoncées à l'article L. 1233-3 du Code du travail (licenciement pour motif économique et plus généralement, toute rupture du contrat de travail, à l'exclusion de la rupture conventionnelle, ayant une cause économique).

Exemple

Un salarié perçoit à l'occasion de son licenciement, des indemnités supra légales d'un montant de 10 000 €.

Le différé d'indemnisation sera égal à : 10 000 € / 90, soit : 111,11 jours, arrondi à 111 jours s'il a été licencié pour un motif non économique ou si son contrat a été rompu dans le cadre d'une rupture conventionnelle ; s'il a été licencié pour motif économique, ce différé d'indemnisation sera limité à 75 jours.

■ Le délai d'attente

Dans tous les cas, la prise en charge du demandeur d'emploi est reportée au terme d'un délai d'attente de sept jours. Ce délai d'attente est applicable à toute prise en charge par l'assurance

chômage : ouverture de droits, reprise du paiement de l'allocation et rechargement des droits dans le cadre des « droits rechargeables »). Toutefois, le délai d'attente ne s'applique pas s'il a déjà été appliqué dans les 12 mois précédents. Le point de départ de ce délai de 12 mois est la date à laquelle le délai d'attente a effectivement commencé à courir dans le cadre d'une précédente prise en charge. Cette date ne peut être antérieure à l'inscription comme demandeur d'emploi.
En revanche, le délai d'attente est applicable s'il n'a pas commencé à courir lors d'une précédente prise en charge.

Remarque

Le délai d'attente court à compter du terme du ou des différé(s) d'indemnisation visés pages 626 et 627 si les conditions d'attribution des allocations sont remplies à cette date ; à défaut, il court à partir du jour où ces conditions sont satisfaites.

Dans quelles conditions l'allocation peut-elle être supprimée ou réduite ?

Le demandeur d'emploi indemnisé qui ne respecte pas les obligations mises à sa charge par la réglementation (rechercher un emploi, répondre aux propositions qui lui sont faites, etc.) s'expose à la suppression ou à la réduction de son allocation d'assurance chômage (ou de son allocation du régime de solidarité s'il est indemnisé à ce titre).
La décision est prise par le préfet du département en fonction de la nature du manquement du demandeur d'emploi à ses obligations.
Ainsi, le préfet supprime le revenu de remplacement de manière temporaire ou définitive, ou en réduit le montant, selon les modalités suivantes :

- en cas de manquement mentionné au 1° et aux *b*, *e* et *f* du 3° de l'article L. 5412-1 du Code du travail (impossibilité de justifier de l'accomplissement d'actes positifs et répétés en vue de retrouver un emploi, de créer ou reprendre une entreprise ; refus de suivre une action de formation ou d'aide à la recherche d'emploi ; refus d'une proposition de contrat d'apprentissage ou de contrat de professionnalisation ; refus d'une action d'insertion ou une offre de contrat aidé), il réduit de 20 % le montant du revenu de remplacement, pendant une durée de deux à six mois. En cas de répétition de ces mêmes manquements, le montant du revenu de remplacement est réduit de 50 % pour une durée de deux à six mois ou bien le revenu de remplacement est supprimé de façon définitive ;

- en cas de manquement mentionné aux 2° et *a*, *c* et *d* du 3° de l'article L. 5412-1 du Code du travail, c'est-à-dire, notamment, lorsque l'allocataire, sans motif légitime, refuse à deux reprises une offre raisonnable d'emploi, le préfet supprime le revenu de remplacement pour une durée de deux mois. En cas de répétition de ces mêmes manquements, ce dernier le suspend deux à six mois ou bien de façon définitive ;
- en cas de fausse déclaration pour être ou demeurer inscrit sur la liste des demandeurs et en cas d'absence de déclaration, ou de déclaration mensongère du demandeur d'emploi, faites en vue de percevoir indûment le revenu de remplacement, il supprime ce revenu de façon définitive. Toutefois, lorsque ce manquement est lié à une activité non déclarée d'une durée très brève, le revenu de remplacement est supprimé pour une durée de deux à six mois.

Lorsqu'il envisage de prendre une décision de suppression ou de réduction du revenu de remplacement, le préfet fait connaître au demandeur d'emploi intéressé les motifs de sa décision et l'informe qu'il a la possibilité, dans un délai de 10 jours, de présenter ses observations écrites ou, si la sanction envisagée est une suppression du revenu de remplacement, d'être entendu par une commission dont la composition est fixée par l'article R. 5426-9 du Code du travail.

Cette commission émet un avis sur le projet de décision de suppression du revenu de remplacement dans un délai de 30 jours à compter de la réception du dossier complet ; le préfet se prononce dans un délai de 15 jours à compter de la réception de cet avis.

Remarques

- À titre conservatoire et jusqu'à ce que le préfet ait statué sur la situation du demandeur d'emploi, les organismes gestionnaires du régime d'assurance chômage peuvent prendre une mesure de suspension du versement ou de réduction du montant du revenu de remplacement lorsque le demandeur d'emploi indemnisé a refusé de se rendre à une convocation des services ou organismes compétents (services de l'État chargés de l'emploi, Pôle emploi, Afpa) ou a fait de fausses déclarations. Cette mesure ne peut intervenir qu'après que l'intéressé a été mis à même de présenter ses observations. Elle cesse de produire effet au-delà d'une durée de deux mois à l'issue de laquelle, en l'absence de décision explicite du préfet, le versement du revenu de remplacement est, en tout état de cause, rétabli.
- Le retrait du bénéfice du revenu de remplacement pour l'un des motifs mentionnés ci-dessus entraîne, pour l'intéressé, la radiation de la liste des demandeurs d'emploi.
- Le refus d'un demandeur d'emploi d'accepter une offre d'emploi impliquant de travailler le dimanche ne constitue pas un motif de radiation.

Quelles sont les professions soumises à des règles spécifiques ?

Les conditions d'indemnisation de certaines catégories professionnelles font l'objet d'adaptations prévues dans les annexes I à XI au règlement général annexé à la convention d'assurance chômage du 14 mai 2014.

Sont , par exemple, concernés :

- les VRP, journalistes, personnels navigants de l'aviation civile, assistants maternels et assistants familiaux, bûcherons-tâcherons, agents rémunérés à la commission (annexe I) ;
- les ouvriers dockers (annexe III)
- les salariés intérimaires des entreprises de travail temporaire (annexe IV) ;
- les travailleurs à domicile (annexe V) ;
- les ouvriers et techniciens de l'édition d'enregistrement sonore, de la production cinématographique et audiovisuelle, de la radio, de la diffusion et du spectacle (annexe VIII) ;
- les artistes du spectacle (annexe X) ;
- les apprentis et titulaires d'un contrat de professionnalisation (annexe XI).

Textes de référence

Articles L. 3132-3-1, L. 5422-1 à L. 5422-8, R. 5422-1, R. 5422-2 et R. 5426-3 à R. 5426-17 du Code du travail
Convention du 14 mai 2014 relative à l'indemnisation du chômage
Règlement général annexé à la convention du 14 mai 2014 relative à l'indemnisation du chômage
Accords d'application numérotés 1 à 26 relatifs à la convention du 14 mai 2014 relative à l'indemnisation du chômage
Annexes I à XI au règlement général annexé à la convention du 14 mai 2014 relative à l'indemnisation du chômage
Circulaire Unédic n° 2014-26 du 30 septembre 2014 (www.unedic.org)

Chapitre 9

La prévention et l'accompagnement des licenciements économiques

mots clés

Obligations de l'employeur • Accords de maintien de l'emploi • Congé de reclassement • Contrat de sécurisation professionnelle • • Activité partielle

Prévention et accompagnement des licenciements économiques : les obligations de l'employeur

Une décision de licenciement pour motif économique (pour la définition, voir p. 561) ne peut intervenir que si le reclassement des intéressés dans l'entreprise ou le groupe, s'avère impossible.

En conséquence, avant de commencer la procédure de licenciement, l'employeur est tenu de tout mettre en œuvre pour :

- former et adapter le salarié concerné à l'évolution de son emploi ;
- le reclasser dans l'entreprise (ou dans le groupe auquel elle appartient) dans un emploi relevant de la même catégorie que celui qu'il occupe ou sur un emploi équivalent assorti d'une rémunération équivalente ou, à défaut, et avec l'accord exprès du salarié, sur un emploi d'une catégorie inférieure.

Lorsque les licenciements sont effectivement envisagés, les entreprises sont tenues à des obligations spécifiques, variables selon leur taille et leur situation financière : proposition d'un congé de reclassement (voir p. 658) ou d'un contrat de sécurisation professionnelle (voir p. 663), obligation de revitalisation des bassins d'emploi pour celles qui procèdent à des licenciements économiques qui affectent l'équilibre du ou des bassins d'emploi dans lesquelles elles sont implantées ; obligation de recherche d'un repreneur (en y associant le comité d'entreprise) pour celles qui envisagent un projet de licenciement collectif ayant pour conséquence la fermeture d'un établissement.

Remarque

Depuis le 1er novembre 2014, indépendamment de tout projet de licenciement économique ou de compression des effectifs, les salariés disposent d'un droit d'information préalable en cas de cession de leur entreprise dès lors que celle-ci n'a pas, soit l'obligation de mettre en place un CE, soit a l'obligation de mettre en place un CE mais compte moins de 250 salariés et réalise un chiffre d'affaires annuel n'excédant pas 50 millions d'euros ou justifie d'un total de bilan n'excédant pas 43 millions d'euros. Pour plus de précisions sur ces dispositions, on peut se reporter au guide pratique rédigé par les services du ministère de l'Économie :
(www.economie.gouv.fr/files/files/PDF/20141028_guide_pratique_information_salaries_entreprises.pdf).

En outre, dans les entreprises d'au moins 50 salariés, lorsque le projet de licenciement concerne au moins 10 salariés dans une même période de 30 jours, l'employeur doit établir et mettre en œuvre un plan de sauvegarde de l'emploi (PSE) pour éviter les licenciements ou en limiter le nombre ; le contenu de ce plan est soit déterminé par un accord collectif majoritaire validé par l'administration, soit fixé par un document unilatéral de l'employeur homologué par l'administration.

Remarque

La loi du 14 juin 2013 « relative à la sécurisation de l'emploi », reprenant et complétant les dispositions de l'accord national interprofessionnel (ANI) du 11 janvier 2013, crée une nouvelle catégorie d'accords d'entreprise, les « accords de maintien de l'emploi ». Dans les entreprises qui font face à de graves difficultés économiques conjoncturelles, ces accords doivent permettre d'aménager temporairement le temps de travail et le salaire, et, corrélativement, de maintenir l'emploi des salariés concernés par ces aménagements. Ils sont assortis de nombreuses garanties pour les salariés, qu'il s'agisse des modalités de leur conclusion, de l'encadrement de leur contenu, de la portée et du contrôle des engagements pris par l'employeur, etc. Ces accords constituent ainsi un nouvel outil à la disposition des partenaires sociaux dans les entreprises pour éviter les licenciements en cas de dégradation de la conjoncture économique. Ils complètent les dispositifs existants, notamment celui de l'activité partielle, largement simplifié par la loi du 14 juin 2013 précitée. Le cas échéant, si les conditions sont réunies, l'allocation versée dans le cadre de l'activité partielle peut d'ailleurs être cumulée avec les dispositions prévues par l'accord de maintien de l'emploi. Sur les accords de maintien de l'emploi, voir p. 648 ; sur l'activité partielle, voir p. 681.

Former et reclasser les salariés : dans quelles conditions ?

■ Pendant l'exécution du contrat de travail

Tout au long de l'exécution du contrat de travail, l'employeur est tenu de former et d'adapter les salariés à l'évolution de leur emploi et, le cas échéant, de les reclasser.

Si malgré le respect de cette obligation, des licenciements s'avèrent nécessaires, l'employeur doit mettre en œuvre tous les moyens (formation…) dont dispose l'entreprise pour favoriser le reclassement interne (dans l'entreprise, le groupe…) des salariés concernés par le projet de licenciement.

Le reclassement peut avoir lieu sur un emploi de même catégorie que celui occupé par le salarié ou sur un emploi équivalent assorti d'une rémunération équivalente (la rémunération à prendre en compte est la rémunération globale, telle que définie à l'article L. 3221-3 du Code du travail) ou encore, avec son accord exprès, sur un emploi de catégorie inférieure.

Les offres de reclassement ainsi proposées doivent être écrites et précises.

Remarque

Une procédure spécifique s'applique lorsque l'entreprise ou le groupe auquel elle appartient dispose d'implantations hors du territoire national. Cette procédure consiste pour l'employeur, avant de faire des propositions de reclassement à l'étranger, à s'assurer que le salarié concerné est d'accord pour recevoir de telles propositions et à quelles conditions. Les étapes suivantes sont prévues :

1° L'employeur demande au salarié, préalablement au licenciement pour motif économique, s'il accepte de recevoir des offres de reclassement hors du territoire national, dans chacune des implantations en cause, et sous quelles restrictions éventuelles quant aux caractéristiques des emplois offerts, notamment en matière de rémunération et de localisation.

2° Le salarié manifeste son accord, assorti le cas échéant des restrictions mentionnées ci-dessus (niveau de rémunération, localisation de l'emploi proposé, etc.), pour recevoir de telles offres, dans un délai de six jours ouvrables à compter de la réception de la proposition de l'employeur. Le salarié qui ne répond pas dans ce délai est présumé ne pas vouloir recevoir de propositions de reclassement hors du territoire national.

3° Si le salarié a donné son accord pour recevoir des offres de reclassement hors du territoire national, ces offres doivent être écrites et précises et tenir compte des restrictions que le salarié a pu exprimer. Le salarié reste libre de refuser ces offres. Le salarié auquel aucune offre n'est adressée est informé de l'absence d'offres correspondant à celles qu'il a accepté de recevoir.

Pour plus de précisions sur ces dispositions, on pourra se reporter à la circulaire DGT n° 03 du 15 mars 2011 disponible sur le site : http://circulaire.legifrance.gouv.fr.

■ Lorsque le licenciement pour motif économique est inévitable

Lorsque, faute de possibilité de reclassement, le licenciement économique est envisagé, le salarié doit bénéficier d'un ensemble de prestations d'accompagnement, déterminées selon la taille de l'entreprise et sa situation financière :

- pour les entreprises qui ne sont pas en redressement ou en liquidation judiciaire, les mesures à mettre en œuvre dépendent du nombre de salariés : les entreprises d'au moins 1 000 salariés doivent proposer un congé de reclassement ou un congé de mobilité (voir p. 658) ; les entreprises de moins de 1 000 salariés doivent proposer un contrat de sécurisation professionnelle (CSP ; voir p. 663) ;
- pour les entreprises en redressement ou en liquidation judiciaire, les salariés peuvent bénéficier d'un contrat de sécurisation professionnelle (CSP).

Dans tous les cas, une entreprise d'au moins 50 salariés qui procède au licenciement pour motif économique d'au moins 10 salariés au cours d'une période de 30 jours doit élaborer un plan de sauvegarde de l'emploi (PSE).

Remarque

Selon leur taille et leur situation financière, certaines entreprises sont, en outre, tenues à des obligations spécifiques : obligation de revitalisation des bassins d'emploi pour celles qui procèdent à des licenciements économiques qui affectent l'équilibre du ou des bassins d'emploi dans lesquelles elles sont implantées ; obligation de recherche d'un repreneur (en y associant le comité d'entreprise) pour celles qui envisagent un projet de licenciement collectif ayant pour conséquence la fermeture d'un établissement.

Situation juridique	Situation commerciale	Taille de l'entreprise	Nombre de licenciements envisagés sur un mois	
			Entre 1 et 9	10 ou plus
	In bonis	Moins de 50 salariés	Proposition du CSP.	Proposition du CSP.
		De 50 à 999 salariés	Proposition du CSP.	Proposition du CSP. Élaboration d'un PSE.
		1 000 salariés et plus	Proposition d'un congé de reclassement ou d'un congé de mobilité. Mise en place d'actions de revitalisation.	Proposition d'un congé de reclassement ou d'un congé de mobilité. Élaboration d'un PSE. Mise en place d'actions de revitalisation.
	Redressement ou liquidation judiciaire	Moins de 50 salariés	Proposition du CSP.	Proposition du CSP.
		50 salariés ou plus	Proposition du CSP.	Proposition du CSP. Élaboration d'un PSE.

Quel est le contenu du plan de sauvegarde de l'emploi ?

Lorsque le projet de licenciement concerne au moins 10 salariés sur 30 jours dans une entreprise d'au moins 50 salariés, un plan de sauvegarde de l'emploi est établi comprenant un ensemble de mesures de nature à :

- éviter et réduire le nombre des licenciements ;
- favoriser le reclassement des salariés licenciés.

Remarque

La loi du 14 juin 2013 citée en référence, issue de l'accord national interprofessionnel du 11 janvier 2013, a profondément modifié les procédures de licenciement collectif pour motif économique engagées à compter du 1er juillet 2013, avec deux objectifs majeurs :

- le renforcement du dialogue social dans le cadre d'une procédure qui donne de la visibilité aux parties prenantes et qui permet de maîtriser les délais : délai maximum de 2, 3, ou 4 mois selon le nombre de licenciements envisagés, encadrement des conditions de recours à l'expertise… Le projet de licenciement économique peut désormais être mis en œuvre dans le cadre d'un accord collectif majoritaire négocié au sein de l'entreprise ;
- le renforcement de la qualité du plan de sauvegarde de l'emploi, qui doit permettre de mieux accompagner les salariés dans leur retour à l'emploi, contrepartie de délais mieux maîtrisés et d'une plus grande sécurité juridique. À défaut d'accord collectif majoritaire, c'est l'État qui sera garant de cette qualité au travers d'une procédure d'homologation du plan de sauvegarde de l'emploi.

Pour les procédures de licenciement collectif engagées à compter du 1er juillet 2013, le contenu du PSE est soit déterminé par un accord collectif majoritaire conclu dans les conditions fixées par l'article L. 1233-24-1 du Code du travail et validé par le directeur régional des entreprises, de la concurrence, de la consommation, du travail et de l'emploi (Direccte), soit fixé par un document unilatéral de l'employeur homologué par le Direccte.

La portée du contrôle du Direccte est différente selon la voie choisie :

- en cas d'accord collectif majoritaire, le contrôle porte sur le respect des conditions de validité de l'accord (caractère majoritaire, dispositions obligatoires prévues par la loi, régularité des procédures d'information-consultation…) ;
- en cas de document unilatéral élaboré par l'employeur, la décision d'homologation porte en particulier sur le contenu du PSE, et notamment les efforts faits pour limiter le nombre des départs et

l'efficacité des mesures proposées pour faciliter le reclassement interne et externe des salariés. La qualité du plan de sauvegarde de l'emploi est appréciée au regard des moyens et de la taille de l'entreprise ou du groupe auquel l'entreprise appartient, la situation des salariés et en particulier leur employabilité, compte tenu de la situation du marché du travail, la situation des territoires où le licenciement collectif sera mis en œuvre, les actions mises en œuvre par l'entreprise pour développer l'employabilité des salariés et accompagner les salariés dans l'évolution de leur emploi.

Le PSE regroupe toutes les mesures destinées à éviter les licenciements ou limiter le nombre. Ce plan intègre un plan de reclassement visant à faciliter le reclassement des salariés dont le licenciement ne pourrait être évité, notamment celui des salariés âgés ou présentant des caractéristiques sociales ou de qualification rendant leur réinsertion professionnelle particulièrement difficile.

Le plan de sauvegarde de l'emploi prévoit des mesures telles que :

- des actions de reclassement interne des salariés sur des emplois relevant de la même catégorie d'emploi ou équivalents à ceux qu'ils occupent ou, sous réserve de l'accord exprès des salariés concernés, sur des emplois de catégorie inférieure ;
- des créations d'activités nouvelles par l'entreprise ;
- des actions favorisant le reclassement externe à l'entreprise, notamment par le soutien à la réactivation du bassin d'emploi ;
- des actions de soutien à la création d'activités nouvelles ou à la reprise d'activités existantes par les salariés ;
- des actions de formation, de validation des acquis de l'expérience ou de reconversion de nature à faciliter le reclassement interne ou externe des salariés sur des emplois équivalents ;
- des mesures de réduction ou d'aménagement de la durée du travail ;
- des mesures de réduction du volume des heures supplémentaires effectuées de manière régulière lorsque ce volume montre que l'organisation du travail de l'entreprise est établie sur la base d'une

durée collective manifestement supérieure à 35 heures hebdomadaires ou 1 600 heures par an et que sa réduction pourrait préserver tout ou partie des emplois dont la suppression est envisagée.

Remarque

Le plan de sauvegarde de l'emploi détermine les modalités de suivi de la mise en œuvre effective des mesures contenues dans le plan de reclassement mentionné ci-contre. Ce suivi fait l'objet d'une consultation régulière et détaillée du comité d'entreprise ou, à défaut, des délégués du personnel dont les avis sont transmis au directeur régional des entreprises, de la concurrence, de la consommation, du travail et de l'emploi (Direccte) ; ce dernier est associé au suivi de ces mesures et reçoit un bilan, établi par l'employeur, de la mise en œuvre effective du plan de sauvegarde de l'emploi.

Quelles sont les entreprises tenues de mettre en œuvre des actions de revitalisation des bassins d'emploi ou de rechercher un repreneur ?

Un certain nombre de dispositions sont destinées à contribuer à la revitalisation des bassins d'emploi dans lesquels sont implantées des entreprises qui procèdent à des licenciements économiques. Ces dispositions s'appliquent dans des conditions différentes selon que l'entreprise est, ou non, soumise à l'obligation de proposer le congé de reclassement. Celles qui sont soumises à cette obligation doivent également, lorsqu'elles envisagent un projet de licenciement collectif ayant pour conséquence la fermeture d'un établissement, rechercher un repreneur et en informer le comité d'entreprise dès l'ouverture de la procédure d'information et de consultation prévue à l'article L. 1233-30 du Code du travail.

Remarque

Les actions tendant à la revitalisation des bassins d'emploi sont déterminées après consultation des collectivités territoriales intéressées, des organismes consulaires et des partenaires sociaux membres de la commission paritaire interprofessionnelle régionale. Les dispositions applicables figurent, notamment, aux articles D. 1233-37 à D. 1233-44 du Code du travail pour les entreprises soumises à l'obligation de proposer le congé de reclassement et D. 1233-45 à D. 1233-48 pour les entreprises non soumises à cette obligation. Pour plus de précisions, on peut également se reporter aux circulaires (notamment la circulaire DGEFP/DGCIS/DATAR n° 2012-14 du 12 juillet 2012) et instructions citées en référence.

■ Entreprises soumises à l'obligation de proposer le congé de reclassement

Les entreprises concernées sont celles mentionnées à l'article L. 1233-71 du Code du travail, c'est-à-dire les entreprises entrant dans le champ d'application du congé de reclassement (voir p. 658). Ces entreprises sont tenues, lorsqu'elles procèdent à un licenciement collectif affectant, par son ampleur, l'équilibre du ou des bassins d'emploi dans lesquels elles sont implantées, de contribuer à la création d'activités et au développement des emplois et d'atténuer les effets du licenciement envisagé sur les autres entreprises dans le ou les bassins d'emploi. Le montant de leur contribution ne peut être inférieur à deux fois la valeur mensuelle du Smic par emploi supprimé. Toutefois, le représentant de l'État peut fixer un montant inférieur lorsque l'entreprise est dans l'incapacité d'assurer la charge financière de cette contribution.

Une convention entre l'entreprise et le représentant de l'État, conclue dans un délai de six mois compter de la notification à l'administration du projet de licenciement économique visant au moins 10 salariés sur 30 jours, détermine, le cas échéant sur la base d'une étude d'impact social et territorial prescrite par le représentant de l'État, la nature ainsi que les modalités de financement et de mise en œuvre des actions de revitalisation du bassin d'emploi. Cette convention tient compte des actions de même nature éventuellement mises en œuvre par anticipation dans le cadre d'un accord collectif relatif à la gestion prévisionnelle des emplois et des compétences (GPEC) ou prévues dans le cadre du plan de sauvegarde de l'emploi établi par l'entreprise. Lorsqu'un accord collectif de groupe, d'entreprise ou d'établissement prévoit des actions de telle nature, assorties d'engagements financiers de l'entreprise au moins égaux au montant de la contribution visée ci-contre, cet accord tient lieu, à la demande de l'entreprise, de convention entre l'entreprise et le représentant de l'État, sauf opposition de ce dernier motivée et exprimée dans les deux mois suivant la demande.

Remarque

Les entreprises faisant l'objet d'une procédure de redressement ou de liquidation judiciaires ne sont pas tenues aux obligations visées ci-dessus.

En l'absence de convention signée ou d'accord collectif en tenant lieu, les entreprises versent au Trésor public une contribution égale au double du montant prévu ci-dessus (soit 4 fois la valeur mensuelle du Smic par emploi supprimé).
Pour plus de précisions sur ce dispositif (entreprises assujetties, conditions de mise en œuvre de l'obligation de revitalisation, typologie des actions de revitalisation envisageables, etc.), il convient de se reporter à la circulaire DGEFP/DGCIS/DATAR n° 2012-14 du 12 juillet 2012 citée en référence.

Remarque

Lorsqu'elle envisage la fermeture d'un établissement qui aurait pour conséquence un projet de licenciement collectif, l'entreprise entrant dans le champ d'application du congé de reclassement (voir p. 658) réunit et informe le comité d'entreprise, au plus tard à l'ouverture de la procédure d'information et de consultation prévue à l'article

L. 1233-30 du Code du travail. L'employeur adresse aux représentants du personnel, avec la convocation à cette réunion, tous renseignements utiles sur le projet de fermeture de l'établissement en indiquant notamment les raisons économiques, financières ou techniques du projet de fermeture, les actions qu'il envisage d'engager pour trouver un repreneur, les possibilités pour les salariés de déposer une offre de reprise et les différents modèles de reprise possible. L'autorité administrative et les collectivités territoriales sont également informées de ce projet de fermeture dans les conditions précisées par les articles L. 1233-57-12 et L. 1233-57-13 du Code du travail.

L'employeur ayant informé le comité d'entreprise du projet de fermeture d'un établissement recherche un repreneur selon les modalités précisées par les articles L. 1233-57-14 et L. 1233-57-21 du Code du travail.

■ Entreprises d'au moins 50 salariés non soumises à l'obligation de proposer le congé de reclassement

Lorsqu'un licenciement collectif effectué par l'une de ces entreprises affecte, par son ampleur, l'équilibre du ou des bassins d'emploi dans lesquels celle-ci est implantée, le représentant de l'État, après avoir, le cas échéant, prescrit une étude d'impact social et territorial qui prend en compte les observations formulées par l'entreprise, intervient pour la mise en œuvre, en concertation avec les organismes participant au service public de l'emploi (Pôle emploi, AFPA...) et, le cas échéant, avec la ou les maisons de l'emploi, d'actions de nature à permettre le développement d'activités nouvelles et à atténuer les effets de la restructuration envisagée sur les autres entreprises dans le ou les bassins d'emploi.

L'entreprise et le représentant de l'État définissent d'un commun accord les modalités selon lesquelles l'entreprise prend part, le cas échéant, à ces actions, compte tenu notamment de sa situation financière et du nombre d'emplois supprimés. Les entreprises en redressement ou en liquidation judiciaire ne sont pas concernées par cette disposition.

Textes de référence :

Articles L. 1233-4, L. 1233-4-1,L. 1233-57-9 à L. 1233-57-22, L. 1233-61 à L. 1233-76, L. 1233-84 à L. 1233-90, R. 1233-17 à R. 1233-36 et D. 1233-37 à D. 1233-48 du Code du travail
Circulaire DGT n° 03 du 15 mars 2011
Instruction DGEFP n° 12 du 30 juillet 2008
Circulaire DGEFP/DGCIS/DATAR n° 2012-14 du 12 juillet 2012
Loi n° 2014-384 du 29 mars 2014 (JO du 1er avril)

Lire en complément

- Le contrat de sécurisation professionnelle (CSP)
- Le congé de reclassement

Les accords de maintien de l'emploi

La loi du 14 juin 2013 « relative à la sécurisation de l'emploi » , reprenant et complétant les dispositions de l'accord national interprofessionnel (ANI) du 11 janvier 2013, crée une nouvelle catégorie d'accords d'entreprise : les « accords de maintien de l'emploi ». Dans les entreprises qui font face à de graves difficultés économiques conjoncturelles, ces accords doivent permettre d'aménager temporairement le temps de travail et le salaire, et, corrélativement, de maintenir l'emploi des salariés concernés par ces aménagements. Ils sont assortis de nombreuses garanties pour les salariés, qu'il s'agisse des modalités de leur conclusion, de l'encadrement de leur contenu, de la portée et du contrôle des engagements pris par l'employeur, etc.

Remarque

Les accords de maintien de l'emploi constituent un nouvel outil à la disposition des partenaires sociaux dans les entreprises pour éviter les licenciements en cas de dégradation de la conjoncture économique. Ils complètent ainsi les dispositifs existants, notamment celui de l'activité partielle, largement simplifié par la loi du 14 juin 2013 précitée (voir p. 681). Le cas échéant, si les conditions sont réunies, l'allocation versée dans le cadre de l'activité partielle peut d'ailleurs être cumulée avec les dispositions prévues par l'accord de maintien de l'emploi.

Dans quelles circonstances un accord de maintien de l'emploi peut-il être conclu ?

Un tel accord peut être conclu dans les entreprises rencontrant de graves difficultés économiques conjoncturelles dont le diagnostic est analysé entre l'employeur et les organisations syndicales de salariés représentatives dans l'entreprise. Un expert-comptable peut être mandaté par le comité d'entreprise pour accompagner les organisations syndicales dans l'analyse de ce diagnostic et dans la négociation de l'accord de maintien de l'emploi. Cet expert est rémunéré par l'entreprise.

Quelles sont les conditions de validité des accords de maintien de l'emploi ?

■ Le principe

Les accords de maintien de l'emploi sont des accords d'entreprise conclus entre l'employeur et au moins un délégué syndical présent dans l'entreprise. Ils sont toutefois soumis, s'agissant de leurs conditions de validité, à des dispositions dérogatoires visant à renforcer leur légitimité. La validité de ces accords est ainsi subordonnée à leur signature par une ou plusieurs organisations syndicales de salariés représentatives ayant recueilli au moins 50 % des suffrages exprimés en faveur d'organisations représentatives au premier tour des dernières élections des titulaires au comité d'entreprise ou de la délégation unique du personnel ou, à défaut, des délégués du personnel, quel que soit le nombre de votants. Pour ces accords, il n'est pas prévu de droit d'opposition des syndicats non signataires, dans la mesure où l'accord doit obligatoirement être majoritaire ce qui n'est pas nécessairement le cas pour les accords d'entreprise « de droit commun ».

■ Entreprises dépourvues de délégué syndical

En présence de représentants élus du personnel

L'absence de délégué syndical dans l'entreprise n'empêche pas la conclusion d'un accord de maintien de l'emploi. Dans une telle situation, l'accord peut être conclu par un ou plusieurs représentants élus du personnel (délégués du personnel, membres élus du CE) expressément mandatés à cet effet :

- soit par une ou plusieurs organisations syndicales de salariés représentatives dans la branche dont relève l'entreprise ;
- soit, à défaut (c'est-à-dire lorsque l'entreprise ne relève d'aucune branche) par une ou plusieurs organisations syndicales de salariés représentatives au niveau national et interprofessionnel.

Remarque

Pour l'exercice de leurs missions, les délégués du personnel et les membres élus du CE disposent d'un crédit d'heures de délégation (voir p. 862 et 869). Le temps passé aux négociations de l'accord de maintien de l'emploi n'est pas imputable sur ces heures de délégation.

En l'absence de représentants élus du personnel

À défaut de représentants élus du personnel, l'accord peut être conclu entre l'employeur et un ou plusieurs salariés expressément mandatés à cet effet :

- soit par une ou plusieurs organisations syndicales de salariés représentatives dans la branche dont relève l'entreprise ;
- soit, à défaut, par une ou plusieurs organisations syndicales de salariés représentatives au niveau national et interprofessionnel.

Remarque

Ne peuvent être mandatés les salariés qui, en raison des pouvoirs qu'ils détiennent, peuvent être assimilés à l'employeur, ainsi que les salariés apparentés à l'employeur.

Approbation obligatoire par les salariés

L'accord signé par un représentant élu du personnel mandaté ou par un salarié mandaté est approuvé par les salariés à la majorité des suffrages exprimés, dans les conditions déterminées par cet accord et dans le respect des principes généraux du droit électoral (notamment le secret du vote).

Crédit d'heures des négociateurs et protection contre le licenciement

Chaque représentant élu du personnel mandaté et chaque salarié mandaté pour négocier un accord de maintien de l'emploi dispose du temps nécessaire à l'exercice de ses fonctions, dans les limites d'une durée qui, sauf circonstances exceptionnelles, ne peut excéder 10 heures par mois. Ces heures de délégation sont de plein droit considérées comme temps de travail et payées à l'échéance normale. L'employeur qui entend contester l'utilisation faite des heures de délégation saisit le juge judiciaire.

Le représentant élu du personnel mandaté ou le salarié mandaté bénéficie de la protection contre le licenciement prévue, par le Code du travail, pour les salariés mandatés :

- leur licenciement ne peut intervenir qu'après autorisation de l'inspecteur du travail ;
- cette autorisation est également requise dès que l'employeur a connaissance de l'imminence de la désignation.

Cette protection joue également pour le licenciement d'un ancien salarié mandaté durant les 12 mois suivant la date à laquelle son mandat a pris fin. Dans ce cas, lorsque aucun accord n'a été conclu à l'issue de la négociation au titre de laquelle le salarié a été mandaté, le délai de protection court à compter de la date de la fin de cette négociation, matérialisée par un procès-verbal de désaccord.

Quel est l'objet et le contenu de l'accord ?

L'accord de maintien de l'emploi vise à permettre, en contrepartie de l'engagement de l'employeur de maintenir les emplois pendant la durée de validité de l'accord (voir p. 655), un aménagement, pour les salariés occupant ces emplois, de la durée du travail, de ses modalités d'organisation et de répartition ainsi que de la rémunération. Dans le respect des garanties fixées par la loi (voir p. 654), il pourra s'agir, par exemple, de diminuer les salaires et le temps de travail ou d'augmenter le temps de travail sans augmenter les salaires ou encore de prévoir une nouvelle répartition des horaires de travail. Le but est de permettre ainsi à l'entreprise de passer un « cap difficile », en évitant des suppressions d'emploi pour motif économique.

Remarque

Les aménagements de la durée du travail et de la rémunération sont précisés par l'accord ; leur contrepartie consiste dans l'engagement pris par l'employeur de ne procéder, pendant la durée de l'accord, à aucune rupture du contrat de travail pour motif économique des salariés auxquels l'accord s'applique. Ce dernier peut concerner tous les salariés de l'entreprise ou une partie d'entre eux seulement : dans ce cas, les aménagements prévus par l'accord et l'engagement de l'employeur ne concernent que les salariés visés par l'accord et qui l'auront accepté (voir p. 654).

L'accord doit également préciser :

- les conditions dans lesquelles, d'une part les dirigeants salariés exerçant dans le périmètre de l'accord et, d'autre part, les mandataires sociaux et les actionnaires, fourniront des efforts proportionnés à ceux demandés aux autres salariés (il pourra s'agir, par exemple, d'une diminution de la rémunération des dirigeants salariés et/ou d'une diminution des dividendes versés aux actionnaires) ;
- les modalités de l'organisation du suivi de l'évolution de la situation économique de l'entreprise et de la mise en œuvre de l'accord, notamment auprès des organisations syndicales de salariés représentatives signataires et des institutions représentatives du personnel ;
- les conséquences d'une amélioration de la situation économique de l'entreprise sur la situation des salariés (voir p. 655) ;
- les modalités de l'application de ses stipulations aux salariés concernés (voir p. 654) ;

- les mesures d'accompagnement prévues pour les salariés qui en refuseront l'application ;
- les modalités d'information des salariés quant à son application et son suivi pendant toute sa durée.

Remarque

L'accord comporte également une clause pénale, mise en œuvre à l'encontre de l'employeur qui ne respecterait pas ses engagements, notamment (mais pas uniquement) ceux de maintien de l'emploi. Elle donne lieu au versement de dommages et intérêts aux salariés lésés, dont le montant et les modalités d'exécution sont fixés dans l'accord. S'agissant d'une telle clause, on rappelle que le juge a toujours la faculté de moduler les sommes dues en application de cette clause si elles lui semblent manifestement excessives ou dérisoires (article 1152 du Code civil).

Dans quelles conditions l'accord s'applique-t-il aux salariés ?

L'accord, une fois conclu dans les conditions mentionnées page 649, n'est pas, de droit, applicable aux salariés concernés. Ceux-ci doivent avoir la possibilité de se prononcer individuellement sur l'application, à leur contrat de travail, des stipulations de l'accord. Pour cela, deux situations sont envisageables :

- soit l'accord fixe le délai et les modalités de l'acceptation ou du refus par chaque salarié des stipulations de l'accord à son contrat de travail, et il doit être fait application de ces dispositions ;
- soit l'accord ne comporte aucune disposition en ce sens et, dans ce cas, il est fait application des dispositions de l'article L. 1222-6 du Code du travail relatif à la procédure de modification d'un élément essentiel du contrat de travail pour une cause économique (voir p. 147).

■ Situation des salariés acceptant l'application de l'accord

Pour les salariés qui l'acceptent, les stipulations de l'accord de maintien de l'emploi sont applicables à leur contrat de travail. Les clauses de ce contrat de travail contraires à l'accord sont suspendues pendant la durée d'application de celui-ci (soit pendant deux ans au maximum). En contrepartie, ces salariés ne peuvent, en principe, faire l'objet, pendant la durée de l'accord, d'un licenciement pour motif économique ; ils bénéficient également des garanties précédemment mentionnées.

■ Situation des salariés refusant l'application de l'accord

Lorsqu'un ou plusieurs salariés refusent l'application de l'accord à leur contrat de travail, leur licenciement repose sur un motif économique, est prononcé selon les modalités d'un licenciement individuel pour motif économique et ouvre droit aux mesures d'accompagnement que doit prévoir l'accord. Sous cette réserve, l'employeur n'a pas l'obligation de respecter la procédure applicable aux licenciements collectifs pour motif économique, ni d'élaborer un plan de sauvegarde de l'emploi (PSE), et ce quel que soit le nombre de salariés ayant refusé l'application de l'accord à leur contrat de travail.

Quelles sont les garanties dont bénéficient les salariés ?

En aucun cas, un accord de maintien de l'emploi ne peut avoir pour effet de priver les salariés concernés du bénéfice d'un certain nombre de règles protectrices définies par le Code du travail et constitutives de « l'ordre public social » : durée légale de travail, régime des heures supplémentaires, temps de pause, durées maximales quotidiennes et hebdomadaires de travail, durées quotidiennes et hebdomadaires du travail pour les travailleurs de nuit, repos quotidien et hebdomadaire obligatoire, congés payés légaux, 1er mai férié et chômé, Smic.

Par ailleurs, l'application des stipulations de l'accord ne peut avoir pour effet ni de diminuer la rémunération, horaire ou mensuelle, des salariés concernés lorsque le taux horaire de celle-ci, à la date de conclusion de cet accord, est égal ou inférieur au taux horaire du Smic majoré de 20 % (soit 11,53 € compte tenu du Smic horaire en vigueur depuis le 1er janvier 2015), ni de ramener la rémunération des autres salariés en dessous de ce seuil.

Remarque

L'accord de maintien de l'emploi ne peut, en outre, déroger aux accords de niveau supérieur (accords de branche ou accords professionnels ou interprofessionnels) en matière de salaires minima, de classification, de garanties collectives complémentaires et de mutualisation des fonds de la formation professionnelle.

Pour quelle durée l'accord est-il conclu ?

La durée de l'accord de maintien de l'emploi ne peut excéder deux ans. Pendant sa durée, l'employeur ne peut procéder à aucune rupture du contrat de travail pour motif économique des salariés auxquels l'accord s'applique.

L'accord prévoit les conséquences d'une amélioration de la situation économique de l'entreprise sur la situation des salariés, à l'issue de sa période d'application ou lorsque le juge décide de suspendre l'exécution de l'accord, en raison de cette amélioration (voir ci-dessous).

L'accord peut-il être suspendu ?

L'accord de maintien de l'emploi peut être suspendu par décision du président du tribunal de grande instance, statuant en la forme des référés (procédure d'urgence), à la demande de l'un de ses signataires, lorsque le juge estime :

- que les engagements souscrits, notamment en matière de maintien de l'emploi, ne sont pas appliqués de manière loyale et sérieuse.

En toute logique, dans cette hypothèse, la demande de suspension de l'accord émanera des signataires représentant les salariés ;

- ou que la situation économique de l'entreprise a évolué de manière significative. Dans cette hypothèse, la saisine du juge pourrait émaner de l'une ou l'autre des parties signataires, par exemple l'employeur s'il estime qu'une détérioration importante de la situation économique de l'entreprise ne le met plus en état de respecter ses engagements de maintien de l'emploi ou, au contraire, les signataires représentant les salariés s'ils estiment que l'amélioration de la situation de l'entreprise justifie la suspension de l'accord.

Remarque

Lorsque le juge décide cette suspension, il en fixe le délai. À l'issue de ce délai, à la demande de l'une des parties et au vu des éléments transmis relatifs à l'application loyale et sérieuse de l'accord ou à l'évolution de la situation économique de l'entreprise, il autorise, selon la même procédure, la poursuite de l'accord ou le résilie.

La suspension de l'accord a pour effet d'en suspendre l'exécution : les aménagements prévus par l'accord, en matière de durée du travail et de rémunération, ne sont plus applicables tant que dure cette suspension, de même que l'engagement de l'employeur de maintenir l'emploi des salariés auxquels l'accord s'applique. Afin de ne pas pénaliser les salariés dont le contrat pourrait ainsi être rompu, il est prévu qu'en cas de rupture du contrat de travail d'un salarié concerné par l'accord, le calcul des indemnités légales, conventionnelles ou contractuelles de préavis et de licenciement ainsi que de l'allocation d'assurance chômage, se fait sur la base de la rémunération du salarié au moment de la rupture ou, si elle est supérieure, sur la base de la rémunération antérieure à la conclusion de l'accord. Cette règle s'applique en cas de rupture consécutive à la décision du juge de suspendre les effets de l'accord de maintien de l'emploi, mais également en cas de rupture de contrat qui interviendrait en cours d'exécution de l'accord ; dans ce dernier cas, le salarié percevra également les dommages-intérêts prévus par la clause pénale mentionnée page 653, ainsi que ceux qui pourraient lui être octroyés par les prud'hommes s'il décidait de les saisir en contestation du bien-fondé de cette rupture.

Textes de référence

Articles L. 5125-1 à L. 5125-7 du Code du travail
Loi n° 2013-504 du 14 juin 2013 (JO du 16 juin)

Le congé de reclassement

Les entreprises ou établissements occupant au moins 1 000 salariés doivent proposer un congé de reclassement à chaque salarié dont le licenciement pour motif économique est envisagé. Celui-ci peut ainsi bénéficier de prestations d'une cellule d'accompagnement et, le cas échéant, suivre des actions de formation ou faire valider les acquis de son expérience (ou engager les démarches en ce sens). Le salarié a huit jours pour faire connaître sa réponse. S'il accepte le bénéfice du congé de reclassement, il conserve son statut de salarié pendant la durée du congé. Les actions réalisées dans le cadre de ce congé sont financées par l'employeur. La durée du congé de reclassement donnant lieu à non assujettissement à cotisations sociales de l'allocation payée au salarié par l'employeur ne peut excéder 12 mois.

Remarque

Dans les entreprises entrant dans le champ d'application du congé de reclassement (voir ci-contre), un congé de mobilité peut être proposé à ses salariés par l'employeur qui a conclu un accord collectif relatif à la gestion prévisionnelle des emplois et des compétences (GPEC), lorsque cet accord prévoit et fixe les modalités de ce congé. Dans ce cas, l'acceptation de la proposition de congé de mobilité par le salarié dont le licenciement économique est envisagé dispense l'employeur de l'obligation de lui proposer le bénéfice du congé de reclassement.

Quelles sont les entreprises concernées ?

L'obligation de proposer un congé de reclassement s'applique :

- aux entreprises ou établissements occupant au moins 1 000 salariés ; l'effectif de l'entreprise est calculé en moyenne annuelle sur les 12 mois précédant l'engagement de la procédure de licenciement pour motif économique (date de la première réunion des institutions représentatives du personnel tenue en application de l'article L. 2323-15 du Code du travail ou date de l'entretien préalable en cas de licenciement individuel pour motif économique ou en l'absence d'institutions représentatives du personnel) ; cet effectif est apprécié selon les règles fixées par le Code du travail ;
- aux entreprises appartenant à un groupe dont le siège social est situé en France, astreint à l'obligation de mise en place d'un comité de groupe en application de l'article L. 2331-1 du Code du travail, dès lors que l'effectif cumulé des entreprises appartenant à ce groupe est au moins égal à 1 000 salariés, que ces salariés soient situés en France ou à l'étranger. L'obligation de proposer un congé de reclassement s'applique également aux unités économiques et sociales (UES) dès lors que les entreprises constituant ces UES emploient plus de 1 000 salariés ;
- aux entreprises ou groupes d'entreprises qui emploient au moins 1000 salariés dans les États membres de l'Union européenne participant à l'accord sur la politique sociale annexé au traité de l'Union européenne ainsi que les États membres de l'Espace économique européen (États couverts par la directive communautaire n° 94-45 du 22 septembre 1994 : Allemagne, Belgique, France, Luxembourg, Italie, Danemark, Pays-Bas, Irlande, Grèce, Espagne, Portugal, Autriche, Finlande, Suède, Islande, Liechtenstein, Norvège, Royaume-Uni, République tchèque, Estonie, Chypre, Lettonie, Lituanie, Hongrie, Malte, Pologne, Slovénie, Slovaquie, Roumanie, Bulgarie, Croatie) et qui comportent au moins un établissement ou une entreprise employant au moins150 salariés dans au moins deux de ces États. Ainsi, l'ensemble des entreprises et des groupes

de dimension communautaire doivent proposer le congé de reclassement à leurs salariés concernés par un projet de licenciement en France, même si le siège social ou l'établissement principal de ces groupes ou entreprises est situé à l'étranger.

Elle ne s'applique pas à ces entreprises si celles-ci sont en redressement ou en liquidation judiciaire.

Remarque

Les entreprises qui ne sont pas soumises à l'obligation de proposer un congé de reclassement aux salariés dont elles envisagent le licenciement économique (ainsi que les entreprises en redressement ou liquidation judiciaire, quel que soit leur effectif) sont tenues de leur proposer un contrat de sécurisation professionnelle (CSP ; voir p. 663).

Quelle est la procédure ?

■ La proposition de l'employeur

L'employeur doit :

- informer le salarié des conditions de mise en œuvre du congé de reclassement (objet du congé, nature des prestations d'aide au reclassement, statut et rémunération) lors de l'entretien préalable au licenciement ou à l'issue de la procédure d'information et de consultation du comité d'entreprise ou des délégués du personnel ;
- proposer obligatoirement ce congé dans la lettre de licenciement.

■ La réponse du salarié

Le salarié dispose de huit jours à compter de la date de notification de la lettre de licenciement pour accepter le congé.

Remarque

L'absence de réponse dans ce délai est considérée comme un refus.

En cas d'acceptation du congé de reclassement, celui-ci débute à l'expiration du délai de réponse et le salarié bénéficie d'un entretien d'évaluation et d'orientation réalisé par une cellule d'accompagnement. Il s'agit de déterminer un projet professionnel de reclassement et ses modalités de mise en œuvre. À défaut, un bilan de compétences peut être réalisé. Au vu des résultats de cette première étape, l'employeur rédige un document :

- précisant la rémunération du salarié, le terme et le contenu du congé proposé (prestations de la cellule d'accompagnement, actions éventuelles de formation et de validation des acquis de l'expérience) ;
- remis ensuite au salarié qui doit le cosigner dans un délai de huit jours pour que les actions de reclassement débutent.

Quelle est la durée du congé de reclassement ?

Elle est de minimum quatre mois, sans pouvoir être inférieure à la durée des actions de formation ou de validation des acquis de l'expérience éventuellement suivies par le salarié.

Le congé de reclassement s'effectue pendant le préavis que le salarié est dispensé d'exécuter. Lorsque la durée du congé excède celle du préavis, le terme de ce dernier est reporté. La rupture du contrat de travail intervient alors à la fin du congé.

Remarque

Le congé prend fin si le salarié retrouve un emploi avant le terme prévu. Il doit alors, avant son embauche, informer l'employeur par une lettre recommandée avec avis de réception ou remise en main propre contre décharge.

La durée du congé de reclassement ne peut excéder 12 mois.

Quel est le statut du salarié pendant le congé ?

Salarié de l'entreprise, le bénéficiaire du congé de reclassement :

- continue d'être rémunéré. Lorsque la durée du congé excède celle du préavis, il perçoit une rémunération mensuelle (non assujettie aux cotisations de sécurité sociale) à la charge de l'employeur, dont le montant est au moins égal à 65 % du salaire brut mensuel des 12 derniers mois précédant la notification du licenciement, sans pouvoir être inférieur à 85 % du Smic ;
- conserve ses droits en matière d'assurance sociale, d'accidents du travail et d'assurance-vieillesse pendant toute la durée du congé.

Remarque

La période du congé de reclassement excédant la durée du préavis n'est prise en compte ni pour le calcul des congés payés ni pour la détermination de l'indemnité de licenciement.

Le congé de reclassement peut comporter des périodes de travail durant lesquelles il est suspendu. Ces périodes de travail sont effectuées pour le compte de tout employeur, à l'exception des particuliers, dans le cadre de CDD tels que prévus à l'article L. 1242-3 du Code du travail (voir p. 102) renouvelables une fois par dérogation à l'article L. 1243-13 du même code, ou de contrats de travail temporaire tels que prévus à l'article L. 1251-7 (voir p. 116). Au terme de ces périodes, le congé de reclassement reprend. L'employeur peut prévoir un report du terme initial du congé à due concurrence des périodes de travail effectuées.

Textes de référence

Articles L. 1233-71 à L. 1233-76 et R. 1233-17 à R. 1233-36 du Code du travail

Lire en complément

- Le contrat de sécurisation professionnelle

Le contrat de sécurisation professionnelle (CSP)

Le contrat de sécurisation professionnelle (CSP) s'adresse aux salariés dont le licenciement économique est envisagé dans une entreprise non soumise à l'obligation de proposer un congé de reclassement.

Le CSP a pour objet de permettre aux salariés concernés de bénéficier, après la rupture de leur contrat de travail, d'un ensemble de mesures favorisant un reclassement accéléré et durable vers l'emploi. Ils perçoivent de Pôle Emploi, pendant la durée d'exécution du contrat de sécurisation professionnelle, une allocation de sécurisation professionnelle égale à 75 % du salaire journalier de référence (soit un peu plus de 90 % de leur salaire net antérieur).

Remarque

Les dispositions présentées ici sont issues de l'accord national interprofessionnel (ANI) du 8 décembre 2014 « relatif au contrat de sécurisation professionnelle », applicable aux salariés compris dans une procédure de licenciement pour motif économique engagée à compter du jour de la publication de son arrêté d'agrément. Une convention (non encore publiée à l'heure où nous éditons ce guide), également élaborée par les partenaires sociaux, précisera certaines des modalités et conditions de mise en œuvre du CSP ; les développements qui suivent pourront donc être utilement complétés par les informations diffusées sur le site du ministère en charge du Travail (www.travail-emploi.gouv.fr) qui tiendront compte des précisions fournies par la convention précitée.

Quelles sont les entreprises concernées ?

Sont concernées par le CSP les entreprises non soumises aux dispositions relatives au congé de reclassement (voir p. 659) (c'est-à-dire les entreprises dont l'effectif tous établissements confondus est inférieur à 1 000 salariés et les entreprises en redressement ou liquidation judiciaire sans condition d'effectif). Dans ces entreprises, l'employeur est tenu de proposer le bénéfice du contrat de sécurisation professionnelle à chaque salarié dont il envisage de prononcer le licenciement pour motif économique, quelle que soit son ancienneté. Cette proposition doit être faite lors de l'entretien préalable ou à l'issue de la dernière réunion des représentants du personnel (voir ci-dessous). À défaut, l'employeur est redevable à Pôle Emploi d'une contribution spécifique correspondant à deux mois de salaires bruts, portée à trois mois lorsque son ancien salarié adhère au contrat de sécurisation professionnelle sur proposition de Pôle emploi (voir précisions p. 688). Les employeurs et les salariés peuvent trouver sur le site de Pôle emploi (www.pole-emploi.fr) l'ensemble des documents relatifs au CSP.

Quels sont les salariés concernés ?

La faculté de bénéficier d'un contrat de sécurisation professionnelle est ouverte aux salariés appartenant aux entreprises visées ci-dessus, que l'employeur envisage de licencier pour motif économique, à titre individuel ou collectif.
Pour pouvoir bénéficier d'un CSP, les salariés doivent avoir au moins deux ans d'ancienneté et être aptes à l'emploi. Les salariés n'ayant pas deux ans d'ancienneté, mais disposant de droits d'assurance chômage pourront bénéficier d'un CSP, mais le montant de leur allocation sera égal au montant de l'allocation d'aide au retour à l'emploi (voir p. 622) auquel ils peuvent prétendre. Les salariés ayant entre un an et deux d'ancienneté pourront bénéficier de l'allocation de sécurisation professionnelle (voir p. 673) sous réserve de la stricte compensation financière du surcoût pour l'Unédic par l'État.

Remarque

À titre expérimental, le contrat de sécurisation professionnelle pourra être ouvert aux demandeurs d'emploi en fin de CDD de plus de six mois sur des bassins d'emploi donnés (plus de précisions sur le site www.travail-emploi.gouv.fr).

Quelle est la procédure ?

■ La proposition de l'employeur

Chaque salarié susceptible de bénéficier du contrat de sécurisation professionnelle doit être informé par son employeur, individuellement et par écrit, du contenu du contrat de sécurisation professionnelle et de la possibilité qu'il a d'en bénéficier.

Pour cela, l'employeur doit remettre au salarié, contre récépissé, un document écrit d'information sur le CSP. Cette remise doit avoir lieu :

- au cours de l'entretien préalable au licenciement, lorsque le licenciement pour motif économique envisagé doit être précédé d'un tel entretien ;
- ou à l'issue de la dernière réunion des représentants élus du personnel lorsque le licenciement pour motif économique envisagé doit être soumis à la procédure d'information et de consultation des représentants du personnel en application de l'article L. 1233-28 du Code du travail.

Le document remis par l'employeur au salarié porte mention :

- de la date de remise du document faisant courir le délai de réflexion ;
- du délai de 21 jours imparti au salarié pour donner sa réponse ;
- de la date à partir de laquelle, en cas d'acceptation du CSP, son contrat de travail est rompu.

Remarque

Le document remis au salarié comporte un volet « bulletin d'acceptation » détachable, à compléter par le salarié s'il demande à bénéficier du CSP, et à remettre à son employeur avant l'expiration du délai de réflexion mentionné page suivante.

■ **La réponse du salarié**

Le salarié dispose d'un délai de réflexion de 21 jours pour accepter ou refuser de souscrire au contrat de sécurisation professionnelle. Ce délai court à compter de la date de remise, par l'employeur, du document d'information sur le CSP (voir p. 665) ; pour le salarié dont le licenciement est soumis à autorisation (un salarié dit « protégé », comme par exemple un délégué du personnel), ce délai est prolongé jusqu'au lendemain de la date de notification à l'employeur de la décision de l'autorité administrative compétente.

Dans tous les cas, l'absence de réponse dans le délai prévu est assimilée à un refus du contrat de sécurisation professionnelle.

Pendant ce délai de réflexion, le salarié bénéficie d'un entretien d'information réalisé par Pôle Emploi, destiné à l'éclairer dans son choix.

Remarque

Lorsqu'à la date prévue par les articles L. 1233-15 et L. 1233-39 du Code du travail pour l'envoi de la lettre de licenciement, le délai de réflexion dont dispose le salarié pour faire connaître sa réponse à la proposition de CSP n'est pas expiré, l'employeur lui adresse une lettre recommandée avec accusé de réception :

- lui rappelant la date d'expiration du délai de réflexion ;
- et lui précisant qu'en cas de refus de souscrire un contrat de sécurisation professionnelle, cette lettre recommandée constituera la notification de son licenciement.

En cas de refus express du salarié d'adhérer au CSP, ou en l'absence de réponse de sa part au terme du délai de réflexion (ce silence valant refus), la procédure de licenciement suit son cours normal ; le salarié ne pourra donc ni bénéficier des actions destinées à favoriser son reclassement, ni prétendre à l'allocation spécifique de sécurisation, ni à l'indemnité différentielle de reclassement (voir p. 672 et s.) : il aura droit, s'il en remplit les conditions, à l'indemnisation par l'assurance chômage dans les conditions prévues par la réglementation (voir p. 617 et s.).

■ **Conséquences de l'adhésion au CSP sur le contrat de travail et les indemnités dues au salarié**

Le contrat de travail d'un salarié ayant accepté un contrat de sécurisation professionnelle, dont le bénéfice lui a été proposé conformément aux dispositions mentionnées page 665, est rompu du fait du commun accord des parties. Cette rupture du contrat de travail prend effet à l'expiration du délai de réflexion. Elle ne comporte ni préavis, ni indemnité compensatrice de préavis ; elle ouvre droit au versement d'une indemnité d'un montant égal à celui de l'indemnité légale ou conventionnelle de licenciement calculée sur la base de l'ancienneté que l'intéressé aurait eue s'il avait effectué son préavis.

Le salarié bénéficie, dès le jour suivant la rupture de son contrat de travail, du statut d'adhérent au contrat de sécurisation professionnelle.

Remarques

- Toute contestation portant sur la rupture du contrat de travail ou son motif se prescrit par 12 mois à compter de l'adhésion au contrat de sécurisation professionnelle. Ce délai n'est opposable au salarié que s'il en a été fait mention dans la proposition de CSP.
- L'employeur contribue au financement de l'allocation spécifique de sécurisation (voir p. 673) en s'acquittant du paiement d'une somme correspondant à l'indemnité de préavis que le salarié, à qui il a proposé le bénéfice d'un CSP, aurait perçue s'il n'avait pas bénéficié de ce dispositif. Cette contribution comprend l'ensemble des charges patronales et salariales.

Dans le cas où l'indemnité de préavis que le salarié aurait perçue s'il n'avait pas bénéficié d'un CSP est supérieure à trois mois de salaire, la fraction excédant ce montant est versée à l'intéressé dès la rupture de son contrat de travail.

■ **Adhésion au CSP sur proposition de Pôle emploi**

Lors de l'inscription à Pôle emploi de tout demandeur d'emploi licencié pour motif économique, le conseiller devra vérifier que le salarié a bien été informé individuellement et par écrit du contenu du contrat de sécurisation professionnelle et de la possibilité qu'il a d'en bénéficier.

À défaut, il appartiendra au conseiller Pôle emploi de le faire en lieu et place de l'employeur. Le demandeur d'emploi dispose d'un délai de réflexion de 21 jours pour accepter ou refuser un tel contrat à partir de la date de son inscription à Pôle emploi. L'absence de réponse au terme du délai de réflexion est assimilée à un refus du CSP par le demandeur d'emploi. En cas d'acceptation, l'adhésion au CSP prend effet à la date d'expiration du délai de réflexion.

Remarque

L'employeur qui a omis de proposer un CSP à un salarié susceptible d'en bénéficier est redevable à Pôle emploi d'une contribution spécifique correspondant à deux mois de salaires bruts. Cette contribution est portée à trois mois lorsque son ancien salarié adhère au CSP sur proposition de Pôle emploi, dans les conditions mentionnées ci-dessus.

Quelle est la durée du CSP ?

Le contrat de sécurisation professionnelle a une durée maximum de 12 mois. Cependant, la durée du CSP est augmentée d'une durée égale à la totalité des périodes de travail intervenues après la fin du 6e mois du CSP, dans la limite de trois mois supplémentaires.

Remarque

Pendant la durée du CSP, le bénéficiaire de ce contrat conserve la qualité d'assuré social et bénéficie du maintien de ses droits aux prestations du régime obligatoire d'assurance maladie, invalidité, maternité, décès, qu'il s'agisse des prestations en nature (remboursement des dépenses de santé, dans la limite des tarifs de la Sécurité sociale) ou des prestations en espèces (indemnités journalières). Il dispose en outre d'une couverture au titre du régime des accidents du travail survenus par le fait ou à l'occasion des actions favorisant son reclassement.

Comment se déroule le CSP ?

Le contrat de sécurisation professionnelle a pour objet l'organisation et le déroulement d'un parcours de retour à l'emploi, le cas échéant au moyen d'une reconversion ou d'une création ou reprise d'entreprise.

Ce parcours :

- débute par une phase de prébilan, d'évaluation des compétences et d'orientation professionnelle en vue de l'élaboration d'un projet professionnel tenant compte, au plan territorial, de l'évolution des métiers et de la situation du marché du travail ;
- comprend des mesures d'accompagnement, notamment d'appui au projet professionnel, ainsi que des périodes de formation et de travail.

Remarque

L'accompagnement des bénéficiaires du CSP est confié à Pôle emploi qui pourra déléguer cet accompagnement à d'autres opérateurs choisis par appel d'offres. Les relations entre le bénéficiaire du CSP et Pôle emploi sont formalisées dans un document écrit qui précise les prestations fournies et prévoit les conditions, y compris les modalités de recours, dans lesquelles l'intéressé cesse de bénéficier de l'allocation de sécurisation professionnelle lorsqu'il refuse une action de reclassement ou ne s'y présente pas ou lorsqu'il refuse à deux reprises une offre raisonnable d'emploi.

■ L'entretien individuel de prébilan

Le salarié qui accepte un CSP bénéficie, dans les huit jours de son adhésion, d'un entretien individuel de prébilan pour l'examen de ses capacités professionnelles.

Cet entretien de prébilan qui peut conduire, si nécessaire, à un bilan de compétences est destiné à identifier le profil et le projet de reclassement du bénéficiaire du CSP, ses atouts potentiels, ses difficultés et ses freins éventuels. Il est réalisé par l'opérateur en charge, pour le bassin d'emploi, des contrats de sécurisation professionnelle, en prenant notamment en compte les caractéristiques du bassin d'emploi concerné.

Remarque

Les prestations d'accompagnement retenues d'un commun accord, au vu du résultat de cet entretien de prébilan, sont mises en place au profit des bénéficiaires du CSP, au plus tard dans le mois suivant cet entretien individuel de prébilan.

■ Le contenu du plan d'action de sécurisation professionnelle

Les prestations d'accompagnement s'inscrivent dans un plan d'action de sécurisation professionnelle qui comprend :

- si nécessaire, un bilan de compétence permettant d'orienter dans les meilleures conditions le plan d'action ;
- un suivi individuel et personnalisé de l'intéressé par l'intermédiaire d'un référent spécifique, destiné à l'accompagner à tous les niveaux de son projet professionnel et à évaluer le bon déroulement de son plan d'action y compris dans les six mois suivant son reclassement ;
- des mesures d'appui social et psychologique ;
- des mesures d'orientation tenant compte de la situation du marché local de l'emploi ;
- des mesures d'accompagnement (préparation aux entretiens d'embauche, techniques de recherche d'emploi…) ;
- des actions de validation des acquis de l'expérience (VAE) ;

- et/ou des mesures de formation pouvant inclure l'évaluation préformative prenant en compte l'expérience professionnelle de l'intéressé.

Remarque

Les actions mentionnées ci-contre ont pour objectif la sécurisation du parcours professionnel du bénéficiaire et son reclassement durable en emploi. À cette fin, un point d'étape est réalisée à l'issue du 4e mois d'accompagnement effectif afin d'analyser conjointement avec le bénéficiaire la cohérence des actions mises en œuvre avec le projet défini dans la phase de prébilan, et d'envisager, le cas échéant, les ajustements et nouvelles actions à effectuer.

■ Les actions de formation

Les actions de formation entreprises dans le cadre du CSP sont celles permettant un retour rapide à l'emploi durable qui préparent à des métiers pour lesquels les besoins de main d'œuvre ne sont pas satisfaits ou à des métiers qui recrutent. En conséquence, le bénéficiaire du CSP accède de droit à toutes les formations éligibles au compte personnel de formation (CPF, voir p. 467), dès que la formation retenue correspond à son projet professionnel. L'employeur peut par ailleurs abonder le CPF des salariés potentiellement éligibles au contrat de sécurisation professionnelle.

Remarque

Lorsqu'un besoin en formation est identifié dans le plan d'actions, celle-ci est mise en oeuvre le plus rapidement possible : un effort particulier est donc entrepris vis-à-vis des délais d'entrée en formation, tant au niveau de Pôle emploi, que des différents opérateurs en charge de l'accompagnement des bénéficiaires et des organismes de formation.

Lorsque l'action de formation suivie par le bénéficiaire du CSP, notamment s'il s'agit d'une action de requalification, n'est pas achevée au terme du contrat, elle peut, dans certaines limites, se poursuivre dans le cadre du projet personnalisé d'accès à l'emploi (PPAE, voir p. 618), dans la mesure où le bénéficiaire s'inscrit comme demandeur d'emploi au terme de son contrat de sécurisation professionnelle (renseignements auprès de Pôle emploi).

■ L'accomplissement de périodes de travail

Au cours de son contrat de sécurisation professionnelle, le bénéficiaire peut réaliser autant de périodes de travail rémunérées qu'il le souhaite, sous forme de CDD ou de contrat d'intérim d'une durée minimum de trois jours, sans que leur durée totale cumulée ne puisse excéder six mois. Ces périodes de travail seront validées préalablement par le conseiller référent du bénéficiaire afin d'en vérifier la cohérence avec le projet de reclassement du bénéficiaire. Pendant ces périodes, le bénéficiaire est salarié de l'entreprise où il exerce et son contrat de sécurisation professionnelle est suspendu.

■ La possibilité de percevoir une indemnité différentielle de reclassement

Lorsque, avant le terme du CSP, le bénéficiaire reprend un emploi dont la rémunération est, pour une même durée du travail, inférieure à la rémunération de son emploi précédent, il perçoit une indemnité différentielle de reclassement (IDR) dont l'objet est de compenser sa baisse de rémunération. Cette indemnité lui est versée mensuellement pour une durée qui ne peut excéder 12 mois et dans la limite d'un montant total plafonné à 50 % de ses droits résiduels à l'allocation de sécurisation professionnelle (sur cette allocation, voir ci- contre).

Remarque

La demande d'IDR doit être faite au moyen d'un formulaire que le bénéficiaire du CSP doit se procurer auprès de son agence Pôle emploi.

■ La possibilité de percevoir une prime au reclassement

Si, avant la fin du 10e mois de son CSP, le bénéficiaire ayant validé son plan d'actions retrouve un emploi durable sous la forme d'un CDI, d'un CDD ou un contrat d'intérim de 6 mois ou plus, celui-ci sort du dispositif et peut demander le versement d'une prime au reclassement équivalente à 50 % du reliquat de ses droits à l'allocation de sécurisation professionnelle (voir ci-dessous).

Le versement s'effectue en deux fois :

- un premier versement à la signature du contrat de travail ;
- un deuxième versement à l'issue du 3e mois si le bénéficiaire est toujours en emploi.

Remarque

Le bénéfice de cette prime n'est pas cumulable avec l'indemnité différentielle de reclassement mentionnée ci-contre.

En quoi consiste l'allocation de sécurisation professionnelle ?

Les bénéficiaires d'un contrat de sécurisation professionnelle ont le statut de stagiaire de la formation professionnelle.

Ils perçoivent de Pôle emploi, pendant la durée d'exécution du CSP, une allocation de sécurisation professionnelle égale à 75 % du salaire journalier de référence (soit un peu plus de 90 % du salaire net antérieur). Cette allocation ne peut être inférieure à celle à laquelle le salarié aurait pu prétendre au titre de l'allocation d'aide au retour à l'emploi (ARE, voir p. 622) pendant la même période, ni supérieure à l'allocation maximale au titre de l'ARE.

Le salaire de référence servant au calcul de l'allocation de sécurisation professionnelle est le salaire de référence retenu pour le calcul de l'ARE du régime d'assurance chômage.
La détermination du montant de l'allocation de sécurisation professionnelle s'effectue dans les mêmes conditions que celles prévues pour l'ARE.
En cas de perte involontaire d'une activité conservée pendant le contrat de sécurisation professionnelle, le montant de l'allocation de sécurisation professionnelle peut être révisé afin de ne pas être inférieur au montant de l'ARE qui aurait été révisé en application de la convention du 14 mai 2014 « relative à l'indemnisation du chômage » et de ses textes d'application.

Remarques

- Afin de participer au financement des retraites complémentaires des bénéficiaires de l'allocation de sécurisation professionnelle, un prélèvement de 3 % assis sur le salaire journalier de référence est opéré sur les allocations journalières supérieures à l'ARE minimale, soit 28,58 € (au 1er juillet 2014).
- Les bénéficiaires et les modalités de calcul de l'allocation de sécurisation professionnelle seront précisés par la convention mentionnée page 633, à laquelle il conviendra donc de se reporter.

Le service de l'allocation de sécurisation professionnelle est interrompu à compter du jour où le bénéficiaire a retrouvé un emploi, sauf en cas d'accomplissement de périodes de travail dans les limites mentionnées page 672.
L'allocation de sécurisation professionnelle est payée mensuellement à terme échu, pour tous les jours ouvrables ou non.

Que se passe-t-il à l'issue du CSP ?

Le bénéficiaire d'un CSP qui, au terme de ce contrat, est à la recherche d'un emploi, peut bénéficier de l'allocation d'aide au retour à l'emploi (ARE, voir p. 622), dès son inscription comme demandeur d'emploi,

sans différé d'indemnisation, ni délai d'attente. La durée d'indemnisation au titre de cette allocation est, dans ce cas, réduite du nombre de jours indemnisés au titre de l'allocation de sécurisation professionnelle.
Les demandeurs d'emploi inscrits en CSP bénéficient du mécanisme des droits rechargeables dans les conditions de droit commun (sur les droits rechargeables, voir le site www.unedic.org).

Textes de référence

Articles L. 1233-65 à L. 1233-70 du Code du travail
Accord national interprofessionnel du 8 décembre 2014 relatif au contrat de sécurisation professionnelle

Lire en complément

- L'allocation d'aide au retour à l'emploi

Les conventions FNE-formation

Conclues avec l'État, les conventions de FNE-formation ont pour objectif de faciliter la continuité de l'activité et de favoriser l'adaptation à de nouveaux emplois des salariés dont les entreprises sont affectées par la crise économique et financière. La vocation première de cet outil est de favoriser le maintien dans l'emploi en interne mais l'aide du FNE peut, sous certaines conditions, faciliter les reclassements externes des salariés. Sauf exceptions, sont exclus du périmètre de la convention FNE-formation les salariés dont le contrat est rompu ou va être rompu pour licenciement pour motif économique, rupture négociée pour motif économique, plans de départs volontaires, rupture conventionnelle, départ à la retraite, mise à la retraite, dès lors qu'il s'insère dans le cadre d'un plan de sauvegarde de l'emploi. Par ailleurs, le FNE-formation ne peut être mobilisé pour une entreprise en redressement ou liquidation judiciaire, conformément à la réglementation européenne relative à l'encadrement des aides d'État aux entreprises.

Remarque

L'ensemble des outils de l'État susceptibles d'appuyer des démarches de gestion prévisionnelle des emplois et des compétences, dont, notamment, les conventions FNE-formation (ou « AME entreprise »), est regroupé dans un cadre commun, dénommé « appui aux mutations économiques » (AME). Pour plus de précisions, on peut se reporter à la circulaire DGEFP n° 2011/12 du 1er avril 2011, « relative à la démarche d'appui aux mutations économiques » disponible sur le site http://circulaire.legifrance.gouv.fr/.

Quels sont les entreprises et les salariés concernés ?

Le FNE-formation est mobilisé en priorité (mais pas exclusivement) au sein des entreprises ou groupements d'employeurs de moins de 250 salariés. L'aide concerne en priorité les salariés les plus exposés à la perte de leur emploi, les salariés de faible niveau de qualification par rapport aux besoins du marché du travail sur leur bassin d'emploi et les salariés (quel que soit leur niveau de qualification) en CDD ou en CDI en lieu et place du dispositif d'activité partielle.

Quels types de formations sont visés ?

Les formations éligibles sont celles ayant pour objet la reconnaissance des qualifications telles que définies à l'article L. 6314-1 du Code du travail, notamment par l'acquisition d'un diplôme, d'un titre à finalité professionnelle ou d'un certificat de qualification figurant sur une liste établie par la commission paritaire nationale de l'emploi d'une branche professionnelle enregistrés dans le *Répertoire national des certifications professionnelles* (RNCP) mentionné à l'article L. 335-6 du Code de l'éducation. S'y ajoutent les formations figurant sur une liste établie par la commission paritaire nationale de l'emploi d'une branche professionnelle.

Le FNE-formation peut également être mobilisé pour des actions permettant aux travailleurs de faire valider les acquis de leur expérience telles que définies à l'article L. 6313-11 du Code du travail, ainsi que pour les formations de tuteurs, de maîtres d'apprentissage, les bilans de compétences, les bilans professionnels ou de positionnement et les formations facilitant la polyvalence professionnelle des salariés.

Ces actions de formation ou de validation des acquis de l'expérience (VAE) sont mises en œuvre dans le cadre de l'individualisation des parcours professionnels.

Les dispositifs de formation mobilisables sont, par exemple, le plan de formation et les périodes de professionnalisation.

Quels sont les engagements de l'entreprise ?

Les entreprises ou groupements d'employeurs bénéficiaires d'une convention FNE-formation s'engagent à maintenir dans l'emploi les salariés formés dans ce cadre, à l'exception des salariés formés en vue de leur reclassement externe grâce au concours du FNE-formation, pendant une durée au moins égale à la durée de la convention augmentée de six mois. Le maintien dans l'emploi des salariés couverts par la convention est un engagement impératif de la part de l'entreprise ou du groupement d'employeurs.

Quelle est la procédure d'obtention de l'aide ?

La convention est négociée et conclue, pour une durée maximale d'un an, entre le préfet de région (ou, par délégation, le Direccte) et l'entreprise, après consultation des représentants du personnel. Si les éléments contextuels et la situation de l'entreprise le justifient, la durée de la convention peut être étendue à 18 mois.
La Direccte procède à l'instruction du dossier de demande de financement ; elle procède également au contrôle de service fait à l'issue de l'opération pour le solde de la convention.

Remarque

Une convention peut également être conclue entre la Direccte et un OPCA chargé d'assurer un relais auprès de ses entreprises adhérentes afin de leur apporter un soutien complémentaire dans le financement d'un projet de formation ciblé. Comme le précise la circulaire du 1er avril 2011 mentionnée p. 680, à laquelle on se reportera pour plus de précisions, « contractualiser directement avec un OPCA devrait permettre de réaliser des opérations collectives de formation au profit des TPE qui jusqu'à présent sont exclues du dispositif du FNE-formation compte tenu des difficultés d'appréhension des questions d'ingénierie en ressources humaines et des règles communautaires complexes. La convention préciserait ainsi les contenus, les conditions de mise en œuvre et éventuellement le mode de rétribution de cette mission ».

Quel est le montant de l'aide ?

L'aide couvre une partie des frais pédagogiques et des rémunérations des salariés. Elle est modulable en fonction du type de formation (spécifique ou générale), de la taille de l'entreprise et du public concerné (majoration pour les travailleurs défavorisés ou handicapés).
L'aide est versée au fur et à mesure du déroulement des actions conventionnées, le solde étant versé sur examen du bilan des formations réalisées.
Pour mobiliser le FNE-formation, des cofinancements de l'OPCA ou de l'entreprise (ou du groupement d'employeurs) sont obligatoirement requis à l'exception d'opérations relevant du plan de formation où seul le cofinancement de l'OPCA est obligatoirement requis. La participation du conseil régional ainsi que tout autre financeur public ou privé doit également être recherchée.

Qui prend la décision d'attribuer l'aide ?

La décision est prise par le directeur régional des entreprises, de la concurrence, de la consommation, du travail et de l'emploi. La DGEFP est saisie en vue de son accord préalable aux fins de délégation des crédits pour les dossiers relatifs aux entreprises appartenant à un groupe ayant plus de 5 000 salariés en France ou d'entreprises ayant plus de 5 000 salariés en France pour lesquelles l'aide publique demandée au titre du FNE-formation est supérieure à 500 000 € et dépasse un montant moyen par salarié supérieur à 2 000 €.

Textes de référence

Articles L. 5111-1 à L. 5111-3, R. 5111-1 à R. 5111-6 et R. 5123-5 à R. 5123-8 du Code du travail

Circulaire DGEFP n° 2011/12 du 1er avril 2011, « relative à la démarche d'appui aux mutations économiques » (http://circulaire.legifrance.gouv.fr/)

L'activité partielle

L'activité partielle a fait l'objet d'une réforme en profondeur dans le cadre de la loi du 14 juin 2013 « relative à la sécurisation de l'emploi ». Dans un souci d'efficacité et de lisibilité, la loi a fusionné et simplifié les régimes antérieurs de chômage partiel.

Dans ce cadre également, la dénomination du dispositif a évolué : l'appellation « chômage partiel » a été remplacée par celle « d'activité partielle ».

L'activité partielle est un dispositif destiné à permettre de maintenir l'emploi dans les entreprises confrontées à des difficultés les conduisant à suspendre ou réduire temporairement leur activité. Ce dispositif offre ainsi une alternative aux licenciements pour motif économique. Il garantit aux salariés concernés une compensation financière importante de la perte de salaire consécutive à la diminution de leur activité, dans des conditions attractives pour l'employeur. En effet, ce dernier bénéficie non seulement d'une allocation horaire cofinancée par l'État et l'Unedic mais l'indemnité qu'il verse au salarié n'est pas assujettie à cotisations de sécurité sociale. Le salarié reçoit une indemnité équivalente à 70 % de son salaire brut (soit 84 % du salaire net).

L'activité partielle peut être mobilisée pour les entreprises qui font face à des difficultés et les aider à passer le cap, en préservant les emplois et en développant leurs compétences, y compris par des entreprises qui ont conclu un accord de maintien dans l'emploi.

Remarque

Depuis le 1er octobre 2014, toute demande d'activité partielle doit être effectuée de manière dématérialisée à partir du site https://activite-partielle.emploi.gouv.fr.

En quelques clics, les entreprises peuvent créer leur compte et déposer leur demande d'autorisation préalable (voir p. 684). Elles peuvent suivre l'instruction de leur dossier et reçoivent par mail la notification de la décision. Si la décision est favorable, elles peuvent mettre les salariés en activité partielle et établir les demandes d'indemnisation en ligne tous les mois. Pour toute demande d'assistance, un n° Indigo a été mis en place : 0820 722 111 (0,12 euro/min) pour la métropole ou 0821 401 400 (0,12 euro/min) pour les Dom.

Quelles sont les situations permettant de recourir à l'activité partielle ?

Les salariés peuvent être placés en position d'activité partielle par leur employeur, après autorisation de l'autorité administrative (voir p. 684), s'ils subissent une perte de rémunération imputable :

- soit à la fermeture temporaire de leur établissement ou partie d'établissement ;
- soit à la réduction de l'horaire de travail pratiqué dans l'établissement ou partie d'établissement en deçà de la durée légale de travail.

Remarque

En cas de réduction collective de l'horaire de travail, les salariés peuvent être placés en position d'activité partielle individuellement et alternativement. Cette disposition vise à autoriser la mise en activité partielle dans des entreprises qui organisent le temps de travail « par roulement ».

Cette réduction ou suspension d'activité peut être imputable à l'une ou l'autre des circonstances suivantes :

- la conjoncture économique ;
- des difficultés d'approvisionnement en matières premières ou en énergie ;
- un sinistre ;
- des intempéries de caractère exceptionnel ;

- une transformation, restructuration ou modernisation de l'entreprise ;
- toute autre circonstance de caractère exceptionnel.

La réduction ou la suspension d'activité doit avoir un caractère temporaire.

Remarque

Bien qu'il y ait suspension ou réduction d'activité, certaines situations n'ouvrent pas droit au bénéfice de l'allocation et de l'indemnité d'activité partielle. Tel est le cas :

- lorsque la réduction ou la suspension de l'activité est provoquée par un différend collectif de travail intéressant l'établissement dans lequel les salariés sont employés ; toutefois, dans le cas d'une fermeture de l'entreprise ou d'un service décidée par l'employeur suite à une grève, le versement des allocations et des indemnités peut être autorisé par décision du ministre chargé de l'Emploi, si la fermeture se prolonge plus de trois jours ;
- pour les salariés dont la durée du travail est fixée par forfait en heures ou en jours sur l'année, en application des articles L. 3121-42 et L. 3121-43 du Code du travail (voir p. 242 et s.), en cas de réduction de l'horaire de travail habituellement pratiqué dans l'établissement. Toutefois, ces salariés bénéficient de l'indemnité d'activité partielle en cas de fermeture totale de l'établissement ou d'une partie de l'établissement dont ils relèvent.

Quelle est la procédure ?

■ Consultation préalable des représentants du personnel

Préalablement au placement des salariés en activité partielle dans les entreprises comptant au moins 50 salariés, le comité d'entreprise (ou, à défaut, les délégués du personnel) doit, au titre de sa compétence générale sur les questions intéressant la marche générale de l'entreprise, être informé et consulté sur la nécessité et les modalités du recours, par l'employeur, à l'activité partielle.

■ Demande préalable d'autorisation

L'employeur ne peut (sauf l'exception des cas motivés par un sinistre ou des intempéries de caractère exceptionnel) placer des salariés en position d'activité partielle qu'après autorisation, expresse ou implicite, de l'autorité administrative. Pour cela, il effectue par voie dématérialisée (voir p. 681), une demande préalable d'autorisation d'activité partielle qui précise :

1° Les motifs justifiant le recours à l'activité partielle.

2° La période prévisible de sous-activité.

3° Le nombre de salariés concernés.

Cette demande est accompagnée de l'avis préalable des représentants du personnel (comité d'entreprise, ou, en l'absence de comité d'entreprise par suite de carence, délégués du personnel) mentionné page 683.

Remarque

Par exception, en cas de force majeure (sinistre ou intempérie de caractère exceptionnel), la demande d'autorisation n'intervient qu'a posteriori dans un délai de 30 jours.

Lorsque l'employeur a, préalablement à sa demande, déjà placé ses salariés en activité partielle au cours des 36 mois précédant la date de dépôt de la demande d'autorisation, celle-ci mentionne les engagements que l'employeur propose de souscrire (voir ci-contre).

■ Décision de l'administration

La décision administrative d'autorisation ou de refus est notifiée à l'employeur dans un délai de 15 jours à compter de la date de réception de la demande d'autorisation.

L'absence de décision dans ce délai vaut acceptation implicite de la demande.

La décision de refus est motivée.

La décision administrative est notifiée par voie dématérialisée à l'employeur. Celui-ci en informe le comité d'entreprise ou, en l'absence de comité d'entreprise, les délégués du personnel.

Pour quelle durée l'autorisation est-elle accordée ?

Une autorisation d'activité partielle peut être accordée pour une durée maximum de six mois. Cette durée peut être renouvelée.

Lorsque l'employeur a, préalablement à sa demande, déjà placé ses salariés en activité partielle au cours des 36 mois précédant la date de dépôt de la demande d'autorisation, celle-ci mentionne les engagements souscrits par l'employeur.

Ces engagements peuvent notamment porter sur :

1° Le maintien dans l'emploi des salariés pendant une durée pouvant atteindre le double de la période d'autorisation.

2° Des actions spécifiques de formation pour les salariés placés en activité partielle.

3° Des actions en matière de gestion prévisionnelle des emplois et des compétences.

4° Des actions visant à rétablir la situation économique de l'entreprise.

L'autorité administrative fixe ces engagements en tenant compte de la situation de l'entreprise, d'un éventuel accord collectif sur les conditions du recours à l'activité partielle ou, à défaut, des propositions figurant dans la demande d'autorisation ainsi que de la récurrence du recours à l'activité partielle dans l'établissement.

Les engagements sont notifiés dans la décision d'autorisation.

Remarque

L'autorité administrative demande à l'employeur le remboursement des sommes perçues au titre de l'allocation d'activité partielle en cas de non-respect par l'entreprise, sans motif légitime, des engagements mentionnés dans la décision d'autorisation.

Le remboursement peut ne pas être exigé s'il est incompatible avec la situation économique et financière de l'entreprise.

Quelle est la situation des salariés en activité partielle ?

■ Versement d'une indemnité d'activité partielle

Les salariés placés en position d'activité partielle reçoivent une indemnité horaire versée par leur employeur à la date normale de paie. Cette indemnité correspond à 70 % de la rémunération brute servant d'assiette de l'indemnité de congés payés ramenée à un montant horaire sur la base de la durée légale du travail applicable dans l'entreprise ou, lorsqu'elle est inférieure, la durée collective du travail ou la durée stipulée au contrat de travail.

Pendant les actions de formation mentionnées à l'article L. 5122-2 du Code du travail (voir ci-contre) mises en œuvre pendant les heures chômées, cette indemnité horaire est portée à 100 % de la rémunération nette antérieure du salarié.

Pour les salariés en contrat d'apprentissage ou de professionnalisation, l'allocation versée à l'employeur (voir p. 688) ne peut être supérieure au montant de l'indemnité horaire due par l'employeur.

L'indemnité d'activité partielle est exonérée des taxes sur les salaires et des cotisations de sécurité sociale. Elle est soumise à l'impôt sur le revenu et à la CSG et CRDS, mais selon des taux réduits : 6,2 % pour la CSG et 0,5 % pour la CRDS (après abattement d'assiette de 1,75 %), avec, pour la CSG, possibilité d'application d'un taux réduit (3,8 %) ou d'exonération en fonction de la situation fiscale du salarié. L'indemnité est, en outre, cessible et saisissable dans les mêmes conditions et limites que les salaires.

Remarque

Si le salarié perçoit au cours d'un mois, du fait de son placement en activité partielle, une somme totale (salaire et indemnité d'activité partielle) inférieure à la rémunération mensuelle minimale (RMM) égale au Smic net, l'employeur doit lui verser un complément. Celui-ci correspond à la différence entre la RMM et le montant cumulé du salaire perçu et de l'indemnité d'activité partielle. Ce complément est à la charge de l'employeur. Il n'est pas dû aux salariés à temps partiel, aux intérimaires et aux apprentis.

■ Suspension du contrat de travail

Le contrat de travail des salariés placés en activité partielle est suspendu pendant les périodes où ils ne sont pas en activité. Le salarié est ainsi dispensé d'exécuter sa prestation de travail et ne reçoit plus de rémunération en échange, mais un revenu de remplacement sous la forme de l'indemnité horaire mentionnée ci-contre.

Remarque

La totalité des heures chômées est prise en compte pour le calcul de l'acquisition des droits à congés payés. Elle est également prise en compte pour la répartition de la participation et de l'intéressement lorsque cette répartition est proportionnelle à la durée de présence du salarié. Lorsque cette répartition est proportionnelle au salaire, les salaires à prendre en compte sont ceux qu'aurait perçus le salarié s'il n'avait pas été placé en activité partielle.

■ Possibilité de bénéficier d'actions de formation

Les salariés placés en activité partielle peuvent bénéficier, pendant les périodes où ils ne sont pas en activité, de l'ensemble des actions et de la formation mentionnées aux articles L. 6313-1 et L. 6314-1 du Code du travail (voir p.439) réalisées notamment dans le cadre du plan de formation. Afin de les inciter à s'engager dans cette démarche de formation, l'indemnité d'activité partielle qui leur est versée fait l'objet d'une majoration (voir p. 686).

Quelle aide est perçue par les employeurs ?

En cas de décision d'autorisation expresse ou tacite de placement de ses salariés en activité partielle, l'employeur perçoit à sa demande une allocation d'activité partielle financée conjointement par l'État et l'Unédic, dont le taux est fixé à :

- 7,74 € par heure chômée pour les entreprises de 1 à 250 salariés ;
- et 7,23 € par heure chômée pour les entreprises de plus de 250 salariés.

Cette allocation est attribuée dans la limite d'un contingent d'heures indemnisables actuellement fixé à 1 000 heures par an et par salarié. Cette limite ne peut être dépassée que dans des cas exceptionnels résultant de la situation particulière de l'entreprise, sur décision conjointe des ministres chargés de l'Emploi et du Budget. Le nombre d'heures pouvant justifier de l'attribution de cette allocation est déterminé selon les dispositions de l'article R. 5122-19 du Code du travail.

Pour percevoir cette allocation, l'employeur adresse à la l'Agence de services et de paiement (ASP) une demande d'indemnisation qui comporte :
1° Des informations relatives à l'identité de l'employeur.
2° Les états nominatifs précisant notamment le nombre d'heures chômées par salarié pour la période donnant lieu à l'indemnisation.
La demande d'indemnisation doit correspondre au mode d'aménagement du temps de travail concerné par l'activité partielle.
L'allocation d'activité partielle est liquidée mensuellement par l'Agence des services de paiement (ASP).
Pour les établissements appliquant un accord d'aménagement du temps de travail sur une période supérieure à la semaine et infé-

rieure à l'année, l'employeur y joint, dans le cas où il ne souhaite pas un remboursement à la fin de la période, une demande de remboursement mensuel.
La demande est adressée par voie dématérialisée à l'ASP qui se charge d'en assurer la conservation selon des modalités garantissant l'intégrité des informations reçues. Après vérification, l'ASP liquide l'allocation d'activité partielle.

Pour aller plus loin

Afin d'estimer le montant de l'aide de l'État au titre de l'activité partielle, les employeurs peuvent procéder à une simulation sur le site www.simulateurap.emploi.gouv.fr.
Cette simulation leur permettra de connaître immédiatement les montants estimatifs d'indemnisation qu'ils peuvent escompter en cas de recours à l'activité partielle (tous dispositifs) et donc le montant estimatif de leur reste à charge. Le simulateur ne prend pas en compte les cas particuliers (personnel naviguant…).

Textes de référence

Articles L. 5122-1 à L. 5122-4 et R. 5122-1 à R. 5122-19
du Code du travail

Chapitre 10

L'insertion professionnelle des jeunes et des demandeurs d'emploi

mots-clés

Apprentissage • Contrat de professionnalisation • Contrat d'insertion dans la vie sociale (Civis) • Contrat unique d'insertion (CUI) • Emploi d'avenir

Le contrat d'apprentissage

L'apprentissage a pour but de donner à des jeunes travailleurs ayant satisfait à l'obligation scolaire une formation générale, théorique et pratique, en vue de l'obtention d'une qualification professionnelle sanctionnée par un diplôme de l'enseignement professionnel ou technologique, un titre d'ingénieur ou un titre répertorié. Tout jeune âgé de 16 à 25 ans peut entrer en apprentissage. Des dérogations à ces limites d'âge sont possibles.
La conclusion d'un contrat d'apprentissage ouvre droit aux aides mentionnées pages 710 et suivantes ; des aides spécifiques sont également prévues si le titulaire du contrat est reconnu travailleur handicapé (voir p. 719).

Remarque

Une carte d'étudiant des métiers est délivrée à l'apprenti par le centre qui assure sa formation dans les 30 jours qui suivent l'inscription par le CFA. Cette carte permet à l'apprenti de faire valoir sur l'ensemble du territoire national la spécificité de son statut auprès des tiers, notamment en vue d'accéder à des réductions tarifaires identiques à celles dont bénéficient les étudiants de l'enseignement supérieur. Cette carte est conforme aux caractéristiques définies par l'arrêté du 30 décembre 2011 (JO du 31 décembre). En cas de rupture du contrat d'apprentissage, elle est remise à l'établissement de formation, qui assure sa destruction.

Qui peut embaucher un apprenti et quelles sont les conditions relatives au salarié ?

Toute entreprise du secteur privé peut embaucher un apprenti si l'employeur déclare prendre les mesures nécessaires à l'organisation de l'apprentissage. À ce titre, l'employeur doit notamment garantir que l'équipement de l'entreprise, les techniques utili-

sées, les conditions de travail, d'hygiène et de sécurité, les compétences professionnelles et pédagogiques du maître d'apprentissage sont de nature à permettre une formation satisfaisante.
Le contrat d'apprentissage est conclu entre l'employeur et l'apprenti ou, s'il est incapable, son représentant légal, conformément au contrat type Cerfa FA13 (disponible sur le site officiel des formulaires :
(www.formulaires.modernisation.gouv.fr/gf/cerfa_10103.do); une notice explicative Cerfa FA14 accompagne ce document.
Ce formulaire est également disponible sur le portail de l'alternance (www.alternance.emploi.gouv.fr), dans lequel, dans les conditions qui y sont précisées, le contrat d'apprentissage peut également être rempli en ligne (ce site offre, par ailleurs, de multiples renseignements et outils pratiques sur les contrats en alternance).
Ce contrat type vaut également déclaration de l'employeur (voir ci-dessus) en vue de la formation d'apprentis.

Remarque

Les entreprises du secteur public non industriel et non commercial peuvent également embaucher des apprentis. Des dispositions spécifiques s'appliquent pour ces entreprises ; sur cette question, il convient de se reporter aux précisions figurant sur le site www.fonction-publique.gouv.fr/score/lapprentissage.

■ Âge d'entrée en apprentissage

Le jeune apprenti doit avoir 16 ans au moins. Toutefois, les jeunes âgés d'au moins 15 ans peuvent souscrire un contrat d'apprentissage s'ils justifient avoir accompli la scolarité du premier cycle de l'enseignement secondaire.
Les jeunes qui atteignent l'âge de 15 ans avant le terme de l'année civile peuvent être inscrits, sous statut scolaire, dans un lycée professionnel ou dans un CFA pour débuter leur formation, dans les conditions suivantes :

1° L'élève a accompli la scolarité du 1er cycle de l'enseignement secondaire.
2° L'élève est inscrit, soit dans un lycée professionnel, soit dans un CFA sous statut scolaire, pour commencer une formation conduisant à la délivrance d'un diplôme ou d'un titre à finalité professionnelle enregistré au *Répertoire national des certifications professionnelles* (RNCP).
La formation comprend des périodes de formation en milieu professionnel, qui sont régies par le Code de l'éducation (notamment les articles D. 331-3, D. 331-4 et D. 331-15).

Remarque

Le contrat d'apprentissage peut être conclu pour une durée indéterminée. Dans ce cas, il débute par la période d'apprentissage, pendant laquelle il est régi par les dispositions du Code du travail relatives à l'apprentissage (par exemple, les dispositions relatives à la rémunération de l'apprenti). À l'issue de cette période, la relation contractuelle entre l'employeur et le salarié sera régie par les dispositions du Code du travail relatives au CDI de droit commun, à l'exception de celles relatives à la période d'essai. Ces dispositions sont issues de la loi du 5 mars 2014 mentionnée page 716, en vigueur depuis le 7 mars 2014.

L'apprenti doit avoir 25 ans au plus au début de l'apprentissage. Toutefois, des dérogations à cette limite d'âge supérieure d'entrée en apprentissage sont possibles dans les cas suivants :

- lorsque le contrat fait suite à un contrat d'apprentissage précédemment souscrit, et conduit à un niveau de diplôme supérieur à celui obtenu à l'issue du contrat précédent. Le contrat d'apprentissage doit être souscrit dans un délai maximum d'un an après l'expiration du précédent contrat ;
- lorsqu'il y a eu rupture de contrat pour des causes indépendantes de la volonté de l'apprenti (cessation d'activité de l'employeur, faute de l'employeur ou manquements répétés à ses obligations, mise en œuvre de la procédure prévue à l'article L. 6225-4 du Code

du travail en cas d'atteinte à la santé ou à l'intégrité morale et physique de l'apprenti) ou suite à une inaptitude physique et temporaire de celui-ci, constatée dans les conditions prévues à l'article R. 6222-38 du Code du travail. Là encore, le contrat d'apprentissage doit être souscrit dans un délai maximum d'un an après l'expiration du précédent contrat.

Dans les deux situations visées ci-dessus, l'âge de l'apprenti au moment de la conclusion du contrat ne peut être supérieur à 30 ans.
Deux dernières dérogations sont également prévues, sans limite d'âge supérieure, lorsque le contrat d'apprentissage est conclu :
- par une personne reconnue travailleur handicapé ;
- par une personne qui a un projet de création ou de reprise d'entreprise dont la réalisation est subordonnée à l'obtention du diplôme ou titre sanctionnant la formation poursuivie.

Remarque

Un CDI peut, par accord entre l'employeur et le salarié, être suspendu pendant la durée d'un contrat d'apprentissage conclu avec le même employeur. Dans ce cas, la durée de la suspension est égale à la durée de la formation nécessaire à l'obtention de la qualification recherchée.

■ Entreprises de travail temporaire

Les entreprises de travail temporaire peuvent conclure des contrats d'apprentissage. Ces contrats assurent à l'apprenti une formation professionnelle dispensée pour partie en entreprise dans le cadre des missions de travail temporaire et pour partie en CFA ou section d'apprentissage. La durée minimale de chaque mission de travail temporaire effectuée dans le cadre de l'apprentissage est de six mois. Le temps consacré aux enseignements dispensés en CFA ou en section d'apprentissage et afférents à ces missions est pris en compte dans cette durée.

Remarque

Dans la situation mentionnée ci-dessus, la fonction tutorale est assurée par un maître d'apprentissage dans l'entreprise de travail temporaire et par un maître d'apprentissage dans l'entreprise utilisatrice.

■ Exercice d'activités saisonnières

Pour l'exercice d'activités saisonnières au sens du 3° de l'article L. 1242-2 du Code du travail, et à titre dérogatoire, deux employeurs peuvent conclure conjointement un contrat d'apprentissage avec toute personne éligible à ce contrat remplissant la condition d'âge mentionnée page 694. Ce contrat peut alors avoir pour finalité l'obtention de deux qualifications professionnelles sanctionnées par un diplôme ou un titre à finalité professionnelle enregistré au *Répertoire national des certifications professionnelles*.

Dans la situation mentionnée ci-dessus, une convention tripartite signée par les deux employeurs et l'apprenti est annexée au contrat d'apprentissage. Elle détermine :

- l'affectation de l'apprenti entre les deux entreprises au cours du contrat selon un calendrier prédéfini, ainsi que le nombre d'heures effectuées dans chaque entreprise ;
- les conditions de mise en place du tutorat entre les deux entreprises ;
- la désignation de l'employeur tenu de verser la rémunération due au titre de chaque période consacrée par l'apprenti à la formation dispensée dans les centres de formation d'apprentis et les sections d'apprentissage.

La possibilité, pour l'une ou l'autre des parties (apprenti ou employeurs) de rompre le contrat durant les deux premiers mois de l'apprentissage est applicable, à l'initiative de l'apprenti ou de l'un des employeurs, pendant deux mois à compter du début de la première période de travail effectif chez cet employeur.

L'apprenti bénéficie d'un maître d'apprentissage (voir ci-dessous), dans chacune des entreprises.

Remarque

Le contrat peut être rompu, dans les conditions prévues à l'article L. 6222-18 du Code du travail (voir p. 708) à l'initiative des deux employeurs ou de l'un d'entre eux, lequel prend en charge les conséquences financières d'une rupture à ses torts.

■ Cas particulier du « dispositif d'initiation aux métiers en alternance »

Dans les conditions fixées par les articles D. 337-172 à D. 337-182 du Code de l'éducation, les CFA peuvent accueillir, pour une durée maximale d'un an, les élèves ayant au moins atteint l'âge de 15 ans pour leur permettre de suivre, sous statut scolaire, une formation en alternance destinée à leur faire découvrir un environnement professionnel correspondant à un projet d'entrée en apprentissage, tout en leur permettant de poursuivre l'acquisition du socle commun de connaissances, de compétences et de culture mentionné à l'article L. 122-1-1 du Code de l'éducation. Ces formations en alternance, sous statut scolaire, sont dénommées « dispositif d'initiation aux métiers en alternance » (DIMA). À tout moment, l'élève peut :

- soit signer un contrat d'apprentissage, sous la réserve d'avoir atteint l'âge de 16 ans ou d'avoir accompli la scolarité du premier cycle de l'enseignement secondaire, conformément à l'article L. 6222-1 du Code du travail ;
- soit reprendre sa scolarité dans un collège ou un lycée.

Les stages en milieu professionnel seront organisés dans les conditions prévues au Code du travail.

Quelles sont les caractéristiques du contrat et de la formation ?

■ Principe

L'apprentissage repose sur le principe de l'alternance entre enseignement théorique en centre de formation d'apprentis (CFA) et enseignement du métier chez l'employeur avec lequel l'apprenti a signé son contrat.

La durée du contrat d'apprentissage, lorsqu'il est conclu pour une durée limitée, ou de la période d'apprentissage, lorsque le contrat d'apprentissage est conclu pour une durée indéterminée (voir p. 695), peut varier de un à trois ans en fonction du type de profession et de la qualification préparée. Cette durée peut être adaptée pour tenir compte du niveau initial de compétence de l'apprenti ; la durée maximale peut être portée à quatre ans lorsque la qualité de travailleur handicapé est reconnue à l'apprenti.

Remarque

La durée du contrat ou de la période d'apprentissage pour la préparation du baccalauréat professionnel est fixée à trois ans. Par dérogation, cette durée est toutefois fixée à deux ans pour les titulaires d'un diplôme enregistré et classé au niveau V dans le ***Répertoire national des certifications professionnelles*** (RNCP) et relevant d'une spécialité en cohérence avec celle du baccalauréat professionnel préparé.

La durée du contrat ou de la période d'apprentissage peut aussi varier entre six mois et un an quand la formation a pour objet un diplôme ou un titre :
- de même niveau et en rapport avec un premier diplôme ou titre obtenu dans le cadre d'un précédent contrat d'apprentissage ;
- de niveau inférieur à un diplôme ou titre déjà obtenu ;
- dont une partie a été obtenue par la validation des acquis de l'expérience (VAE) ;
- dont la préparation a été commencée sous un autre statut.

Dans ces cas, le nombre d'heures de formation dispensées dans les CFA ne peut être inférieur à celui prévu à l'article L. 6233-8 (soit 400 heures par an en moyenne) calculé au prorata de la durée du contrat.

La décision est prise, après avis du directeur du CFA ou, dans le cas d'une section d'apprentissage, du responsable d'établissement, par le recteur ou le directeur régional de l'alimentation, de l'agriculture et de la forêt ou le directeur régional de la jeunesse, des sports et de la cohésion sociale. Faute de réponse dans un délai d'un mois suivant le dépôt de la demande par l'employeur, la décision est réputée positive.

Remarque

Pour les besoins de sa formation, un apprenti peut être accueilli, temporairement, dans une autre entreprise. Une convention doit alors être conclue entre l'employeur, l'entreprise d'accueil et l'apprenti (et son représentant légal, le cas échéant). Lorsque cette mise à disposition s'effectue auprès d'une entreprise d'accueil établie dans un autre État membre de l'Union européenne, cette convention doit être conforme au modèle figurant en annexe de l'arrêté du 2 février 2009 (JO du 26 février).

■ Réorientation en cours de contrat d'apprentissage préparant au baccalauréat professionnel

Un apprenti engagé dans la préparation d'un baccalauréat professionnel peut, à sa demande ou à celle de son employeur, au terme de la première année du contrat, poursuivre sa formation en vue d'obtenir un certificat d'aptitude professionnelle (CAP), un certificat d'aptitude professionnelle agricole (Capa) ou un brevet professionnel agricole (BPA).

Lorsque la spécialité du CAP, du Capa ou du BPA au même domaine professionnel que celle du baccalauréat professionnel initialement visée, la durée du contrat d'apprentissage est réduite d'une année.

Un avenant au contrat d'apprentissage précisant le diplôme préparé et la durée du contrat correspondante est alors signé entre l'apprenti, ou son représentant légal, et l'employeur. Cet avenant est enregistré dans les conditions de droit commun.

Remarque

Un jeune âgé de 16 à 25 ans (ou 15 ans s'il a achevé le 1er cycle de l'enseignement secondaire – fin de classe de troisième – au moment où il intègre le CFA ou la section d'apprentissage) peut, à sa demande, s'il n'a pas été engagé par un employeur, suivre en CFA ou en section d'apprentissage une formation visant à l'obtention d'une qualification professionnelle. La durée du cycle de formation est d'une année au maximum. Le jeune bénéficie du statut de stagiaire de la formation professionnelle. Lors des périodes réservées à la formation en entreprise, le CFA ou la section d'apprentissage organise à son intention des stages professionnalisants en entreprise donnant lieu à la conclusion d'une convention. À tout moment, le bénéficiaire de cette disposition peut signer un contrat d'apprentissage dans les conditions mentionnées à l'article L. 6222-12-1 du Code du travail (plus de précisions sur le site www.travail-emploi.gouv.fr).

Qui peut être maître d'apprentissage ?

L'apprenti est obligatoirement suivi par un maître d'apprentissage (ou par une équipe tutorale, voir ci-dessous). Celui-ci est soit le chef de l'entreprise, soit l'un des salariés de l'entreprise. Il a pour mission de contribuer à l'acquisition par l'apprenti des compétences nécessaires à l'obtention du titre ou du diplôme préparé, en liaison avec le CFA.

Le nombre maximal d'apprentis ou d'élèves de classes préparatoires à l'apprentissage pouvant être accueillis simultanément dans une entreprise ou un établissement est fixé à deux pour chaque maître d'apprentissage.

Remarque

La fonction tutorale peut être partagée entre plusieurs salariés constituant une équipe tutorale au sein de laquelle sera désigné un « maître d'apprentissage référent » qui assurera la coordination de l'équipe et la liaison avec le CFA.

Sont réputées remplir la condition de compétence professionnelle exigée d'un maître d'apprentissage :

- les personnes titulaires d'un diplôme ou d'un titre relevant du domaine professionnel correspondant à la finalité du diplôme ou du titre préparé par l'apprenti et d'un niveau au moins équivalent, justifiant de deux années d'exercice d'une activité professionnelle en relation avec la qualification visée par le diplôme ou le titre préparé ;

- les personnes justifiant de trois années d'exercice d'une activité professionnelle en relation avec la qualification visée par le diplôme ou le titre préparé et d'un niveau minimal de qualification déterminé par la commission départementale de l'emploi et de l'insertion ;
- les personnes possédant une expérience professionnelle de trois ans en rapport avec le diplôme ou le titre préparé par l'apprenti après avis du recteur, du directeur régional de l'alimentation, de l'agriculture et de la forêt ou du directeur régional de la jeunesse, des sports et de la cohésion sociale. L'absence de réponse dans un délai d'un mois à compter de la saisine de l'autorité compétente vaut avis favorable.

Remarque

Les stages et les périodes de formation effectués en milieu professionnel, dans le cadre d'une formation initiale ou continue qualifiante prévue à l'article L. 6314-1 du Code du travail ne sont pas pris en compte dans le décompte de la durée d'expérience requise.

L'employeur doit permettre au maître d'apprentissage de dégager sur son temps de travail les disponibilités nécessaires à l'accompagnement de l'apprenti et aux relations avec le CFA ; il doit également veiller à ce que le maître d'apprentissage bénéficie de formations lui permettant d'exercer correctement sa mission et de suivre l'évolution du contenu des formations dispensées à l'apprenti et des diplômes qui les valident ; un accord collectif d'entreprise ou de branche peut définir les modalités de mise en œuvre et de prise en charge de ces formations.

Quelle forme le contrat doit-il avoir ? Comment se déroule-t-il ?

Le contrat d'apprentissage est un contrat de travail écrit particulier. Il est établi sur un formulaire type signé par l'employeur et l'apprenti (ou son représentant légal) (voir p. 694). L'arrêté du 6 juillet 2012 (JO du 18) fixe la liste des pièces justificatives liées au contrat d'apprentissage qui doivent être produites par l'employeur sur demande des services d'enregistrement ou d'inspection.

Avant le début de l'exécution du contrat d'apprentissage ou, au plus tard, dans les cinq jours ouvrables qui suivent celui-ci, l'employeur transmet les exemplaires du contrat d'apprentissage complet, accompagné du visa du directeur du CFA attestant l'inscription de l'apprenti, à l'un des organismes consulaires suivants :

- chambre de métiers et de l'artisanat, lorsque l'employeur est inscrit au répertoire des métiers, y compris dans le cas où il est également immatriculé au registre du commerce et des sociétés ;
- chambre d'agriculture, lorsqu'il emploie un apprenti mentionné au 7° de l'article L. 722-20 du Code rural et de la pêche maritime, sauf pour une entreprise artisanale rurale n'employant pas plus de deux ouvriers de façon permanente, mentionnée au 6° de l'article L. 722-1 du même code ;
- chambre de commerce et d'industrie, dans les autres cas, à l'exception de ceux où l'employeur relève du secteur public au sens du chapitre II de la loi n° 92-675 du 17 juillet 1992.

L'organisme consulaire territorialement compétent pour enregistrer le contrat d'apprentissage est celui du lieu d'exécution du contrat.

Remarque

La notice explicative mentionnée page 694 fournit aux employeurs intéressés toutes les précisions utiles pour remplir le contrat d'apprentissage ainsi que des informations sur la procédure d'enregistrement du contrat.

La chambre consulaire compétente dispose d'un délai de 15 jours à compter de la réception du contrat pour l'enregistrer. Le silence gardé dans ce délai vaut décision d'acceptation d'enregistrement. Le refus d'enregistrement est notifié aux parties, le cas échéant par voie électronique. Le contrat ne peut alors recevoir ou continuer de recevoir exécution.
Pendant la durée du contrat, l'employeur doit assurer à l'apprenti une formation méthodique et complète conduisant au diplôme ou au titre prévu dans le contrat, en lui confiant des tâches ou des postes en relation directe avec la formation prévue dans le contrat, et il doit faire suivre à l'apprenti la formation dispensée par le CFA.

Remarque

Dans les deux mois qui suivent la conclusion du contrat d'apprentissage, afin de procéder à une première évaluation du déroulement de la formation et, le cas échéant, d'adapter cette dernière, l'apprenti est convié par le CFA à un entretien auquel participent l'employeur, le maître d'apprentissage, un formateur du CFA et, si besoin est, les parents de l'apprenti ou son représentant légal. C'est au directeur du CFA que revient la mission d'organiser cet entretien et d'en établir le compte rendu.

Quelles sont les conditions de travail de l'apprenti ?

L'apprenti est un salarié à part entière. À ce titre, les lois, les règlements et la convention collective de la branche professionnelle ou de l'entreprise lui sont applicables dans les mêmes conditions qu'aux autres salariés. L'employeur doit permettre à l'apprenti de suivre les cours professionnels. Ce temps est compris dans le temps de travail.

Remarque

L'apprenti doit bénéficier d'un examen médical d'embauche dans les deux mois qui suivent son embauche. Toutefois, cet examen doit avoir lieu avant celle-ci si l'apprenti relève d'une catégorie de salariés soumis à une surveillance médicale renforcée (jeune de moins de 18 ans, travailleur handicapé, etc.).

L'apprenti âgé de 18 ans et plus est soumis aux règles applicables dans l'entreprise. S'il est âgé de moins de 18 ans, l'apprenti ne peut pas travailler :

- plus de huit heures par jour (à titre exceptionnel, des dérogations peuvent être accordées dans la limite de cinq heures par semaine, par l'inspecteur du travail après avis conforme du médecin du travail) ;
- plus de quatre heures et demi consécutives (au terme desquelles l'apprenti doit bénéficier d'une pause de 30 minutes consécutives) ;
- plus que la durée légale du travail (sauf dérogation de l'inspecteur du travail dans les conditions précisées ci-dessus).

En outre, deux jours de repos consécutifs doivent lui être accordés

Remarque

Les articles D. 4153-15 à D. 4153-17 du Code du travail définissent les travaux interdits aux jeunes travailleurs (jeunes en apprentissage, en contrat de professionnalisation, etc.) âgés d'au moins 15 ans et de moins de 18 ans ainsi que les travaux interdits susceptibles de dérogation. Lorsqu'elles sont possibles, les dérogations sont mises en œuvre dans les conditions fixées par les articles R. 4153-38 à R. 4153-52 du Code du travail. Les dispositions applicables ont été modifiées en dernier lieu par deux décrets du 11 octobre 2013 ; pour plus de précisions sur les dispositions applicables, on peut se reporter à la circulaire interministérielle n° 11 du 23 octobre 2013 : (circulaire.legifrance.gouv.fr/pdf/2013/12/cir_37727.pdf)

L'apprenti est tenu de se présenter aux épreuves du diplôme ou du titre prévu par le contrat d'apprentissage. Pour la préparation directe de ces épreuves, il a droit à un congé supplémentaire de cinq jours ouvrables ; il doit suivre les enseignements spécialement dispensés dans le CFA dès lors que la convention portant création de ce CFA en prévoit l'organisation (si tel n'est pas le cas, il a tout de même droit à ces cinq jours ouvrables de congé).
Le congé visé ci-dessus donne droit au maintien du salaire. Il est situé dans le mois qui précède les épreuves ; il s'ajoute au congé payé et au congé annuel pour les salariés de moins de 21 ans prévu à l'article L. 3164-9 du Code du travail, ainsi qu'à la durée de formation en CFA fixée par le contrat.

Quel est le salaire de l'apprenti ?

Sous réserve de dispositions contractuelles ou conventionnelles plus favorables, l'apprenti perçoit un salaire déterminé en pourcentage du Smic et dont le montant varie en fonction de l'âge du bénéficiaire et de sa progression dans le ou les cycles de formation faisant l'objet de l'apprentissage.

ANNEE D'EXECUTION DU CONTRAT	ÂGE DE L'APPRENTI		
	moins de 18 ans	de 18 ans à moins de 21 ans	21 ans et plus
1re année	25 %	41 %	53 %
2e année	37 %	49 %	61 %
3e année	53 %	65 %	78 %

Les règles suivantes s'appliquent lorsque l'apprenti conclut un nouveau contrat d'apprentissage :

- lorsque ce nouveau contrat d'apprentissage est conclu avec le même employeur, la rémunération de l'apprenti est au moins égale à celle qu'il percevait lors de la dernière année d'exécution du

contrat précédent, sauf lorsque l'application des rémunérations en fonction de son âge (voir tableau ci-dessus) est plus favorable ;
- lorsque ce nouveau contrat est conclu avec un employeur différent, la rémunération de l'apprenti est au moins égale à la rémunération minimale à laquelle il pouvait prétendre lors de la dernière année d'exécution du contrat précédent, sauf, là encore, lorsque l'application des rémunérations en fonction de son âge est plus favorable.

Lorsque l'apprenti atteint l'âge de 18 ou de 21 ans, le taux de rémunération change le premier jour du mois qui suit l'anniversaire du jeune.

Exemple

Un jeune, en première année, atteint l'âge de 18 ans le 18 mai. Sa rémunération passera de 25 à 41 % du Smic à compter du 1er juin.

Remarque

Les majorations pour heures supplémentaires sont applicables aux apprentis. Toutefois, les apprentis de moins de 18 ans ne peuvent effectuer d'heures supplémentaires que sur autorisation de l'inspecteur du travail après avis conforme du médecin du travail.

Le salaire des apprentis est-il soumis à l'impôt sur le revenu ?

En application de l'article 81 bis du Code général des impôts (CGI), les salaires versés aux apprentis munis d'un contrat répondant aux conditions posées par le Code du travail sont exonérés de l'impôt sur le revenu dans la limite du montant annuel du Smic. Cette disposition s'applique à l'apprenti personnellement imposable ou au contribuable qui l'a à sa charge.

Le contrat d'apprentissage peut-il être rompu ?

■ Période des deux premiers mois de l'apprentissage

Durant les deux premiers mois de l'apprentissage, le contrat peut être rompu par l'employeur ou par l'apprenti (ou par son représentant).

La résiliation unilatérale du contrat par l'une des parties pendant les deux premiers mois de son exécution ou la résiliation convenue d'un commun accord (voir ci-dessous) doit être constatée par écrit et notifiée au directeur du CFA ou, dans le cas d'une section d'apprentissage, au responsable d'établissement, ainsi qu'à l'organisme ayant enregistré le contrat. Ce dernier transmet sans délai à la Direccte ou au service assimilé du lieu d'exécution du contrat d'apprentissage. La même règle s'applique lorsque la résiliation est intervenue à l'initiative du salarié à la suite de l'obtention du diplôme ou du titre de l'enseignement technologique qu'il préparait.

Remarque

La rupture pendant les deux premiers mois d'apprentissage ne peut donner lieu à indemnité à moins d'une stipulation contraire dans le contrat.

■ Rupture du contrat passés les deux premiers mois de l'apprentissage

Passé le délai des deux premiers mois de l'apprentissage, le contrat se poursuit jusqu'à son terme, sauf dans les cas suivants (art. L. 6222-18 et L. 6222-19) :

- résiliation possible du contrat d'apprentissage à la seule initiative de l'apprenti en cas d'obtention du diplôme ou du titre préparé. L'apprenti doit avoir informé l'employeur par écrit au minimum deux mois auparavant ;
- accord des deux parties. Lorsque la rupture du contrat d'apprentissage intervient sur accord des parties, elle doit être constatée par écrit signé par l'employeur, par l'apprenti ainsi que, s'il est mineur, par son représentant légal ;

- jugement du conseil de prud'hommes en cas de faute grave ou de manquements répétés de l'une des parties à ses obligations (dans ce cas, le conseil de prud'hommes statue en la forme des référés) ; ;
- inaptitude de l'apprenti à exercer le métier choisi (dans ce cas, le conseil de prud'hommes statue en la forme des référés).

Remarque

Les articles L. 1221-19 (période d'essai des contrats de travail à durée indéterminée) et L. 1242-10 (période d'essai des contrats de travail à durée déterminée) du Code du travail sont applicables lorsque, après la rupture d'un contrat d'apprentissage, un nouveau contrat est conclu entre l'apprenti et un nouvel employeur pour achever la formation.

Dans les entreprises ressortissant des chambres consulaires (chambre de commerce et d'industrie, chambre de métiers et de l'artisanat, chambre d'agriculture), un médiateur désigné à cet effet par les chambres consulaires peut être sollicité par les parties pour résoudre les litiges entre les employeurs et les apprentis ou leur famille, au sujet de l'exécution ou de la résiliation du contrat d'apprentissage.

Remarque

Le statut de « stagiaire de la formation professionnelle » peut être accordé, pour une durée maximale de trois mois, aux jeunes qui suivent une formation en CFA, après que leur contrat d'apprentissage aura été rompu sans qu'ils soient à l'origine de cette rupture.

■ Mise en danger de l'apprenti

En cas de danger (atteinte à la santé ou à l'intégrité morale et physique de l'apprenti), le contrat peut être suspendu avec maintien de la rémunération puis, dans un délai de 15 jours, être rompu si le directeur régional des entreprises, de la concurrence, de la consommation, du travail et de l'emploi refuse d'autoriser la reprise de l'exécution du contrat. La rupture dans ces conditions contraint

l'employeur à verser à l'apprenti les sommes dont il aurait été redevable si le contrat s'était poursuivi jusqu'à son terme.
Le CFA prend alors les dispositions nécessaires pour que l'apprenti poursuive la formation et trouve un nouvel employeur.
En cas de refus d'autoriser la reprise de l'exécution du contrat, le directeur régional des entreprises, de la concurrence, de la consommation, du travail et de l'emploi peut interdire à l'employeur de recruter des apprentis ou des jeunes en contrats en alternance pour une certaine durée.
Cette interdiction peut être levée si l'employeur prend les mesures propres à supprimer tout risque d'atteinte à la santé et à l'intégrité morale et physique du jeune.

Qui contrôle l'apprentissage ?

L'apprentissage est soumis à un double contrôle de la part de :

- l'inspection de l'apprentissage, chargée de suivre le bon déroulement de la formation et ses aspects pédagogiques. Pour le secteur de la jeunesse et des sports, l'inspection de l'apprentissage est assurée par des inspecteurs de la jeunesse et des sports, commissionnés à cet effet par leur ministre ;
- l'inspection du travail, qui veille à l'application de la réglementation.

Si l'employeur méconnaît ses obligations, la poursuite des contrats en cours et la possibilité de continuer à engager des apprentis peuvent être remises en cause par le préfet ou le chef du service chargé du contrôle de l'application de la législation du travail et des lois sociales dans la branche dont relève l'entreprise.

Quelles sont les incidences pour l'entreprise d'une embauche en contrat d'apprentissage ?

■ Exonération des cotisations sociales

Pour les artisans et entreprises de moins de 11 salariés et les employeurs inscrits au Répertoire des métiers et au registre des entreprises (*départements du* Bas-Rhin, *du* Haut-Rhin *et de la* Moselle)

L'exonération porte sur les cotisations patronales (à l'exclusion de celles dues au titre des accidents du travail et des maladies professionnelles) et salariales d'origine légale et conventionnelle imposées par la loi.

Remarque

Conformément aux dispositions de la loi du 4 août 2008 modifiée par la loi du 28 décembre 2011 (JO du 29 décembre), l'exonération de cotisations mentionnée ci-dessus continue de s'appliquer, pendant l'année au titre de laquelle l'effectif de 11 salariés est atteint ou dépassé et pendant les deux années suivantes, aux employeurs qui, en raison de l'accroissement de leur effectif, atteignent ou dépassent au titre de l'année 2008, 2009, 2010, 2011 ou 2012, pour la première fois, l'effectif de 11 salariés.

Pour les autres entreprises

L'État prend en charge totalement les cotisations des assurances sociales (hors cotisations accident du travail et maladies professionnelles) et des allocations familiales dues par l'employeur au titre des salaires versés aux apprentis. L'État prend également en charge les cotisations sociales salariales d'origine légale et conventionnelle imposées par la loi, dues au titre des salaires versés aux apprentis. Les cotisations restant dues sont calculées conformément aux dispositions de l'article L. 6243-2.

Remarques

- Le seuil d'effectif s'apprécie au 31 décembre précédant la date de conclusion du contrat.
- L'exonération de cotisations sociales patronales due au titre des salaires versés aux apprentis s'applique jusqu'à l'échéance du contrat (ou jusqu'à l'échéance de la « période d'apprentissage » lorsque le contrat d'apprentissage a été conclu pour une durée indéterminée).

■ **La prime à l'apprentissage versée par la Région**

Les contrats d'apprentissage conclus à compter du 1er janvier 2014, dans les entreprises de moins de 11 salariés, ouvrent droit à une prime versée par la région (ou la collectivité territoriale de Corse) à l'employeur. La région détermine le montant de cette prime, ainsi que ses modalités d'attribution, étant précisé que le montant minimal de cette prime est, pour chaque année du cycle de formation, fixé à 1 000 €.

Hors le cas prévu à l'article L. 6222-19 du Code du travail (cessation anticipée du contrat d'apprentissage à l'initiative de l'apprenti, en cas d'obtention du diplôme ou du titre préparé), ce montant est fonction de la durée effective du contrat ou de la période d'apprentissage.

Le versement de cette prime est à la charge de la région dans laquelle est situé l'établissement du lieu de travail de l'apprenti.

Pour les dispositions transitoires applicables au titre des contrats d'apprentissage conclus avant le 1er janvier 2014, on se reportera aux précisions figurant sur le site www.travail-emploi.gouv.fr.

La prime à l'apprentissage n'est pas due et, si elle a été versée, l'employeur est tenu de la reverser, dans les cas de :

- rupture du contrat d'apprentissage prononcée par le conseil de prud'hommes aux torts de l'employeur, en application du second alinéa de l'article L. 6222-18 du Code du travail (faute grave ou manquements répétés de l'employeur à ses obligations) ;
- rupture du contrat par l'une ou l'autre des parties durant les deux premiers mois de l'apprentissage en application de l'article L. 6222-18 du Code du travail (voir p. 708) ;
- non-respect par l'employeur des obligations prévues aux articles L. 6223-2 (inscription dans un CFA), L. 6223-3 et L. 6223-4 (assurer, dans l'entreprise, la formation pratique de l'apprenti ; lui faire suivre la formation dispensée dans le CFA, etc.) du Code du travail ;
- décision d'opposition à l'engagement d'apprentis prise par l'autorité administrative en application de l'article L. 6225-1 du Code du travail ;

- rupture du contrat d'apprentissage dans le cas prévu au second alinéa de l'article L. 6225-5 du Code du travail (refus, par l'autorité administrative, d'autoriser la reprise de l'exécution du contrat d'apprentissage à la suite d'une suspension du contrat due à des risques sérieux d'atteinte à la santé ou à l'intégrité physique ou morale de l'apprenti).

■ Aide au recrutement dans les entreprises de moins de 250 salariés

La conclusion d'un contrat d'apprentissage dans une entreprise de moins de 250 salariés ouvre droit, à l'issue de la période de deux mois mentionnée page 708, à une aide au recrutement des apprentis d'un montant qui ne peut pas être inférieur à 1 000 €.
Cette aide est versée par la région ou par la collectivité territoriale de Corse dès lors que l'une des conditions suivantes est remplie :
1° L'entreprise justifie, à la date de conclusion de ce contrat, ne pas avoir employé d'apprentis en contrat d'apprentissage ou en période d'apprentissage depuis le 1er janvier de l'année précédente dans l'établissement du lieu de travail de l'apprenti.
2° L'entreprise justifie, à la date de conclusion d'un nouveau contrat, employer dans le même établissement au moins un apprenti dont le contrat est en cours à l'issue de la période de deux mois mentionnée page 708. Le nombre de contrats en cours dans cet établissement après le recrutement de ce nouvel apprenti doit être supérieur au nombre de contrats en cours dans ce même établissement le 1er janvier de l'année de conclusion du nouveau contrat.
À compter du 1er juillet 2015, l'entreprise doit également relever d'un accord de branche comportant des engagements en faveur de l'alternance. L'accord collectif comporte des engagements qualitatifs et quantitatifs en matière de développement de l'apprentissage, notamment des objectifs chiffrés en matière d'embauche d'apprentis.
Cette aide est ouverte à compter du 29 décembre 2014, pour les

contrats d'apprentissage conclus à compter du 1er juillet 2014 ; elle est cumulable, le cas échéant, avec la prime à l'apprentissage mentionnée page 712.
La région et la collectivité territoriale de Corse déterminent les modalités de versement.

■ L'absence de prise en compte dans les effectifs

Les apprentis ne sont pas pris en compte dans le calcul de l'effectif du personnel des entreprises dont ils relèvent pour l'application à ces entreprises des dispositions législatives ou réglementaires qui se réfèrent à une condition d'effectif minimal de salariés, exception faite de celles qui concernent la tarification des risques d'accidents du travail et de maladies professionnelles.

■ Le crédit d'impôt apprentissage

Les entreprises imposées d'après leur bénéfice réel ou exonérées en application de dispositions particulières (entreprises nouvelles, jeunes entreprises innovantes, entreprises implantées en ZFU ou en Corse) peuvent bénéficier d'un crédit d'impôt au titre de la première année du cycle de formation d'un apprenti dont le contrat a été conclu dans les conditions prévues par le Code du travail. Ce crédit d'impôt est égal au produit du montant de 1 600 € par le nombre moyen annuel d'apprentis n'ayant pas achevé la première année de leur cycle de formation dans l'entreprise et qui préparent un diplôme ou à un titre à finalité professionnelle équivalent au plus à un BTS ou un diplôme des instituts universitaires de technologie, enregistré au *Répertoire national des certifications professionnelles* mentionné à l'article L 335-6 du Code de l'éducation.
Ce montant est porté à 2 200 € dans les cas suivants, quel que soit le diplôme préparé :

1° Lorsque la qualité de travailleur handicapé est reconnue à l'apprenti en application des articles L. 5213-1 et L. 5213-2 du Code du travail.

2° Lorsque l'apprenti bénéficie de l'accompagnement personnalisé et renforcé prévu par décret en application du 1° de l'article L. 5131-7 du Code du travail.

3° Lorsque l'apprenti est employé par une entreprise portant le label « Entreprise du patrimoine vivant ».

4° Lorsque l'apprenti a signé son contrat d'apprentissage à l'issue d'un contrat de volontariat pour l'insertion mentionné à l'article L. 130-1 du Code du service national.

Les obligations déclaratives des employeurs souhaitant bénéficier de ce crédit d'impôt sont fixées par l'article 49 septies YO du Code général des impôts (Annexe III).

Le crédit d'impôt apprentissage est plafonné au montant des dépenses de personnel afférentes aux apprentis, minoré des subventions publiques reçues en contrepartie de leur accueil par l'entreprise. Les dépenses de personnel retenues pour le calcul de ce plafonnement comprennent les rémunérations des apprentis et leurs accessoires, ainsi que les charges sociales correspondantes dans la mesure où celles-ci correspondent à des cotisations obligatoires.

Le crédit d'impôt s'impute sur l'impôt sur le revenu ou sur l'impôt sur les sociétés dû au titre de l'année au cours de laquelle l'entreprise a employé des apprentis. Le solde non imputé est restituable.

Remarque

Les dispositions relatives au crédit d'impôt apprentissage ont été modifiées par la loi n° 2013-1278 du 29 décembre 2013 de finances pour 2014 (JO du 30), applicable au titre des crédits d'impôt apprentissage calculés à compter du 1er janvier 2014. Des dispositions transitoires sont prévues par l'article 36 de cette loi pour les crédits d'impôt calculés en 2013. Toutes les précisions sont disponibles sur le site www.impots.gouv.fr.

Quelle est la situation de l'apprenti en cas d'embauche en CDI à l'issue de son contrat d'apprentissage ?

Si le contrat d'apprentissage est suivi de la signature d'un CDI, d'un CDD ou d'un contrat de travail temporaire dans la même entreprise, aucune période d'essai ne peut être imposée, sauf dispositions conventionnelles contraires. En outre, la durée du contrat d'apprentissage sera prise en compte pour le calcul de la rémunération et de l'ancienneté du salarié.

Textes de référence

Articles L. 6211-1 à L. 6261-2, D. 6211-1 à R. 6261-25 du Code du travail
Circulaire DGEFP-DGT n° 2007-04 du 24 janvier 2007 « relative à la rémunération applicable aux apprentis »
Circulaire n° 2013-143 du 10 septembre 2013
Loi n° 2014-288 du 5 mars 2014 (JO du 6)
Loi n° 2014-1654 du 29 décembre 2014 « de finances pour 2015 » (JO du 30)

Lire en complément

- Le Smic
- Le temps de travail des jeunes de moins de 18 ans
- Le contrat d'apprentissage aménagé

Le contrat d'apprentissage aménagé

Pour faciliter la formation du jeune handicapé, certaines règles du contrat d'apprentissage sont aménagées sur les points suivants : la durée du contrat et le déroulement de la formation.

En outre, la conclusion d'un tel contrat ouvre droit, en plus des avantages normalement liés au contrat d'apprentissage (exonération de cotisations, crédit d'impôt apprentissage, etc.), à des aides spécifiques tant pour l'employeur que pour l'apprenti ou le centre de formation d'apprentis (CFA).

Comme tout apprenti, le jeune handicapé est rémunéré en pourcentage du Smic, variable selon son âge et sa progression dans le ou les cycles de formation faisant l'objet de l'apprentissage.

Qui peut bénéficier d'un contrat d'apprentissage aménagé ?

Peut conclure un contrat d'apprentissage aménagé, un jeune travailleur reconnu handicapé par la Commission des droits et de l'autonomie des personnes handicapées (CDAPH). La limite d'âge supérieure d'entrée en apprentissage est en principe fixée à 25 ans ; lorsque le contrat d'apprentissage est souscrit par une personne à laquelle la qualité de travailleur handicapé a été reconnue, il n'y a pas de limite d'âge supérieure.

Quelle est la durée du contrat ?

En principe, la durée d'un contrat d'apprentissage varie, selon la qualification préparée, entre un et trois ans, sous réserve de la possibilité de conclure des contrats pour une durée réduite comprise entre six mois et un an. La durée maximale de trois ans peut être portée à quatre ans lorsque la qualité de travailleur handicapé est reconnue à l'apprenti.

Remarque

Le contrat d'apprentissage peut être conclu pour une durée indéterminée. Dans ce cas, il débute par la « période d'apprentissage », pendant laquelle il est régi par les dispositions du code du travail relatives au contrat d'apprentissage. À l'issue de cette période, la relation contractuelle entre l'employeur et le salarié sera régie par les dispositions du code du travail relatives au CDI de droit commun, à l'exception de celles relatives à la période d'essai. Ces dispositions sont issues de la loi du 5 mars 2014 mentionnée page 716, en vigueur depuis le 7 mars 2014.

Comment se déroule la formation ?

La formation peut se dérouler normalement dans tout CFA ou section d'apprentissage. Mais, en cas de difficultés liées au handicap, l'une des solutions suivantes peut être mise en œuvre :

- aménagements pédagogiques sur autorisation du recteur d'académie ou du directeur régional de l'agriculture et de la forêt et après avis de la CDAPH ;
- organisation de la formation dans un CFA (ou section d'apprentissage) adapté aux personnes handicapées, conventionné à cet effet par l'État ou la région ;
- mise en place de cours par correspondance sur autorisation du recteur ou du directeur régional de l'agriculture et de la forêt.

En outre, lorsque l'état de l'apprenti handicapé l'exige, l'enseignement donné dans le CFA ou la section d'apprentissage en vue de conduire au diplôme prévu au contrat est réparti sur une période de temps égale à la durée normale d'apprentissage pour la formation considérée, augmentée d'un an au plus. Dans ce cas, la durée de l'apprentissage est prolongée d'un an au plus, et le pourcentage du Smic pris en compte pour le calcul de la rémunération est majoré, pendant la période de prolongation, de 15 points par rapport à celui appliqué avant cette période.

Remarque

Dans des conditions qui seront précisées par décret, des aménagements pourront être apportés aux dispositions relatives à la durée du temps de travail dans l'entreprise de l'apprenti reconnu travailleur handicapé.

Quelles sont les aides spécifiques pour les employeurs ?

En plus des aides accordées dans le cadre de tout contrat d'apprentissage, il est prévu :

- une prime de l'État d'un montant de 520 fois le Smic horaire brut applicable au premier jour du mois de juillet compris dans la première année d'apprentissage, versée en deux fois, à l'issue de la première et de la deuxième année d'apprentissage ;
- des aides de l'Association de gestion du fonds d'insertion pour les personnes handicapées (Agefiph) : ces aides sont détaillées sur le site de cette association (www.agefiph.fr).

Remarque

La demande d'attribution de la prime mentionnée ci-contre est adressée au directeur régional des entreprises, de la concurrence, de la consommation, du travail et de l'emploi du lieu de résidence de l'employeur. Cette prime n'est toutefois pas due lorsque le contrat d'apprentissage est rompu durant les deux premiers mois de l'apprentissage. En outre :

- si le contrat est rompu par accord exprès et bilatéral des parties, elle est due mais son montant est réduit proportionnellement à la durée effective de l'apprentissage ;

- lorsque le conseil de prud'hommes prononce la rupture pour faute grave de l'employeur ou manquements répétés à ses obligations, la prime n'est pas due et l'employeur rembourse les sommes qui ont déjà pu lui être payées.

Textes de référence

Articles L. 6222-37, L. 6222-38 et R. 6222-45 à R. 6222-58 du Code du travail

Lire en complément

- Le contrat d'apprentissage

Le contrat de professionnalisation

Le contrat de professionnalisation s'adresse aux jeunes âgés de 16 à 25 ans révolus, aux demandeurs d'emploi âgés de 26 ans et plus et aux bénéficiaires de certaines allocations ou contrats. Son objectif est de leur permettre d'acquérir une qualification professionnelle et de favoriser leur insertion ou réinsertion professionnelle. Les bénéficiaires âgés de 16 à 25 ans révolus sont rémunérés en pourcentage du Smic selon leur âge et leur niveau de formation, les salariés âgés de 26 ans et plus perçoivent une rémunération qui ne peut être ni inférieure au Smic ni à 85 % du salaire minimum conventionnel. Ce contrat ouvre droit, pour l'employeur, à un certain nombre d'avantages (voir p. 733).

Remarque

Une carte d'étudiant des métiers est délivrée gratuitement aux salariés en contrat de professionnalisation mentionnés au 1° ci-après et dont le contrat de professionnalisation a pour objet d'acquérir une qualification enregistrée dans le *Répertoire national des certifications professionnelles* (RNCP) mentionné à l'article L. 335-6 du Code de l'éducation et comporte une action de professionnalisation d'une durée minimale de 12 mois. Cette carte leur est délivrée par l'organisme ou le service chargé de leur formation dans les 30 jours suivant la conclusion du contrat. Cette carte permet à son titulaire de faire valoir sur l'ensemble du territoire national la spécificité de son statut auprès des tiers, notamment en vue d'accéder à des réductions tarifaires identiques à celles dont bénéficient les étudiants de l'enseignement supérieur. En cas de rupture du contrat, elle est remise à l'établissement de formation, qui assure sa destruction.

Qui peut être embauché sous contrat de professionnalisation ?

Peuvent être embauchés dans le cadre d'un contrat de professionnalisation :

1° les jeunes âgés de 16 à 25 ans révolus, qui peuvent ainsi compléter leur formation initiale ;

2° les demandeurs d'emploi âgés de 26 ans et plus, inscrits sur la liste des demandeurs d'emploi gérée par Pôle emploi ; l'inscription sur cette liste n'est toutefois obligatoire que pour les personnes dont la situation avant le début du contrat (telle que renseignée sur le Cerfa « contrat de professionnalisation ») est demandeur d'emploi ou inactif non bénéficiaire d'un minima social (RSA, ASS, AAH) ou qui n'ont pas bénéficié d'un contrat aidé (CUI). Dans tous les autres cas (sortant de scolarité ou d'université, contrat en alternance, contrat aidé, stagiaire de la formation professionnelle, salarié), l'inscription à Pôle emploi n'est pas obligatoire ;

3° les bénéficiaires du revenu de solidarité active (RSA), de l'allocation de solidarité spécifique (ASS) ou de l'allocation aux adultes handicapés (AAH) ou les personnes ayant bénéficié d'un contrat unique d'insertion (CUI ; voir p. 741).

Remarque

Comme le prévoit l'article L. 6325-1-1 du Code du travail, des dispositions spécifiques peuvent, le cas échéant, s'appliquer aux personnes mentionnées au 1° ci-dessus qui n'ont pas validé un second cycle de l'enseignement secondaire et qui ne sont pas titulaires d'un diplôme de l'enseignement technologique ou professionnel, ainsi qu'aux personnes mentionnées au 3°.

Qui peut embaucher un salarié en contrat de professionnalisation ?

■ Principe

Peuvent conclure des contrats de professionnalisation tous les employeurs assujettis au financement de la formation professionnelle continue, à l'exception de l'État, des collectivités territoriales et de leurs établissements publics à caractère administratif.
Cependant les établissements publics industriels et commerciaux et les entreprises d'armement maritime peuvent en conclure.

Remarques

- Les entreprises de travail temporaire peuvent également embaucher des salariés en contrat de professionnalisation à durée déterminée.
- Les conditions particulières d'application du contrat de professionnalisation aux personnels navigants des entreprises d'armement maritime sont fixées par le décret n° 2005-146 du 16 février 2005 (JO du 19 février).

■ Cas particuliers

Pour l'exercice d'activités saisonnières au sens du 3° de l'article L. 1242-2 du Code du travail (voir p. 115), deux employeurs peuvent conclure conjointement un contrat de professionnalisation à durée déterminée avec toute personne visée au 1° de la page 722, en vue de l'acquisition d'une ou, par dérogation à la règle légale, de deux qualifications enregistrées dans le *Répertoire national des certifications professionnelles* (RNCP), ou reconnues dans les classifications d'une convention collective nationale de branche ou ouvrant droit à un certificat de qualification professionnelle.
Dans ce cas, une convention tripartite, signée par les deux employeurs et le titulaire du contrat, et annexée au contrat de professionnalisation, détermine :

- l'affectation du titulaire entre les deux entreprises au cours du contrat, selon un calendrier prédéfini ;

- la désignation de l'employeur tenu de verser la rémunération due au titre de chaque période consacrée par le titulaire aux actions et aux enseignements mentionnés à l'article L. 6325-13 du Code du travail (voir p. 731) ;
- les conditions de mise en place du tutorat.

La période d'essai prévue à l'article L. 1242-10 du Code du travail (CDD, voir p. 105) est applicable au début de la première période de travail effectif chez chacun des employeurs.

Ce contrat peut être rompu, dans les conditions applicables aux contrats à durée déterminée, à l'initiative de chacune des parties, laquelle prend en charge les conséquences financières éventuelles de cette rupture.

Remarque

À titre expérimental, jusquau 21 décembre 2015 des contrats de professionnalisation pourront être conclus par un particulier employeur, sous réserve d'un accompagnement de ce dernier adapté aux spécificités de son statut.

Cette expérimentation est actuellement menée dans quelques départements, avant un éventuel déploiement sur l'ensemble du territoire.

Conclusion et fin du contrat de travail : quelles caractéristiques ?

Le contrat de professionnalisation est un contrat de travail en alternance à durée déterminée ou indéterminée avec une action de professionnalisation. Il doit dans tous les cas être établi par écrit. Il peut comporter une période d'essai : à défaut de dispositions conventionnelles ou contractuelles plus favorables, ce sont les règles de droit commun (voir p. 85) qui s'appliquent. Il peut être à temps partiel, dès lors que l'organisation du travail à temps partiel ne fait pas obstacle à l'acquisition de la qualification visée et qu'elle respecte les conditions propres au contrat de professionnalisation, notamment en matière de durée de formation par rapport à la durée totale du contrat.

Lorsqu'il est conclu à durée déterminée, il a pour durée celle de l'action de professionnalisation envisagée (voir p. 726). Le contrat de professionnalisation à durée déterminée peut être renouvelé une fois si :

- le bénéficiaire, ayant obtenu la qualification visée, prépare une qualification supérieure ou complémentaire ;
- le bénéficiaire n'a pu obtenir la qualification visée pour cause d'échec aux épreuves d'évaluation de la formation suivie, de maternité, de maladie, d'accident du travail, de maladie professionnelle ou de défaillance de l'organisme de formation.

Lorsque le CDD arrive à échéance, aucune indemnité de fin de contrat n'est due.

Remarque

Si le contrat à durée déterminée (ou l'action de professionnalisation, s'il s'agit d'un CDI) est rompu avant son terme, l'employeur doit en informer, dans les 30 jours qui suivent cette rupture :

- la direction régionale des entreprises, de la concurrence, de la 933) ;
- l'organisme paritaire collecteur agréé (OPCA) ;
- l'Urssaf.

Quelles sont les obligations respectives des parties ?

L'employeur s'engage à assurer aux bénéficiaires d'un contrat de professionnalisation une formation leur permettant d'acquérir une qualification professionnelle et à leur fournir un emploi en relation avec cet objectif pendant la durée du CDD ou de l'action de professionnalisation dans le cadre d'un CDI.

De son côté, le titulaire du contrat s'engage à travailler pour le compte de cet employeur et à suivre la formation prévue au contrat.

Remarque

Dans les deux mois qui suivent le début du contrat de professionnalisation, l'employeur examine avec le titulaire du contrat l'adéquation du programme de formation au regard des acquis du salarié. En cas d'inadéquation, l'employeur et le salarié peuvent conclure un avenant au contrat de professionnalisation, dans les limites de la durée de ce contrat. Cet avenant est transmis à l'OPCA, puis déposé par ce dernier auprès de la Direccte.

Quelle est la durée de l'action de professionnalisation ?

L'action de professionnalisation comporte des périodes de travail en entreprise et des périodes de formation. Sa durée minimale est comprise entre six et 12 mois.

Cette durée peut être allongée :

- jusqu'à 24 mois pour les personnes mentionnées à l'article L. 6325-1-1 du Code du travail (voir p. 722) ;
- jusqu'à 24 mois pour d'autres personnes que celles mentionnées ci-dessus ou lorsque la nature des qualifications prévues l'exige. Dans ce cas, ces bénéficiaires et la nature de ces qualifications sont définis par convention ou accord collectif de branche ou, à défaut, par accord collectif conclu entre les organisations représentatives d'employeurs et de salariés signataires de l'accord constitutif d'un organisme collecteur paritaire interprofessionnel agréé ; la nature de ces qualifications peut être définie par un accord conclu au niveau national et interprofessionnel.

Remarque

Lorsque le contrat de professionnalisation prend la forme d'un CDI, l'action de professionnalisation se déroule en début de contrat.

Quelle est la durée de la formation ?

Les actions d'évaluation et d'accompagnement ainsi que les enseignements généraux, professionnels et technologiques sont mis en œuvre par un organisme de formation ou par l'entreprise elle-même si elle dispose d'un service de formation. Ces actions ont une durée comprise entre 15 et 25 % de la durée totale du CDD, sans pouvoir être inférieure à 150 heures, ou de l'action de professionnalisation d'un CDI.

Remarque

Les organismes publics ou privés de formation mentionnés ci-dessus ne peuvent conditionner l'inscription d'un salarié en contrat de professionnalisation au versement par ce dernier d'une contribution financière de quelque nature qu'elle soit.

Un accord de branche peut porter au-delà de 25 % la durée des actions mentionnées ci-dessus, pour certaines catégories de bénéficiaires d'un contrat de professionnalisation, notamment pour ceux visé par l'article L. 6325-1-1 du Code du travail (voir p. 722) ou pour ceux qui visent des formations diplômantes.

À défaut d'accord de branche, un accord peut être conclu entre les organisations représentatives d'employeurs et de salariés signataires de l'accord constitutif d'un organisme collecteur paritaire des fonds de la formation professionnelle continue à compétence interprofessionnelle mentionné à l'article L. 6325-12 du Code du travail.

Les actions de formation sont financées par les OPCA au titre des contrats et périodes de professionnalisation : le financement s'effectue sur la base des forfaits horaires fixés par accord conventionnel ou, à défaut d'un tel accord, sur la base de 9,15 € de l'heure.

Les forfaits comprennent les frais pédagogiques, les rémunérations, les cotisations et contributions sociales légales et conventionnelles ainsi que les frais de transport, etc.

La convention ou l'accord collectif détermine des forfaits horaires spécifiques pour les contrats de professionnalisation conclus avec les personnes mentionnées à l'article L. 6325-1-1 du Code du travail (voir p. 722). À défaut, cette prise en charge se fait sur la base de 15 € par heure. Les OPCA peuvent poursuivre la prise en charge des actions d'évaluation, d'accompagnement et de formation des bénéficiaires du contrat de professionnalisation dans les cas de rupture du contrat définis aux articles L. 1233-3 (licenciement économique) et L. 1243-4 (rupture du CDD à l'initiative de l'employeur) et dans les cas de redressement ou de liquidation judiciaires de l'entreprise. Par ailleurs, un accord de branche ou un accord collectif conclu entre les organisations syndicales de salariés et d'employeurs signataires de l'accord constitutif d'un OPCA interprofessionnel peut définir les modalités de continuation et de financement, pour une durée n'excédant pas trois mois, des actions d'évaluation et d'accompagnement et des enseignements généraux, professionnels et technologiques, au bénéfice des personnes dont le contrat de professionnalisation comportait une action de professionnalisation d'une durée minimale de 12 mois et a été rompu sans que ces personnes soient à l'initiative de cette rupture.

Remarque

Toute clause de remboursement des dépenses de formation (clause de dédit-formation) par le titulaire du contrat à l'employeur en cas de rupture du contrat de travail est nulle et de nul effet.

Un tuteur est-il obligatoire ?

Pour chaque salarié en contrat de professionnalisation, l'employeur choisit un tuteur parmi les salariés qualifiés de l'entreprise (jusqu'à l'intervention de la loi du 5 mars 2014 mentionnée page 735, et du décret du 22 août 2014 pris pour son application, en vigueur depuis le 28 août 2014, la désignation d'un tuteur n'était pas une obligation dans le cadre du contrat de professionnalisation ; un accord de branche ou un accord collectif interprofessionnel pouvait toutefois l'inclure dans leurs priorités et en faire un préalable à la signature d'un tel contrat). Le salarié choisi pour être tuteur doit être volontaire et justifier d'une expérience professionnelle d'au moins deux ans dans une qualification en rapport avec l'objectif de professionnalisation visé. Le tuteur salarié ne peut exercer simultanément ses fonctions à l'égard de plus de trois salariés bénéficiaires de contrats de professionnalisation ou d'apprentissage ou de périodes de professionnalisation.

Remarque

L'employeur peut, notamment en l'absence d'un salarié qualifié répondant aux conditions mentionnées ci-dessus, assurer lui-même le tutorat dès lors qu'il remplit les conditions de qualification et d'expérience.

L'employeur ne peut assurer simultanément le tutorat à l'égard de plus de deux salariés.

Les missions du tuteur sont les suivantes :

1° Accueillir, aider, informer et guider les bénéficiaires du contrat de professionnalisation.

2° Organiser avec les salariés intéressés l'activité de ces bénéficiaires dans l'entreprise et contribuer à l'acquisition des savoir-faire professionnels.

3° Veiller au respect de l'emploi du temps du bénéficiaire.

4° Assurer la liaison avec l'organisme ou le service chargé des actions d'évaluation, de formation et d'accompagnement des bénéficiaires à l'extérieur de l'entreprise.

5° Participer à l'évaluation du suivi de la formation.

L'employeur doit lui permettre de disposer du temps nécessaire pour exercer ses fonctions et se former.

Remarques

Dans le cadre d'un contrat de professionnalisation conclu avec une entreprise de travail temporaire ou un groupement d'employeurs, l'entreprise utilisatrice désigne un tuteur chargé d'exercer, pendant les périodes de mise à disposition, les missions prévues aux 1°, 2° et 3° ci-dessus.

L'entreprise de travail temporaire ou le groupement d'employeurs désigne également un tuteur chargé d'exercer, en lien avec le tuteur de l'entreprise utilisatrice, les missions prévues aux 4° et 5° ci-dessus. Les conditions prévues aux articles D. 6325-6 et D. 6325-9 du Code du travail (expérience professionnelle minimale et nombre maximal de titulaires de contrats de professionnalisation suivis) ne s'appliquent pas à ce tuteur.

Le tuteur assure un suivi personnalisé et le formalise dans un document (cahier de suivi par exemple) qui devra, le cas échéant, être présenté aux agents de contrôle (inspecteurs du travail par exemple).

Les dépenses exposées pour la formation du tuteur peuvent être prises en charge par un organisme collecteur des fonds de la formation professionnelle dans la limite de 15 € par heure de formation pour une durée maximale de 40 heures. Ces dépenses comprennent les frais pédagogiques, les rémunérations, les cotisations et contributions sociales légales et conventionnelles ainsi que les frais de transport et d'hébergement. Par ailleurs, dans la limite d'un plafond de 230 € par mois et par bénéficiaire pour une durée maximale de six mois, les organismes collecteurs peuvent prendre en charge les dépenses liées à l'exercice du tutorat. Ce plafond mensuel de 230 € est majoré de 50 % lorsque la personne chargée de l'exercice du tutorat est âgée de 45 ans ou plus ou accompagne une personne mentionnée à l'article L. 6325-1-1 du Code du travail (voir p. 722).

Remarque

Les OPCA peuvent également prendre en charge, dans les mêmes conditions, une partie des dépenses de tutorat externe à l'entreprise engagées pour les personnes mentionnées à l'article L. 6325-1-1 du Code du travail, les personnes qui ont été suivies par un référent avant la signature du contrat de professionnalisation et les personnes qui n'ont exercé aucune activité professionnelle à plein temps et en CDI au cours des trois années précédant la signature du contrat de professionnalisation.

Quelles sont les conditions de travail du salarié ?

Le titulaire d'un contrat de professionnalisation est un salarié à part entière. À ce titre, les lois, les règlements et la convention collective lui sont applicables dans les mêmes conditions qu'aux autres salariés, dans la mesure où leurs dispositions ne sont pas incompatibles avec les exigences de la formation.

Remarque

La durée du travail incluant les périodes où le salarié est en formation ne peut excéder la durée hebdomadaire de travail pratiquée dans l'entreprise ni la durée quotidienne légale du travail. Les salariés bénéficient du repos hebdomadaire.

Toute la réglementation concernant les jeunes travailleurs de moins de 18 ans s'applique aux mineurs en contrat de professionnalisation, notamment :

- l'interdiction de travail de nuit, sauf dérogations (voir p. 253) ;
- l'interdiction de travail les jours fériés, sauf dérogations (voir p. 515).

Quel est le montant de la rémunération ?

■ **Jeunes de 16 à 25 ans révolus**

Sauf dispositions conventionnelles ou contractuelles plus favorables, les salariés âgés de moins de 26 ans en contrat de professionnalisation perçoivent pendant la durée de leur CDD ou de l'action de professionnalisation (dans le cadre de leur CDI) un salaire minimum calculé en fonction de leur âge et de leur niveau de formation.

Ce salaire ne peut être inférieur à 55 % du Smic pour les bénéficiaires âgés de moins de 21 ans et à 70 % pour ceux de 21 ans et plus. Ces rémunérations ne peuvent être inférieures, respectivement, à 65 % et 80 % du Smic, dès lors que le bénéficiaire est titulaire d'une qualification au moins égale à celle d'un baccalauréat professionnel ou d'un titre ou diplôme à finalité professionnelle de même niveau.

Remarque

Lorsque le salarié atteint 21 ans en cours de contrat, la rémunération est automatiquement réévaluée à compter du 1er jour du mois suivant sa date anniversaire.

■ Salariés d'au moins 26 ans

Les titulaires d'un contrat de professionnalisation âgés d'au moins 26 ans perçoivent, pendant la durée de leur CDD ou de l'action de professionnalisation (dans le cadre d'un CDI), une rémunération qui ne peut être inférieure ni au Smic ni à 85 % de la rémunération minimale prévue par la convention ou l'accord collectif de la branche dont relève l'entreprise où ils sont employés.

Remarque

Sauf si un taux moins élevé est prévu par une convention collective ou un contrat particulier, les avantages en nature dont bénéficie le titulaire du contrat de professionnalisation peuvent être déduits du salaire dans la limite de 75 % de la déduction autorisée pour les autres salariés par la réglementation applicable en matière de sécurité sociale. Ces déductions ne peuvent excéder, chaque mois, un montant égal aux trois quarts du salaire.

Quelles sont les incidences pour l'entreprise d'une embauche en contrat de professionnalisation ?

L'entreprise bénéficie de plusieurs avantages :

- exonération des cotisations patronales de sécurité sociale (maladie, maternité, invalidité, vieillesse-décès) et d'allocations familiales, lorsque le contrat est conclu avec un demandeur d'emploi de 45 ans ou plus. Cette exonération s'applique jusqu'à la fin du contrat si le contrat est conclu pour une durée déterminée, ou jusqu'à la fin de l'action de professionnalisation si le contrat a été conclu pour une durée indéterminée. Son montant est égal à celui des cotisations afférentes à la fraction de rémunération n'excédant pas le produit du Smic par le nombre d'heures rémunérées, dans la limite de la durée légale du travail calculée sur le mois ou, si elle est inférieure, la durée conventionnelle applicable dans l'établissement. Par ailleurs, les contrats de professionnalisation à durée déterminée et les actions de professionnalisation conclus par les groupements d'employeurs pour l'insertion et la qualification mentionnés à l'article L. 1253-1 du Code du travail qui organisent des parcours'insertion pour des jeunes âgés de 16 à 25 ans révolus et des demandeurs d'emploi âgés de 45 ans et plus ouvrent droit à une exonération de la cotisation patronale accidents du travail et maladies professionnelles (AT-MP) dans les conditions fixées par l'article D. 6325-19-1 du Code du travail ;
- non-prise en compte des titulaires d'un contrat de professionnalisation dans les seuils d'effectifs, exception faite en matière de tarification des risques d'accidents du travail et de maladies professionnelles. Cette disposition s'applique jusqu'au terme du contrat s'il a été conclu pour une durée déterminée, ou jusqu'à la fin de l'action de professionnalisation lorsque le contrat est à durée indéterminée.

Remarques

- L'exonération de cotisations patronales de sécurité sociale est subordonnée au respect par l'employeur de l'ensemble des obligations mises à sa charge au titre des contrats de professionnalisation. À défaut, la direction régionale des entreprises, de la concurrence, de la consommation, du travail et de l'emploi (Direccte, voir p. 933) peut, par décision motivée, prononcer le retrait du bénéfice de cette exonération.
- L'aide forfaitaire à l'employeur (AFE) vise à inciter les employeurs à embaucher et à former, dans le cadre du contrat de professionnalisation, des demandeurs d'emploi de 26 ans et plus inscrits ayant des difficultés d'insertion dans un emploi durable (renseignements auprès de « Pôle emploi » ou sur le site www.pole-emploi.fr).

Quelles sont les démarches à accomplir ?

L'employeur adresse le contrat de professionnalisation (Cerfa n° 12434*02 disponible sur le portail de l'alternance, avec sa notice explicative : www.alternance.emploi.gouv.fr) accompagné du document annexé à ce contrat mentionné à l'article D. 6325-11 du Code du travail, à l'OPCA au titre de l'alternance au plus tard dans les cinq jours qui suivent le début du contrat ; il est toutefois conseillé aux employeurs de déposer le dossier avant le début de l'exécution du contrat de professionnalisation, afin de s'assurer auprès de l'OPCA de sa conformité et de la prise en charge des dépenses de formation.

Dans le délai de 20 jours à compter de la réception du contrat et du document annexé à ce contrat, l'OPCA se prononce sur la prise en charge financière. Il vérifie notamment que les stipulations du contrat ne sont pas contraires à une disposition légale ou à une stipulation conventionnelle. Il notifie à l'employeur sa décision relative à la prise en charge financière. Il dépose le contrat, accompagné de sa décision, auprès du directeur régional des entreprises, de la concurrence, de la consommation, du travail et de l'emploi (Direccte) du lieu d'exécution du contrat, sous une forme dématérialisée. À défaut d'une décision de l'organisme dans ce délai de 20 jours, la prise en charge est réputée acceptée et le contrat est réputé déposé.

Remarque

Lorsque l'organisme refuse la prise en charge financière au motif que les stipulations du contrat sont contraires à une disposition légale ou à une stipulation conventionnelle, il notifie sa décision motivée à l'employeur et au salarié titulaire du contrat.

Où s'adresser ?

- La direction régionale des entreprises, de la concurrence, de la consommation, du travail et de l'emploi (Direccte, voir p. 933).
- L'agence Pôle emploi.
- L'organisme paritaire collecteur agréé (OPCA).
- La mission locale ou la permanence d'accueil, d'information et d'orientation (PAIO).

Textes de référence

Articles L. 6325-1 à L. 6325-22, L. 6332-14, L. 6332-15 et D. 6325-1 à D. 6325-28 du Code du travail.
Circulaire DGEFP n° 2012/15 du 19 juillet 2012 (disponible sur le site circulaire.legifrance.gouv.fr)
Loi n° 2014-288 du 5 mars 2014 (JO du 6 mars)
Décret n° 2014-969 du 22 août 2014 (JO du 27 août)

Lire en complément

- Le Smic
- Le temps de travail des jeunes de moins de 18 ans

Le contrat d'insertion dans la vie sociale (Civis)

Le contrat d'insertion dans la vie sociale (Civis) s'adresse à des jeunes de 16 à 25 ans révolus (soit jusqu'à leur 26e anniversaire) rencontrant des difficultés particulières d'insertion professionnelle. Il a pour objectif d'organiser les actions nécessaires à la réalisation de leur projet d'insertion dans un emploi durable. Ce contrat est conclu avec les missions locales ou les permanences d'accueil, d'information et d'orientation (PAIO). Les titulaires d'un Civis sont accompagnés par un référent. La durée du contrat est d'un an renouvelable. Les titulaires d'un Civis âgés d'au moins 18 ans peuvent bénéficier d'un soutien de l'État sous la forme d'une allocation versée pendant les périodes durant lesquelles ils ne perçoivent ni une rémunération au titre d'un emploi ou d'un stage ni une autre allocation.

Remarque

Dans le cadre du « Plan pluriannuel contre la pauvreté et pour l'inclusion sociale » présenté en janvier 2013, le Gouvernement a prévu la mise en place progressive d'une « garantie jeunes » visant à inscrire 100 000 jeunes en situation de pauvreté et de précarité dans un parcours contractualisé d'accès à l'emploi ou à la formation, reposant sur une évolution du Civis. Dans le cadre de ce nouveau dispositif, le service public de l'emploi (notamment les missions locales et Pôle emploi) sera tenu de faire des propositions adaptées d'emploi ou de formation aux jeunes concernés, qui devront les accepter pour bénéficier d'une garantie de ressources différentielle d'un montant équivalent au RSA, intégrant un mécanisme d'intéressement. Cette « garantie jeunes » , expérimentée en 2013 dans 10 territoires pilotes, a été étendue à 10 nouveaux territoires au 1er janvier 2015 et le sera à 51 nouveaux dans le courant de l'année 2015. Toutes les précisions sont disponibles sur le site : www.emploi.gouv.fr.

Quels bénéficiaires ?

Le Civis concerne les jeunes âgés de 16 à 25 ans révolus qui ont un niveau de qualification inférieur ou équivalent au bac général, technologique ou professionnel (y compris les bacheliers qui n'ont pas de diplôme de l'enseignement supérieur) ou ont été inscrits comme demandeurs d'emploi au minimum 12 mois au cours des 18 derniers mois.

Remarque

Les bénéficiaires d'un Civis sont affiliés au régime général de sécurité sociale pour les périodes pendant lesquelles ils ne sont pas affiliés, à un autre titre, à un régime de sécurité sociale.

Quel est l'objectif visé ?

Le Civis a pour objectif d'accompagner les jeunes dans leur projet d'insertion dans un emploi durable ou dans leur projet de création ou de reprise d'une activité non salariée. L'accompagnement personnalisé proposé est adapté aux difficultés rencontrées, à la situation du marché du travail et aux besoins de recrutement. Il vise à lever les obstacles à l'embauche et à développer ou restaurer l'autonomie des jeunes dans la conduite de leur parcours d'insertion. Il peut comprendre des mesures d'orientation, de qualification ou d'acquisition d'expérience professionnelle.

La première période de trois mois doit déboucher sur la construction d'un parcours d'accès à la vie active, à partir de propositions :

- d'emplois ;
- de formation professionnalisante, pouvant comporter des périodes en entreprise, dans un métier pour lequel des possibilités d'embauche sont repérées ;

- d'actions spécifiques pour les personnes rencontrant des difficultés particulières d'insertion ;
- d'assistance renforcée dans une recherche d'emploi ou une démarche de création d'entreprise.

Remarque

Le Civis n'est pas un contrat de travail mais un dispositif destiné à favoriser l'insertion professionnelle des jeunes.

Pour les personnes d'un niveau de formation VI, V bis (jeunes n'ayant aucun diplôme et jeunes ayant prolongé leurs études jusqu'à la fin de la première année de CAP ou de BEP) ou V sans diplôme (jeunes entrés en deuxième année de CAP et BEP sans obtenir de diplôme et jeunes sortis de formation initiale en seconde ou en première), l'accompagnement personnalisé et renforcé est assuré par un référent unique ; au cours du premier trimestre du Civis, le référent assure une fréquence hebdomadaire des contacts.
Les actions menées dans le cadre du Civis peuvent comprendre des mesures de lutte contre l'illettrisme.

Quelles sont les caractéristiques du contrat ?

Le Civis est signé, d'une part, au nom de l'État, par la mission locale ou la PAIO et, d'autre part, par le jeune. Il mentionne les actions destinées à la réalisation du projet d'insertion professionnelle ainsi que l'obligation pour le jeune d'y participer. Il précise la nature et la périodicité, au moins mensuelle, des contacts entre la mission locale ou la PAIO et le bénéficiaire. Le Civis est conclu pour une durée d'un an. Il peut être renouvelé pour une durée maximale d'un an lorsque l'objectif d'insertion professionnelle n'est pas atteint.
Pour les jeunes de niveau de formation V bis et VI, le Civis peut être renouvelé par périodes successives d'une année, jusqu'à la réalisation du projet d'insertion professionnelle.

Dans tous les cas, le Civis prend fin :
- au terme de la période d'essai débouchant sur un emploi d'une durée au moins égale à six mois ;
- six mois après que son bénéficiaire a créé ou repris une activité non salariée ;
- lorsque son bénéficiaire atteint son 26e anniversaire.

Remarque

Lorsque les conditions sont réunies, un emploi d'avenir (voir p. 769) peut être proposé à des jeunes accompagnés dans le cadre du Civis.

Il peut également être mis fin au Civis de manière anticipée en cas de manquements de son bénéficiaire à ses engagements contractuels. Dans ce cas, après avoir invité l'intéressé à fournir ses explications, le représentant légal de la mission locale ou de la PAIO, sur proposition du référent, peut décider la résiliation du contrat. Cette décision, qui doit être motivée, est notifiée par courrier recommandé avec accusé de réception au bénéficiaire du Civis ou à ses parents (ou son représentant légal) lorsque celui-ci est mineur (ou majeur juridiquement reconnu incapable).

Remarque

Nonobstant les dispositions relatives à la fin du Civis, le jeune signataire d'un tel contrat peut, à sa demande, être accompagné dans l'emploi pendant une durée d'un an.

Quel est le montant de l'aide qui peut être versée au jeune ?

Le titulaire du Civis peut, s'il est âgé d'au moins 18 ans, bénéficier d'un soutien de l'État sous la forme d'une allocation versée pendant les périodes durant lesquelles il ne perçoit ni une rémunération au titre d'un emploi ou d'un stage ni une autre allocation.

Le bénéfice de cette allocation est ouvert, par le préfet, à compter de la signature du Civis ou à compter du jour du 18e anniversaire du bénéficiaire, et pour toute la durée du contrat, dans la limite de 1 800 € par an.
Lorsqu'elle est accordée, l'allocation est versée mensuellement à terme échu, au nom de l'État, par l'Agence de services et de paiement (ASP).
Le montant mensuel de l'allocation, qui ne peut excéder 450 €, est proposé par le représentant de la mission locale pour l'insertion sociale et professionnelle des jeunes ou de la PAIO ou toute personne dûment habilitée par lui. Pour déterminer ce montant, il est tenu compte de la situation personnelle de l'intéressé, de son projet d'insertion professionnelle et du nombre de jours pendant lesquels il n'a perçu aucune des rémunérations ou allocations mentionnées ci-dessus.
Le montant de l'allocation par jour varie de 0 à 15 €, par tranche de 5 €.

Remarque

Le bénéficiaire de l'allocation déclare chaque mois à la mission locale ou à la PAIO, ou à toute personne dûment habilitée par elles, les éléments nécessaires à la détermination du montant mensuel de l'allocation, notamment les périodes pendant lesquelles il a perçu des rémunérations ou allocations, ainsi que leur montant. Il certifie la sincérité des informations communiquées, sous peine de s'exposer au reversement des sommes indûment perçues.

Textes de référence

Articles L. 5131-4, L. 5131-5, L. 5131-7, R. 5131-10 et D. 5131-11 à D. 5131-27 du Code du travail

Le contrat unique d'insertion (CUI) : dispositions générales

Le contrat unique d'insertion (CUI) est un contrat de travail aidé, qui prend la forme du contrat initiative emploi (CUI-CIE) dans le secteur marchand et du contrat d'accompagnement dans l'emploi (CUI-CAE), dans le secteur non marchand. Il a pour objet de faciliter l'insertion professionnelle des personnes sans emploi rencontrant des difficultés sociales et professionnelles d'accès à l'emploi. Dans un souci de simplification, le CUI est soumis à un certain nombre de dispositions qui s'appliquent quelle que soit la forme, CUI-CIE ou CUI-CAE, sous laquelle il sera décliné.

Le CUI est également applicable dans les Dom, à Saint-Barthélemy, à Saint-Martin et à Saint-Pierre-et-Miquelon ; dans ces départements et collectivités, il prend la forme du CUI-CAE pour les employeurs du secteur non marchand (avec les aménagements prévus par les articles L. 5522-2 à L. 5522-2-3 et R. 5522-11-1 du Code du travail) et du contrat d'accès à l'emploi (CAE-Com ; voir le site www.travail-emploi.gouv.fr) pour les employeurs du secteur marchand. À Mayotte, le CUI est applicable dans les conditions spécifiques fixées par l'ordonnance n° 2011-1636 du 24 novembre 2011.

Remarque

Les emplois d'avenir (voir p. 769) s'inscrivent également dans le cadre juridique du CUI et sont conclus sous la forme d'un CUI-CAE (employeurs du secteur non marchand) ou d'un CUI-CIE (employeurs du secteur marchand).

Quels sont les employeurs concernés ?

Le CUI prend la forme :

- pour les employeurs du secteur non marchand, du contrat d'accompagnement dans l'emploi (CUI-CAE) ;
- pour les employeurs du secteur marchand, du contrat initiative-emploi (CUI-CIE).

■ Employeurs relevant du secteur marchand

Relèvent du secteur marchand et sont donc susceptibles de conclure des CUI-CIE :

- les employeurs qui cotisent au régime d'assurance chômage ;
- les employeurs affiliés au régime d'assurance chômage (article L. 5422-12 du Code du travail), y compris les associations ;
- les entreprises, sociétés et organismes en régime d'auto-assurance, tels les établissements publics à caractère industriel et commercial des collectivités territoriales, les sociétés d'économie mixte dans lesquelles les collectivités territoriales ont une participation majoritaire, les chambres de métiers, les services à caractère industriel et commercial gérés par les chambres de commerce et d'industrie, les chambres d'agriculture ainsi que les établissements et services d'utilité agricole des chambres d'agriculture (3° et 4° de l'article L. 5424-1) ;
- les groupements d'employeurs pour l'insertion et la qualification (GEIQ) mentionnés à l'article L. 1253-1 du Code du travail ;
- les employeurs de pêche maritime non couverts par lesdits articles.

Les particuliers employeurs ne peuvent pas conclure de conventions de CUI-CIE.

Remarque

Le comité d'entreprise ou d'établissement ou, à défaut, les délégués du personnel sont informés de la conclusion des conventions de CUI-CIE et de CUI-CAE. Chaque semestre, ils reçoivent un bilan de l'ensemble des embauches et des créations nettes d'emplois effectuées au titre de ces dispositifs.

■ **Employeurs relevant du secteur non marchand**

Relèvent du secteur non marchand et sont donc susceptibles de bénéficier de l'aide à l'insertion professionnelle au titre d'un CUI-CAE, les employeurs suivants :

- les collectivités territoriales et les autres personnes morales de droit public ;
- les organismes de droit privé à but non lucratif (associations, fondations, organismes de prévoyance, comités d'entreprise, etc.) ;
- les personnes morales de droit privé chargées de la gestion d'un service public (régies de transport, établissements de soins, etc.).
- les sociétés coopératives d'intérêt collectif (ces sociétés sont définies par la loi n° 47-1775 du 10 septembre 1947).

Remarque

En cas de modification de la situation juridique de l'employeur au sens de l'article L. 1224-1 du Code du travail (succession, vente, fusion, etc.) le nouvel employeur est substitué dans les droits de l'employeur en ce qui concerne le contrat de travail. Le nouvel employeur est également substitué dans les droits de l'employeur initial en ce qui concerne l'aide à l'insertion professionnelle, sous réserve de l'accord de l'autorité ayant attribué l'aide, au regard des engagements du nouvel employeur.

Tout employeur intéressé par un recrutement dans le cadre d'un CUI doit se rapprocher, selon le profil de la personne qu'il souhaite recruter :

- de l'agence Pôle emploi ;
- de la mission locale ;
- du Cap emploi (recrutement d'un travailleur handicapé) ;
- ou du conseil général (recrutement d'un bénéficiaire du RSA).

Quelle est la procédure ?

Le CUI est un contrat de travail conclu entre un employeur et un salarié, au titre duquel est attribuée une aide à l'insertion professionnelle dans les conditions mentionnées ci-dessous. Dans le cadre d'un recrutement en CUI, l'employeur doit également respecter l'ensemble des formalités prévues à l'occasion de toute embauche (voir p. 17 et s.).

La décision d'attribution de l'aide à l'insertion professionnelle est prise :

- soit, pour le compte de l'État, par Pôle emploi, les missions locales ou les cap emploi ;
- soit par le président du conseil général lorsque cette aide concerne un bénéficiaire du RSA financé par le département ; le président du conseil général peut déléguer tout ou partie de cette décision d'attribution à Pôle emploi ou à tout autre organisme qu'il désigne à cet effet.

La demande d'aide est établie sur un formulaire réglementaire disponible sur le site www.emploi.gouv.fr ou www.travail-emploi.gouv.fr.

L'employeur (ou son représentant) et le salarié signent la demande d'aide. Le prescripteur (l'État ou le conseil général, ou l'institution ou l'organisme qui les représente) signe ensuite le document, sa signature valant décision d'attribution.

Cette demande d'aide comporte les mentions prévues à l'article R. 5134-17 du Code du travail (indications relatives à l'employeur et au salarié, informations relatives à la nature, aux caractéristiques et au contenu du contrat de travail conclu avec le salarié, le cas échéant, indication qu'une ou plusieurs périodes de mise en situation en milieu professionnel auprès d'un autre employeur sont prévues au cours du contrat, etc.).

L'embauche ne peut avoir lieu avant l'attribution de l'aide.

Remarque

Si l'employeur a déjà bénéficié d'une aide à l'insertion au titre d'un contrat aidé antérieur, la décision d'attribution d'une nouvelle aide à l'insertion professionnelle sera subordonnée au bilan préalable des actions d'accompagnement et des actions visant à l'insertion durable des salariés, réalisées dans le cadre de ce contrat. Pour ce faire, l'employeur qui effectue une nouvelle demande d'aide à l'insertion professionnelle transmet à l'autorité appelée à attribuer cette aide les éléments nécessaires à l'établissement de ce bilan.

Quelles sont les dispositions applicables au titre de l'accompagnement du salarié ?

Le CUI, dans sa déclinaison CUI-CIE ou CUI-CAE, comporte des dispositions en matière d'accompagnement et de suivi, destinées à favoriser l'insertion durable dans l'emploi de ses bénéficiaires.

■ Désignation d'un référent

L'autorité qui attribue l'aide à l'insertion professionnelle désigne en son sein ou auprès d'un organisme chargé de l'accompagnement ou de l'insertion, en le mentionnant dans la décision d'attribution initiale de l'aide, un référent chargé d'assurer le suivi du parcours d'insertion professionnelle du salarié en CUI-CIE ou en CUI-CAE. Si le salarié est bénéficiaire du RSA, le référent peut être le même que celui désigné dans le cadre de ce dispositif.

■ Désignation d'un tuteur

Dès la transmission de la demande d'aide à l'insertion professionnelle, l'employeur désigne un tuteur parmi les salariés qualifiés et volontaires pour assumer cette fonction, justifiant d'au moins deux ans d'expérience professionnelle. Exceptionnellement, sur autorisation de l'autorité qui attribue l'aide, l'employeur peut assurer lui-même le tutorat. Le tuteur ne peut suivre plus de trois salariés en CUI-CIE ou en CUI-CAE. Le tuteur a, entre autres missions, celles de participer à l'accueil, d'aider, d'informer et de guider le salarié et de contribuer à l'acquisition des savoir-faire professionnels.

■ **Attestation d'expérience professionnelle**

Celle-ci, établie par l'employeur avec la participation du tuteur, est remise au salarié à sa demande ou au plus tard un mois avant la fin du CUI-CIE ou du CUI-CAE.

■ **Bilan des actions réalisées avant toute prolongation de l'aide à l'insertion**

La prolongation de l'aide à l'insertion professionnelle est subordonnée à l'évaluation des actions réalisées au cours du contrat en vue de favoriser l'insertion durable du salarié. L'employeur qui souhaite bénéficier de la prolongation de cette aide adresse à l'autorité qui a attribué l'aide initiale une demande préalable dans les conditions précisées à l'article R. 5134-31 du Code du travail s'il s'agit d'un CUI-CAE et R. 5134-56 s'il s'agit d'un CUI-CIE.

Remarque

La désignation du référent et du tuteur doit être renseignée dans le formulaire Cerfa de demande d'aide à l'insertion professionnelle au titre du CUI. Une notice d'information relative au CUI figure en dernière page de ce formulaire.

Quelles sont les dispositions applicables en cas de suspension ou de rupture du contrat ?

■ **Suspension ou rupture du contrat**

L'employeur doit signaler, dans un délai de sept jours, à l'Agence de services et de paiement (ASP) et, le cas échéant, à l'autre organisme chargé du versement de l'aide du conseil général, et à l'organisme prescripteur, toute suspension ou rupture du contrat de travail qui interviendrait avant la fin de la période sur laquelle porte l'aide et tout élément de nature à en justifier. Il transmet cette information par voie électronique (voir le téléservice dédié aux employeurs de salariés en CUI, mis en place par l'ASP :
www.asp-public.fr/beneficiaire/sylae), sauf impossibilité technique.

Lorsque le CUI est suspendu, sans maintien de la rémunération, l'aide afférente à cette période n'est pas versée.

Remarque

Le non-respect des engagements pris dans la demande d'aide (en particulier des obligations relatives à l'accompagnement et la formation du salarié) peut conduire au remboursement, par l'employeur, de la totalité des aides perçues. L'autorité attribuant l'aide informe l'employeur de son intention de procéder à la récupération de l'indu. L'employeur dispose d'un délai franc de sept jours pour faire connaître ses observations. Tout paiement indu donne lieu à remboursement par l'employeur de la totalité des aides perçues.
L'autorité attribuant l'aide informe l'organisme de recouvrement des cotisations sociales de la procédure.

■ Rupture du contrat à l'initiative de l'employeur

En cas de rupture du contrat de travail à l'initiative de l'employeur avant la fin de la période sur laquelle porte l'aide à l'insertion professionnelle, le versement de celle-ci est interrompu de plein droit. L'employeur reverse alors à l'Agence de services et de paiement (ASP) ou, le cas échéant, au département ou à l'organisme désigné par lui l'intégralité des sommes déjà perçues au titre de l'aide à l'insertion professionnelle.
Toutefois, les montants perçus au titre de l'aide à l'insertion professionnelle ne font pas l'objet d'un reversement et l'employeur conserve le bénéfice des aides correspondant au nombre de jours travaillés par le salarié dont le CUI-CIE ou le CUI-CAE est un CDI dans les cas suivants :

- licenciement pour faute grave du salarié ;
- licenciement pour force majeure ;
- licenciement pour inaptitude médicalement constatée ;
- licenciement pour motif économique notifié dans le cadre d'une procédure de redressement ou de liquidation judiciaire ;
- rupture du contrat au cours de la période d'essai ;

- rupture conventionnelle intervenue dans le cadre de l'article L. 1237-11 du Code du travail.

De même, les montants perçus au titre de l'aide à l'insertion professionnelle ne font pas l'objet d'un reversement, et l'employeur conserve le bénéfice des aides correspondant au nombre de jours travaillés par le salarié dont le CUI-CAE ou le CUI-CIE est un CDD, en cas de :

- rupture anticipée résultant de la volonté claire et non équivoque des parties ;
- rupture anticipée pour faute grave ;
- rupture anticipée pour force majeure ;
- rupture anticipée au cours de la période d'essai.

Remarque

Le CUI-CAE ouvre droit à une exonération de cotisations sociales patronales (voir p. 766). En cas de rupture du CUI-CAE à l'initiative de l'employeur avant la fin de l'aide à l'insertion professionnelle dans un cas autre que ceux mentionnés ci-dessus, l'employeur verse le montant des cotisations et contributions sociales patronales dont il a été exonéré en application des dispositions qui précédent. Ces cotisations et contributions sont versées au plus tard à la première date d'exigibilité des cotisations et contributions sociales qui suit la date d'effet de la rupture du contrat de travail.

■ Suspension du contrat à la demande du salarié

Le CUI, sous sa forme CUI-CIE ou CUI-CAE, peut être suspendu, à la demande du salarié, afin de lui permettre :

- en accord avec son employeur, d'effectuer une période de mise en situation en milieu professionnel (PMSMP) dans les conditions prévues notamment par les articles L. 5135-1 à L. 5135-8 du Code du travail ou une action concourant à son insertion professionnelle ;
- d'accomplir une période d'essai afférente à une offre d'emploi visant une embauche en CDI ou en CDD au moins égale à six mois.

En cas d'embauche à l'issue de cette période de mise en situation en milieu professionnel, d'une action concourant à son insertion professionnelle, ou de cette période d'essai, le contrat est rompu sans préavis.

Remarque

Les périodes de mise en situation en milieu professionnel (PMSMP) ont pour objet de permettre à leurs bénéficiaires (demandeurs d'emploi, salariés en contrat aidé et, plus généralement, toute personne faisant l'objet d'un accompagnement social ou professionnel personnalisé) soit de découvrir un métier ou un secteur d'activité, soit de confirmer un projet professionnel, soit d'initier une démarche de recrutement. Elles doivent faire l'objet d'une prescription par l'un des organismes mentionnés à l'article L. 5135-2 du Code du travail (Pôle emploi, missions locales, Cap emploi, etc.) et font l'objet d'une convention (www.formulaires.modernisation.gouv.fr/gf/cerfa_13912_02.do) entre le bénéficiaire, la structure dans laquelle il effectue la mise en situation en milieu professionnel, l'organisme prescripteur de la mesure et la structure d'accompagnement, lorsqu'elle est distincte de l'organisme prescripteur.

Lorsqu'elles concernent un salarié en CUI, la durée cumulée de l'ensemble des PMSMP effectuées au cours du contrat ne peut représenter plus de 25 % de la durée totale du contrat (voir aussi p. 764).

■ Rupture anticipée à l'initiative du salarié

Le CUI, décliné en CUI-CIE ou en CUI-CAE, peut être conclu sous la forme d'un CDD. Dans ce cas, par dérogation aux dispositions relatives à la rupture avant le terme des CDD prévues à l'article L. 1243-2 du Code du travail, il pourra être rompu avant son terme, à l'initiative du salarié, lorsque la rupture aura pour objet de lui permettre :

- d'être embauché par un contrat à durée déterminée d'au moins six mois ;
- d'être embauché en CDI ;

- de suivre une formation conduisant à une qualification telle que prévue à l'article L. 6314-1 du Code du travail.

Textes de référence

Articles L. 5134-19 à L. 5134-19-5, L. 5135-1 à L. 5135-8, L. 5522-2 à L. 5522-2-3, R. 5134-14 à R. 5134-24, D. 5134-50-1 à D. 5134-50-3 et D. 5134-71-1 à D. 5134-71-3 du Code du travail
Décret n° 2014-1360 du 13 novembre 2014 (JO du 15 novembre)
Arrêté du 13 novembre 2014 (JO du 15 novembre)

Lire en complément :

- Le contrat unique d'insertion-contrat initiative-emploi (CUI-CIE)
- Le contrat unique d'insertion-contrat d'accompagnement dans l'emploi (CUI-CAE)
- Les emplois d'avenir

Le contrat unique d'insertion-contrat initiative-emploi (CUI-CIE)

Le contrat unique d'insertion-contrat initiative-emploi (CUI-CIE) constitue la déclinaison, pour le secteur marchand, du « contrat unique d'insertion » (CUI ; voir p. 741). Il a pour objet de faciliter l'insertion professionnelle des personnes sans emploi rencontrant des difficultés sociales et professionnelles d'accès à l'emploi.
Sont présentées ici les dispositions propres au CUI-CIE. Pour les dispositions générales applicables au CUI (procédure d'attribution de l'aide à l'insertion professionnelle, accompagnement des salariés, suspension du contrat, rupture anticipée du contrat, etc.), sous sa forme contrat initiative-emploi (CUI-CIE) ou, pour le secteur non marchand, contrat d'accompagnement dans l'emploi (CUI-CAE), on se reportera aux pages 741 à 750.

Remarque

Dans le secteur « non marchand », le CUI prend la forme du contrat d'accompagnement dans l'emploi (CUI-CAE) (voir p. 758).

Quels sont les bénéficiaires et les employeurs concernés ?

Le CUI-CIE a pour objet de faciliter l'insertion professionnelle des personnes sans emploi rencontrant des difficultés sociales et professionnelles d'accès à l'emploi. Le CUI-CIE peut ainsi être mobilisé différemment selon les régions, dans les conditions fixées par l'arrêté annuel du préfet de région, et appréciées par les acteurs du service public de l'emploi, notamment les services de Pôle emploi.
Le CUI-CIE s'adresse aux employeurs du secteur marchand (voir p. 742). Le CUI-CIE est prescrit par le service public de l'emploi, et

notamment par Pôle emploi, auquel l'employeur doit s'adresser. L'aide à l'insertion professionnelle associée au CUI-CIE (voir ci-dessous) n'est pas attribuée dans les cas suivants :

- lorsque l'établissement a procédé à un licenciement économique dans les six mois précédant la date d'embauche ;
- lorsque l'embauche vise à procéder au remplacement d'un salarié licencié pour un motif autre que la faute grave ou lourde. S'il apparaît que l'embauche a eu pour conséquence le licenciement d'un autre salarié, la décision d'attribution de l'aide peut être retirée par l'État ou par le président du conseil général. La décision de retrait de l'attribution de l'aide emporte obligation pour l'employeur de rembourser l'intégralité des sommes perçues ;
- lorsque l'employeur n'est pas à jour du versement de ses cotisations et contributions sociales.

Quelle est la durée de l'aide à l'insertion professionnelle ?

La durée de l'aide à l'insertion professionnelle attribuée au titre du CUI-CIE ne peut excéder le terme du contrat de travail (sur le contrat, voir ci-contre). L'attribution de l'aide peut être prolongée dans la limite d'une durée totale de 24 mois. Cette prolongation et, s'il est à durée déterminée, celle du contrat de travail au titre duquel l'aide est attribuée, est subordonnée à l'évaluation des actions réalisées au cours du contrat en vue de favoriser l'insertion durable du salarié. Par ailleurs, il peut être dérogé à la durée maximale pour laquelle est attribuée une aide à l'insertion professionnelle :

- soit lorsque celle-ci concerne un salarié âgé de 50 ans et plus bénéficiaire du RSA, de l'allocation de solidarité spécifique (ASS), de l'allocation temporaire d'attente (ATA) ou de l'allocation aux adultes handicapés (AAH) ou une personne reconnue travailleur handicapé. La durée maximale de 24 mois de l'aide à l'insertion professionnelle peut alors être portée, par décisions de prolongation successives d'un an au plus, à 60 mois ; la condition d'âge s'apprécie à l'échéance de la durée maximale de l'aide ;

- soit pour permettre d'achever une action de formation professionnelle en cours de réalisation et prévue au titre de l'aide attribuée. La durée maximale de l'aide à l'insertion professionnelle peut ainsi être prolongée pour la durée de la formation suivie par le salarié restant à courir et dans la limite de 60 mois.

Quelles sont les caractéristiques du CUI-CIE ?

Le CUI-CIE est un contrat de travail de droit privé à durée indéterminée ou à durée déterminée.

Remarque

Lorsqu'il est conclu pour une durée déterminée, le CUI-CIE est régi par l'article L. 1242-3 du Code du travail et les règles de renouvellement prévues à l'article L. 1243-13 du même code ne lui sont pas applicables : il en résulte notamment que les dispositions relatives au délai de carence entre deux contrats ne sont pas applicables, de même que l'obligation pour l'employeur de verser l'indemnité de fin de contrat (sauf disposition conventionnelle ou contractuelle plus favorable).

La durée du CUI-CIE ne peut être inférieure à six mois, ou trois mois pour les personnes ayant fait l'objet d'une condamnation et bénéficiant d'un aménagement de peine.
Le contrat de travail associé à une aide à l'insertion professionnelle attribuée au titre d'un CIE conclu pour une durée déterminée, peut être prolongé dans la limite d'une durée totale de 24 mois, ou de 60 mois pour les salariés âgés de 50 ans et plus bénéficiaires du RSA, de l'ASS, de l'ATA ou de l'AAH, ainsi que pour les personnes reconnues « travailleurs handicapés ». La conditions d'âge s'apprécie à l'échéance de la durée maximale de l'aide.
Le CUI-CIE peut être à temps plein ou à temps partiel ; s'il est à temps partiel, la durée hebdomadaire du travail ne peut être inférieure à 20 heures.

Quel est le statut du salarié en CUI-CIE ?

Le salarié en CUI-CIE est un salarié à part entière ; il bénéficie des mêmes conditions de travail que les autres salariés de l'entreprise. Il bénéficie également de l'ensemble des dispositions des conventions et accords collectifs applicables dans l'entreprise.

Il doit être rémunéré conformément aux dispositions conventionnelles applicables dans l'entreprise ou l'établissement. Cette rémunération ne peut être inférieure au Smic.

Quelles sont les aides pour l'employeur ?

■ Aide financière

L'aide à l'insertion professionnelle attribuée au titre du CUI-CIE peut être modulée en fonction :

- de la catégorie et du secteur d'activité de l'employeur ;
- des actions prévues en matière d'accompagnement professionnel et des actions visant à favoriser l'insertion durable du salarié ;
- des conditions économiques locales ;
- des difficultés d'accès à l'emploi antérieurement rencontrées par le salarié.

L'aide ne peut excéder 47 % du montant brut du Smic par heure travaillée, dans la limite de la durée légale hebdomadaire du travail : les taux de prise en charge déterminant son montant sont fixés par un arrêté du préfet de région, en fonction des critères énumérés ci-dessus et compte tenu, le cas échéant, des statistiques publiques de l'emploi dans la région.

Remarque

Dans les conditions précisées par les articles L. 5134-72-2 et D. 5134-64 du Code du travail, le département participe à cette aide financière lorsque l'aide à l'insertion professionnelle a été attribuée pour le recrutement d'un salarié qui était, avant son embauche, bénéficiaire du RSA financé par le département.

Les modalités de l'aide à l'insertion professionnelle sont précisées dans le formulaire de demande d'aide au titre d'un CUI. Pour l'essentiel, les règles suivantes s'appliquent :
- le nombre d'heures subventionnées (c'est-à-dire l'assiette retenue pour le calcul du montant de l'aide) peut être différent du nombre d'heures prévu au contrat de travail ; par exemple, un CUI-CIE d'une durée hebdomadaire de 30 heures peut être pris en charge à hauteur de 25 heures ;
- pour les contrats prescrits par le conseil général ou pour son compte et pour les bénéficiaires du RSA, le taux de prise en charge appliqué est celui fixé par le conseil général s'il est supérieur à celui fixé par le préfet ou lorsque le conseil général finance intégralement le contrat ; dans les autres cas, le taux de l'arrêté préfectoral s'applique ;
- pour tous les autres contrats (prescrits pour le compte de l'État) et pour tous les autres publics, il convient d'appliquer, dans tous les cas, le taux fixé par le préfet.

L'aide financière est versée mensuellement :
- par l'Agence de services et de paiement (ASP) pour le compte de l'État ;
- par le département ou par tout organisme qu'il mandate à cet effet, lorsque le salarié embauché dans le cadre du CUI-CIE est un bénéficiaire du revenu de solidarité active.

L'employeur communique aux organismes mentionnés ci-dessus les justificatifs attestant de l'effectivité de l'activité du salarié. Depuis la mise en service du téléservice SYLAE (« système de libre accès des employeurs ») (https://sylae.asp-public.fr), lorsque l'ASP est chargée du versement de l'aide à l'insertion professionnelle, et sauf impossibilité technique, l'employeur s'acquitte de l'obligation de communiquer les justificatifs attestant de l'effectivité de l'activité du salarié au moyen d'une déclaration sur l'honneur effectuée mensuellement par voie électronique et enregistrée dans cette application (renseignements complémentaires sur le téléservice

SYLAÉ au 0820 825 825 - 0,12 € TTC/mn ou sur le site de l'ASP www.asp-public.fr/beneficiaire/sylae).

■ **Absence de prise en compte dans les effectifs**

Pendant toute la durée d'attribution de l'aide à l'insertion professionnelle (voir ci-dessus), les bénéficiaires des CUI-CIE ne sont pas pris en compte dans le calcul de l'effectif pour l'application à l'employeur des dispositions législatives et réglementaires qui se réfèrent à une condition d'effectif minimum des salariés, exception faite de celles qui concernent la tarification des risques d'accidents du travail et des maladies professionnelles.

Cette disposition est sans incidence sur les droits du salarié.

■ **Suspension du contrat et aides à l'employeur**

Lorsque le CUI-CIE est suspendu sans que soit maintenue la rémunération du salarié, l'aide afférente à la période de suspension n'est pas versée.

Lorsque, au cours de la période de suspension, la rémunération est maintenue en totalité ou partiellement, l'aide afférente à la période de suspension est versée au prorata de la rémunération effectivement versée par l'employeur.

Remarque

Sur les conséquences de la rupture du contrat sur les aides perçues par l'employeur, on se reportera aux précisions figurant en pages 747 et suivantes.

Textes de référence

Articles L. 1111-3, L. 5134-65 à L. 5134-73, L. 5135-1 à L. 5135-8, R. 5134-51 à R. 5134-70 et D. 5134-71-1 à D. 5134-71-3 du Code du travail

Lire en complément

- Le contrat unique d'insertion : dispositions générales
- Le contrat unique d'insertion-contrat d'accompagnement dans l'emploi (CUI-CAE)
- Les emplois d'avenir

Le contrat unique d'insertion-contrat d'accompagnement dans l'emploi (CUI-CAE)

Le contrat unique d'insertion-contrat d'accompagnement dans l'emploi (CUI-CAE) constitue la déclinaison, pour le secteur non marchand, du contrat unique d'insertion (CUI, voir p. 741). Il a pour objet de faciliter l'insertion professionnelle des personnes sans emploi rencontrant des difficultés sociales et professionnelles d'accès à l'emploi.

Sont présentées ici les dispositions propres au CUI-CAE. Pour les dispositions générales applicables au CUI (procédure d'attribution de l'aide à l'insertion professionnelle, accompagnement des salariés, suspension du contrat, rupture anticipée du contrat, etc.), sous sa forme contrat d'accompagnement dans l'emploi (CUI-CAE) ou, pour le secteur marchand, contrat initiative-emploi (CUI-CIE), on se reportera respectivement aux pages 741 à 750. Sur les dispositions applicables aux emplois d'avenir, on se reportera aux pages 769 et suivantes.

Quels sont les bénéficiaires et les employeurs concernés ?

Le CUI-CAE a pour objet de faciliter l'insertion professionnelle des personnes sans emploi rencontrant des difficultés sociales et professionnelles particulières d'accès à l'emploi. À cette fin, il comporte des actions d'accompagnement professionnel. Il peut, afin de développer l'expérience et les compétences du salarié, prévoir, pour une durée limitée, une période de mise en situation en milieu professionnel (PMSMP, voir p. 749) auprès d'une autre structure d'accueil.

Le CUI-CAE s'adresse aux employeurs du secteur non marchand, tels que définis page 743. Les employeurs intéressés par la conclusion de CUI-CAE peuvent prendre contact avec l'unité Pôle emploi dont ils relèvent (voir p. 743).

Remarque

Il ne peut être attribué d'aide à l'insertion professionnelle au titre d'un CUI-CAE dans les cas suivants :

- lorsque l'embauche vise à procéder au remplacement d'un salarié licencié pour un motif autre que la faute grave ou lourde. S'il apparaît que l'embauche a eu pour conséquence le licenciement d'un autre salarié, la décision d'attribution de l'aide est retirée par l'État ou par le président du conseil général. La décision de retrait de l'attribution de l'aide emporte obligation pour l'employeur de rembourser l'intégralité des sommes perçues au titre de l'aide ;
- lorsque l'employeur n'est pas à jour du versement de ses cotisations et contributions sociales.

Quelle est la durée de l'aide à l'insertion professionnelle ?

La durée de l'aide à l'insertion professionnelle attribuée au titre du CUI-CAE ne peut excéder le terme du contrat de travail (sur ce contrat, voir ci-dessous). L'attribution de l'aide peut être prolongée dans la limite d'une durée totale de 24 mois.

Des dérogations à cette durée maximale sont admises :

- lorsque l'aide à l'insertion professionnelle concerne un salarié âgé de 50 ans et plus bénéficiaire du RSA, de l'allocation de solidarité spécifique (ASS), de l'allocation temporaire d'attente (ATA) ou de l'allocation aux adultes handicapés (AAH) ou une personne reconnue travailleur handicapé ; la durée maximale de 24 mois peut être portée, par décisions de prolongation successives d'un an au plus, à 60 mois. La condition d'âge s'apprécie à l'échéance de la durée maximale de l'aide ;

- ou pour permettre d'achever une action de formation professionnelle en cours de réalisation et prévue au titre de l'aide attribuée. La prolongation est accordée pour la durée de la formation suivie par le salarié restant à courir et dans la limite de 60 mois ; la durée de cette prolongation ne peut excéder le terme de l'action concernée.La demande de prolongation déposée par l'employeur est accompagnée des éléments mentionnés à l'article R. 5134-35 du Code du travail.

La prolongation de l'attribution de l'aide à l'insertion professionnelle au titre du CUI-CAE et, s'il est à durée déterminée, du contrat de travail au titre duquel l'aide est attribuée est subordonnée à l'évaluation des actions réalisées au cours du contrat en vue de favoriser l'insertion durable du salarié. L'employeur qui souhaite prolonger l'aide adresse à l'autorité qui a attribué l'aide initiale une demande préalable. Cette demande motivée est accompagnée d'un bilan des actions réalisées en matière d'accompagnement et de formation, notamment des actions d'aide à la prise de poste, de remise à niveau, d'acquisition de nouvelles compétences, de formation qualifiante, ou de la réalisation d'une période de mise en situation en milieu professionnel (PMSMP). L'employeur joint également à sa demande un document répertoriant les actions d'accompagnement et de formation qu'il envisage de mettre en œuvre pendant la période de prolongation.

Quelles sont les actions d'accompagnement et de formation prévues ?

La demande d'aide à l'insertion professionnelle indique les modalités d'orientation et d'accompagnement professionnel de la personne sans emploi recrutée dans le cadre d'un CUI-CAE et prévoit des actions de formation professionnelle et de validation des acquis de l'expérience (VAE) nécessaires à la réalisation de son projet professionnel : actions de remobilisation vers l'emploi, aide à la prise de poste, élaboration du projet professionnel et appui à sa réalisation, actions d'adaptation au poste de travail, remise à niveau, formation qualifiante, etc.

L'État peut contribuer au financement des actions de formation professionnelle et de VAE prévues dans la convention.

Les actions de formation peuvent être menées pendant le temps de travail ou en dehors de celui-ci.

Remarque

Dans le cadre du CUI-CAE comme du CUI-CIE, le salarié est accompagné par un référent et par un tuteur (voir p. 745) et peut avoir accès aux différents dispositifs de formation mis en place dans l'entreprise ou dans la structure qui l'emploie.

Quelles sont les caractéristiques du CUI-CAE ?

■ Nature du contrat

Le contrat de travail, associé à une aide à l'insertion professionnelle attribuée au titre d'un CUI-CAE, est un contrat de travail de droit privé, soit à durée déterminée, soit à durée indéterminée. Le CUI-CAE porte sur des emplois visant à satisfaire des besoins collectifs non satisfaits et ne peut être conclu pour pourvoir des emplois dans les services de l'État.

Lorsqu'il est conclu pour une durée déterminée, le CUI-CAE est régi par l'article L. 1242-3 du Code du travail : il en résulte que l'obligation pour l'employeur de verser l'indemnité de fin de contrat (ou indemnité de précarité) n'est pas applicable, sauf disposition conventionnelle ou contractuelle plus favorable.

Les collectivités territoriales et les autres personnes morales de droit public ne peuvent recourir au CUI-CAE que dans le cadre de contrats de travail à durée déterminée.

■ **Durée du contrat**

La durée du CUI-CAE ne peut être inférieure à six mois, ou trois mois pour les personnes ayant fait l'objet d'une condamnation et bénéficiant d'un aménagement de peine.

Les dispositions relatives au nombre maximum des renouvellements des CDD, prévues par l'article L. 1243-13 du Code du travail, ne sont pas applicables au CUI-CAE.

S'il est conclu pour une durée déterminée, le contrat de travail associé à l'attribution d'une aide à l'insertion professionnelle au titre d'un CUI-CAE peut être prolongé dans la limite d'une durée totale de 24 mois, ou de 60 mois (soit cinq ans) pour les salariés âgés de 50 ans et plus bénéficiaires du RSA, de l'ASS, de l'ATA ou de l'AAH, ainsi que pour les personnes reconnues travailleurs handicapés.

En outre à titre dérogatoire, ce contrat de travail peut être prolongé au-delà de la durée maximale prévue, en vue de permettre d'achever une action de formation professionnelle en cours de réalisation à l'échéance du contrat et prévue au titre de l'aide attribuée. La durée de cette prolongation ne peut excéder le terme de l'action concernée.

■ **Durée du travail**

La durée hebdomadaire du travail du titulaire d'un CUI-CAE ne peut être inférieure à 20 heures, sauf lorsque la décision d'attribution de l'aide le prévoit en vue de répondre aux difficultés particulièrement importantes de l'intéressé.

Lorsque le contrat de travail, associé à l'attribution d'une aide à l'insertion professionnelle accordée au titre d'un contrat d'accompagnement dans l'emploi, a été conclu pour une durée déterminée avec une collectivité territoriale ou une autre personne de droit public, la durée hebdomadaire du travail peut varier sur tout ou partie de la période couverte par le contrat, sans être supérieure à la durée légale hebdomadaire. Cette variation est sans incidence sur le calcul de la rémunération due au salarié (« lissage des rémunérations »). Dans ce cas :

- pour le calcul de la rémunération, le nombre d'heures hebdomadaires de travail accomplies est réputé égal à la durée du travail contractuelle ;
- le programme prévisionnel de la répartition de la durée du travail sur l'année ou sur la période couverte par le contrat de travail est indiqué dans le contrat de travail. Ce programme prévisionnel peut être modifié à la condition que cette possibilité ait été prévue dans le contrat de travail. En ce cas, sa modification éventuelle respecte un délai de prévenance de 15 jours au moins.

Remarque

Dans les associations ou chez tout employeur du secteur privé, les salariés peuvent, dans les conditions de droit commun fixées aux articles L. 3121-38 à 41 du Code du travail, être concernés par le régime du forfait hebdomadaire ou mensuel, tel qu'organisé dans le cadre de l'accord collectif applicable à l'employeur. En l'absence d'accord collectif, la durée du travail est organisée en application de l'article D. 3122-7-1 du Code du travail qui précise que la durée du travail de l'entreprise ou de l'établissement peut être organisée sous forme de périodes de travail, chacune d'une durée de quatre semaines au plus.

Quel est le statut du salarié ?

Le titulaire d'un CUI-CAE est un salarié à part entière ; il bénéficie de toutes les dispositions légales et conventionnelles attachées à ce statut. Sous réserve de clauses contractuelles ou conventionnelles plus favorables, il perçoit un salaire au moins égal au produit du montant du Smic par le nombre d'heures de travail accomplies.

En quoi consistent les périodes de mise en situation en milieu professionnel ?

Pendant l'exécution du CUI-CAE, une ou plusieurs périodes de mise en situation en milieu professionnel (PMSMP) peuvent être prescrites (notamment par Pôle emploi, une mission locale, un Cap emploi) au salarié, avec son accord et celui de son employeur. La PMSMP s'effectue, pour une durée limitée, dans une structure d'accueil qui peut être une entreprise, une association, etc. À l'issue de cette période, le salarié retrouve son poste de travail.

Chaque PMSMP fait l'objet d'une convention (Cerfa n° 13912*02) selon les modalités prévues par les articles L. 5135-1 à L. 5135-8 du Code du travail. Cette convention est conclue pour une durée ne pouvant excéder un mois de date à date, que la présence du bénéficiaire au sein de la structure d'accueil soit continue ou discontinue. Lorsque le ou les objectifs fixés n'ont pas été atteints, la convention peut être renouvelée une fois, pour le même objet et les mêmes objectifs que ceux initialement fixés et pour une durée au plus égale à celle mentionnée ci-dessus.

Remarques

- Il peut être conclu, avec un même bénéficiaire et au cours d'une période de 12 mois consécutifs, au plus deux conventions de mise en situation en milieu professionnel dans la même structure d'accueil, sous réserve que ces conventions comportent des objets (voir ci-dessous) ou des objectifs différents et sans que la durée totale de ces conventions, renouvellements compris, n'excède 60 jours sur la même période. En outre, pour les bénéficiaires d'un contrat aidé, la durée cumulée de l'ensemble des PMSMP effectuées au cours du contrat ne peut représenter plus de 25 % de la durée totale du contrat.
- L'organisme prescripteur (Pôle emploi, mission locale, etc.) de la mise en situation en milieu professionnel transmet à l'Agence de services et de paiement (ASP) une copie de la convention mentionnée ci-dessus.

Ces périodes ont pour objet de permettre à leurs bénéficiaires :
- soit de découvrir un métier ou un secteur d'activité ;
- soit de confirmer un projet professionnel ;
- soit d'initier une démarche de recrutement.

Le bénéficiaire d'une PMSMP conserve le régime d'indemnisation et le statut dont il bénéficiait avant cette période. Il n'est pas rémunéré par la structure dans laquelle il effectue une PMSMP. Il a accès dans la structure d'accueil aux moyens de transport et aux installations collectifs dont bénéficient les salariés. Il suit les règles applicables aux salariés de la structure dans laquelle s'effectue la mise en situation pour ce qui a trait :

1° Aux durées quotidienne et hebdomadaire de présence.
2° À la présence de nuit.
3° Au repos quotidien, au repos hebdomadaire et aux jours fériés.
4° À la santé et à la sécurité au travail.

Remarque

Aucune convention de mise en situation en milieu professionnel ne peut être conclue pour exécuter une tâche régulière correspondant à un poste de travail permanent, pour faire face à un accroissement temporaire de l'activité de la structure d'accueil, pour occuper un emploi saisonnier ou pour remplacer un salarié en cas d'absence ou de suspension de son contrat de travail.

Quelles sont les aides pour l'employeur ?

■ Aide à l'insertion professionnelle

L'aide à l'insertion professionnelle attribuée au titre d'un CUI-CAE est modulée en fonction :
- de la catégorie et du secteur d'activité de l'employeur ;
- des actions prévues en matière d'accompagnement professionnel et des actions visant à favoriser l'insertion durable du salarié ;

- des conditions économiques locales ;
- des difficultés d'accès à l'emploi antérieurement rencontrées par le salarié.

Le montant de cette aide ne peut excéder 95 % du montant brut du Smic par heure travaillée, dans la limite de la durée légale hebdomadaire du travail : les taux de prise en charge déterminant son montant sont fixés par un arrêté du préfet de région en fonction des critères énumérés ci-dessus et compte tenu, le cas échéant, des statistiques publiques de l'emploi dans la région.
Lorsque la décision d'attribution de l'aide à l'insertion concerne un salarié qui était, avant son embauche, bénéficiaire du RSA et fixe une durée hebdomadaire de travail de 7 heures, le montant de cette aide est fixé à 95 % du montant du Smic correspondant à l'accomplissement de 7 heures de travail.
L'aide est versée mensuellement par l'Agence de services et de paiement (ASP), dans les mêmes conditions que pour le CUI-CIE (voir p. 755) ; elle n'est soumise à aucune charge fiscale.

■ Exonération de cotisations

Les embauches réalisées en CUI-CAE donnent droit à l'exonération :
- des cotisations à la charge de l'employeur au titre des assurances sociales et des allocations familiales, pendant la durée d'attribution de l'aide à l'insertion professionnelle. Le montant de cette exonération est égal à celui des cotisations patronales au titre des assurances sociales et des allocations familiales correspondant à la fraction de la rémunération n'excédant pas le produit du Smic par le nombre d'heures rémunérées, dans la limite de la durée légale du travail calculée sur le mois ou, si elle est inférieure, de la durée conventionnelle applicable dans l'établissement ; les cotisations afférentes à la partie de la rémunération qui excède ce montant ne donnent pas lieu à exonération ;
- de la taxe sur les salaires ;

- de la taxe d'apprentissage ;
- des participations dues par les employeurs au titre de l'effort de construction.

Remarque

Les aides et les exonérations prévues au titre du CUI-CAE ne peuvent être cumulées avec une autre aide de l'État à l'emploi.

En cas de suspension du contrat de travail avec maintien total ou partiel de la rémunération mensuelle brute du salarié, le nombre d'heures rémunérées pris en compte pour le calcul de l'exonération est égal au produit de la durée de travail que le salarié aurait accomplie s'il avait continué à travailler et de la part de la rémunération restée à la charge de l'employeur et soumise à cotisation. Le nombre d'heures rémunérées ainsi déterminé ne peut excéder, au titre du mois civil considéré, la durée légale du travail calculée sur le mois ou, si elle est inférieure, la durée conventionnelle applicable dans l'établissement.

Remarque

Sur les conséquences de la rupture du contrat sur les aides perçues par l'employeur et sur les exonérations dont il a bénéficié, on se reportera aux précisions figurant en pages 747 et suivantes.

■ Suspension du contrat et aides à l'employeur

Lorsque le CUI-CAE est suspendu sans que soit maintenue la rémunération du salarié, l'aide afférente à la période de suspension n'est pas versée.

Lorsque, au cours de la période de suspension, la rémunération est maintenue en totalité ou partiellement, l'aide afférente à la période de suspension est versée au prorata de la rémunération effectivement versée par l'employeur.

■ Absence de prise en compte dans les effectifs

Pendant la durée d'attribution de l'aide à l'insertion professionnelle, les titulaires d'un CUI-CAE ne sont pas pris en compte dans le calcul des effectifs de l'entreprise, sauf pour l'application des dispositions légales relatives à la tarification des risques d'accidents du travail et de maladies professionnelles.

Textes de référence

Articles L. 1111-3, L. 5134-20 à L. 5134-34, L. 5135-1 à L. 5135-8, R. 5134-26 à R. 5134-50
et D. 5134-50-1 à D. 5134-50-3 du Code du travail

Lire en complément

- Le contrat unique d'insertion : dispositions générales
- Le contrat unique d'insertion-contrat initiative-emploi (CUI-CIE)
- Les emplois d'avenir

Les emplois d'avenir

Le dispositif des emplois d'avenir, créé par la loi n° 2012-1189 du 26 octobre 2012 (JO du 27), est organisé autour de trois idées-forces :

- une action orientée prioritairement vers les jeunes sans diplôme ou peu diplômés ;
- une logique de parcours, de formation et un accompagnement renforcé ;
- un effort massif de l'État, à la hauteur des enjeux. Cet effort a permis d'atteindre les premiers objectifs fixés par les pouvoirs publics : 100 000 emplois d'avenir avant fin 2013, 150 000 avant fin 2014.

On trouvera ci-dessous une présentation des principales règles applicables ; pour une présentation détaillée de ces contrats (notamment : suivi du titulaire du contrat par le prescripteur de l'aide, modalités de reconnaissance des compétences acquises), on peut se reporter au site Internet qui leur est dédié :
www.lesemploisdavenir.gouv.fr, ou aux sites www.emploi.gouv.fr ou www.travail-emploi.gouv.fr.

Remarque

D'autres aides que l'aide à l'insertion professionnelle mentionnée ci-dessous peuvent être mobilisées au titre des emplois d'avenir. Ainsi :

- lorsque le contrat est conclu avec une personne reconnue travailleur handicapé, l'Agefiph peut attribuer aux employeurs du secteur marchand une aide de 6 900 € pour la première année du contrat de travail (sur la base d'un temps plein) et 3 400 € pour la seconde année (sur la base d'un temps plein). L'Agefiph finance également la formation du jeune, tout secteur confondu (marchand et non marchand, hors fonction publique), dès lors que cette formation vise un diplôme ou une certification. L'aide intervient en complément des autres cofinanceurs (Opca...) et son montant peut atteindre 80 % du coût pédagogique de la formation ; pour plus de précisions, il convient de se rapprocher de sa délégation régionale Agefiph (www.agefiph.fr) ;

- certaines aides de Pôle emploi peuvent être attribuées à des personnes non inscrites comme demandeurs d'emploi qui, soit vont reprendre une activité dans le cadre d'un emploi d'avenir, soit sont en cours d'activité dans le cadre d'un emploi d'avenir (dans la perspective de leur sortie de ce dispositif) ; renseignements auprès de l'unité Pôle emploi ou sur le site www.pole-emploi.fr.

Quels sont les bénéficiaires ?

Peuvent être recrutés en emploi d'avenir les jeunes sans emploi de 16 à 25 ans et les personnes bénéficiant de la reconnaissance de la qualité de travailleur handicapé (RQTH) de moins de 30 ans, sans emploi, à la date de la signature du contrat, qui :

1° Soit ne détiennent aucun diplôme du système de formation initiale.

2° Soit sont titulaires uniquement d'un diplôme ou d'un titre à finalité professionnelle enregistré au *Répertoire national des certifications professionnelles* et classé au niveau V de la nomenclature interministérielle des niveaux de formation (BEP ou CAP), et totalisent une durée de six mois minimum de recherche d'emploi au cours des 12 derniers mois ; sur appréciation des organismes prescripteurs des emplois d'avenir, cette durée peut être inférieure à six mois si le parcours de formation des intéressés, leurs perspectives locales d'accès à l'emploi au regard de leur qualification ou des difficultés sociales particulières le justifient.

3° Soit, à titre exceptionnel, s'ils résident dans les quartiers prioritaires de la politique de la ville, dans une zone de revitalisation rurale (ZRR) ou dans un Dom, à Saint-Barthélemy, à Saint-Martin ou à Saint-Pierre-et-Miquelon, ont atteint au plus le niveau du 1er cycle de l'enseignement supérieur (jusqu'au niveau bac +3), et totalisent une durée de 12 mois minimum de recherche d'emploi au cours des 18 derniers mois ; sur appréciation des organismes prescripteurs des emplois d'avenir, cette durée peut être inférieure à 12 mois si le parcours de formation des intéressés, leurs perspectives locales d'accès à l'emploi au regard de leur qualification ou des difficultés sociales particulières le justifient.

Quels sont les employeurs concernés ?

L'article L. 5134 - 111 du Code du travail fixe la liste des employeurs susceptibles de bénéficier de l'aide à l'insertion professionnelle (voir ci-dessous) relative aux emplois d'avenir. Pour être éligible à cette aide, l'employeur doit pouvoir justifier de sa capacité, notamment financière, à maintenir l'emploi au moins le temps de son versement. Sont concernés :

- les organismes de droit privé à but non lucratif (associations, fondations, etc.) ;
- les collectivités territoriales (communes, départements et régions) et leurs groupements ;
- les autres personnes morales de droit public (hôpitaux, établissements publics du secteur médico-social, etc.), à l'exception de l'État ;
- les groupements d'employeurs qui organisent des parcours d'insertion et de qualification ;
- les structures d'insertion par l'activité économique (entreprises d'insertion, entreprises de travail temporaire d'insertion, associations intermédiaires, ateliers et chantiers d'insertion) ;
- les personnes morales de droit privé chargées de la gestion d'un service public (organismes de HLM, régies de transport, établissements de soins, etc.) ;
- les sociétés coopératives d'intérêt collectif.

Lorsqu'ils ne relèvent pas d'une de ces catégories, sont également éligibles à l'aide à l'emploi d'avenir, dès lors qu'ils proposent une perspective de qualification et d'insertion professionnelle durable et qu'ils appartiennent à un secteur d'activité présentant un fort potentiel de création d'emplois ou offrant des perspectives de développement d'activités nouvelles (ces secteurs sont fixés par arrêté du préfet de région) :

- les employeurs privés (assujettis à l'assurance chômage) ;
- les entreprises contrôlées majoritairement par l'État ;
- les établissement publics à caractère industriel et commercial des collectivités territoriales pour les emplois ne visant pas à satisfaire des besoins collectifs non satisfaits ;
- les sociétés d'économie mixte à participation majoritaire des collectivités territoriales, qui ne sont pas en charge d'un service public ;
- les chambres des métiers, les chambres de commerce et d'industrie, les chambres d'agriculture.

Remarque

Les particuliers employeurs ne sont pas éligibles à l'aide attribuée au titre d'un emploi d'avenir.

Quels sont les secteurs d'activité concernés ?

Les emplois d'avenir sont développés dans des activités présentant un caractère d'utilité sociale ou environnementale ou ayant un fort potentiel de création d'emplois et susceptibles d'offrir des perspectives de recrutements durables. On peut citer, à titre d'illustration : les filières vertes et numériques, le secteur social et médico-social, le secteur des aides à la personne, le secteur de l'animation et des loisirs, le tourisme.

Remarque

Dans chaque région, le schéma d'orientation régional définit la stratégie territoriale de mise en œuvre des emplois d'avenir et notamment les filières et secteurs d'activité prioritaires pour le déploiement de ces emplois, en particulier les secteurs qui présentent un fort potentiel de création d'emplois ou offrent des perspectives de développement d'activités nouvelles. Cette identification de secteurs prioritaires au niveau régional n'interdit pas aux employeurs du secteur non marchand appartenant à d'autres secteurs de proposer des offres d'emplois d'avenir.

Quelles sont les caractéristiques du contrat de travail ?

Les emplois d'avenir s'inscrivent dans le cadre juridique du contrat unique d'insertion (CUI ; voir p. 741) et sont conclus sous la forme, selon le cas :

1° S'agissant des collectivités territoriales et leurs groupements, et des autres personnes morales de droit public, d'un contrat d'accompagnement dans l'emploi (CUI-CAE) à durée déterminée, d'au moins 12 mois et d'au plus 36 mois.

2° S'agissant des autres employeurs susceptibles de recruter dans le cadre d'un emploi d'avenir (associations, groupements d'employeurs, personnes morales de droit privé chargées de la gestion d'un service public, etc., - voir p. 771), d'un contrat d'accompagnement dans l'emploi (CUI-CAE) si l'employeur appartient au secteur non marchand, ou d'un contrat initiative-emploi (CUI-CIE) si l'employeur appartient au secteur marchand. Dans ce cas, le contrat de travail associé à un emploi d'avenir peut être conclu pour une durée déterminée (voir précisions ci-dessous) ou pour une durée indéterminée.

Sous réserve des dispositions spécifiques mentionnées ci-dessous, les dispositions relatives au CUI (voir p. 741 et s.), dans sa déclinaison CUI-CAE ou CUI-CIE, s'appliquent à l'emploi d'avenir : désignation d'un tuteur par l'employeur, désignation d'un référent par l'organisme chargé du suivi du salarié, obligation de signalement, par l'employeur de tout évènement affectant l'exécution du contrat (suspension, rupture, modification de la durée du travail), possibilité d'effectuer une période de mise en situation en milieu professionnel (PMSMP) chez un autre employeur, etc.

Remarque

Le titulaire d'un emploi d'avenir est un salarié à part entière ; il bénéficie de toutes les dispositions légales et conventionnelles attachées à ce statut (congés payés, congés pour événements familiaux, réglementation de la durée du travail, suivi médical, etc.). Il perçoit un salaire au moins égal au Smic, y compris pour les jeunes âgés de 16 et 17 ans au moment de la signature du contrat de travail. Pendant la durée d'attribution de l'aide à l'insertion professionnelle associée à ce contrat, il n'est pas pris en compte dans le calcul des effectifs de l'employeur, sauf pour l'application des dispositions légales relatives à la tarification des risques d'accidents du travail et de maladies professionnelles.

■ Dispositions applicables au contrat à durée déterminée

Lorsque le contrat de travail associé à un emploi d'avenir est à durée déterminée, le contrat est conclu pour une durée de 36 mois, sous réserve des possibilités d'aménagements suivantes :

- en cas de circonstances particulières liées soit à la situation ou au parcours du bénéficiaire, soit au projet associé à l'emploi, il peut être conclu initialement pour une durée inférieure, comprise entre 12 et 36 mois ;
- s'il a été initialement conclu pour une durée inférieure à 36 mois, il peut être prolongé jusqu'à cette durée maximale.

En outre, afin de permettre au bénéficiaire de l'emploi d'avenir d'achever une action de formation professionnelle, le prescripteur de l'aide à l'insertion professionnelle associée à ce contrat (voir ci-dessous) peut autoriser une prolongation du contrat au-delà de la durée maximale de 36 mois, sans que cette prolongation puisse excéder le terme de l'action de formation concernée. Dans ce cas, l'aide est également prolongée, dans cette même limite.

Remarques

- Lorsqu'il est à durée déterminée, le contrat associé à l'emploi d'avenir peut être rompu pour l'un des motifs mentionnés à l'article L. 1243-1 du Code du travail (accord des parties, faute grave, force majeure, inaptitude constatée par le médecin du travail) ainsi que pour les motifs mentionnés à l'article L. 5134-28 pour le CUI-CAE et L. 5134-70 pour le CUI-CIE. Il peut également être rompu à l'expiration de chacune des périodes annuelles de son exécution à l'initiative du salarié, moyennant le respect d'un préavis de deux semaines, ou de l'employeur, s'il justifie d'une cause réelle et sérieuse, moyennant le respect d'un préavis d'un mois et de la procédure d'entretien préalable prévue à l'article L. 1232-2 du Code du travail.
- Le titulaire d'un emploi d'avenir en CDD bénéficie d'une priorité d'embauche durant un délai d'un an à compter du terme de son contrat. L'employeur l'informe de tout emploi disponible et compatible avec sa qualification ou ses compétences. Le salarié ainsi recruté est dispensé de la période d'essai.

■ Durée du travail

En principe, le bénéficiaire d'un emploi d'avenir occupe un emploi à temps plein.

Par exception, lorsque le parcours ou la situation du bénéficiaire le justifient, notamment pour faciliter le suivi d'une action de formation, ou lorsque la nature de l'emploi ou le volume de l'activité ne permettent pas l'emploi d'un salarié à temps complet, la durée hebdomadaire de travail peut être fixée à temps partiel ; la durée du travail ne peut alors être inférieure à la moitié de la durée hebdomadaire de travail à temps plein. Cette possibilité de temps partiel suppose l'accord du salarié et l'autorisation du prescripteur de l'aide à l'insertion professionnelle (selon le cas, mission locale, organismes de placement spécialisés dans l'insertion professionnelle des personnes handicapées - « Cap emploi » -, ou président du conseil général). En outre, dès lors que les conditions rendent possible une augmentation de la durée hebdomadaire de travail, le contrat ainsi que la demande associée peuvent être modifiés en ce sens avec l'accord du prescripteur de l'aide.

Remarque

Toute modification de la durée hebdomadaire du travail donne lieu à modification du contrat de travail du salarié et de la demande d'aide (voir p. 778).

En quoi consiste l'aide à l'insertion professionnelle ?

L'embauche d'un salarié dans le cadre d'un emploi d'avenir ouvre droit à une aide financière (« aide à l'insertion professionnelle »), attribuée au vu des engagements pris par l'employeur notamment en matière de formation du titulaire de l'emploi d'avenir.
L'embauche ne peut avoir lieu avant l'attribution de cette aide.

■ Les engagements de l'employeur

L'aide relative à l'emploi d'avenir, qui donne lieu à la signature de la demande d'aide (formulaire de demande d'aide disponible sur le site www.lesemploisdavenir.gouv.fr) est attribuée au vu des engagements de l'employeur mentionnés dans le dossier d'engagement et de suivi (disponible sur le site www.lesemploisdavenir.gouv.fr) établi entre l'employeur, le salarié et le prescripteur de l'aide.
Ces engagements portent sur le contenu du poste proposé et sa position dans l'organisation de la structure employant le bénéficiaire de l'emploi d'avenir, sur les conditions d'encadrement et de tutorat ainsi que sur la qualification ou les compétences dont l'acquisition est visée pendant la période en emploi d'avenir. Ils doivent comprendre des actions de formation, réalisées prioritairement pendant le temps de travail, ou en dehors de celui-ci, qui concourent à l'acquisition de cette qualification ou de ces compétences et les

moyens à mobiliser pour y parvenir. Ils précisent les modalités d'organisation du temps de travail envisagées afin de permettre la réalisation des actions de formation. Ces actions de formation privilégient l'acquisition de compétences de base et de compétences transférables permettant au bénéficiaire de l'emploi d'avenir d'accéder à un niveau de qualification supérieur.

Remarque

L'employeur désigne un tuteur dont les nom et fonction doivent figurer dans le dossier d'engagement et la demande d'aide. Ce tuteur doit, notamment, assurer un suivi régulier du salarié pendant toute la période sur laquelle porte l'aide, en lien avec le prescripteur en charge du suivi personnalisé du jeune

L'aide est également attribuée au vu des engagements de l'employeur sur les possibilités de pérennisation des activités et les dispositions de nature à assurer la professionnalisation des emplois.

Remarques

- L'exécution des engagements de l'employeur, notamment en matière de formation, est examinée par le prescripteur à chaque échéance annuelle. En cas de non-respect de ces engagements, l'aide fait l'objet d'un remboursement selon la procédure prévue à l'article R. 5134-29 du Code du travail lorsque l'emploi d'avenir prend la forme d'un CAE (employeurs du secteur non marchand) et R. 5134-54 lorsqu'il prend la forme d'un CIE (employeurs du secteur marchand).
- La décision d'attribution d'une nouvelle aide à l'insertion professionnelle est subordonnée au contrôle du respect par l'employeur des engagements qu'il avait souscrits au titre d'une embauche antérieure en emploi d'avenir.

■ **La décision d'attribution de l'aide**

La décision d'attribution de l'aide à l'insertion professionnelle associée aux emplois d'avenir est prise :

1° Soit, pour le compte de l'État, par les missions locales ou un organisme de placement spécialisé dans l'insertion professionnelle des personnes handicapées (organisme du réseau « Cap emploi »).

2° Soit par le président du conseil général lorsque cette aide concerne un bénéficiaire du revenu de solidarité active (RSA) financé par le département. Le président du conseil général peut déléguer tout ou partie de la décision d'attribution de l'aide à l'insertion professionnelle à une mission locale ou à un Cap emploi.

■ **La durée de versement de l'aide**

L'aide relative à l'emploi d'avenir est accordée pour une durée minimale de 12 mois et pour une durée maximale de 36 mois, sans pouvoir excéder le terme du contrat de travail. Lorsque l'aide a été initialement accordée pour une durée inférieure à 36 mois, elle peut être prolongée jusqu'à cette durée maximale.

À titre dérogatoire, afin de permettre au bénéficiaire d'achever une action de formation professionnelle qu'il a engagée, et sur autorisation de l'autorité délivrant la décision d'attribution, une prolongation de l'aide au-delà de la durée maximale de 36 mois est possible, dans la limite d'une durée totale de 60 mois. La durée de cette prolongation ne peut excéder le terme de l'action concernée. La demande de prolongation est faite par l'employeur ; elle est accompagnée des documents mentionnés à l'article R. 5134-32 du Code du travail si l'emploi d'avenir prend la forme d'un CAE et R. 5134-57 si l'emploi d'avenir prend la forme d'un CIE.

■ **Le montant de l'aide et les conditions de versement**

1° Pour les emplois d'avenir conclus sous forme de contrats d'accompagnement dans l'emploi (CAE), ce montant est fixé à 75 % du taux horaire brut du Smic. Toutefois, à titre expérimental, à La

Réunion, ce montant est porté à 90 % du taux horaire brut du Smic ; cette disposition (arrêté du 11 août 2014) est applicable à toute aide à l'insertion professionnelle attribuée au titre d'un emploi d'avenir à compter du 21 août 2014 et jusqu'au 31 décembre 2015.
2° Pour les emplois d'avenir conclus sous forme de contrats initiative-emploi (CIE), ce montant est fixé, dans le cas général, à 35 % du taux horaire brut du Smic ; toutefois, pour les groupements d'employeurs pour l'insertion et la qualification, et les entreprises d'insertion, qui sont éligibles au CIE, ce taux est fixé à 47 % du taux horaire brut du Smic.

Remarque

En cas de refus d'attribution ou de litige concernant l'attribution de l'aide à l'insertion professionnelle, l'employeur ou la personne susceptible d'être embauchée en emploi d'avenir peut exercer dans un délai de deux mois l'un des recours suivants :

- recours gracieux auprès de l'organisme prescripteur qui a refusé l'attribution de l'aide ;
- recours hiérarchique auprès de la Direccte ;
- recours contentieux devant le tribunal administratif compétent.

L'aide de l'État est versée mensuellement par l'Agence de services et de paiement (ASP). Le conseil général ou tout autre organisme qu'il conventionne à cet effet verse mensuellement son aide, lorsque le salarié embauché dans le cadre d'un emploi d'avenir est un bénéficiaire du revenu de solidarité active (RSA).
L'employeur doit communiquer à l'ASP les justificatifs attestant l'effectivité de l'activité du salarié. Il remplit cette obligation mensuellement et par voie électronique (téléservice SYLAÉ www.asp-public.fr/beneficiaire/sylae), sauf impossibilité technique.

Quelle est la procédure ?

L'employeur qui souhaite recruter un jeune dans le cadre d'un emploi d'avenir doit prendre contact avec son agence Pôle emploi ou la mission locale de son secteur (les coordonnées des missions locales sont disponibles sur le site du Conseil national des missions locales www.emploi.gouv.fr/acteurs/missions-locales). Il en va de même pour le jeune qui souhaite bénéficier d'un emploi d'avenir, qui doit prendre contact avec l'agence Pôle emploi ou la mission locale la plus proche de son domicile. Si le jeune est reconnu travailleur handicapé, il peut s'adresser au réseau des Cap emploi (coordonnées sur le site www.agefiph.fr).

Si les conditions de mise en œuvre d'un emploi d'avenir son réunies (éligibilité de l'employeur et du jeune aux emplois d'avenir, nature et contenu du poste proposé par l'employeur, etc.), la procédure sera la suivante :

1. L'employeur, le salarié et le prescripteur formalisent les engagements relatifs à l'emploi d'avenir, en termes de tutorat et de formation, et les modalités du suivi personnalisé, en signant la première partie du dossier d'engagement (voir le site : www.lesemploisdavenir.emploi.gouv.fr).
2. L'employeur et le salarié signent la demande d'aide à l'insertion professionnelle établie sur le formulaire Cerfa n° 14830 (disponible sur le site www.formulaires.modernisation.gouv.fr/gf/cerfa_14830.do). Cette demande d'aide est accompagnée d'une notice d'information. Le prescripteur signe ensuite ce formulaire, sa signature et son cachet valant décision d'attribution de l'aide.
Les feuillets sont transmis par le prescripteur à l'ASP et, le cas échéant, à l'organisme payeur pour le compte du conseil général.
Le feuillet 2 est conservé par le prescripteur.
Un exemplaire est remis à l'employeur.
Un exemplaire est remis au salarié.
3. L'employeur communique à l'ASP ses coordonnées bancaires par voie électronique au moyen de l'application « SYLAÉ » (www.asp-public.fr/beneficiaire/sylae), sauf impossibilité.

Remarque

Une fois la demande d'aide à l'insertion signée par l'employeur et le salarié et, pour décision d'attribution, le prescripteur de l'aide, l'employeur et le salarié peuvent signer le contrat de travail. Attention : l'embauche ne peut avoir lieu avant l'attribution de l'aide à l'insertion professionnelle.

Textes de référence

Articles L. 5134-110 à L. 5134-119 et R. 5134-161 à R. 5134-168 du Code du travail

Lire en complément

- Le contrat unique d'insertion - dispositions générales
- Le contrat unique d'insertion : contrat d'accompagnement dans l'emploi
- Le contrat unique d'insertion : contrat initiative-emploi

Chapitre 11

L'insertion professionnelle des travailleurs handicapés

mots clés

Reconnaissance de la qualité de travailleur handicapé • Obligation d'emploi • Travail en milieu ordinaire • Entreprises adaptées et centres de distribution de travail à domicile • Établissements et services d'aide par le travail (Ésat) • Exercice d'une activité non salariée • Aides aux employeurs • Aides de l'Agefiph

La reconnaissance de la qualité de travailleur handicapé

La reconnaissance de la qualité de travailleur handicapé permet d'avoir accès à un ensemble de mesures mises en place pour favoriser l'insertion professionnelle des personnes handicapées. Les formalités de reconnaissance s'effectuent auprès de la Commission des droits et de l'autonomie des personnes handicapées (CDAPH).
Être reconnu travailleur handicapé n'est pas un préalable nécessaire à l'attribution de l'allocation aux adultes handicapés, de la prestation de compensation du handicap et de la carte d'invalidité.

Remarque

Indépendamment des dispositions présentées dans les pages qui suivent, il est prévu que l'ouverture de droits à la prestation de compensation du handicap (PCH), à l'allocation compensatrice pour tierce personne (ACTP) ou à l'allocation d'éducation de l'enfant handicapé (AEEH) à l'égard des jeunes de plus de 16 ans qui disposent d'une convention de stage vaut reconnaissance de la qualité de travailleur handicapé. Cette reconnaissance de la qualité de travailleur handicapé n'est valable que pendant la durée du stage (voir p. 793).

Quelles sont les personnes concernées ?

Est considérée comme travailleur handicapé « toute personne dont les possibilités d'obtenir ou de conserver un emploi sont effectivement réduites par suite de l'altération d'une ou plusieurs fonctions physiques, sensorielles, mentales ou psychiques ».

Remarque

Une procédure de reconnaissance de la qualité de travailleur handicapé est désormais engagée à l'occasion de l'instruction de toute demande d'attribution ou de renouvellement de l'AAH.

Que signifie être reconnu travailleur handicapé ?

Demander la reconnaissance de la qualité de travailleur handicapé, c'est faire reconnaître officiellement par la CDAPH son aptitude au travail, suivant ses capacités liées au handicap.
Cette reconnaissance s'accompagne d'une orientation vers un établissement ou service d'aide par le travail (Ésat), vers le marché du travail ou vers un centre de rééducation professionnelle. L'orientation vers un Ésat, vers le marché du travail ou vers un centre de rééducation professionnelle vaut reconnaissance de la qualité de travailleur handicapé.

Remarque

La CDAPH peut ne pas reconnaître la qualité de travailleur handicapé. Dans ce cas, elle conclut soit à l'impossibilité d'accéder à tout travail, soit, à l'inverse, à la possibilité d'accéder normalement à un travail (absence de handicap reconnu).

Quels sont les avantages liés à la reconnaissance de la qualité de travailleur handicapé ?

Être reconnu travailleur handicapé permet, notamment, de bénéficier des mesures suivantes :

- l'orientation, par la CDAPH, vers un établissement ou service d'aide par le travail, vers le marché du travail ou vers un centre de rééducation professionnelle ;
- le soutien du réseau de placement spécialisé Cap emploi ;
- l'obligation d'emploi mentionnée page 789 ;

- l'accès à la fonction publique par concours, aménagé ou non, ou par recrutement contractuel spécifique ;
- les aides de l'Association pour la gestion du fonds pour l'insertion professionnelle des personnes handicapées (Agefiph).

La reconnaissance de la qualité de travailleur handicapé donne également une priorité d'accès à diverses mesures d'aides à l'emploi et à la formation.

Remarque

En cas de licenciement, la durée du préavis légal est doublée pour les bénéficiaires de l'obligation d'emploi des personnes handicapées (voir p. 789), sans que cette mesure puisse avoir pour effet de porter au-delà de trois mois la durée du préavis. Toutefois, ces dispositions ne sont pas applicables lorsque les règlements de travail, les conventions ou accords collectifs de travail ou, à défaut, les usages prévoient un préavis d'une durée au moins égale à trois mois (art. L. 5213-9 du Code du travail). À noter que, selon la Cour de cassation (arrêt du 18 septembre 2013), « les renseignements relatifs à l'état de santé du salarié ne peuvent être confiés qu'au médecin du travail, d'où il résulte que n'ayant commis aucune faute en ne révélant pas sa qualité de travailleur handicapé avant la notification de son licenciement, le salarié ne pouvait se voir priver des droits qu'il tenait de l'article L. 5213-9 du Code du travail ».

Quelles sont les démarches à accomplir ?

Il appartient aux personnes intéressées (personne handicapée ou son représentant) de faire une demande de reconnaissance de la qualité de travailleur handicapé auprès de la CDAPH de leur département, en remplissant le formulaire de demande unique (disponible sur le site www.travail-emploi.gouv.fr). Tous les renseignements sur ce point peuvent être obtenus auprès des maisons départementales des personnes handicapées (MDPH) constituées dans chaque département et qui exercent, notamment, une mission d'accueil, d'information, d'accompagnement et de conseil des personnes handicapées et de leurs familles. Les coordonnées de ces maisons départementales peuvent être obtenues auprès des services du conseil général.

Textes de référence

Articles L. 5213-1 et L. 5213-2, R. 5213-1 à R. 5213-8 du Code du travail
Article L. 821-7-3 du Code de la sécurité sociale
Articles L. 241-5 à L. 241-11 et L. 243-4 à L. 243-7 du Code de l'action sociale et des familles

Lire en complément

- L'obligation d'emploi en faveur des travailleurs handicapés

L'obligation d'emploi en faveur des travailleurs handicapés

Tout employeur du secteur privé et tout établissement public à caractère industriel et commercial occupant au moins 20 salariés doit employer, dans une proportion de 6 % de son effectif salarié, des travailleurs handicapés. Cette obligation d'emploi des personnes handicapées s'applique établissement par établissement pour les entreprises à établissements multiples. Elle s'applique également dans la fonction publique selon des modalités particulières (sur ce point, on peut consulter le site du Fonds pour l'insertion des personnes handicapées dans la fonction publique – FIPHFP – www.fiphfp.fr). Sur les conditions particulières d'accès à la fonction publique des travailleurs handicapés, on se reportera aux informations diffusées sur le site www.fonction-publique.gouv.fr.

Quels sont les bénéficiaires de l'obligation d'emploi ?

1° Les travailleurs reconnus handicapés par la Commission des droits et de l'autonomie des personnes handicapées (CDAPH) (voir p. 785).
2° Les victimes d'accidents du travail ou de maladies professionnelles ayant entraîné une incapacité permanente au moins égale à 10 % et titulaires d'une rente attribuée au titre du régime général de sécurité sociale ou de tout autre régime de protection sociale obligatoire.
3° Les titulaires d'une pension d'invalidité attribuée au titre du régime général de sécurité sociale, de tout autre régime de protection sociale obligatoire ou au titre des dispositions régissant les agents publics à condition que l'invalidité des intéressés réduise au moins des deux tiers leur capacité de travail ou de gain.

4° Les personnes mentionnées à l'article L.394 du Code des pensions militaires d'invalidité et des victimes de la guerre, notamment :

- les invalides de guerre titulaires d'une pension militaire d'invalidité en raison de blessures reçues ou de maladies contractées ou aggravées dans le cadre du service au cours des guerres ou des campagnes de guerre ;
- les victimes civiles de la guerre ou d'un acte de terrorisme ;
- les sapeurs pompiers volontaires victimes d'un accident ou atteints d'une maladie contractée en service (également mentionnés au 9° de l'article L. 5212-13 du Code du travail) ;
- les personnes qui dans le cadre de leurs fonctions professionnelles au service de la collectivité ou de leurs fonctions électives au sens du Code électoral, ou lors d'une mission d'assistance à personne en danger, ont subi une atteinte à leur intégrité physique, contracté ou vu s'aggraver une maladie induisant une incapacité permanente de poursuivre leur activité professionnelle.

5° Les personnes mentionnées aux articles L. 395 et L. 396 du même code, notamment :

- les conjoints, concubins et partenaires liés par un Pacs d'un militaire bénéficiant d'une pension pour aliénation mentale ou d'une personne décédée ou disparue dans des circonstances définies dans l'article L. 394 (voir 4° ci-dessus) ;
- les personnes ayant la charge de l'enfant mineur d'une personne citée au 4° ci-dessus ou titulaire d'une pension pour aliénation mentale ;
- les orphelins de guerre et pupilles de la nation de moins de 21 ans ;
- les enfants de moins de 21 ans de militaires titulaires d'une pension pour aliénation mentale, et de personnes mentionnées à l'article L. 394 (voir 4° ci-avant) dont le décès, la disparition ou l'incapacité de pourvoir à leurs obligations et à leurs charges de famille est imputable aux situations énumérées à cet article.

6° Les titulaires de la carte d'invalidité définie à l'article L.241-3 du Code de l'action sociale et des familles.

7° Les titulaires de l'allocation aux adultes handicapés (AAH).

Remarque

Le salaire des bénéficiaires de l'obligation d'emploi des travailleurs handicapés et assimilés travaillant en milieu ordinaire de travail ne peut être inférieur à celui qui résulte de l'application des dispositions législatives et réglementaires ou de la convention ou de l'accord collectif de travail. Une aide à l'emploi peut être attribuée à l'employeur, sur décision de l'Agefiph (voir p. 804).

Comment l'employeur peut-il s'acquitter de son obligation d'emploi ?

L'employeur peut s'acquitter de son obligation en embauchant directement les bénéficiaires de l'obligation d'emploi, et ce, à hauteur de 6 % de l'effectif total de ses salariés (cet effectif est calculé selon les modalités définies à l'article L. 1111-2 du Code du travail). Ces personnes peuvent être embauchées en contrat à durée indéterminée ou déterminée, à temps plein ou à temps partiel, mais également dans le cadre des contrats d'apprentissage, ou des contrats de professionnalisation.

L'employeur peut se libérer de son obligation d'emploi en versant une contribution financière à l'Association pour la gestion du fonds pour l'insertion professionnelle des personnes handicapées (Agefiph) ou conclure un accord de branche, de groupe, d'entreprise ou d'établissement.

Il peut enfin s'acquitter partiellement de son obligation en accueillant des personnes handicapées dans le cadre d'un stage (voir précisions ci-dessous), en concluant des contrats de sous-traitance, de fournitures ou de prestations de services avec des entreprises adaptées (ex-ateliers protégés), des centres de distribution de travail à domicile ou des établissements et services d'aide par le travail (ex-centres d'aide par le travail).

Remarque

Toute entreprise qui entre dans le champ d'application des articles L. 5212-1 et suivants du Code du travail relatifs à l'obligation d'emploi des travailleurs handicapés, soit au moment de sa création, soit en raison de l'accroissement de son effectif, dispose d'un délai de trois ans à compter de cette date pour se mettre en conformité avec cette obligation.

■ L'embauche directe de travailleurs handicapés

Pour le calcul du nombre de bénéficiaires de l'obligation d'emploi des travailleurs handicapés (OETH), chaque personne est prise en compte à due proportion de son temps de présence dans l'entreprise au cours de l'année civile, quelle que soit la nature ou la durée de son contrat de travail, dans la limite d'une unité et dans les conditions suivantes :

- le salarié bénéficiaire de l'OETH, dont la durée de travail est égale ou supérieure à la moitié de la durée légale ou conventionnelle compte pour une unité multipliée par le nombre de jours de présence effective du salarié dans l'établissement, rapporté à l'année ;
- le salarié bénéficiaire de l'OETH dont la durée de travail est inférieure à la moitié de la durée légale ou conventionnelle, compte pour une demi-unité multipliée par le nombre de jours de présence effective du salarié dans l'établissement, rapporté à l'année.

Exemples

- Un bénéficiaire de l'OETH, présent toute l'année à temps plein, compte pour 1.
- Un bénéficiaire de l'OETH, présent toute l'année avec un taux de temps partiel à 20 %, compte pour 0,5.
- Un bénéficiaire de l'OETH présent du 1er janvier au 31 octobre, à temps plein, compte pour 0,83 (1 unité x 10 mois de présence effective/12 mois).

- Un bénéficiaire de l'OETH présent toute l'année, à temps partiel (40 %) du 1er janvier au 30 juin, puis à temps plein le reste de l'année, compte pour 0,75 (0,5 x 6/12 + 1 x 6/12).

Pour plus de précisions sur ces règles de décompte, on peut se reporter à la notice accompagnant la DOETH, disponible sur le site www.travail-emploi.gouv.fr.

Remarque

L'employeur qui recrute des travailleurs handicapés peut bénéficier d'aides de l'Agefiph (www.agefiph.fr).

L'accueil de stagiaires

L'employeur peut s'acquitter partiellement de l'obligation d'emploi en accueillant en stage, dans les conditions précisées ci-dessous, des personnes handicapées, dans la limite de 2 % de l'effectif total des salariés de l'entreprise.

Pour l'application de cette disposition, sont prises en compte les personnes mentionnées à l'article L. 5212-13 du Code du travail (c'est-à-dire les bénéficiaires de l'obligation d'emploi, voir p. 789) qui effectuent l'un des stages suivants :

- un stage mentionné à l'article L. 6341-3 du Code du travail (stage de formation professionnelle rémunérée par l'État ou la région) ;
- un stage organisé par l'Agefiph ;
- un stage prescrit par Pôle emploi ;
- un stage au titre de l'article L. 331-4 du Code de l'éducation (stages en alternance dans le cadre de la scolarité du second degré) ;
- un stage au titre de l'article 9 de la loi n° 2006-396 du 31 mars 2006 pour l'égalité des chances (stages étudiants en entreprise) désormais prévus aux articles L. 124-1 à L.124-20 du Code de l'éducation).

Remarque

L'ouverture de droits à la prestation de compensation du handicap (PCH), à l'allocation compensatrice pour tierce personne (ACTP) ou à l'allocation d'éducation de l'enfant handicapé (AEEH) à l'égard des jeunes de plus de 16 ans qui disposent d'une convention de stage vaut reconnaissance de la qualité de travailleur handicapé. Cette reconnaissance n'est valable que pendant la durée du stage.

La durée du stage est égale ou supérieure à 40 heures.
Pour chaque stagiaire accueilli, une convention est conclue entre l'entreprise d'accueil, le stagiaire et l'organisme de formation ou l'organisme œuvrant pour l'insertion professionnelle.
Cette convention indique :

- le nom et l'adresse de l'entreprise d'accueil, de l'organisme de formation ou de l'organisme œuvrant pour l'insertion professionnelle et ceux du stagiaire ;
- la nature, l'objectif et les modalités d'exécution du stage ;
- le lieu, la durée en heures et les dates de début et de fin de stage ;
- le tuteur désigné pour accompagner le stagiaire au cours du stage ;
- les modalités d'assurance du stagiaire au titre des accidents du travail ;
- les modalités d'assurance au titre de la responsabilité civile en cas de dommage causé au stagiaire ou par le stagiaire.

La convention de stage doit être jointe à la DOETH.
Ces personnes sont décomptées au titre de l'année où se termine le stage. Elles comptent pour un effectif calculé en divisant la durée du stage par la durée annuelle de travail applicable dans l'entreprise.

Exemple

Pour un stage commencé en novembre 2013 et achevé en mars 2014, le stagiaire est pris en compte pour l'année 2014. Il apparaîtra donc dans la déclaration d'emploi au titre de la période janvier-décembre 2014 envoyée à l'administration à la date limite mentionnée page 800.

■ La conclusion de contrats avec certaines entreprises ou structures

L'employeur peut s'acquitter partiellement de son obligation d'emploi des travailleurs handicapés en passant des contrats de fournitures, de sous-traitance ou de prestations de services :

- soit avec des entreprises adaptées (ex-ateliers protégés) ou des centres de distribution de travail à domicile créés et agréés dans les conditions prévues par l'article L. 5213-13 du Code du travail ;
- soit avec des établissements et services d'aide par le travail (ex-centres d'aide par le travail) autorisés dans les conditions prévues par les articles L. 313-1 à L. 313-9 du Code de l'action sociale et des familles.

Cette modalité n'entre en compte au maximum que pour 50 % de l'obligation légale d'emploi (soit 3 %). Les règles d'équivalence entre la passation de tels contrats et l'emploi de personnes handicapées sont définies par l'article R. 5212-6 du Code du travail.

■ La conclusion d'un accord de branche, de groupe, d'entreprise ou d'établissement

Les employeurs soumis à l'obligation d'emploi peuvent s'acquitter de cette obligation en faisant application d'un accord de branche, d'un accord de groupe, d'un accord d'entreprise ou d'établissement qui prévoit la mise en œuvre d'un programme annuel ou pluriannuel en faveur des travailleurs handicapés comportant obligatoirement , pour les accords signés à compter du 1er janvier 2015, un plan d'embauche en milieu ordinaire, un plan de maintien dans l'entreprise ainsi qu'une au moins des actions suivantes :

1° Un plan d'insertion et de formation.

2° Un plan d'adaptation aux mutations technologiques.

L'accord doit être agréé par l'autorité administrative, après avis de l'instance départementale compétente en matière d'emploi et de formation professionnelle ou du Conseil supérieur pour le reclassement professionnel et social des travailleurs handicapés. Les modalités de cet agrément figurent aux articles R. 5212-15 à R. 5212-17 du Code du travail. L'agrément est donné pour la durée de validité de l'accord.

■ Le versement d'une contribution à l'Agefiph

Les employeurs tenus à l'obligation d'emploi peuvent s'acquitter de cette obligation en versant à l'Agefiph une contribution annuelle pour chacun des bénéficiaires qu'ils auraient dû employer.

Cette contribution est :

- égale au nombre de bénéficiaires manquants, calculé comme indiqué ci-dessous, déduction faite, le cas échéant, des coefficients de minoration applicables au titre des efforts consentis par l'employeur en matière de maintien dans l'emploi ou de recrutement direct de bénéficiaires de l'obligation d'emploi ;
- multipliée, le cas échéant, par le coefficient de minoration applicable au titre des emplois exigeant des conditions d'aptitude particulières occupés par des salariés de l'établissement ;
- multipliée par des montants fixés pour tenir compte de l'effectif de l'entreprise.

Remarque

La contribution annuelle calculée selon les dispositions visées ci-dessus ne peut pas être inférieure au produit du nombre de bénéficiaires manquants, pondéré au titre des efforts consentis par l'employeur en matière de maintien dans l'emploi ou de recrutement direct de bénéficiaires, par 50 fois le Smic horaire.

Pour les établissements dont le pourcentage de l'effectif des salariés occupant des emplois qui relèvent des catégories d'emploi exigeant des conditions d'aptitude particulières excède 80 %, la contribution annuelle est égale au nombre de bénéficiaires manquants, pondéré au titre des efforts consentis par l'employeur en matière de maintien dans l'emploi ou de recrutement direct de bénéficiaires, multiplié par 40 fois le Smic horaire.

Pour le calcul de cette contribution :

- le nombre de bénéficiaires manquants est égal à la différence entre le nombre des bénéficiaires de l'obligation d'emploi que l'employeur est tenu d'employer et le nombre de bénéficiaires occupés auquel est ajouté l'équivalent d'embauche de bénéficiaires dû à la passation de contrats de sous-traitance, de fournitures ou de prestations de services avec des entreprises adaptées, des centres de distribution de travail à domicile ou des établissements ou services d'aide par le travail ou dû à l'accueil de stagiaires handicapés. Un bénéficiaire occupé ne peut pas être comptabilisé plusieurs fois au motif qu'il entre dans plusieurs catégories de bénéficiaires de l'obligation d'emploi (par exemple, titulaire de la carte d'invalidité et bénéficiaire de l'allocation aux adultes handicapés) ;
- les coefficients de minoration au titre des efforts consentis par l'employeur en matière de maintien dans l'emploi ou de recrutement direct de bénéficiaires de l'obligation d'emploi sont égaux à :
  - 0,5, à titre permanent, pour l'embauche d'un bénéficiaire de l'obligation d'emploi et âgé de moins de 26 ans (soit jusqu'à son 26e anniversaire) ou de 50 ans révolus et plus (soit 51 ans et plus jusqu'à son départ de l'entreprise),
  - 1, pour l'embauche ou le maintien dans l'emploi d'un bénéficiaire de l'obligation d'emploi pour lequel l'Agefiph a reconnu la lourdeur du handicap en application de l'article R. 5213-45 du Code du travail, pour la durée de la validité de la décision, et à condition que l'employeur n'ait pas choisi le versement d'une aide à l'emploi (avant le 1er juillet 2011, la reconnaissance de la lourdeur du handicap relevait de la compétence du Direccte),
  - 0,5, la première année pour l'embauche du premier travailleur handicapé appartenant à l'une des catégories de bénéficiaires de l'obligation d'emploi,
  - 1, la première année pour l'embauche d'un bénéficiaire de l'obligation d'emploi en chômage de longue durée,

- 1, à titre permanent, pour l'embauche d'un bénéficiaire de l'obligation d'emploi à sa sortie d'une entreprise adaptée, d'un centre de distribution de travail à domicile ou d'un établissement ou service d'aide par le travail ;

- le coefficient de minoration au titre des emplois exigeant des conditions d'aptitude particulières est égal à 1 moins 1,3 fois le pourcentage de l'effectif des salariés occupant des emplois qui relèvent des catégories d'emplois exigeant des conditions d'aptitude particulières. Ce pourcentage est calculé par rapport à l'effectif total des salariés de l'établissement. Le nombre de salariés occupant des emplois relevant des catégories d'emplois exigeant des conditions d'aptitude particulières et le nombre total de salariés de l'établissement sont calculés conformément aux dispositions de l'article L. 1111-2 du Code du travail. Les catégories d'emplois exigeant des conditions d'aptitude particulières sont énumérées par l'article D. 5212-25 du Code du travail ;
- les montants fixés pour tenir compte de l'effectif de l'entreprise sont les suivants :
  - 400 fois le Smic horaire pour les entreprises comptant de 20 à 199 salariés,
  - 500 fois le Smic horaire pour les entreprises comptant de 200 à 749 salariés,
  - 600 fois le Smic horaire pour les entreprises comptant 750 salariés et plus.

Remarque

Pour les établissements qui n'ont occupé aucun bénéficiaire de l'obligation d'emploi, n'ont passé aucun contrat de sous-traitance, de fournitures ou de prestations de services avec des entreprises adaptées, des centres de distribution de travail à domicile ou des établissements ou services d'aide par le travail d'un montant supérieur au montant mentionné ci-dessous, ou n'appliquent aucun accord collectif prévoyant la mise en œuvre d'un programme annuel ou pluriannuel en faveur des travailleurs handicapés pendant une période supérieure à trois ans, ce montant est fixé à 1 500 fois le Smic horaire, quel que soit le nombre de salariés de l'entreprise.

Pour l'application de cette disposition, le montant hors taxes des contrats de fournitures, de sous-traitance ou de services doit être supérieur, sur quatre ans, à :

- 400 fois le Smic horaire dans les entreprises de 20 à 199 salariés ;
- 500 fois le Smic horaire dans les entreprises de 200 à 749 salariés ;
- 600 fois le Smic horaire dans les entreprises de 750 salariés et plus.

Dans la limite de 10 % du montant de la contribution annuelle calculée selon les dispositions mentionnées ci-dessus, les employeurs peuvent déduire du montant de cette contribution les dépenses supportées directement par l'entreprise et destinées à favoriser l'accueil, l'insertion ou le maintien dans l'emploi des travailleurs handicapés au sein de l'entreprise, l'abondement du compte personnel de formation (CPF, voir p. 465) au profit des bénéficiaires de l'obligation d'emploi (voir p. 789) ou l'accès de personnes handicapées à la vie professionnelle qui ne leur incombent pas en application d'une disposition législative ou réglementaire. Sont exclues des dépenses déductibles les dépenses donnant lieu à une décision de reconnaissance de la lourdeur du handicap mentionnée aux articles R. 5213-40 à R. 5213-51 du Code du travail.

Remarque

La liste des dépenses déductibles en application des dispositions visées ci-dessus est donnée par l'arrêté du 9 février 2006 (JO du 10 février).

En cas de non-respect de l'obligation d'emploi, les employeurs sont astreints à titre de pénalité au versement au Trésor public d'une somme dont le montant est égal au montant de la contribution due ou restant due, calculée en multipliant le nombre de bénéficiaires manquants, le cas échéant pondéré, par 1 500 fois le Smic horaire, et ce, quel que soit l'effectif total de salariés de l'entreprise, majorée de 25 %.

Comment l'obligation d'emploi des travailleurs handicapés est-elle contrôlée ?

L'obligation d'emploi des travailleurs handicapés fait l'objet d'une déclaration annuelle obligatoire que l'employeur adresse, par tout moyen permettant de rapporter la preuve de sa date de réception, à l'Agefiph (ses coordonnées figurent en page 1 du formulaire), avant la date limite mentionnée sur le formulaire (soit le 1er mars 2015 pour la déclaration au titre de la période du 1er janvier au 31 décembre 2014 ; voir ci-dessous en cas de télédéclaration). Si l'établissement a reçu le formulaire mais n'est pas assujetti, il est néanmoins demandé de le remplir, afin d'informer l'Agefiph de sa situation.

Les obligations déclaratives des employeurs sont précisées par les articles R. 5212-1 à R. 5212-4 du Code du travail. Le détail en est donné dans la notice explicative de la DOETH disponible sur le site www.travail-emploi.gouv.fr.

Si une contribution est due, celle-ci doit parvenir à l' Agefiph au plus tard à la date indiquée sur le formulaire, par chèque ou virement. Pour plus de précisions, on peut se reporter au site de l'Agefiph (www.agefiph.fr) sur lequel les employeurs trouveront également un outil permettant d'estimer leur éventuelle contribution financière.

Remarque

Sous certaines conditions, la déclaration peut être faite en ligne ainsi que le télépaiement de la contribution Agefiph, le cas échéant (renseignements sur le site www.teledoeth.travail.gouv.fr). La date limite de télédéclaration pour remplir la DOETH au titre de l'année 2014 est fixée au 1er mars 2015.

Textes de référence

Articles L. 5212-1 à L. 5212-17, R. 5212-1 à R. 5212-18,
D. 5212-19 à D. 5212-29, R. 5212-30 et R. 5212-31
du Code du travail

Lire en complément

- La reconnaissance de la qualité de travailleur handicapé
- Les aides de l'Agefiph
- Le Smic

Le travail en milieu ordinaire et les aides aux employeurs

La Commission des droits et de l'autonomie des personnes handicapées (CDAPH) oriente le travailleur handicapé vers le milieu de travail le plus adapté, en tenant compte des possibilités réelles d'insertion. Il peut s'agir du milieu protégé (centre d'aide par le travail) ou du milieu ordinaire de travail (dont font désormais partie les « entreprises adaptées » et les « centres de distribution du travail à domicile »). La qualité de travailleur handicapé reconnue par la CDPAH permet de bénéficier de mesures et d'obligations légales spécifiques, propres à favoriser l'insertion professionnelle ou le maintien dans l'emploi en milieu ordinaire.

De quelles aides le travailleur handicapé peut-il bénéficier pour rechercher un emploi ?

Les personnes handicapées peuvent avoir recours à des appuis spécifiques dans leur recherche d'emploi auprès des organismes suivants :

- Pôle emploi, qui dispose dans chaque agence locale de conseillers à l'emploi et dans chaque département d'un conseiller à l'emploi spécialisé pour les travailleurs handicapés ;
- le réseau Cap emploi. Ces organismes de placement spécialisés sont chargés de la préparation, de l'accompagnement et du suivi durable dans l'emploi des personnes handicapées. Ils participent au dispositif d'insertion professionnelle et d'accompagnement spécifique prévu pour les travailleurs handicapés mis en œuvre par l'État, le service public de l'emploi (notamment, Pôle emploi), l'Agefiph et le Fonds pour l'insertion professionnelle des personnes handicapées (FIPHFP) dans la fonction publique. Ces organismes sont conventionnés à cet effet et peuvent, à cette

condition, mobiliser les aides, actions et prestations proposées par l'association et le fonds mentionnés ci-dessus. Ils assurent, en complémentarité avec Pôle emploi, une prise en charge adaptée des demandeurs d'emploi bénéficiaires de l'obligation d'emploi dans des conditions définies par une convention ;
- des associations de personnes handicapées ou des établissements spécialisés qui ont constitué des services d'accompagnement vers l'emploi ;
- des actions menées dans le cadre de plans régionaux d'insertion professionnelle des travailleurs handicapés (Prith).

Remarque

La décision par laquelle chaque CDAPH se prononce sur une orientation vers le marché du travail ou sur l'admission en centre d'aide par le travail doit être motivée.

Les travailleurs handicapés ont-ils accès aux mesures pour l'emploi ?

Oui, les personnes handicapées font partie des publics prioritaires et, à ce titre, ont un accès privilégié aux contrats aidés.

Les entreprises sont-elles obligées de recruter des travailleurs handicapés ?

Tout employeur occupant au moins 20 salariés dans un même établissement est tenu d'employer 6 % de travailleurs handicapés ou, à défaut, de contribuer, selon d'autres modalités, à leur insertion professionnelle (voir p. 789 et s.).

Est-il possible de réduire le salaire d'un travailleur handicapé ?

Non, le salaire versé aux travailleurs reconnus handicapés doit correspondre à l'emploi qu'ils occupent et à leur qualification, dans les conditions de droit commun.

L'employeur peut-il bénéficier d'aides pour l'emploi d'un travailleur handicapé ?

L'employeur de travailleurs handicapés peut percevoir différents types d'aides. Des aides spécifiques sont destinées aux entreprises adaptées et aux centres de distribution de travail à domicile (voir p. 810).

■ L'aide destinée à compenser la lourdeur du handicap

Une aide gérée et versée par l'Agefiph, peut être attribuée aux employeurs des bénéficiaires de l'obligation d'emploi des travailleurs handicapés. Depuis le 1er juillet 2011, la décision de reconnaissance de la lourdeur du handicap est prise par l'Agefiph et non plus, comme avant cette date, par le Direccte ; sur ce point, on peut se reporter aux précisions figurant sur le site de l'Agefiph (www.agefiph.fr).

Cette aide doit être demandée par l'employeur. Elle a pour objet de compenser la lourdeur du handicap évaluée en situation de travail, au regard du poste de travail occupé, après aménagement optimal de ce dernier, par un bénéficiaire de l'obligation d'emploi des travailleurs handicapés.

La demande de reconnaissance de la lourdeur du handicap doit être présentée au moyen d'un formulaire réglementaire dont le modèle est annexé à l'arrêté du 19 juillet 2012 (JO du 21) et qui doit être accompagné des pièces mentionnées à l'article R. 5213-42 du Code du travail. Ce formulaire est disponible sur le site de l'Agefiph ou auprès des délégations régionales de cette association (coordonnées sur le site www.agefiph.fr).

Une notice explicative est jointe au dossier de demande.

Le dossier doit être adressé, sous pli recommandé avec accusé de réception, à la délégation régionale de l'Agefiph de la région de l'établissement employeur du salarié concerné (ou du lieu d'exercice de leur activité pour les travailleurs non salariés qui souhaitent bénéficier de cette aide ; voir p. 830).

Remarque

Une rubrique du formulaire de demande permet au salarié handicapé d'attester qu'il est bien informé de la démarche de reconnaissance de la lourdeur du handicap entreprise par son employeur en vue de bénéficier des compensations financières attachées à cette reconnaissance. Le salarié doit signer et dater cette attestation.

Au vu de ces éléments, l'Agefiph fixe le montant des charges induites par le handicap et en informe le demandeur par courrier. Lorsque ce montant est supérieur ou égal à 20 % du produit du Smic par le nombre d'heures correspondant à la durée collective du travail applicable dans l'établissement, elle accorde la reconnaissance de la lourdeur du handicap. La décision favorable fait l'objet d'un réexamen tous les trois ans. Toutefois, pour les bénéficiaires handicapés présentant un taux d'incapacité ou d'invalidité permanente d'au moins 80 %, la première décision de reconnaissance du handicap est accordée pour une durée d'un an. En cas d'avis favorable, les droits sont ouverts à compter de la date de réception de la demande de reconnaissance de la lourdeur du handicap. Si la demande est rejetée, le motif est explicité.

Remarque

Cette aide ne peut être cumulée avec la minoration de la contribution à l'Agefiph.

Le renouvellement de la décision de reconnaissance fait l'objet d'une nouvelle demande, selon les mêmes modalités que la demande initiale, à déposer trois mois avant la fin de validité des droits en cours afin d'éviter l'interruption des versements de l'aide à l'emploi des travailleurs handicapés. En outre, lorsque le bénéficiaire de l'obligation d'emploi change de poste au sein de l'entreprise, ou lorsque son handicap évolue, l'employeur doit présenter une demande de révision de la décision de reconnaissance de la lourdeur du handicap.
Le montant annuel de l'aide à l'emploi octroyée aux employeurs est

fixé, par poste de travail occupé à temps plein, à 450 fois le taux horaire du Smic, chargé d'un taux forfaitaire de 21,5 % de cotisations patronales fiscales et sociales.

Remarque

Un montant majoré, fixé, par poste de travail occupé à temps plein, à 900 fois le taux horaire du Smic chargé d'un taux forfaitaire de 21,5 % de cotisations patronales fiscales et sociales, s'applique lorsque le montant des charges induites mentionnées page 805 est supérieur ou égal à 50 % du produit du Smic par le nombre d'heures correspondant à la durée collective du travail applicable dans l'établissement.

L'aide à l'emploi accordée à l'employeur est calculée au prorata du temps de travail effectué par rapport à la durée collective du travail applicable dans l'établissement.

Remarque

L'aide est versée trimestriellement à l'employeur par l'Agefiph.

■ Les aides à l'aménagement des postes de travail

L'État peut consentir une aide financière aux entreprises qui emploient des personnes handicapées, pour l'adaptation des machines ou des outillages, l'aménagement de postes de travail, y compris l'équipement individuel nécessaire aux travailleurs handicapés pour les occuper, et les accès aux lieux de travail.
La demande doit être adressée au préfet du département où est situé l'établissement, accompagné d'une description technique du projet et d'un devis estimatif ainsi que de l'avis du comité d'hygiène, de sécurité et des conditions de travail (CHSCT) ; son montant ne peut excéder 80 % du coût de l'adaptation ou de l'aménagement envisagé.
L'aide peut également être destinée à compenser les charges supplémentaires d'encadrement. Dans ce cas, elle ne peut concerner

que la seule période durant laquelle la présence d'un encadrement supplémentaire est nécessaire pour assurer l'adaptation à l'emploi des travailleurs handicapés et son montant ne peut excéder 50 % des dépenses d'encadrement supplémentaire afférentes à cette période.

■ Les aides de l'Agefiph

L'Agefiph propose un ensemble de services et d'aides financières aux entreprises. Tous les renseignements sur ces aides peuvent être obtenus sur le site de l'Agefiph (www.agefiph.fr).

Quel est le statut de la personne handicapée travaillant en milieu ordinaire ?

Le travailleur handicapé exerçant une activité en milieu ordinaire bénéficie du statut de salarié et donc des dispositions du Code du travail et de la convention collective applicable à l'entreprise.

Remarque

En cas de licenciement, la durée du préavis déterminée en application de l'article L. 1234-1 du Code du travail (voir p. 574) est doublée pour les bénéficiaires d'obligation d'emploi des personnes handicapées, sans que cette mesure puisse avoir pour effet de porter au-delà de trois mois la durée du préavis. Toutefois, ces dispositions ne sont pas applicables lorsque les règlements de travail, les conventions ou accords collectifs de travail ou, à défaut, les usages prévoient un préavis d'une durée au moins égale à trois mois.

Quelles sont les formations ouvertes au salarié handicapé ?

Les personnes bénéficiaires de l'obligation d'emploi, notamment les personnes handicapées, ont accès à l'ensemble des dispositifs de formation professionnelle continue dans le respect du principe

d'égalité de traitement, en prenant les mesures appropriées.
Elles bénéficient, le cas échéant, d'actions spécifiques de formation ayant pour objet leur insertion ou leur réinsertion professionnelle, de permettre leur maintien dans l'emploi, de favoriser le développement de leurs compétences et l'accès aux différents niveaux de la qualification professionnelle et de contribuer au développement économique et culturel et à la promotion sociale.
Elles ont également accès aux formations organisées dans le cadre des contrats de professionnalisation, du contrat d'apprentissage, dont les conditions peuvent être aménagées (limite d'âge, etc., voir p. 717) et aux périodes de professionnalisation (voir p. 479). Comme tout salarié, elles bénéficient d'un compte personnel de formation (CPF, voir p. 465).
Elles peuvent, en outre, suivre des formations de réadaptation et de rééducation chez l'employeur ou dans un établissement spécialisé (centres de préorientation et centres de rééducation professionnelle).

Quel est le rôle de la médecine du travail ?

Le médecin du travail est un interlocuteur privilégié de la personne handicapée dans l'entreprise. Il est le seul habilité à apprécier l'aptitude du salarié à son poste de travail :
- dès la visite médicale d'embauche ;
- lors des visites médicales périodiques ;
- lors des visites de reprise prévues à l'article R. 4624-22 du Code du travail.

Remarque

Les travailleurs handicapés font partie des catégories de travailleurs faisant l'objet de la surveillance médicale renforcée prévue par les articles R. 4624-18 et suivants du Code du travail (voir p. 428)

Textes de référence

Articles L. 5213-6 à L. 5213-12 -1 et R. 5213-32 à R. 5213-51 du Code du travail

Arrêté du 19 juillet 2012 (JO du 21)

Lire en complément

- La reconnaissance de la qualité de travailleur handicapé
- L'obligation d'emploi en faveur des travailleurs handicapés
- Les aides de l'Agefiph
- La médecine du travail

Les entreprises adaptées, les centres de distribution de travail à domicile (CDTD) et les aides aux employeurs

Une entreprise adaptée (ex-atelier protégé) ou un centre de distribution de travail à domicile (CDTD) est une entreprise du milieu ordinaire du travail employant au moins 80 % de travailleurs handicapés, lesquels peuvent ainsi exercer une activité professionnelle dans des conditions adaptées à leurs possibilités.
Ces structures bénéficient d'aides de l'État. Elles doivent permettre une insertion et une promotion professionnelles tenant compte du handicap du travailleur. Elles peuvent servir de tremplin vers des emplois dans des entreprises non adaptées du marché du travail.

Qui peut travailler en entreprise adaptée ou en CDTD ?

L'effectif de production des entreprises adaptées ou des CDTD comporte au moins 80 % de travailleurs handicapés orientés vers le marché du travail par la Commission des droits et de l'autonomie des personnes handicapées (CDAPH) et qui soit sont recrutés sur proposition du service public de l'emploi (notamment Pôle emploi) ou d'un organisme de placement spécialisé (les « Cap emploi », (voir p. 802), soit répondent aux critères fixés par arrêté ministériel.
Les entreprises adaptées et les CDTD permettent à ces salariés d'exercer une activité professionnelle dans des conditions adaptées à leurs possibilités. Grâce à l'accompagnement spécifique qu'ils leur proposent, ils favorisent la réalisation de leur projet professionnel en vue de la valorisation de leurs compétences, de leur promotion

et de leur mobilité au sein de la structure elle-même ou vers d'autres entreprises.

Quel est le statut du travailleur handicapé en entreprise adaptée ou en CDTD ?

C'est un salarié possédant un statut de droit commun avec un CDI ou un CDD. Il possède tous les droits des salariés et bénéficie de la Sécurité sociale. L'entreprise adaptée et le CDTD sont considérés comme employeur.

Quelle est la rémunération du travailleur handicapé en entreprise adaptée ou en CDTD ?

Le travailleur handicapé en entreprise adaptée reçoit un salaire fixé compte tenu de l'emploi qu'il occupe et de sa qualification, par référence aux dispositions réglementaires ou conventionnelles applicables dans la branche d'activité. Ce salaire ne peut être inférieur au Smic.

Remarque

Sous certaines conditions, l'entreprise adaptée ou le CDTD perçoit, pour chaque travailleur handicapé orienté vers le marché du travail par la CDAPH qu'il emploie, une aide au poste forfaitaire, versée par l'État (voir p. 816).

Comment un travailleur handicapé en entreprise adaptée ou en CDTD peut-il accéder à un emploi dans une entreprise ordinaire ?

Plusieurs dispositions sont prévues afin de faciliter le passage de l'entreprise adaptée ou du CDTD vers une entreprise non adaptée du marché du travail.

■ Priorité d'embauche

Le salarié handicapé qui a démissionné d'une entreprise adaptée ou d'un CDTD pour travailler dans une entreprise non adaptée bénéficie, dans le délai d'un an à compter de la rupture de son contrat, d'une priorité d'embauche s'il manifeste le souhait de réintégrer l'entreprise adaptée ou le CDTD. Dans ce cas, l'entreprise adaptée ou le CDTD l'informe de tout emploi disponible compatible avec sa qualification.

■ Mise à disposition

Les travailleurs handicapés employés dans une entreprise adaptée peuvent, avec leur accord et en vue d'une embauche éventuelle (et uniquement dans ce but), être mis à la disposition d'un autre employeur. Ils continuent à ouvrir droit, pour l'entreprise adaptée, à l'aide au poste et à la subvention spécifique (voir p. 814). Les travailleurs handicapés embauchés pour les remplacer peuvent ouvrir droit à l'aide au poste, dans la limite du nombre d'aides au poste fixé par avenant financier.

Cette mise à disposition ne peut intervenir que dans le respect des règles suivantes :

- des contrats écrits doivent être conclus entre l'organisme gestionnaire de l'entreprise adaptée et, d'une part, l'employeur utilisateur, d'autre part, le travailleur handicapé ;
- ces contrats fixent les conditions de la mise à disposition ; ils sont passés pour une durée maximale d'un an renouvelable une fois. Ils sont soumis au visa de l'inspecteur du travail ;
- le contrat liant l'organisme gestionnaire à l'employeur utilisateur doit préciser notamment :
  - le nombre de travailleurs demandés, les qualifications professionnelles requises, le lieu, l'horaire et les caractéristiques particulières des travaux à accomplir,
  - la nature des travaux incompatibles avec certains types de handicaps,
  - les modalités de rémunération de la prestation de service,
  - les conditions d'une offre d'embauche ;

- le contrat liant l'organisme gestionnaire de l'entreprise adaptée avec le travailleur handicapé doit préciser notamment :
  - la qualification professionnelle du salarié,
  - la nature, le lieu, l'horaire et les caractéristiques particulières du travail à accomplir,
  - les éléments et les modalités de paiement de la rémunération due au salarié,
  - les conditions d'une offre d'embauche.

Remarque

Le comité d'entreprise de l'entreprise utilisatrice et celui de l'entreprise adaptée ou, à défaut, les délégués du personnel sont consultés sur ces contrats.

Qui peut créer une entreprise adaptée ou un CDTD ?

Les entreprises adaptées et les CDTD peuvent être créés par les collectivités ou organismes publics ou privés et notamment par des sociétés commerciales. Pour ces dernières, ils sont obligatoirement constitués en personnes morales distinctes de celle qui a présidé à leur création.

Ils doivent passer avec le préfet de région un contrat d'objectifs triennal valant agrément, dont le contenu est fixé par l'article R. 5213-66 du Code du travail.

Comment fonctionne une entreprise adaptée ou un CDTD ?

L'entreprise adaptée et le CDTD sont soumis aux dispositions du Code du travail ; ils bénéficient, à ce titre, de l'ensemble des dispositifs destinés aux entreprises et à leurs salariés. Le bénéfice de ces dispositifs ne peut toutefois se cumuler, pour un même poste, avec l'aide au poste versée par l'État (voir p. 816), ni avec aucune aide spécifique portant sur le même objet.

Remarque

Les organismes gestionnaires des entreprises adaptées et des CDTD sont tenus de se soumettre au contrôle des agents des services du travail et de l'emploi. Ceux-ci pourront se faire présenter tous les documents relatifs à la gestion, et notamment les livres et registres dont la tenue est prescrite aux employeurs par les lois et règlements.

Chaque entreprise adaptée ou CDTD :
- doit être placé sous l'autorité d'un responsable, sans préjudice des responsabilités incombant à l'organisme gestionnaire. Quand une section d'entreprise adaptée est annexée à un établissement ou service d'aide par le travail, elle peut être placée sous l'autorité du même responsable ;
- fait l'objet d'une comptabilité distincte, qui est tenue conformément aux prescriptions du plan comptable général.

Remarque

L'entreprise adaptée doit disposer de ses propres locaux. Si plusieurs activités sont organisées dans le même ensemble immobilier, l'entreprise adaptée doit pouvoir être distinguée des autres activités.

Quelles sont les aides spécifiques qui peuvent être versées aux entreprises adaptées et aux CDTD ?

Les entreprises adaptées et les CDTD peuvent bénéficier, sous certaines conditions, d'une subvention spécifique et d'une aide au poste.

■ La subvention spécifique

Compte tenu des surcoûts résultant de l'emploi majoritaire de ces travailleurs handicapés, les entreprises adaptées et les centres de distribution de travail à domicile reçoivent de l'État une subvention spécifique, destinée notamment au suivi social, à l'accompagnement

et à la formation spécifiques de la personne handicapée, pour favoriser son adaptation à son poste de travail.
En l'état actuel de la réglementation, cette subvention spécifique, versée par l'État, est composée :
- d'une partie forfaitaire, dont le montant est fixé à 900 € par travailleur handicapé ;
- et, le cas échéant, de deux parties variables qui peuvent venir majorer la partie forfaitaire : la première de ces parties variables est attribuée en fonction de critères de modernisation économique et sociale ; la seconde est destinée à soutenir les projets liés au développement ou au redressement de l'entreprise adaptée ou du CDTD (développement du processus de production, de la politique commerciale, amélioration de l'organisation et de la gestion des ressources humaines, mise en place d'actions de formation et de suivi social des travailleurs handicapés).

Au titre des critères de modernisation économique et sociale, le préfet de région prend en compte les efforts faits par l'organisme gestionnaire de l'entreprise adaptée ou du CDTD en matière :
- de développement économique et de modernisation des outils de production de la structure ;
- de maintien dans l'emploi des travailleurs handicapés vieillissants ;
- de mobilité professionnelle vers les autres emplois du marché du travail.

La partie variable de la subvention, attribuée en tenant compte de ces efforts, vient majorer la partie forfaitaire de la subvention (900 € par travailleur handicapé) dans les conditions suivantes :
- la majoration pour le développement économique de la structure est d'un montant égal à 40 % de la dotation aux amortissements par travailleur handicapé, après diminution de celle-ci de 150 € par travailleur handicapé, sans que cette majoration puisse excéder 1 100 € par travailleur handicapé ;

- la majoration pour le maintien dans l'emploi des travailleurs vieillissants est de 600 € par travailleur handicapé âgé de 50 à 55 ans révolus et de 1 060 € par travailleur handicapé de 56 ans et plus ;
- la majoration pour mobilité professionnelle par l'accession des travailleurs handicapés à d'autres emplois du marché du travail est de 4 600 € par travailleur handicapé concerné.

Remarque

Pendant les deux premières années civiles de fonctionnement, une aide au démarrage se substitue à la subvention spécifique si elle excède le montant cumulé de la partie forfaitaire et de la partie variable attribuée en fonction des critères de modernisation économique et sociale. Le montant de cette aide au démarrage est fixé à 4 600 € par emploi de travailleur handicapé créé, sans que le total de l'aide puisse excéder 92 000 €.

L'aide au conseil pour la création ou l'extension peut aller jusqu'à 70 % du montant dans la limite de 152,62 €.

■ L'aide forfaitaire au poste

Les entreprises adaptées et les centres de distribution de travail à domicile perçoivent pour chaque travailleur handicapé répondant à certaines conditions (être orientés vers le marché du travail par la CDAPH et soit être recrutés sur proposition du service public de l'emploi ou d'un organisme de placement spécialisé, soit répondre aux critères fixés par un arrêté ministériel), une aide au poste forfaitaire versée par l'État, dans la limite d'un effectif de référence fixé annuellement par la loi de finances. Le montant de cette aide au poste est égal à 80 % du Smic brut correspondant à la durée collective du travail applicable dans l'entreprise adaptée ou le CDTD, dans la limite de la durée légale du travail. Pour les emplois à temps partiel, le montant de l'aide est calculé, selon les mêmes modalités, au prorata du nombre d'heures travaillées.

Une aide au poste minorée est versée à l'entreprise adaptée ou au CDTD lorsque l'employeur est tenu, en application de dispositions légales ou conventionnelles, de maintenir la rémunération pendant les périodes donnant lieu au versement de l'indemnité journalière d'assurance maladie prévue à l'article L. 321-1 du Code de la sécurité sociale. Son montant est calculé dans les conditions prévues ci-dessus, sur la base de 30 % du salaire horaire minimum de croissance brut. Lorsque l'absence ne recouvre pas un mois civil entier, l'aide est réduite au prorata du nombre d'indemnités journalières versées. Pour plus de précisions sur les modalités de mise en œuvre de maintien partiel de l'aide au poste, on pourra se reporter à la circulaire DGEFP n° 39 du 1er octobre 2009 (disponible sur le site www.circulaires.gouv.fr).

Remarques

▪ La circulaire du 1er octobre 2009 mentionnée ci-dessus apporte également des précisions sur :

- l'articulation de l'aide au poste et l'indemnisation du chômage partiel ;
- l'exonération des entreprises adaptées, du versement transport, de la contribution FNAL et de la contribution solidarité-autonomie.

▪ Le contrat d'objectifs mentionné page 813 prévoit, par un avenant financier annuel, un contingent d'aides au poste. Ce contingent peut être révisé en cours d'année en cas de variation du nombre des travailleurs handicapés ouvrant droit à l'aide au poste. En outre, le préfet de région peut réviser en cours d'année, à la hausse ou à la baisse, le contingent des aides au poste prévu par l'avenant financier lorsqu'un écart de consommation des aides au poste, au moins égal à 10 %, est observé pendant au moins trois mois consécutifs, après avoir mis les dirigeants des entreprises adaptées concernées par ces modifications à même de faire connaître leurs observations ; cette disposition est issue du décret du 26 janvier 2015 mentionné page 818, en vigueur depuis le 29 janvier 2015.

Textes de référence

Articles L. 5213-13 à L. 5213-19, R. 5213-62 à R. 5213-76 et D. 5213-77 à D. 5213-86 du Code du travail

Arrêté du 13 février 2006 « relatif aux critères d'efficience réduite ouvrant droit aux aides de l'État dans les entreprises adaptées » (JO du 14 février)

Arrêté du 13 février 2006 « relatif aux conditions d'attribution de la subvention spécifique aux entreprises adaptées et centres de distribution de travail à domicile » (JO du 14 février)

Circulaire DGEFP n° 2006/08 du 7 mars 2006 relative aux entreprises adaptées et aux centres de distribution de travail à domicile

Loi n° 2011-901 du 28 juillet 2011 (JO du 30 juillet)

Décret n° 2015-60 du 26 janvier 2015 (JO du 28)

Lire en complément

- Le travail en milieu ordinaire et les aides aux employeurs
- Les établissements et services d'aide par le travail (Ésat)

Les établissements et services d'aide par le travail (Ésat)

Les établissements et services d'aide par le travail (Ésat – couramment encore appelés « centres d'aide par le travail » ou CAT) sont des établissements médico-sociaux qui relèvent, pour l'essentiel, des dispositions figurant dans le Code de l'action sociale et des familles. Ils offrent aux personnes handicapées des activités diverses à caractère professionnel et un soutien médico-social et éducatif en vue de favoriser leur épanouissement personnel et social.
Les Ésat relèvent du milieu protégé, par opposition au milieu ordinaire de travail. Ils mettent en œuvre ou favorisent l'accès à des actions d'entretien des connaissances, de maintien des acquis scolaires et de formation professionnelle, ainsi que des actions éducatives d'accès à l'autonomie et d'implication dans la vie sociale, au bénéfice des personnes handicapées qu'ils accueillent.

Qui peut être accueilli dans un Ésat ?

Les Ésat accueillent des personnes handicapées dont la Commission des droits et de l'autonomie des personnes handicapées (CDAPH) a constaté que les capacités de travail ne leur permettent, momentanément ou durablement, à temps plein ou à temps partiel, ni de travailler dans une entreprise ordinaire ou dans une entreprise adaptée (par exemple, un atelier protégé) ou pour le compte d'un centre de distribution de travail à domicile (CDTD), ni d'exercer une activité professionnelle indépendante. Ils leur offrent des possibilités d'activités diverses à caractère professionnel, ainsi qu'un soutien médico-social et éducatif, en vue de favoriser leur épanouissement personnel et social.

Pour être orientées vers un Ésat, les personnes handicapées doivent :
- avoir une capacité de travail inférieure à un tiers, l'orientation vers un Ésat n'étant toutefois prononcée que si la CDAPH estime que leur aptitude potentielle à travailler est suffisante ;
- être âgées d'au moins 20 ans. Une admission est toutefois possible entre 16 et 20 ans, sur décision de la CDAPH siégeant en formation plénière.

La commission prend une décision provisoire d'orientation. À l'issue de la période d'essai (habituellement de six mois) au sein de l'Ésat, la commission prononce la décision définitive d'admission. La période d'essai peut être réduite ou prolongée, selon le cas.

Remarque

La personne handicapée qui souhaite bénéficier d'une orientation professionnelle doit en faire la demande à la CDAPH en utilisant le formulaire de demande unique.
L'orientation dans un Ésat vaut reconnaissance de la qualité de travailleur handicapé.

Comment fonctionnent les Ésat ?

La création des Ésat est autorisée par arrêté du préfet, qui fixe le nombre de places. Ils peuvent être publics ou privés.
En raison de leur double vocation (mise au travail et soutien médico-social), les Ésat disposent de personnels d'encadrement des activités de production et de travailleurs sociaux assurant les soutiens éducatifs et ce, grâce à un budget de fonctionnement financé par les crédits d'action sociale de l'État.
Les dispositions du Code du travail s'appliquent aux Ésat en ce qui concerne l'hygiène, la sécurité et la médecine du travail.

Quel est le statut des personnes accueillies en Ésat ?

La personne handicapée accueillie en Ésat n'a pas le statut de salarié soumis au Code du travail, ne bénéficie pas d'un contrat de travail et ne peut faire l'objet d'un licenciement : si le directeur de l'établissement estime qu'un changement d'orientation est souhaitable, il lui appartient de saisir la CDAPH afin qu'elle se prononce sur ses propositions de changement. Elle bénéficie de certains droits particuliers, mais doit toutefois conclure un « contrat de soutien et d'aide par le travail ».

■ La conclusion d'un contrat particulier

Comme toute personne orientée vers un établissement ou dans un service social ou médico-social, la personne handicapée accueillie en Ésat doit recevoir un « livret d'accueil » auquel sont annexés :

- une charte des droits et libertés de la personne accueillie ;
- le règlement de fonctionnement qui définit les droits de la personne accueillie et les obligations et devoirs nécessaires au respect des règles de vie collective au sein de l'établissement ou du service.

Elle doit également conclure un contrat de soutien et d'aide par le travail qui définit les objectifs et la nature de la prise en charge ou de l'accompagnement dans le respect des principes déontologiques et éthiques, des recommandations de bonnes pratiques professionnelles et du projet d'établissement. Ce contrat doit être conforme au modèle figurant à l'annexe 3.9 du Code de l'action sociale et des familles. On signalera que le contrat de soutien et d'aide par le travail est la forme particulière prise, dans les Ésat, du contrat de séjour, qui doit être conclu lors de l'admission dans tout établissement ou service social ou médico-social.
Le temps d'activité hebdomadaire en Ésat (comprenant les actions de soutien médico-social) est en principe fixé comme la durée légale du travail, à 35 heures.

■ **Les droits à congé**

Les travailleurs handicapés accueillis en Ésat peuvent bénéficier du congé de présence parentale (sur ce congé, voir précisions p. 527) et ont accès à divers droits à congé ou à autorisation d'absence.

Remarque

La rémunération garantie visée page 824 est due pendant toutes les périodes de suspension de l'exercice de l'activité à caractère professionnel consécutives à ces congés ou autorisations d'absence.

Congé annuel

Le travailleur handicapé qui a conclu un contrat de soutien et d'aide par le travail et qui justifie d'un mois de présence dans l'Ésat a droit à un congé annuel, qui donne lieu au versement de la rémunération garantie et dont la durée est déterminée à raison de deux jours et demi ouvrables par mois d'accueil en établissement ou service d'aide par le travail.

La durée totale de ce congé, qui ne peut excéder 30 jours ouvrables, peut être augmentée de trois jours mobiles, dont l'attribution est laissée à l'appréciation du directeur de l'Ésat.

Congés pour événements familiaux

Tout travailleur handicapé accueilli en Ésat bénéficie, sur justification et à l'occasion de certains événements familiaux, d'une autorisation exceptionnelle d'absence de :

- quatre jours pour son mariage ;
- trois jours pour chaque naissance survenue à son foyer ou pour l'arrivée d'un enfant placé en vue de son adoption ;
- deux jours pour le décès d'un conjoint, d'un concubin ou de la personne avec laquelle il aura conclu un pacte civil de solidarité (Pacs), ou d'un enfant ;
- un jour pour le mariage d'un enfant ;
- un jour pour le décès du père, de la mère, du beau-père, de la belle-mère, d'un frère ou d'une sœur.

Autres congés et autorisations d'absence
Le travailleur handicapé admis en Ésat bénéficie, dans les conditions prévues par le Code du travail :

- de l'autorisation d'absence prévue à l'article L. 1225-16 du Code du travail au profit des salariées devant se rendre aux examens médicaux obligatoires prévus par l'article L. 2122-1 du Code de la santé publique dans le cadre de la surveillance médicale de la grossesse et des suites de l'accouchement ;
- du congé de paternité et d'accueil de l'enfant ;
- du congé de maternité et du congé accordé au père en cas de décès de la mère de l'enfant ;
- du congé parental d'éducation ;
- du congé de solidarité familiale.

■ **Formation et VAE**
Le travailleur handicapé accueilli en Ésat a également droit :

- à un congé de 24 heures minimum, pour chaque action de validation des acquis de l'expérience (VAE), pendant la durée duquel il a droit au maintien de sa rémunération garantie. La durée de ce congé ne peut être imputée sur la durée du congé annuel mentionné ci-contre ; elle est assimilée à un temps d'activité à caractère professionnel pour la détermination des droits de l'intéressé en matière de congé annuel ou de tout autre droit ou avantage subordonné à une condition d'ancienneté dans l'Ésat ;
- lorsqu'il accède à une action de formation professionnelle, à un congé de formation qui le dispense en tout ou partie de l'exercice de son activité à caractère professionnel et pendant la durée duquel il bénéficie du maintien de sa rémunération garantie.

Les travailleurs handicapés accueillis en Ésat ont également accès à la VAE, qui vise à leur permettre d'obtenir tout ou partie d'un diplôme, d'un titre à finalité professionnelle ou d'un certificat de qualification professionnelle, enregistrés dans le *Répertoire national des certifications professionnelles*, dès lors qu'ils peuvent se prévaloir d'une expérience à caractère professionnel d'au moins trois ans en lien avec la certification visée. Les modalités de mise en œuvre de ces dispositions sont fixées par les articles D. 243-15 à D. 243-31 du Code de l'action sociale et des familles.

Remarque

Depuis le 1er janvier 2015, toute personne âgée d'au moins 16 ans (15 ans pour les jeunes admis dès cet âge à conclure un contrat d'apprentissage) en emploi ou à la recherche d'un emploi ou accompagnée dans un projet d'orientation et d'insertion professionnelles ou accueillie dans un Ésat dispose d'un compte personnel de formation (CPF, voir p. 465).

Quelle rémunération pour les personnes accueillies ?

Tout travailleur handicapé accueilli dans un Ésat a droit à une « rémunération garantie » versée par l'établissement ou le service d'aide par le travail qui l'accueille et qui tient compte du caractère à temps plein ou à temps partiel de l'activité qu'il exerce.

■ Montant de la rémunération garantie

Dès l'admission en période d'essai du travailleur handicapé, sous réserve de la conclusion du contrat de soutien et d'aide par le travail mentionné à l'article L. 311-4 du Code de l'action sociale et des familles (voir p. 821), les travailleurs handicapés admis dans un Ésat et qui exercent une activité à caractère professionnel à temps plein perçoivent une rémunération garantie dont le montant est compris entre 55 et 110 % du Smic.

Dans la limite de la durée légale du travail mentionnée à l'article L. 3121-10 du Code du travail (soit 35 heures par semaine), les travailleurs handicapés sont réputés avoir exercé une activité à temps plein, qui englobe le temps consacré aux activités de soutien qui

conditionnent son exercice, dès lors qu'ils effectuent la durée correspondante fixée dans le règlement de fonctionnement de l'établissement ou du service d'aide par le travail.
L'exercice d'une activité à temps partiel, quelle qu'en soit la durée, entraîne une réduction proportionnelle du montant de la rémunération garantie.

Remarque

Lorsque le travailleur handicapé accueilli en Ésat accède à une action de formation professionnelle, il bénéficie d'un congé de formation qui le dispense en tout ou partie de l'exercice de son activité à caractère professionnel. Pendant la durée de ce congé de formation, le travailleur handicapé bénéficie du maintien de sa rémunération garantie.

■ Éléments composant la rémunération garantie

La rémunération garantie se compose d'une part financée par l'Ésat, qui ne peut être inférieure à 5 % du Smic, et d'une aide au poste qui ne peut être supérieure à 50 % de ce même salaire.
Le montant de l'aide au poste s'élève à 50 % du Smic lorsque la part de la rémunération financée par l'Ésat est supérieure à 5 % et inférieure ou égale à 20 % du Smic.
Lorsque la part de la rémunération garantie qui est financée par l'Ésat dépasse le seuil de 20 % du Smic, le pourcentage de 50 % mentionné ci-dessus est ensuite réduit de 0,5 % pour chaque hausse de 1 % de la part de la rémunération financée par l'Ésat.

Remarque

Le montant d'aide au poste est mentionné sur le bulletin de paie de chacune des personnes handicapées admises en établissement ou service d'aide par le travail.

■ Maintien de la rémunération garantie

La rémunération garantie est due pendant toutes les périodes de suspension de l'exercice de l'activité à caractère professionnel liées aux congés ou aux autorisations d'absence visées aux pages 822 et 823.

En outre, la rémunération garantie est maintenue en totalité pendant les périodes ouvrant droit à une indemnisation au titre de l'assurance maladie ; dans ce cas, l'État ou l'Ésat sont subrogés dans les droits du travailleur handicapé aux indemnités journalières, au prorata de leur participation respective à sa rémunération garantie.

Remarque

Un titulaire de l'allocation aux adultes handicapés (AAH) admis au bénéfice de la rémunération garantie pourra cumuler son AAH avec sa rémunération suivant les modalités fixées par l'article D. 821-10 du Code de la sécurité sociale ; sur ce point, il convient de se renseigner auprès de l'organisme débiteur de cette prestation (caisse d'allocations familiales ou caisse de mutualité sociale agricole, selon le cas).

■ Régime social de la rémunération garantie

La rémunération garantie ne constitue pas un salaire au sens du Code du travail. Elle est en revanche considérée comme une rémunération du travail pour l'application de l'article L. 242-1 du Code de la sécurité sociale, et des dispositions relatives à l'assiette des cotisations au régime des assurances sociales agricoles et des cotisations versées au titre des retraites complémentaires. Elle est donc assujettie aux cotisations d'assurances sociales, d'accidents du travail, d'allocations familiales, aux cotisations au régime des assurances sociales agricoles et aux cotisations versées au titre des retraites complémentaires.

Ces cotisations se répartissent ainsi :

- le travailleur handicapé acquitte la part de cotisations qui lui incombe sur le montant de ce qu'il perçoit au titre de la rémunération garantie ;

- l'État assure à l'organisme gestionnaire de l'Ésat la compensation de la part de cotisations incombant à l'employeur sur une base définie par arrêté ministériel ;
- la part de cotisations incombant à l'employeur qui correspond au montant de la part de la rémunération garantie financée par l'Ésat est prise en charge par ledit établissement ou service.

Remarque

Les établissements et services d'aide par le travail ne sont pas assujettis au versement des cotisations d'assurance chômage.

L'État assure aux organismes gestionnaires des Ésat la compensation totale des charges et des cotisations afférentes à la partie de la rémunération garantie égale à l'aide au poste : en vue de cette compensation, les organismes gestionnaires des Ésat doivent adresser des états justificatifs mensuels à l'organisme compétent retenu par le ministre chargé des Personnes handicapées. En outre, sous réserve de l'utilisation des fonds collectés aux actions de formation prévues à l'article L. 344-2-1 du Code de l'action sociale et des familles (action d'entretien des connaissances, de maintien des acquis scolaires, etc.), l'État assure à l'organisme gestionnaire de l'Ésat la compensation de la participation au financement de la formation professionnelle continue. Cette compensation est calculée sur la base d'une assiette forfaitaire définie par arrêté ministériel.

Remarque

L'Ésat peut, en application de l'article R. 314-5 du Code de l'action sociale et des familles, décider d'affecter une partie de son excédent d'exploitation à l'intéressement des travailleurs handicapés. Dans ce cas, le montant de la prime versée à ce titre à chacun de ceux-ci est limité à un plafond égal à 10 % du montant total annuel de la part de rémunération garantie directement financée par l'Ésat pour ce même travailleur au cours de l'exercice au titre duquel l'excédent d'exploitation est constaté. Cette prime d'intéressement à l'excédent d'exploitation, qui doit être portée sur le bulletin de paie correspondant au mois de son versement, est assujettie au versement des cotisations dues au titre des assurances sociales, des accidents du travail et des allocations familiales. La part de cotisations incombant à l'Ésat ne donne pas lieu à compensation par l'État. Lorsqu'elle est versée, cette prime d'intéressement n'entre pas en compte pour l'attribution de l'allocation aux adultes handicapés.

Quelles sont les « passerelles » vers le milieu ordinaire ?

Lorsque l'exercice d'une activité à caractère professionnel en milieu ordinaire de travail est susceptible de favoriser l'épanouissement personnel et professionnel et de développer la capacité d'emploi de travailleurs handicapés admis dans un Ésat, cet établissement ou ce service peut, avec l'accord des intéressés et dans les conditions définies par les articles R. 344-16 à R. 344-21 du Code de l'action sociale et des familles, mettre une ou plusieurs personnes handicapées à la disposition d'une entreprise, d'une collectivité territoriale, d'un établissement public, d'une association ou de toute autre personne morale de droit public ou de droit privé ainsi qu'auprès d'une personne physique.

Quelles que soient les modalités d'exercice de cette activité à caractère professionnel en milieu ordinaire de travail, les travailleurs handicapés concernés continuent à bénéficier d'un accompagnement médico-social et professionnel assuré par l'établissement ou le service d'aide par le travail auquel ils demeurent rattachés.

Un contrat écrit doit obligatoirement être passé entre l'Ésat et la personne physique ou morale auprès de laquelle la mise à disposition est réalisée. Ce contrat doit comporter l'ensemble des mentions obligatoires visées à l'article R. 344-17 du Code de l'action sociale et des familles. Lorsqu'il porte sur la mise à disposition individuelle d'un ou plusieurs travailleurs handicapés nommément désignés, sa durée est au maximum de deux ans et il doit être communiqué à la maison départementale des personnes handicapées dans les 15 jours qui suivent sa signature. La prolongation au-delà de deux ans de cette mise à disposition du travailleur handicapé est subordonnée à l'accord de la Commission des droits et de l'autonomie des personnes handicapées (CDAPH). Cet accord est demandé par le directeur de l'Ésat.

Textes de référence

Articles L. 243-4 et suivants, L. 344-2 et suivants, R. 243-1 et suivants, R. 344-6 et suivants et D. 344-20 et suivants du Code de l'action sociale et des familles
Articles L. 5213-2 et L. 5213-20 du Code du travail

Lire en complément

- Le travail en milieu ordinaire et les aides aux employeurs
- Les entreprises adaptées et les centres de distribution de travail à domicile (CDTD) et les aides aux employeurs

L'aide à l'exercice d'une activité non salariée

Outre les aides accessibles à tout créateur d'entreprise, le travailleur handicapé qui fait le choix d'exercer une activité professionnelle non salariée peut bénéficier d'une aide spécifique lorsque, du fait de son handicap, sa productivité se trouve notoirement diminuée.

Quel est son objet et qui peut en bénéficier ?

L'attribution de l'aide a pour objet de compenser la lourdeur du handicap évaluée en situation de travail, au regard du poste de travail occupé, après aménagement optimal de ce dernier, par un bénéficiaire de l'obligation d'emploi.

Pour pouvoir bénéficier de cette aide, le demandeur doit :

- faire partie des catégories de personnes bénéficiaires de l'obligation d'emploi des travailleurs handicapés (OETH, voir p.789) ;
- choisir d'exercer une activité professionnelle non salariée ;
- être atteint d'un handicap ayant pour conséquence de diminuer notoirement sa productivité (voir ci-dessous).

Quelle est la procédure ?

La personne handicapée qui exerce une activité professionnelle non salariée et qui souhaite bénéficier de l'aide au titre de cet exercice doit faire une demande de reconnaissance de la lourdeur du handicap (sous pli recommandé avec accusé de réception) auprès de la délégation régionale de l'Agefiph (www.agefiph.fr) de la région où il exerce son activité professionnelle (depuis le 1er juillet 2011, la décision de reconnaissance de la lourdeur du handicap est prise par l'Agefiph et non plus, comme avant cette date, par le Direccte ; sur ce point, on peut se reporter aux précisions figurant sur le site de l'Agefiph).

Le dossier de demande est composé du formulaire de demande de reconnaissance de la lourdeur du handicap (disponible sur le site www.agefiph.fr) dûment renseigné et signé. Ce formulaire comporte, ou est accompagné, d'un certain nombre d'éléments et pièces justificatives dont, notamment (pour le détail, voir la notice explicative jointe au formulaire de demande) :

1° La copie du titre de bénéficiaire de l'obligation d'emploi mentionnée à l'article L. 5212-13 du Code du travail. Ce titre doit être valide au jour de dépôt de la demande, pour une durée minimale de six mois ; à défaut, la copie de l'accusé de réception de la demande de renouvellement émis par la CDAPH devra obligatoirement être fournie.

2° La liste des aménagements réalisés par le bénéficiaire pour optimiser son poste de travail et son environnement ainsi que de leur coût.

3° Par dérogation au 2° ci-dessus, les prévisions d'aménagements du poste de travail et de l'environnement du bénéficiaire qu'il s'engage à réaliser au cours de l'année qui suit le dépôt de la demande, ainsi que de l'évaluation de leur coût, lorsque ce bénéficiaire présente un taux d'invalidité ou d'incapacité permanente égal ou supérieur à 80 %.

4° Le cas échéant, la liste du montant des aides versées par l'Agefiph.

5° Une évaluation des charges induites par le handicap, compte non tenu des coûts mentionnés aux 2° et 3° ci-dessus.

Le demandeur doit également s'engager à accepter l'éventualité de la visite d'un prestataire désigné par l'Agefiph à des fins d'expertise technique de la demande, et l'éventuelle transmission par l'Agefiph à cet expert des informations figurant dans le dossier de demande. Il doit également s'engager à produire toute pièce justificative visant à contrôler sur place ou sur pièces les conditions d'exécution de l'activité non salariée pour laquelle les droits liés à la reconnaissance de la lourdeur du handicap seraient accordés, et ce pour une durée allant jusqu'à trois ans à compter de la fin des droits.

Au vu de ces éléments, l'Agefiph fixe le montant des charges induites (mentionnées au 5° de la page 831) et en informe le demandeur par courrier ; lorsque ce montant est supérieur ou égal à 20 % du produit du Smic par la durée légale du travail (soit 35 heures par semaine), elle accorde la reconnaissance de la lourdeur du handicap.
Si la demande est rejetée, le motif est explicité.
Lorsqu'elle est positive, la décision prend effet à compter de la date du dépôt de la demande et fait l'objet d'un réexamen tous les trois ans. Toutefois, pour les bénéficiaires mentionnés au 3° de la page 831, la première décision de reconnaissance du handicap est accordée pour une durée d'un an.

Remarque

Le bénéficiaire de l'obligation d'emploi qui change d'activité non salariée, ou dont le handicap évolue, doit présenter une demande de révision de la décision de reconnaissance de la lourdeur du handicap.

Quel est le montant ?

Le montant annuel de l'aide est fixé, par poste de travail occupé à temps plein, à 450 fois le taux horaire du Smic, chargé d'un taux forfaitaire de 21,5 % de cotisations patronales fiscales et sociales.
Un montant majoré, fixé, par poste de travail occupé à temps plein, à 900 fois le taux horaire du Smic, chargé d'un taux forfaitaire de 21,5 % de cotisations patronales fiscales et sociales, s'applique lorsque le montant des charges induites mentionnées au 5° ci-dessus est supérieur ou égal à 50 % du produit du Smic par le nombre d'heures correspondant à la durée légale du travail (soit 35 heures par semaine).
L'aide à l'emploi accordée au bénéficiaire non salarié est calculée au prorata du temps de travail effectué par rapport à la durée légale du travail (soit 35 heures par semaine).

Remarque

L'aide est versée trimestriellement par l'Agefiph.

Textes de référence

Articles R. 5213-52 et D. 5213-53 à D. 5213-61
du Code du travail
Arrêté du 9 février 2006 (JO du 10 février)

Lire en complément

- L'obligation d'emploi en faveur des travailleurs handicapés
- La reconnaissance de la qualité de travailleur handicapé

Les aides de l'Agefiph

L'Association pour la gestion du fonds pour l'insertion professionnelle des personnes handicapées (Agefiph) collecte les contributions financières des entreprises d'au moins 20 salariés qui s'acquittent par ce moyen, en tout ou partie, de leur obligation d'employer des travailleurs handicapés.
Les sommes ainsi collectées sont utilisées pour favoriser toutes les formes d'insertion professionnelle des travailleurs handicapés en milieu ordinaire de travail.

Remarque

L'État et l'Agefiph doivent conclure tous les trois ans une convention d'objectifs dont le but est de fixer notamment leurs engagements réciproques afin de coordonner les mesures de droit commun en faveur de l'emploi et les mesures spécifiques prises par l'Agefiph.

Qui peut bénéficier d'une aide de l'Agefiph ?

Selon l'action projetée (embauche, aménagement de poste de travail, formation, etc.), sont susceptibles de recevoir une aide financière de l'Agefiph :

- les entreprises du secteur privé, y compris les artisans ;
- les organismes et établissements publics soumis au droit privé ;
- les travailleurs handicapés reconnus par la Commission des droits et de l'autonomie des personnes handicapées (CDAPH) et les autres bénéficiaires de l'obligation d'emploi (accidentés du travail dont l'incapacité permanente est au moins égale à 10 %, titulaires d'une pension d'invalidité, pensionnés de guerre et assimilés, titulaires de l'aide aux adultes handicapés, etc., voir p. 789) ;
- les organismes de formation, les prestataires de bilans de compétences, les opérateurs de l'insertion et du reclassement, etc.

L'attribution des aides n'est pas automatique : chaque demande fait l'objet d'une évaluation par l'Agefiph, en fonction, notamment, du respect des critères d'éligibilité, de la complémentarité avec les aides publiques existantes, des priorités fixées (par exemple, la prise en compte de la situation des personnes handicapées les plus éloignées de l'emploi en raison de leur qualification, de leur âge ou de leur handicap) et des ressources disponibles.

Remarque

Verser une contribution à l'Agefiph n'est pas une condition nécessaire pour bénéficier d'une aide de cette association. Il suffit que l'entreprise intéressée, domiciliée en France, emploie ou embauche un bénéficiaire de l'obligation d'emploi travaillant sur le territoire français.

Quelles sont les interventions de l'Agefiph ?

Dans le cadre précisé ci-dessus, les interventions de l'Agefiph peuvent prendre la forme :

- d'aides et de services pour recruter et intégrer un salarié handicapé : aide à l'insertion professionnelle, aide aux contrats de professionnalisation et d'apprentissage et aide à la pérennisation de ces contrats, aide à la création et reprise d'entreprise, aides en faveur des contrats de génération et des emplois d'avenir ;
- d'aides et de services pour maintenir l'emploi d'un collaborateur handicapé : formation des salariés dans le cadre du maintien dans l'emploi, aide au maintien dans l'emploi, aides à l'aménagement des situations de travail et à la compensation du handicap ;
- d'aides et de services pour compenser le handicap : prestation ponctuelle spécifique visant à identifier précisément les conséquences du handicap sur l'emploi et les moyens de le compenser, prestation d'étude préalable à l'adaptation des situations de travail, aide liée à la reconnaissance de la lourdeur du handicap, aide aux personnes handicapées visuelles, aide aux personnes handicapées auditives, aides à la mobilité ;

- d'aides et de services visant à la mise en place d'un projet d'entreprise en faveur des personnes handicapées.

Remarque

Les 108 prestataires du réseau Sameth (service d'appui au maintien dans l'emploi des travailleurs handicapés) ont pour mission d'aider les entreprises et les salariés à trouver une solution sur mesure de maintien dans l'entreprise quand apparaît une inadéquation entre l'état de santé du salarié et son poste de travail.

Ce service, présent dans tous les départements, est délivré par des professionnels sélectionnés par l'Agefiph.

Les Sameth interviennent en partenariat avec les acteurs des champs médical, social et de l'emploi tels que la médecine du travail, la caisse régionale d'assurance maladie, la mutualité sociale agricole, les organismes de bilan ou de formation.

Ce service est financé par l'Agefiph pour le secteur privé et le FIPHFP pour les interventions dans le secteur public (source Agefiph).

Trois priorités ont été retenues par l'Agefiph :

- la formation des personnes handicapées à la recherche d'un emploi ;
- la qualité de l'accompagnement et du conseil délivré aux entreprises et aux personnes handicapées ;
- une meilleure prise en compte des besoins des personnes handicapées éloignées de l'emploi.

Ainsi, à titre d'illustration, afin de les inciter à recruter les personnes handicapées les plus éloignées de l'emploi (personnes âgées d'au moins 45 ans, demandeur d'emploi ayant travaillé moins de six mois consécutivement dans les 12 mois précédant le recrutement, personne sortant d'un établissement du secteur protégé ou adapté, etc.), les employeurs peuvent percevoir une aide à l'insertion professionnelle (AIP) de :

- 4 000 € pour un contrat à durée indéterminée (CDI) ou pour un CDD d'au moins 12 mois à temps plein ;
- 2 000 € pour un contrat à durée indéterminée (CDI) ou pour un CDD d'au moins 12 mois à temps partiel d'une durée minimum de 16 heures ;
- 2 000 € pour un contrat de travail dont la durée est comprise entre 6 et 11 mois à temps plein ;
- 1 000 € pour un contrat dont la durée est comprise entre 6 et 11 mois à temps partiel d'une durée minimum de 16 heures.

L'Agefiph a également mis en place :
- une aide au maintien dans l'emploi des personnes handicapées en fin de carrière, dont l'objectif est de permettre aux employeurs de maintenir dans leur emploi les salariés handicapés seniors jusqu'à leur départ à la retraite ;
- une aide au titre des emplois d'avenir destinée aux employeurs du secteur marchand, d'un montant de 6 900 € pour la première année du contrat de travail et 3 400 € pour la seconde année. L'Agefiph finance également la formation du jeune titulaire d'un emploi d'avenir, dans le secteur marchand et non marchand (hors fonction publique), dès lors que cette formation vise un diplôme ou une certification. L'aide intervient en complément des autres cofinanceurs (OPCA...) et son montant peut atteindre 80 % du coût pédagogique de la formation ;
- une aide pour les employeurs éligibles au dispositif des contrats de génération au titre d'un recrutement ou du maintien dans l'emploi d'un salarié handicapé âgé d'au moins 55 ans, ainsi que pour les encourager à proposer une formation au jeune handicapé et/ou au senior handicapé pendant leur contrat de génération.

Remarque

Toutes les aides de l'Agefiph sont présentées en détail sur le site de cette association (www.agefiph.fr) : conditions d'attribution, procédure à suivre, modalités d'intervention ou de versement, etc.

Quelles sont les conditions à remplir ?

L'Agefiph fixe elle-même les conditions d'attribution de ses aides financières. Ces conditions varient selon la nature du projet qui lui est soumis. En règle générale, la demande d'aide est formulée, avant le début de l'action envisagée, par le biais d'un dossier comprenant :

- un exposé détaillé du projet (motivation de la demande, objectif poursuivi, etc.) ;
- les devis des éventuels prestataires extérieurs ;
- la liste des personnes handicapées concernées ;
- toute pièce complémentaire nécessaire eu égard à la nature du projet.

Le dossier est constitué avec l'aide d'un conseiller à l'emploi (relevant, notamment, de Pôle emploi, des Cap emploi ou des missions locales) ou d'un conseiller Sameth pour une prestation relative au maintien dans l'emploi. Ce conseiller identifie avec le demandeur l'aide de l'Agefiph la mieux adaptée à ses besoins et constitue avec lui le dossier de demande d'aide. En outre, certaines aides (par exemple, les aides à l'insertion professionnelle ou les aides au maintien dans l'emploi) doivent obligatoirement être prescrites par un conseiller.

Où s'adresser ?

Agefiph
192 avenue Aristide-Briand
92226 Bagneux Cedex
Tél. : 0811 37 38 39
www.agefiph.fr

L'Agefiph dispose également de délégations régionales dont les coordonnées sont disponibles sur le site www.agefiph.fr/annuaire.

Textes de référence

Articles L. 5214-1 A à L. 5214-3-1 et R. 5214-19 à R. 5214-23 du Code du travail
Loi n° 87-517 du 10 juillet 1987 « en faveur de l'emploi des travailleurs handicapés » (JO du 12 juillet)
Loi n° 2005-102 du 11 février 2005 « pour l'égalité des droits et des chances, la participation et la citoyenneté des personnes handicapées » (JO du 12 février)

Lire en complément

- L'obligation d'emploi en faveur des travailleurs handicapés
- Le travail en milieu ordinaire et les aides aux employeurs

Chapitre 12

Les représentants du personnel

Délégués du personnel (DP) ◆ Comité d'entreprise (CE) ◆ Délégués syndicaux ◆ Représentants de la section syndicale (RSS) ◆ Protection en cas de rupture du contrat

Les délégués du personnel : élections

Tous les employeurs de droit privé doivent organiser les élections des délégués du personnel dès lors que l'effectif atteint au moins 11 salariés pendant 12 mois, consécutifs ou non, au cours des trois années précédentes.

Les dispositions relatives aux délégués du personnel sont également applicables :

- aux établissements publics à caractère industriel et commercial ;
- aux établissements publics à caractère administratif lorsqu'ils emploient du personnel dans les conditions du droit privé.

À noter : la législation relative à la représentation du personnel dans l'entreprise pourrait être amenée à évoluer dans le courant de l'année 2015. Toutes les informations seront disponibles sur le site du ministère du Travail :
www.travail-emploi.gouv.fr.

Remarque

Deux exemplaires du procès-verbal (PV) des élections professionnelles (délégués du personnel, comité d'entreprise ou d'établissement, délégation unique du personnel) ou bien du PV de carence sont transmis par l'employeur à l'inspecteur du travail dans les 15 jours suivant l'organisation de ces élections.

En outre, un exemplaire du PV des élections professionnelles ou bien du PV de carence est transmis par l'employeur dans les 15 jours suivant l'organisation de ces élections au prestataire retenu par le ministère du Travail, dont l'adresse est la suivante : CTEP, TSA 79104, 76934 Rouen Cedex 9. Les formulaires Cerfa à utiliser sont en ligne sur le site www.travail-emploi.gouv.fr, accompagnés de leur notice explicative. Sur le site www.elections-professionnelles.travail.-gouv.fr/web/mars/home, les entreprises peuvent disposer, notamment, d'une aide à la saisie d'un procès-verbal leur permettant de renseigner, en tout ou partie, les éléments demandés dans le formulaire Cerfa papier. Elles peuvent ainsi saisir, soit l'intégralité du procès-verbal, soit, par exemple, uniquement le cartouche « identification de l'établissement » ; les autres informations seront alors complétées de façon manuscrite sur le procès-verbal imprimé. Dans tous les cas, elles devront imprimer le procès-verbal, le compléter si nécessaire, le faire signer par les membres du bureau de vote, et le transmettre par voie postale au CTEP dont l'adresse est mentionnée ci-dessus.

Qui doit prendre l'initiative d'organiser les élections ?

C'est à l'employeur qu'il appartient, une fois tous les quatre ans, d'organiser les élections. Son absence d'initiative ou son refus injustifié l'exposent à des poursuites pénales.

Lorsque l'institution n'a pas été mise en place, un salarié de l'entreprise ou une organisation syndicale peuvent à tout moment saisir l'employeur pour demander l'organisation d'élections.

Le premier salarié qui a saisi l'employeur d'une telle demande bénéficie d'une protection contre le licenciement, si son initiative est confirmée par une organisation syndicale.

L'employeur doit alors engager la procédure électorale dans le délai d'un mois suivant la date de réception de la demande faite (de préférence) par lettre recommandée avec accusé de réception.

Remarque

Des élections partielles doivent être organisées à l'initiative de l'employeur si un collège électoral n'est plus représenté ou si le nombre des délégués titulaires est réduit de moitié ou plus, sauf si ces événements interviennent moins de six mois avant le terme du mandat des délégués du personnel.

L'élection des délégués du personnel et celle des représentants du personnel au comité d'entreprise ont lieu à la même date. Ces élections simultanées interviennent pour la première fois soit à l'occasion de la constitution du comité d'entreprise, soit à la date du renouvellement de l'institution. La durée du mandat des délégués du personnel est prorogée à due concurrence. Elle peut être réduite dans le cas où le mandat du comité d'entreprise vient à échéance avant celui des délégués du personnel.

Quelle est la durée du mandat des délégués du personnel ?

Les délégués du personnel sont élus pour quatre ans et rééligibles. Leurs fonctions prennent fin par le décès, la démission, la rupture du contrat de travail ou la perte des conditions requises pour l'éligibilité. Un délégué du personnel peut également être révoqué en cours de mandat, sur proposition de l'organisation syndicale qui l'a présenté, approuvée au scrutin secret par la majorité du collège électoral auquel il appartient.
Par dérogation aux dispositions fixant à quatre ans la durée du mandat des délégués du personnel, un accord de branche, un accord de groupe ou un accord d'entreprise, selon le cas, peut fixer une durée du mandat comprise entre deux et quatre ans.

Qui est électeur, qui est éligible ?

Sont électeurs les salariés âgés de 16 ans au moins ayant trois mois d'ancienneté, et n'ayant fait l'objet d'aucune interdiction, déchéance ou incapacité relative à leurs droits civiques. Sont éligibles les électeurs âgés de 18 ans au moins ayant travaillé dans l'entreprise depuis un an au moins, à l'exception des conjoint, partenaire d'un Pacs, concubin, ascendants, descendants, frères, sœurs et alliés au même degré de l'employeur.
L'inspecteur du travail peut, dans les conditions fixées par l'article L. 2314-20 du Code du travail, accorder des dérogations concernant les conditions d'ancienneté.

Remarque

Les salariés travaillant à temps partiel simultanément dans plusieurs entreprises ne sont éligibles que dans l'une de ces entreprises. Ils choisissent celle dans laquelle ils font acte de candidature.

Pour les salariés mis à disposition qui remplissent les conditions mentionnées au 2° de l'article L. 1111-2 du Code du travail, c'est-à-dire être comptabilisés dans les effectifs de l'entreprise utilisatrice, cette condition de présence est de 12 mois continus. Les salariés mis à disposition qui remplissent ces conditions choisissent alors s'ils exercent leur droit de vote dans l'entreprise qui les emploie ou dans l'entreprise utilisatrice (art. L. 2314-18-1, L 2324-17-1 du Code du travail). Ce droit d'option s'exerce séparément pour chaque scrutin. Comme le précise la Cour de cassation (Cass. soc., 28 septembre 2011) « le fait pour un salarié – ayant exercé le droit d'option ouvert par l'article L. 2314-18-1 – d'avoir été élu en qualité de délégué du personnel dans l'entreprise utilisatrice, est sans incidence sur ses droits d'être électeur et éligible aux élections des membres du comité d'entreprise dans l'entreprise qui l'emploie ». Les conditions à remplir par le salarié mis à disposition pour choisir d'exercer son droit de vote dans l'entreprise qui l'emploie ou dans l'entreprise utilisatrice sont appréciées lors des élections dans l'entreprise utilisatrice.
Pour les élections des délégués du personnel (ainsi que pour la délégation unique du personnel ; Cass. soc., 5 décembre 2012), les salariés mis à disposition sont éligibles dans l'entreprise utilisatrice s'ils remplissent les conditions pour être décomptés dans les effectifs de cette entreprise et s'ils y sont présents depuis 24 mois continus. Le salarié mis à disposition qui remplit ces conditions, doit choisir l'entreprise dans laquelle il exerce ce droit. En revanche, les salariés mis à disposition ne sont jamais éligibles au CE de l'entreprise utilisatrice.

Remarque

Les dispositions spécifiques applicables aux salariés temporaires figurent aux articles L. 2314-17 et L. 2314-18 du Code du travail.

Combien de délégués peuvent être élus ?

Le nombre de délégués du personnel à élire est fonction de l'effectif de l'entreprise :

- de 11 à 25 salariés = 1 titulaire et 1 suppléant ;
- de 26 à 74 salariés = 2 titulaires et 2 suppléants ;
- de 75 à 99 salariés = 3 titulaires et 3 suppléants ;
- de 100 à 124 salariés = 4 titulaires et 4 suppléants ;
- de 125 à 174 salariés = 5 titulaires et 5 suppléants ;
- de 175 à 249 salariés = 6 titulaires et 6 suppléants ;
- de 250 à 499 salariés = 7 titulaires et 7 suppléants ;
- de 500 à 749 salariés = 8 titulaires et 8 suppléants ;
- de 750 à 999 salariés = 9 titulaires et 9 suppléants.

À partir de 1 000 salariés, sont ajoutés un titulaire et un suppléant par tranche supplémentaire de 250 salariés.

Remarque

Lorsque l'employeur d'une entreprise de moins de 200 salariés décide de mettre en place une délégation unique pour le comité d'entreprise et les délégués du personnel, cette délégation est composée comme suit :

- de 50 à 74 salariés = 3 titulaires et 3 suppléants ;
- de 75 à 99 salariés = 4 titulaires et 4 suppléants ;
- de 100 à 124 salariés = 5 titulaires et 5 suppléants ;
- de 125 à 149 salariés = 6 titulaires et 6 suppléants ;
- de 150 à 174 salariés = 7 titulaires et 7 suppléants ;
- de 175 à 199 salariés = 8 titulaires et 8 suppléants.

Organiser les élections : quelles formalités accomplir ?

■ L'information

L'employeur informe tous les quatre ans le personnel par tout moyen permettant de conférer date certaine à cette information de l'organisation des élections. Le document diffusé précise la date envisagée pour le premier tour. Sous réserve de l'exception mentionnée ci-dessous, le premier tour doit se tenir, au plus tard, le 45e jour suivant le jour de la diffusion.

Remarque

Par dérogation à la règle mentionnée ci-dessus, l'entreprise qui, pour la première fois, franchit le seuil de 11 salariés (pendant 12 mois consécutifs ou non, au cours des trois années précédentes) le délai de 45 jours mentionné ci-dessus est porté à 90 jours. Ainsi, dans ce cas, le premier tour se tient dans les 90 jours suivant le jour de la diffusion. Cette dérogation est également applicable au titre de la mise en place du comité d'entreprise, en cas de franchissement du seuil de 50 salariés.

L'employeur doit également, par tout moyen, informer de l'organisation des élections, les inviter à négocier le protocole d'accord préélectoral et à établir les listes de leurs candidats aux fonctions de délégués du personnel, les organisations syndicales qui satisfont aux critères de respect des valeurs républicaines et d'indépendance, légalement constituées depuis au moins deux ans et dont le champ professionnel et géographique couvre l'entreprise ou l'établissement concernés. Les organisations syndicales reconnues représentatives dans l'entreprise ou l'établissement, celles ayant constitué une section syndicale dans l'entreprise ou l'établissement, ainsi que les syndicats affiliés à une organisation syndicale représentative au niveau national et interprofessionnel y sont également invités par courrier à l'exclusion de tout autre moyen (art. L. 2314-3 du Code du travail).

Remarque

Dans le cas d'un renouvellement de l'institution, cette invitation est effectuée deux mois avant l'expiration du mandat des délégués en exercice. Le premier tour des élections a lieu dans la quinzaine précédant l'expiration de ce mandat.

L'invitation à négocier mentionnée à l'article L. 2314-3 du Code du travail précité dont les termes sont rappelés ci-dessus, doit parvenir au plus tard 15 jours avant la date de la première réunion de négociation.

■ La négociation

Si une ou des organisations syndicales se sont manifestées, l'employeur négocie avec elle(s) le protocole d'accord préélectoral.

La négociation porte notamment sur les points suivants :

- périmètre et nombre d'établissements distincts ;
- répartition du personnel entre les différents collèges électoraux (sur ces collèges, voir p. 850) ;
- répartition des sièges à pourvoir entre ces collèges ;
- définition des modalités pratiques de l'élection (date et heure de scrutin, propagande, moyens matériels, date limite de dépôt des candidatures, constitution du bureau de vote, etc.).

■ Les règles de validité

Sauf dispositions législatives contraires, la validité du protocole d'accord préélectoral conclu entre l'employeur et les organisations syndicales intéressées est subordonnée à une double condition de majorité :

- il doit être signé par la majorité des organisations syndicales ayant participé à sa négociation ;
- parmi ces organisations signataires, doivent figurer les organisations syndicales représentatives ayant recueilli la majorité des suffrages exprimés lors des dernières élections professionnelles ou, lorsque ces résultats ne sont pas disponibles, la majorité des organisations représentatives dans l'entreprise.

Cette double condition de majorité constitue le principe pour :
- la répartition du personnel entre les collèges ;
- la répartition des sièges entre les collèges ;
- la détermination des établissements distincts ;
- la perte de la qualité d'établissement distinct ;
- les modalités de mise en oeuvre du vote électronique (ce mode de vote doit au préalable être prévu par un accord d'entreprise ou de groupe) ;
- les conditions de mise en place des délégués de site mentionnés à l'article L. 2312-5 du Code du travail ;
- les modalités d'organisation et de déroulement des opérations électorales ;
- l'augmentation du nombre des délégués du personnel (ou de membres du CE) ;
- l'instauration de dispositions spécifiques destinées à faciliter la représentation des salariés travaillant en équipes successives ou dans des conditions qui les isolent des autres salariés ;
- dans les entreprises de travail temporaire, la répartition des sièges de délégués du personnel, en vue d'assurer une représentation équitable du personnel permanent et du personnel temporaire.

Quelles sont les caractéristiques du scrutin ?

Il s'agit d'un scrutin de liste avec attribution des sièges à la proportionnelle, susceptible de comporter deux tours d'élection.
L'élection est organisée distinctement par collèges électoraux :
- 1er collège : ouvriers et employés ;
- 2e collège : techniciens, agents de maîtrise, ingénieurs et cadres.

Toutefois, dans les établissements ne dépassant pas 25 salariés appelés de ce fait à n'élire qu'un seul délégué titulaire et un seul délégué suppléant, ces délégués sont élus par un collège unique regroupant l'ensemble du personnel.

Remarque

Le nombre et la composition des collèges électoraux ne peuvent être modifiés par une convention, un accord collectif de travail, étendus ou non, ou un accord préélectoral que lorsque la convention ou l'accord est signé par toutes les organisations syndicales représentatives existant dans l'entreprise. L'accord préélectoral est alors obligatoirement transmis à l'inspecteur du travail.

Les listes de candidats sont distinctes pour les délégués titulaires et les délégués suppléants dans chacun des collèges. Elles peuvent être incomplètes, mais ne peuvent comporter plus de noms que de sièges à pourvoir.

Remarque

Les élections des délégués du personnel (comme celles prévues pour les représentants du personnel au comité d'entreprise) peuvent avoir lieu par voie électronique (vote électronique), sur le lieu de travail ou à distance, dans les conditions fixées par le Code du travail et l'arrêté du 25 avril 2007 (JO du 27 avril). Le recours au vote électronique n'est possible que si un accord d'entreprise ou un accord de groupe comportant un cahier des charges respectant un certain nombre de prescriptions minimales le prévoit. Lorsqu'un tel accord est conclu, le protocole d'accord préélectoral doit le mentionner ainsi que, le cas échéant, le nom du prestataire choisi pour mettre en place le vote électronique. Le protocole d'accord préélectoral comporte également, en annexe, la description détaillée du fonctionnement du système retenu et du déroulement des opérations électorales. L'employeur doit également mettre à la disposition de chaque salarié une notice d'information détaillée sur le déroulement des opérations électorales. À noter que, selon la Cour de cassation (arrêt du 28 septembre 2011), la mise en œuvre du vote par voie électronique étant subordonnée à la conclusion d'un accord d'entreprise et l'accord d'entreprise étant applicable, sauf stipulations contraires, à partir du jour qui suit son dépôt auprès du service compétent, la « validité du protocole préélectoral prévoyant la mise en œuvre du vote par voie électronique est subordonnée à l'entrée en vigueur d'un accord d'entreprise conclu à cet effet ».

Comment est désigné le bureau de vote ? Quel est son rôle ?

À la date de l'annonce du premier tour de scrutin, donnée par voie d'affichage ou fixée par le protocole d'accord préélectoral, un bureau de vote est obligatoirement désigné.
Sauf disposition contraire du protocole préélectoral, il peut être constitué, pour chacun des collèges, par les deux électeurs les plus âgés et l'électeur le plus jeune présents au moment de l'ouverture du scrutin.
Le bureau de vote assure la surveillance du bon déroulement du scrutin. Il consigne les résultats ainsi que toute observation qu'il juge utile dans un procès-verbal.

Comment se déroulent les deux tours de l'élection ?

■ Le premier tour

Obligatoirement organisé, le premier tour est réservé aux listes établies par les organisations syndicales mentionnées aux premier et deuxième alinéas de l'article L. 2314-3 du Code du travail, c'est-à-dire les organisations syndicales qui ont été invitées à négocier le protocole d'accord préélectoral (voir ci-dessus).
À l'issue du premier tour, le bureau de vote peut constater l'une des trois situations suivantes :

- l'absence de liste présentée par une organisation syndicale intéressée : il prend acte de la carence de candidature dans un procès-verbal. Un second tour est obligatoirement organisé ;
- le quorum, c'est-à-dire le nombre de votants nécessaires pour que l'élection soit valable, n'est pas atteint. Un second tour est organisé

pour chacun des collèges ou des scrutins pour lequel le quorum n'a pas été atteint ;
- le quorum a été atteint. Il est procédé au dépouillement et à l'attribution des sièges. Un second tour n'est organisé que si tous les sièges n'ont pas été pourvus, les listes présentées au premier tour étant incomplètes.

Remarque

Le quorum est atteint lorsque le nombre de suffrages valablement exprimés (hormis les bulletins blancs et nuls) est au moins égal à la moitié du nombre des électeurs inscrits. Il s'apprécie par collège et par liste : titulaires, suppléants.

■ Le second tour

Ouvert à toutes les candidatures qu'elles soient ou non présentées par une organisation syndicale, le second tour est organisé dans les 15 jours suivant le premier tour.

Une candidature unique est considérée comme une liste.

Plusieurs candidatures uniques non syndiquées peuvent constituer une liste commune. Cependant, l'électeur ne peut regrouper dans une même enveloppe des listes distinctes de candidats : son vote serait nul.

Remarque

L'élection a lieu, à la date fixée par le protocole préélectoral, pendant le temps de travail, donc en principe un jour ouvré. Un accord contraire peut être conclu entre l'employeur et l'ensemble des organisations syndicales représentatives dans l'entreprise, en fonction de certaines situations spécifiques, notamment en cas de travail en continu. Lorsque les élections ont lieu pendant le temps de travail, il est d'usage que ce temps de vote ne fasse l'objet d'aucune retenue sur salaire.

Comment se font le dépouillement et la proclamation des résultats ?

Le dépouillement se fait en commençant par les sièges de titulaires. Ils sont attribués au premier comme au second tour sur la base du scrutin proportionnel à la plus forte moyenne.

Les candidats sont déclarés élus dans l'ordre de présentation de la liste, sauf si le nombre de ratures portées sur un candidat atteint au moins 10 % des suffrages valablement exprimés en faveur de la liste qui l'a présenté.

En cas de carence de candidatures aux deux tours, l'employeur doit, dans les 15 jours, transmettre à l'inspecteur du travail le procès-verbal de carence établi par le bureau de vote et l'afficher dans l'entreprise.

Si des candidats ont été élus, le procès-verbal des élections sera transmis par l'employeur en deux exemplaires à l'inspection du travail, dans les 15 jours suivant l'élection (voir aussi p. 843).

Quelles sont les instances compétentes en cas de désaccord ou de litige ?

Le directeur régional des entreprises, de la concurrence, de la consommation, du travail et de l'emploi (voir p. 933) du siège de l'établissement (ou de l'entreprise pour les élections au CE) est compétent pour se prononcer sur la répartition du personnel entre les collèges électoraux et la répartition des sièges entre les différentes catégories.

Remarques

- Dans les entreprises comportant des établissements distincts, les délégués du personnel doivent être élus au niveau de chaque établissement distinct occupant au moins 11 salariés.
- Si les négociations préélectorales n'ont pas permis d'aboutir à un accord conclu à condition de double majorité précédemment mentionnée, alors qu'au moins une organisation syndicale avait répondu à l'invitation à négocier de l'employeur, le Direccte est compétent pour prendre une décision pour les clauses du protocole rela-

tives à la répartition du personnel et des sièges entre les collèges, à la détermination des établissements distincts et à la perte de la qualité d'établissement distinct. Cette intervention de la Direccte suspend le processus électoral jusqu'à sa décision et entraîne la prorogation des mandats en cours jusqu'à la proclamation des résultats du scrutin.

Le tribunal d'instance est seul compétent sur les autres points et doit être saisi :

- dans les trois jours suivant la publication des listes électorales pour les litiges concernant l'électorat ;
- dans les 15 jours suivant la proclamation des résultats pour les litiges portant sur la régularité des opérations électorales.

Textes de référence

Articles L. 2312-1 à L. 2312-8, L. 2314-1 à L. 2314-31, R. 2314-1 à R. 2314-30 et D. 2122-7 du Code du travail
Circulaire DGT n° 20 du 13 novembre 2008 « relative à la loi du 20 août 2008 portant rénovation de la démocratie sociale et réforme du temps de travail »
(disponible sur le site circulaire.legifrance.gouv.fr)
Loi n° 2014-288 du 5 mars 2014 « relative à la formation professionnelle, à l'emploi et à la démocratie sociale » (JO du 6)
Ordonnance n° 2014-699 du 26 juin 2014 (JO du 27 juin)

Lire en complément

• La protection des représentants du personnel en cas de licenciement
• Les délégués du personnel : missions et moyens d'action

Les délégués du personnel : missions et moyens d'action

Élus dans les établissements d'au moins 11 salariés, les délégués du personnel exercent les attributions que le Code du travail leur confie spécifiquement et, dans certains cas, assument les missions normalement dévolues au comité d'entreprise (CE) et au comité d'hygiène, de sécurité et des conditions de travail (CHSCT). Dans les établissements qui emploient moins de 50 salariés, les syndicats représentatifs dans l'établissement peuvent le désigner, pour la durée de son mandat, comme délégué syndical.

Comme tout représentant du personnel, le délégué doit disposer des moyens nécessaires à l'exercice de son mandat et bénéficie d'une protection particulière à l'occasion de la rupture de leur contrat de travail.

Remarque

Dans les entreprises de moins de 200 salariés, l'employeur peut décider la mise en place d'une délégation unique pour le comité d'entreprise et les délégués du personnel. Dans ce cas, le délégué du personnel élu est amené à assurer les fonctions de membre du comité d'entreprise. Son crédit d'heures est porté de 15 à 20 heures. L'employeur ne peut prendre cette décision qu'après avoir consulté les délégués du personnel et, s'il existe, le comité d'entreprise.

Quelles sont les missions principales des délégués du personnel ?

▪ Représenter le personnel auprès de l'employeur et lui faire part de toute réclamation individuelle ou collective en matière d'application de la réglementation du travail (Code du travail, convention collective, salaires, durée du travail, santé et sécurité, etc.).

Les salariés permanents mais aussi extérieurs à l'entreprise ou intérimaires peuvent saisir les délégués du personnel de leurs réclamations.

▪ Être les interlocuteurs de l'inspecteur du travail qu'ils peuvent saisir de tout problème d'application du droit du travail et accompagner, s'ils le désirent, lors de ses visites dans l'entreprise.

Remarque

Si un délégué du personnel constate, notamment par l'intermédiaire d'un salarié, qu'il existe dans l'entreprise une atteinte injustifiée aux droits des personnes, à leur santé physique ou mentale, ou aux libertés individuelles, il en saisit immédiatement l'employeur. Cette atteinte peut notamment résulter de faits de harcèlement sexuel ou moral ou de toute mesure discriminatoire en matière d'embauche, de rémunération, de formation, de reclassement, d'affectation, de classification, de qualification, de promotion professionnelle, de mutation, de renouvellement de contrat, de sanction ou de licenciement. Celui-ci procède ou fait procéder à une enquête. En cas de carence de l'employeur ou de divergence sur la réalité de cette atteinte, le salarié (ou le délégué si le salarié concerné averti par écrit ne s'y oppose pas) saisit le conseil de prud'hommes qui statue selon la procédure de référé. Le juge peut ordonner (le cas échéant sous astreinte), toutes mesures de nature à faire cesser cette atteinte.

Quelles sont les autres attributions des délégués du personnel ?

L'employeur peut être tenu de consulter les délégués du personnel avant de prendre certaines décisions. À titre d'exemple, il doit ainsi solliciter leur avis avant :

- de fixer la période des congés payés, l'ordre de départ en congé des salariés ou de décider de fermer l'entreprise durant les congés ;
- de reporter une demande de contrepartie obligatoire en repos (voir p. 210) ;
- de proposer un nouvel emploi à un salarié victime d'un accident du travail devenu inapte à reprendre l'emploi qu'il occupait précédemment ;
- de mettre le personnel au chômage sur un chantier en cas d'intempérie ;
- de procéder à un licenciement économique collectif dans une entreprise de moins de 50 salariés.

Remarque

Les délégués du personnel peuvent également prendre connaissance des contrats de mise à disposition conclus avec les entreprises de travail temporaire ainsi que des contrats uniques d'insertion (CUI). En outre, en l'absence de CE, l'employeur les informe, une fois par an, des éléments qui l'ont conduit à faire appel, au titre de l'année écoulée, et qui pourraient le conduire à faire appel pour l'année à venir à des CDD, à des contrats de mission conclus avec une entreprise de travail temporaire ou à des contrats conclus avec une entreprise de portage salarial.

Dans les entreprises de moins de 50 salariés, les délégués du personnel sont informés et consultés sur l'utilisation du « crédit d'impôt compétitivité emploi » (CICE), selon les mêmes modalités que celles prévues pour le comité d'entreprise.

Remarque

Dans les entreprises de moins de 50 salariés, qui ne sont pas tenues d'élire un CE, les délégués exercent les attributions économiques du CE mais leur pouvoir est alors moins étendu. Ils ne disposent d'aucun droit de contrôle sur la situation financière de l'entreprise (examen des livres comptables, des bilans). Ils peuvent toutefois communiquer à l'employeur toutes les suggestions tendant à l'amélioration de la productivité et de l'organisation générale du travail. Dans ce cas, le nombre de délégués n'est pas augmenté et ceux-ci ne bénéficient pas d'heures de délégation supplémentaires.

Par ailleurs, quel que soit l'effectif de l'entreprise, les délégués du personnel exercent la plupart des autres attributions du CE, en son absence. Le Code du travail prévoit en effet la consultation des délégués du personnel à défaut de CE dans de nombreux domaines (durée du travail, travail de nuit, refus de certains congés, travail des handicapés, recours à certains contrats particuliers, etc.).

Quelles sont les attributions supplétives des délégués du personnel ?

■ En l'absence de comité d'entreprise

Dans les entreprises ou établissements d'au moins 50 salariés, en l'absence de CE par suite d'une carence constatée aux élections, les délégués du personnel exercent la totalité des attributions économiques des CE. À ce titre, ils doivent, notamment, être consultés et recevoir les informations économiques destinées au CE (voir p. 876) ; ces informations sont communiquées et les consultations ont lieu au cours de la réunion mensuelle des délégués du personnel avec l'employeur et peuvent exercer le droit dévolu au CE en cas de faits de nature à affecter de manière préoccupante la situation économique de l'entreprise.

Remarques

- Les délégués amenés à exercer la mission économique du CE bénéficient de moyens spécifiques : leur nombre est accru ; ils disposent d'un crédit supplémentaire d'heures de délégation de 20 heures par mois ; ils gèrent conjointement avec l'employeur la subvention de fonctionnement dont bénéficie le CE, ils peuvent avoir recours aux experts assistant habituellement le CE ; ils ont droit (délégués titulaires) au stage de formation économique, sociale et syndicale.
- Une base de données économiques et sociales (voir p. 878), mise régulièrement à jour, rassemble un ensemble d'informations que l'employeur met à disposition du comité d'entreprise ou, à défaut, des délégués du personnel. Cette base de données est accessible en permanence aux membres du comité d'entreprise ou, à défaut, aux délégués du personnel, ainsi qu'aux membres du comité central d'entreprise, du CHSCT et aux délégués syndicaux. Elle doit être mise en place et fonctionner, dans les conditions précisées par les articles R. 2323-1-2 à R. 2323-1-10 du Code du travail, depuis le 14 juin 2014 pour les entreprises d'au moins 300 salariés et à compter du 14 juin 2015 pour les entreprises de moins de 300 salariés.

■ En l'absence de CHSCT

Dans les établissements d'au moins 50 salariés, s'il n'existe pas de CHSCT, les délégués du personnel exercent les missions attribuées à ce comité et disposent, pour ce faire, de moyens spécifiques : recours à des experts dans les mêmes conditions que le CHSCT, formation spécifique identique à celles prévues pour les membres du CHSCT, crédit d'heures attribué aux membres du CHSCT, qui s'ajoute à celui auquel ils ont droit en tant que délégués du personnel, etc.

Dans les établissements de moins de 50 salariés, où l'institution d'un CHSCT n'est pas obligatoire, les délégués du personnel exercent les fonctions du CHSCT mais avec les seuls moyens dont ils disposent en tant que délégués du personnel (leur nombre n'est donc pas accru et ils n'ont pas droit à un crédit d'heures supplémentaire) ; en revanche, ils peuvent bénéficier de la formation destinée aux membres du CHSCT.

Peuvent-ils remplacer certains représentants syndicaux ?

Dans les établissements qui emploient moins de 50 salariés, les syndicats représentatifs dans l'établissement peuvent désigner, pour la durée de son mandat, un délégué du personnel comme délégué syndical. Le mandat de délégué syndical prend fin lorsque l'ensemble des conditions prévues ci-dessus cessent d'être réunies. Sauf disposition conventionnelle, ce mandat n'ouvre pas droit à un crédit d'heures. Le temps dont dispose le délégué du personnel pour l'exercice de son mandat peut être utilisé dans les mêmes conditions pour l'exercice de ses fonctions de délégué syndical.
Dans les entreprises qui emploient moins de 50 salariés, les syndicats non représentatifs dans l'entreprise qui constituent une section syndicale peuvent désigner, pour la durée de son mandat, un délégué du personnel comme représentant de la section syndicale (RSS, voir p. 895). Par disposition conventionnelle, ce mandat de représentant peut ouvrir droit à un crédit d'heures. Le temps dont dispose le délégué du personnel pour l'exercice de son mandat peut être utilisé dans les mêmes conditions pour l'exercice de ses fonctions de représentant de la section syndicale.

Remarque

Selon la Cour de cassation (Cass. soc., 2 juillet 2014), sous réserve de conventions ou accords collectifs comportant des clauses plus favorables, dans les entreprises de moins de 50 salariés, seul un délégué du personnel titulaire disposant d'un crédit d'heures à ce titre peut être désigné comme représentant de la section syndicale.

Quels sont les moyens des délégués du personnel ?

Pour exercer leurs missions, la loi a reconnu aux délégués du personnel différents moyens :

- des réunions avec l'employeur. Au moins une fois par mois, l'employeur doit convoquer et recevoir les délégués qui peuvent se faire assister par un représentant syndical éventuellement extérieur à l'entreprise. Les délégués du personnel posent leurs questions par écrit deux jours avant la réunion. L'employeur y répond lors de la réunion, puis par écrit dans un délai de six jours, sur un registre tenu à la disposition du personnel un jour ouvrable par quinzaine ;
- un crédit d'heures de délégation de 15 heures par mois dans les entreprises d'au moins 50 salariés, de 10 heures par mois dans les autres, pour chaque délégué titulaire (sauf circonstances exceptionnelles justifiant un dépassement). Les heures utilisées pour l'exercice du mandat sont considérées et payées comme temps de travail. Le temps passé en réunion avec l'employeur n'est pas décompté de ce crédit ;

Remarque

En cas d'absence du titulaire (maladie, etc.), le délégué suppléant peut utiliser le crédit d'heures.

- un local et un panneau d'affichage sont mis à leur disposition dans l'établissement ;
- un exemplaire à jour de la convention collective leur est fourni par l'employeur ;
- l'accès à certains documents obligatoires, tels le registre du personnel, les registres de sécurité, les documents récapitulant la durée du travail, en cas d'intérim les contrats de mise à disposition des travailleurs temporaires, etc.

Les délégués du personnel disposent également de la liberté de déplacement :

- dans l'entreprise pendant les heures de délégation ou en dehors de leurs heures habituelles de travail. Les délégués du personnel peuvent circuler et prendre contact avec les salariés à leur poste de travail, à condition de ne pas créer de gêne importante ;
- en dehors de l'entreprise, durant les heures de délégation. Les délégués du personnel n'ont pas à solliciter d'autorisation avant de quitter leur poste de travail. Toutefois, un délai de prévenance peut être institué dans la mesure où il reste limité et fait l'objet d'une concertation préalable entre l'employeur et les délégués.

Textes de référence

Articles L. 2313-1 à L. 2313-16, R. 2313-1 à R. 2313-3 (missions) et L. 2315-1 à L. 2315-12 (moyens d'action) du Code du travail

Lire en complément

- Les délégués du personnel : élections
- La protection des représentants du personnel en cas de licenciement
- Le comité d'entreprise (CE)
- Le comité d'hygiène, de sécurité et des conditions de travail (CHSCT)
- La procédure de licenciement individuel
- La procédure de licenciement économique de deux à neuf salariés
- La procédure de licenciement pour motif économique de 10 salariés et plus

Le comité d'entreprise (CE)

Dans les entreprises employant au moins 50 salariés, l'employeur est tenu d'organiser la mise en place d'un CE composé de représentants élus du personnel et éventuellement de représentants syndicaux désignés par les organisations syndicales représentatives dans l'entreprise ou l'établissement. Ce comité assume des attributions d'une part économiques et d'autre part sociales et culturelles et dispose, pour ce faire, des moyens matériels et financiers nécessaires. L'employeur (ou son représentant) assure les fonctions de président du CE.

À noter : la législation relative à la représentation du personnel dans l'entreprise pourrait être amenée à évoluer dans le courant de l'année 2015. Toutes les informations seront disponibles sur le site du ministère du Travail www.travail-emploi.gouv.fr .

Dans quelles conditions a lieu la mise en place du comité d'entreprise ?

Le CE est mis en place par voie d'élection organisée dans les entreprises employant au moins 50 salariés et plus, seuil qui doit être atteint pendant 12 mois consécutifs ou non, au cours des trois années précédentes. Lorsque ce seuil est franchi, l'employeur dispose d'un délai d'un an pour se conformer complètement aux obligations récurrentes d'information et de consultation du CE telles qu'elles sont prévues par le Code du travail. Le comité est ensuite renouvelé tous les quatre ans (voir précisions ci-dessous) à l'issue de nouvelles élections. Toutefois, l'employeur doit prendre l'initiative d'organiser des élections partielles si un collège électoral n'est plus représenté ou si le nombre des membres titulaires de la délégation du personnel est réduit de moitié ou plus, sauf si ces événements interviennent moins de six mois avant le terme du mandat des membres du CE.

Dans les entreprises employant moins de 50 salariés, des comités d'entreprise peuvent être créés par convention ou accord collectif de travail.

Remarque

Par dérogation aux dispositions fixant à quatre ans la durée du mandat des représentants du personnel aux CE, comités d'établissement, comités centraux d'entreprise et comités de groupe, un accord de branche, un accord de groupe ou un accord d'entreprise, selon le cas, peut fixer une durée du mandat de ces mêmes représentants comprise entre deux et quatre ans.

Le comité d'entreprise comprend :

- une délégation de salariés élus (titulaires et suppléants) pour quatre ans dont le nombre varie selon l'effectif de l'entreprise (voir ci-contre) ;
- l'employeur (ou son représentant), qui assure les fonctions de président. Il peut se faire assister par deux collaborateurs au plus. Ces collaborateurs ont voix consultative : ils sont donc autorisés à participer aux débats, mais ne peuvent pas prendre part aux votes ;
- éventuellement, un ou plusieurs représentants syndicaux. Dans les entreprises d'au moins 300 salariés, chaque organisation syndicale représentative dans l'entreprise ou l'établissement peut ainsi désigner un représentant syndical au comité. Dans les entreprises de moins de 300 salariés, le délégué syndical (obligatoirement désigné par un syndicat représentatif, voir p. 885) est de droit représentant syndical au CE et doit être convoqué comme tel aux réunions de cette instance. Le représentant syndical assiste aux réunions du comité avec voix consultative.

Le CE désigne son secrétaire parmi les représentants élus du personnel, détermine, dans un règlement intérieur, les modalités de son fonctionnement et de ses rapports avec les salariés et désigne un trésorier. À partir d'un certain effectif, des commissions spécialisées, obligatoires ou facultatives, peuvent l'aider dans sa tâche. C'est le cas notamment de la commission formation et de la commission de l'égalité professionnelle, obligatoires dans les entreprises employant au moins 200 salariés, ou encore de la commission logement, à partir de 300 salariés. Dans les autres cas, la création de commissions demeure facultative. En outre, dans des conditions qui seront précisées par décret, et au titre des exercices ouverts à compter du 1er janvier 2015, certains comités d'entreprise auront l'obligation de créer une commission des marchés (plus de précisions sur le site www.travail-emploi.gouv.fr).

Remarque

Les commissions permettent l'examen poussé de thèmes particuliers. Toutefois, en aucun cas, elles ne peuvent être consultées en lieu et place du comité d'entreprise.

Effectif de l'entreprise	Nombre de délégués
50 à 74 salariés	3 titulaires / 3 suppléants
75 à 99 salariés	4 titulaires / 4 suppléants
100 à 399 salariés	5 titulaires / 5 suppléants
400 à 749 salariés	6 titulaires / 6 suppléants
750 à 999 salariés	7 titulaires / 7 suppléants
1 000 à 1 999 salariés	8 titulaires / 8 suppléants
2 000 à 2 999 salariés	9 titulaires / 9 suppléants
3 000 à 3 999 salariés	10 titulaires / 10 suppléants
4 000 à 4 999 salariés	11 titulaires / 11 suppléants
5 000 à 7 499 salariés	12 titulaires / 12 suppléants
7 500 à 9 999 salariés	13 titulaires / 13 suppléants
À partir de 10 000	15 titulaires / 15 suppléants

Cas particulier : la délégation unique

Dans les entreprises de moins de 200 salariés, l'employeur peut décider, après consultation des représentants du personnel, que les délégués du personnel constituent la délégation du personnel au comité d'entreprise. Il ne s'agit pas de supprimer une institution – le CE demeure – mais de faire exercer par les mêmes élus les missions des délégués du personnel d'une part et du CE d'autre part. Les attributions et les moyens propres aux deux institutions subsistent. Toutefois, le crédit de 20 heures sert à l'exercice de la double fonction.

À quel niveau a lieu la mise en place du CE ?

■ L'établissement distinct

Lorsqu'une entreprise employant au moins 50 salariés dispose d'établissements distincts (quel que soit leur effectif), il est créé des comités d'établissement et un comité central d'entreprise. Le comité d'établissement a des compétences et des moyens identiques à ceux d'un CE, dans les limites des pouvoirs du chef d'établissement, et fonctionne de la même manière.

■ L'unité économique et sociale (UES)

L'UES regroupe, par convention ou décision de justice, des entreprises juridiquement distinctes considérées, pour la mise en place du CE, comme un tout du fait de :

- l'existence d'une unité de direction ;
- la complémentarité de leurs activités ;
- l'identité de statut social des salariés et leur permutabilité entre les sociétés concernées.

L'existence d'une UES est reconnue par voie d'accord ou par le tribunal d'instance. Lorsqu'une UES est ainsi reconnue, un CE et des DP doivent être mis en place dans le périmètre de l'UES

■ **Le groupe**

Un comité spécifique est mis en place lorsqu'un ensemble de sociétés forme un groupe composé d'une société dominante et de ses filiales. La délégation du personnel est nécessairement constituée d'élus des comités d'entreprise ou d'établissements. Ce comité de groupe est destinataire des informations économiques et financières concernant le groupe. Son existence n'exonère pas les entreprises de leur obligation d'organiser l'élection d'un CE.

Remarque

Un comité d'entreprise européen ou une procédure d'information et de consultation peut être institué dans les entreprises ou groupes d'entreprises de dimension communautaire afin de garantir le droit des salariés à l'information et à la consultation à l'échelon européen. Ce comité est mis en place, est organisé et fonctionne selon des règles qui lui sont propres, figurant aux articles L. 2341-1 et suivants du Code du travail.

Quels sont les moyens de fonctionnement du CE ?

■ **Deux budgets attribués par l'entreprise**

Le CE dispose de deux subventions distinctes :

- la subvention de fonctionnement, versée tous les ans et égale à 0,2 % de la masse salariale brute ;
- la contribution aux activités sociales et culturelles. Aucun taux n'est imposé par le Code du travail. Toutefois, les sommes attribuées au CE ne peuvent pas être inférieures au montant le plus élevé des dépenses sociales réalisées par l'entreprise au cours des trois années précédant la prise en charge des œuvres sociales par le CE. Une fois fixé, le budget ne peut plus être révisé à la baisse par l'employeur.

■ Un crédit d'heures et la liberté de déplacement

Les membres élus titulaires disposent d'un crédit de temps d'une durée de 20 heures par mois, considérées comme temps de travail. Le temps passé en réunions du CE et des commissions obligatoires ne s'impute pas sur le crédit d'heures. Les représentants syndicaux dans les entreprises d'au moins 501 salariés disposent d'un crédit d'heures de 20 heures par mois. Les membres du CE peuvent utiliser leur crédit d'heures pour se déplacer hors de l'entreprise, dans l'intérêt de leur mandat, organiser des réunions avec les salariés ou encore prendre contact avec eux sur leur lieu de travail.

■ Un local aménagé

L'employeur met à la disposition du CE un local aménagé et le matériel nécessaire à son fonctionnement (téléphone, mobilier, photocopie, etc.) comprenant au moins une armoire fermant à clé.

■ Du personnel

Le CE peut être employeur. Il peut donc recruter le personnel nécessaire à son fonctionnement.

Quelle est la protection des membres du CE en cas de licenciement ?

Les membres titulaires et suppléants du comité d'entreprise ainsi que les représentants syndicaux ne peuvent être licenciés sans l'autorisation de l'inspecteur du travail. Cette procédure s'applique également :

- pendant six mois aux anciens élus des dernières élections et aux anciens représentants syndicaux s'ils ont exercé leur mandat pendant au moins deux ans ;
- pendant six mois aux candidats non élus (titulaires ou suppléants) aux dernières élections ;

- au premier salarié qui a demandé l'organisation des élections ou qui a accepté de les organiser si son initiative est confirmée par une organisation syndicale. La protection, d'une durée de six mois, s'applique à compter de cette confirmation.

La protection s'applique plus généralement à toutes les situations de rupture du contrat de travail à l'initiative de l'employeur (par exemple, une mise à la retraite), ainsi qu'à la rupture conventionnelle ou à la fin d'un CDD.

Comment le CE fonctionne-t-il ? Quelles sont ses attributions ?

■ Le domaine de la consultation

La consultation est l'une des attributions essentielles du CE : il est obligatoirement informé et consulté sur les questions intéressant l'organisation, la gestion et la marche générale de l'entreprise et notamment sur les mesures de nature à affecter le volume ou la structure des effectifs, la durée du travail, les conditions d'emploi, de travail et de formation professionnelle des salariés.

Remarque

Le Code du travail prévoit des consultations annuelles (aménagement du temps de travail, bilan social, congés payés, égalité professionnelle, évolution des emplois et des qualifications, formation professionnelle, recherche) ainsi que des consultations ponctuelles et spécifiques (règlement intérieur, introduction de nouvelles technologies, organisation de l'entreprise, projets de licenciements économiques et mise en place du plan de sauvegarde de l'emploi, etc.).

Le CE est également consulté, chaque année :

- sur les orientations stratégiques de l'entreprise, définies par la direction de l'entreprise (c'est-à-dire l'organe chargé de son administration ou de sa surveillance) et sur leurs conséquences

sur l'activité, l'emploi, l'évolution des métiers et des compétences, l'organisation du travail, le recours à la sous-traitance, à l'intérim, à des contrats temporaires et à des stages. Il peut émettre un avis sur ces orientations et proposer des orientations alternatives (sur la possibilité de recourir à un expert, voir p. 873). Cet avis est transmis à la direction de l'entreprise qui formule une réponse argumentée ; le CE en reçoit communication et peut y répondre. La base de données économiques et sociales (voir p. 878) est le support de préparation de cette consultation ;
- sur l'utilisation, par l'entreprise, du crédit d'impôt compétitivité emploi (CICE). Cette information/consultation doit avoir lieu avant le 1er juillet de chaque année. Dans les conditions précisées par les articles L. 2323-26-2 et L. 2323-26-3 du Code du travail, le CE peut demander des informations complémentaires à l'employeur et, le cas échéant, saisir les organes de contrôle de la société si les explications fournies ne lui paraissent pas suffisantes ou si elles confirment l'utilisation non conforme du CICE.

Le CE est enfin consulté à l'occasion de certains événements particuliers de la vie de l'entreprise : déclaration de cessation de paiements, ouverture d'une procédure de sauvegarde, de redressement ou de liquidation judiciaire, dépôt d'une offre publique d'acquisition, etc.

■ Le processus de consultation

Pour lui permettre de formuler un avis motivé, le CE dispose d'informations précises et écrites transmises par l'employeur et de la réponse motivée de l'employeur à ses propres observations. S'ils estiment ne pas disposer d'éléments suffisants, les membres élus du comité peuvent saisir le président du TGI statuant en la forme des référés, pour qu'il ordonne la communication par l'employeur des éléments manquants. Le juge statue dans un délai de huit jours.

La saisine du juge n'a pas pour effet de prolonger le délai dont dispose le comité pour rendre son avis. Toutefois, en cas de difficultés particulières d'accès aux informations nécessaires à la formulation de l'avis motivé du CE, le juge peut décider la prolongation du délai mentionné ci-dessous.
Pour rendre son avis, le CE dispose d'un délai d'examen suffisant. L'article L. 2323-3 du Code du travail introduit, pour un grand nombre de consultations du comité, le principe d'un encadrement des délais de consultation déterminés par accord entre l'employeur et le CE ou, le cas échéant, le CCE, adopté à la majorité des membres titulaires élus du comité (en l'absence d'accord, voir ci- contre). Il appartient ainsi à cet accord de fixer les délais dans lesquels sont rendus les avis du CE dans le cadre des consultations prévues aux articles L. 2323-6 à L. 2323-60 du Code du travail (sont concernées les principales consultations du CE : marche générale de l'entreprise, conditions de travail, CICE, formation, etc., sauf celles pour lesquelles le délai résulte d'une disposition législative spécifique), ainsi qu'aux articles L. 2281-12 (modalités d'exercice du droit d'expression des salariés), L. 2323-72 (avis sur le bilan social) et L. 3121-11 (modalités d'utilisation et dépassement éventuel du contingent d'heures supplémentaires) du même code. Ces délais, qui ne peuvent être inférieurs à 15 jours, doivent permettre au CE d'exercer utilement sa compétence, en fonction de la nature et de l'importance des questions qui lui sont soumises et, le cas échéant, de l'information et de la consultation du ou des CHSCT.
Pour l'ensemble des consultations visées ci-dessus pour lesquelles la loi n'a pas fixé de délai spécifique, et à défaut de fixation, par accord entre l'employeur et les membres élus du comité, d'un autre point de départ, le délai de consultation du CE court à compter de la communication par l'employeur des informations prévues par le Code du travail pour la consultation ou de l'information par l'employeur de leur mise à disposition dans la base de données économiques et sociales (voir p. 878).

Si aucun accord n'est trouvé au sein du CE, les délais applicables sont ceux fixés par l'article R. 2323-1-1 du Code du travail (délai fixé à un mois dans le cas général).

Remarque

À l'expiration du délai fixé par l'accord ou, en l'absence d'accord, par l'article R. 2323-1-1 précité, ou du délai fixé par le juge (voir ci-contre), le CE est réputé avoir été consulté et avoir rendu un avis négatif.

L'employeur rend compte, en la motivant, de la suite donnée à ces avis et voeux, qu'elle soit conforme, ou pas, aux désirs du comité.

Quels sont les moyens dont dispose le CE pour remplir ses attributions économiques ?

■ Des experts

Afin, notamment, d'analyser les informations et les documents transmis impérativement par l'employeur avant toute consultation, le CE peut recourir à :

- un expert-comptable rémunéré par l'entreprise, ou pour partie par le CE lorsqu'il s'agit de l'examen des orientations stratégiques de l'entreprise (voir p. 870) ;
- un expert en technologie rémunéré par l'entreprise. Le recours à cet expert n'est toutefois possible que s'il existe un projet important d'introduction de nouvelles technologies dans les entreprises d'au moins 300 salariés ; en cas de désaccord sur la nécessité d'une expertise, sur le choix de l'expert ou sur l'étendue de la mission qui lui est confiée, la décision est prise par le président du TGI statuant en urgence ;
- un expert libre, spécialisé dans un domaine pour lequel le CE souhaite une assistance (commerciale, juridique, etc.) et rémunéré par le comité, sur son budget de fonctionnement.

L'expert-comptable ou l'expert technique mentionnés ci-dessus remettent leur rapport dans un délai raisonnable fixé par un accord

entre l'employeur et le CE ou, à défaut d'accord, par les articles R. 2325-6-1 à R. 2325-6-3 du Code du travail. Ce délai ne peut être prorogé que par commun accord. Cet accord ou, à défaut, les articles précités, déterminent, au sein du délai ainsi fixé, le délai dans lequel l'expert désigné par le CE peut demander à l'employeur toutes les informations qu'il juge nécessaires à la réalisation de sa mission et le délai de réponse de l'employeur à cette demande.
Les experts visés ci-dessus sont tenus aux obligations :
- de secret professionnel, pour toutes les questions relatives aux procédés de fabrication ;
- et de discrétion, à l'égard des informations présentant un caractère confidentiel et données comme telles par l'employeur ou son représentant.

Remarque

Lorsque le CE se fait assister de l'expert-comptable de son choix en vue de l'examen des orientations stratégiques de l'entreprise (voir p. 870 et 873), et sauf accord avec l'employeur, le comité contribue, sur son budget de fonctionnement, au financement de cette expertise à hauteur de 20 %, dans la limite du tiers de son budget annuel. Cette possibilité de recours à l'expert-comptable ne se substitue pas aux autres expertises.

■ Des réunions périodiques

Dans les entreprises d'au moins 150 salariés, le CE se réunit au moins une fois par mois sur convocation de l'employeur ou de son représentant. Dans les entreprises de moins de 150 salariés, le CE se réunit au moins une fois tous les deux mois, sauf lorsque l'employeur a opté pour la mise en place de la délégation unique du personnel (voir p. 856). Le comité peut tenir une seconde réunion à la demande de la majorité de ses membres. Le règlement intérieur du comité peut fixer la date de la réunion ordinaire, le 15 du mois, par exemple.

Remarque

La réunion mensuelle ou bimensuelle ordinaire est obligatoire, sous peine de délit d'entrave.

L'employeur ou la majorité des membres du comité peut également demander la tenue de réunions extraordinaires en raison de l'existence de circonstances particulières (projet de licenciements économiques, par exemple). La demande doit obligatoirement comporter les questions à aborder lors de la réunion (ordre du jour). Lorsque la demande émane des membres du comité, l'employeur n'a pas à juger de l'opportunité de la requête qui lui est faite, sauf, bien entendu, s'il estime que l'objet de la réunion n'entre pas dans les attributions du CE.

Remarque

En cas de carence de l'employeur, et à la demande de la moitié au moins des membres du comité, celui-ci peut être convoqué par l'inspecteur du travail qui en assurera alors la présidence.

Sauf cas particulier mentionné ci-dessus, en sa qualité de président, l'employeur procède à la convocation du comité et élabore, conjointement avec le secrétaire du CE, l'ordre du jour ; toutefois, afin d'éviter les situations de blocage, les consultations rendues obligatoires par une disposition législative, réglementaire ou par un accord collectif de travail sont inscrites de plein droit à l'ordre du jour par l'employeur ou par le secrétaire du CE. Les débats s'achèvent sur un vote des membres élus. Les représentants syndicaux n'ont qu'une voix consultative. L'employeur n'a pas le droit de vote, à moins qu'il ne s'agisse de prendre des décisions sur le fonctionnement même du comité (désignation des membres du bureau, etc.). Les délibérations sont consignées dans un procès-verbal établi par le secrétaire du CE. Ce procès-verbal doit être adopté à la réunion suivante avant affichage ou diffusion dans l'entreprise.

Remarque

Le procès-verbal est un document important dont la production peut être demandée par l'Administration, notamment à l'occasion de l'instruction d'une demande d'aide publique ou du dépôt d'une déclaration comme la déclaration fiscale sur la formation professionnelle.

■ Le droit à une information régulière

L'employeur est tenu de fournir au CE certaines informations économiques, financières et sociales dans des conditions qui peuvent différer selon la taille de l'entreprise (pour le détail des règles applicables, on se reportera au guide *Les Institutions représentatives du personnel* publié par le ministère en charge du Travail). Ainsi, notamment :

- un mois après chaque élection du CE, l'employeur lui communique une documentation économique et financière comportant les éléments précisés à l'article L. 2323-7 du Code du travail (forme juridique de l'entreprise et organisation, perspectives économiques de l'entreprise telles qu'elles peuvent être envisagées, etc.) ;
- dans les sociétés commerciales, l'employeur communique au CE, avant leur présentation à l'assemblée générale des actionnaires ou à l'assemblée des associés, l'ensemble des documents transmis annuellement à ces assemblées ainsi que le rapport des commissaires aux comptes (voir les articles L. 2323-8 à L. 2323-11 du Code du travail) ;
- chaque trimestre, l'employeur communique au CE des informations sur l'évolution générale des commandes et de la situation financière, l'exécution des programmes de production, les retards éventuels dans le paiement, par l'entreprise, des cotisations de sécurité sociale et autres cotisations ou primes mentionnées aux articles L. 2323-46 et L. 2323-50 du Code du travail.

Par ailleurs :

- chaque année, dans les entreprises de moins de 300 salariés, l'employeur remet au CE un rapport sur la situation économique de l'entreprise portant sur les éléments mentionnés à l'article L. 2323- 47 du Code du travail (activité et situation financière de l'entreprise, bilan du travail à temps partiel dans l'entreprise, évolution de l'emploi, des qualifications, de la formation et des salaires, situation comparée des conditions générales d'emploi et de formation des femmes et des hommes, etc.). Ce rapport établit un plan d'action destiné à assurer l'égalité professionnelle entre les femmes et les hommes. À cette occasion, l'employeur informe le comité d'entreprise des éléments qui l'ont conduit à faire appel, au titre de l'année écoulée, et qui pourraient le conduire à faire appel pour l'année à venir, à des CDD, à des contrats de mission conclus avec une entreprise de travail temporaire ou à des contrats conclus avec une entreprise de portage salarial. Ce rapport, modifié le cas échéant à la suite de la réunion du CE, est tenu à la disposition de l'inspecteur du travail, accompagné de l'avis du comité, dans les 15 jours qui suivent la réunion ;
- chaque trimestre, dans les entreprises d'au moins 300 salariés, l'employeur informe le CE sur les questions mentionnées à l'article L. 2323-51 du Code du travail (situation de l'emploi, mesures envisagées en matière d'amélioration, de renouvellement ou de transformation de l'équipement ou des méthodes de production et d'exploitation, éléments l'ayant conduit à faire appel, au titre de la période écoulée, et qui pourraient le conduire à faire appel pour la période à venir, à des CDD, à des contrats de mission conclus avec une entreprise de travail temporaire ou à des contrats conclus avec une entreprise de portage salarial, etc.). Dans ces mêmes entreprises, une information annuelle est donnée au CE, portant sur les questions mentionnées aux articles L. 2323-55 à L. 2323-60 du Code du travail.

Au plus tard le 31 décembre 2016, les éléments d'information contenus dans les rapports et informations transmis de manière récurrente au CE seront mis à la disposition de ses membres dans la base de données mentionnée à l'article L. 2323-7-2 du Code du travail (voir ci-dessous) et cette mise à disposition actualisée vaudra communication des rapports et informations au comité d'entreprise, dans les conditions fixées par l'article R. 2323-21-9 du Code du travail.

Remarque

Les employeurs de droit privé occupant habituellement au moins 300 salariés doivent établir et soumettre annuellement au CE un bilan social. Dans les entreprises comportant des établissements distincts, il est établi, outre le bilan social de l'entreprise et selon la même procédure, un bilan social particulier à chaque établissement dont l'effectif habituel est au moins de 300 salariés. Ce bilan social récapitule en un document unique les principales données chiffrées permettant d'apprécier la situation de l'entreprise dans le domaine social, d'enregistrer les réalisations effectuées et de mesurer les changements intervenus au cours de l'année écoulée et des deux années précédentes. Le bilan social comporte des informations sur l'emploi, les rémunérations et charges accessoires, les conditions de santé et de sécurité, les autres conditions de travail, la formation, les relations professionnelles ainsi que sur les conditions de vie des salariés et de leurs familles dans la mesure où ces conditions dépendent de l'entreprise. Le comité d'entreprise ou d'établissement émet chaque année un avis sur le bilan social.

■ L'accès à une base de données économiques et sociales

Désormais, en application de l'article L. 2323-7-2 du Code du travail, et dans les conditions et délais fixés par la loi n° 2013-504 du 14 juin 2013 et le décret n° 2013-1305 du 27 décembre 2013 pris pour son application, une base de données économiques et sociales rassemble, dans les entreprises d'au moins 50 salariés, un ensemble

d'informations que l'employeur met à disposition des membres du comité d'entreprise (ou, le cas échéant, du comité central d'entreprise et des comités d'établissement) et, en l'absence de CE par suite d'une carence constatée aux élections, des délégués du personnel. Cette base de données, régulièrement mise à jour, est également accessible en permanence aux membres du CHSCT et aux délégués syndicaux. Sont concernés les représentants du personnel titulaires, ainsi que, le cas échéant, leurs suppléants.
À terme, et au plus tard le 31 décembre 2016, les employeurs devront avoir intégrés dans cette base et mis à disposition des membres du CE (et des autres personnes mentionnées ci-dessus) l'ensemble des éléments d'information contenus dans les rapports et informations transmis de manière récurrente au CE (voir p. 876), auxquels la base peut se substituer ; pour le détail des informations concernées, on peut se reporter aux précisions figurant dans la circulaire DGT du 18 mars 2014 disponibles sur le site circulaires.legifrance.gouv.fr.
Cette mise à disposition actualisée, obligatoire pour la totalité des informations concernées au plus tard le 31 décembre 2016, vaudra communication au CE des rapports et informations lorsque les conditions cumulatives suivantes seront remplies :
1° les éléments d'information sont régulièrement mis à jour, au moins dans le respect des périodicités prévues par le Code du travail ; ainsi, par exemple, les informations trimestrielles données au CE devront être mises à jour au moins trimestriellement dans la base de données ;
2° l'employeur met à disposition des membres du comité d'entreprise les éléments d'analyse ou d'explication lorsqu'ils sont prévus par ce même code.
Les informations nécessaires à la consultation du CE concernant des événements ponctuels continueront de faire l'objet d'une mise à disposition dans les conditions habituelles, même s'il restera possible pour l'entreprise de les verser dans la base de données.

Remarque

La loi du 14 juin 2013 mentionnée page 878 a prévu une mise en place progressive de la base de données économiques et sociales, selon les modalités suivantes :

- à compter du 14 juin 2014, dans les entreprises comptant au moins 300 salaries, elle devra être mise en place et intégrer les informations nécessaires a la consultation du CE sur les orientations stratégiques de l'entreprise (voir p. 870) ;
- il en sera de même à compter du 14 juin 2015, pour les entreprises de moins de 300 salariés.

La base de données permet la mise à disposition des informations nécessaires à la consultation sur les orientations stratégiques de l'entreprise (voir p. 870). La base comporte également l'ensemble des informations communiquées de manière récurrente au comité d'entreprise.

L'ensemble des informations de la base de données contribue à donner une vision claire et globale de la formation et de la répartition de la valeur créée par l'activité de l'entreprise. Elle comporte une présentation de la situation de l'entreprise, notamment le chiffre d'affaires, la valeur ajoutée, le résultat d'exploitation et le résultat net. Les informations figurant dans cette base portent sur les thèmes suivants :

1° Investissements : investissement social (emploi, évolution et répartition des contrats précaires, des stages et des emplois à temps partiel, formation professionnelle et conditions de travail), investissement matériel et immatériel et, pour les entreprises tenues de fournir un rapport aux actionnaires sur la responsabilité sociale et environnementale, les informations en matière environnementale présentées qu'il mentionne.

2° Fonds propres, endettement et impôts.

3° Rémunération des salariés et dirigeants, dans l'ensemble de leurs éléments.

4° Activités sociales et culturelles.
5° Rémunération des financeurs, en dehors des éléments mentionnés au 2° ci-dessus.
6° Flux financiers à destination de l'entreprise, notamment aides publiques et crédits d'impôts.
7° Sous-traitance.
8° Pour les entreprises appartenant à un groupe, transferts commerciaux et financiers entre les entités du groupe.

Remarque

Le contenu précis des informations figurant dans la base de données figure :

- à l'article R. 2323-1-3 du Code du travail pour les entreprises d'au moins 300 salariés ;
- à l'article R. 2323-1-4 du même code pour les entreprises de moins 300 salariés.

Ce contenu peut être enrichi par un accord de branche ou d'entreprise ou, le cas échéant, un accord de groupe, en fonction de l'organisation et du domaine d'activité de l'entreprise.
Pour plus de précisions sur le contenu de la base de données, on peut se reporter à la circulaire DGT du 18 mars 2014 disponible sur le site circulaires.legifrance.gouv.fr, notamment à sa fiche n° 1.

Les informations figurant dans la base de données portent sur l'année en cours, sur les deux années précédentes et, telles qu'elles peuvent être envisagées, sur les trois années suivantes.
Ces informations sont présentées sous forme de données chiffrées ou à défaut, pour les années suivantes, sous forme de grandes tendances. L'employeur indique, pour ces années, les informations qui, eu égard à leur nature ou aux circonstances, ne peuvent pas faire l'objet de données chiffrées ou de grandes tendances, pour les raisons qu'il précise.

Remarques

- Les éléments d'information figurant dans la base de données sont régulièrement mis à jour, au moins dans le respect des périodicités prévues par le Code du travail.
- Au titre de l'année 2014 pour les entreprises d'au moins 300 salariés et de l'année 2015 pour les entreprises de moins de 300 salariés, les entreprises ne sont pas tenues d'intégrer dans la base de données les informations relatives aux deux années précédentes.

La base de données est tenue à la disposition des représentants du personnel mentionnés page 879 (membres du CE, membres du CHSCT, etc.) sur un support informatique ou papier.
L'employeur informe ces personnes de l'actualisation de la base de données selon des modalités qu'il détermine et fixe les modalités d'accès, de consultation et d'utilisation de la base. Ces modalités permettent aux personnes susvisées d'exercer utilement leurs compétences respectives.

Remarques

- La base de données est constituée au niveau de l'entreprise. Dans les entreprises dotées d'un comité central d'entreprise, la base de données rassemble les informations que l'employeur met à disposition de ce comité et des comités d'établissement.
- Une convention ou un accord de groupe peut prévoir la constitution d'une base de données au niveau du groupe. La convention ou l'accord détermine notamment les personnes ayant accès à cette base ainsi que les modalités d'accès, de consultation et d'utilisation de cette base. En aucun cas, la base de données mise en place au niveau du groupe ne se substitue à celles qui doivent être mises en place au niveau des entreprises qui constituent ce groupe.

■ Une formation

Les membres titulaires ont droit à une formation économique d'une durée maximale de cinq jours, organisée par des organismes spécialisés. Le coût de la formation est financé par le budget de fonctionnement du CE tandis que l'employeur a l'obligation de maintenir les rémunérations.

■ Le droit d'alerte

En cas de situation économique préoccupante, le CE peut exercer un droit d'alerte, lequel permet de demander :

- des explications à l'employeur qui est tenu d'y répondre ;
- une expertise auprès des tribunaux ;
- la récusation du commissaire aux comptes.

Autre domaine d'exercice du droit d'alerte : le recours abusif aux CDD et aux contrats de travail temporaire. Lorsqu'il constate un tel recours ou un accroissement important de salariés titulaires de ces contrats, le CE peut saisir l'inspecteur du travail. Celui-ci relève, s'il y a lieu, les infractions et dans tous les cas, adresse à l'employeur un rapport sur les constatations qu'il a effectuées. L'employeur communique au CE ce rapport, accompagné de la copie de sa réponse motivée adressée à l'inspecteur du travail.

Quelles sont les activités sociales et culturelles organisées par le CE ?

Financées sur un budget spécifique attribué par l'entreprise, les activités sociales et culturelles sont organisées et développées par le comité d'entreprise en faveur des salariés, des anciens salariés et de leur famille. Il s'agit de prestations non obligatoires légalement, fournies aux personnes pour leur bien-être ou l'amélioration de leurs conditions de vie. Ces activités touchent donc aux loisirs, aux vacances, au sport, à la culture mais peuvent également prendre la forme d'une participation à la prise en charge d'une mutuelle de santé, d'une cantine ou, par le biais du Cesu préfinancé notamment, du coût d'un emploi à domicile ou de services rendus à des personnes hors de leur domicile, destinés à faciliter la vie quotidienne de familles, de personnes âgées ou handicapées.

Remarque

Les personnes qui effectuent un stage en entreprise dans le cadre des dispositions des articles L. 124-1 à L. 124-20 du Code de l'éducation (stage étudiant en entreprise) accèdent aux activités sociales et culturelles mentionnées ci-dessus dans les mêmes conditions que les salariés.

Textes de référence

Articles L. 2321-1 (champ d'application), L. 2322-1 à L. 2322-7, R. 2322-1 et R. 2322-2 (conditions de mise en place et de suppression), L. 2323-1 à L. 2323-87 et R. 2323-1 à R. 2323-42 (attributions), L. 2324-1 à L. 2324-28 et R. 2324-1 à R. 2324-25 (composition et élection), L. 2325-1 à L. 2325-44 et R. 2325-1 à R. 2325-8 (fonctionnement) du Code du travail

Articles L. 2327-1 à L. 2328-2, D. 2327-1, D. 2327-2 et R. 2327-3 à R. 2327-6 (comité central d'entreprise et comité d'établissement) du Code du travail

Articles L. 2331-1 à L. 2335-1 et R. 2331-1 à R. 2333-1 (comité de groupe) du Code du travail

Lire en complément

- La protection des représentants du personnel en cas de licenciement
- Les délégués du personnel : élections
- Les délégués du personnel : missions et moyens d'action
- Les délégués syndicaux
- La procédure de licenciement économique de deux à neuf salariés
- La procédure en cas de licenciement économique de 10 salariés et plus

Les délégués syndicaux

Chaque organisation syndicale représentative dans l'entreprise ou l'établissement d'au moins 50 salariés peut désigner un délégué syndical. Le délégué syndical exerce un rôle de représentation du syndicat auquel il appartient et de négociateur de conventions ou d'accords collectifs. Il bénéficie d'une protection particulière à l'occasion de la modification ou de la rupture de son contrat de travail, ou d'un changement de ses conditions de travail.
Le mandat de délégué syndical peut être cumulé avec celui de délégué du personnel, de membre du comité d'entreprise (CE) ou du comité d'hygiène, de sécurité et des conditions de travail (CHSCT).

Qui peut être désigné comme délégué syndical ?

Chaque organisation syndicale représentative dans l'entreprise ou l'établissement d'au moins 50 salariés, qui constitue une section syndicale, désigne, dans les limites fixées par les articles R. 2143-1 à R. 2143-3 du Code du travail, un ou plusieurs délégués syndicaux pour la représenter auprès de l'employeur.
Les délégués syndicaux sont désignés parmi les candidats aux élections professionnelles qui ont recueilli à titre personnel et dans leur collège au moins 10 % des suffrages exprimés au premier tour des dernières élections au comité d'entreprise ou de la délégation unique du personnel ou des délégués du personnel, quel que soit le nombre de votants.
Si aucun des candidats présentés par l'organisation syndicale aux élections professionnelles ne remplit la condition relative au score électoral mentionnée ci-dessus, ou s'il ne reste, dans l'entreprise ou l'établissement, plus aucun candidat aux élections professionnelles qui remplit cette condition, une organisation syndicale représentative peut désigner un délégué syndical parmi les autres

candidats ou, à défaut, parmi ses adhérents au sein de l'entreprise ou de l'établissement.

Le délégué syndical doit être âgé de 18 ans révolus, travailler dans l'entreprise depuis un an au moins (délai réduit à quatre mois en cas de création d'entreprise ou d'ouverture d'établissement) et n'avoir fait l'objet d'aucune interdiction, déchéance ou incapacité relative à ses droits civiques.
La désignation d'un délégué syndical peut intervenir lorsque l'effectif d'au moins 50 salariés a été atteint pendant 12 mois, consécutifs ou non, au cours des trois années précédentes.

Remarque

La désignation d'un délégué syndical peut intervenir au sein de l'établissement regroupant des salariés placés sous la direction d'un représentant de l'employeur et constituant une communauté de travail ayant des intérêts propres, susceptibles de générer des revendications communes et spécifiques. Cette disposition est issue de la loi n° 2014-288 du 5 mars 2014, en vigueur depuis le 7 mars 2014. Elle vise à rendre possible la désignation d'un DS sur un périmètre différent de celui sur lequel est organisée l'élection sur laquelle se fonde la mesure de l'audience, pour permettre en particulier une désignation du délégué syndical au plus près des salariés.

Dans les établissements de moins de 50 salariés, les syndicats représentatifs dans l'établissement peuvent désigner un délégué du personnel, pour la durée de son mandat, comme délégué syndical.

Remarque

Les noms du ou des délégués syndicaux sont portés à la connaissance de l'employeur. Ils sont affichés sur des panneaux réservés aux communications syndicales. La copie de la communication adressée à l'employeur est adressée simultanément à l'inspecteur du travail.

Le mandat de délégué syndical prend fin au plus tard lors du premier tour des élections de l'institution représentative du personnel (comité d'entreprise, délégation unique du personnel, délégués du personnel) renouvelant l'institution dont l'élection avait permis de reconnaître la représentativité de l'organisation syndicale l'ayant désigné. Si, suite à ces élections, les conditions sont à nouveau réunies, le délégué dont le mandat s'achève peut être désigné pour un nouveau mandat.

En cas de réduction importante et durable de l'effectif en dessous de 50 salariés, la suppression du mandat de délégué syndical est subordonnée à un accord entre l'employeur et l'ensemble des organisations syndicales représentatives.

À défaut d'accord, l'autorité administrative peut décider que le mandat de délégué syndical prend fin.

Le mandat du délégué syndical peut également prendre fin :

- par décision du délégué d'y mettre fin ou par son décès ;
- par révocation émanant de l'organisation syndicale qui l'avait désigné ;
- par départ du délégué de l'entreprise ;
- si le délégué du personnel désigné comme délégué syndical perd son mandat de délégué du personnel.

Remarque

Le mandat de délégué syndical prenant fin lors du renouvellement des institutions représentatives dans l'entreprise, la désignation, à l'issue de ces nouvelles élections, d'un délégué syndical, fait courir à compter de la date de cette désignation le délai de contestation prévu par l'article R. 2324-24 du Code du travail même si le salarié désigné exerçait déjà cette mission avant le nouveau scrutin (Cass. soc., 22 septembre 2010).

Quelles sont les missions du délégué syndical ?

Le délégué syndical représente son syndicat auprès de l'employeur pour lui formuler des propositions, des revendications ou des réclamations. Il assure par ailleurs l'interface entre les salariés et l'organisation syndicale à laquelle il appartient.

Mais c'est essentiellement sa fonction de négociateur qui fonde sa spécificité. En effet, le Code du travail prévoit que la convention ou les accords d'entreprise sont négociés entre l'employeur et les syndicats représentatifs de l'entreprise.

Le délégué syndical est donc appelé à négocier chaque fois que l'employeur souhaite l'ouverture de discussions en vue de la conclusion d'un accord et, au minimum, lors des négociations annuelles obligatoires dont l'employeur est tenu de prendre l'initiative.

L'une des négociations annuelles obligatoires porte sur les salaires effectifs, la durée et l'organisation du temps de travail, et notamment la mise en place du travail à temps partiel à la demande des salariés. Cette négociation est l'occasion d'un examen de l'évolution de l'emploi dans l'entreprise (nombre de CDD, de missions de travail temporaire, de salariés dont les rémunérations sont exonérées de cotisations sociales, etc.) ; cette négociation peut porter également sur la formation ou la réduction du temps de travail.

Lorsque l'employeur n'a pas pris l'initiative de cette négociation depuis plus de 12 mois suivant la précédente négociation, la négociation s'engage obligatoirement à la demande d'une organisation syndicale représentative, dans les 15 jours qui suivent cette demande.

Les autres négociations annuelles obligatoires portent notamment :

- sur les objectifs d'égalité professionnelle et salariale entre les femmes et les hommes dans l'entreprise, ainsi que sur les mesures permettant de les atteindre (conditions d'accès à l'emploi, à la formation professionnelle et à la promotion professionnelle, déroulement des carrières, articulation entre vie professionnelle et vie personnelle, mixité des emplois, etc.) ; cette négociation porte également sur la définition et la programmation de mesures permettant de supprimer les écarts de rémunération entre les femmes et les hommes. En l'absence d'accord, la négociation annuelle obligatoire sur les salaires effectifs mentionnée ci-dessus porte également sur la définition et la programmation de mesures permettant de supprimer les écarts de rémunération et les différences de déroulement de carrière entre les femmes et les hommes ;

- sur les mesures relatives à l'insertion professionnelle et au maintien dans l'emploi des travailleurs handicapés : conditions d'accès à l'emploi, formation et promotion professionnelles, conditions de travail, etc. La négociation doit se dérouler sur la base d'un rapport établi par l'employeur présentant la situation par rapport à l'obligation d'emploi des travailleurs handicapés. Lorsque l'employeur n'aura pas pris l'initiative de cette négociation depuis plus de 12 mois suivant la précédente négociation, la négociation s'engagera obligatoirement à la demande d'une organisation syndicale représentative, dans les 15 jours qui suivront cette demande.

Remarque

Si un accord collectif est signé sur les objectifs d'égalité professionnelle et salariale entre les femmes et les hommes dans l'entreprise, ainsi que sur les mesures permettant de les atteindre, la périodicité de la négociation obligatoire est portée à trois ans.

S'agissant de la négociation sur les mesures relatives à l'insertion professionnelle et au maintien dans l'emploi des travailleurs handicapés, sa périodicité est également portée à trois ans lorsqu'un accord collectif comportant de telles mesures a été signé dans l'entreprise.

Quels sont les documents dont le délégué syndical est destinataire ?

Tous les documents nécessaires à la conduite de négociation et notamment :

- la convention collective et les accords applicables dans l'entreprise ;
- le rapport annuel sur l'égalité entre les femmes et les hommes établi pour le CE ;
- le rapport établi par l'employeur présentant la situation par rapport à l'obligation d'emploi des travailleurs handicapés ;
- le bilan annuel du travail à temps partiel ;
- le bilan social ;
- les documents d'information au CE pour l'élaboration du plan de formation ;
- les documents d'information au CE sur l'accueil des stagiaires.

Remarque

Les délégués syndicaux ont accès à la base de données économiques et sociales mentionnée page 878.

Peut-il y avoir cumul de mandats ?

Oui, les fonctions de délégué syndical sont compatibles avec celles de :

- délégué du personnel ;
- représentant syndical au comité d'entreprise (ou d'établissement) ;
- membre du comité d'entreprise (ou d'établissement) ;
- membre du CHSCT.

Il peut aussi être élu conseiller prud'homme ou inscrit sur la liste départementale des conseillers du salarié. Dans une procédure de liquidation judiciaire, il peut être désigné comme représentant des salariés.

Remarques

- Dans les entreprises de moins de 300 salariés, le délégué syndical cumule de droit son mandat avec celui de représentant syndical au CE. Le cumul de fonctions entraîne un cumul de crédit d'heures, plafonné si l'intéressé travaille à temps partiel.
- Dans les entreprises d'au moins 500 salariés, tout syndicat représentatif dans l'entreprise peut désigner un délégué syndical supplémentaire s'il a obtenu un ou plusieurs élus dans le collège des ouvriers et employés lors de l'élection du CE et s'il compte au moins un élu dans l'un des deux autres collèges. Ce délégué supplémentaire est désigné parmi les candidats aux élections professionnelles qui ont recueilli au moins 10 % des suffrages exprimés au premier tour des dernières élections au CE ou des délégués du personnel, quel que soit le nombre de votants.
- Dans les entreprises d'au moins 2 000 salariés comportant au moins deux établissements d'au moins 50 salariés chacun ou plus, chaque syndicat représentatif dans l'entreprise peut, dans les conditions fixées par l'article L. 2143-5 du Code du travail, désigner un délégué syndical central d'entreprise, distinct des délégués syndicaux d'établissement. L'ensemble des dispositions relatives au délégué syndical d'entreprise est applicable au délégué syndical central.
- Dans les entreprises de moins de 2 000 salariés comportant au moins deux établissements d'au moins 50 salariés chacun, chaque syndicat représentatif peut, dans les conditions fixées par l'article L. 2143-5 précité, désigner l'un de ses délégués syndicaux d'établissement en vue d'exercer également les fonctions de délégué syndical central d'entreprise.

Quels sont les moyens des délégués syndicaux ?

■ Le crédit d'heures (ou heures de délégation)

Accordé tous les mois, assimilé à du temps de travail et payé comme tel, le crédit d'heures est égal à :

- 10 heures dans les entreprises ou établissements de 50 à 150 salariés ;
- 15 heures dans les entreprises ou établissements de 151 à 499 salariés ;
- 20 heures, dans les entreprises ou établissements d'au moins 500 salariés.

La section syndicale dispose, en outre, d'un crédit global de 10 heures par an dans les entreprises d'au moins 500 salariés (15 heures par an dans celles d'au moins 1 000 salariés) pour préparer les négociations de conventions ou les accords d'entreprise.

Les réunions organisées à l'initiative de l'employeur ne sont pas décomptées sur le crédit d'heures.

Pour sa part, le délégué syndical central (DSC) désigné dans les entreprises d'au moins 2 000 salariés (voir p. 891) dispose de 20 heures par mois pour l'exercice de ses fonctions. Ces heures s'ajoutent à celles dont il peut disposer à un titre autre que celui de délégué syndical d'établissement (par exemple, au titre de délégué du personnel). En d'autres termes :

- s'il n'est pas également délégué syndical d'établissement (ce qui n'est possible que dans les entreprises d'au moins 2 000 salariés), le DSC dispose, à ce titre, d'un crédit d'heures spécifique de 20 heures par mois ;
- s'il est déjà délégué syndical d'établissement, il ne dispose pas d'un crédit d'heures spécifique au titre de son mandat de DSC, mais son crédit d'heures sera porté à 20 heures par mois s'il ne les atteint pas déjà dans le cadre de son mandat de délégué syndical d'établissement.

Remarque

Pour le DSC dans une entreprise de moins de 2000 salariés, qui est obligatoirement choisi parmi les délégués syndicaux d'établissement, aucun crédit d'heures spécifique n'est prévu par la loi au titre du mandat de DSC. Ce dernier ne dispose donc que du crédit d'heures associé à son mandat de délégué syndical d'établissement déterminé en fonction de l'effectif apprécié au niveau de l'établissement.

Le cas échéant, des dispositions plus favorables peuvent être prévues par accord collectif.

■ Les déplacements

Le délégué syndical peut rencontrer les salariés sur leur poste de travail, à condition de ne pas leur apporter de gêne importante, pendant ses heures de délégation ou en dehors de ses heures de travail. Il peut également se déplacer en dehors de l'entreprise, pendant ses heures de délégation, dans l'intérêt de son mandat.

■ Les moyens de communication

La section syndicale dispose par ailleurs :

- d'un panneau d'affichage dans l'établissement, distinct de celui affecté aux délégués du personnel et au CE ;
- du droit d'organiser des réunions (entre adhérents ou avec une personnalité extérieure à l'entreprise, syndicale ou non) dans l'enceinte de l'entreprise, en dehors du temps de travail ;
- de la faculté de diffuser librement les publications et tracts syndicaux, dans l'enceinte de l'entreprise, aux heures d'entrée et de sortie du travail ;
- de la possibilité, dans des conditions définies par accord d'entreprise, de diffuser ses publications et tracts de nature syndicale sur un site mis en place sur l'intranet de l'entreprise ou sur la messagerie électronique de l'entreprise.

En outre, dans les entreprises ou établissements de plus de 200 salariés, l'employeur met à la disposition des sections syndicales un local commun convenant à l'exercice de la mission de leurs délégués. Dans les entreprises ou établissements d'au moins 1 000 salariés, l'employeur met à la disposition de chaque section syndicale constituée par une organisation syndicale représentative dans l'entreprise ou l'établissement un local convenable, aménagé et doté du matériel nécessaire à son fonctionnement.

Remarque

Les salariés appelés à exercer des responsabilités syndicales peuvent bénéficier d'une formation dans les conditions mentionnées par l'article L. 2145-2 du Code du travail.

De quelles garanties les délégués syndicaux bénéficient-ils ?

Les délégués syndicaux ne peuvent être licenciés sans l'autorisation de l'inspecteur du travail.
Cette protection bénéfice aussi pendant 12 mois aux anciens délégués syndicaux ayant exercé leur fonction durant au moins un an.
Par ailleurs, le Code du travail prévoit qu'aucune limitation ne peut être apportée à l'exercice du droit syndical. Toute entrave peut être sanctionnée.

Textes de référence

Articles L. 2143-1 à L. 2143-22, L. 2146-1, L. 2146-2, R. 2143-1 à R. 2143-3, D. 2143-4, R. 2143-5 et R. 2143-6 du Code du travail

Lire en complément

- Les délégués du personnel : missions et moyens d'action
- La protection des représentants du personnel en cas de licenciement
- Le comité d'entreprise (CE)
- Le CHSCT

Le représentant de la section syndicale

Chaque syndicat qui constitue une section syndicale au sein de l'entreprise ou de l'établissement d'au moins 50 salariés, peut, s'il n'est pas représentatif dans l'entreprise ou l'établissement, désigner un représentant de la section pour le représenter au sein de l'entreprise ou de l'établissement.

Le représentant de la section syndicale (RSS) bénéficie des mêmes prérogatives que le délégué syndical, mais ne peut, sauf exceptions, négocier et conclure des accords collectifs. Sa fonction sera d'animer la section syndicale afin que le syndicat qui l'a désigné obtienne, aux élections professionnelles, les résultats lui permettant d'être reconnu comme représentatif, ce qui lui permettra alors de désigner un délégué syndical.

Qui peut désigner un représentant de la section syndicale ?

Le RSS ne peut être désigné que par un syndicat non représentatif, c'est-à-dire par :

- les organisations syndicales légalement constituées depuis au moins deux ans (ancienneté appréciée à compter de la date de dépôt légal des statuts), dont le champ professionnel et géographique couvre l'entreprise ou l'établissement concerné, qui satisfont aux critères de respect des valeurs républicaines et d'indépendance, si elles ne sont pas représentatives dans l'entreprise ;
- les syndicats affiliés à une organisation syndicale représentative au niveau national et interprofessionnel qui, à l'issue des élections professionnelles, n'ont pas été reconnus représentatifs dans l'entreprise (ces syndicats n'ont pas à prouver qu'ils remplissent les conditions requises pour les syndicats mentionnés ci-dessus).

Remarque

Un syndicat non représentatif peut créer une section syndicale et désigner un représentant de cette section soit au niveau de l'entreprise, soit au niveau de chacun des établissements distincts de cette entreprise (Chambre sociale de la Cour de cassation, arrêt du 31 mai 2011).

En revanche, les syndicats représentatifs dans l'entreprise ne peuvent pas désigner un RSS ; ils disposent, en effet, de la faculté de désigner un délégué syndical aux prérogatives plus étendues.

Remarque

Dans les entreprises qui emploient moins de 50 salariés, les syndicats non représentatifs peuvent désigner, pour la durée de son mandat, un délégué du personnel comme représentant de la section syndicale (voir aussi p. 828). Par disposition conventionnelle, ce mandat de représentant peut ouvrir droit à un crédit d'heures. Le temps dont dispose le délégué du personnel pour l'exercice de son mandat peut être utilisé dans les mêmes conditions pour l'exercice de ses fonctions de représentant de la section syndicale.

Le nom du représentant de la section syndicale est porté à la connaissance de l'employeur par lettre recommandée avec demande d'avis de réception ou par lettre remise contre récépissé. Il est affiché sur des panneaux réservés aux communications syndicales.
La copie de la communication adressée à l'employeur est adressée simultanément à l'inspecteur du travail.
La même procédure est appliquée en cas de remplacement ou de cessation de fonctions du représentant de la section syndicale.

Remarque

Les contestations relatives aux conditions de désignation du représentant de la section syndicale sont de la seule compétence du juge judiciaire. Le recours n'est recevable que s'il est introduit dans les 15 jours suivants l'accomplissement des formalités visées ci-dessus (information de l'employeur et affichage). Passé ce délai, la désignation est purgée de tout vice sans que l'employeur puisse soulever ultérieurement une irrégularité pour priver le représentant désigné du bénéfice des dispositions prévues par le Code du travail.

Qui peut être désigné comme représentant de la section syndicale ?

Le représentant de la section syndicale doit être âgé de 18 ans révolus, travailler dans l'entreprise depuis un an au moins et n'avoir fait l'objet d'aucune interdiction, déchéance ou incapacité relative à ses droits civiques. Ce délai d'un an est réduit à quatre mois en cas de création d'entreprise ou d'ouverture d'établissement.

Dans les entreprises de travail temporaire, la condition d'ancienneté pour être désigné représentant de la section syndicale est fixée à six mois pour les salariés temporaires. Elle est appréciée en totalisant les périodes pendant lesquelles ces salariés ont été liés à ces entreprises par des contrats de mission au cours des 18 mois précédant la désignation du représentant de la section syndicale. Ce délai est réduit à six mois en cas de création d'entreprise ou d'ouverture d'établissement.

Remarque

Les fonctions de représentant de la section syndicale sont compatibles avec celles de délégué du personnel, de représentant du personnel au comité d'entreprise ou d'établissement ou de représentant syndical au comité d'entreprise ou d'établissement.

Quelles sont les missions du représentant de la section syndicale ?

Le représentant de la section syndicale bénéficie des mêmes prérogatives que le délégué syndical, à l'exception du pouvoir de négocier des accords collectifs (voir toutefois p. 898). Il peut, à ce titre,

formuler des propositions, des revendications ou des réclamations et assure, par ailleurs, l'interface entre les salariés et l'organisation syndicale à laquelle il appartient.
Pour mener à bien ses missions, il dispose des moyens dévolus, par le Code du travail, à la section syndicale.

Remarque

À titre dérogatoire, sous certaines conditions et en l'absence de toute autre possibilité de négociation, le RSS peut être amené à négocier un accord collectif ; sur cette question, il convient de se reporter aux précisions figurant dans la circulaire DGT n° 20 du 13 novembre 2008 mentionnée page 866, et notamment à sa fiche n° 5 (texte disponible sur le site circulaires.legifrance.gouv.fr).

Quels sont les moyens du représentant de la section syndicale ?

■ Le crédit d'heures (ou heures de délégation)

Le représentant de la section syndicale dispose d'un temps nécessaire à l'exercice de ses fonctions. Ce temps est au moins égal à quatre heures par mois.
Les heures de délégation sont de plein droit considérées comme temps de travail et payées à l'échéance normale.

Remarque

L'employeur qui entend contester l'utilisation faite des heures de délégation saisit le juge judiciaire. Il ne peut, de sa propre initiative, opérer une retenue sur le salaire du représentant de la section syndicale au motif que celui-ci n'aurait pas, selon lui, utilisé ses heures de délégation conformément à leur objet.

■ **Les déplacements**
Le représentant de la section syndicale peut rencontrer les salariés sur leur poste de travail, à condition de ne pas leur apporter de gêne importante, pendant ses heures de délégation ou en dehors de ses heures de travail. Il peut également se déplacer en dehors de l'entreprise, pendant ses heures de délégation, dans l'intérêt de son mandat.

■ **Les moyens de communication de la section syndicale**
Sur ce point, on se reportera aux précisions figurant en page 893.

De quelles garanties les représentants de la section syndicale bénéficient-ils ?

Le RSS bénéficie d'un régime de protection équivalent à celui du délégué syndical : la rupture de son contrat de travail est donc soumise à l'autorisation de l'inspecteur du travail pendant la période du mandat ainsi que pendant les 12 mois suivant la fin de ce mandat s'il a exercé ses fonctions pendant au moins un an. Par ailleurs, le fait d'apporter une entrave à l'exercice des fonctions du représentant de la section syndicale est sanctionné.

Comment prend fin le mandat du représentant de la section syndicale ?

Le mandat du représentant de la section syndicale prend fin, à l'issue des élections professionnelles suivant sa désignation, dès lors que le syndicat qui l'a désigné n'est pas reconnu représentatif dans l'entreprise. Le salarié qui perd ainsi son mandat de représentant syndical ne peut pas être désigné à nouveau comme représentant syndical au titre d'une section jusqu'aux six mois précédant la date des élections professionnelles suivantes dans l'entreprise.
Le syndicat qui, ayant désigné un RSS, devient représentatif à l'issue d'une élection professionnelle, perd le mandat de représentant de la section syndicale réservé aux organisations syndicales non représentatives. L'organisation syndicale représentative ne pourra

alors désigner qu'un délégué syndical pour représenter la section syndicale dans l'entreprise. Un syndicat ne peut en même temps compter un délégué syndical et un représentant de la section syndicale.

Toutefois, lorsque l'entreprise comporte plusieurs établissements, un syndicat représentatif dans l'entreprise ne saurait, dans un établissement où il n'a pas été reconnu représentatif, bénéficier de moins de prérogatives que celles reconnues aux syndicats non représentatifs ; il est donc en droit, faute de pouvoir procéder à la désignation d'un DS, de désigner un représentant de la section syndicale dans cet établissement, peu important qu'il ait désigné un délégué syndical central sur le fondement des dispositions de l'article L. 2143-5 du Code du travail (sur le DS central, voir p. 891) (Cass. Soc., 13 février 2013).

Remarque

En cas de réduction importante et durable de l'effectif en dessous de 50 salariés, la suppression du mandat de représentant de la section syndicale est subordonnée à un accord entre l'employeur et l'ensemble des organisations syndicales représentatives. À défaut d'accord, l'autorité administrative peut décider que le mandat de représentant de la section syndicale prend fin.

Textes de référence

Articles L. 2142-1 à L. 2142-1-4, L. 2143-1, L. 2143-2, du Code du travail

Circulaire DGT n° 20 du 13 novembre 2008 « relative à la loi du 20 août 2008 portant rénovation de la démocratie sociale et réforme du temps de travail »

(disponible sur le site circulaires.legifrance.gouv.fr)

Lire en complément

- La négociation collective dans l'entreprise
- Les délégués du personnel : missions et moyens d'action
- Les délégués syndicaux
- La protection des représentants du personnel en cas de licenciement

La protection des représentants du personnel en cas de licenciement

Les salariés représentants du personnel ne peuvent faire l'objet d'un licenciement, individuel ou collectif, sans l'autorisation de l'inspecteur du travail, pendant toute la durée de leur mandat et au-delà.
L'inspecteur du travail vérifie au cours d'une enquête contradictoire que la rupture du contrat n'est pas une mesure discriminatoire liée aux fonctions de représentation du salarié.
Sa décision, positive ou négative, peut faire l'objet d'un recours.
Le médecin du travail bénéficie également d'une protection spécifique, notamment en cas de rupture de son CDI par licenciement ou dans le cadre de la procédure de rupture conventionnelle, ou de rupture ou de non-renouvellement de son CDD (voir les articles L. 4623-4 à L. 4623-7 du Code du travail).

Remarques

- L'autorisation de l'inspecteur du travail doit également être demandée avant toute rupture du contrat de travail à l'initiative de l'employeur (mise à la retraite, préretraite, etc.), y compris pendant la période d'essai. Elle est également requise lorsque le contrat est rompu dans le cadre de la procédure de « rupture conventionnelle » du CDI.
- Lorsque la protection dont bénéficie le salarié résulte d'un mandat extérieur à l'entreprise (conseiller du salarié, administrateur d'une caisse de sécurité sociale, etc.), le salarié n'est pas en droit de se prévaloir de la protection résultant de ce mandat lorsqu'il est établi qu'il n'en a pas informé son employeur au plus tard lors de l'entretien préalable au licenciement (Cass. Soc., 26 mars 2013).

Durée	Salariés protégés
6 mois	• les anciens délégués du personnel ; • les anciens élus du CE et les anciens représentants syndicaux auprès du CE ayant exercé leur mandat pendant au moins deux ans ; • le salarié ayant siégé au CHSCT en qualité de représentant du personnel ; • le représentant du personnel d'une entreprise extérieure désigné au CHSCT d'un établissement comprenant au moins une installation classée ; • le salarié ayant siégé en qualité de représentant du personnel dans une commission paritaire d'hygiène, de sécurité et des conditions de travail en agriculture ; • l'ancien représentant des salariés au conseil d'administration ou de surveillance des entreprises du secteur public et le candidat et l'ancien candidat à l'élection comme représentant des salariés (pendant les trois mois suivant le dépôt des candidatures) ; • les candidats aux élections de délégués du personnel, dès réception de leur candidature par l'employeur ; • les candidats non élus aux dernières élections du CE, dès l'envoi des listes de candidatures à l'employeur ; • le premier salarié qui a demandé à l'employeur d'organiser les élections (CE ou délégués du personnel) ou d'accepter de les organiser, si son initiative est confirmée par une organisation syndicale.
12 mois	• les anciens délégués syndicaux, les anciens conseillers du salarié et les anciens représentants de la section syndicale désignés conformément à l'article L. 2142-1-1 du Code du travail ayant exercé leur fonction durant au moins un an ; • les anciens salariés mandatés au titre de l'article L. 2232-24 du Code du travail.

Quels sont les salariés protégés ?

Tout salarié candidat lors d'une élection professionnelle, titulaire ou ancien titulaire d'un mandat de représentant du personnel (délégué syndical, représentant de la section syndicale désigné conformément à l'article L. 2142-1-1 du Code du travail, titulaire ou suppléant d'un mandat de délégué du personnel, de représentant du personnel au comité d'entreprise, etc.) bénéficie d'une protection contre la rupture de son contrat de travail.

La liste des salariés titulaires d'un CDI, bénéficiant d'une protection en cas de licenciement, figure à l'article L. 2411-1 du Code du travail.

Remarque

Les salariés en CDD, exerçant ou ayant exercé certains mandats, bénéficient également d'une protection spéciale en cas de rupture de leur contrat de travail. Sont concernés les salariés mentionnés aux articles L. 2412-1 et suivants du Code du travail. Ainsi, par exemple, ne peut intervenir qu'après l'autorisation de l'inspecteur du travail, selon la même procédure que pour un licenciement, la rupture du CDD du délégué syndical avant l'échéance du terme en raison d'une faute grave ou de l'inaptitude constatée par le médecin du travail, ou à l'arrivée du terme lorsque l'employeur n'envisage pas de renouveler un contrat comportant une clause de renouvellement. Lorsque le CDD ne comporte pas une telle clause, l'arrivée du terme n'entraîne la rupture du contrat qu'après constatation par l'inspecteur du travail que le salarié ne fait pas l'objet d'une mesure discriminatoire : dans ce cas, l'employeur saisit l'inspecteur du travail un mois avant l'arrivée du terme et l'inspecteur du travail statue avant la date du terme du contrat.

Quelle est la durée d'application du statut protecteur ?

La protection contre le licenciement s'applique pendant toute la durée du mandat, quel qu'il soit, et également pendant le délai mentionné dans le tableau de la page 903.

Remarque

En cas de faute grave, l'employeur peut prononcer, à titre provisoire, une mise à pied immédiate de l'intéressé. Lorsqu'elle concerne un délégué syndical, un salarié mandaté, un conseiller du salarié, un représentant de la section syndicale, ou un des autres salariés mentionnés à l'article L. 2421-2 du Code du travail, cette décision est, à peine de nullité, motivée et notifiée à l'inspecteur du travail dans le délai de 48 heures à compter de sa prise d'effet. Si le licenciement est refusé par l'inspecteur du travail, la mise à pied est annulée et ses effets supprimés.

Quels sont les moyens de recours ?

La décision de l'inspecteur du travail peut, dans un délai de deux mois, faire l'objet :

- d'un recours hiérarchique auprès du ministre du Travail ;
- d'un recours contentieux devant le tribunal administratif dont dépend l'entreprise ou l'établissement.

Remarque

Le recours n'est pas suspensif : la décision de l'inspecteur du travail s'applique jusqu'au rendu de décision du ministre ou du tribunal. Ainsi, en cas d'autorisation du licenciement par l'inspecteur du travail, l'employeur peut prononcer le licenciement, sans attendre les suites du recours ; il prend, toutefois, le risque de devoir réintégrer le salarié si cette autorisation est annulée.

Si l'autorisation de licenciement est annulée, le salarié (et lui seul) peut, dans un délai de deux mois à compter de la notification de la décision d'annulation ou de retrait de l'autorisation de licenciement, demander à être réintégré dans l'entreprise, à son emploi antérieur ou un poste équivalent et dans son mandat. Cette disposition s'applique aux salariés investis d'un des mandats énumérés par l'article L. 2422-1 du Code du travail. Le salarié investi d'un des

mandats mentionnés à ce même article a droit au paiement d'une indemnité correspondant à la totalité du préjudice subi au cours de la période écoulée entre son licenciement et sa réintégration, s'il en a formulé la demande dans le délai de deux mois à compter de la notification de la décision. Cette indemnité correspond à la totalité du préjudice subi au cours de la période écoulée entre son licenciement et l'expiration du délai de deux mois s'il n'a pas demandé sa réintégration.
Si le refus d'autorisation est annulé par le tribunal administratif, l'employeur doit procéder à une nouvelle demande d'autorisation auprès de l'inspecteur du travail qui rendra sa décision compte tenu de la décision du tribunal et/ou de l'évolution des faits.
Si le refus d'autorisation est annulé par le ministre, ce dernier se prononce alors sur la demande d'autorisation et statue en fonction des éléments de droit et de fait existant à la date de sa propre décision. Toutefois, dans le cas où le salarié concerné par la demande d'autorisation de licenciement cesse de bénéficier de la protection prévue par le Code du travail, postérieurement à la décision de l'inspecteur du travail, le ministre n'a plus compétence, après avoir annulé cette décision, pour refuser ou accorder l'autorisation sollicitée.

Quelle est la protection en cas de transfert d'activité ?

Lorsque tout ou partie de l'activité de l'entreprise se poursuit sous la direction d'un nouvel employeur, les contrats de travail sont transférés à celui-ci.
Le transfert d'un salarié compris dans un transfert partiel d'entreprise ou d'établissement par application de l'article L. 1224-1 du Code du travail ne peut intervenir qu'après autorisation de l'inspecteur du travail lorsqu'il est investi de l'un des mandats dont la liste figure à l'article L. 2414-1 du Code du travail : délégué syndical et ancien délégué syndical ayant exercé ses fonctions pendant au

moins un an, délégué du personnel, membre élu du comité d'entreprise, etc.
En cas de refus d'autorisation, l'employeur doit conserver le salarié et lui trouver une nouvelle affectation au sein de l'entreprise, assortie d'une rémunération équivalente.

Textes de référence

Articles L. 2411-1 à L. 2437-1 du Code du travail (JO du 21 août)

Qui contacter sur ce sujet ?

- Fédérations professionnelles
- Organisations syndicales de salariés
- Inspection du travail
- Direction régionale des entreprises, de la concurrence, de la consommation, du travail et de l'emploi (Direccte) http://direccte.gouv.fr/

Chapitre 13

La création d'entreprise

Congé ou temps partiel pour création ou reprise d'entreprise ou participation à la direction d'une jeune entreprise innovante • Aides à la création d'entreprise (Accre, Nacre)

Le salarié créateur ou repreneur d'entreprise

Afin de faciliter la création ou la reprise d'entreprise par les salariés, plusieurs dispositifs ont été mis en place. Le tableau ci-dessous en présente une synthèse.

	La mesure	Les conditions de mise en œuvre	Les avantages
Congé pour création ou reprise d'entreprise*	▪ Suspension du contrat de travail pendant un an (renouvelable une fois)	▪ Ancienneté du salarié d'au moins 24 mois ▪ Délai de prévenance de deux mois	▪ Être disponible pour mener à bien son projet ▪ Conserver la possibilité de reprendre son emploi au terme du congé
Temps partiel pour création ou reprise d'entreprise*	▪ Passage à temps partiel pendant un an (renouvelable une fois)	▪ Ancienneté du salarié d'au moins 24 mois ▪ Délai de prévenance de deux mois ▪ Conclusion d'un avenant au contrat de travail	▪ Conserver son statut de salarié et son emploi tout en mettant en œuvre son projet ▪ Reprendre un temps plein en cas d'échec
Inopposabilité de la clause d'exclusivité	▪ Rendre inapplicable pendant un an (à compter de l'inscription au registre du commerce et des sociétés ou au répertoire des métiers ou de la déclaration	▪ Être salarié (sauf VRP) à temps plein, à temps partiel ou en congé pour création d'entreprise (ou sabbatique)	▪ Lever temporairement une entrave à la mise en œuvre du projet de création ou de reprise d'entreprise

	La mesure	Les conditions de mise en œuvre	Les avantages
Inopposabilité de la clause d'exclusivité	de début d'activité professionnelle) toute clause qui interdit l'exercice d'une autre activité professionnelle	▪ Respecter l'obligation de loyauté à l'égard de son employeur	

* Le congé ou le temps partiel pour création ou reprise d'entreprise est ouvert, dans les mêmes conditions, aux salariés qui souhaitent exercer des responsabilités de direction au sein d'une entreprise répondant, au moment où ils sollicitent leur congé, aux critères de jeune entreprise innovante telle qu'elle est définie par l'article 44 sexies-0 A du Code général des impôts.

Textes de référence

Articles L. 1222-5, L. 3142-78 à L. 3142-90 et D. 3142-41 à D. 3142-53 du Code du travail

Article L. 161-1-2 du Code de la sécurité sociale (exonération de cotisations)

Lire en complément

- Le congé pour création ou reprise d'entreprise ou participation à la direction d'une jeune entreprise innovante
- Le temps partiel pour création ou reprise d'entreprise ou participation à la direction d'une jeune entreprise innovante
- Les aides à la création d'entreprise
- Le compte épargne-temps (CET)

Le congé pour création ou reprise d'entreprise ou participation à la direction d'une jeune entreprise innovante

Ouvert, sous certaines conditions, au salarié qui souhaite se consacrer à la création ou à la reprise d'une entreprise ou participer à la direction d'une jeune entreprise innovante (JEI), ce congé permet de suspendre le contrat de travail et de retrouver, si besoin est, au terme du congé, l'emploi précédemment occupé (ou un emploi similaire).

Remarque

Dans une telle situation, le salarié peut aussi choisir de passer à temps partiel (voir p. 917). S'il s'agit d'une création ou d'une reprise d'entreprise, tous les autres dispositifs d'appui au salarié créateur d'entreprise peuvent également être mobilisés (voir p. 911).

Qui peut en bénéficier ?

Le congé pour création d'entreprise s'adresse à tout salarié :

- dont l'ancienneté dans l'entreprise – ou au sein du même groupe – est égale ou supérieure à 24 mois (consécutifs ou non) ;
- dont le projet est de créer ou reprendre une entreprise, individuelle ou en société, qu'elle soit industrielle, commerciale, artisanale ou agricole ;
- détenant le contrôle effectif de l'entreprise créée ou reprise.

Le congé pour participer à la direction d'une jeune entreprise innovante s'adresse à tout salarié :

- dont l'ancienneté dans l'entreprise – ou au sein du même groupe – est égale ou supérieure à 24 mois (consécutifs ou non) ;
- et qui souhaite exercer des responsabilités de direction au sein d'une entreprise répondant, au moment où il sollicite son congé, aux critères de JEI définie par l'article 44 sexies-0 A du Code général des impôts. Pour la définition de la « jeune entreprise innovante », on peut se reporter aux précisions figurant sur le site du secrétariat d'État à l'Enseignement supérieur et à la Recherche www.enseignementsup-recherche.gouv.fr/.

Quels sont les avantages ?

■ Le maintien du contrat de travail

Le salarié qui prend un congé continue à faire partie des effectifs, mais l'employeur n'est pas tenu de le rémunérer. Il n'acquiert ni ancienneté ni droit à congés payés et ne peut exiger de réintégrer l'entreprise avant le terme de son congé, sauf mention expresse dans sa demande.

■ Un congé de longue durée

La durée du congé pour création ou reprise d'entreprise ou pour exercer des responsabilités de direction au sein d'une entreprise répondant aux critères de jeune entreprise innovante est fixée à une année, renouvelable une fois à condition que le salarié en informe son employeur par lettre recommandée avec avis de réception, trois mois au moins avant le terme de la première année.

■ Deux options en fin de congé

Trois mois au moins avant le terme, le salarié informe l'employeur (par lettre recommandée avec avis de réception) de sa décision de :

- réintégrer l'entreprise. Il retrouve son emploi précédent ou similaire, et sa rémunération ;
- rompre son contrat de travail. Il n'a pas à effectuer de préavis.

Remarque

Les salariés qui reprennent leur activité dans l'entreprise à l'issue de leur congé bénéficient d'une réadaptation professionnelle autant que de besoin, notamment en cas de changement de techniques ou de méthodes de travail.

Le départ en congé : quelle procédure ?

■ La demande du salarié

La demande doit être adressée à l'employeur deux mois au moins avant le début du congé, par lettre recommandée avec avis de réception ou lettre remise en main propre contre décharge. Elle doit impérativement préciser la date de départ prévue, la durée envisagée, l'activité de l'entreprise qu'il prévoit de créer ou de reprendre ou de l'entreprise répondant aux critères de jeune entreprise innovante dans laquelle il prévoit d'exercer des responsabilités de direction.

Remarque

Le droit au congé pour création ou reprise d'entreprise ou pour exercer des responsabilités au sein d'une JEI ne peut être exercé moins de trois ans après la précédente création ou reprise d'entreprise ou après le début de l'exercice de précédentes responsabilités de direction au sein d'une JEI.

■ La réponse de l'employeur

L'accord ou l'absence de réponse

L'accord de l'employeur est communiqué au salarié par lettre recommandée avec avis de réception ou remise en main propre contre décharge, dans les 30 jours suivant réception de la demande. Passé ce délai, l'accord est réputé acquis.

Le report

Le départ en congé peut être reporté si un certain nombre de salariés sont déjà en congé pour création d'entreprise, pour l'exercice de responsabilités de direction au sein d'une entreprise répondant aux critères de jeune entreprise innovante ou au titre du congé sabbatique. Le quota est fixé à 2 % de l'effectif ou du nombre de jours travaillés, selon que l'entreprise compte au moins 200 salariés ou moins de 200 salariés au sens de l'article L. 1111-2 du Code du travail. Le report est également possible, sans justification, dans la limite de six mois à compter de la présentation de la demande.

Le refus

Le refus est possible dans les entreprises de moins de 200 salariés, si l'employeur estime – après consultation du comité d'entreprise (ou, à défaut, des délégués du personnel) – que l'absence du salarié peut avoir des conséquences préjudiciables pour l'entreprise. Il doit alors motiver sa décision. L'employeur peut également refuser le congé, lorsque le salarié ne remplit pas les conditions requises (par exemple, une ancienneté insuffisante).

Remarque

Le salarié peut contester ce refus dans les 15 jours à compter de la réception de la lettre de refus de l'employeur. En cas de contestation, le bureau de jugement du conseil de prud'hommes statue en dernier ressort selon les formes applicables au référé.

Textes de référence

Articles L. 3142-78 à L. 3142-86, D. 3142-41 à D. 3142-45 et D. 3142-49 à D. 3142-53 du Code du travail

Lire en complément

- Le temps partiel pour création ou reprise d'entreprise ou participation à la direction d'une jeune entreprise innovante
- Le salarié créateur ou repreneur d'entreprise

Le temps partiel pour création ou reprise d'entreprise ou participation à la direction d'une jeune entreprise innovante

Afin de faciliter la création ou la reprise d'entreprise par les salariés, ou leur permettre d'exercer des responsabilités au sein d'une jeune entreprise innovante (JEI), une possibilité de passer à temps partiel a été mise en place. Pour en bénéficier, le salarié doit remplir une condition : justifier de 24 mois d'ancienneté dans l'entreprise (ou dans une entreprise du même groupe), consécutifs ou non. L'ancienneté s'apprécie à la date du passage à temps partiel. Pour bénéficier d'une autre période à temps partiel ou d'un congé pour création d'entreprise afin de réaliser un nouveau projet de création ou de reprise d'entreprise ou d'exercer des responsabilités de direction au sein d'une JEI, le salarié devra respecter un délai de trois ans.

Remarque

Le salarié peut aussi choisir de prendre un congé pour création d'entreprise ou pour exercer des responsabilités de direction au sein d'une JEI ; dans ce cas, son contrat de travail est suspendu (voir p. 913).

Quelles sont les formalités ?

Le salarié doit formuler sa demande par lettre recommandée avec avis de réception ou par lettre remise en main propre contre décharge au moins deux mois avant la date souhaitée de passage à temps partiel. Adressée à l'employeur, cette lettre précise :

- la date de début et l'amplitude de la réduction ;
- sa durée ;
- l'activité de l'entreprise qu'il prévoit de créer ou de reprendre ou de l'entreprise répondant aux critères de JEI dans laquelle il prévoit d'exercer des responsabilités de direction.

Remarque

Les critères permettant de définir la « jeune entreprise innovante » sont fixés par l'article 44 sexies-0 A du Code général des impôts. Sur ce point, on peut se reporter aux précisions figurant sur le site du secrétariat d'État à l'Enseignement supérieur et à la Recherche www.enseignementsup-recherche.gouv.fr/.

Quelles sont les réponses possibles de l'employeur ?

Le défaut de réponse de l'employeur dans les 30 jours à compter de la présentation de la lettre de demande du salarié vaut accord.
Dans ce délai, l'employeur peut :

- reporter la demande dans la limite de six mois à compter de la date de présentation de la lettre de demande ou, dans les entreprises d'au moins 200 salariés, si un quota (2 % de l'effectif) de salariés passés à temps partiel pour les mêmes raisons est dépassé ;
- refuser, dans les entreprises de moins de 200 salariés, sur décision motivée, s'il s'avère que la transformation du contrat de travail à temps plein en temps partiel aura des conséquences préjudiciables à la production et à la marche de l'entreprise.

La décision de refus est adressée au salarié par lettre recommandée avec avis de réception ou lettre remise en main propre contre décharge, sous peine de nullité. Cette décision est susceptible de recours devant le bureau de jugement du conseil de prud'hommes saisi et statuant en dernier ressort, et ce dans un délai de 15 jours suivants la réception de la lettre.

Quelle en est la durée ?

En cas d'accord de l'employeur, la période de travail à temps partiel est fixée, par avenant, à un an maximum avec prolongation possible d'une année supplémentaire avec signature d'un nouvel avenant.

Remarque

Le salarié ne peut invoquer aucun droit à être réemployé avant le terme de la période de réduction du temps de travail tel que fixé par avenant.

Quels sont les effets sur le contrat de travail ?

Pendant la période à temps partiel, le salarié perçoit une rémunération correspondant au nombre d'heures travaillées. Afin de compenser la perte de revenus, l'intéressé peut utiliser son compte épargne-temps.

Un avenant au contrat de travail est obligatoirement signé : il doit comporter toutes les clauses obligatoires du contrat de travail à temps partiel (art. L. 3123-14 du Code du travail).

Remarque

Pour remplacer le salarié passé à temps partiel, l'employeur peut recourir à un CDD ou à l'intérim.

Quelle est la situation au terme de la période à temps partiel ?

Le salarié peut demander la prolongation de la période de travail à temps partiel dans la limite d'un an. Il formule sa demande au moins deux mois avant le terme de celle-ci, par lettre recommandée avec demande d'avis de réception ou par lettre remise en main propre contre décharge.

Remarque

La demande de prolongation du temps partiel peut être refusée pour les mêmes motifs que la demande initiale.

À l'issue de la période de travail à temps partiel, le salarié retrouve une activité à temps plein assortie d'une rémunération au moins équivalente à celle perçue avant le passage à temps partiel.

Remarque

Le non-respect par l'employeur des obligations liées au réemploi donne lieu à l'attribution de dommages et intérêts au salarié concerné, en plus de l'indemnité de licenciement lorsqu'elle est due.

Pour bénéficier d'une autre période à temps partiel ou d'un congé pour création d'entreprise afin de réaliser un nouveau projet de création ou de reprise d'entreprise ou de participer à la direction d'une jeune entreprise innovante, le salarié devra respecter un délai de trois ans.

Textes de référence

Articles L. 3142-78 à L. 3142-82, L. 3142-87 à L. 3142-90, D. 3142-41 à D. 3142-46 et D. 3142-49 à D. 3142-53 du Code du travail

Lire en complément

- Le travail à temps partiel : mise en place
- Le contrat de travail à temps partiel
- Le congé pour création ou reprise d'entreprise ou participation à la direction d'une jeune entreprise innovante
- Le compte épargne-temps (CET)

Les aides à la création d'entreprise

Demandeurs d'emploi, salariés licenciés, jeunes, personnes en difficulté, etc. peuvent bénéficier de différentes aides de l'État pour mener à bien leur projet de création ou de reprise d'entreprise, sous forme individuelle ou en société, parmi lesquelles figurent notamment :

- une exonération de cotisations sociales et le maintien, pour une durée déterminée, de certains minima sociaux, dans le cadre de l'Accre (aide aux chômeurs créateurs ou repreneurs d'une entreprise) ;
- un ensemble de services d'appui technique mis en œuvre dans le cadre du dispositif Nacre (nouvel accompagnement pour la création et la reprise d'entreprise), associé, le cas échéant, à un prêt à taux zéro.

■ L'Accre

Qui peut en bénéficier ?

Sont susceptibles de bénéficier de l'Accre :

- les personnes privées d'emploi percevant l'une des allocations mentionnées aux articles L. 5422-1 (allocation d'assurance chômage), L. 5423-8 (allocation temporaire d'attente) et L. 5423-1 (allocation de solidarité spécifique) du Code du travail ; parmi les allocataires de l'allocation temporaire d'attente (ATA), sont éligibles à l'Accre les bénéficiaires de la protection subsidiaire autorisés à exercer une activité, les ressortissants étrangers auxquels une carte de séjour temporaire a été délivrée, et les personnes en attente de réinsertion (anciens détenus et salariés expatriés non admis au régime d'assurance chômage) ;

- les personnes remplissant les conditions pour bénéficier de l'allocation d'assurance chômage ou de l'allocation spécifique de reclassement ;
- les demandeurs d'emploi non indemnisés, justifiant d'une inscription sur la liste des demandeurs d'emploi pendant six mois au cours des 18 derniers mois ;
- les bénéficiaires du RSA ;
- les jeunes de 18 à moins de 26 ans ;
- les personnes de moins de 30 ans reconnues handicapées ou qui ne remplissent pas la condition d'activité antérieure ouvrant droit au bénéfice de l'allocation d'assurance chômage ;
- les personnes salariées ou les personnes licenciées d'une entreprise soumise à une procédure de sauvegarde, de redressement ou de liquidation judiciaires qui reprennent tout ou partie de cette entreprise, dès lors qu'elles s'engagent à investir en capital la totalité des aides et à réunir des apports complémentaires en capital au moins égaux à la moitié des aides accordées ;
- les bénéficiaires d'un « contrat d'appui au projet d'entreprise », s'ils remplissent l'une des conditions visées ci-dessus à la date de conclusion de ce contrat. Par ce contrat, une personne morale (notamment une entreprise ou une association) s'engage à accompagner une personne désireuse de créer ou de reprendre une entreprise pendant la phase préparatoire à cette création ou cette reprise. Le contenu de ce contrat, la situation de son bénéficiaire et les obligations respectives de chaque partie sont fixées par le décret n° 2005-505 du 19 mai 2005 ;
- les personnes physiques créant une entreprise implantée au sein d'un quartier prioritaire de la politique de la ville (la liste de ces quartiers est disponible sur le site www.ville.gouv.fr/) ;
- les bénéficiaires du complément de libre choix d'activité (remplacé pour les enfants nés ou adoptés à compter du 1er janvier 2015, par la nouvelle « prestation partagée d'éducation de l'enfant »).

Remarque

La demande doit être adressée au centre de formalités des entreprises (CFE) – http://entreprises.insee.fr. Elle peut être introduite dès le dépôt de la déclaration de création ou de reprise d'entreprise et, au plus tard, le 45e jour qui suit ce dépôt. Elle est faite au moyen du formulaire Cerfa n° 13584*01 :
(www.formulaires.modernisation.gouv.fr/gf/cerfa_13584.do) qui est accompagné de sa notice explicative.

Quelles sont les conditions liées à l'activité créée ou reprise ?

Quel que soit le secteur d'activité choisi, les bénéficiaires doivent créer ou reprendre une entreprise, sous forme individuelle (artisan, commerçant, profession libérale) ou en société. Sont donc exclus les associations, GIE ou groupements d'employeurs.
Lorsque la forme choisie est celle d'une société, le créateur ou repreneur doit, pour obtenir l'Accre, en assurer le contrôle, c'est-à-dire :

- soit détenir plus de 50 % du capital (seul ou en famille, avec au moins 35 % à titre personnel) ;
- soit être dirigeant de la société et détenir au moins un tiers du capital (seul ou en famille avec au moins 25 % à titre personnel) sous réserve qu'un autre associé ne détienne pas directement ou indirectement plus de la moitié du capital.

Cette condition relative au contrôle doit être remplie pendant au moins deux ans à compter de la création ou de la reprise de l'entreprise.

Remarque

Plusieurs personnes peuvent obtenir l'aide pour un seul et même projet, à condition :

- de détenir ensemble plus de 50 % du capital ;
- que l'une (ou plusieurs) d'entre elles ai(en)t la qualité de dirigeant ;
- que chaque demandeur détienne une part du capital au moins égale à un dixième de la part détenue par le principal actionnaire ou porteur de parts.

Quelle est la portée de l'exonération de cotisations sociales ?

Le créateur ou repreneur est exonéré des cotisations sociales :

- d'assurance maladie, maternité, invalidité, décès ;
- d'allocations familiales ;
- d'assurance vieillesse de base.

Cette exonération, qui porte sur le revenu tiré de l'activité :

- est limitée à un plafond correspondant à 120 % du Smic, les contributions au régime de retraite complémentaire restant dues ;
- est accordée pour une durée d'un an. Cette durée est prolongée dans la limite de 24 mois lorsque l'entreprise créée ou reprise est une micro-entreprise ou relève du régime déclaratif spécial au titre des BIC ou micro-BNC (article 50-0 ou 102 ter du Code général des impôts). L'exonération est alors totale ou partielle selon le niveau de revenu professionnel du bénéficiaire de l'aide, dans les conditions précisées par le décret n° 2005-792 du 27 mai 2005. La demande d'exonération doit être formulée par écrit auprès des organismes de sécurité sociale chargés de recouvrer les cotisations au plus tard à la date d'échéance du premier avis d'appel des cotisations suivant le 12e mois de l'exonération initiale ; elle est renouvelée dans les mêmes conditions à l'issue des 12 premiers mois de prolongation de l'exonération.

En quoi consiste le maintien des minima sociaux ?

Les personnes admises au bénéfice l'Accre et qui perçoivent l'allocation de solidarité spécifique (ASS) ont droit, pour une durée d'un an, à un versement mensuel, par l'État, d'un montant égal à cette allocation au taux plein.

Les bénéficiaires du revenu de solidarité active (RSA) ont droit, dans les conditions fixées par les articles L. 5133-8, L. 5133-9 et R. 5133-9 à R. 5133-17 du Code du travail, à une « aide personnalisée de retour à l'emploi » destinée à prendre en charge tout ou partie des coûts exposés par les intéressés lorsqu'ils débutent ou reprennent une activité professionnelle.

Pour les bénéficiaires de l'allocation de veuvage admis au bénéfice des dispositions de l'article L. 5141-1 du Code du travail (aide à la création ou reprise d'entreprise) au cours de la période de versement de cette allocation, il n'est pas tenu compte des revenus d'activité professionnelle faisant suite à une création ou une reprise d'entreprise pendant une période de six mois successifs à compter du premier jour du mois suivant la date de la création ou de la reprise d'entreprise. Pendant les six mois suivants, les revenus procurés par la nouvelle activité sont forfaitairement évalués, par mois, à 38 % du montant mensuel maximum de l'allocation de veuvage et font l'objet d'un abattement de 50 %.

Remarque

Les demandeurs d'emploi inscrits auprès de Pôle emploi et pris en charge au titre de l'allocation d'aide au retour à l'emploi au moment de la reprise ou de la création d'entreprise, ainsi que ceux ayant entamé des démarches en vue de reprendre ou de créer leur entreprise au cours de leur préavis ou au cours du congé de reclassement ou du congé de mobilité, peuvent, sous certaines conditions, bénéficier d'une aide à la création ou reprise d'entreprise versée par Pôle emploi. Ils doivent pour cela, notamment, justifier de l'obtention de l'Accre, visée à l'article L. 5141-1 du Code du travail. Sur cette aide, il convient de se renseigner auprès de l'agence Pôle emploi ou sur le site www.pole-emploi.fr.

■ Le dispositif Nacre

Le dispositif « Nacre » (nouvel accompagnement pour la création et la reprise d'entreprise), piloté par le ministère en charge du Travail et de l'Emploi dans le cadre d'un partenariat avec la Caisse des dépôts, permet à des personnes sans emploi ou rencontrant des difficultés d'insertion durable dans l'emploi de créer ou reprendre une entreprise en bénéficiant d'un accompagnement dans la durée.

Remarque

Des renseignements complémentaires sur les aides accordées dans le cadre de ce dispositif peuvent être obtenus auprès des Direccte, de Pôle emploi ou sur le site dédié à ce dispositif : www.emploi.gouv.fr/nacre.

En quoi consiste le dispositif Nacre ?

Le parcours d'accompagnement Nacre propose au porteur de projet de création ou de reprise d'entreprise l'accès à un ensemble de services d'appui technique financé notamment par l'État, en vue de l'aider à finaliser son projet et d'optimiser le démarrage et le développement de son activité pendant les trois premières années après l'immatriculation de son entreprise.

Ce parcours d'accompagnement est structuré en trois phases :

- **Phase métier 1** : aide au montage d'une durée maximum de quatre mois pour un projet de création et de six mois pour un projet de reprise d'entreprise ;

- **Phase métier 2** : structuration financière et intermédiation bancaire d'une durée maximum de quatre mois pour un projet de création d'entreprise et de six mois pour un projet de reprise d'entreprise ;
- **Phase métier 3** : accompagnement du démarrage et du développement de l'activité de l'entreprise immatriculée ou bénéficiant d'une dispense d'immatriculation en application de l'article L. 123-1-1 du Code de commerce, d'une durée fixe de 36 mois.

Le bénéficiaire peut entrer directement dans l'une ou l'autre de ces phases métier, en fonction de la maturité de son projet :
- avant l'immatriculation de l'entreprise : l'aide au montage (phase 1), et la structuration financière et l'intermédiation bancaire (phase 2) ;
- après l'immatriculation de l'entreprise : l'appui au démarrage et au développement (phase 3).

Dans le cadre de sa démarche de création/reprise d'entreprise et de son développement, le bénéficiaire peut, en fonction des besoins diagnostiqués par l'opérateur d'accompagnement (sur cet opérateur, voir précisions ci-dessous) des phases métier 1 et 3 et sur décision de celui-ci, bénéficier d'une aide à l'achat d'expertise spécialisée auprès d'un prestataire extérieur et de personnalité juridique distincte de l'opérateur d'accompagnement. Et ce, pour la réalisation d'actes de conseil ne relevant pas du champ des actions d'accompagnement généraliste assurées par l'opérateur conventionné par l'État. Lorsque le bénéficiaire est allocataire d'un minimum social (par exemple, l'allocation de solidarité spécifique), le coût de l'expertise spécialisée commandée par l'opérateur d'accompagnement, lorsqu'elle intervient en phase d'aide au montage avant l'immatriculation de l'entreprise, pourra être pris en charge à 100 % par l'État. Dans tous les autres cas, le bénéficiaire s'engage à participer au financement de cette expertise spécialisée à hauteur de 25 % de son coût total, l'État prenant en charge les 75 % restant.

Remarque

L'appui technique dont bénéficie le créateur ou repreneur d'entreprise dans le cadre du dispositif Nacre peut être complété, en tant que de besoin, par l'octroi d'un prêt à taux zéro Nacre, conditionné par l'obtention d'un prêt complémentaire (bancaire ou solidaire) et l'engagement de suivre pendant trois ans un accompagnement au démarrage et au développement.

Quels sont les bénéficiaires ?

Les personnes éligibles au dispositif Nacre sont les mêmes que celles éligibles à l'Accre (voir p. 921), auxquelles s'ajoutent les personnes de 50 ans et plus inscrites sur la liste des demandeurs d'emploi et les personnes sans emploi ou rencontrant des difficultés pour s'insérer durablement dans l'emploi, pour lesquelles la création ou la reprise d'entreprise est un moyen d'accès, de maintien ou de retour à l'emploi.

Parmi ces bénéficiaires potentiels, le parcours d'accompagnement Nacre s'adresse aux porteurs de projet de création ou reprise et aux nouveaux dirigeants d'entreprise relevant des publics « emploi » pour lesquels une création ou une reprise d'entreprise pérenne et son développement ne seraient pas envisageables sans un accompagnement mobilisant les fonds publics. Le porteur de projet doit maîtriser déjà en partie les grands équilibres économiques et financiers du projet, dont une préfiguration suffisante en ce qui concerne les produits, clients, fournisseurs, et besoins d'équipement, d'investissement, de financement, etc.

Quelle est la procédure ?

L'entrée du porteur de projet dans le parcours est formalisée par la signature d'un contrat d'accompagnement pour la création ou reprise d'entreprise Nacre qui précise les engagements réciproques des signataires : le créateur ou repreneur accompagné et l'opérateur qui l'accompagne. L'État, la Caisse des dépôts et les collectivités territoriales qui le souhaitent labelliseront ainsi, au niveau régional, des opérateurs locaux chargés de l'accompagnement pour les trois phases du parcours de création ou reprise d'entreprise mentionnées précédemment (renseignements complémentaires auprès de Pôle emploi).

Textes de référence

Articles L. 5141-1 (exonération de charges sociales),
L. 5141-3 à L. 5141-4 (maintien d'allocations),
L. 5141-5 (financement d'actions de conseil,
de formations et d'accompagnements)
et R. 5141-1 à R. 5141-36 du Code du travail
Articles L. 161-1-1 et D. 161-1-1 (exonération de cotisations)
du Code de la sécurité sociale
Circulaire DGEFP n° 2008-20 du 4 décembre 2008
(dispositif Nacre)

Chapitre 14

Informations pratiques

Institutions et organismes intervenant dans le domaine du travail, de l'emploi et de la formation professionnelle • Index • Sigles

S'informer

Tant au niveau local que national, il existe plusieurs administrations, institutions ou organismes susceptibles de fournir des informations dans le domaine du droit du travail, de l'emploi et de la formation professionnelle.
Certains font l'objet d'une présentation ci-dessous. D'autres peuvent être signalés par la mairie, les organisations syndicales, la presse spécialisée, etc.

Les services du ministère en charge du Travail et de l'Emploi

■ Les directions régionales des entreprises, de la concurrence, de la consommation, du travail et de l'emploi (Direccte)

Les Direccte sont des services déconcentrés communs au ministère en charge de l'Économie et au ministère en charge du Travail et de l'Emploi. Elles regroupent plusieurs services déconcentrés existants antérieurement, dont les directions régionales et départementales du travail, de l'emploi et de la formation professionnelle (DRTEFP et DDTEFP), mais aussi la direction régionale de la concurrence, de la consommation et de la répression des fraudes, le service économie de la direction régionale de l'industrie de la recherche et de l'environnement, etc.
La Direccte est composée d'un échelon régional structuré en trois pôles : pôle « concurrence, consommation, répression des fraudes et métrologie », pôle « entreprises, emploi et économie » (dénommé « pôle 3E ») et pôle « politique du travail ».
Dans les domaines du travail et de l'emploi qui nous intéressent plus particulièrement ici, le pôle « entreprises, emploi et économie » est chargé de :

- soutenir la création, l'innovation et le développement des entreprises ;
- développer les compétences des salariés dans le cadre d'une stratégie de croissance de l'activité et de l'emploi ;
- anticiper et accompagner les mutations économiques ;
- accompagner les jeunes, les demandeurs d'emploi et les personnes exposées aux risques d'exclusion du marché du travail, notamment en améliorant l'efficacité du service public de l'emploi.

Le pôle « politique du travail » comporte une ou plusieurs unités de contrôle ; il est chargé lui des missions suivantes :
- assurer le respect du droit du travail (inspection du travail) ;
- promouvoir la qualité de l'emploi, améliorer les conditions de travail et la santé au travail ;
- appuyer le dialogue social et le développement de la représentation du personnel ;
- assurer la veille et le suivi des relations individuelles et collectives de travail.

La Direccte comporte des unités territoriales (UT) au plus près des usagers. Ces unités territoriales, implantées dans les départements, font partie intégrante de la Direccte. Elles constituent le niveau de proximité de la direction régionale pour les missions de proximité : contrôle de l'inspection du travail, mise en œuvre des politiques du travail et de l'emploi, contribution au développement économique sur les territoires.
Les coordonnées des Direccte sont disponibles sur le site http://direccte.gouv.fr sur lequel on trouvera également de multiples informations sur leurs missions et les conditions de leur intervention.

■ L'inspection du travail

L'inspection du travail est chargée de trois missions principales :
- contrôler l'application de la réglementation (hygiène et sécurité au travail, fonctionnement des institutions représentatives du

personnel, accidents du travail, maladies professionnelles, durée du travail, congés payés, contrats d'intérim, contrats à durée déterminée, prêts de main-d'œuvre illicites, travail clandestin, etc.) par des visites inopinées d'entreprises ou par des enquêtes particulières ; ils constatent, concurremment avec les officiers et agents de police judiciaire, les infractions à ces dispositions (voir les articles L. 8112-1 et L. 8112-2 du Code du travail).
- informer et conseiller les employeurs, les salariés et les représentants du personnel sur leurs droits et obligations ;
- concilier les parties, notamment lors des conflits collectifs.

L'inspection du travail dispose également d'un pouvoir de décision : l'employeur doit parfois obtenir l'autorisation de l'inspecteur du travail avant d'agir. Ce pouvoir de décision concerne, notamment, les domaines suivants :
- le licenciement des salariés titulaires d'un mandat de représentant du personnel (délégué du personnel, membre du comité d'entreprise, délégué syndical, etc.), ou, pour une certaine durée, des anciens titulaires d'un tel mandat, d'un médecin du travail, d'un conseiller du salarié ou d'un conseiller prud'hommes ;
- la durée du travail (mise en place d'horaires individualisés en l'absence de représentants du personnel et, dans certains cas, du travail de nuit, etc.) ;
- le travail des jeunes (dérogations à certaines interdictions).

Remarque

L'inspection du travail n'a aucune compétence pour régler les litiges relatifs au contrat de travail (conclusion, exécution, rupture, y compris pour motif économique).

Cette compétence appartient exclusivement au conseil de prud'hommes.

L'inspection du travail ou les services de renseignements des Direccte ne peuvent donner que des indications juridiques générales. En aucun cas, ils ne portent une appréciation sur tel ou tel cas particulier (motif

d'un licenciement, bien-fondé d'une sanction, litige sur une qualification, etc.).
Il ne leur appartient pas de participer à l'élaboration d'un dossier pour une instance judiciaire.

Enfin, l'inspection du travail intervient en amont, dans un souci de résultats à plus long terme, dans le domaine de l'hygiène et de la sécurité (examen des permis de construire d'entreprises, réunions préparatoires de chantiers, etc.), de l'emploi et de la formation (gestion des emplois et des compétences, accompagnement des restructurations, etc.).

Où s'adresser ?

Depuis le 1er janvier 2009, les services d'inspection du travail (travail, agriculture, transports) ont fusionné sous l'égide du seul ministère du Travail, marquant ainsi la fin de services spécifiques d'inspection du travail dans les professions agricoles et dans le secteur des transports. Cette fusion a été mise en œuvre par deux décrets et un arrêté en date du 30 décembre 2008 (JO du 31 décembre). Elle permet d'offrir un point d'accès unique à l'information pour les salariés et les entreprises et de mieux couvrir l'intégralité du territoire.
Il existe ainsi, désormais, une « inspection du travail dans l'industrie, les commerces, les services, les professions agricoles et le secteur des transports ». Au niveau local, la nouvelle inspection unifiée est rattachée aux nouvelles directions régionales chargées des entreprises, de la consommation, de la concurrence, du travail et de l'emploi (Direccte). Dans chaque département, une section est chargée du contrôle des professions agricoles telles que définies par l'article L. 717-1 du Code rural et de la pêche maritime, sauf exception prévue par arrêté des ministres chargés de l'Agriculture et du Travail.
Dans tous les cas, l'adresse de l'inspection du travail compétente et le nom de l'inspecteur doivent être affichés dans l'entreprise.

Plus d'information !

www.travail-emploi.gouv.fr

L'emploi

■ Le service public de l'Emploi

Le service public de l'Emploi (SPE) a pour mission l'accueil, l'orientation, la formation et l'insertion ; il comprend le placement, le versement d'un revenu de remplacement, l'accompagnement des demandeurs d'emploi et l'aide à la sécurisation des parcours professionnels de tous les salariés.

Le service public de l'Emploi est assuré par :

- les services de l'État chargés de l'emploi et de l'égalité professionnelle ;
- l'institution publique mentionnée à l'article L. 5312-1 du Code du travail, c'est-à-dire Pôle emploi (voir précisions ci-dessous) ;
- l'Association nationale pour la formation professionnelle des adultes (Afpa).

Le SPE est également assuré par l'organisme gestionnaire du régime d'assurance chômage, c'est-à-dire l'Unédic.

Peuvent également participer au SPE :

- les organismes publics ou privés dont l'objet consiste en la fourniture de services relatifs au placement, à l'insertion, à la formation et à l'accompagnement des demandeurs d'emploi ;
- les organismes liés à l'État par une convention relative à l'insertion par l'activité économique de personnes rencontrant des difficultés sociales et professionnelles particulières ;
- les entreprises de travail temporaire ;
- les organismes de placement spécialisés dans l'insertion professionnelle des personnes handicapées, avec avis consultatif.

■ **Pôle emploi**

La loi n° 2008-126 du 13 février 2008 « relative à la réforme de l'organisation du service public de l'Emploi » (JO du 14 février) a créé une nouvelle institution nationale publique, baptisée Pôle emploi, en charge notamment des compétences précédemment dévolues à l'ANPE et aux Assédic.

Pôle emploi unique est ainsi chargé des missions suivantes :

- prospecter le marché du travail, développer une expertise sur l'évolution des emplois et des qualifications, procéder à la collecte des offres d'emploi, aider et conseiller les entreprises dans leurs recrutements, assurer la mise en relation entre les offres et les demandes d'emploi et participer activement à la lutte contre les discriminations à l'embauche et pour l'égalité professionnelle ;
- accueillir, informer, orienter et accompagner les personnes, qu'elles disposent ou non d'un emploi, à la recherche d'un emploi, d'une formation ou d'un conseil professionnel, prescrire toutes actions utiles pour développer leurs compétences professionnelles et améliorer leur employabilité, favoriser leur reclassement et leur promotion professionnelle, faciliter leur mobilité géographique et professionnelle et participer aux parcours d'insertion sociale et professionnelle ;
- procéder aux inscriptions sur la liste des demandeurs d'emploi, tenir celle-ci à jour, et assurer à ce titre le contrôle de la recherche d'emploi dans les conditions fixées par le Code du travail ;
- assurer le versement des allocations aux travailleurs privés d'emploi, notamment pour le compte de l'organisme gestionnaire du régime d'assurance chômage, l'allocation d'assurance chômage et, pour le compte de l'État, l'allocation de solidarité spécifique ;
- recueillir, traiter, diffuser et mettre à la disposition des services de l'État et de l'organisme gestionnaire du régime d'assurance chômage les données relatives au marché du travail et à l'indemnisation des demandeurs d'emploi ;

- mettre en œuvre toutes autres actions qui lui sont confiées par l'État, les collectivités territoriales et l'organisme gestionnaire du régime d'assurance chômage en relation avec sa mission.

La mission de Pôle emploi s'exerce donc, tant auprès des demandeurs d'emploi ou des personnes en activité qui souhaitent évoluer dans leur projet professionnel, qu'auprès des entreprises qui peuvent être accompagnées par Pôle emploi dans tous leurs recrutements (analyse des besoins, sélection des candidats, information sur les mesures d'aide à l'embauche, etc.).

Plus d'information !

- www.pole-emploi.fr (services aux demandeurs d'emploi et aux entreprises, coordonnées des sites d'accueil Pôle emploi dans tous les départements) ;
- www.pole-emploi.org (informations institutionnelles).

Par ailleurs, un numéro de téléphone unique (39 49) est disponible pour toute information sur la recherche d'emploi et l'indemnisation.

■ Les maisons de l'emploi

Les maisons de l'emploi, dont le ressort, adapté à la configuration des bassins d'emploi, ne peut excéder la région ou, en Corse, la collectivité territoriale, concourent à la coordination des politiques publiques et du partenariat local des acteurs publics et privés qui agissent en faveur de l'emploi, de la formation, de l'insertion et du développement économique. Elles associent obligatoirement l'État, Pôle emploi et au moins une collectivité territoriale ou un établissement public de coopération intercommunale.
Les axes d'intervention des maisons de l'emploi, tels que définis par le cahier des charges annexé à l'arrêté du 18 décembre 2013 (JO du 28 décembre) auquel on se reportera pour plus de précisions, s'inscrivent dans la volonté de favoriser la coordination et la complémentarité des acteurs locaux en matière de politique de l'emploi.

L'activité des maisons de l'emploi, subventionnée par l'État, doit ainsi être concentrée sur deux axes, en veillant à leur qualité et en complémentarité avec d'autres acteurs sur le territoire : anticipation et accompagnement des mutations économiques, appui aux actions de développement local de l'emploi. Ces axes d'intervention visent à privilégier la coordination, la complémentarité des acteurs locaux en matière de politique de l'emploi et la mise en œuvre des actions (les maisons n'ont pas vocation à développer une offre de service déjà existante).

■ Les missions locales pour l'insertion professionnelle et sociale des jeunes

Mises en place au niveau communal ou intercommunal, les missions locales pour l'insertion professionnelle et sociale des jeunes ont pour objet d'aider les jeunes de 16 à 25 ans révolus à résoudre l'ensemble des problèmes que pose leur insertion professionnelle et sociale en assurant des fonctions d'accueil, d'information, d'orientation et d'accompagnement. Leurs interventions touchent le domaine de l'emploi et de la formation, mais aussi la santé, le logement, etc.

Pour trouver leurs coordonnées

S'adresser à la mairie ou à l'agence locale pour l'emploi ou consulter le site Internet du Conseil national des missions locales : www.cnml.gouv.fr.

■ Les permanences d'accueil, d'information et d'orientation (PAIO)

Implantées localement, les PAIO ont pour mission d'accueillir les jeunes de 16 à 25 ans, sans emploi et sans qualification, pour les orienter vers une formation ou un emploi.

Pour trouver leurs coordonnées

S'adresser à la mairie ou à l'agence locale de Pôle emploi ou consulter le site Internet du ministère en charge du Travail (www.travail-emploi.gouv.fr) (adresses utiles).

■ **L'Association pour l'emploi des cadres (Apec)**
Organisme privé à gestion paritaire, l'Apec est notamment chargée d'aider les cadres dans leur recherche d'emploi et la gestion de leur carrière. L'association possède des centres et des points d'information répartis sur le territoire national.

Plus d'information !

www.apec.fr

■ **L'Union de recouvrement des cotisations de sécurité sociale et des allocations familiales (Urssaf)**
Chargée notamment de recouvrer les cotisations patronales et salariales, l'Urssaf met également en œuvre les différents dispositifs d'exonérations et d'allègements de charges (allègement de cotisations patronales de sécurité sociale, zones de revitalisation rurale, etc.). Elle est par ailleurs compétente en ce qui concerne les déclarations d'embauche auxquelles sont tenus les entreprises, les particuliers employeurs, etc.

Plus d'information !

www.urssaf.fr

La formation professionnelle

■ **L'Association nationale pour la formation professionnelle des adultes (AFPA)**
L'Association nationale pour la formation professionnelle des adultes est, depuis plus de 60 ans, le premier opérateur de formation professionnelle en France.
L'AFPA dispose d'un réseau de centres répartis sur l'ensemble du territoire national ; elle développe une offre globale et complète de formations et de services adaptés et accessibles à tous les publics, à commencer par ceux qui sont les plus éloignés de l'emploi.

L'ambition et la nature même de ses missions font de l'AFPA le partenaire formation du Service public de l'emploi, des territoires et des entreprises pour :

- élever le niveau de qualification des actifs ;
- former pour l'emploi ;
- œuvrer en faveur de l'insertion professionnelle ;
- et accompagner les transitions professionnelles.

■ Les centres d'animation et de ressources pour l'information sur la formation (Carif)

Présents dans toutes les régions, les Carif ont pour mission d'informer les professionnels sur la formation continue : offres de formations disponibles, dispositifs existants, etc. Certains disposent de services télématiques accessibles à tous les publics.

Plus d'information !

www.intercariforef.org

■ Le Centre pour le développement de l'information sur la formation professionnelle (Centre INFFO)

Association loi 1901, placé sous la tutelle du ministère en charge du Travail et de l'Emploi, le Centre INFFO a pour mission de diffuser l'information sur l'offre de formations, la réglementation, les pratiques, etc., auprès des :

- formateurs et responsables de formation ;
- directions des ressources humaines et directions du personnel ;
- partenaires sociaux et organismes paritaires ;
- organismes de formation ;
- relais d'information sur la formation (Carif, PAIO, Pôle emploi, etc.).

Plus d'information !

www.centre-inffo.fr

La création d'entreprise

L'Agence pour la création d'entreprise (APCE)

Administrée par des représentants de ministères et d'organismes spécialisés dans la création d'entreprise, l'APCE offre aux créateurs d'entreprise et porteurs de projets une source d'information permanente.

Plus d'information !

www.apce.com

Index

A

B

C

D

E

F

G

H

I

J

L

M

N

O

P

R

S

T

U

V

SIGLES

A

AAH	Allocation aux adultes handicapés
Accre	Aide à la création et à la reprise d'une entreprise
ACE	Aide au conseil des entreprises
Afpa	Association nationale pour la formation professionnelle des adultes
Agefiph	Association de gestion du fonds pour l'insertion des personnes handicapées
AGS	Association pour la gestion du régime de garantie des créances des salariés
AJPP	Allocation journalière de présence parentale
Anact	Agence nationale pour l'amélioration des conditions de travail
Andeva	Association nationale de défense des victimes de l'amiante
APA	Allocation personnalisée d'autonomie
Apec	Association pour l'emploi des cadres
Aract	Agence régionale pour l'amélioration des conditions de travail
ARE	Allocation d'aide au retour à l'emploi
ASP	Agence de service et de paiement
ASS	Allocation de solidarité spécifique
ATA	Allocation temporaire d'attente

B

BEP	Brevet d'études professionnelles
BP	Baccalauréat professionnel
BTS	Brevet de technicien supérieur

C

CAE	Contrat d'accompagnement dans l'emploi
CAF	Caisse d'allocations familiales
CAP	Certificat d'aptitude professionnelle
Carif	Centre d'animation, de ressources et d'information sur la formation
Carsat	Caisse d'assurance retraite et de la santé au travail
CAT	Centre d'aide par le travail
CCI	Chambre de commerce et d'industrie
CDAPH	Commission des droits et de l'autonomie des personnes handicapées
CDD	Contrat à durée déterminée
CDI	Contrat à durée indéterminée
CDTD	Centre de distribution de travail à domicile
CE	Comité d'entreprise
CEA	Chèque emploi associatif
CEP	Conseil en évolution professionnelle
Cerfa	Centre d'enregistrement et de révision des formulaires administratifs
Cesu	Chèque emploi-service universel
CET	Compte épargne-temps
CFA	Centre de formation d'apprentis
CHSCT	Comité d'hygiène, de sécurité et des conditions de travail
CIBC	Centre interinstitutionnel de bilans de compétences
CIE	Contrat initiative emploi
CIF	Congé individuel de formation
CIF-CDD	Congé individuel de formation des anciens titulaires de contrat à durée déterminée
CIO	Centre d'information et d'orientation
CISST	Centre interservices de santé au travail

CNCEA	Centre national du chèque emploi associatif
CNCESU	Centre national du chèque emploi-service universel
Cned	Centre national d'enseignement à distance
CPAM	Caisse primaire d'assurance maladie
CPF	Compte personnel de formation
CPNFP	Comité paritaire national pour la formation professionnelle
CPPP	Compte personnel de prévention de la pénibilité
CQP	Certificat de qualification professionnelle
Cram	Caisse régionale d'assurance maladie
CRDS	Contribution pour le remboursement de la dette sociale
CRRMP	Comité régional de reconnaissance de maladie professionnelle
CSG	Contribution sociale généralisée
CSP	Contrat de sécurisation professionnelle
CUI	Contrat unique d'insertion

D

DADS	Déclaration annuelle des données sociales
Dafco	Délégation académique à la formation continue
DGEFP	Délégation générale à l'emploi et à la formation professionnelle
DGT	Direction générale du travail
DIF	Droit individuel à la formation
DIMA	Dispositif d'initiation aux métiers en alternance
Direccte	Direction régionale des entreprises, de la concurrence, de la consommation, du travail et de l'emploi

DNT	Déclaration nominative trimestrielle
DPAE	Déclaration préalable à l'embauche
Drire	Direction régionale de l'industrie, de la recherche et de l'environnement
DS	Délégué syndical
DSS	Direction de la Sécurité sociale
DUE	Déclaration unique d'embauche

E

Épic	Établissement public à caractère industriel et commercial
Ésat	Établissement et service d'aide par le travail

F

Fact	Fonds pour l'amélioration des conditions de travail
Fepem	Fédération nationale des particuliers employeurs
Fnal	Fonds national d'aide au logement
FNE	Fonds national de l'emploi
Fongecif	Fonds de gestion du congé individuel de formation
FPC	Formation professionnelle continue
FSE	Fonds social européen

G

Greta	Groupement d'établissements de l'Éducation nationale pour la formation des adultes
Guso	Guichet unique du spectacle occasionnel

H

Halde	Haute Autorité de lutte contre les discriminations et pour l'égalité

I

INRS	Institut national de recherche et de sécurité
Insee	Institut national de la statistique et des études économiques
IPP	Incapacité permanente partielle

J

JEI	Jeune entreprise innovante
JO	Journal officiel
JOCE	Journal officiel des Communautés européennes
JOUE	Journal officiel de l'Union européenne

L

LEP	Lycée d'enseignement professionnel

M

MDPH	Maison départementale des personnes handicapées
MG	Minimum garanti
MSA	Mutualité sociale agricole

N

NFI	Nouvelles formations d'ingénieurs

O

Opacif	Organisme paritaire agréé au titre du congé individuel de formation
OPCA	Organisme paritaire collecteur agréé
OPPBTP	Organisme professionnel de prévention du bâtiment et des travaux publics

P

Pacs	Pacte civil de solidarité
PAIO	Permanence d'accueil, d'information et d'orientation
Paje	Prestation d'accueil du jeune enfant
PEE	Plan d'épargne d'entreprise
PEI	Plan d'épargne interentreprises
Perco	Plan d'épargne pour la retraite collectif
PME	Petites et moyennes entreprises
PMI	Petites et moyennes industries
PPAE	Projet personnalisé d'accès à l'emploi
PreParE	Prestation partagée d'éduction de l'enfant
PRITH	Programme régional d'insertion des travailleurs handicapés

R

RNCP	Répertoire national des certifications professionnelles
RSA	Revenu de solidarité active
RSP	Réserve spéciale de participation
RSS	Représentant de la section syndicale
RTT	Réduction du temps de travail

S

Scop	Société coopérative et participative
SJR	Salaire journalier de référence
Smic	Salaire minimum interprofessionnel de croissance

T

TESE	Titre emploi-service entreprise

U

UES	Unité économique et sociale
Unédic	Union nationale interprofessionnelle pour l'emploi dans l'industrie et le commerce
Urssaf	Union de recouvrement des cotisations de sécurité sociale et d'allocations familiales

V

VAE	Validation des acquis de l'expérience
VRP	Voyageurs, représentants, placiers

PEFC 10-31-1510 IMPRIM'VERT®

Achevé d'imprimer par Corlet, Imprimeur, S.A. - 14110 Condé-sur-Noireau
N° d'Imprimeur : 169594 - Dépôt légal : février 2015 - *Imprimé en France*

Collaboration rédactionnelle
Cabinet Bertrand Couette
Ministère du Travail, de l'Emploi,
de la Formation professionnelle et du Dialogue social
Direction générale du travail
Délégation générale à l'emploi et à la formation professionnelle

Coordination éditoriale et secrétariat d'édition
Johanna Sztanke

Maquette et mise en page
Nadine Vallein

Ministère du Travail, de l'Emploi,
de la Formation professionnelle et du Dialogue social
Délégation à l'information et à la communication (Dicom)